해커스 토익 실전 1200제 로
바로 졸업할 수 있습니다

KB101075

실제 시험과 똑같은 난이도의 문제로 대비하니까!

최근 12개월 실제 시험과
동일한 난이도의
실전 문제 풀이

정답 찾는 방법을 콕 짚어주는 해설이 있으니까!

오답의 이유까지
꼼꼼하게 알려주는
맞춤 과외식 해설로 실력 상승

내 약점을 정확하게 찾아서 보완해주니까!

해커스 인공지능 시스템
"빅플"로
취약 유형 문제 반복 학습

해커스 토익

실전 1200제 LISTENING LC

300% 활용법

교재 MP3	단어암기장 및 단어암기 MP3	정답 PDF 및 정답 녹음 MP3	받아쓰기&쉐도잉 프로그램

이용방법 **해커스인강** HackersIngang.com
접속 후 로그인 >> 상단 메뉴
[토익 → MP3/자료 → 문제풀이 MP3]
클릭하여 이용하기

이용방법 **해커스인강** HackersIngang.com 접속 후 로그인 >>
상단 메뉴 [토익 → MP3/자료 → 무료 MP3/자료] 클릭하여 이용하기

무료 매일 실전 RC/LC 문제

이용방법 **해커스토익** Hackers.co.kr 접속 >>
상단 메뉴 [토익 → 토익 무료학습 →
매일 실전 RC/LC 풀기] 클릭하여 이용하기

빅플 약점집중학습 이용권

D49ED3FE23FAB2B3

이용방법 **해커스인강** HackersIngang.com 접속 후 로그인 >>
[마이클래스 → 결제관리 → 내 쿠폰 확인하기] 클릭 >>
위 쿠폰번호 입력 후 빅플 어플에서 이용권 확인하기
* 이용기한: 2025년 12월 31일(등록 후 14일간 사용 가능)

해커스토익 빅플

본 교재
모든 문제
**취약 유형
심층 분석**
무료 제공

함께 학습하면 좋은 **해커스토익 빅플 APP**

· 어플을 통해 언제 어디서나 편리하게 토익 문제풀이 학습
· 문제풀이에 대한 학습결과 분석 자료로 취약점 파악 및 약점 보완

>> 구글 플레이스토어/애플 앱스토어에서 '빅플'을 검색하세요.

 빅플 다운 받기

이용방법 [해커스토익 빅플] 어플 접속 >> 상단 [교재풀이] 클릭 후 본 교재 OMR 답안 입력 및 제출 >>
[분석레포트] 클릭 >> 교재 풀이 분석 결과보기

해커스
토익 문제집
실전 1200제
LISTENING LC

해커스 어학연구소

무료 토익 · 토스 · 오픽 · 취업 자료 제공

Hackers.co.kr

최신 토익 경향과 난이도를 완벽하게 반영한

해커스 토익
실전 1200제 LISTENING을 내면서

대한민국 토익커 평균 응시 횟수 9회, 평균 점수 678점..

많은 토익커들의 토익 졸업을 앞당길 수 있도록, 최신 토익 경향과 난이도를 완벽 반영한 ≪**해커스 토익 실전 1200제 LISTENING**≫을 출간하였습니다.

최근 12개월 실제 토익 난이도와 출제 경향을 완벽 반영한 문제집으로 실전 대비!

물토익부터 불토익까지 종잡을 수 없이 들쑥날쑥하게 출제되는 토익 시험의 난이도를 철저히 분석하여, 최근 12개월의 토익 시험 출제 경향 및 기출 유형이 완벽 반영된 12회분의 테스트를 수록하였습니다. 12회 분의 테스트 안에서도 파트마다 난이도가 다르게 출제되는 경향까지 완벽하게 반영하여, 실제 시험과 동일 한 난이도의 문제로 연습하며 실전 감각을 최대로 끌어올릴 수 있습니다.

오답의 이유까지 상세하게 설명해주는 맞춤 과외식 해설 제공!

각 문제에 대한 스크립트와 해석, 정답에 대한 해설은 물론, 오답의 이유까지 상세하게 설명해주는 맞춤 과외식 해설을 제공하여 모든 문제를 확실하게 이해하고 문제풀이 노하우까지 익힐 수 있도록 하였습니다. 또한, 모든 문제에 난이도와 세분화된 문제 유형을 제공하여 자신의 실력과 학습 목표에 따라 학습할 수 있 도록 하였습니다.

인공지능 토익어플 '해커스토익 빅플'로 내 약점을 정확하게 찾아서 집중 공략!

문제를 풀고 답안을 입력하기만 하면, 인공지능 어플 '해커스토익 빅플'이 자동 채점은 물론 성적분석표와 취약 유형 심층 분석까지 제공합니다. 이를 통해, 자신이 가장 많이 틀리는 취약 유형이 무엇인지 확인하고, 관련 문제들을 추가로 학습하며 취약 유형을 집중 공략하여 약점을 보완할 수 있습니다.

≪**해커스 토익 실전 1200제 LISTENING**≫이 여러분의 토익 목표 점수 달성에 확실한 해결책이 되고, 여러분의 **꿈을 향한 길**에 믿음직한 동반자가 되기를 소망합니다.

CONTENTS

오답의 이유까지 설명해 주는 맞춤 과외식
해설집

 인공지능 토익튜터 빅플

 받아쓰기&쉐도잉 프로그램

 단어암기장 및 단어암기 MP3

해커스 토익 **실전 1200제 LISTENING**

실제 시험과 똑같은 난이도로 실전 감각을 최대로 끌어올리는 12회분 문제

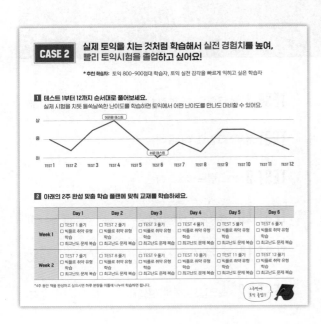

실전과 동일한 난이도와 경향 반영

<해커스 토익 실전 1200제 LISTENING>은 최근 12개월간 출제된 토익 시험을 철저하게 분석하여 실제 시험의 들쑥날쑥한 난이도와 출제 경향을 완벽하게 반영한 12회분 문제를 수록하였습니다. 또한, 실제 시험처럼 한 테스트 안에서도 파트별 난이도를 서로 다르게 출제하여, 실전과 가장 비슷한 12회분 문제로 토익 시험에 대비할 수 있습니다.

TEST 1 점수 환산표

TEST 1은 무사히 잘 마치셨나요? 맞은 개수를 세어본 후 아래의 점수 환산표를 통해 자신의 점수를 예상해 보세요.

전체 난이도   중간 난이도

파트별 난이도
PART 1 하 ●○○
PART 2 상 ●●●
PART 3 중 ●●○
PART 4 중 ●●○

점수환산표

각 테스트의 마지막에 테스트별 난이도에 따라 다르게 구성된 점수환산표가 수록되어 있습니다. 이를 통해 자신의 토익 리스닝 점수를 보다 정확하게 예상할 수 있습니다.

정답 수	리스닝 점수	정답 수	리스닝 점수
98~100개	495점	47~49개	210~220점
95~97개	485~495점	44~46개	195~205점
92~94개	470~480점	41~43개	180~190점
89~91개	455~465점	38~40개	165~175점
86~88개	435~450점	35~37개	150~160점
83~85개	415~430점	32~34개	135~145점
80~82개	395~410점	29~31개	120~130점
77~79개	375~390점	26~28개	105~115점
74~76개	355~370점	23~25개	90~100점
71~73개	335~350점	20~22개	75~85점
68~70개	315~330점	17~19개	60~70점
65~67개	300~310점	14~16개	45~55점
62~64개	285~295점	11~13개	30~40점

점수환산표에 수록된 테스트별 난이도와 파트별 난이도를 통해, 방금 풀어 본 테스트의 종합적인 난이도와 각 파트의 난이도를 한눈에 확인할 수 있습니다.

오답의 이유까지 설명하여 모든 궁금증을 완벽히 해결해 주는 맞춤 과외식 해설집

문제 유형 및 난이도

세부 문제 유형을 통해 자주 틀리는 유형을 쉽게 파악할 수 있고, 문제별 난이도를 확인하여 자신의 실력에 따라 학습할 수 있습니다. 또한, 모든 문제 유형은 《해커스 토익 Listening》의 목차 목록과 동일하여, 보완 학습이 필요할 경우 쉽게 참고할 수 있습니다.

상세한 해설과 오답의 이유 설명

문제 유형별로 가장 효과적인 풀이 방법을 제시하고, 정답은 물론 오답의 이유까지 상세하게 설명하여 틀린 문제의 원인을 파악하고 보완할 수 있습니다.

성우 국적 표시

지문과 문제의 음성이 미국/캐나다/영국/호주식 영어 발음 중 어떤 발음인지를 표시하여, 국가별 발음 차이와 취약한 발음 등을 파악하여 집중 연습할 수 있도록 하였습니다.

패러프레이징 및 어휘

지문의 내용이 문제에서 패러프레이징된 경우, 이를 [지문의 표현 → 문제의 표현] 또는 [질문의 표현 → 지문의 표현]으로 정리하여 한눈에 확인할 수 있도록 하였습니다. 또한, 지문 및 문제에서 등장한 표현 및 어휘를 제공하여 문제를 복습할 때 사전을 찾는 불편을 덜 수 있습니다.

취약 유형을 콕 집어 집중 공략하는 인공지능 1:1 토익어플 '빅플'

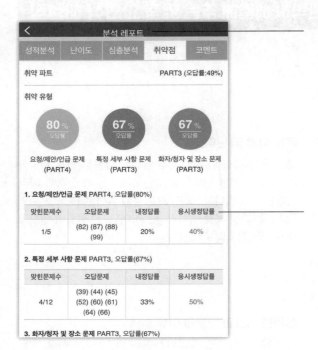

자동 채점 및 분석 레포트

교재의 문제를 풀고 난 후, '해커스토익 빅플' 어플에 정답을 입력해 자동으로 채점 및 취약 유형 분석을 진행할 수 있습니다.

[성적분석] 탭에서는 나의 총점, 석차백분율, 상위권 10%와 비교했을 때 나의 점수 등을 확인하고, 각 PART별로 맞은 개수를 한눈에 볼 수 있습니다. 또한, [난이도]와 [심층분석] 탭에서 문제별 난이도와 맞은 개수, 각 문제별 실제 유저들의 정답률을 확인하여, 방금 풀었던 문제의 난이도를 상세하게 파악할 수 있습니다.

취약점 분석

[취약점] 탭에서 지금까지 풀어 본 문제 중 가장 오답률이 높은 취약 유형 3가지를 한눈에 확인할 수 있습니다. 해당 유형의 총 문제 수 대비 맞힌 문제 수와 응시생 정답률을 통해 취약점을 구체적인 수치로 확인한 후, 오답 문제 번호들을 보고 교재로 돌아가 약점 유형 문제들만을 골라 다시 복습해 볼 수 있습니다.

약점 집중 학습

[취약 유형] 탭에서는 분석 레포트를 통해 확인한 취약 유형 문제들만을 집중적으로 풀어보며 약점을 효율적으로 보완할 수 있습니다. 또한, [도전 유형] 탭에서는 취약 유형 다음으로 오답률이 높은 문제 유형까지 확인하고 집중 학습하여, 점수를 더 빠르게 올릴 수 있습니다.

맞춤 집중 학습

각각의 유형 문제를 클릭하여 해당 유형의 문제들을 한 번에 모아서 풀어 볼 수 있습니다. 이를 통해, 시험장에 갔을 때 틀릴 가능성이 높은 문제들만을 집중적으로 학습해 효율적으로 점수를 올릴 수 있습니다.

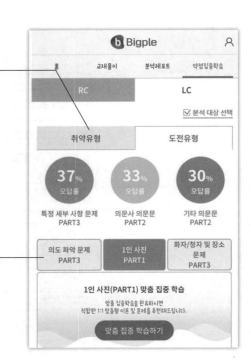

토익 졸업의 가능성을 한 단계 더 높이는 다양한 부가물

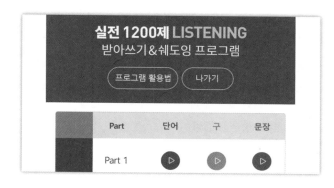

수준별 3단계 받아쓰기&쉐도잉 프로그램 / 워크북&MP3

해커스인강(HackersIngang.com) 사이트에서 무료로 제공되는 수준별 3단계(단어, 구, 문장) 받아쓰기 & 쉐도잉 프로그램을 활용하여 <해커스 토익 실전 1200제 LISTENING> 교재에 수록된 지문의 핵심 문장을 복습할 수 있습니다. 또한 동일한 내용을 무료로 이용 가능한 받아쓰기&쉐도잉 워크북을 통해 영어 듣기를 마스터할 수 있게 하였습니다.

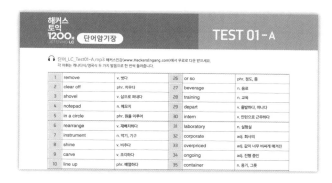

단어암기자료 PDF & MP3

해커스인강(HackersIngang.com) 사이트에서 단어암기 PDF와 MP3를 무료로 제공하여, 교재에 수록된 테스트의 중요 단어를 쉽고 편리하게 복습하고 암기할 수 있도록 하였습니다.

방대한 무료 학습자료(Hackers.co.kr) / 동영상 강의(HackersIngang.com)

해커스토익(Hackers.co.kr) 사이트에서는 토익 적중 예상 특강을 비롯한 방대하고 유용한 토익 학습 자료를 무료로 이용할 수 있습니다. 또한 온라인 교육 포털 사이트인 해커스인강(HackersIngang.com) 사이트에서 교재 동영상 강의를 수강하면, 보다 깊이 있는 학습이 가능합니다.

토익 소개 및 시험장 Tips

토익이란 무엇인가?

TOEIC은 Test of English for International Communication의 약자로 영어가 모국어가 아닌 사람들을 대상으로 언어 본래의 기능인 '커뮤니케이션' 능력에 중점을 두고 일상생활 또는 국제 업무 등에 필요한 실용영어 능력을 평가하는 시험입니다. 토익은 일상생활 및 비즈니스 현장에서 필요로 하는 내용을 평가하기 위해 개발되었고 다음과 같은 실용적인 주제들을 주로 다룹니다.

· 협력 개발: 연구, 제품 개발
· 재무 회계: 대출, 투자, 세금, 회계, 은행 업무
· 일반 업무: 계약, 협상. 마케팅, 판매
· 기술 영역: 전기, 공업 기술, 컴퓨터, 실험실
· 사무 영역: 회의, 서류 업무
· 물품 구입: 쇼핑, 물건 주문, 대금 지불

· 식사: 레스토랑, 회식, 만찬
· 문화: 극장, 스포츠, 피크닉
· 건강: 의료 보험, 병원 진료, 치과
· 제조: 생산 조립 라인, 공장 경영
· 직원: 채용, 은퇴, 급여, 진급, 고용 기회
· 주택: 부동산, 이사, 기업 부지

토익의 파트별 구성

구성		내용	문항수	시간	배점
Listening Test	Part 1	사진 묘사	6문항 (1번-6번)	45분	495점
	Part 2	질의 응답	25문항 (7번-31번)		
	Part 3	짧은 대화	39문항, 13지문 (32번-70번)		
	Part 4	짧은 담화	30문항, 10지문 (71번-100번)		
Reading Test	Part 5	단문 빈칸 채우기	30문항 (101번-130번)	75분	495점
	Part 6	장문 빈칸 채우기	16문항, 4지문 (131번-146번)		
	Part 7	지문 읽고 문제 풀기(독해) -단일 지문 (Single Passage) -이중 지문 (Double Passages -삼중 지문 (Triple Passages)	54문항, 15지문 (147번-200번) -29문항, 10지문(147번-175번) -10문항, 2지문 (176번-185번) -15문항, 3지문 (186번-200번)		
Total		**7 Parts**	**200문항**	**120분**	**990점**

토익 접수 방법 및 성적 확인

1. 접수 방법
· 접수 기간을 TOEIC위원회 인터넷 사이트(www.toeic.co.kr) 혹은 공식 애플리케이션에서 확인하고 접수합니다.
· 접수 시 jpg형식의 사진 파일이 필요하므로 미리 준비합니다.

2. 성적 확인
· 시험일로부터 약 10일 이후 TOEIC위원회 인터넷 사이트(www.toeic.co.kr) 혹은 공식 애플리케이션에서 확인합니다. (성적 발표 기간은 회차마다 상이함)
· 시험 접수 시, 우편 수령과 온라인 출력 중 성적 수령 방법을 선택할 수 있습니다.
 *온라인 출력은 성적 발표 즉시 발급 가능하나, 우편 수령은 약 7일가량의 발송 기간이 소요될 수 있습니다.

시험 당일 준비물

| 신분증 | 연필&지우개 | 시계 | 수험번호를 적어둔 메모 | 오답노트&단어암기장 |

* 시험 당일 신분증이 없으면 시험에 응시할 수 없으므로, 반드시 ETS에서 요구하는 신분증(주민등록증, 운전면허증, 공무원증 등)을 지참해야 합니다.
 ETS에서 인정하는 신분증 종류는 TOEIC위원회 인터넷 사이트(www.toeic.co.kr)에서 확인 가능합니다.

시험 진행 순서

정기시험/추가시험(오전)	추가시험(오후)	진행내용	유의사항
AM 9:30-9:45	PM 2:30-2:45	답안지 작성 오리엔테이션	10분 전에 고사장에 도착하여, 이름과 수험번호로 고사실을 확인합니다.
AM 9:45-9:50	PM 2:45-2:50	쉬는 시간	준비해 간 오답노트나 단어암기장으로 최종 정리를 합니다. 시험 중간에는 쉬는 시간이 없으므로 화장실에 꼭 다녀오도록 합니다.
AM 9:50-10:10	PM 2:50-3:10		신분 확인 및 문제지 배부
AM 10:10-10:55	PM 3:10-3:55	Listening Test	Part 1과 Part 2는 문제를 풀면서 정답을 바로 답안지에 마킹합니다. Part 3와 Part 4는 문제의 정답 보기 옆에 살짝 표시해두고, Listening Test가 끝난 후 한꺼번에 마킹합니다.
AM 10:55-12:10	PM 3:55-5:10	Reading Test	각 문제를 풀 때 바로 정답을 마킹합니다.

파트별 형태 및 전략

Part 1 사진 묘사 (6문제)

· 사진을 가장 잘 묘사한 문장을 4개의 보기 중에서 고르는 문제

문제 형태

[문제지]

1.

[음성]

Number 1.
Look at the picture marked number 1 in your test book.
(A) He is writing on a sheet of paper.
(B) He is reaching for a glass.
(C) He is seated near a window.
(D) He is opening up a laptop computer.

해설 남자가 창문 근처에 앉아 있는 모습을 seated near a window(창문 근처에 앉아 있다)로 묘사한 (C)가 정답이다.

문제 풀이 전략

1. 보기를 듣기 전에 사진을 묘사할 수 있는 표현을 미리 연상합니다.

보기를 듣기 전에 사진을 보면서 사용 가능한 주어와 등장 인물의 동작이나 사물을 나타내는 동사 및 명사를 미리 연상합니다. 표현을 미리 연상하는 과정에서 사진의 내용을 정확하게 확인하게 되며, 연상했던 표현이 보기에서 사용될 경우 훨씬 명확하게 들을 수 있어 정답 선택이 수월해집니다.

2. 사진을 완벽하게 묘사한 것이 아니라 가장 적절하게 묘사한 보기를 선택합니다.

Part 1은 사진을 완벽하게 묘사한 보기가 아니라 가장 적절하게 묘사한 보기를 선택해야 합니다. 이를 위해 Part 1의 문제를 풀 때 ○, ×, △를 표시하면서 보기를 들으면 오답 보기를 확실히 제거할 수 있어 정확히 정답을 선택할 수 있습니다. 특별히 Part 1 에서 자주 출제되는 오답 유형을 알아두면 ×를 표시하면서 훨씬 수월하게 정답을 선택할 수 있습니다.

Part 1 빈출 오답 유형

· 사진 속 사람의 동작을 잘못 묘사한 오답
· 사진에 없는 사람이나 사물을 언급한 오답
· 사진 속 사물의 상태나 위치를 잘못 묘사한 오답
· 사물의 상태를 사람의 동작으로 잘못 묘사한 오답
· 사진에서는 알 수 없는 사실을 진술한 오답
· 혼동하기 쉬운 어휘를 이용한 오답

* 실제 시험을 볼 때, Part 1 디렉션이 나오는 동안 Part 5 문제를 최대한 많이 풀면 전체 시험 시간 조절에 도움이 됩니다. 하지만 "Now, Part 1 will begin"이라는 음성이 들리면 바로 Part 1으로 돌아가서 문제를 풀도록 합니다.

Part 2   질의 응답 [25문제]

· 영어로 된 질문을 듣고 가장 적절한 응답을 3개의 보기 중에서 고르는 유형

문제 형태

[문제지]	[음성]
7. Mark your answer on your answer sheet.	Number 7. When is the presentation going to be held? (A) I'm going to discuss sales levels. (B) Sometime on Tuesday. (C) He handled the preparations.

해설   의문사 When을 이용하여 발표가 진행될 시기를 묻고 있는 문제이므로 Sometime on Tuesday라는 시점을 언급한 (B)가 정답이다.

문제 풀이 전략

1. 질문의 첫 단어는 절대 놓치지 않도록 합니다.

Part 2의 문제 유형은 질문의 첫 단어로 결정되므로 절대 첫 단어를 놓치지 않아야 합니다. Part 2에서 평균 11문제 정도 출제되는 의문사 의문문은 첫 단어인 의문사만 들으면 대부분 정답을 선택할 수 있습니다. 그리고 다른 유형의 문제도 첫 단어를 통하여 유형, 시제, 주어 등 문제 풀이와 관련된 기본적인 정보를 파악할 수 있습니다.

2. 오답 유형을 숙지하여 오답 제거 방법을 100% 활용하도록 합니다.

Part 2에서는 오답의 유형이 어느 정도 일정한 패턴으로 사용되고 있습니다. 따라서 오답 유형을 숙지해두어 문제를 풀 때마다 오답 제거 방법을 최대한 활용하도록 합니다. 이를 위해 Part 2의 문제를 풀 때 ○, ×, △를 표시하면서 보기를 들으면 오답 보기를 확실히 제거할 수 있어 정확히 정답을 선택할 수 있습니다.

Part 2 빈출 오답 유형
· 질문에 등장한 단어를 반복하거나, 발음이 유사한 어휘를 사용한 오답
· 동의어, 관련 어휘, 다의어를 사용한 오답
· 주체나 시제를 혼동한 오답
· 정보를 묻는 의문사 의문문에 Yes/No로 응답한 오답

* 실제 시험을 볼 때, Part 2 디렉션이 나오는 동안 Part 5 문제를 최대한 많이 풀면 전체 시험 시간 조절에 도움이 됩니다. 하지만 "Now, let us begin with question number 7"이라는 음성이 들리면 바로 Part 2로 돌아가서 문제를 풀도록 합니다.

Part 3 짧은 대화 (39문제)

· 2~3명이 주고받는 짧은 대화를 듣고 관련 질문에 대한 정답을 고르는 유형
· 구성: 총 13개의 대화에 39문제 출제 (한 대화 당 3문제, 일부 대화는 3문제와 함께 시각 자료가 출제)

문제 형태

[문제지]

32. What are the speakers mainly discussing?

    (A) Finding a venue
    (B) Scheduling a renovation
    (C) Choosing a menu
    (D) Organizing a conference

33. What does the woman offer to do?

    (A) Visit a nearby event hall
    (B) Revise a travel itinerary
    (C) Proceed with a booking
    (D) Contact a facility manager

34. What does the woman mean when she says, "we're all set"?

    (A) Some furniture will be arranged.
    (B) Some memos will be circulated.
    (C) An update will be installed.
    (D) An area will be large enough.

[음성]

Questions 32 through 34 refer to the following conversation.

W: Joseph, I'm worried it'll be too chilly for the outdoor luncheon we've planned for Wednesday.

M: I agree. We'd better book an event hall instead.

W: How about Wolford Hall? I'm looking at its Web site now, and it appears to be available.

M: Oh, that'd be ideal. That place is near our office, so staff won't have to travel far.

W: I can book the hall now, if you want. We need it from 11 A.M. to 2 P.M., right?

M: Yeah. Just make sure it can accommodate 50 people.

W: It says it'll hold up to 70, so we're all set.

M: Perfect. I'll send staff an e-mail with the updated details.

Number 32.
What are the speakers mainly discussing?

Number 33.
What does the woman offer to do?

Number 34.
What does the woman mean when she says, "we're all set"?

해설 **32.** 대화의 주제를 묻는 문제이다. 여자가 it'll be too chilly for the outdoor luncheon이라며 야외 오찬을 하기에는 날씨가 너무 쌀쌀할 것 같다고 하자, 남자가 We'd better book an event hall instead라며 대신 행사장을 예약하는 것이 낫겠다고 한 뒤, 행사를 위한 장소를 찾는 것에 관한 내용으로 대화가 이어지고 있다. 따라서 정답은 (A)이다.

33. 여자가 해주겠다고 제안하는 것을 묻는 문제이다. 여자가 I can book the hall now라며 지금 자신이 그 행사장을 예약할 수 있다고 하였다. 따라서 정답은 (C)이다.

34. 여자가 하는 말의 의도를 묻는 문제이다. 남자가 Just make sure it[hall] can accommodate 50 people이라며 행사장이 50명의 사람들을 수용할 수 있는지만 확인하라고 하자, 여자가 it'll hold up to 70, so we're all set이라며 그것은 70명까지 수용할 것이니 우리는 준비가 다 되었다고 한 말을 통해 행사장의 공간이 충분히 클 것임을 알 수 있다. 따라서 정답은 (D)이다.

문제 풀이 전략

1. 대화를 듣기 전에 반드시 질문과 보기를 먼저 읽어야 합니다.

① Part 3의 디렉션을 들려줄 때 32번부터 34번까지의 질문과 보기를 읽으면, 이후 계속해서 대화를 듣기 전에 질문과 보기를 미리 읽을 수 있습니다.

② 질문을 읽을 때에는 질문 유형을 파악한 후, 해당 유형에 따라 어느 부분을 들을지와 어떤 내용을 들을지 듣기 전략을 세웁니다. 시각 자료가 출제된 대화의 경우, 시각 자료를 함께 확인하면서 시각 자료의 종류와 그 내용을 파악합니다.

③ 보기를 읽을 때에는 각 보기를 다르게 구별해주는 어휘를 선택적으로 읽어야 합니다. 특별히 보기가 문장일 경우, 주어가 모두 다르면 주어를, 주어가 모두 같으면 동사 또는 목적어 등의 중요 어휘를 키워드로 결정합니다.

2. 대화를 들으면서 동시에 정답을 선택합니다.

① 질문과 보기를 읽으며 세운 듣기 전략을 토대로, 대화를 들으면서 동시에 각 문제의 정답을 선택합니다.

② 3인 대화의 경우, 대화가 시작하기 전에 "Questions ~ refer to the following conversation with three speakers." 라는 음성이 재생되므로 각 대화별 디렉션에도 집중해야 합니다.

③ 대화가 끝난 후 관련된 3개의 질문을 읽어줄 때 다음 대화와 관련된 3개의 질문과 보기를 재빨리 읽으면서 듣기 전략을 다시 세워야 합니다.

④ 만약 대화가 다 끝났는데도 정답을 선택하지 못했다면 가장 정답인 것 같은 보기를 선택하고, 곧바로 다음 대화에 해당하는 질문과 보기를 읽기 시작하는 것이 오답률을 줄이는 현명한 방법입니다.

3. 대화의 초반은 반드시 들어야 합니다.

① 대화에서 초반에 언급된 내용 중 80% 이상이 문제로 출제되므로 대화의 초반은 반드시 들어야 합니다.

② 특별히 대화의 주제를 묻는 문제, 대화자의 직업, 대화의 장소를 묻는 문제에 대한 정답의 단서는 대부분 대화의 초반에 언급됩니다.

③ 초반을 듣지 못하고 놓칠 경우 대화 후반에서 언급된 특정 표현을 사용한 보기를 정답으로 선택하는 오류를 범할 수 있으므로 각별히 주의해야 합니다.

Part 4 짧은 담화 (30문제)

· 짧은 담화를 듣고 관련 질문에 대한 정답을 고르는 유형
· 구성: 총 10개의 지문에 30문제 출제 (한 지문 당 3문제, 일부 지문은 3문제와 함께 시각 자료가 출제)

문제 형태

[문제지]

Department	Manager
Accounting	Janet Lee
Sales	Sarah Bedford
Human Resources	David Weber
Marketing	Michael Brenner

95. What is the purpose of the announcement?
(A) To explain a new project
(B) To describe a job opening
(C) To discuss a recent hire
(D) To verify a policy change

96. Look at the graphic. Which department will Shannon Clark manage?
(A) Accounting
(B) Sales
(C) Human Resources
(D) Marketing

97. What will probably happen on September 1?
(A) A job interview
(B) A product launch
(C) A staff gathering
(D) An employee evaluation

[음성]

Questions 95 through 97 refer to the following announcement and list.

May I have your attention, please? I just received an e-mail from David Weber in human resources regarding a new manager. Shannon Clark will begin working here next month. Ms. Clark has over a decade of experience working for multinational corporations, so she brings a wealth of knowledge to our company. She will be replacing Michael Brenner, who is retiring this month. One of the other department managers . . . um, Janet Lee . . . has arranged a get-together on September 1 to introduce Ms. Clark. Food and beverages will be provided. Please give her a warm welcome.

Number 95.
What is the purpose of the announcement?

Number 96.
Look at the graphic. Which department will Shannon Clark manage?

Number 97.
What will probably happen on September 1?

해설 **95.** 공지의 목적을 묻는 문제이다. I just received an e-mail ~ regarding a new manager. Shannon Clark will begin working here next month라며 새로운 관리자에 관련된 이메일을 방금 받았으며, Shannon Clark가 다음 달에 이곳에서 근무를 시작할 것이라고 하였다. 따라서 정답은 (C)이다.

96. Shannon Clark가 관리할 부서를 묻는 문제이다. She[Shannon Clark] will be replacing Michael Brenner, who is retiring this month라며 Shannon Clark는 이달에 은퇴하는 Michael Brenner를 대신할 것이라고 하였으므로, Michael Brenner가 관리자로 일하던 마케팅 부서를 관리하게 될 것임을 표에서 알 수 있다. 따라서 정답은 (D)이다.

97. 9월 1일에 일어날 일을 묻는 문제이다. Janet Lee ~ has arranged a get-together on September 1라며 Janet Lee가 9월 1일에 열릴 모임을 마련했다고 하였다. 따라서 정답은 (C)이다.

문제 풀이 전략

1. 지문을 듣기 전에 반드시 질문과 보기를 먼저 읽어야 합니다.

① Part 4의 디렉션을 들려줄 때 71번부터 73번까지의 질문과 보기를 읽으면, 이후 계속해서 지문을 듣기 전에 질문과 보기를 미리 읽을 수 있습니다.

② 질문을 읽을 때에는 질문 유형을 파악한 후, 해당 유형에 따라 어느 부분을 들을지와 어떤 내용을 들을지 듣기 전략을 세웁니다. 시각 자료가 출제된 담화의 경우, 시각 자료를 함께 확인하면서 시각 자료의 종류와 그 내용을 파악합니다.

③ 보기를 읽을 때에는 각 보기를 다르게 구별해주는 어휘를 선택적으로 읽어야 합니다. 특별히 보기가 문장일 경우, 주어가 모두 다르면 주어를, 주어가 모두 같으면 동사 또는 목적어 등의 중요 어휘를 키워드로 결정합니다.

2. 지문을 들으면서 동시에 정답을 선택합니다.

① 질문과 보기를 읽으며 세운 듣기 전략을 토대로, 지문을 들으면서 동시에 각 문제의 정답을 곧바로 선택합니다.

② 지문의 음성이 끝날 때에는 세 문제의 정답 선택도 완료되어 있어야 합니다.

③ 지문의 음성이 끝난 후 관련된 3개의 질문을 읽어줄 때 다음 지문과 관련된 3개의 질문과 보기를 재빨리 읽으면서 듣기 전략을 다시 세워야 합니다.

④ 만약 지문이 다 끝났는데도 정답을 선택하지 못했다면 가장 정답인 것 같은 보기를 선택하고, 곧바로 다음 지문에 해당하는 질문과 보기를 읽기 시작하는 것이 오답률을 줄이는 현명한 방법입니다.

3. 지문의 초반은 반드시 들어야 합니다.

① 지문에서 초반에 언급된 내용 중 80% 이상이 문제로 출제되므로 지문의 초반을 반드시 들어야 합니다.

② 특별히 지문의 주제/목적 문제나 화자/청자 및 담화 장소 문제처럼 전체 지문 관련 문제에 대한 정답의 단서는 대부분 지문의 초반에 언급됩니다.

③ 초반을 듣지 못하고 놓칠 경우 더 이상 관련된 내용이 언급되지 않아 정답 선택이 어려워질 수 있으므로 주의해야 합니다.

 **CASE 1**

쉬운 테스트부터 차근차근 공부해서
토익 시험을 졸업하고 싶어요!

＊추천 학습자: 토익 무경험자, 토익 600-700점대 학습자, 단계별로 실력을 올리고 싶은 학습자

1 난이도가 쉬운 테스트부터 차근차근 풀어보세요.
매일매일 토익 실력이 쌓이는 것을 확인할 수 있을 거예요.

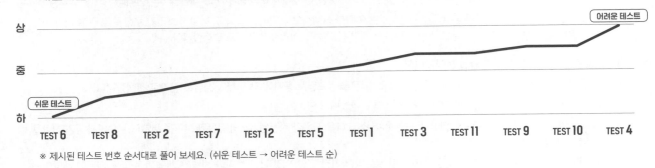

어려운 테스트

쉬운 테스트

상 중 하

TEST 6   TEST 8   TEST 2   TEST 7   TEST 12   TEST 5   TEST 1   TEST 3   TEST 11   TEST 9   TEST 10   TEST 4

※ 제시된 테스트 번호 순서대로 풀어 보세요. (쉬운 테스트 → 어려운 테스트 순)

2 아래의 4주 완성 맞춤 학습 플랜에 맞춰 교재를 학습하세요.

	Day 1	Day 2	Day 3	Day 4	Day 5	Day 6
Week 1	□ TEST 6 풀기 □ 빅플로 취약 유형 학습	□ TEST 6 해설 리뷰 □ TEST 6 단어장 암기	□ TEST 8 풀기 □ 빅플로 취약 유형 학습	□ TEST 8 해설 리뷰 □ TEST 8 단어장 암기	□ TEST 2 풀기 □ 빅플로 취약 유형 학습	□ TEST 2 해설 리뷰 □ TEST 2 단어장 암기
Week 2	□ TEST 7 풀기 □ 빅플로 취약 유형 학습	□ TEST 7 해설 리뷰 □ TEST 7 단어장 암기	□ TEST 12 풀기 □ 빅플로 취약 유형 학습	□ TEST 12 해설 리뷰 □ TEST 12 단어장 암기	□ TEST 5 풀기 □ 빅플로 취약 유형 학습	□ TEST 5 해설 리뷰 □ TEST 5 단어장 암기
Week 3	□ TEST 1 풀기 □ 빅플로 취약 유형 학습	□ TEST 1 해설 리뷰 □ TEST 1 단어장 암기	□ TEST 3 풀기 □ 빅플로 취약 유형 학습	□ TEST 3 해설 리뷰 □ TEST 3 단어장 암기	□ TEST 11 풀기 □ 빅플로 취약 유형 학습	□ TEST 11 해설 리뷰 □ TEST 11 단어장 암기
Week 4	□ TEST 9 풀기 □ 빅플로 취약 유형 학습	□ TEST 9 해설 리뷰 □ TEST 9 단어장 암기	□ TEST 10 풀기 □ 빅플로 취약 유형 학습	□ TEST 10 해설 리뷰 □ TEST 10 단어장 암기	□ TEST 4 풀기 □ 빅플로 취약 유형 학습	□ TEST 4 해설 리뷰 □ TEST 4 단어장 암기

*2주 동안에 단기로 책을 완성하고 싶으시면 이틀 분량을 하루 동안에 학습하면 됩니다.

 4주만에
토익 졸업!!

 **실제 토익을 치는 것처럼 학습해서 실전 경험치를 높여, 빨리 토익시험을 졸업하고 싶어요!**

* **추천 학습자:** 토익 800-900점대 학습자, 토익 실전 감각을 빠르게 익히고 싶은 학습자

1 테스트 1부터 12까지 순서대로 풀어보세요.

실제 시험을 치듯 들쑥날쑥한 난이도를 학습하면 토익에서 어떤 난이도를 만나도 대비할 수 있어요.

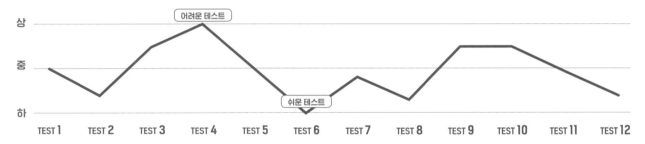

2 아래의 2주 완성 맞춤 학습 플랜에 맞춰 교재를 학습하세요.

	Day 1	Day 2	Day 3	Day 4	Day 5	Day 6
Week 1	☐ TEST 1 풀기 ☐ 빅플로 취약 유형 학습 ☐ 최고난도 문제 복습	☐ TEST 2 풀기 ☐ 빅플로 취약 유형 학습 ☐ 최고난도 문제 복습	☐ TEST 3 풀기 ☐ 빅플로 취약 유형 학습 ☐ 최고난도 문제 복습	☐ TEST 4 풀기 ☐ 빅플로 취약 유형 학습 ☐ 최고난도 문제 복습	☐ TEST 5 풀기 ☐ 빅플로 취약 유형 학습 ☐ 최고난도 문제 복습	☐ TEST 6 풀기 ☐ 빅플로 취약 유형 학습 ☐ 최고난도 문제 복습
Week 2	☐ TEST 7 풀기 ☐ 빅플로 취약 유형 학습 ☐ 최고난도 문제 복습	☐ TEST 8 풀기 ☐ 빅플로 취약 유형 학습 ☐ 최고난도 문제 복습	☐ TEST 9 풀기 ☐ 빅플로 취약 유형 학습 ☐ 최고난도 문제 복습	☐ TEST 10 풀기 ☐ 빅플로 취약 유형 학습 ☐ 최고난도 문제 복습	☐ TEST 11 풀기 ☐ 빅플로 취약 유형 학습 ☐ 최고난도 문제 복습	☐ TEST 12 풀기 ☐ 빅플로 취약 유형 학습 ☐ 최고난도 문제 복습

*4주 동안 책을 완성하고 싶으시면 하루 분량을 이틀에 나누어 학습하면 됩니다.

2주만에 토익 졸업!!

TEST 1

PART 1
PART 2
PART 3
PART 4
점수 환산표

잠깐! 테스트 전 확인사항

1. 문제 풀이에 방해가 되는 물건을 모두 치우셨나요?　　　　예 □
2. Answer Sheet, 연필, 지우개를 준비하셨나요?　　　　예 □
3. MP3를 들을 준비가 되셨나요?　　　　예 □

모든 준비가 완료되었으면 목표 점수를 떠올린 후 테스트를 시작합니다.

무료MP3 바로듣기

TEST 1.mp3
실전용·복습용 문제풀이 MP3 무료 다운로드 및 스트리밍 바로듣기 (HackersIngang.com)

* 실제 시험장의 소음까지 재현해 낸 고사장 소음/매미 버전 MP3, 영국식·호주식 발음 집중 MP3, 고속 버전 MP3
까지 구매하면 실전에 더욱 완벽히 대비할 수 있습니다.

LISTENING TEST

In this section, you must demonstrate your ability to understand spoken English. This section is divided into four parts and will take approximately 45 minutes to complete. Do not mark the answers in your test book. Use the answer sheet that is provided separately.

PART 1

Directions: For each question, you will listen to four short statements about a picture in your test book. These statements will not be printed and will only be spoken one time. Select the statement that best describes what is happening in the picture and mark the corresponding letter (A), (B), (C), or (D) on the answer sheet.

Sample Answer
Ⓐ ● Ⓒ Ⓓ

The statement that best describes the picture is (B), "The man is sitting at the desk." So, you should mark letter (B) on the answer sheet.

1.

2.

GO ON TO THE NEXT PAGE ➡

3.

4.

5.

6.

GO ON TO THE NEXT PAGE

PART 2

Directions: For each question, you will listen to a statement or question followed by three possible responses spoken in English. They will not be printed and will only be spoken one time. Select the best response and mark the corresponding letter (A), (B), or (C) on your answer sheet.

7. Mark your answer on your answer sheet.

8. Mark your answer on your answer sheet.

9. Mark your answer on your answer sheet.

10. Mark your answer on your answer sheet.

11. Mark your answer on your answer sheet.

12. Mark your answer on your answer sheet.

13. Mark your answer on your answer sheet.

14. Mark your answer on your answer sheet.

15. Mark your answer on your answer sheet.

16. Mark your answer on your answer sheet.

17. Mark your answer on your answer sheet.

18. Mark your answer on your answer sheet.

19. Mark your answer on your answer sheet.

20. Mark your answer on your answer sheet.

21. Mark your answer on your answer sheet.

22. Mark your answer on your answer sheet.

23. Mark your answer on your answer sheet.

24. Mark your answer on your answer sheet.

25. Mark your answer on your answer sheet.

26. Mark your answer on your answer sheet.

27. Mark your answer on your answer sheet.

28. Mark your answer on your answer sheet.

29. Mark your answer on your answer sheet.

30. Mark your answer on your answer sheet.

31. Mark your answer on your answer sheet.

PART 3

Directions: In this part, you will listen to several conversations between two or more speakers. These conversations will not be printed and will only be spoken one time. For each conversation, you will be asked to answer three questions. Select the best response and mark the corresponding letter (A), (B), (C), or (D) on your answer sheet.

32. Where does the man work?

(A) At a department store
(B) At a legal firm
(C) At a travel agency
(D) At a publishing company

33. What problem is mentioned?

(A) A document includes an error.
(B) A message was not received.
(C) An event ended early.
(D) An assistant is not available.

34. What will the woman most likely do next?

(A) Return to her office
(B) Speak to an employee
(C) Check a warranty
(D) Make a reservation

35. Why has the man traveled to Oakland?

(A) To provide some training
(B) To attend a conference
(C) To tour a factory
(D) To negotiate an agreement

36. According to the woman, who is Daniel Perrot meeting with?

(A) A consultant
(B) A marketer
(C) An investor
(D) An executive

37. What does the man ask the woman to tell Daniel?

(A) A trip was extended.
(B) A contract has been signed.
(C) An appointment was rescheduled.
(D) An interview was conducted.

38. Why does the man ask for help?

(A) He had the wrong address.
(B) He is from a different place.
(C) He forgot his phone.
(D) He made a payment in advance.

39. What is mentioned about the All-Night Urban System?

(A) It operates on an hourly basis.
(B) It consists of longer routes.
(C) It will be discontinued.
(D) It is run by a private company.

40. What does the man decide to do?

(A) Give a phone number
(B) Call a taxi
(C) Wait for a bus
(D) Walk to a hotel

41. What did the man do this morning?

(A) Submitted a document
(B) Read some articles
(C) Organized a workshop
(D) Made some phone calls

42. What does the woman ask the man to do?

(A) Update an office policy
(B) Ask a manager for approval
(C) Postpone a gathering
(D) Write a press release

43. Why is the man leaving the office?

(A) To take a vacation
(B) To see a doctor
(C) To meet with a client
(D) To visit a branch office

GO ON TO THE NEXT PAGE

44. Why is the woman calling?

(A) To discuss a complaint
(B) To provide some feedback
(C) To ask for a payment
(D) To confirm an order

45. What does the man remind the woman to do?

(A) Apply a discount code
(B) Include a company logo
(C) Pack items carefully
(D) Modify a color choice

46. What does the woman say she will do?

(A) Call a customer
(B) Demonstrate a product
(C) Send an e-mail
(D) Print an invoice

47. According to the woman, what is taking place today?

(A) A music festival
(B) An academic conference
(C) A fund-raising banquet
(D) An award ceremony

48. Why does the man say, "Our hotel partners with a taxi company"?

(A) To announce a change
(B) To accept an offer
(C) To make a suggestion
(D) To correct a misunderstanding

49. What will the woman probably do next?

(A) Wait near an entrance
(B) Return to a room
(C) Contact a business
(D) Evaluate a report

50. What will probably take place on Thursday?

(A) A staff orientation
(B) A grand opening
(C) A charity event
(D) A retirement party

51. What is the woman worried about?

(A) Following a policy
(B) Finding a place
(C) Exceeding a budget
(D) Handling a complaint

52. What does Arnold inquire about?

(A) A wrapping service
(B) A business card
(C) A discount
(D) A receipt

53. Where does the man work?

(A) At a furniture store
(B) At a software company
(C) At a marketing firm
(D) At a manufacturing plant

54. Why does the woman say, "I chose the express option"?

(A) To make a request
(B) To reject a claim
(C) To point out a problem
(D) To indicate a preference

55. What will the woman most likely receive?

(A) A partial refund
(B) A gift card
(C) A free upgrade
(D) A product catalog

56. Who most likely is the man?

(A) A waiter
(B) A chef
(C) A teacher
(D) An architect

57. What problem is mentioned?

(A) Some ingredients are out of stock.
(B) A diner was not served a meal.
(C) Some food was not prepared well.
(D) A bill is not accurate.

58. What does the woman tell the man to do?

(A) Clear a table
(B) Promote a business
(C) Ask a coworker for help
(D) Provide a free item

59. Why is the woman calling the man?

(A) To ask about a promotion
(B) To get directions
(C) To discuss a new project
(D) To report a cancellation

60. What did the man check on this morning?

(A) A client complaint
(B) An appointment time
(C) A property price
(D) An event location

61. What will the man probably do next?

(A) Read through some information
(B) Go to another location
(C) Listen to a voice mail
(D) Set up some equipment

Swift Auto Rentals

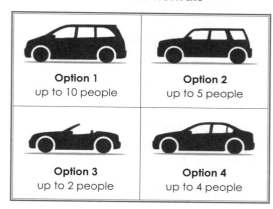

Option 1
up to 10 people

Option 2
up to 5 people

Option 3
up to 2 people

Option 4
up to 4 people

62. What problem does the woman mention?

(A) She lost her receipt.
(B) She arrived later than expected.
(C) She did not make a reservation.
(D) She cannot find her credit card.

63. Look at the graphic. Which option does the man recommend?

(A) Option 1
(B) Option 2
(C) Option 3
(D) Option 4

64. What does the woman want to pay extra for?

(A) Hotel pickup
(B) Vehicle repair
(C) A navigation system
(D) An insurance

GO ON TO THE NEXT PAGE →

Customer	Delivery Time
Gibbs Market	9:00 A.M.
Star Gas Station	9:45 A.M.
Black Bird Café	10:30 A.M.
Weston Groceries	11:15 A.M.

65. What problem is mentioned?

(A) A bill has not been paid.
(B) An order is incorrect.
(C) A store has to close early.
(D) A shipment did not arrive.

66. What does the man offer to do?

(A) Provide some product samples
(B) Extend a due date
(C) Return to a storage facility
(D) Arrange a discount

67. Look at the graphic. Where does the woman work?

(A) Gibbs Market
(B) Star Gas Station
(C) Black Bird Café
(D) Weston Groceries

http://www.windsortechconference.com

Welcome to the Windsor Tech Conference!

Spot 1

Spot 4

Spot 2

Spot 3

68. What did the man make this morning?

(A) Manuals
(B) Questionnaires
(C) Invitations
(D) Nametags

69. What does the woman suggest?

(A) Delaying a task
(B) Expanding an event
(C) Preparing a contract
(D) Downloading a file

70. Look at the graphic. Where does the man want to place a registration button?

(A) Spot 1
(B) Spot 2
(C) Spot 3
(D) Spot 4

PART 4

Directions: In this part, you will listen to several short talks by a single speaker. These talks will not be printed and will only be spoken one time. For each talk, you will be asked to answer three questions. Select the best response and mark the corresponding letter (A), (B), (C), or (D) on your answer sheet.

71. What is being advertised?

(A) A clothing store
(B) A fitness center
(C) An grocery shop
(D) A sports competition

72. What is mentioned about personal trainers?

(A) They work in the evenings.
(B) They changed a schedule.
(C) They canceled some sessions.
(D) They demonstrate some exercises.

73. What can new members receive for free?

(A) A monthly pass
(B) A water bottle
(C) A pair of socks
(D) A T-shirt

74. Who is the speaker?

(A) A curator
(B) An artist
(C) A travel agent
(D) A security guard

75. What does the speaker mean when she says, "you have many images of native Australian communities"?

(A) She wants the listener to take pictures of something else.
(B) She would like to purchase one of the images.
(C) She thinks the listener's work is suitable.
(D) She expects a show to be expanded.

76. What did the speaker recently do?

(A) She organized a display.
(B) She contacted a buyer.
(C) She sold some artwork.
(D) She traveled overseas.

77. Who is Marcia Gray?

(A) An actress
(B) A dancer
(C) A musician
(D) An athlete

78. Why is Ms. Gray known worldwide?

(A) She received numerous awards.
(B) She has given many performances.
(C) She has been on a TV show.
(D) She has written a popular song.

79. According to the speaker, what does Ms. Gray hope to do?

(A) Release a book
(B) Invest in a company
(C) Educate some young people
(D) Raise some funds

80. Who is the speaker?

(A) An advisor
(B) A company president
(C) A receptionist
(D) A department manager

81. According to the speaker, what is impressive about the listener?

(A) He is honest.
(B) He has good communication skills.
(C) He is a hard worker.
(D) He has a lot of work experience.

82. What is included in an e-mail?

(A) A company introduction
(B) Position details
(C) Meeting times
(D) A delivery address

GO ON TO THE NEXT PAGE

83. Where most likely is the speaker?

(A) At a shopping center
(B) At a city hall
(C) At a public park
(D) At a television studio

84. What has the government asked citizens to do?

(A) Go to a hospital
(B) Watch a program
(C) Turn off some electronics
(D) Stay inside

85. Why does the speaker say, "it will probably last a short amount of time"?

(A) To offer reassurance
(B) To request help
(C) To express disappointment
(D) To finalize a plan

86. Who are the listeners?

(A) Retail salespeople
(B) Shoe designers
(C) Truck drivers
(D) Assembly line workers

87. What problem is mentioned?

(A) Some equipment is causing injuries.
(B) A safety procedure is outdated.
(C) A deadline cannot be changed.
(D) A client has increased some orders.

88. What are the listeners asked to do?

(A) Take short breaks
(B) Work additional hours
(C) Wear protective gear
(D) Review a handbook

89. What does the company plan to do?

(A) Release a program
(B) Revise training materials
(C) Conduct some trials
(D) Process job applications

90. What does the speaker say about Howard?

(A) He was recently hired.
(B) He will lead a team.
(C) He will create a timetable.
(D) He was an intern before.

91. What does the speaker mean when she says, "they'll be trained over the next two weeks"?

(A) Assistance will not be immediately available.
(B) Company policies were updated.
(C) A meeting is going to be postponed.
(D) A venue is not prepared to be used.

92. Why must a flight be rescheduled?

(A) A vacation was called off.
(B) A conference has been extended.
(C) The weather caused a delay.
(D) A flight is overbooked.

93. According to the speaker, what has been changed?

(A) Seat assignment
(B) Gate number
(C) Departure time
(D) Destination

94. What does the speaker recommend?

(A) Arriving at an airport early
(B) Leaving a review online
(C) Printing a pass in advance
(D) Comparing rates of competitors

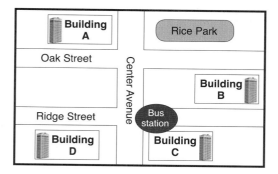

95. Look at the graphic. Where will the company's new office be located?

(A) In Building A
(B) In Building B
(C) In Building C
(D) In Building D

96. What are the listeners asked to do tomorrow morning?

(A) Set up some furniture
(B) Get an identification card
(C) Contact a manager
(D) Move some equipment

97. What will the listeners receive later today?

(A) A telephone number
(B) Product designs
(C) Sample photos
(D) Parking regulations

Workshop Schedule

Session	Department	Topic
10:00 A.M.– 11:00 A.M.	Marketing	Effective Interactions
11:00 A.M.– 12:00 P.M.	Sales	Customer Expectations
1:00 P.M.– 2:00 P.M.	Customer service	Handling Complaints
2:00 P.M.– 3:00 P.M.	Human resources	Collecting Feedback

98. Look at the graphic. Which department is the speaker from?

(A) Marketing
(B) Sales
(C) Customer service
(D) Human resources

99. According to the speaker, what will the listeners be able to do?

(A) Make suggestions
(B) Introduce themselves
(C) Complete surveys
(D) Ask questions

100. What will happen at the end of the workshop?

(A) An activity will be done.
(B) A form will be passed out.
(C) A video will be played.
(D) A guideline will be discussed.

정답 p.190 / 스크립트·해석·해설 [별권] 해설집 p.2 / 해커스토익 빅플로 자동 채점 및 취약 유형 분석하기

▮ 정답 음성(QR)이나 정답(p.190)을 확인하여 채점하시기 바랍니다. 정답 음성에서 Boy는 (B)를, David는 (D)를 나타냅니다.
▮ 다음 페이지에 있는 TEST 1 점수환산표를 확인해 자신의 토익 리스닝 점수를 예상해 보세요.

TEST 1 33

TEST 1 점수 환산표

TEST 1은 무사히 잘 마치셨나요? 맞은 개수를 세어본 후 아래의 점수 환산표를 통해 자신의 점수를 예상해 보세요.

전체 난이도   중간 난이도

파트별 난이도   PART 1 하 ●○○
　　　　　　　　PART 2 상 ●●●
　　　　　　　　PART 3 중 ●●○
　　　　　　　　PART 4 중 ●●○

정답 수	리스닝 점수	정답 수	리스닝 점수
98~100개	495점	47~49개	210~220점
95~97개	485~495점	44~46개	195~205점
92~94개	470~480점	41~43개	180~190점
89~91개	455~465점	38~40개	165~175점
86~88개	435~450점	35~37개	150~160점
83~85개	415~430점	32~34개	135~145점
80~82개	395~410점	29~31개	120~130점
77~79개	375~390점	26~28개	105~115점
74~76개	355~370점	23~25개	90~100점
71~73개	335~350점	20~22개	75~85점
68~70개	315~330점	17~19개	60~70점
65~67개	300~310점	14~16개	45~55점
62~64개	285~295점	11~13개	30~40점
59~61개	270~280점	8~10개	15~25점
56~58개	255~265점	5~7개	5~10점
53~55개	240~250점	2~4개	0~5점
50~52개	225~235점	0~1개	0~5점

* 점수 환산표는 해커스토익 사이트 유저 데이터를 근거로 제작되었으며, 주기적으로 업데이트되고 있습니다. 해커스토익 사이트 (Hackers.co.kr)에서 최신 경향을 반영하여 업데이트된 점수환산기를 이용하실 수 있습니다. (토익 > 토익게시판 > 토익점수환산기)

TEST 2

PART 1

PART 2

PART 3

PART 4

점수 환산표

잠깐! 테스트 전 확인사항

1. 문제 풀이에 방해가 되는 물건을 모두 치우셨나요?　　　예 □

2. Answer Sheet, 연필, 지우개를 준비하셨나요?　　　예 □

3. MP3를 들을 준비가 되셨나요?　　　예 □

모든 준비가 완료되었으면 목표 점수를 떠올린 후 테스트를 시작합니다.

TEST 2.mp3

실전용·복습용 문제풀이 MP3 무료 다운로드 및 스트리밍 바로듣기 (HackersIngang.com)

* 실제 시험장의 소음까지 재현해 낸 고사장 소음/매미 버전 MP3, 영국식·호주식 발음 집중 MP3, 고속 버전 MP3 까지 구매하면 실전에 더욱 완벽히 대비할 수 있습니다.

무료MP3 바로듣기

LISTENING TEST

In this section, you must demonstrate your ability to understand spoken English. This section is divided into four parts and will take approximately 45 minutes to complete. Do not mark the answers in your test book. Use the answer sheet that is provided separately.

PART 1

Directions: For each question, you will listen to four short statements about a picture in your test book. These statements will not be printed and will only be spoken one time. Select the statement that best describes what is happening in the picture and mark the corresponding letter (A), (B), (C), or (D) on the answer sheet.

Sample Answer
Ⓐ ● Ⓒ Ⓓ

The statement that best describes the picture is (B), "The man is sitting at the desk." So, you should mark letter (B) on the answer sheet.

1.

2.

GO ON TO THE NEXT PAGE ➡

3.

4.

5.

6.

GO ON TO THE NEXT PAGE

PART 2

Directions: For each question, you will listen to a statement or question followed by three possible responses spoken in English. They will not be printed and will only be spoken one time. Select the best response and mark the corresponding letter (A), (B), or (C) on your answer sheet.

7. Mark your answer on your answer sheet.

8. Mark your answer on your answer sheet.

9. Mark your answer on your answer sheet.

10. Mark your answer on your answer sheet.

11. Mark your answer on your answer sheet.

12. Mark your answer on your answer sheet.

13. Mark your answer on your answer sheet.

14. Mark your answer on your answer sheet.

15. Mark your answer on your answer sheet.

16. Mark your answer on your answer sheet.

17. Mark your answer on your answer sheet.

18. Mark your answer on your answer sheet.

19. Mark your answer on your answer sheet.

20. Mark your answer on your answer sheet.

21. Mark your answer on your answer sheet.

22. Mark your answer on your answer sheet.

23. Mark your answer on your answer sheet.

24. Mark your answer on your answer sheet.

25. Mark your answer on your answer sheet.

26. Mark your answer on your answer sheet.

27. Mark your answer on your answer sheet.

28. Mark your answer on your answer sheet.

29. Mark your answer on your answer sheet.

30. Mark your answer on your answer sheet.

31. Mark your answer on your answer sheet.

PART 3

Directions: In this part, you will listen to several conversations between two or more speakers. These conversations will not be printed and will only be spoken one time. For each conversation, you will be asked to answer three questions. Select the best response and mark the corresponding letter (A), (B), (C), or (D) on your answer sheet.

32. Who is the woman?

(A) A personal assistant
(B) A travel agent
(C) A corporate consultant
(D) A department head

33. Why is Janice Light traveling to France?

(A) To lead an organization
(B) To conduct some research
(C) To offer some training
(D) To interview for a position

34. What will the man probably do next?

(A) Talk to a colleague
(B) Shorten an enrollment period
(C) Assign some reading
(D) Transfer to a different branch

35. Where most likely are the speakers?

(A) At a store
(B) At a residence
(C) At an office
(D) At a factory

36. What does the man ask about?

(A) A model name
(B) A building address
(C) A purchase date
(D) A serial number

37. What will the man probably do next?

(A) Order a product
(B) Move some furniture
(C) Make a repair
(D) Explain a solution

38. What does the woman want to do?

(A) Send some museum passes
(B) Use an online service
(C) Register for a tour
(D) Display some sculptures

39. What does the man mean when he says, "I'm teaching classes every day this week"?

(A) A position has been accepted.
(B) A schedule is inconvenient.
(C) A course is going well.
(D) A demand can be met.

40. What will probably happen on Thursday morning?

(A) Paintings will be sold.
(B) A prize will be given out.
(C) Items will be moved.
(D) An announcement will be made.

41. Who most likely is the woman?

(A) A marketing associate
(B) A building inspector
(C) An interior designer
(D) A business owner

42. What is mentioned about the light fixture?

(A) It was purchased nearby.
(B) It comes in multiple sizes.
(C) It is located on the second floor.
(D) It was recalled by a manufacturer.

43. Why will the woman return next week?

(A) To deliver more supplies
(B) To remove some old wiring
(C) To meet with a city official
(D) To check on a problem

GO ON TO THE NEXT PAGE

44. What did the speakers do?

(A) They watched a film.
(B) They attended a concert.
(C) They viewed an exhibition.
(D) They went to a museum.

45. What does the man suggest?

(A) Visiting a new establishment
(B) Waiting for the bus
(C) Asking for directions
(D) Eating a meal before a movie

46. What will the speakers probably do next?

(A) Cancel an order
(B) Take a taxi
(C) Go into a cinema
(D) Walk to a station

47. What are the speakers mainly discussing?

(A) Some rent increases
(B) Notices for some tenants
(C) Security equipment
(D) Some Web site issues

48. What is the woman in charge of doing?

(A) Communicating with residents
(B) Overseeing a budget
(C) Assigning tasks to workers
(D) Installing machinery

49. What does the man say he will do this afternoon?

(A) Contact a business
(B) Read a user manual
(C) Move a security camera
(D) Advertise a service

50. Where does the man work?

(A) At a rental agency
(B) At a repair shop
(C) At a retail outlet
(D) At a manufacturing plant

51. What problem does the man mention?

(A) Some tools are malfunctioning.
(B) A parking space is unavailable.
(C) Some parts must be ordered.
(D) A branch will close earlier.

52. What does the man offer to do?

(A) Offer a price estimate
(B) Print an updated statement
(C) Provide a free service
(D) Clean up an oil spill

53. What problem is mentioned?

(A) A division must be downsized.
(B) A report has not been completed.
(C) A supervisor has called in sick.
(D) A payment was not received.

54. What is the man currently working on?

(A) A marketing brochure
(B) A job application
(C) A training manual
(D) An order form

55. What will the man do in an hour?

(A) Leave for a seminar
(B) Lead a focus group
(C) Arrange an appointment
(D) Read a document

56. Why is a discount being offered?

(A) To recognize a holiday
(B) To promote a product
(C) To celebrate an anniversary
(D) To commemorate a new branch

57. What does the woman say she brought with her?

(A) A credit card
(B) Some equipment
(C) Some luggage
(D) A season pass

58. What will the woman probably do next?

(A) Try on some gear
(B) Meet an instructor
(C) Fill out some paperwork
(D) Select an item

59. What feature is the man interested in?

(A) A speaker system
(B) A touch screen
(C) Storage compartments
(D) A keyless entry system

60. Why does the woman say, "Many people are talking about that"?

(A) To indicate concern
(B) To express agreement
(C) To make a suggestion
(D) To approve a plan

61. What will the man probably do next?

(A) Provide some identification
(B) Complete additional forms
(C) Compare some prices
(D) Install some software

Time	Talk	Speaker
10:30 A.M.	Staffing Innovations	Margot Hatch
11:30 A.M.	Global Expansion	Cynthia Bloom
12:15 P.M.	Lunch Break	
1:30 P.M.	Financial Forecasts	Gerald Fines
2:45 P.M.	Domestic Markets	Pete Strass

62. Look at the graphic. Which talk will be replaced?

(A) Staffing Innovations
(B) Global Expansion
(C) Financial Forecasts
(D) Domestic Markets

63. What does the man recommend?

(A) Adjusting a time slot
(B) Inviting another speaker
(C) Showing a video
(D) Notifying attendees

64. What will the woman print?

(A) Guest nametags
(B) Corporate brochures
(C) Seating charts
(D) Meeting programs

GO ON TO THE NEXT PAGE

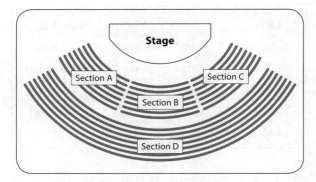

Department	Extension
Sales	310
Market Research	455
Security	562
Product Design	640

65. What type of event does the man want a ticket for?

(A) A play
(B) A music festival
(C) An awards ceremony
(D) A screening

66. Look at the graphic. Which section does the man want to sit in?

(A) Section A
(B) Section B
(C) Section C
(D) Section D

67. What does the woman suggest?

(A) Using a nearby parking lot
(B) Paying for an upgrade
(C) Arriving at a venue early
(D) Reading some reviews online

68. What did the man do in Berlin?

(A) Signed a sales contract
(B) Interviewed an applicant
(C) Visited a facility
(D) Met with some clients

69. What does the woman mention about SecureForce?

(A) It has many European customers.
(B) It experienced a technical issue.
(C) It recently released a new line.
(D) It operates an office in Berlin.

70. Look at the graphic. Which extension will the man dial?

(A) 310
(B) 455
(C) 562
(D) 640

PART 4

Directions: In this part, you will listen to several short talks by a single speaker. These talks will not be printed and will only be spoken one time. For each talk, you will be asked to answer three questions. Select the best response and mark the corresponding letter (A), (B), (C), or (D) on your answer sheet.

71. Where does the speaker work?

(A) At an insurance office
(B) At a bank
(C) At a pharmacy
(D) At a clinic

72. Why is the speaker calling?

(A) To provide an update
(B) To confirm an address
(C) To ask for information
(D) To offer a refund

73. What does the speaker mention about the online account?

(A) It has scheduling functions.
(B) It provides a health record.
(C) It requires password changes.
(D) It will lower monthly bills.

74. According to the speaker, what will be changed?

(A) A returns policy
(B) A service fee
(C) A production contract
(D) A phone number

75. What does the speaker mean when she says, "We're expecting some feedback, though"?

(A) A package is being upgraded.
(B) Some workers might be praised.
(C) There may be some system errors.
(D) Some complaints are likely to be made.

76. What are the listeners asked to do?

(A) Make a purchase
(B) Contact a director
(C) Transfer calls
(D) Promote a subscription

77. Where does the speaker most likely work?

(A) At a hotel
(B) At a travel agency
(C) At a staffing firm
(D) At an electronics retailer

78. How can the listener obtain a discount with an application?

(A) By signing up for a newsletter
(B) By sending an e-mail
(C) By participating in an event
(D) By entering a code

79. Why should the listener call the speaker?

(A) To cancel an earlier reservation
(B) To book a special package
(C) To hear a travel guide
(D) To revise an itinerary

80. What type of business is being advertised?

(A) A property management agency
(B) A landscaping company
(C) A cleaning service
(D) An interior design firm

81. Why does the speaker say, "This is why we have been in business for so many years"?

(A) To recommend an employee
(B) To reconsider a suggestion
(C) To express surprise
(D) To emphasize the quality of work

82. What can the listeners do on a Web site?

(A) View some images
(B) Book a consultation
(C) Look at prices
(D) Download a file

GO ON TO THE NEXT PAGE

83. What is the topic of the convention?

(A) Financial management
(B) Corporate branding
(C) Renewable energy
(D) Architectural design

84. What will Mr. O'Malley speak about?

(A) The method for some construction
(B) The advantages of some equipment
(C) The design of an appliance
(D) The problems with a technology

85. What does the speaker recommend doing?

(A) Leaving a review
(B) Joining an organization
(C) Signing up to be a speaker
(D) Donating to an institution

86. According to the speaker, what happened this month?

(A) Some inspections were done.
(B) A machine was installed.
(C) A training expert arrived.
(D) Some accidents occurred.

87. What must the listeners do by Friday?

(A) Read a manual
(B) Repair some machines
(C) Watch a video
(D) Record a lecture

88. What will be held next week?

(A) A board meeting
(B) A company workshop
(C) A grand opening
(D) A charity event

89. Who is the speaker?

(A) A travel agent
(B) A product designer
(C) A news reporter
(D) A maintenance manager

90. Why does the speaker say, "I'm already using one at home"?

(A) To correct an error
(B) To ask for an opinion
(C) To make a recommendation
(D) To explain an inconvenience

91. What will the assistant do next?

(A) Turn on an appliance
(B) Lead visitors to a laboratory
(C) Hand out free samples
(D) Describe a product feature

92. Who most likely is Jane Kearney?

(A) A film director
(B) A city official
(C) A personnel manager
(D) A real estate agent

93. What does the speaker suggest the listeners do?

(A) Contact a radio station
(B) Attend a festival
(C) Find an attractions map
(D) Visit a park

94. What will most likely happen next?

(A) Some competition details will be announced.
(B) Some department members will be introduced.
(C) Some questionnaires will be distributed.
(D) Some advertisements will run.

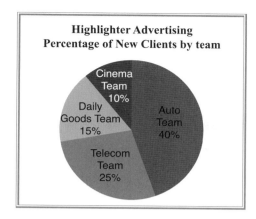

**Highlighter Advertising
Percentage of New Clients by team**

- Cinema Team 10%
- Daily Goods Team 15%
- Auto Team 40%
- Telecom Team 25%

**Redridge Corporation
Orientation Session Schedule**

Presenter	Time
Jamie Crossford	8 A.M. − 9 A.M.
Qian Wong	9 A.M. − 10 A.M.
BREAK − 30 minutes	
Miranda Garcia	10:30 A.M. − 11:30 A.M.
Ahmed Shah	11:30 A.M.. − 12:30 P.M.

95. What is the purpose of the speech?

(A) To accept an industry award
(B) To announce a branch opening
(C) To introduce a company executive
(D) To appoint a team manager

96. Why does the speaker thank the listeners?

(A) They made a company successful.
(B) They participated in a business trip.
(C) They completed a project quickly.
(D) They provided presents.

97. Look at the graphic. Which team will receive tickets to Kuala Lumpur?

(A) Auto Team
(B) Telecom Team
(C) Daily Goods Team
(D) Cinema Team

98. Where does the speaker work?

(A) At a marketing agency
(B) At a software firm
(C) At a publishing company
(D) At a food production company

99. What did the speaker do for the listeners?

(A) He provided some name tags.
(B) He described some policies.
(C) He organized some seats.
(D) He handed out some documents.

100. Look at the graphic. Which presenter will be replaced?

(A) Jamie Crossford
(B) Qian Wong
(C) Miranda Garcia
(D) Ahmed Shah

정답 p.190 / 스크립트·해석·해설 [별권] 해설집 p.24 / 해커스토익 빅플로 자동 채점 및 취약 유형 분석하기

▌정답 음성(QR)이나 정답(p.190)을 확인하여 채점하시기 바랍니다. 정답 음성에서 Boy는 (B)를, David는 (D)를 나타냅니다.
▌다음 페이지에 있는 TEST 2 점수환산표를 확인해 자신의 토익 리스닝 점수를 예상해 보세요.

TEST 2 점수 환산표

TEST 2는 무사히 잘 마치셨나요? 맞은 개수를 세어본 후 아래의 점수 환산표를 통해 자신의 점수를 예상해 보세요.

전체 난이도   **쉬운 난이도**

파트별 난이도   PART 1 하 ●○○
                     PART 2 하 ●○○
                     PART 3 중 ●●○
                     PART 4 하 ●○○

정답 수	리스닝 점수	정답 수	리스닝 점수
98~100개	485~495점	47~49개	195~205점
95~97개	470~480점	44~46개	180~190점
92~94개	455~465점	41~43개	165~175점
89~91개	440~450점	38~40개	150~160점
86~88개	420~435점	35~37개	135~145점
83~85개	400~415점	32~34개	120~130점
80~82개	380~395점	29~31개	105~115점
77~79개	360~375점	26~28개	90~100점
74~76개	340~355점	23~25개	75~85점
71~73개	320~335점	20~22개	60~70점
68~70개	300~315점	17~19개	45~55점
65~67개	285~295점	14~16개	30~40점
62~64개	270~280점	11~13개	15~25점
59~61개	255~265점	8~10개	5~10점
56~58개	240~250점	5~7개	0~5점
53~55개	225~235점	2~4개	0~5점
50~52개	210~220점	0~1개	0~5점

* 점수 환산표는 해커스토익 사이트 유저 데이터를 근거로 제작되었으며, 주기적으로 업데이트되고 있습니다. 해커스토익 사이트
  (Hackers.co.kr)에서 최신 경향을 반영하여 업데이트된 점수환산기를 이용하실 수 있습니다. (토익 > 토익게시판 > 토익점수환산기)

TEST 3

✕

PART 1
PART 2
PART 3
PART 4
점수 환산표

잠깐! 테스트 전 확인사항

1. 문제 풀이에 방해가 되는 물건을 모두 치우셨나요?　　　예 ☐
2. Answer Sheet, 연필, 지우개를 준비하셨나요?　　　　　예 ☐
3. MP3를 들을 준비가 되셨나요?　　　　　　　　　　　　예 ☐

모든 준비가 완료되었으면 목표 점수를 떠올린 후 테스트를 시작합니다.

TEST 3.mp3
실전용·복습용 문제풀이 MP3 무료 다운로드 및 스트리밍 바로듣기 (HackersIngang.com)

* 실제 시험장의 소음까지 재현해 낸 고사장 소음/매미 버전 MP3, 영국식·호주식 발음 집중 MP3, 고속 버전 MP3
　까지 구매하면 실전에 더욱 완벽히 대비할 수 있습니다.

무료MP3 바로듣기

LISTENING TEST

In this section, you must demonstrate your ability to understand spoken English. This section is divided into four parts and will take approximately 45 minutes to complete. Do not mark the answers in your test book. Use the answer sheet that is provided separately.

PART 1

Directions: For each question, you will listen to four short statements about a picture in your test book. These statements will not be printed and will only be spoken one time. Select the statement that best describes what is happening in the picture and mark the corresponding letter (A), (B), (C), or (D) on the answer sheet.

Sample Answer
Ⓐ ● Ⓒ Ⓓ

The statement that best describes the picture is (B), "The man is sitting at the desk." So, you should mark letter (B) on the answer sheet.

1.

2.

GO ON TO THE NEXT PAGE

3.

4.

5.

6.

GO ON TO THE NEXT PAGE ⟶

Directions: For each question, you will listen to a statement or question followed by three possible responses spoken in English. They will not be printed and will only be spoken one time. Select the best response and mark the corresponding letter (A), (B), or (C) on your answer sheet.

7. Mark your answer on your answer sheet.

8. Mark your answer on your answer sheet.

9. Mark your answer on your answer sheet.

10. Mark your answer on your answer sheet.

11. Mark your answer on your answer sheet.

12. Mark your answer on your answer sheet.

13. Mark your answer on your answer sheet.

14. Mark your answer on your answer sheet.

15. Mark your answer on your answer sheet.

16. Mark your answer on your answer sheet.

17. Mark your answer on your answer sheet.

18. Mark your answer on your answer sheet.

19. Mark your answer on your answer sheet.

20. Mark your answer on your answer sheet.

21. Mark your answer on your answer sheet.

22. Mark your answer on your answer sheet.

23. Mark your answer on your answer sheet.

24. Mark your answer on your answer sheet.

25. Mark your answer on your answer sheet.

26. Mark your answer on your answer sheet.

27. Mark your answer on your answer sheet.

28. Mark your answer on your answer sheet.

29. Mark your answer on your answer sheet.

30. Mark your answer on your answer sheet.

31. Mark your answer on your answer sheet.

PART 3

Directions: In this part, you will listen to several conversations between two or more speakers. These conversations will not be printed and will only be spoken one time. For each conversation, you will be asked to answer three questions. Select the best response and mark the corresponding letter (A), (B), (C), or (D) on your answer sheet.

32. What are the speakers mainly discussing?

    (A) A trip itinerary
    (B) A training program
    (C) Event invitations
    (D) Employee evaluations

33. What does the man need to do?

    (A) Book a venue
    (B) Contact a client
    (C) Pick up some supplies
    (D) Sign a contract

34. What will the woman probably do next?

    (A) Print some materials
    (B) Call a coworker
    (C) Make an announcement
    (D) Distribute some handouts

35. What is the purpose of the woman's visit?

    (A) To purchase some plants
    (B) To arrange a group tour
    (C) To volunteer for a task
    (D) To take a gardening class

36. What does the man ask the woman to do?

    (A) Fill out a document
    (B) Talk to another receptionist
    (C) Read a leaflet
    (D) Present some identification

37. Why is the woman concerned?

    (A) She cannot afford a payment.
    (B) She did not receive a message.
    (C) She is unavailable on weekends.
    (D) She did not get a part-time job.

38. What does the woman ask the man for?

    (A) A financial report
    (B) An e-mail password
    (C) An office projector
    (D) An extra notepad

39. Why does the man say, "There are a lot of details"?

    (A) To announce a change
    (B) To show agreement
    (C) To discuss a complaint
    (D) To indicate concern

40. What does the woman plan to do?

    (A) Postpone a luncheon
    (B) Set up a device
    (C) Proofread a report
    (D) Inspect a building

41. Where do the speakers most likely work?

    (A) At a recruitment agency
    (B) At an electronics store
    (C) At a publishing company
    (D) At a marketing firm

42. Why is the man unable to make some changes?

    (A) He must train some staff.
    (B) He is organizing a meeting.
    (C) He has to greet visitors.
    (D) He is reviewing a manuscript.

43. What will Gabby do next?

    (A) Introduce some colleagues
    (B) Explain changes to customers
    (C) Head to a workstation
    (D) Take a photograph

GO ON TO THE NEXT PAGE

44. Where does the man work?

(A) At a school
(B) At a library
(C) At a clinic
(D) At a fitness center

45. What does the woman ask about?

(A) A fee
(B) A brochure
(C) A timeline
(D) A questionnaire

46. What will the man most likely do next?

(A) Summarize feedback
(B) Review an enrollment application
(C) Respond to some messages
(D) Search for some details

47. What took place earlier this week?

(A) A press conference
(B) A job interview
(C) A training seminar
(D) A product launch

48. What do the women inform the man about?

(A) The purpose of a memo
(B) The opinions of attendees
(C) The goal of a campaign
(D) The benefits of policies

49. What does the man say he will do?

(A) Notify a manager
(B) Purchase a ticket
(C) Print out an article
(D) Post some instructions

50. Why is the woman calling?

(A) To make a reservation
(B) To discuss an apartment
(C) To ask about requirements
(D) To arrange an interview

51. Why does the woman say, "It's across from a metro station"?

(A) To highlight an advantage
(B) To explain a delay
(C) To correct a mistake
(D) To confirm some plans

52. What is mentioned about a tenant?

(A) She will be present during a visit.
(B) She is unhappy with some renovations.
(C) She expects a response very soon.
(D) She did not lock a door.

53. What problem does the man mention?

(A) A Web site is not working.
(B) An order has not arrived.
(C) A billing statement is incorrect.
(D) An item is damaged.

54. What information does the woman need?

(A) A product name
(B) An order number
(C) A delivery address
(D) A date of purchase

55. What will the man do next?

(A) Download an order form
(B) Compare some prices online
(C) Pack a product in a box
(D) Look through some e-mails

56. Who is the woman?

(A) A town official
(B) A reporter
(C) A politician
(D) A business owner

57. According to the woman, what will be built in Chicago?

(A) A shopping complex
(B) A sports facility
(C) A community center
(D) A manufacturing factory

58. What is located on a table?

(A) Some name tags
(B) Some pamphlets
(C) Some registration forms
(D) Some sample products

59. Why is the woman calling?

(A) An appointment should be rescheduled.
(B) A receipt must be revised.
(C) An appliance is too big.
(D) A worker is late.

60. Why does the man apologize?

(A) He did not contact a customer.
(B) He did not cancel an order.
(C) He charged the wrong amount.
(D) He misplaced some directions.

61. What will the man probably do next?

(A) Check a map
(B) Drive to a house
(C) Ask questions
(D) Submit some documents

Manufacturer	Product
Peterson Industries	Flow smartphone
Range Incorporated	Envo laptop
Grand Corporation	TouchTech printer
Beasley Electronics	C32 television

62. What is the woman's problem?

(A) She does not have some information.
(B) She was assigned another duty.
(C) She forgot some materials.
(D) She is waiting for approval.

63. Look at the graphic. Which item will be 15 percent off?

(A) Flow smartphone
(B) Envo laptop
(C) TouchTech printer
(D) C32 television

64. What does the woman suggest?

(A) Creating business flyers
(B) Relocating merchandise
(C) Collecting customer feedback
(D) Putting up a sign

GO ON TO THE NEXT PAGE

Step 1.
Combine flour and water

Step 2.
Mix ingredients

Step 3.
Put butter on hot pan

Step 4.
Heat until cooked

65. According to the man, what has been set up?

(A) Some beverages
(B) Some posters
(C) Some equipment
(D) Some furniture

66. Look at the graphic. Which step must be changed?

(A) Step 1
(B) Step 2
(C) Step 3
(D) Step 4

67. What will the man probably do next?

(A) Welcome some people
(B) Try some food
(C) Pass out some menus
(D) Get some ingredients

SAVALL MOTORS TEAM-BUILDING WORKSHOPS	
Speaker	**Topic**
Logan Jenkins	Staff Communication
Betty Graham	Trust in the Workplace
Aubrey Hammond	Training New Workers
Carson Filby	Team Efficiency

68. Why did the woman miss an event?

(A) She needed to assist a manager.
(B) She was out of town.
(C) She did not feel well.
(D) She had to complete an assignment.

69. Look at the graphic. Who led the workshop the man attended?

(A) Logan Jenkins
(B) Betty Graham
(C) Aubrey Hammond
(D) Carson Filby

70. What will be posted online?

(A) Video recordings
(B) Speech transcripts
(C) A facility map
(D) A revised schedule

PART 4

Directions: In this part, you will listen to several short talks by a single speaker. These talks will not be printed and will only be spoken one time. For each talk, you will be asked to answer three questions. Select the best response and mark the corresponding letter (A), (B), (C), or (D) on your answer sheet.

71. What is the speaker mainly discussing?

(A) A business opportunity
(B) A career development
(C) A company policy
(D) An office relocation

72. What will some employees receive reimbursement for?

(A) Health care
(B) Meals
(C) Gym memberships
(D) Transportation

73. What will be sent by e-mail?

(A) A form
(B) A survey
(C) A receipt
(D) A manual

74. What took place over the weekend?

(A) An award ceremony
(B) A company picnic
(C) A business meeting
(D) A training workshop

75. Why is the speaker concerned?

(A) A request has been denied.
(B) A delivery has been delayed.
(C) Some sales have been low.
(D) Some costs have gotten high.

76. Why does the speaker say, "These changes will become part of our daily routine"?

(A) To encourage others to attend some events
(B) To alter an employee work schedule
(C) To emphasize the importance of a policy
(D) To promote a healthy lifestyle

77. According to the speaker, what is the problem?

(A) A device is malfunctioning.
(B) A room is currently locked.
(C) A client is running late.
(D) A switch is inaccessible.

78. Why does the speaker want the work to be done quickly?

(A) She must finish a report.
(B) She would like to print a document.
(C) She has to give a presentation.
(D) She needs to confirm a budget.

79. What does the speaker ask the listener to do?

(A) Write down a phone number
(B) Watch a product demonstration
(C) Discuss a proposal
(D) Inspect some equipment

80. Where do the listeners work?

(A) At a restaurant
(B) At a grocery store
(C) At a cooking school
(D) At a kitchenware store

81. What did the speaker recently do?

(A) He took a break.
(B) He posted a timetable.
(C) He rearranged some furniture.
(D) He sent a promotional e-mail.

82. What does the speaker encourage the listeners to do?

(A) Recommend some dishes
(B) Revise some menus
(C) Reserve a table
(D) Pick up an order

GO ON TO THE NEXT PAGE

83. What is being advertised?

(A) A supermarket
(B) A repair shop
(C) A gardening store
(D) A delivery service

84. What happened in February?

(A) A seasonal sale was concluded.
(B) A business appeared in a publication.
(C) A shop opened additional branches.
(D) An online magazine was launched.

85. What is included in a newsletter?

(A) Information on promotions
(B) Product reviews
(C) Company news
(D) A list of local shops

86. What is mentioned about Welkin's Sportswear?

(A) It closed a warehouse.
(B) It bought a property.
(C) It hired a spokesperson.
(D) It reconstructed a building.

87. What does the speaker mean when she says, "people like to shop at well-known stores"?

(A) Customers have been providing feedback.
(B) Employees will be asked to make suggestions.
(C) A marketing effort has been a success.
(D) Another business will provide competition.

88. What will be offered to customers in April?

(A) Free services
(B) Product samples
(C) Price discounts
(D) Gift cards

89. Where most likely are the listeners?

(A) At a clothing factory
(B) At a retail outlet
(C) At a storage facility
(D) At a printing shop

90. What does the speaker ask the listeners to move?

(A) A display table
(B) A sale sign
(C) Some shopping baskets
(D) Some accessories

91. What does the speaker say he will do?

(A) Collect some tools
(B) Clean the back room
(C) Take out some items
(D) Show some new fabric

92. How did the speaker learn about a business?

(A) By talking to a friend
(B) By watching television
(C) By reading a newspaper
(D) By checking e-mails

93. What does the speaker mean when he says, "now there are leaves all over my backyard"?

(A) He forgot to do a task.
(B) He is not satisfied.
(C) He is interested in a service.
(D) He will finish a job on his own.

94. What will the speaker do this afternoon?

(A) Stop by a work site
(B) Research some suppliers
(C) Submit a final payment
(D) Talk to a customer

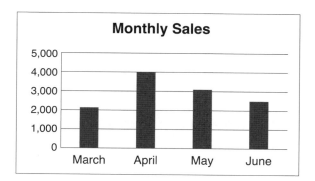

Monthly Sales

Pittsburgh Planetarium
Theater Showings – August 9

Show Name	Time
Stars and Planets	9 A.M. – 10 A.M.
The Northern Lights	10 A.M. – 11 A.M.
Traveling Through Space	11 A.M. – 12 P.M.
Views of Earth	1 P.M. – 3 P.M.

95. What is the purpose of the meeting?

(A) To introduce a new employee
(B) To organize a conference
(C) To discuss some tactics
(D) To present survey results

96. Look at the graphic. When was a product reviewed?

(A) March
(B) April
(C) May
(D) June

97. What will the company do next month?

(A) Send free items to music fans
(B) Improve an official Web site
(C) Contact online writers
(D) Launch a pair of headphones

98. What is suggested about the Pittsburgh Planetarium?

(A) It was featured in a newspaper.
(B) It has more than one floor.
(C) It has shows every day.
(D) It was renovated last week.

99. Look at the graphic. Which show was canceled?

(A) *Stars and Planets*
(B) *The Northern Lights*
(C) *Traveling Through Space*
(D) *Views of Earth*

100. Where can visitors receive some free items?

(A) At a gift shop
(B) At a ticket office
(C) At a front desk
(D) At a main entrance

정답 p.190 / 스크립트·해석·해설 [별권] 해설집 p.46 / 해커스토익 빅플로 자동 채점 및 취약 유형 분석하기

▌정답 음성(QR)이나 정답(p.190)을 확인하여 채점하시기 바랍니다. 정답 음성에서 Boy는 (B)를, David는 (D)를 나타냅니다.
▌다음 페이지에 있는 TEST 3 점수환산표를 확인해 자신의 토익 리스닝 점수를 예상해 보세요.

TEST 3 점수 환산표

TEST 3은 무사히 잘 마치셨나요? 맞은 개수를 세어본 후 아래의 점수 환산표를 통해 자신의 점수를 예상해 보세요.

전체 난이도　　어려운 난이도

파트별 난이도　PART 1　중 ●●○
　　　　　　　　PART 2　상 ●●●
　　　　　　　　PART 3　중 ●●○
　　　　　　　　PART 4　중 ●●○

정답 수	리스닝 점수	정답 수	리스닝 점수
98~100개	495점	47~49개	220~230점
95~97개	495점	44~46개	205~215점
92~94개	480~490점	41~43개	190~200점
89~91개	465~475점	38~40개	175~185점
86~88개	445~460점	35~37개	160~170점
83~85개	425~440점	32~34개	145~155점
80~82개	405~420점	29~31개	130~140점
77~79개	385~400점	26~28개	115~125점
74~76개	365~380점	23~25개	100~110점
71~73개	345~360점	20~22개	85~95점
68~70개	325~340점	17~19개	70~80점
65~67개	310~320점	14~16개	55~65점
62~64개	295~305점	11~13개	40~50점
59~61개	280~290점	8~10개	25~35점
56~58개	265~275점	5~7개	10~20점
53~55개	250~260점	2~4개	5~10점
50~52개	235~245점	0~1개	0~5점

* 점수 환산표는 해커스토익 사이트 유저 데이터를 근거로 제작되었으며, 주기적으로 업데이트되고 있습니다. 해커스토익 사이트 (Hackers.co.kr)에서 최신 경향을 반영하여 업데이트된 점수환산기를 이용하실 수 있습니다. (토익 > 토익게시판 > 토익점수환산기)

TEST 4

×

PART 1
PART 2
PART 3
PART 4
점수 환산표

잠깐! 테스트 전 확인사항

1. 문제 풀이에 방해가 되는 물건을 모두 치우셨나요?   예 □
2. Answer Sheet, 연필, 지우개를 준비하셨나요?   예 □
3. MP3를 들을 준비가 되셨나요?   예 □

모든 준비가 완료되었으면 목표 점수를 떠올린 후 테스트를 시작합니다.

무료MP3 바로듣기

TEST 4.mp3
실전용·복습용 문제풀이 MP3 무료 다운로드 및 스트리밍 바로듣기 (HackersIngang.com)

* 실제 시험장의 소음까지 재현해 낸 고사장 소음/매미 버전 MP3, 영국식·호주식 발음 집중 MP3, 고속 버전 MP3
  까지 구매하면 실전에 더욱 완벽히 대비할 수 있습니다.

LISTENING TEST

In this section, you must demonstrate your ability to understand spoken English. This section is divided into four parts and will take approximately 45 minutes to complete. Do not mark the answers in your test book. Use the answer sheet that is provided separately.

PART 1

Directions: For each question, you will listen to four short statements about a picture in your test book. These statements will not be printed and will only be spoken one time. Select the statement that best describes what is happening in the picture and mark the corresponding letter (A), (B), (C), or (D) on the answer sheet.

Sample Answer
Ⓐ ● Ⓒ Ⓓ

The statement that best describes the picture is (B), "The man is sitting at the desk." So, you should mark letter (B) on the answer sheet.

1.

2.

GO ON TO THE NEXT PAGE ➡

3.

4.

5.

6.

GO ON TO THE NEXT PAGE ➤

TEST 4

해커스 토익 실전 1200제 LISTENING

PART 2

Directions: For each question, you will listen to a statement or question followed by three possible responses spoken in English. They will not be printed and will only be spoken one time. Select the best response and mark the corresponding letter (A), (B), or (C) on your answer sheet.

7. Mark your answer on your answer sheet.

8. Mark your answer on your answer sheet.

9. Mark your answer on your answer sheet.

10. Mark your answer on your answer sheet.

11. Mark your answer on your answer sheet.

12. Mark your answer on your answer sheet.

13. Mark your answer on your answer sheet.

14. Mark your answer on your answer sheet.

15. Mark your answer on your answer sheet.

16. Mark your answer on your answer sheet.

17. Mark your answer on your answer sheet.

18. Mark your answer on your answer sheet.

19. Mark your answer on your answer sheet.

20. Mark your answer on your answer sheet.

21. Mark your answer on your answer sheet.

22. Mark your answer on your answer sheet.

23. Mark your answer on your answer sheet.

24. Mark your answer on your answer sheet.

25. Mark your answer on your answer sheet.

26. Mark your answer on your answer sheet.

27. Mark your answer on your answer sheet.

28. Mark your answer on your answer sheet.

29. Mark your answer on your answer sheet.

30. Mark your answer on your answer sheet.

31. Mark your answer on your answer sheet.

PART 3

Directions: In this part, you will listen to several conversations between two or more speakers. These conversations will not be printed and will only be spoken one time. For each conversation, you will be asked to answer three questions. Select the best response and mark the corresponding letter (A), (B), (C), or (D) on your answer sheet.

32. According to the man, what did customers complain about?

(A) The size of a space
(B) The price of a dish
(C) The menu options
(D) The operating hours

33. What took place last month?

(A) An industry fair
(B) A training session
(C) A sales presentation
(D) A culinary class

34. Who will the woman e-mail?

(A) An executive
(B) A cook
(C) A critic
(D) A consultant

35. What does the woman say will happen tonight?

(A) A film screening
(B) A live broadcast
(C) An award ceremony
(D) A music performance

36. What does the woman want to know?

(A) Whether the man performed in Chicago before
(B) Where the man was born
(C) Why the man started a band
(D) When the man plans to release his next album

37. Why should the listeners call a radio station?

(A) To register for an event
(B) To share a story
(C) To get some apparel
(D) To receive free tickets

38. What is the conversation mainly about?

(A) A rental unit
(B) A shipping address
(C) A new workspace
(D) A recent order

39. Why does the woman need help?

(A) She has too much to carry.
(B) She does not have directions.
(C) She is unable to find some furniture.
(D) She cannot make a decision.

40. What does the man agree to do?

(A) Report a problem
(B) Record some information
(C) Confirm a purchase
(D) Assemble a chair

41. What did the woman do last week?

(A) She traveled abroad.
(B) She installed machinery.
(C) She conducted surveys.
(D) She sent applications.

42. What does the man request that the woman do?

(A) Extend a deadline
(B) Submit some documents
(C) Send some e-mails
(D) Update a Web site

43. What will the woman probably do next?

(A) Read through some manuals
(B) Meet with a supervisor
(C) Contact a delivery person
(D) Take a short break

GO ON TO THE NEXT PAGE

44. What are the speakers mainly discussing?

(A) A grand opening
(B) A job interview
(C) A safety inspection
(D) An investor gathering

45. What is mentioned about a factory?

(A) It is almost ready for operation.
(B) It requires more employees.
(C) It must be relocated.
(D) It has new equipment.

46. What does the woman imply when she says, "You visited the facility recently"?

(A) She wants the man to speak at an event.
(B) She plans to inspect a manufacturing plant.
(C) She needs the man to adjust a work schedule.
(D) She hopes to find out the cause of a delay.

47. Where is the conversation taking place?

(A) At a warehouse
(B) At a farm
(C) At a laboratory
(D) At a bakery

48. What problem does the man mention?

(A) A supplier made an error.
(B) Some products have expired.
(C) Some policies have changed.
(D) A service has been canceled.

49. What does the man recommend?

(A) Filing a formal complaint
(B) Returning at a later time
(C) Placing an order online
(D) Going to a different store

50. What was recently e-mailed to staff?

(A) A questionnaire
(B) An update
(C) A schedule
(D) A reminder

51. What is mentioned about the employees?

(A) They will sign an agreement.
(B) They will get more time off.
(C) They will fill out surveys.
(D) They will work overtime.

52. What will probably happen in June?

(A) A complaint will be reviewed.
(B) Some policies will be evaluated.
(C) Some benefits will be modified.
(D) An employee award will be given.

53. What type of business do the men most likely work for?

(A) A clothing shop
(B) A furniture store
(C) A real estate office
(D) A moving company

54. What does the woman want to do?

(A) Make an exchange
(B) Compare some prices
(C) Test out some merchandise
(D) Utilize a discount code

55. What is mentioned about a woman's product?

(A) It will be inspected.
(B) It will arrive soon.
(C) It is not damaged.
(D) It is not available.

56. Why is the woman calling?

(A) To share travel plans
(B) To reserve some seats
(C) To ask about accommodations
(D) To extend an invitation

57. According to the woman, what will take place next Saturday?

(A) A charity dinner
(B) A museum tour
(C) A theater performance
(D) A property showing

58. What does the man say he will do?

(A) Contact a restaurant
(B) Pick the woman up
(C) Print out some programs
(D) Look into admission rates

59. Why was the man out of the office last week?

(A) He took a business trip.
(B) He attended a trade fair.
(C) He visited a medical clinic.
(D) He observed some trainees.

60. What does the man mean when he says, "We'll be expanding soon"?

(A) An employee will be promoted.
(B) A legal agreement must be revised.
(C) Some advertisements should be created.
(D) Additional funds may be necessary.

61. What does the woman ask the man to do?

(A) Give a presentation
(B) Reschedule an appointment
(C) Take part in the meeting
(D) Talk to a branch manager

P223 Flat Screen TV
User Manual

Table of Contents

62. Why did a manager buy a television?

(A) A conference room was renovated.
(B) A previous device was malfunctioning.
(C) A store is having a promotion.
(D) A product received a positive review.

63. What does the woman say she already did?

(A) She adjusted some settings.
(B) She installed additional speakers.
(C) She recycled packaging materials.
(D) She read through a user manual.

64. Look at the graphic. Which page will the man probably read?

(A) Page 1
(B) Page 3
(C) Page 6
(D) Page 7

GO ON TO THE NEXT PAGE

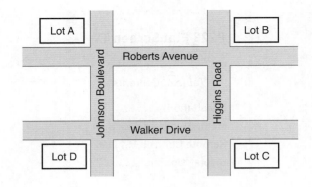

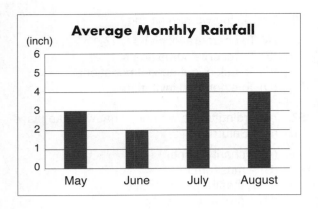

65. What is the man's problem?

(A) He went to the wrong address.
(B) He does not have a ride.
(C) He is unhappy with a doctor.
(D) He missed an appointment.

66. What does the woman ask the man to do?

(A) Take public transportation
(B) Write down a phone number
(C) Arrive early
(D) Contact a physician

67. Look at the graphic. Where will the man most likely park?

(A) Lot A
(B) Lot B
(C) Lot C
(D) Lot D

68. Who most likely is the woman?

(A) A university professor
(B) A farm manager
(C) A corporate researcher
(D) A market analyst

69. Look at the graphic. Which month is the woman concerned about?

(A) May
(B) June
(C) July
(D) August

70. What does the man want to do on Friday?

(A) Meet with a colleague
(B) Release a report
(C) Speak to a customer
(D) Tour a facility

PART 4

Directions: In this part, you will listen to several short talks by a single speaker. These talks will not be printed and will only be spoken one time. For each talk, you will be asked to answer three questions. Select the best response and mark the corresponding letter (A), (B), (C), or (D) on your answer sheet.

71. Where are the listeners?

    (A) At a library
    (B) At a factory
    (C) At a furniture store
    (D) At an automobile dealership

72. What is mentioned about the ElectraDesk?

    (A) It requires further assembly.
    (B) It is currently being painted.
    (C) It contains a special feature.
    (D) It is the best-selling item.

73. What are the listeners told to do?

    (A) Return safety equipment
    (B) Inspect some products
    (C) Save questions for later
    (D) Be careful of vehicles

74. Who most likely is the speaker?

    (A) A magazine editor
    (B) A sports photographer
    (C) A soccer player
    (D) A fund-raiser organizer

75. What does the speaker ask the listener to do?

    (A) Interview an athlete
    (B) Finalize a report
    (C) Revise a document
    (D) Do some volunteer work

76. What will probably take place tomorrow morning?

    (A) A staff meeting
    (B) A museum opening
    (C) A sporting competition
    (D) A product reveal

77. What is the purpose of the talk?

    (A) To sell publications
    (B) To encourage exercise
    (C) To introduce a program
    (D) To announce awards

78. What does the speaker mean when he says, "I can't see a single empty seat"?

    (A) The listeners must register quickly.
    (B) The listeners should stand up.
    (C) A contest is starting soon.
    (D) A program is popular.

79. Who is Carolyn Woods?

    (A) A film director
    (B) An author
    (C) A teacher
    (D) An event planner

80. Why is the business holding a sale?

    (A) To mark an opening
    (B) To recognize a holiday
    (C) To thank some members
    (D) To promote some new products

81. What is provided with some purchases?

    (A) Rug
    (B) Floor lamp
    (C) Cleaning spray
    (D) Bookshelf

82. According to the speaker, what can the listeners find on a Web site?

    (A) Updated prices
    (B) Product images
    (C) Store addresses
    (D) Order forms

GO ON TO THE NEXT PAGE ➡

83. What is the speaker mainly discussing?

    (A) A project deadline
    (B) Marketing techniques
    (C) Financial planning
    (D) Software development

84. Why does the speaker say, "He has managed similar issues for us in the past"?

    (A) To show someone's suitability
    (B) To ask for more help
    (C) To express concern
    (D) To complain about a decision

85. What will Keith French do next week?

    (A) Meet a client
    (B) Present a plan
    (C) Upgrade a program
    (D) Hire a designer

86. What is the report mainly about?

    (A) A construction proposal
    (B) An upcoming election
    (C) A road closure
    (D) A tax increase

87. According to the speaker, what must a new council head do?

    (A) Appoint a member
    (B) Reduce a budget
    (C) Attend a conference
    (D) Create a development plan

88. Why does the speaker say a task will not be easy?

    (A) There's public opposition.
    (B) There are damaged facilities.
    (C) There's limited funding.
    (D) There are too many regulations.

89. Who most likely is the listener?

    (A) A truck driver
    (B) A travel agent
    (C) An office supervisor
    (D) A maintenance worker

90. What does the speaker mean when she says, "they will come to the apartment sooner than I thought"?

    (A) A plan should be changed.
    (B) An occupant has a special request.
    (C) A problem has been solved.
    (D) A delivery must be postponed.

91. What does the speaker ask the listener to do?

    (A) Call a resident
    (B) Speak with an assistant
    (C) Provide some samples
    (D) Cancel a meeting

92. Where most likely are the listeners?

    (A) At an art museum
    (B) At a convention center
    (C) At a guitar shop
    (D) At a music academy

93. What has been placed on the table?

    (A) Some music sheets
    (B) Some instruments
    (C) A photo album
    (D) A class schedule

94. What will the listeners probably do next?

    (A) Discuss a piece of music
    (B) Enjoy some refreshments
    (C) Watch a performance
    (D) Gather in groups

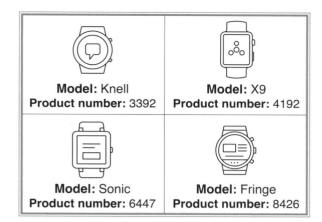

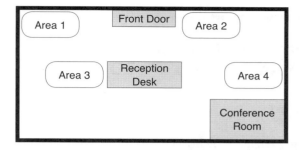

95. What is the speaker mainly discussing?

(A) A customer complaint
(B) Employee schedules
(C) Marketing strategies
(D) A sales event

96. Look at the graphic. Which product number is out of stock?

(A) 3392
(B) 4192
(C) 6447
(D) 8426

97. What does the speaker recommend doing?

(A) Reducing prices
(B) Redirecting shoppers
(C) Promoting a warranty
(D) Extending an event

98. According to the speaker, what will happen tomorrow?

(A) Some equipment will be set up.
(B) A desk will be removed.
(C) A guest list will be printed.
(D) Some devices will be demonstrated.

99. Look at the graphic. Where is Printer Z situated?

(A) Area 1
(B) Area 2
(C) Area 3
(D) Area 4

100. What does the speaker suggest the listeners do?

(A) Contact a technician
(B) Refer to some instructions
(C) Visit a reception desk
(D) Send an e-mail

정답 p.190 / 스크립트·해석·해설 [별권] 해설집 p.68 / 해커스토익 빅플로 자동 채점 및 취약 유형 분석하기

▌정답 음성(QR)이나 정답(p.190)을 확인하여 채점하시기 바랍니다. 정답 음성에서 Boy는 (B)를, David는 (D)를 나타냅니다.
▌다음 페이지에 있는 TEST 4 점수환산표를 확인해 자신의 토익 리스닝 점수를 예상해 보세요.

TEST 4 점수 환산표

TEST 4는 무사히 잘 마치셨나요? 맞은 개수를 세어본 후 아래의 점수 환산표를 통해 자신의 점수를 예상해 보세요.

전체 난이도   어려운 난이도

파트별 난이도   PART 1 상 ●●●
　　　　　　　　PART 2 상 ●●●
　　　　　　　　PART 3 중 ●●○
　　　　　　　　PART 4 중 ●●○

정답 수	리스닝 점수	정답 수	리스닝 점수
98~100개	495점	47~49개	220~230점
95~97개	495점	44~46개	205~215점
92~94개	480~490점	41~43개	190~200점
89~91개	465~475점	38~40개	175~185점
86~88개	445~460점	35~37개	160~170점
83~85개	425~440점	32~34개	145~155점
80~82개	405~420점	29~31개	130~140점
77~79개	385~400점	26~28개	115~125점
74~76개	365~380점	23~25개	100~110점
71~73개	345~360점	20~22개	85~95점
68~70개	325~340점	17~19개	70~80점
65~67개	310~320점	14~16개	55~65점
62~64개	295~305점	11~13개	40~50점
59~61개	280~290점	8~10개	25~35점
56~58개	265~275점	5~7개	10~20점
53~55개	250~260점	2~4개	5~10점
50~52개	235~245점	0~1개	0~5점

* 점수 환산표는 해커스토익 사이트 유저 데이터를 근거로 제작되었으며, 주기적으로 업데이트되고 있습니다. 해커스토익 사이트
  (Hackers.co.kr)에서 최신 경향을 반영하여 업데이트된 점수환산기를 이용하실 수 있습니다. (토익 > 토익게시판 > 토익점수환산기)

TEST 5

×

PART 1
PART 2
PART 3
PART 4
점수 환산표

잠깐! 테스트 전 확인사항

1. 문제 풀이에 방해가 되는 물건을 모두 치우셨나요?　　　예 ☐
2. Answer Sheet, 연필, 지우개를 준비하셨나요?　　　예 ☐
3. MP3를 들을 준비가 되셨나요?　　　예 ☐

모든 준비가 완료되었으면 목표 점수를 떠올린 후 테스트를 시작합니다.

TEST 5.mp3
실전용·복습용 문제풀이 MP3 무료 다운로드 및 스트리밍 바로듣기 (HackersIngang.com)
* 실제 시험장의 소음까지 재현해 낸 고사장 소음/매미 버전 MP3, 영국식·호주식 발음 집중 MP3, 고속 버전 MP3
　까지 구매하면 실전에 더욱 완벽히 대비할 수 있습니다.

무료MP3 바로듣기

LISTENING TEST

In this section, you must demonstrate your ability to understand spoken English. This section is divided into four parts and will take approximately 45 minutes to complete. Do not mark the answers in your test book. Use the answer sheet that is provided separately.

PART 1

Directions: For each question, you will listen to four short statements about a picture in your test book. These statements will not be printed and will only be spoken one time. Select the statement that best describes what is happening in the picture and mark the corresponding letter (A), (B), (C), or (D) on the answer sheet.

Sample Answer
Ⓐ ● Ⓒ Ⓓ

The statement that best describes the picture is (B), "The man is sitting at the desk." So, you should mark letter (B) on the answer sheet.

1.

2.

GO ON TO THE NEXT PAGE ➤

3.

4.

5.

6.

GO ON TO THE NEXT PAGE

PART 2

Directions: For each question, you will listen to a statement or question followed by three possible responses spoken in English. They will not be printed and will only be spoken one time. Select the best response and mark the corresponding letter (A), (B), or (C) on your answer sheet.

7. Mark your answer on your answer sheet.

8. Mark your answer on your answer sheet.

9. Mark your answer on your answer sheet.

10. Mark your answer on your answer sheet.

11. Mark your answer on your answer sheet.

12. Mark your answer on your answer sheet.

13. Mark your answer on your answer sheet.

14. Mark your answer on your answer sheet.

15. Mark your answer on your answer sheet.

16. Mark your answer on your answer sheet.

17. Mark your answer on your answer sheet.

18. Mark your answer on your answer sheet.

19. Mark your answer on your answer sheet.

20. Mark your answer on your answer sheet.

21. Mark your answer on your answer sheet.

22. Mark your answer on your answer sheet.

23. Mark your answer on your answer sheet.

24. Mark your answer on your answer sheet.

25. Mark your answer on your answer sheet.

26. Mark your answer on your answer sheet.

27. Mark your answer on your answer sheet.

28. Mark your answer on your answer sheet.

29. Mark your answer on your answer sheet.

30. Mark your answer on your answer sheet.

31. Mark your answer on your answer sheet.

PART 3

Directions: In this part, you will listen to several conversations between two or more speakers. These conversations will not be printed and will only be spoken one time. For each conversation, you will be asked to answer three questions. Select the best response and mark the corresponding letter (A), (B), (C), or (D) on your answer sheet.

32. Who most likely is the woman?

(A) An investor
(B) A consultant
(C) An inspector
(D) A landlord

33. What were the crew hired to do?

(A) Paint some ceilings
(B) Carry out an installation
(C) Rearrange a workspace
(D) Inspect some equipment

34. What will probably arrive next Friday?

(A) An official document
(B) A replacement part
(C) Some blueprints
(D) Some order forms

35. Where most likely do the speakers work?

(A) At an accounting firm
(B) At a medical facility
(C) At a publishing company
(D) At a fitness center

36. What does the woman ask about?

(A) How long she will be employed
(B) Who will be supervising her
(C) When she will meet colleagues
(D) What her duties will be

37. What does the man say he has done?

(A) He arranged a meeting.
(B) He moved a workstation.
(C) He packed up his belongings.
(D) He responded to an e-mail.

38. What does the woman's team want to do?

(A) Delay a deadline
(B) Attend a workshop
(C) Recruit more employees
(D) Buy some electronics

39. Why does the man say, "I'm leading a workshop this afternoon"?

(A) To reject a request
(B) To confirm an appointment
(C) To correct an error
(D) To extend an invitation

40. What does the woman say she will do tomorrow?

(A) Deliver some orders
(B) Write a review
(C) Revise a departmental budget
(D) Go to the man's office

41. What will be the topic of an interview?

(A) A lecture series
(B) A government program
(C) Some research
(D) Some courses

42. What did the man do last week?

(A) He traveled to another country.
(B) He worked with other scientists.
(C) He accepted a major prize.
(D) He announced a new project.

43. What will the man talk about at a conference?

(A) Wind power
(B) Recycling methods
(C) Solar panels
(D) Air pollution

GO ON TO THE NEXT PAGE

44. What is the woman having trouble with?

(A) Locating some products
(B) Weighing a container
(C) Organizing some inventory
(D) Operating a device

45. Where is the conversation taking place?

(A) At a grocery store
(B) At a hotel
(C) At a restaurant
(D) At a gift shop

46. What does the woman mean when she says, "I'll do the rest myself"?

(A) She is pleased with some items.
(B) She understands a procedure.
(C) She is prepared for a project.
(D) She agrees with a schedule.

47. Where does the woman most likely work?

(A) At a parking facility
(B) At a rental agency
(C) At a car dealership
(D) At a repair shop

48. What does the woman recommend?

(A) Replacing some parts
(B) Having a car towed away
(C) Selecting a different model
(D) Comparing some options

49. What did the man write on a form?

(A) A pick-up time
(B) A telephone number
(C) An e-mail address
(D) A price estimate

50. Who is Ms. Simone?

(A) A lawyer
(B) A client
(C) A secretary
(D) A supervisor

51. What is the man's problem?

(A) He is unable to finish an assignment.
(B) He cannot attend a meeting.
(C) He did not receive some paperwork.
(D) He misplaced some contact information.

52. What does the man say he will do?

(A) Make a request
(B) Approve a change
(C) Update a schedule
(D) Confirm a decision

53. Where are the speakers?

(A) At a charity event
(B) At a store opening
(C) At a trade show
(D) At an orientation

54. What has been set up near the main entrance?

(A) Some chairs
(B) Product samples
(C) Some artwork
(D) Registration sheets

55. What will most likely happen next?

(A) Organizers will distribute leaflets.
(B) Participants will watch a video.
(C) A meal will be served.
(D) A talk will be given.

56. What has been sold to Star Café?

(A) Appliances
(B) Signs
(C) Office supplies
(D) Custom furniture

57. What does the woman ask about?

(A) Event venues
(B) A guest list
(C) Product samples
(D) A user manual

58. What will the woman probably do next?

(A) Read a brochure
(B) Present a plan
(C) Contact a manager
(D) Update a Web site

59. Where most likely is the conversation taking place?

(A) At a shopping mall
(B) At a movie theater
(C) At an amusement park
(D) At a historical site

60. What does the man want to do later today?

(A) Explore a park
(B) Go on a tour
(C) Eat a meal
(D) Take a photograph

61. What type of event will occur on Kestrel Lane?

(A) An art fair
(B) A musical performance
(C) A race
(D) A play

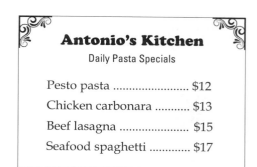

Antonio's Kitchen

Daily Pasta Specials

Pesto pasta	$12
Chicken carbonara	$13
Beef lasagna	$15
Seafood spaghetti	$17

62. Why is the man late?

(A) A parking spot was unavailable.
(B) A meeting was delayed.
(C) A road was inaccessible.
(D) A restaurant was hard to find.

63. What does the man ask the woman to do?

(A) Bring him some water
(B) Hang up his jacket
(C) Give a recommendation
(D) Change a takeout order

64. Look at the graphic. How much will the man's meal cost?

(A) $12
(B) $13
(C) $15
(D) $17

GO ON TO THE NEXT PAGE

TEST 5 해커스 토익 실전 1200제 LISTENING

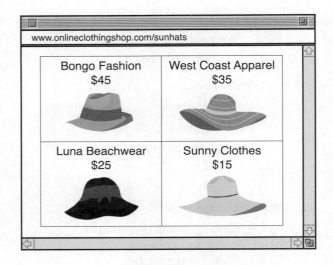

www.onlineclothingshop.com/sunhats

| Bongo Fashion $45 | West Coast Apparel $35 |
| Luna Beachwear $25 | Sunny Clothes $15 |

Weston Women's Health Seminar	
Speaker	Time
Valarie Bartley	9 A.M.
Lacey Smith	10 A.M.
Marsha Fernandez	11 A.M.
Yi Lang	12 P.M.

65. Why is the woman traveling to Bangkok?

(A) To attend a conference
(B) To advise some clients
(C) To meet a friend
(D) To participate in a festival

66. Look at the graphic. Which brand will the woman most likely buy?

(A) Bongo Fashion
(B) West Coast Apparel
(C) Luna Beachwear
(D) Sunny Clothes

67. What will the woman most likely do next?

(A) Send an e-mail
(B) Book some tickets
(C) Read some reviews
(D) Create an account

68. Look at the graphic. Who is the woman?

(A) Valarie Bartley
(B) Lacey Smith
(C) Marsha Fernandez
(D) Yi Lang

69. What does the woman ask the man to do?

(A) Contact a colleague
(B) Set up some equipment
(C) Make an announcement
(D) Revise a schedule

70. What must the woman get from her car?

(A) Some paperwork
(B) A device
(C) Some writing utensils
(D) A bag

Directions: In this part, you will listen to several short talks by a single speaker. These talks will not be printed and will only be spoken one time. For each talk, you will be asked to answer three questions. Select the best response and mark the corresponding letter (A), (B), (C), or (D) on your answer sheet.

71. What is the speaker calling about?

   (A) An upcoming promotion
   (B) A misplaced item
   (C) A recent order
   (D) A billing mistake

72. What does the speaker suggest the listener do?

   (A) Meet with a supervisor
   (B) Purchase additional accessories
   (C) Return unwanted products
   (D) Visit a store

73. What does the speaker offer for an additional fee?

   (A) A private consultation
   (B) A special fabric
   (C) An extended warranty
   (D) An expedited delivery

74. What is the broadcast mainly about?

   (A) Sleeping habits
   (B) Food production
   (C) Health effects
   (D) Exercise tips

75. According to the speaker, what did Dr. Khan recently do?

   (A) She wrote an article.
   (B) She attended a conference.
   (C) She launched a radio show.
   (D) She received a degree.

76. What can the listeners find on a Web site?

   (A) A meal plan
   (B) A talk transcript
   (C) A cooking video
   (D) An event itinerary

77. Where most likely does the speaker work?

   (A) At a home repair store
   (B) At a car rental shop
   (C) At a moving company
   (D) At a shopping center

78. Why does the speaker say, "That's actually the location of a shopping mall"?

   (A) To propose an alternative
   (B) To explain a delay
   (C) To suggest a destination
   (D) To point out an error

79. What does the speaker ask the listener to do?

   (A) Provide a refund
   (B) Purchase some equipment
   (C) Return a phone call
   (D) Write down an address

80. What type of business do the listeners most likely work for?

   (A) A hotel chain
   (B) A food catering service
   (C) A market research agency
   (D) A convention center

81. Why does the speaker say the work will be difficult?

   (A) The event will have many attendees.
   (B) The event will be hosted in an unfamiliar venue.
   (C) The company is understaffed.
   (D) The preparation time is too short.

82. What does the speaker say will happen tomorrow?

   (A) A client will sign a contract.
   (B) A new manager will be appointed.
   (C) Employees will gather to prepare.
   (D) Online registration will open.

GO ON TO THE NEXT PAGE

83. What type of event is taking place?

(A) An awards show
(B) An opening ceremony
(C) A community festival
(D) A sports competition

84. What is mentioned about Porval?

(A) It can be produced quickly.
(B) It is recommended by doctors.
(C) Its manufacturing process is confidential.
(D) It is created with advanced equipment.

85. What will the listeners probably do next?

(A) Pick up a brochure
(B) Set up some machines
(C) Join a reception
(D) Look around a facility

---

86. Why will Haley Cobb receive an award?

(A) She cleaned up a public area in the city.
(B) She provides training to volunteers.
(C) She helps people find housing.
(D) She organized a fund-raising campaign.

87. Why does the speaker say, "The results have been quite surprising"?

(A) To praise the success of an organization
(B) To suggest that a government policy is popular
(C) To emphasize the results of a study
(D) To applaud the contribution of a large grant

88. What will Ms. Cobb most likely do next?

(A) Lead an exercise
(B) Show a video clip
(C) Name a recipient
(D) Give a speech

---

89. What does the speaker say will happen next week?

(A) A shop will close.
(B) A manager will visit.
(C) Some clothes will be on sale.
(D) A charity event will be held.

90. What will be provided to some workers?

(A) A discount coupon
(B) Some extra pay
(C) Some training manuals
(D) Some free merchandise

91. What did the speaker already do?

(A) He responded to an e-mail.
(B) He posted a list.
(C) He cleaned a break room.
(D) He closed a storage space.

---

92. What information did a friend tell the speaker about?

(A) Available courses
(B) Membership fees
(C) A facility's opening hours
(D) An instructor's schedule

93. What does the speaker mean when she says, "I've been doing yoga for six months"?

(A) She needs advice about a technique.
(B) She is looking for a new hobby.
(C) She is capable of teaching others.
(D) She is uncertain which class to take.

94. Why is the listener asked to contact the speaker?

(A) To confirm a payment
(B) To arrange a meeting
(C) To get access to a building
(D) To file a complaint

Weather forecast			
Thursday	**Friday**	**Saturday**	**Sunday**

95. What is mentioned about the Karma Birds?

(A) They are performing for the first time at the event.
(B) They will be playing in the morning.
(C) They declined to use one of the stages.
(D) They are the most popular band.

96. According to the speaker, what has been changed?

(A) A performer
(B) A location
(C) A start time
(D) An entrance fee

97. Look at the graphic. Which day is the event being held?

(A) Thursday
(B) Friday
(C) Saturday
(D) Sunday

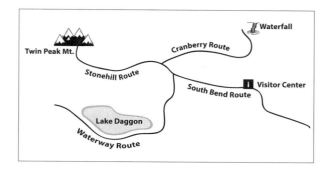

98. What does the speaker say about Fairwood Park?

(A) It is near a major city.
(B) It is promoting a restoration project.
(C) It relies on volunteers.
(D) It has many uncommon animals.

99. Look at the graphic. What is the easiest route?

(A) Stonehill Route
(B) Cranberry Route
(C) South Bend Route
(D) Waterway Route

100. According to the speaker, what should the listeners do?

(A) Drink a lot of water
(B) Wear a uniform
(C) Download an application
(D) Pack a lunch

TEST 5 점수 환산표

TEST 5는 무사히 잘 마치셨나요? 맞은 개수를 세어본 후 아래의 점수 환산표를 통해 자신의 점수를 예상해 보세요.

전체 난이도   중간 난이도

파트별 난이도 PART 1 하 ●○○
                  PART 2 하 ●○○
                  PART 3 중 ●●○
                  PART 4 중 ●●○

정답 수	리스닝 점수	정답 수	리스닝 점수
98~100개	495점	47~49개	210~220점
95~97개	485~495점	44~46개	195~205점
92~94개	470~480점	41~43개	180~190점
89~91개	455~465점	38~40개	165~175점
86~88개	435~450점	35~37개	150~160점
83~85개	415~430점	32~34개	135~145점
80~82개	395~410점	29~31개	120~130점
77~79개	375~390점	26~28개	105~115점
74~76개	355~370점	23~25개	90~100점
71~73개	335~350점	20~22개	75~85점
68~70개	315~330점	17~19개	60~70점
65~67개	300~310점	14~16개	45~55점
62~64개	285~295점	11~13개	30~40점
59~61개	270~280점	8~10개	15~25점
56~58개	255~265점	5~7개	5~10점
53~55개	240~250점	2~4개	0~5점
50~52개	225~235점	0~1개	0~5점

* 점수 환산표는 해커스토익 사이트 유저 데이터를 근거로 제작되었으며, 주기적으로 업데이트되고 있습니다. 해커스토익 사이트
  (Hackers.co.kr)에서 최신 경향을 반영하여 업데이트된 점수환산기를 이용하실 수 있습니다. (토익 > 토익게시판 > 토익점수환산기)

TEST 6

PART 1

PART 2

PART 3

PART 4

점수 환산표

잠깐! 테스트 전 확인사항

1. 문제 풀이에 방해가 되는 물건을 모두 치우셨나요?　　　예 ☐
2. Answer Sheet, 연필, 지우개를 준비하셨나요?　　　예 ☐
3. MP3를 들을 준비가 되셨나요?　　　예 ☐

모든 준비가 완료되었으면 목표 점수를 떠올린 후 테스트를 시작합니다.

무료MP3 바로듣기

TEST 6.mp3
실전용·복습용 문제풀이 MP3 무료 다운로드 및 스트리밍 바로듣기 (HackersIngang.com)

* 실제 시험장의 소음까지 재현해 낸 고사장 소음/매미 버전 MP3, 영국식·호주식 발음 집중 MP3, 고속 버전 MP3
　까지 구매하면 실전에 더욱 완벽히 대비할 수 있습니다.

LISTENING TEST

In this section, you must demonstrate your ability to understand spoken English. This section is divided into four parts and will take approximately 45 minutes to complete. Do not mark the answers in your test book. Use the answer sheet that is provided separately.

PART 1

Directions: For each question, you will listen to four short statements about a picture in your test book. These statements will not be printed and will only be spoken one time. Select the statement that best describes what is happening in the picture and mark the corresponding letter (A), (B), (C), or (D) on the answer sheet.

Sample Answer
Ⓐ ● Ⓒ Ⓓ

The statement that best describes the picture is (B), "The man is sitting at the desk." So, you should mark letter (B) on the answer sheet.

1.

2.

GO ON TO THE NEXT PAGE

3.

4.

5.

6.

GO ON TO THE NEXT PAGE ➤

PART 2

Directions: For each question, you will listen to a statement or question followed by three possible responses spoken in English. They will not be printed and will only be spoken one time. Select the best response and mark the corresponding letter (A), (B), or (C) on your answer sheet.

7. Mark your answer on your answer sheet.

8. Mark your answer on your answer sheet.

9. Mark your answer on your answer sheet.

10. Mark your answer on your answer sheet.

11. Mark your answer on your answer sheet.

12. Mark your answer on your answer sheet.

13. Mark your answer on your answer sheet.

14. Mark your answer on your answer sheet.

15. Mark your answer on your answer sheet.

16. Mark your answer on your answer sheet.

17. Mark your answer on your answer sheet.

18. Mark your answer on your answer sheet.

19. Mark your answer on your answer sheet.

20. Mark your answer on your answer sheet.

21. Mark your answer on your answer sheet.

22. Mark your answer on your answer sheet.

23. Mark your answer on your answer sheet.

24. Mark your answer on your answer sheet.

25. Mark your answer on your answer sheet.

26. Mark your answer on your answer sheet.

27. Mark your answer on your answer sheet.

28. Mark your answer on your answer sheet.

29. Mark your answer on your answer sheet.

30. Mark your answer on your answer sheet.

31. Mark your answer on your answer sheet.

Directions: In this part, you will listen to several conversations between two or more speakers. These conversations will not be printed and will only be spoken one time. For each conversation, you will be asked to answer three questions. Select the best response and mark the corresponding letter (A), (B), (C), or (D) on your answer sheet.

32. Where most likely are the speakers?

(A) At a bookstore
(B) At a flower shop
(C) At a bakery
(D) At a cosmetics store

33. What does the woman recommend?

(A) Asking for a refund
(B) Repairing an item
(C) Talking to an employee
(D) Keeping a receipt

34. What will the woman probably do next?

(A) Call a manager
(B) Check a schedule
(C) Look for a document
(D) Write a message

35. Why is the woman calling?

(A) To request an update
(B) To cancel a service
(C) To make an appointment
(D) To open an account

36. Who is Dan Orlin?

(A) An actor
(B) A photographer
(C) An instructor
(D) A model

37. What does the woman ask for?

(A) A free delivery
(B) A price discount
(C) A business card
(D) A sample product

38. According to the woman, what is scheduled to take place at 10 A.M.?

(A) An office tour
(B) A training session
(C) A meeting
(D) An interview

39. What does the woman offer to do?

(A) Notify some employees
(B) Arrange a ride
(C) Postpone an event
(D) Print a program

40. What will the man most likely do next?

(A) Drive to a park
(B) Head to a parking lot
(C) Make a reservation
(D) Go to a branch office

41. Where do the speakers most likely work?

(A) At an accommodation facility
(B) At a travel agency
(C) At a law firm
(D) At a convention center

42. What does the man mean when he says, "I don't have any client meetings that week"?

(A) He should start on a project.
(B) He might give a presentation.
(C) He will contact a customer.
(D) He can participate in an event.

43. What does the woman offer to do?

(A) Assist with some travel arrangements
(B) Ask about a schedule
(C) Explain some policies
(D) Cancel a meeting

GO ON TO THE NEXT PAGE

44. Who is the woman?

(A) A musical artist
(B) A talk show host
(C) A radio producer
(D) A talent agent

45. What will probably happen in August?

(A) A tour will begin.
(B) A special program will be aired.
(C) A recording will be released.
(D) An award will be given out.

46. What did the woman do this afternoon?

(A) She listened to a song.
(B) She performed with a group.
(C) She took pictures with fans.
(D) She signed some autographs.

47. Who most likely are the speakers?

(A) Fashion designers
(B) Sales representatives
(C) Brand managers
(D) Product testers

48. Why does the man say, "Even our special promotion isn't attracting customers"?

(A) To express agreement
(B) To indicate a preference
(C) To explain a decision
(D) To request assistance

49. What will the manager talk about in the meeting tomorrow?

(A) Company policies
(B) Upcoming products
(C) A new branch
(D) A marketing plan

50. What does the woman ask the man about?

(A) His budget for an event
(B) His decision about a menu
(C) His preference for a venue
(D) His progress on a schedule

51. What problem does the woman mention?

(A) Some facilities cannot be used.
(B) Some attendees will be late.
(C) A manager is not available.
(D) A room is expensive.

52. What will the man do next?

(A) Make a call
(B) Decorate a venue
(C) Check a forecast
(D) Visit a facility

53. What is the woman impressed by?

(A) A customer comment
(B) A Web site
(C) A slideshow presentation
(D) A business report

54. What does the woman ask the man to do?

(A) Arrange a meeting
(B) Provide feedback
(C) Conduct a survey
(D) Collect data

55. What does the man suggest the woman do?

(A) Go to a coworker's office
(B) Sign in to a Web site
(C) Take part in an interview
(D) Check a document

56. Where most likely are the speakers?

(A) At a retail outlet
(B) At a hair salon
(C) At a dental clinic
(D) At a fitness center

57. What does the man say about a product?

(A) It was recommended by an expert.
(B) It includes an accessory.
(C) It was recently released.
(D) It is available for a limited time.

58. What will the woman probably do next?

(A) Meet with a client
(B) Open a container
(C) Complete a customer survey
(D) Go to a reception area

59. Where do the speakers most likely work?

(A) At a department store
(B) At a supermarket
(C) At an electronics shop
(D) At a pharmacy

60. What does Beth say about Brighton Wholesale?

(A) Its facilities are old.
(B) Its employees are hard to contact.
(C) Its deliveries are late.
(D) Its products are expensive.

61. What will the man most likely do today?

(A) Write a report
(B) Update a schedule
(C) Attend a meeting
(D) Request a discount

Preston Gallery Featured Works

Title	Artist
Peaceful Lands	Denise Brown
Forgotten Forest	Clarissa Reed
Midnight Blue	Sandra Martinez
Mountain Song	Sunhee Kang

62. What does the woman want to do?

(A) Hold a fundraiser
(B) View an exhibit
(C) Make a purchase
(D) Recommend a product

63. Look at the graphic. Which artist does the man say he will contact?

(A) Denise Brown
(B) Clarissa Reed
(C) Sandra Martinez
(D) Sunhee Kang

64. What does the woman agree to do?

(A) Write down a mailing address
(B) Fill out an order form
(C) Provide a phone number
(D) Change an appointment time

GO ON TO THE NEXT PAGE

Gessner Corp. Sprinkler System: Summer Schedule

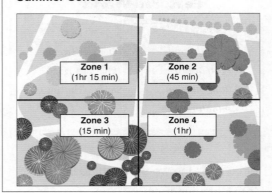

| Zone 1 (1hr 15 min) | Zone 2 (45 min) |
| Zone 3 (15 min) | Zone 4 (1hr) |

Spring Peony Chinese Diner
Present this coupon for our menu

Noodle Set (10% off)   * serves two
Dumpling Set (10% off)   * serves three
Phoenix Set (20% off)   * serves four
Dragon Set (25% off)   * serves five

Expires September 30

65. What did the woman do this morning?

(A) She listened to a radio show.
(B) She visited a Web site.
(C) She read a newspaper.
(D) She watched a TV program.

66. Why will the woman contact the maintenance manager?

(A) To ask that new equipment be installed
(B) To check on the health of some plants
(C) To inquire about some recent repairs
(D) To request that settings be changed

67. Look at the graphic. Where is the cactus garden located?

(A) In Zone 1
(B) In Zone 2
(C) In Zone 3
(D) In Zone 4

68. What must the speakers do today?

(A) Work overtime
(B) Proofread marketing materials
(C) Meet with team members
(D) Arrange transportation

69. Look at the graphic. Which set will the man most likely order?

(A) Noodle Set
(B) Dumpling Set
(C) Phoenix Set
(D) Dragon Set

70. What will the man probably do next?

(A) Search for a coupon
(B) Place an order by phone
(C) Make an online reservation
(D) Show a menu to coworkers

PART 4

Directions: In this part, you will listen to several short talks by a single speaker. These talks will not be printed and will only be spoken one time. For each talk, you will be asked to answer three questions. Select the best response and mark the corresponding letter (A), (B), (C), or (D) on your answer sheet.

71. Who most likely are the listeners?

(A) Auto mechanics
(B) Warehouse workers
(C) Company executives
(D) Delivery people

72. What will be given to the listeners?

(A) Route maps
(B) Evaluation forms
(C) Employee manuals
(D) Identification cards

73. What does the speaker recommend?

(A) Printing a document
(B) Sending an e-mail
(C) Visiting an office
(D) Completing a survey

74. What is the message mainly about?

(A) A renovation project
(B) A government inspection
(C) A payment method
(D) A device installation

75. What does the speaker mean when she says, "I don't think we made the right choice"?

(A) A customer will make a complaint.
(B) A task needs to be redone.
(C) A company should provide a refund.
(D) A service has to be canceled.

76. What does the speaker want to discuss tomorrow?

(A) Some equipment
(B) A delay
(C) A deadline
(D) Some expenses

77. Where do the listeners most likely work?

(A) At a bus station
(B) At a head office
(C) At an airport
(D) At a sports facility

78. Why have some people made complaints?

(A) Belongings did not reach the right destination.
(B) Passengers were assigned to the same seat.
(C) Lines have been too long.
(D) Staff members are not familiar with a safety regulation.

79. What does the speaker say about Mr. Davidson?

(A) He will distribute some forms.
(B) He has met with a client.
(C) He was recently promoted.
(D) He is late for a meeting.

80. Who is Carla Gomez?

(A) An editing manager
(B) A computer technician
(C) A news reporter
(D) A Web site designer

81. What does the speaker mean when he says, "her experience in this area will be important soon"?

(A) A feature will be added.
(B) An application will be sold.
(C) An assistant will be promoted.
(D) A device will be released.

82. According to the speaker, what will happen at the meeting?

(A) A team will show a video.
(B) A company president will speak.
(C) An announcement will be made.
(D) A hiring process will be explained.

GO ON TO THE NEXT PAGE

83. What does the speaker say was discontinued?

(A) A personal computer
(B) A smartphone model
(C) A fitness tracker
(D) A waterproof watch

84. According to the speaker, what is included in *Gadgets*?

(A) Price comparisons
(B) Company profiles
(C) Application forms
(D) Product reviews

85. Why was a press release delayed?

(A) An executive is out of town.
(B) A product is not ready to be launched.
(C) A date needs to be finalized.
(D) A statement has to be approved.

86. Why is the speaker calling?

(A) To arrange transportation
(B) To request information
(C) To make a complaint
(D) To make an appointment

87. What does the speaker mean when she says, "it's five years newer than my previous car"?

(A) She intends to trade in a vehicle.
(B) She is upset about a problem.
(C) She expects a price change.
(D) She is pleased with a decision.

88. What does the speaker ask the listener to do?

(A) Change a schedule
(B) Return a call
(C) E-mail an estimate
(D) Visit a workplace

89. According to the speaker, what is located in the center of the hall?

(A) A monitor
(B) A picture
(C) A sign
(D) A statue

90. What is mentioned about *Lioness*?

(A) It is not very well known.
(B) It was partially destroyed.
(C) It was improperly labeled.
(D) It is thousands of years old.

91. What does the speaker say the listeners should do?

(A) Reserve some passes
(B) Get a brochure
(C) Take some photos
(D) Attend a lecture

92. Which field does the speaker most likely work in?

(A) Sales
(B) Human Resources
(C) Accounting
(D) Marketing

93. What will the company offer some employees?

(A) Additional leave
(B) Financial incentives
(C) Product discounts
(D) Free parking

94. What will probably happen in May?

(A) Technicians will be replaced.
(B) A program will be developed.
(C) Employees will receive some training.
(D) A company will reduce operations.

Edgestone Apartment Building	
Floor	**Facilities**
Fourth Floor	Units, Vending Machines
Third Floor	Units, Lounge
Second Floor	Units, Gym
First Floor	Management Office
Basement	Units, Maintenance room

95. According to the speaker, what will happen tomorrow morning?

(A) A closet will be cleaned.
(B) A utility bill will arrive.
(C) A unit will be shown.
(D) An inspection will occur.

96. What problem does the speaker mention?

(A) A door is not locked.
(B) An alarm is not working.
(C) Some noise might be heard.
(D) Some rooms might be crowded.

97. Look at the graphic. Where is the listener encouraged to stay?

(A) On the fourth floor
(B) On the third floor
(C) On the second floor
(D) On the first floor

Blaze Telecom
Cable & Internet Packages

Bronze Package ($22 per month)	High-speed Internet & **20** channels
Silver Package ($35 per month)	High-speed Internet & **50** channels
Gold Package ($45 per month)	High-speed Internet & **70** channels
Platinum Package ($60 per month)	High-speed Internet & **100** channels

*Visit www.blazetel.com or call 555-9393
for more information.*

98. What did Blaze Telecom recently do?

(A) It opened a new branch.
(B) It stopped offering a service.
(C) It acquired one of its competitors.
(D) It relocated its company headquarters.

99. Look at the graphic. What package is discounted?

(A) Bronze
(B) Silver
(C) Gold
(D) Platinum

100. What can all customers receive?

(A) A free installation
(B) A membership card
(C) A follow-up consultation
(D) A gift certificate

▌정답 음성(QR)이나 정답(p.191)을 확인하여 채점하시기 바랍니다. 정답 음성에서 Boy는 (B)를, David는 (D)를 나타냅니다.
▌다음 페이지에 있는 TEST 6 점수환산표를 확인해 자신의 토익 리스닝 점수를 예상해 보세요.

TEST 6 점수 환산표

TEST 6은 무사히 잘 마치셨나요? 맞은 개수를 세어본 후 아래의 점수 환산표를 통해 자신의 점수를 예상해 보세요.

전체 난이도   **쉬운 난이도**

파트별 난이도   PART 1 하 ●○○
                  PART 2 하 ●○○
                  PART 3 하 ●○○
                  PART 4 하 ●○○

정답 수	리스닝 점수	정답 수	리스닝 점수
98~100개	485~495점	47~49개	195~205점
95~97개	470~480점	44~46개	180~190점
92~94개	455~465점	41~43개	165~175점
89~91개	440~450점	38~40개	150~160점
86~88개	420~435점	35~37개	135~145점
83~85개	400~415점	32~34개	120~130점
80~82개	380~395점	29~31개	105~115점
77~79개	360~375점	26~28개	90~100점
74~76개	340~355점	23~25개	75~85점
71~73개	320~335점	20~22개	60~70점
68~70개	300~315점	17~19개	45~55점
65~67개	285~295점	14~16개	30~40점
62~64개	270~280점	11~13개	15~25점
59~61개	255~265점	8~10개	5~10점
56~58개	240~250점	5~7개	0~5점
53~55개	225~235점	2~4개	0~5점
50~52개	210~220점	0~1개	0~5점

* 점수 환산표는 해커스토익 사이트 유저 데이터를 근거로 제작되었으며, 주기적으로 업데이트되고 있습니다. 해커스토익 사이트 (Hackers.co.kr)에서 최신 경향을 반영하여 업데이트된 점수환산기를 이용하실 수 있습니다. (토익 > 토익게시판 > 토익점수환산기)

TEST 7

PART 1
PART 2
PART 3
PART 4
점수 환산표

무료MP3 바로듣기

TEST 7.mp3
실전용·복습용 문제풀이 MP3 무료 다운로드 및 스트리밍 바로듣기 (HackersIngang.com)
* 실제 시험장의 소음까지 재현해 낸 고사장 소음/매미 버전 MP3, 영국식·호주식 발음 집중 MP3, 고속 버전 MP3
  까지 구매하면 실전에 더욱 완벽히 대비할 수 있습니다.

LISTENING TEST

In this section, you must demonstrate your ability to understand spoken English. This section is divided into four parts and will take approximately 45 minutes to complete. Do not mark the answers in your test book. Use the answer sheet that is provided separately.

PART 1

Directions: For each question, you will listen to four short statements about a picture in your test book. These statements will not be printed and will only be spoken one time. Select the statement that best describes what is happening in the picture and mark the corresponding letter (A), (B), (C), or (D) on the answer sheet.

Sample Answer
Ⓐ ● Ⓒ Ⓓ

The statement that best describes the picture is (B), "The man is sitting at the desk." So, you should mark letter (B) on the answer sheet.

1.

2.

GO ON TO THE NEXT PAGE

3.

4.

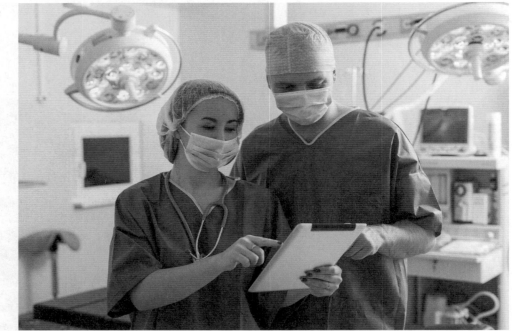

5.

6.

GO ON TO THE NEXT PAGE →

PART 2

Directions: For each question, you will listen to a statement or question followed by three possible responses spoken in English. They will not be printed and will only be spoken one time. Select the best response and mark the corresponding letter (A), (B), or (C) on your answer sheet.

7. Mark your answer on your answer sheet.

8. Mark your answer on your answer sheet.

9. Mark your answer on your answer sheet.

10. Mark your answer on your answer sheet.

11. Mark your answer on your answer sheet.

12. Mark your answer on your answer sheet.

13. Mark your answer on your answer sheet.

14. Mark your answer on your answer sheet.

15. Mark your answer on your answer sheet.

16. Mark your answer on your answer sheet.

17. Mark your answer on your answer sheet.

18. Mark your answer on your answer sheet.

19. Mark your answer on your answer sheet.

20. Mark your answer on your answer sheet.

21. Mark your answer on your answer sheet.

22. Mark your answer on your answer sheet.

23. Mark your answer on your answer sheet.

24. Mark your answer on your answer sheet.

25. Mark your answer on your answer sheet.

26. Mark your answer on your answer sheet.

27. Mark your answer on your answer sheet.

28. Mark your answer on your answer sheet.

29. Mark your answer on your answer sheet.

30. Mark your answer on your answer sheet.

31. Mark your answer on your answer sheet.

PART 3

Directions: In this part, you will listen to several conversations between two or more speakers. These conversations will not be printed and will only be spoken one time. For each conversation, you will be asked to answer three questions. Select the best response and mark the corresponding letter (A), (B), (C), or (D) on your answer sheet.

32. Where most likely does the man work?

    (A) At a repair shop
    (B) At a bank
    (C) At a theater
    (D) At a law firm

33. What does the man say he can do?

    (A) Upgrade a device
    (B) Recover some data
    (C) Extend business hours
    (D) Install some software

34. What does the man ask the woman to do?

    (A) Enter a password
    (B) Return on another day
    (C) E-mail more information
    (D) Pay a fee

35. What did the man do yesterday?

    (A) He visited a local store.
    (B) He went to a popular restaurant.
    (C) He watched a television show.
    (D) He made a reservation.

36. What does the woman suggest the man do?

    (A) Pick up a flyer from a stack
    (B) Purchase some seasoning
    (C) Try some free samples
    (D) Place an online order

37. What problem does the woman mention?

    (A) An item is unavailable.
    (B) A sale has ended.
    (C) A machine was damaged.
    (D) A store will close early.

38. Who most likely are the speakers?

    (A) Newspaper reporters
    (B) Interior decorators
    (C) Restaurant owners
    (D) Product designers

39. What does the woman mean when she says, "You can just leave it on my desk"?

    (A) She has read a document already.
    (B) She will perform a task later.
    (C) She is able to attend an event.
    (D) She needs to assemble an appliance.

40. What will the man most likely do next?

    (A) Speak with a coworker
    (B) Prepare a receipt
    (C) Evaluate some plans
    (D) Sign a contract

41. What is the woman concerned about?

    (A) The appearance of an area
    (B) The size of a building
    (C) The location of a display
    (D) The color of a business card

42. What do the men want to change?

    (A) Decorations
    (B) Furniture
    (C) Equipment
    (D) Plants

43. What does the woman offer to do?

    (A) Discuss a budget with clients
    (B) Work an additional shifts
    (C) Collect some tools
    (D) Search for some items

GO ON TO THE NEXT PAGE

44. What department does the man most likely work in?

(A) Sales
(B) Marketing
(C) Customer service
(D) Human resources

45. What information does the man ask for?

(A) A school name
(B) A date of birth
(C) A transaction amount
(D) An account number

46. What does the man instruct the woman to do?

(A) Change a password
(B) Reply to an e-mail
(C) Download a file
(D) Go to a branch

47. What did the man make a proposal about?

(A) Leave requests
(B) Staff bonuses
(C) Corporate vehicles
(D) Company phones

48. What does the woman mean when she says, "We discussed that on Friday"?

(A) She has a question about a topic.
(B) She is frustrated by a delay.
(C) She is prepared for a task.
(D) She has already given her opinion.

49. What will the woman most likely do next?

(A) Distribute some handouts
(B) Contact a senior executive
(C) Organize a training session
(D) Put away some equipment

50. What are the speakers mainly discussing?

(A) A business trip
(B) An investment strategy
(C) Some presentation material
(D) Some customer feedback

51. What is mentioned about the Bendale branch?

(A) It will host an event.
(B) It has been understaffed.
(C) It did not provide some data.
(D) It may be closing.

52. What will the man probably do before 11 A.M.?

(A) Book a conference room
(B) Send an e-mail
(C) Meet a store manager
(D) Fix a photocopier

53. What type of event is being planned?

(A) An award ceremony
(B) A retirement party
(C) A musical concert
(D) A business conference

54. What does the woman ask about?

(A) The address of a hotel
(B) The date of an occasion
(C) The capacity of a venue
(D) The name of a guest

55. What will be available at no additional charge?

(A) A customized menu
(B) A valet service
(C) An audio system
(D) A professional photographer

56. What is the conversation mainly about?

(A) A record error
(B) An overtime schedule
(C) A staff shortage
(D) A policy change

57. What did the man do on June 5?

(A) He attended a workshop.
(B) He met with a client.
(C) He visited a doctor.
(D) He went to the airport.

58. What does the woman ask the man to do?

(A) Complete a form
(B) Talk to a coworker
(C) Print an itinerary
(D) Transport some merchandise

59. What is the conversation mainly about?

(A) A travel budget
(B) A convention topic
(C) A gathering date
(D) An event location

60. What did Jeremiah recently do?

(A) He gave a keynote speech.
(B) He met with an ecologist.
(C) He made a reservation.
(D) He sent out a memo.

61. Why does the woman apologize?

(A) She did not book the ticket.
(B) She gave the wrong information.
(C) She did not recognize some colleagues.
(D) She did not arrange transportation.

Storage Area	Room 301	Room 302	Elevators
Room 303	Room 304	Conference Room	

62. What will most likely happen next week?

(A) A work space will be repainted.
(B) A storage area will be cleaned.
(C) Some equipment will be installed.
(D) Some computers will be updated.

63. Look at the graphic. Which room will the woman use on Monday?

(A) Room 301
(B) Room 302
(C) Room 303
(D) Room 304

64. What is mentioned about Mr. Hobbs?

(A) He joined another firm.
(B) He decided to take a vacation.
(C) He arranged a client meeting.
(D) He transferred to a different branch.

GO ON TO THE NEXT PAGE

TEST 7

해커스 토익 실전 1200제 LISTENING

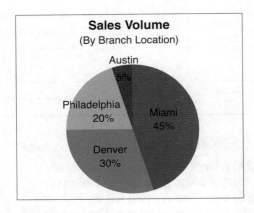

Sales Volume
(By Branch Location)

Austin 5%
Philadelphia 20%
Miami 45%
Denver 30%

Service Schedule

Customer Name	Street Address
Anne Harris	16 Holly Street
Javier Marquez	120 Shire Road
Beth Adams	85 Prince Road
Dave Lee	72 Cape Street

65. Where do the speakers work?

(A) At a jewelry shop
(B) At a restaurant
(C) At a travel agency
(D) At a clothing company

66. Look at the graphic. Which branch will be expanded?

(A) Miami
(B) Denver
(C) Philadelphia
(D) Austin

67. What will the man most likely do this afternoon?

(A) Create a report
(B) Tour a convention hall
(C) Evaluate some applicants
(D) Listen to some examples

68. Look at the graphic. Whose information is incorrect?

(A) Anne Harris
(B) Javier Marquez
(C) Beth Adams
(D) Dave Lee

69. What does the man suggest?

(A) Rescheduling an appointment
(B) Replacing a part
(C) Providing a refund
(D) Notifying a supervisor

70. According to the woman, what will a customer receive?

(A) A newsletter
(B) A confirmation code
(C) A coupon
(D) A free service

Directions: In this part, you will listen to several short talks by a single speaker. These talks will not be printed and will only be spoken one time. For each talk, you will be asked to answer three questions. Select the best response and mark the corresponding letter (A), (B), (C), or (D) on your answer sheet.

71. What is the speaker mostly discussing?

(A) A customer complaint
(B) Product reviews
(C) A company policy
(D) Sales strategies

72. What will be provided to the listeners?

(A) Name tags
(B) Employee manuals
(C) Clothing items
(D) Gift cards

73. What will happen over the next two weeks?

(A) Job interviews will be conducted.
(B) Training workshops will be held.
(C) Customer feedback will be collected.
(D) Marketing data will be reviewed.

74. Who most likely are the listeners?

(A) Restaurant customers
(B) Event attendees
(C) Airline passengers
(D) Resort guests

75. What is located on the second floor?

(A) A dining facility
(B) A rental shop
(C) A ticket booth
(D) A lounge area

76. What are some listeners asked to do?

(A) Sign up for an activity
(B) Provide a description
(C) Submit a proof of purchase
(D) Show a photo identification

77. Where does the speaker most likely work?

(A) At a supermarket
(B) At a hospital
(C) At a graphic design company
(D) At an art gallery

78. Why is the speaker concerned?

(A) A client has not contacted him.
(B) A deadline has not been confirmed.
(C) A package was not sent to him.
(D) A flight has been delayed.

79. Why does the speaker say, "I don't need anything else"?

(A) He is ready to begin an assignment.
(B) He is unable to reply to an e-mail.
(C) He is excited about an event.
(D) He is satisfied with a product.

80. What can the software program be used for?

(A) Finding locations
(B) Filling out forms
(C) Editing photographs
(D) Sending messages

81. What is an advantage of the program?

(A) It is valid for multiple years.
(B) It provides online assistance.
(C) It ensures quick service.
(D) It is updated regularly.

82. What can the listeners do by February 15?

(A) Watch an online demonstration
(B) Download a trial version
(C) Get a discount
(D) Extend a warranty

GO ON TO THE NEXT PAGE

83. Who most likely is the speaker?

(A) An event planner
(B) A store owner
(C) A tour guide
(D) A local artist

84. What are the listeners not allowed to do?

(A) Take photographs
(B) Eat food
(C) Touch exhibits
(D) Make noise

85. According to the speaker, what will take place in the afternoon?

(A) A scheduled cleaning
(B) A fund-raising event
(C) An art lesson
(D) A exhibit opening

86. Who is Maria Lopez?

(A) A writer
(B) A public official
(C) An athlete
(D) A teacher

87. Why were funds donated?

(A) To buy some materials
(B) To organize some classes
(C) To pay for a promotional campaign
(D) To create a community park

88. What does the speaker mean when she says, "but there is a lot of work to be done on this facility"?

(A) A proposal may not get approved.
(B) A crew may not be large enough.
(C) A budget may have to be increased.
(D) A project may take more time.

89. Where is the speech most likely being given?

(A) At an awards ceremony
(B) At a trade fair
(C) At a company party
(D) At a sports competition

90. What does the speaker say about the Havana branch?

(A) It will hire additional employees.
(B) It has received positive feedback.
(C) It will be sold to another company.
(D) It was featured on a television program.

91. What will probably happen next?

(A) A worker will give a speech.
(B) Certificates will be distributed.
(C) A decision will be announced.
(D) Serving staff will enter a room.

92. According to the speaker, what will start next Monday?

(A) A renovation project
(B) A board meeting
(C) A city tour
(D) A government inspection

93. What does the speaker mean when she says, "There will be signs"?

(A) Attractions will be easy to access.
(B) Facilities will be available for use.
(C) Visitors can be registered in advance.
(D) Employees will be able to recognize areas.

94. What should the listeners do if they have any questions?

(A) Stop by a lobby desk
(B) Check a map
(C) E-mail a manager
(D) Call a team

Product	Features	
	Heating Function	Touch-screen Panel
SwiftSimple		
SwiftRelax	○	
SwiftPlus		○
SwiftLux	○	○

Main Street Supermarket Summer Sale!

From July 5 to August 15,
all seasonal fruits will be 25 percent off!

Don't miss out!
Visit us at 20 Elm Street and save!

95. Where is the talk most likely being given?

(A) In a manufacturing facility
(B) In a convention booth
(C) In a travel agency
(D) In a private residence

96. Look at the graphic. Which product is the speaker introducing?

(A) SwiftSimple
(B) SwiftRelax
(C) SwiftPlus
(D) SwiftLux

97. What will some listeners probably do next?

(A) Visit a Web site
(B) Exit a venue
(C) Place an order
(D) Form a line

98. According to the speaker, what did the listener do this morning?

(A) He printed a document.
(B) He made an inquiry.
(C) He went to an office.
(D) He requested a refund.

99. Look at the graphic. What information will be changed?

(A) 5
(B) 15
(C) 25
(D) 20

100. What does the speaker encourage the listener to do?

(A) Return a phone call
(B) Use a free service
(C) Pay an additional fee
(D) Sign a card

정답 p.191 / 스크립트·해석·해설 [별권] 해설집 p.135 / 해커스토익 빅플로 자동 채점 및 취약 유형 분석하기

▮ 정답 음성(QR)이나 정답(p.191)을 확인하여 채점하시기 바랍니다. 정답 음성에서 Boy는 (B)를, David는 (D)를 나타냅니다.
▮ 다음 페이지에 있는 TEST 7 점수환산표를 확인해 자신의 토익 리스닝 점수를 예상해 보세요.

TEST 7 **117**

TEST 7 점수 환산표

TEST 7은 무사히 잘 마치셨나요? 맞은 개수를 세어본 후 아래의 점수 환산표를 통해 자신의 점수를 예상해 보세요.

전체 난이도　　중간 난이도

파트별 난이도　PART 1　상 ●●●
　　　　　　　　PART 2　중 ●●○
　　　　　　　　PART 3　중 ●●○
　　　　　　　　PART 4　하 ●○○

정답 수	리스닝 점수	정답 수	리스닝 점수
98~100개	495점	47~49개	210~220점
95~97개	485~495점	44~46개	195~205점
92~94개	470~480점	41~43개	180~190점
89~91개	455~465점	38~40개	165~175점
86~88개	435~450점	35~37개	150~160점
83~85개	415~430점	32~34개	135~145점
80~82개	395~410점	29~31개	120~130점
77~79개	375~390점	26~28개	105~115점
74~76개	355~370점	23~25개	90~100점
71~73개	335~350점	20~22개	75~85점
68~70개	315~330점	17~19개	60~70점
65~67개	300~310점	14~16개	45~55점
62~64개	285~295점	11~13개	30~40점
59~61개	270~280점	8~10개	15~25점
56~58개	255~265점	5~7개	5~10점
53~55개	240~250점	2~4개	0~5점
50~52개	225~235점	0~1개	0~5점

* 점수 환산표는 해커스토익 사이트 유저 데이터를 근거로 제작되었으며, 주기적으로 업데이트되고 있습니다. 해커스토익 사이트
　(Hackers.co.kr)에서 최신 경향을 반영하여 업데이트된 점수환산기를 이용하실 수 있습니다. (토익 > 토익게시판 > 토익점수환산기)

TEST 8

PART 1
PART 2
PART 3
PART 4
점수 환산표

잠깐! 테스트 전 확인사항

1. 문제 풀이에 방해가 되는 물건을 모두 치우셨나요?　　　　예 □
2. Answer Sheet, 연필, 지우개를 준비하셨나요?　　　　　　예 □
3. MP3를 들을 준비가 되셨나요?　　　　　　　　　　　　예 □

모든 준비가 완료되었으면 목표 점수를 떠올린 후 테스트를 시작합니다.

TEST 8.mp3
실전용·복습용 문제풀이 MP3 무료 다운로드 및 스트리밍 바로듣기 (HackersIngang.com)

* 실제 시험장의 소음까지 재현해 낸 고사장 소음/매미 버전 MP3, 영국식·호주식 발음 집중 MP3, 고속 버전 MP3
　까지 구매하면 실전에 더욱 완벽히 대비할 수 있습니다.

무료MP3 바로듣기

LISTENING TEST

In this section, you must demonstrate your ability to understand spoken English. This section is divided into four parts and will take approximately 45 minutes to complete. Do not mark the answers in your test book. Use the answer sheet that is provided separately.

PART 1

Directions: For each question, you will listen to four short statements about a picture in your test book. These statements will not be printed and will only be spoken one time. Select the statement that best describes what is happening in the picture and mark the corresponding letter (A), (B), (C), or (D) on the answer sheet.

Sample Answer
Ⓐ ● Ⓒ Ⓓ

The statement that best describes the picture is (B), "The man is sitting at the desk." So, you should mark letter (B) on the answer sheet.

1.

2.

GO ON TO THE NEXT PAGE ➜

3.

4.

5.

6.

GO ON TO THE NEXT PAGE

PART 2

Directions: For each question, you will listen to a statement or question followed by three possible responses spoken in English. They will not be printed and will only be spoken one time. Select the best response and mark the corresponding letter (A), (B), or (C) on your answer sheet.

7. Mark your answer on your answer sheet.

8. Mark your answer on your answer sheet.

9. Mark your answer on your answer sheet.

10. Mark your answer on your answer sheet.

11. Mark your answer on your answer sheet.

12. Mark your answer on your answer sheet.

13. Mark your answer on your answer sheet.

14. Mark your answer on your answer sheet.

15. Mark your answer on your answer sheet.

16. Mark your answer on your answer sheet.

17. Mark your answer on your answer sheet.

18. Mark your answer on your answer sheet.

19. Mark your answer on your answer sheet.

20. Mark your answer on your answer sheet.

21. Mark your answer on your answer sheet.

22. Mark your answer on your answer sheet.

23. Mark your answer on your answer sheet.

24. Mark your answer on your answer sheet.

25. Mark your answer on your answer sheet.

26. Mark your answer on your answer sheet.

27. Mark your answer on your answer sheet.

28. Mark your answer on your answer sheet.

29. Mark your answer on your answer sheet.

30. Mark your answer on your answer sheet.

31. Mark your answer on your answer sheet.

PART 3

Directions: In this part, you will listen to several conversations between two or more speakers. These conversations will not be printed and will only be spoken one time. For each conversation, you will be asked to answer three questions. Select the best response and mark the corresponding letter (A), (B), (C), or (D) on your answer sheet.

32. Who most likely is the man?

(A) A government employee
(B) A personal assistant
(C) A salesperson
(D) A customer service representative

33. What information does the man ask for?

(A) A vehicle model
(B) An insurance number
(C) A company name
(D) A purchase date

34. What will the woman probably do next?

(A) Call another extension number
(B) Write down some information
(C) Provide her location
(D) Take public transportation

35. Where most likely are the speakers?

(A) At a supermarket
(B) At a bakery
(C) At a bank
(D) At a residence

36. Why does the man decline an offer?

(A) He has a different coupon.
(B) He returned an item.
(C) He does not like the brand.
(D) He wants to try a new dish.

37. What is required to get an additional discount?

(A) A completed survey
(B) A membership card
(C) A shopping bag
(D) A sales receipt

38. Which department does the man work in?

(A) Personnel
(B) Sales
(C) Accounting
(D) Marketing

39. What does the woman mean when she says, "our company president will be attending"?

(A) An executive should be contacted.
(B) Some assistance will be given.
(C) A presentation has been delayed.
(D) An event is important.

40. What does the woman ask the man to do?

(A) Cancel a meeting
(B) Call her back
(C) Go to another floor
(D) Submit some paperwork

41. What did the woman already do?

(A) She purchased a light.
(B) She sent an e-mail.
(C) She received a delivery.
(D) She viewed a Web site.

42. What does the store provide this month?

(A) An additional discount
(B) Expedited shipping
(C) Free installation
(D) A product sample

43. What does the woman plan to do?

(A) Request a refund
(B) Compare some prices
(C) Post some reviews
(D) Start a campaign

GO ON TO THE NEXT PAGE

44. Where does the man work?

(A) At a photography studio
(B) At a department store
(C) At a dry cleaner
(D) At a fitness center

45. What does the woman say about the shirt?

(A) It has not been cleaned before.
(B) It is needed for a company event.
(C) It was purchased online.
(D) It is ready to be picked up.

46. What will the woman do in 20 minutes?

(A) Join a party
(B) Create an account
(C) Place a call
(D) Visit a shop

47. Where do the speakers most likely work?

(A) At an interior design firm
(B) At a grocery store
(C) At an accommodation facility
(D) At a construction company

48. Why does the man say, "I have a list of suitable brands"?

(A) To accept a suggestion
(B) To make a request
(C) To approve a plan
(D) To offer a solution

49. What will the woman do next?

(A) Contact a customer
(B) Give a presentation
(C) Attend a lunch event
(D) Distribute some documents

50. Where is the conversation taking place?

(A) In a factory
(B) In a warehouse
(C) In a store
(D) In a restaurant

51. What are the men curious about?

(A) Benefits
(B) Wages
(C) Safety
(D) Duties

52. According to the woman, what will be held later today?

(A) A facility tour
(B) A government inspection
(C) An employee meeting
(D) A job interview

53. Who most likely is the woman?

(A) A reporter
(B) A guard
(C) An athlete
(D) A coach

54. What will probably take place in the afternoon?

(A) A sports game
(B) A fund-raiser
(C) A sales presentation
(D) A photo shoot

55. What does the man suggest that the woman should do?

(A) Leave an area
(B) Buy a ticket
(C) Wear a badge
(D) Check a bag

56. What problem is mentioned?

(A) A deadline has been missed.
(B) A property has been damaged.
(C) A device was not working properly.
(D) A decision was not approved.

57. What will the woman do at 4 P.M.?

(A) Show a property
(B) Conduct a workshop
(C) Read some applications
(D) Print some blueprints

58. What does Ted offer to do for the woman?

(A) Move some furniture
(B) Replace some equipment
(C) Reserve a meeting room
(D) Speak to a staff member

59. Why is the woman calling?

(A) To change a schedule
(B) To apologize for an error
(C) To advertise an event
(D) To provide a reminder

60. What did the woman e-mail to the man?

(A) Instructions for a test
(B) Medical records
(C) Examination results
(D) Directions to a pharmacy

61. What does the woman ask the man to do?

(A) Download an application
(B) Call a doctor
(C) Mail a document
(D) Bring a card

Product	Price
Wooden bench	$2,000
Short sofa	$1,200
Lounge chair	$250
Coffee table	$350

62. According to the woman, what will happen on May 13?

(A) Some staff will return to an office.
(B) Some orders will be placed.
(C) A grand opening will be held.
(D) A construction project will end.

63. Look at the graphic. Which product will not be purchased?

(A) Wooden bench
(B) Short sofa
(C) Lounge chair
(D) Coffee table

64. What is the man unsure about?

(A) Fabric material
(B) Color options
(C) Delivery dates
(D) Shipping prices

GO ON TO THE NEXT PAGE

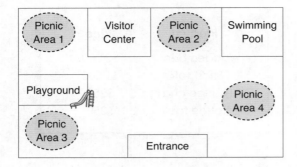

65. What does the man ask about?

(A) Attending an event
(B) Locating an attraction
(C) Joining a club
(D) Making a reservation

66. Look at the graphic. Where will the gathering be held?

(A) In Picnic Area 1
(B) In Picnic Area 2
(C) In Picnic Area 3
(D) In Picnic Area 4

67. What will the man most likely do next?

(A) Review a list
(B) Pay a fee
(C) Confirm a date
(D) Visit a center

68. What will the woman most likely do this afternoon?

(A) Apply for a position
(B) Notify a tenant
(C) Give an update
(D) Inspect an office

69. Look at the graphic. Which building does the woman prefer?

(A) Heisman Building
(B) Freeport Tower
(C) Lowden Center
(D) Harborview Plaza

70. Why will the man call a real estate agent?

(A) To discuss a problem
(B) To request a rental agreement
(C) To arrange a tour
(D) To cancel an appointment

Directions: In this part, you will listen to several short talks by a single speaker. These talks will not be printed and will only be spoken one time. For each talk, you will be asked to answer three questions. Select the best response and mark the corresponding letter (A), (B), (C), or (D) on your answer sheet.

71. Who most likely is the speaker?

(A) A director
(B) A photographer
(C) A journalist
(D) An actor

72. What will happen in two months?

(A) A policy will be changed.
(B) An article will be published.
(C) A play will be performed.
(D) A soundtrack will be recorded.

73. What does the speaker ask the listener to do on Saturday?

(A) Read a manuscript
(B) Visit a public facility
(C) Pick up some tickets
(D) Prepare a résumé

74. What is the topic of this week's podcast?

(A) Retirement planning
(B) Job interview skills
(C) Hiring procedures
(D) Manufacturing processes

75. Who is Lionel Wesley?

(A) A department manager
(B) A financial consultant
(C) An investment coordinator
(D) A college instructor

76. What will the speaker do next month?

(A) Return calls from the listeners
(B) Host a live broadcast
(C) Receive an award
(D) Give away concert tickets

77. Where do the listeners work?

(A) At an airline corporation
(B) At a party-planning company
(C) At a restaurant
(D) At a staffing agency

78. What did a business recently do?

(A) It moved to a new building.
(B) It hired an advisor.
(C) It offered discounts to customers.
(D) It opened an outdoor area.

79. Why does the speaker say, "I have told you this several times"?

(A) To answer an inquiry
(B) To correct a mistake
(C) To express frustration
(D) To indicate approval

80. Who is Yang Xu?

(A) A curator
(B) A host
(C) A professor
(D) An artist

81. What does the speaker say about Maxwell Hall?

(A) It is very spacious.
(B) It is near an entrance.
(C) It will be renovated.
(D) It will be blocked off.

82. How can some listeners get free tickets to the event?

(A) By visiting a Web site
(B) By sending a text message
(C) By replying to an e-mail
(D) By making a call

GO ON TO THE NEXT PAGE

83. Who most likely is the speaker?

(A) A computer seller
(B) A hotel manager
(C) A game developer
(D) An event organizer

84. What does the speaker imply when he says, "they're going fast"?

(A) An event will begin early.
(B) A decision should be made soon.
(C) Additional help will be needed.
(D) It is late to change the date.

85. Why does the speaker expect many visitors?

(A) Many games will be shown.
(B) A game designer will be speaking.
(C) Some contests will be held.
(D) A new hotel has opened up nearby.

---

86. What is the focus of the conference?

(A) Online advertising
(B) Workplace safety
(C) Web site design
(D) Personnel management

87. How is this year's conference different from previous ones?

(A) It involves more speakers.
(B) It features international researchers.
(C) It will include longer lectures.
(D) It is being held at a different venue.

88. Why was the closing ceremony relocated?

(A) A room has not been cleaned.
(B) An event has been postponed.
(C) A machine has stopped working.
(D) A speaker has not arrived.

---

89. What will take place on Friday?

(A) A company retreat
(B) A facility tour
(C) A grand opening
(D) A board meeting

90. Why does the speaker tell the listeners to dress comfortably?

(A) They will be competing in a race.
(B) They will be visiting construction sites.
(C) They will be cleaning a park.
(D) They will be going for a walk.

91. According to the speaker, what will the listeners do after some speeches?

(A) Take a lunch break
(B) Break up into groups
(C) Return to their workplace
(D) Write down some notes

---

92. What will happen next month?

(A) A job fair
(B) A transportation exposition
(C) A corporate fund-raiser
(D) A technology convention

93. What does the speaker imply when he says, "the venue is a five-hour drive away"?

(A) He is worried about transportation fee.
(B) He is considering another travel option.
(C) He is unfamiliar with an event space.
(D) He is thinking of booking a hotel.

94. What does the speaker plan to do?

(A) Send an invitation
(B) Make a payment
(C) Rent a car
(D) Apply for a credit card

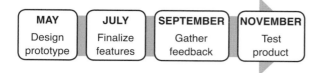

MAY	JULY	SEPTEMBER	NOVEMBER
Design prototype	Finalize features	Gather feedback	Test product

95. Which department do the listeners most likely belong to?

(A) Finance
(B) Information Technology
(C) Design
(D) Marketing

96. Look at the graphic. When will the campaign proposal be submitted?

(A) In May
(B) In July
(C) In September
(D) In November

97. What will be given to the listeners?

(A) A pamphlet
(B) A design proposal
(C) A product list
(D) A device

Apex Directory

Extension Number	Employee Name
101	Mark Davies
102	Wendy Clark
103	Sandra Lee
104	Kyle Jeffries

98. Where does the speaker most likely work?

(A) At a pharmacy
(B) At a dental clinic
(C) At a fitness center
(D) At a law office

99. What does the speaker recommend doing?

(A) Using an online reservation system
(B) Speaking to a receptionist in person
(C) Calling back during business hours
(D) Sending a request by e-mail

100. Look at the graphic. Who can answer questions about financial matters?

(A) Mark Davies
(B) Wendy Clark
(C) Sandra Lee
(D) Kyle Jeffries

정답 p.191 / 스크립트·해석·해설 [별권] 해설집 p.157 / 해커스토익 빅플로 자동 채점 및 취약 유형 분석하기

▌정답 음성(QR)이나 정답(p.191)을 확인하여 채점하시기 바랍니다. 정답 음성에서 Boy는 (B)를, David는 (D)를 나타냅니다.
▌다음 페이지에 있는 TEST 8 점수환산표를 확인해 자신의 토익 리스닝 점수를 예상해 보세요.

TEST 8 점수 환산표

TEST 8은 무사히 잘 마치셨나요? 맞은 개수를 세어본 후 아래의 점수 환산표를 통해 자신의 점수를 예상해 보세요.

전체 난이도   **쉬운 난이도**

파트별 난이도   PART 1 하 ●○○
　　　　　　　　PART 2 하 ●○○
　　　　　　　　PART 3 하 ●○○
　　　　　　　　PART 4 하 ●○○

정답 수	리스닝 점수	정답 수	리스닝 점수
98~100개	485~495점	47~49개	195~205점
95~97개	470~480점	44~46개	180~190점
92~94개	455~465점	41~43개	165~175점
89~91개	440~450점	38~40개	150~160점
86~88개	420~435점	35~37개	135~145점
83~85개	400~415점	32~34개	120~130점
80~82개	380~395점	29~31개	105~115점
77~79개	360~375점	26~28개	90~100점
74~76개	340~355점	23~25개	75~85점
71~73개	320~335점	20~22개	60~70점
68~70개	300~315점	17~19개	45~55점
65~67개	285~295점	14~16개	30~40점
62~64개	270~280점	11~13개	15~25점
59~61개	255~265점	8~10개	5~10점
56~58개	240~250점	5~7개	0~5점
53~55개	225~235점	2~4개	0~5점
50~52개	210~220점	0~1개	0~5점

* 점수 환산표는 해커스토익 사이트 유저 데이터를 근거로 제작되었으며, 주기적으로 업데이트되고 있습니다. 해커스토익 사이트
  (Hackers.co.kr)에서 최신 경향을 반영하여 업데이트된 점수환산기를 이용하실 수 있습니다. (토익 > 토익게시판 > 토익점수환산기)

TEST 9

PART 1
PART 2
PART 3
PART 4
점수 환산표

잠깐! 테스트 전 확인사항

1. 문제 풀이에 방해가 되는 물건을 모두 치우셨나요?　　　　　예 ☐
2. Answer Sheet, 연필, 지우개를 준비하셨나요?　　　　　　예 ☐
3. MP3를 들을 준비가 되셨나요?　　　　　　　　　　　　예 ☐

모든 준비가 완료되었으면 목표 점수를 떠올린 후 테스트를 시작합니다.

무료MP3 바로듣기

TEST 9.mp3
실전용·복습용 문제풀이 MP3 무료 다운로드 및 스트리밍 바로듣기 (HackersIngang.com)
* 실제 시험장의 소음까지 재현해 낸 고사장 소음/매미 버전 MP3, 영국식·호주식 발음 집중 MP3, 고속 버전 MP3
　까지 구매하면 실전에 더욱 완벽히 대비할 수 있습니다.

LISTENING TEST

In this section, you must demonstrate your ability to understand spoken English. This section is divided into four parts and will take approximately 45 minutes to complete. Do not mark the answers in your test book. Use the answer sheet that is provided separately.

PART 1

Directions: For each question, you will listen to four short statements about a picture in your test book. These statements will not be printed and will only be spoken one time. Select the statement that best describes what is happening in the picture and mark the corresponding letter (A), (B), (C), or (D) on the answer sheet.

Sample Answer
Ⓐ ● Ⓒ Ⓓ

The statement that best describes the picture is (B), "The man is sitting at the desk." So, you should mark letter (B) on the answer sheet.

1.

2.

GO ON TO THE NEXT PAGE

3.

4.

5.

6.

GO ON TO THE NEXT PAGE ➡

PART 2

Directions: For each question, you will listen to a statement or question followed by three possible responses spoken in English. They will not be printed and will only be spoken one time. Select the best response and mark the corresponding letter (A), (B), or (C) on your answer sheet.

7. Mark your answer on your answer sheet.

8. Mark your answer on your answer sheet.

9. Mark your answer on your answer sheet.

10. Mark your answer on your answer sheet.

11. Mark your answer on your answer sheet.

12. Mark your answer on your answer sheet.

13. Mark your answer on your answer sheet.

14. Mark your answer on your answer sheet.

15. Mark your answer on your answer sheet.

16. Mark your answer on your answer sheet.

17. Mark your answer on your answer sheet.

18. Mark your answer on your answer sheet.

19. Mark your answer on your answer sheet.

20. Mark your answer on your answer sheet.

21. Mark your answer on your answer sheet.

22. Mark your answer on your answer sheet.

23. Mark your answer on your answer sheet.

24. Mark your answer on your answer sheet.

25. Mark your answer on your answer sheet.

26. Mark your answer on your answer sheet.

27. Mark your answer on your answer sheet.

28. Mark your answer on your answer sheet.

29. Mark your answer on your answer sheet.

30. Mark your answer on your answer sheet.

31. Mark your answer on your answer sheet.

Directions: In this part, you will listen to several conversations between two or more speakers. These conversations will not be printed and will only be spoken one time. For each conversation, you will be asked to answer three questions. Select the best response and mark the corresponding letter (A), (B), (C), or (D) on your answer sheet.

32. Where is the conversation most likely taking place?

(A) At a train station
(B) At an airport
(C) At a taxi stand
(D) At a bus stop

33. According to the man, what will be discussed in a meeting?

(A) A budget plan
(B) A conference
(C) A hiring process
(D) An expansion

34. What does the man say he will do?

(A) Make a presentation
(B) Wait in a lounge area
(C) Speak to a ticketing agent
(D) Contact a director

35. What did the woman do last week?

(A) Opened an account
(B) Made a purchase
(C) Rescheduled an appointment
(D) Called a business

36. According to the man, what should the woman do?

(A) Return at a later date
(B) Print out a receipt
(C) Go to a service counter
(D) Provide an order number

37. What is located near a makeup display?

(A) An entrance
(B) A restroom
(C) An escalator
(D) An information desk

38. Why is the woman worried?

(A) A lifeguard didn't attend training.
(B) A visitor has been injured.
(C) An event will be postponed.
(D) A facility will need more staff.

39. What is mentioned about Diana Harris?

(A) She disagrees with a proposal.
(B) She is not at work today.
(C) She will not fulfill a request.
(D) She has filled out a form.

40. Why does the man say he will make an announcement?

(A) To praise some workers
(B) To clarify a policy
(C) To ask for volunteers
(D) To apologize for a mistake

41. Where do the speakers most likely work?

(A) At a retail outlet
(B) At an electronics store
(C) At a film studio
(D) At a movie theater

42. Why does the woman say, "I think it's the bulb"?

(A) To ask for some advice
(B) To explain a malfunction
(C) To oppose an idea
(D) To make a request

43. What does the man say he will do?

(A) Turn on a device
(B) Get an item
(C) Arrange some plans
(D) Assist some customers

GO ON TO THE NEXT PAGE

44. What is the woman's problem?

(A) She does not know a brand name.
(B) She missed a sales promotion.
(C) She is unable to find an item.
(D) She left a membership card at home.

45. What is mentioned about the Dune Ranger?

(A) It features new technology.
(B) It was advertised on television.
(C) It can be ordered online.
(D) It is very popular.

46. What does Ben recommend?

(A) Purchasing a product soon
(B) Asking for a partial refund
(C) Testing an electronic device
(D) Checking a store catalog

47. What is the woman asked to do?

(A) Conduct an interview
(B) Write an article
(C) Inspect a facility
(D) Place an order

48. What is mentioned about Proto Corporation?

(A) It opened a factory.
(B) It released a statement.
(C) It received a prize.
(D) It sponsored an event.

49. What is the woman concerned about?

(A) Logging in to a Web site
(B) Confirming some facts
(C) Meeting a due date
(D) Negotiating a contract

50. Why does the man apologize?

(A) An invitation was declined.
(B) A vehicle broke down.
(C) A project was canceled.
(D) A meeting started late.

51. What did the woman do last month?

(A) She entertained some clients.
(B) She trained a new employee.
(C) She located a suitable place.
(D) She visited several branches.

52. What does the woman agree to do?

(A) Announce a program
(B) Assemble a team
(C) Reserve a room
(D) Accept a position

53. What are the speakers mainly discussing?

(A) A corporate event
(B) A hotel opening
(C) A business trip
(D) A training workshop

54. Why is Pete worried?

(A) Some menu options are not available.
(B) An item has been damaged.
(C) A space must be cleaned.
(D) Some food is expensive.

55. What will the woman do today?

(A) Check a list
(B) Make a call
(C) Write a report
(D) Visit a venue

56. Where most likely do the speakers work?

(A) At a dining establishment
(B) At a department store
(C) At a manufacturing facility
(D) At a consulting firm

57. What did the company do last year?

(A) It hired some employees.
(B) It conducted online training.
(C) It transferred some staff members.
(D) It held an advertising workshop.

58. Why does the woman say, "they went through our normal orientation process"?

(A) To show disagreement
(B) To indicate satisfaction
(C) To express gratitude
(D) To offer confirmation

59. What are the speakers mainly discussing?

(A) New textbooks
(B) Class preparations
(C) Group projects
(D) University policies

60. What does the man offer to do?

(A) Share information with a team
(B) Attend a special course
(C) Make copies of a document
(D) Lead a seminar

61. What does the woman say is in her office?

(A) Student essays
(B) Report cards
(C) Registration forms
(D) Lecture notes

Southwestern Shack
Main Dishes

Burrito Classic	$10
Burrito Supreme*	$11
Southwestern Fajitas*	$12
Avocado Enchilada	$13

Note: Items marked with "*" are spicy.

62. Why does the woman ask for the man's opinion?

(A) She ordered the wrong dish.
(B) She has never eaten at the restaurant.
(C) She is allergic to some ingredients.
(D) She does not eat spicy food.

63. What does the man recommend?

(A) Getting a dish for takeout
(B) Sampling some items
(C) Looking at a new menu
(D) Avoiding a specific meal

64. Look at the graphic. How much will the woman most likely pay?

(A) $10
(B) $11
(C) $12
(D) $13

GO ON TO THE NEXT PAGE

Speaker	Time
Jasmine Logger	9:00 A.M.
Samantha Gould	10:30 A.M.
Maria Bloom	1:00 P.M.
Mario Vines	2:30 P.M.

Mortgage Type	Term
Standard	30 years
Elevated	20 years
Accelerated	15 years
Swift	10 years

65. Who most likely are the speakers?

(A) Advertising consultants
(B) Department managers
(C) Personal assistants
(D) Event planners

66. According to the speakers, what turned out well?

(A) A sales presentation
(B) A marketing effort
(C) A press conference
(D) An employee orientation

67. Look at the graphic. Which time slot is now open?

(A) 9:00 A.M.
(B) 10:30 A.M.
(C) 1:00 P.M.
(D) 2:30 P.M.

68. What does the man say he is prioritizing?

(A) Making monthly payments
(B) Limiting total costs
(C) Reducing an interest rate
(D) Opening a new account

69. Look at the graphic. Which mortgage type does the woman recommend?

(A) Standard
(B) Elevated
(C) Accelerated
(D) Swift

70. What does the woman offer to do?

(A) Print out a document
(B) Provide a reference
(C) Determine an amount
(D) Modify a plan

PART 4

Directions: In this part, you will listen to several short talks by a single speaker. These talks will not be printed and will only be spoken one time. For each talk, you will be asked to answer three questions. Select the best response and mark the corresponding letter (A), (B), (C), or (D) on your answer sheet.

71. Where most likely is the announcement being made?

(A) At a sports stadium
(B) At a fitness center
(C) At a school auditorium
(D) At a medical office

72. According to the speaker, what caused a delay?

(A) A technical malfunction
(B) A heavy storm
(C) A team's late arrival
(D) An award ceremony

73. What does the speaker say will happen after the game?

(A) Autographs will be signed.
(B) A coach will be honored.
(C) A team will celebrate its anniversary.
(D) A training session will be held.

74. What type of business is being advertised?

(A) An interior decorating service
(B) An insurance company
(C) A household cleaning service
(D) A real estate agency

75. How is Niles and Kelly different from its competitors?

(A) It has a satisfaction guarantee.
(B) It has a mobile application.
(C) It provides delivery service.
(D) It offers free initial consultations.

76. What is available for the rest of the month?

(A) Express shipping
(B) Free membership
(C) A promotional discount
(D) An extended warranty

77. Who most likely are the listeners?

(A) Reporters
(B) Writers
(C) Musicians
(D) Teachers

78. According to the speaker, what do the catalogs contain?

(A) Upcoming publications
(B) Lists of famous designers
(C) Job announcements
(D) Recent workshops

79. What can the listeners do at Edwards Hall?

(A) Borrow a book
(B) Take a class
(C) Listen to a story
(D) Watch a documentary

80. What is the main topic of the news report?

(A) A community festival
(B) A street closure
(C) A store opening
(D) A new device

81. According to the speaker, what are the riders required to do?

(A) Wear safety equipment
(B) Stay on city sidewalks
(C) Avoid driving after dark
(D) Register their devices

82. What does the speaker mean when he says, "there are still long lines outside stores selling the product"?

(A) Buyers demanded a refund.
(B) Some instructions were not followed.
(C) An event was delayed.
(D) The restrictions did not affect sales.

GO ON TO THE NEXT PAGE ➤

83. Where will the listeners most likely go first?

(A) To the ticket office
(B) To the visitor's center
(C) To the photography hall
(D) To the building lobby

84. Who most likely is Gonzalo Ruiz?

(A) A caterer
(B) A sculptor
(C) A curator
(D) A guide

85. According to the speaker, what will the listeners do at 11:30 A.M.?

(A) Take a break
(B) See some pictures
(C) Form a team
(D) Meet an artist

86. Why was Jenna MacArthur hired?

(A) To serve as an assistant
(B) To counsel students
(C) To promote a college
(D) To lead a department

87. What will Ms. MacArthur speak about?

(A) A popular course
(B) Some exam details
(C) Some planned changes
(D) An administrative duty

88. What does the speaker imply when he says, "Mr. Dryson has a schedule for next week's workshop"?

(A) There's a new research project starting.
(B) There's more information to be shared.
(C) A speech will be postponed.
(D) Some volunteer speakers are needed.

89. Who most likely is the speaker?

(A) A building contractor
(B) A gallery owner
(C) An instructor
(D) An attorney

90. What can the listeners take home?

(A) An artwork
(B) A brochure
(C) A certificate
(D) A shipment

91. What does the speaker remind the listeners to do?

(A) Use some tools carefully
(B) Purchase some souvenirs
(C) Rearrange some tables
(D) Leave some items

92. Where does the speaker probably work?

(A) At an appliance store
(B) At an auto repair shop
(C) At a marketing firm
(D) At a car manufacturer

93. Why does the speaker say, "It seems there are too many new products on the market"?

(A) To request a list of competitors
(B) To suggest a product
(C) To explain the low sales
(D) To ask for feedback

94. What is mentioned about Ms. Rice?

(A) She is pleased with a commercial.
(B) She is returning to the office today.
(C) She is satisfied with the trip.
(D) She agrees with expanding a budget.

Euro Fest

March 13

GUEST LIST

5 P.M.	Gleeful Tones
6 P.M.	Tenor Trio
7 P.M.	The Martin Brothers
8 P.M.	Samuel Harris

Sponsored by Heinz Auto

DigiEdge Smartphone Reviews

Processing Speed ★★★★

Screen Quality ★★

Camera Quality ★★★★★

Battery Life ★★★

95. What does the speaker like about the poster?

(A) The price
(B) The placement of text
(C) The color scheme
(D) The type of font

96. Look at the graphic. Which information should be changed?

(A) Gleeful Tones
(B) Tenor Trio
(C) The Martin Brothers
(D) Samuel Harris

97. What does the speaker say she will do next week?

(A) Perform in a concert
(B) Get a confirmation
(C) Find a new sponsor
(D) Attend a festival

98. According to the speaker, what will happen next year?

(A) A product will become available.
(B) The price of a device will be reduced.
(C) The name of a model will be announced.
(D) A customer survey will be conducted.

99. Look at the graphic. Which feature will the listeners try to improve?

(A) Processing speed
(B) Screen quality
(C) Camera quality
(D) Battery life

100. What does the speaker ask the listeners to do?

(A) Visit a Web site
(B) Prepare some suggestions
(C) Create a schedule
(D) Hand in some paperwork

TEST 9 점수 환산표

TEST 9는 무사히 잘 마치셨나요? 맞은 개수를 세어본 후 아래의 점수 환산표를 통해 자신의 점수를 예상해 보세요.

전체 난이도   어려운 난이도

파트별 난이도   PART 1   하 ●○○
                 PART 2   중 ●●○
                 PART 3   상 ●●●
                 PART 4   상 ●●●

정답 수	리스닝 점수	정답 수	리스닝 점수
98~100개	495점	47~49개	220~230점
95~97개	495점	44~46개	205~215점
92~94개	480~490점	41~43개	190~200점
89~91개	465~475점	38~40개	175~185점
86~88개	445~460점	35~37개	160~170점
83~85개	425~440점	32~34개	145~155점
80~82개	405~420점	29~31개	130~140점
77~79개	385~400점	26~28개	115~125점
74~76개	365~380점	23~25개	100~110점
71~73개	345~360점	20~22개	85~95점
68~70개	325~340점	17~19개	70~80점
65~67개	310~320점	14~16개	55~65점
62~64개	295~305점	11~13개	40~50점
59~61개	280~290점	8~10개	25~35점
56~58개	265~275점	5~7개	10~20점
53~55개	250~260점	2~4개	5~10점
50~52개	235~245점	0~1개	0~5점

* 점수 환산표는 해커스토익 사이트 유저 데이터를 근거로 제작되었으며, 주기적으로 업데이트되고 있습니다. 해커스토익 사이트
  (Hackers.co.kr)에서 최신 경향을 반영하여 업데이트된 점수환산기를 이용하실 수 있습니다. (토익 > 토익게시판 > 토익점수환산기)

TEST 10

PART 1
PART 2
PART 3
PART 4
점수 환산표

잠깐! 테스트 전 확인사항

1. 문제 풀이에 방해가 되는 물건을 모두 치우셨나요?   예 □
2. Answer Sheet, 연필, 지우개를 준비하셨나요?   예 □
3. MP3를 들을 준비가 되셨나요?   예 □

모든 준비가 완료되었으면 목표 점수를 떠올린 후 테스트를 시작합니다.

무료MP3 바로듣기

TEST 10.mp3
실전용·복습용 문제풀이 MP3 무료 다운로드 및 스트리밍 바로듣기 (HackersIngang.com)

＊ 실제 시험장의 소음까지 재현해 낸 고사장 소음/매미 버전 MP3, 영국식·호주식 발음 집중 MP3, 고속 버전 MP3
까지 구매하면 실전에 더욱 완벽히 대비할 수 있습니다.

LISTENING TEST

In this section, you must demonstrate your ability to understand spoken English. This section is divided into four parts and will take approximately 45 minutes to complete. Do not mark the answers in your test book. Use the answer sheet that is provided separately.

PART 1

Directions: For each question, you will listen to four short statements about a picture in your test book. These statements will not be printed and will only be spoken one time. Select the statement that best describes what is happening in the picture and mark the corresponding letter (A), (B), (C), or (D) on the answer sheet.

Sample Answer
Ⓐ ● Ⓒ Ⓓ

The statement that best describes the picture is (B), "The man is sitting at the desk." So, you should mark letter (B) on the answer sheet.

1.

2.

GO ON TO THE NEXT PAGE

3.

4.

5.

6.

GO ON TO THE NEXT PAGE ➡

TEST 10

해커스토익 실전 1200제 LISTENING

PART 2

Directions: For each question, you will listen to a statement or question followed by three possible responses spoken in English. They will not be printed and will only be spoken one time. Select the best response and mark the corresponding letter (A), (B), or (C) on your answer sheet.

7. Mark your answer on your answer sheet.

8. Mark your answer on your answer sheet.

9. Mark your answer on your answer sheet.

10. Mark your answer on your answer sheet.

11. Mark your answer on your answer sheet.

12. Mark your answer on your answer sheet.

13. Mark your answer on your answer sheet.

14. Mark your answer on your answer sheet.

15. Mark your answer on your answer sheet.

16. Mark your answer on your answer sheet.

17. Mark your answer on your answer sheet.

18. Mark your answer on your answer sheet.

19. Mark your answer on your answer sheet.

20. Mark your answer on your answer sheet.

21. Mark your answer on your answer sheet.

22. Mark your answer on your answer sheet.

23. Mark your answer on your answer sheet.

24. Mark your answer on your answer sheet.

25. Mark your answer on your answer sheet.

26. Mark your answer on your answer sheet.

27. Mark your answer on your answer sheet.

28. Mark your answer on your answer sheet.

29. Mark your answer on your answer sheet.

30. Mark your answer on your answer sheet.

31. Mark your answer on your answer sheet.

Directions: In this part, you will listen to several conversations between two or more speakers. These conversations will not be printed and will only be spoken one time. For each conversation, you will be asked to answer three questions. Select the best response and mark the corresponding letter (A), (B), (C), or (D) on your answer sheet.

32. Where do the speakers most likely work?

(A) At a restaurant
(B) At a shipping firm
(C) At a law office
(D) At a retail outlet

33. Why is the man concerned?

(A) He does not like some food.
(B) He might not meet a deadline.
(C) He did not receive an assignment.
(D) He missed a trade show.

34. What does the woman recommend?

(A) Changing a deadline
(B) Making a reservation
(C) Taking a break
(D) Getting some takeout

35. How did the woman learn about a promotion?

(A) By speaking to a friend
(B) By going online
(C) By reading a newspaper
(D) By listening to the radio

36. Why does the man suggest testing a vehicle?

(A) To determine whether it functions properly
(B) To examine whether it is durable
(C) To confirm that it is the right size
(D) To make sure that it has a feature

37. What does the man ask the woman to do?

(A) Fill out a form
(B) Check some price tags
(C) Wait in a line
(D) Provide a credit card

38. What problem does the man mention?

(A) A report has some errors.
(B) A lawyer is not in his office.
(C) A proposal was rejected.
(D) A key is not in its usual spot.

39. Why will the man contact Ms. Sheppard?

(A) To verify a date
(B) To request a document
(C) To organize a meeting
(D) To explain a new task

40. What will the woman probably do next?

(A) Review some reports
(B) Return to her desk
(C) Search for a maintenance worker
(D) Print some more copies

41. What does the man want to do?

(A) Move out of a rental unit
(B) Renovate a building
(C) Speak to a tenant
(D) View an apartment

42. Why must the speakers wait?

(A) A space is being prepared.
(B) More people will arrive.
(C) A manager is attending to other clients.
(D) Some paperwork must be filled out.

43. What does the man plan to do?

(A) Apply for a job
(B) Contact a property manager
(C) Submit a payment
(D) Set up a home office

GO ON TO THE NEXT PAGE

44. What is the woman's problem?

(A) A device has been damaged.
(B) A promotion has ended.
(C) A part is missing.
(D) A coupon is invalid.

45. What does the woman mean when she says, "I bought it almost two years ago"?

(A) A model is not available.
(B) A repair should be made.
(C) An item has lasted a long time.
(D) A guarantee has expired.

46. What does the woman want to do?

(A) Look at a product
(B) Compare some prices
(C) Sign up for a service
(D) Contact another branch

---

47. According to the woman, who is Beatrice Chung?

(A) A government worker
(B) A board member
(C) A client
(D) An advisor

48. What problem does the woman mention?

(A) Some equipment needs to be repaired.
(B) An appointment was canceled.
(C) Some packages have not arrived yet.
(D) An error was made.

49. What does the woman suggest?

(A) Returning to a workspace
(B) Postponing a presentation
(C) Referring to a calendar
(D) Sending an e-mail

---

50. Who is the woman?

(A) A radio host
(B) An author
(C) A show producer
(D) A journalist

51. Why does the man say, "I'll e-mail you a list by tomorrow afternoon"?

(A) To accept a request
(B) To schedule some interviews
(C) To answer survey questions
(D) To update an address

52. What will the woman probably do on Wednesday?

(A) Interview for a job
(B) Make an announcement
(C) Begin a team project
(D) Attend a conference

---

53. What are the speakers mainly discussing?

(A) Office renovations
(B) Technical support
(C) Registration fees
(D) Educational courses

54. Who is Mr. Mossberg?

(A) A technician
(B) A salesperson
(C) An instructor
(D) An architect

55. Why does Mr. Mossberg mention a Web site?

(A) To explain how to register for class
(B) To announce the changes to a schedule
(C) To notify the listeners that an online page is not working
(D) To give the new location of a class

---

56. Which field do the speakers most likely work in?

(A) Marketing
(B) Manufacturing
(C) Fashion design
(D) Construction

57. What does the woman like about a fall clothing line?

(A) Its colors
(B) Its style
(C) Its price
(D) Its fit

58. What will the speakers do next?

(A) Move a product display
(B) Create some new designs
(C) Show some drawings
(D) Place some orders

59. What event are the speakers most likely planning?

(A) A facility tour
(B) An art exhibition
(C) A gallery relocation
(D) A photo shoot

60. What does the woman agree to do?

(A) Meet with an artist
(B) Reject some submissions
(C) Draft an agreement
(D) Check an address

61. What does the woman ask for?

(A) Some price estimates
(B) Some contact information
(C) Some promotional materials
(D) Some art supplies

Palace Cinema

Film	Showtime
Out of Town	6:30 P.M.
Tonight	7:00 P.M.
With Peter	7:30 P.M.
When We Go	8:00 P.M.

62. What did the woman do this afternoon?

(A) She visited a theater.
(B) She read an article.
(C) She listened to a voice mail.
(D) She bought some tickets.

63. Look at the graphic. Which showtime will the speakers attend?

(A) 6:30 P.M.
(B) 7:00 P.M.
(C) 7:30 P.M.
(D) 8:00 P.M.

64. What does the man suggest?

(A) Taking a bus
(B) Sharing a car
(C) Getting some snacks
(D) Watching some trailers

GO ON TO THE NEXT PAGE

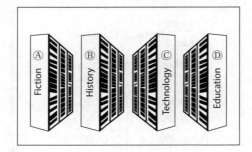

Boyd Electronics	
Product list	
Model	**Screen Size**
Handle S4	11 inches
Nextus RS	13 inches
Modus XS	15 inches
Benton 10	17 inches

65. What does the woman ask the man to do?

(A) Put some items on hold
(B) Renew a subscription
(C) Update a library membership
(D) Make a recommendation

66. Look at the graphic. Which row will the woman search in?

(A) Row A
(B) Row B
(C) Row C
(D) Row D

67. According to the man, what is available on a Web site?

(A) Reviews from members
(B) Coupons for shoppers
(C) Details about audiobooks
(D) Information about policies

68. Look at the graphic. Which item is not currently in stock?

(A) Handle S4
(B) Nextus RS
(C) Modus XS
(D) Benton 10

69. What did the woman unpack?

(A) Some computers
(B) Some televisions
(C) Some gaming consoles
(D) Some cell phones

70. What is mentioned about a shipment?

(A) It is going to be delivered soon.
(B) It was smaller than expected.
(C) It had to be returned to a seller.
(D) It was mailed out two days ago.

Directions: In this part, you will listen to several short talks by a single speaker. These talks will not be printed and will only be spoken one time. For each talk, you will be asked to answer three questions. Select the best response and mark the corresponding letter (A), (B), (C), or (D) on your answer sheet.

71. Who most likely is the speaker?

(A) A bank teller
(B) A travel agent
(C) A human resources representative
(D) A project manager

72. What problem does the speaker mention?

(A) A credit card has expired.
(B) A bill has not been paid.
(C) An application was rejected.
(D) An account cannot be accessed.

73. What does the speaker say the listener should do?

(A) Report an issue
(B) Submit another document
(C) Get a photo taken
(D) Contact a homeowner

74. What is being advertised?

(A) A delivery company
(B) A ride service
(C) An airline
(D) A car manufacturer

75. What is offered for free?

(A) Drinks
(B) Pillows
(C) Umbrellas
(D) Headphones

76. According to the speaker, how can the listeners receive a discount?

(A) By using a mobile application
(B) By entering a promotional code
(C) By giving feedback
(D) By picking up a brochure

77. Where are the listeners?

(A) At a town hall
(B) At a vegetable farm
(C) At a shopping mall
(D) At a historical museum

78. What is featured in the special exhibit?

(A) Photographs
(B) Films
(C) Artifacts
(D) Garments

79. What does the speaker mean when she says, "there are no group tours scheduled today"?

(A) Some tickets are sold out.
(B) The listeners will be unable to attend an exhibit.
(C) The listeners don't have to worry about a crowd.
(D) A closing time will be changed.

80. What is the announcement mainly about?

(A) Monthly festivals
(B) Remodeled bus stops
(C) Route changes
(D) Weather updates

81. What can the listeners find on a Web site?

(A) A company's reviews
(B) A sign-in sheet
(C) An event timetable
(D) A revised schedule

82. What are the listeners encouraged to do?

(A) Reserve a seat
(B) Leave earlier than usual
(C) Drive instead of taking a bus
(D) Take a map

GO ON TO THE NEXT PAGE

83. Where most likely do the listeners work?

(A) At a service center
(B) At a jewelry store
(C) At a modeling agency
(D) At a wedding venue

84. What will Mr. Foley do?

(A) Meet with some customers
(B) Inspect some goods
(C) Discuss some products
(D) Process an online order

85. Why does the speaker say, "Most of you in the sales department are new"?

(A) To emphasize the importance of the meeting
(B) To request a promotion
(C) To reschedule a training session
(D) To suggest some improvements

86. Where most likely does the listener work?

(A) At a post office
(B) At a restaurant
(C) At a hotel
(D) At a repair center

87. What problem does the speaker mention?

(A) A product has been lost.
(B) An item has been damaged.
(C) A service has not started again.
(D) A vacation plan was canceled.

88. What does the speaker say she has already done?

(A) She signed a receipt.
(B) She sent a letter.
(C) She visited an office.
(D) She made an online inquiry.

89. What is the announcement mainly about?

(A) The date of a screening
(B) The duration of a project
(C) Advice from executives
(D) Reviews of a show

90. What are the listeners asked to do?

(A) Silence mobile phones
(B) Indicate a preference
(C) Produce another series
(D) Meet with a group of people

91. Why does the speaker say "I'll be meeting the producer again next Tuesday"?

(A) To announce a deadline
(B) To change a schedule
(C) To correct an error
(D) To make a complaint

92. What is mentioned about Mr. Spark?

(A) He transferred to a new department.
(B) He retired from work.
(C) He ordered more equipment.
(D) He was given a promotion.

93. According to the speaker, why will Mr. Spark visit local stations?

(A) To give informational talks
(B) To purchase office supplies
(C) To carry out inspections
(D) To train some workers

94. What will the listeners do after a speech?

(A) Watch a demonstration
(B) Register for an event
(C) Fill out a survey
(D) Join a gathering

Map

```
┌─────────────────────────────────────────┐
│  ┌──────┐  ║  ┌─────────────────────┐    │
│  │      │  ║  │                     │    │
│  │  A   │  ║  └─────────────────────┘    │
│  │      │  ║      Jones Street           │
│  └──────┘ C│  ┌────┐  ┌──────────┐       │
│           o│  │    │  │ Devin 🛍  │       │
│           u│  │ B  │  │ Mall     │       │
│           n│  └────┘  └──────────┘       │
│           t│     Alexander Drive         │
│           r│  ┌──────┐  ┌──────┐         │
│  ┌──────┐ y│  │Hartson│ │      │         │
│  │  D   │  R│  │Hotel │ │  C   │         │
│  └──────┘  │  └──────┘  └──────┘         │
└─────────────────────────────────────────┘
```

Order Form	
Items	**Quantity**
Wall mounts	12
Tables	5
Lights	18
Glass cases	7

95. Who most likely are the listeners?

(A) Shoppers
(B) Festival planners
(C) News reporters
(D) Sales personnel

96. Look at the graphic. Which lot will be used for an event?

(A) A
(B) B
(C) C
(D) D

97. What are the listeners reminded to do?

(A) Take public transportation
(B) Purchase a ticket
(C) Display a parking pass
(D) Try a new menu item

98. What will probably happen next week?

(A) A museum will host a special guest.
(B) A business meeting will be held.
(C) An artist will present some works.
(D) A museum will be reorganized.

99. Look at the graphic. Which number is incorrect?

(A) 12
(B) 5
(C) 18
(D) 7

100. What does the speaker suggest?

(A) Altering an artwork
(B) Requesting an express delivery
(C) Forwarding an e-mail
(D) Checking a reduced budget

정답 p.192 / 스크립트·해석·해설 [별권] 해설집 p.201 / 해커스토익 빅플로 자동 채점 및 취약 유형 분석하기

▮ 정답 음성(QR)이나 정답(p.192)을 확인하여 채점하시기 바랍니다. 정답 음성에서 Boy는 (B)를, David는 (D)를 나타냅니다.
▮ 다음 페이지에 있는 TEST 10 점수환산표를 확인해 자신의 토익 리스닝 점수를 예상해 보세요.

TEST 10 **159**

TEST 10

해커스토익 실전 1200제 LISTENING

TEST 10 점수 환산표

TEST 10은 무사히 잘 마치셨나요? 맞은 개수를 세어본 후 아래의 점수 환산표를 통해 자신의 점수를 예상해 보세요.

전체 난이도 **어려운 난이도**

파트별 난이도 PART 1 중 ●●○
PART 2 상 ●●●
PART 3 중 ●●○
PART 4 상 ●●●

정답 수	리스닝 점수	정답 수	리스닝 점수
98~100개	495점	47~49개	220~230점
95~97개	495점	44~46개	205~215점
92~94개	480~490점	41~43개	190~200점
89~91개	465~475점	38~40개	175~185점
86~88개	445~460점	35~37개	160~170점
83~85개	425~440점	32~34개	145~155점
80~82개	405~420점	29~31개	130~140점
77~79개	385~400점	26~28개	115~125점
74~76개	365~380점	23~25개	100~110점
71~73개	345~360점	20~22개	85~95점
68~70개	325~340점	17~19개	70~80점
65~67개	310~320점	14~16개	55~65점
62~64개	295~305점	11~13개	40~50점
59~61개	280~290점	8~10개	25~35점
56~58개	265~275점	5~7개	10~20점
53~55개	250~260점	2~4개	5~10점
50~52개	235~245점	0~1개	0~5점

* 점수 환산표는 해커스토익 사이트 유저 데이터를 근거로 제작되었으며, 주기적으로 업데이트되고 있습니다. 해커스토익 사이트 (Hackers.co.kr)에서 최신 경향을 반영하여 업데이트된 점수환산기를 이용하실 수 있습니다. (토익 > 토익게시판 > 토익점수환산기)

TEST 11

×

PART 1
PART 2
PART 3
PART 4
점수 환산표

잠깐! 테스트 전 확인사항

1. 문제 풀이에 방해가 되는 물건을 모두 치우셨나요?   예 □
2. Answer Sheet, 연필, 지우개를 준비하셨나요?   예 □
3. MP3를 들을 준비가 되셨나요?   예 □

모든 준비가 완료되었으면 목표 점수를 떠올린 후 테스트를 시작합니다.

TEST 11.mp3
실전용·복습용 문제풀이 MP3 무료 다운로드 및 스트리밍 바로듣기 (HackersIngang.com)
* 실제 시험장의 소음까지 재현해 낸 고사장 소음/매미 버전 MP3, 영국식·호주식 발음 집중 MP3, 고속 버전 MP3
까지 구매하면 실전에 더욱 완벽히 대비할 수 있습니다.

무료MP3 바로듣기

LISTENING TEST

In this section, you must demonstrate your ability to understand spoken English. This section is divided into four parts and will take approximately 45 minutes to complete. Do not mark the answers in your test book. Use the answer sheet that is provided separately.

PART 1

Directions: For each question, you will listen to four short statements about a picture in your test book. These statements will not be printed and will only be spoken one time. Select the statement that best describes what is happening in the picture and mark the corresponding letter (A), (B), (C), or (D) on the answer sheet.

Sample Answer
Ⓐ ● Ⓒ Ⓓ

The statement that best describes the picture is (B), "The man is sitting at the desk." So, you should mark letter (B) on the answer sheet.

1.

2.

GO ON TO THE NEXT PAGE

TEST 11

해커스 토익 실전 1200제 LISTENING

3.

4.

5.

6.

GO ON TO THE NEXT PAGE

PART 2

Directions: For each question, you will listen to a statement or question followed by three possible responses spoken in English. They will not be printed and will only be spoken one time. Select the best response and mark the corresponding letter (A), (B), or (C) on your answer sheet.

7. Mark your answer on your answer sheet.

8. Mark your answer on your answer sheet.

9. Mark your answer on your answer sheet.

10. Mark your answer on your answer sheet.

11. Mark your answer on your answer sheet.

12. Mark your answer on your answer sheet.

13. Mark your answer on your answer sheet.

14. Mark your answer on your answer sheet.

15. Mark your answer on your answer sheet.

16. Mark your answer on your answer sheet.

17. Mark your answer on your answer sheet.

18. Mark your answer on your answer sheet.

19. Mark your answer on your answer sheet.

20. Mark your answer on your answer sheet.

21. Mark your answer on your answer sheet.

22. Mark your answer on your answer sheet.

23. Mark your answer on your answer sheet.

24. Mark your answer on your answer sheet.

25. Mark your answer on your answer sheet.

26. Mark your answer on your answer sheet.

27. Mark your answer on your answer sheet.

28. Mark your answer on your answer sheet.

29. Mark your answer on your answer sheet.

30. Mark your answer on your answer sheet.

31. Mark your answer on your answer sheet.

Directions: In this part, you will listen to several conversations between two or more speakers. These conversations will not be printed and will only be spoken one time. For each conversation, you will be asked to answer three questions. Select the best response and mark the corresponding letter (A), (B), (C), or (D) on your answer sheet.

32. Where do the speakers work?

(A) At a technology company
(B) At an accounting firm
(C) At a hotel
(D) At a restaurant

33. Who is Freddy Cho?

(A) A magazine editor
(B) An interior decorator
(C) A receptionist
(D) A manager

34. According to the woman, what item should be purchased?

(A) Tablecloths
(B) Flower bouquets
(C) Seat covers
(D) Gift bags

35. What does the man have to do this afternoon?

(A) Go to an airport
(B) Book a room
(C) Ride on a train
(D) Open an account

36. What does the woman tell the man to update?

(A) A budget
(B) A device
(C) A schedule
(D) An application

37. What does the woman mean when she says, "I think that can wait"?

(A) A client is willing to wait.
(B) A worker may leave early.
(C) A repair is not very urgent.
(D) A flight has been canceled.

38. What are the speakers mainly discussing?

(A) A manual
(B) A business policy
(C) An interview
(D) A store opening

39. What did some employees recently do?

(A) Made complaints.
(B) Worked extra hours.
(C) Transferred to another office.
(D) Submitted some paperwork.

40. What does Ms. Kensington request?

(A) Some estimates
(B) Some research
(C) Some repairs
(D) Some presentations

41. What does the man apologize for?

(A) Arriving late
(B) Forgetting some materials
(C) Entering the wrong building
(D) Missing a training session

42. Who is Ms. Mendez?

(A) A safety inspector
(B) A personal assistant
(C) A financial advisor
(D) A corporate chairperson

43. What does the woman ask the man to do?

(A) Make an introduction
(B) Place an order
(C) Work with a partner
(D) Delay a meeting

GO ON TO THE NEXT PAGE

44. Where do the speakers work?

(A) At a manufacturing plant
(B) At an advertising company
(C) At an investment firm
(D) At a travel agency

45. Why does the woman say, "you've been doing very well here"?

(A) To indicate surprise
(B) To give encouragement
(C) To express gratitude
(D) To extend an offer

46. What will the woman probably do by next Monday?

(A) Speak with a supervisor
(B) Visit another branch
(C) Provide a response
(D) Turn in a vacation request

47. What department does the man most likely work in?

(A) Legal
(B) Finance
(C) Human resources
(D) Technical support

48. What problem does the woman mention?

(A) Some colleagues are running late.
(B) A security system is confusing.
(C) Some equipment is not working properly.
(D) A phone call was missed.

49. What does the man say he will do?

(A) Update a schedule
(B) Rearrange some desks
(C) Move to a new area
(D) Contact a coworker

50. What was the man asked to do?

(A) Interview a candidate
(B) Review a report
(C) Lead a session
(D) Submit a budget

51. What problem does the man mention?

(A) He is unable to attend a meeting.
(B) He took over a project.
(C) He can't find a certification.
(D) He is unfamiliar with a topic.

52. What does the woman suggest the man do?

(A) Set up some furniture
(B) Present a business card
(C) Write an e-mail
(D) Join a conference call

53. Why is the woman calling?

(A) To organize a showing
(B) To ask about rent
(C) To discuss a purchase
(D) To address an issue

54. What does the man say about a room?

(A) It is very large.
(B) It has been inspected.
(C) It is a little cold.
(D) It has been repainted.

55. What does the woman want to do?

(A) Send an employee
(B) Postpone an appointment
(C) Negotiate a lease
(D) Provide a refund

56. According to the woman, what is taking place?

(A) A sports competition
(B) A business convention
(C) A holiday parade
(D) A music festival

57. What is mentioned about a receptionist?

(A) She provided check-in information.
(B) She has not returned a phone call.
(C) She requires a confirmation number.
(D) She is not able to offer an upgrade.

58. What did the man do this morning?

(A) Purchased an item
(B) Visited a Web site
(C) Signed up for a newsletter
(D) Submitted a complaint

59. Where most likely are the speakers?

(A) At a residence
(B) At a laboratory
(C) At a police station
(D) At a furniture store

60. What does the woman want Donald to do?

(A) Conduct a survey
(B) Assist a coworker
(C) Clean out a vehicle
(D) Look up directions

61. What will Donald probably do next?

(A) Fill out some documents
(B) Bring products to a showroom
(C) Throw away some packaging
(D) Search for an appliance

Mountain Fitness Center	
Program	Instructor
Pilates	Ashley
Weight lifting	Jess
Swimming	Aaron
Yoga	Gerard

62. Look at the graphic. Who will lead the man's class?

(A) Ashley
(B) Jess
(C) Aaron
(D) Gerard

63. What does the woman tell the man to bring?

(A) A mat
(B) A membership card
(C) A water bottle
(D) A towel

64. According to the woman, what does a gym do each month?

(A) Send out invoices
(B) Post new class options
(C) Host a free event
(D) Request some feedback

GO ON TO THE NEXT PAGE

TEST 11

해커스 토익 실전 1200제 LISTENING

Sargent Community Center

Auditorium	Dance Room	Room 101	Lounge

| | | Room 102 |
| Room 104 | | Room 103 |

65. Why did the man miss the last meeting?

(A) He had to take care of some work.
(B) He was not informed about the location.
(C) He did not like the book selection.
(D) He was away on a trip.

66. Look at the graphic. Where will a group meet?

(A) Room 101
(B) Room 102
(C) Room 103
(D) Room 104

67. What is the man concerned about?

(A) A colleague's opinion
(B) A room size
(C) A venue cost
(D) A discussion topic

Sun Dream Hotel
10438, Jasper Ave., Edmonton

Guest Name: Reggie Malstrom
Dates of Stay: July 7-9

Room Charge:	$308
Lunch:	$21
Room Service Dinner:	$24
Total Paid:	**$353**

68. Why did the man travel to Edmonton?

(A) To provide some staff training
(B) To research some competitors
(C) To attend a conference
(D) To meet with potential investors

69. What is mentioned about the company's travel expenses policy?

(A) It follows industry standards.
(B) It only covers accommodation.
(C) It was changed last month.
(D) It was explained in a meeting.

70. Look at the graphic. Which charge is incorrect?

(A) $308
(B) $21
(C) $24
(D) $353

Directions: In this part, you will listen to several short talks by a single speaker. These talks will not be printed and will only be spoken one time. For each talk, you will be asked to answer three questions. Select the best response and mark the corresponding letter (A), (B), (C), or (D) on your answer sheet.

71. Where does the speaker most likely work?

(A) At a radio station
(B) At an art museum
(C) At a television studio
(D) At a concert hall

72. What are the listeners encouraged to do?

(A) Join a contest
(B) Play an instrument
(C) Buy a ticket
(D) Make a call

73. What most likely will happen next?

(A) A forecast will be made.
(B) A musician will perform.
(C) A student will ask a question.
(D) A video will be played.

74. Where most likely are the listeners?

(A) At a fast food restaurant
(B) At a movie theater
(C) At a supermarket
(D) At a gas station

75. What does the speaker mean when she says, "the event ends tomorrow"?

(A) A winner will be announced before long.
(B) Some products should be purchased soon.
(C) A store will change its hours.
(D) Some samples are still available.

76. According to the speaker, what will happen next Sunday?

(A) Some activities will be held.
(B) A business will reopen.
(C) Some awards will be given.
(D) An evaluation will start.

77. According to the speaker, what will happen next year?

(A) Additional campuses will be opened.
(B) Teacher salaries will be increased.
(C) Transfer students will be enrolled.
(D) Educational programs will be offered.

78. What does the speaker suggest the listeners do?

(A) Learn about computers
(B) Attend a meeting
(C) Save some data
(D) Talk with some coworkers

79. What can the listeners get at the speaker's office?

(A) Registration forms
(B) Classroom supplies
(C) A training schedule
(D) A user manual

80. What is the message mainly about?

(A) Hosting an exhibition
(B) Signing a book deal
(C) Leading a drawing class
(D) Hiring an artist

81. Where did the speaker learn about the listener?

(A) A TV show
(B) A Web site
(C) A newspaper
(D) A magazine

82. What does the speaker offer to do?

(A) Make a recommendation
(B) Submit some artwork
(C) Meet at his office
(D) Extend a contract

GO ON TO THE NEXT PAGE

83. What is the broadcast mainly about?

(A) A press conference
(B) A business merger
(C) A hiring announcement
(D) A product launch

84. What does the speaker mean when she says, "those predictions have been proven wrong"?

(A) A company performed better than expected.
(B) Customers were displeased with the service.
(C) An electronic device was released early.
(D) Investors agreed with a decision.

85. What did Damien Crenshaw do last week?

(A) He joined a new firm.
(B) He met with some reporters.
(C) He made an agreement.
(D) He led a marketing campaign.

---

86. Who most likely are the listeners?

(A) Repair technician
(B) Software developers
(C) Hiring managers
(D) Event planners

87. According to the speaker, what will Joe do?

(A) Revise a schedule
(B) Create a report
(C) Give a presentation
(D) Take a vacation

88. What will most likely happen next?

(A) Some workers will provide introductions.
(B) An assistant will take some notes.
(C) Some tasks will be reassigned.
(D) A building inspection will take place.

---

89. What is the message mainly about?

(A) A city tour
(B) A corporate retreat
(C) A marketing presentation
(D) A sports competition

90. What does the speaker say the listener can find online?

(A) A gym address
(B) A bus timetable
(C) A course route
(D) A ticket price

91. What is the listener asked to do?

(A) Pay a participation fee
(B) Bring a sign-up form
(C) Inform of a decision
(D) Rent an automobile

---

92. According to the speaker, what is located near an entrance?

(A) An elevator
(B) A vending machine
(C) A ticket office
(D) An information booth

93. What does the speaker mean when she says, "now is a good time"?

(A) A store is about to close.
(B) Some guests must leave early.
(C) A show will begin shortly.
(D) Some seats are still vacant.

94. According to the speaker, what can listeners do during a break?

(A) Pick up a program
(B) Use their cell phones
(C) Meet some performers
(D) Get some refreshments

**Regan's Restaurant
Daily Special Menu**

• **Appetizer** •
Crab roll

• **Salad** •
Greek salad

• **Main Dish** •
Lamb
or
Roasted vegetables with rice

• **Dessert** •
Chocolate cake

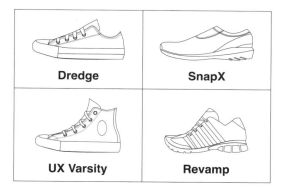

Dredge　　SnapX

UX Varsity　　Revamp

95. What problem does the speaker mention?

(A) A price is too high.
(B) A request has been denied.
(C) Some merchandise is sold out.
(D) Some products were damaged.

96. Look at the graphic. Which item will not be served?

(A) Crab roll
(B) Greek salad
(C) Lamb
(D) Chocolate cake

97. What should the listeners offer to do for guests?

(A) Park their vehicles
(B) Take some items
(C) Make reservations
(D) Distribute samples

98. What does the speaker say about MainActive Fashions?

(A) Many celebrities wear its shoes.
(B) All of its shoes are for women.
(C) It has affordable sportswear.
(D) It is a top-selling sport-shoe brand.

99. Look at the graphic. Which is the recently released product?

(A) Dredge
(B) SnapX
(C) UX Varsity
(D) Revamp

100. According to the speaker, what will happen on June 30?

(A) A promotional period will expire.
(B) A sports match will begin in a city.
(C) An athlete will sign autographs.
(D) A shopping plaza will be reopened.

정답 p.192 / 스크립트·해석·해설 [별권] 해설집 p.223 / 해커스토익 빅플로 자동 채점 및 취약 유형 분석하기

▌정답 음성(QR)이나 정답(p.192)을 확인하여 채점하시기 바랍니다. 정답 음성에서 Boy는 (B)를, David는 (D)를 나타냅니다.
▌다음 페이지에 있는 TEST 11 점수환산표를 확인해 자신의 토익 리스닝 점수를 예상해 보세요.

TEST 11 점수 환산표

TEST 11은 무사히 잘 마치셨나요? 맞은 개수를 세어본 후 아래의 점수 환산표를 통해 자신의 점수를 예상해 보세요.

전체 난이도 중간 난이도

파트별 난이도 PART 1 중 ●●○
PART 2 하 ●○○
PART 3 중 ●●○
PART 4 하 ●○○

정답 수	리스닝 점수	정답 수	리스닝 점수
98~100개	495점	47~49개	210~220점
95~97개	485~495점	44~46개	195~205점
92~94개	470~480점	41~43개	180~190점
89~91개	455~465점	38~40개	165~175점
86~88개	435~450점	35~37개	150~160점
83~85개	415~430점	32~34개	135~145점
80~82개	395~410점	29~31개	120~130점
77~79개	375~390점	26~28개	105~115점
74~76개	355~370점	23~25개	90~100점
71~73개	335~350점	20~22개	75~85점
68~70개	315~330점	17~19개	60~70점
65~67개	300~310점	14~16개	45~55점
62~64개	285~295점	11~13개	30~40점
59~61개	270~280점	8~10개	15~25점
56~58개	255~265점	5~7개	5~10점
53~55개	240~250점	2~4개	0~5점
50~52개	225~235점	0~1개	0~5점

* 점수 환산표는 해커스토익 사이트 유저 데이터를 근거로 제작되었으며, 주기적으로 업데이트되고 있습니다. 해커스토익 사이트 (Hackers.co.kr)에서 최신 경향을 반영하여 업데이트된 점수환산기를 이용하실 수 있습니다. (토익 > 토익게시판 > 토익점수환산기)

TEST 12

×

PART 1
PART 2
PART 3
PART 4
점수 환산표

잠깐! 테스트 전 확인사항

1. 문제 풀이에 방해가 되는 물건을 모두 치우셨나요?   예 ☐
2. Answer Sheet, 연필, 지우개를 준비하셨나요?   예 ☐
3. MP3를 들을 준비가 되셨나요?   예 ☐

모든 준비가 완료되었으면 목표 점수를 떠올린 후 테스트를 시작합니다.

무료MP3 바로듣기

TEST 12.mp3
실전용·복습용 문제풀이 MP3 무료 다운로드 및 스트리밍 바로듣기 (HackersIngang.com)

* 실제 시험장의 소음까지 재현해 낸 고사장 소음/매미 버전 MP3, 영국식·호주식 발음 집중 MP3, 고속 버전 MP3
  까지 구매하면 실전에 더욱 완벽히 대비할 수 있습니다.

LISTENING TEST

In this section, you must demonstrate your ability to understand spoken English. This section is divided into four parts and will take approximately 45 minutes to complete. Do not mark the answers in your test book. Use the answer sheet that is provided separately.

PART 1

Directions: For each question, you will listen to four short statements about a picture in your test book. These statements will not be printed and will only be spoken one time. Select the statement that best describes what is happening in the picture and mark the corresponding letter (A), (B), (C), or (D) on the answer sheet.

Sample Answer
Ⓐ ● Ⓒ Ⓓ

The statement that best describes the picture is (B), "The man is sitting at the desk." So, you should mark letter (B) on the answer sheet.

1.

2.

GO ON TO THE NEXT PAGE ➡

3.

4.

5.

6.

GO ON TO THE NEXT PAGE ➡

PART 2

Directions: For each question, you will listen to a statement or question followed by three possible responses spoken in English. They will not be printed and will only be spoken one time. Select the best response and mark the corresponding letter (A), (B), or (C) on your answer sheet.

7. Mark your answer on your answer sheet.

8. Mark your answer on your answer sheet.

9. Mark your answer on your answer sheet.

10. Mark your answer on your answer sheet.

11. Mark your answer on your answer sheet.

12. Mark your answer on your answer sheet.

13. Mark your answer on your answer sheet.

14. Mark your answer on your answer sheet.

15. Mark your answer on your answer sheet.

16. Mark your answer on your answer sheet.

17. Mark your answer on your answer sheet.

18. Mark your answer on your answer sheet.

19. Mark your answer on your answer sheet.

20. Mark your answer on your answer sheet.

21. Mark your answer on your answer sheet.

22. Mark your answer on your answer sheet.

23. Mark your answer on your answer sheet.

24. Mark your answer on your answer sheet.

25. Mark your answer on your answer sheet.

26. Mark your answer on your answer sheet.

27. Mark your answer on your answer sheet.

28. Mark your answer on your answer sheet.

29. Mark your answer on your answer sheet.

30. Mark your answer on your answer sheet.

31. Mark your answer on your answer sheet.

Directions: In this part, you will listen to several conversations between two or more speakers. These conversations will not be printed and will only be spoken one time. For each conversation, you will be asked to answer three questions. Select the best response and mark the corresponding letter (A), (B), (C), or (D) on your answer sheet.

32. Who is the woman?

(A) A technician
(B) A salesperson
(C) A receptionist
(D) An architect

33. What problem does the man mention?

(A) A signal is not strong enough.
(B) A password does not work.
(C) A log-in process is complicated.
(D) A product description is wrong.

34. What does the woman recommend?

(A) Using another network
(B) Installing a new router
(C) Downloading an application
(D) Borrowing a laptop

35. What are the speakers mainly discussing?

(A) A charity dinner
(B) A lecture series
(C) A musical event
(D) A movie screening

36. What does the man suggest?

(A) Bringing some family members
(B) Booking some seats
(C) Celebrating an anniversary
(D) Showing up early

37. What does the woman say she will do?

(A) Check a guest list
(B) Pay for some passes
(C) Meet the man near an entrance
(D) Invite coworkers to an event

38. Where does the woman work?

(A) At an eye clinic
(B) At a police station
(C) At a library
(D) At a theater

39. What does the man mean when he says, "That's two weeks from now"?

(A) He would like a full refund.
(B) He will have to skip a meeting.
(C) He expected an earlier appointment.
(D) He received some incorrect information.

40. What will the man most likely do next?

(A) Calculate medical fees
(B) Read an agreement
(C) Wait in a lobby
(D) Provide personal details

41. What will take place in March?

(A) A job fair
(B) A shareholder meeting
(C) A financial seminar
(D) An executive retirement

42. According to the woman, what will venue staff need to know?

(A) Who will attend an event
(B) Which spaces will be used
(C) Why a conference has been delayed
(D) When some catering will arrive

43. What will be posted online?

(A) An address
(B) A survey
(C) A recording
(D) An advertisement

GO ON TO THE NEXT PAGE

44. Who most likely is the man?

(A) An advertiser
(B) An event planner
(C) A government official
(D) An accountant

45. What does the woman recommend?

(A) Preparing for a trip
(B) Purchasing an appliance
(C) Inquiring about an office
(D) Submitting a proposal

46. What will the man probably do next?

(A) Replace a part
(B) Reschedule a lunch
(C) Call a colleague
(D) Book a flight

47. What does the woman ask about?

(A) The duties of a job
(B) The purpose of a meeting
(C) The time of a tour
(D) The location of a room

48. What does the woman want?

(A) A beverage
(B) A snack
(C) A schedule
(D) A badge

49. What does the man suggest?

(A) Going to a café
(B) Waiting in a lobby
(C) Giving a presentation
(D) Signing up in advance

50. Why did the speakers request funds?

(A) To hire a manager
(B) To relocate a division
(C) To remodel a workplace
(D) To attend a convention

51. What does the woman mean when she says, "we submitted our request three weeks ago"?

(A) A work schedule has already been changed.
(B) A decision is taking longer than expected.
(C) A project can carry on as originally planned.
(D) A scheme cannot be revised.

52. What will the woman probably do next?

(A) Turn in a document
(B) Make an announcement
(C) Review an office budget
(D) Set up an appointment

53. Where most likely do the speakers work?

(A) At a research firm
(B) At a university
(C) At a bookstore
(D) At a publishing company

54. What does Larry plan to do next week?

(A) Sponsor a program
(B) Take some days off
(C) Complete an assignment
(D) Draft a letter

55. What will Erik probably do next?

(A) Participate in an event
(B) Confirm for a meeting
(C) Promote a book
(D) Contact his supervisor

56. Why is the man calling?

(A) He printed some instructions.
(B) He discovered an error.
(C) He canceled an appointment.
(D) He made a payment.

57. According to the woman, what will the man receive?

(A) A revised bill
(B) A partial reimbursement
(C) A company brochure
(D) A service upgrade

58. What does the woman suggest?

(A) Transferring to a different department
(B) Logging in to an e-mail account
(C) Waiting a few more days
(D) Requesting for express delivery

59. What was the man asked to do?

(A) Conduct some research
(B) Visit some other contractors
(C) Organize a focus group
(D) Speak with some managers

60. What happened on November 3?

(A) Some reports were completed.
(B) Some forms were sent out.
(C) A new policy was implemented.
(D) Some workers were hired.

61. What will Mila probably do next?

(A) Distribute training manuals
(B) Listen to some messages
(C) Move to another office
(D) Write some evaluations

Finley Department Store Directory	
Floor 1	Cosmetics
Floor 2	Clothing
Floor 3	Electronics
Floor 4	Sporting Goods

62. Why does the man want to visit a department store?

(A) To purchase a product
(B) To request a refund
(C) To exchange an item
(D) To pick up an order

63. What does the woman offer to do?

(A) Make a reservation
(B) Provide a ride
(C) Pay for a meal
(D) Find information online

64. Look at the graphic. Which floor is closed this weekend?

(A) Floor 1
(B) Floor 2
(C) Floor 3
(D) Floor 4

GO ON TO THE NEXT PAGE

Office Supplies Order List	
Item	**Number of Items**
Markers	10
Packs of paper	15
Binders	25
Boxes of pens	35

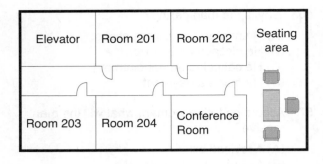

65. What will probably take place at 10 A.M.?

(A) A staff meeting
(B) An outing
(C) A job interview
(D) A delivery

66. Look at the graphic. Which number will most likely be increased?

(A) 10
(B) 15
(C) 25
(D) 35

67. What does the woman say about the finance team?

(A) They moved to a different office.
(B) They are working on a report.
(C) They approved a deal.
(D) They hired some additional staff.

68. Why is the woman late?

(A) She had to help a student.
(B) She missed a train.
(C) She forgot to check the time.
(D) She had incorrect directions.

69. What does the man want to do?

(A) Record a conversation
(B) Discuss a problem
(C) Listen to a lecture
(D) Pack up some equipment

70. Look at the graphic. Where is the woman's office?

(A) Room 201
(B) Room 202
(C) Room 203
(D) Room 204

Directions: In this part, you will listen to several short talks by a single speaker. These talks will not be printed and will only be spoken one time. For each talk, you will be asked to answer three questions. Select the best response and mark the corresponding letter (A), (B), (C), or (D) on your answer sheet.

71. Where is the announcement being made?

(A) In a subway station
(B) In a real estate office
(C) In an apartment complex
(D) In a research laboratory

72. According to the speaker, what will happen tomorrow afternoon?

(A) A guest speaker will arrive.
(B) A parking lot will be shut down.
(C) A list of guidelines will be submitted.
(D) A system will undergo testing.

73. What does the speaker recommend the listeners do?

(A) Contact a management office
(B) Register a program
(C) Check a pamphlet
(D) Turn off some computers

74. Where does the speaker most likely work?

(A) At a furniture store
(B) At a sports stadium
(C) At an electronics company
(D) At an insurance firm

75. Who is Darrell Bedford?

(A) An athlete
(B) A musician
(C) An author
(D) A model

76. What does the speaker want Haley to do?

(A) Recruit some personnel
(B) Sign some documents
(C) Book an event space
(D) Install a security device

77. What does Thompson Solutions provide for free?

(A) Medications
(B) Consultations
(C) Health checkups
(D) Dental cleanings

78. What does the speaker mean when she says, "it didn't take long to make a decision"?

(A) She wants feedback on a healthcare plan.
(B) She thinks the best option was clear.
(C) She is worried about a recent decision.
(D) She is pleased that a problem was solved quickly.

79. What will most likely happen next?

(A) Some fees will be collected.
(B) Some details will be discussed.
(C) Some papers will be handed out.
(D) Some employees will be congratulated.

80. Who most likely is Ms. Littleton?

(A) A marketing consultant
(B) A corporate president
(C) A department manager
(D) A personal assistant

81. What does the speaker say about the publicity campaign?

(A) It has increased business.
(B) It earned the company an award.
(C) It exceeded its budget.
(D) It was more successful than the past year's.

82. What will Ms. Littleton probably do next?

(A) Give a short speech
(B) Accept a new position
(C) Approve a campaign
(D) Restart a system

GO ON TO THE NEXT PAGE

83. According to the speaker, what will finish soon?

(A) A car repair
(B) A store expansion
(C) A construction project
(D) A city festival

84. What does the speaker imply when she says, "there will be three lanes on each side"?

(A) She hopes there will be more bus stops.
(B) She wants the roads to be for cyclists.
(C) She predicts few drivers will use the road.
(D) She thinks there will be less traffic.

85. What will the speaker do next?

(A) Interview a resident
(B) Go for a drive
(C) Talk to a construction worker
(D) Join an opening ceremony

86. What did some employees complain about?

(A) A busy schedule
(B) A difficult task
(C) Some noises
(D) Some damaged printers

87. How will the company address a problem?

(A) By starting a new project
(B) By rearranging the seating
(C) By providing a free item
(D) By hiring additional employees

88. What will the speaker do tomorrow?

(A) Host a conference
(B) Finalize a schedule
(C) Process a refund
(D) Upload some information

89. What does the Mason Vista Institute teach?

(A) Customer service
(B) Driving
(C) Sales techniques
(D) Programming

90. What is mentioned about the program?

(A) It includes practice with a teacher.
(B) It requires special equipment.
(C) Its class sizes are limited.
(D) It is held during evening hours.

91. What is offered to graduates?

(A) Safety guidelines
(B) Job search assistance
(C) Online sessions
(D) Educational facility access

92. Why is the speaker calling?

(A) To apologize for a mistake
(B) To exchange a purchase
(C) To book a plane ticket
(D) To explain an absence

93. What does the speaker mean when she says, "I think you are well prepared for it"?

(A) She wants to begin immediately.
(B) She wants to meet an applicant.
(C) The listener will be in charge of a task.
(D) The listener is thankful for some help.

94. What does the speaker ask the listener to do?

(A) Reserve a meeting room
(B) Practice a presentation
(C) Deliver a document
(D) Review some files

무료 토익 학습자료·취업정보 제공 Hackers.co.kr

January

Monday	Tuesday	Wednesday	Thursday	Friday
16	**17**	**18**	**19**	**20**
Web Design Class	Bakery class	Badminton Club		Debate Club

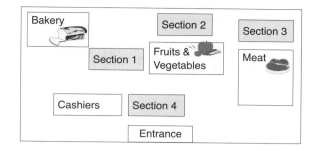

95. Who most likely is the speaker?

(A) An instructor
(B) A software engineer
(C) An electrician
(D) A council member

96. What are the listeners asked to do?

(A) Turn off their computers
(B) Sign their names
(C) Join another program
(D) Send some work

97. Look at the graphic. On which date will some listeners go to room 114?

(A) January 16
(B) January 17
(C) January 18
(D) January 20

98. What problem does the speaker mention?

(A) A shipment has to be returned.
(B) Some items are being wasted.
(C) Some staff have left early.
(D) An aisle hasn't been cleaned.

99. What should some workers do from now on?

(A) Restock the inventory
(B) Check some product labels
(C) Throw away some unsold items
(D) Order from a delivery service

100. Look at the graphic. Where is the discount section located?

(A) Section 1
(B) Section 2
(C) Section 3
(D) Section 4

정답 p.192 / 스크립트·해석·해설 [별권] 해설집 p.245 / 해커스토익 빅플로 자동 채점 및 취약 유형 분석하기

▌정답 음성(QR)이나 정답(p.192)을 확인하여 채점하시기 바랍니다. 정답 음성에서 Boy는 (B)를, David는 (D)를 나타냅니다.
▌다음 페이지에 있는 TEST 12 점수환산표를 확인해 자신의 토익 리스닝 점수를 예상해 보세요.

TEST 12 해커스 토익 실전 1200제 LISTENING

TEST 12 **187**

TEST 12 점수 환산표

TEST 12는 무사히 잘 마치셨나요? 맞은 개수를 세어본 후 아래의 점수 환산표를 통해 자신의 점수를 예상해 보세요.

전체 난이도   **쉬운 난이도**

파트별 난이도   PART 1 중 ●●○
　　　　　　　　PART 2 하 ●○○
　　　　　　　　PART 3 하 ●○○
　　　　　　　　PART 4 중 ●●○

정답 수	리스닝 점수	정답 수	리스닝 점수
98~100개	485~495점	47~49개	195~205점
95~97개	470~480점	44~46개	180~190점
92~94개	455~465점	41~43개	165~175점
89~91개	440~450점	38~40개	150~160점
86~88개	420~435점	35~37개	135~145점
83~85개	400~415점	32~34개	120~130점
80~82개	380~395점	29~31개	105~115점
77~79개	360~375점	26~28개	90~100점
74~76개	340~355점	23~25개	75~85점
71~73개	320~335점	20~22개	60~70점
68~70개	300~315점	17~19개	45~55점
65~67개	285~295점	14~16개	30~40점
62~64개	270~280점	11~13개	15~25점
59~61개	255~265점	8~10개	5~10점
56~58개	240~250점	5~7개	0~5점
53~55개	225~235점	2~4개	0~5점
50~52개	210~220점	0~1개	0~5점

* 점수 환산표는 해커스토익 사이트 유저 데이터를 근거로 제작되었으며, 주기적으로 업데이트되고 있습니다. 해커스토익 사이트
　(Hackers.co.kr)에서 최신 경향을 반영하여 업데이트된 점수환산기를 이용하실 수 있습니다. (토익 > 토익게시판 > 토익점수환산기)

정답
&
ANSWER SHEET

정답

TEST 1 p.21

PART 1
1 (A)	2 (C)	3 (D)	4 (B)	5 (D)
6 (C)				

PART 2
7 (C)	8 (A)	9 (C)	10 (B)	11 (A)
12 (A)	13 (A)	14 (C)	15 (C)	16 (B)
17 (A)	18 (C)	19 (A)	20 (B)	21 (C)
22 (C)	23 (B)	24 (A)	25 (A)	26 (C)
27 (A)	28 (B)	29 (C)	30 (B)	31 (B)

PART 3
32 (B)	33 (A)	34 (B)	35 (B)	36 (D)
37 (A)	38 (B)	39 (A)	40 (C)	41 (D)
42 (D)	43 (B)	44 (D)	45 (B)	46 (C)
47 (B)	48 (C)	49 (A)	50 (D)	51 (C)
52 (A)	53 (A)	54 (C)	55 (A)	56 (A)
57 (C)	58 (D)	59 (D)	60 (B)	61 (B)
62 (C)	63 (A)	64 (D)	65 (B)	66 (C)
67 (B)	68 (C)	69 (A)	70 (A)	

PART 4
71 (B)	72 (D)	73 (D)	74 (A)	75 (C)
76 (A)	77 (C)	78 (B)	79 (C)	80 (D)
81 (D)	82 (B)	83 (C)	84 (D)	85 (A)
86 (D)	87 (C)	88 (B)	89 (A)	90 (C)
91 (A)	92 (B)	93 (C)	94 (C)	95 (A)
96 (B)	97 (D)	98 (B)	99 (D)	100 (A)

TEST 2 p.35

PART 1
1 (B)	2 (D)	3 (A)	4 (B)	5 (C)
6 (D)				

PART 2
7 (A)	8 (B)	9 (A)	10 (C)	11 (B)
12 (A)	13 (C)	14 (C)	15 (B)	16 (C)
17 (A)	18 (B)	19 (A)	20 (C)	21 (B)
22 (A)	23 (B)	24 (C)	25 (C)	26 (A)
27 (B)	28 (B)	29 (C)	30 (C)	31 (B)

PART 3
32 (D)	33 (C)	34 (A)	35 (B)	36 (A)
37 (C)	38 (D)	39 (B)	40 (C)	41 (B)
42 (A)	43 (D)	44 (A)	45 (A)	46 (D)
47 (C)	48 (B)	49 (A)	50 (B)	51 (C)
52 (C)	53 (B)	54 (C)	55 (D)	56 (C)
57 (B)	58 (C)	59 (D)	60 (B)	61 (A)
62 (B)	63 (C)	64 (A)	65 (A)	66 (D)
67 (A)	68 (D)	69 (A)	70 (B)	

PART 4
71 (D)	72 (C)	73 (A)	74 (B)	75 (D)
76 (C)	77 (B)	78 (D)	79 (A)	80 (C)
81 (D)	82 (B)	83 (C)	84 (B)	85 (A)
86 (D)	87 (C)	88 (B)	89 (B)	90 (C)
91 (A)	92 (B)	93 (A)	94 (D)	95 (B)
96 (A)	97 (A)	98 (D)	99 (D)	100 (C)

TEST 3 p.49

PART 1
1 (A)	2 (C)	3 (A)	4 (B)	5 (D)
6 (D)				

PART 2
7 (A)	8 (B)	9 (C)	10 (A)	11 (B)
12 (B)	13 (C)	14 (B)	15 (C)	16 (A)
17 (C)	18 (B)	19 (C)	20 (A)	21 (B)
22 (A)	23 (B)	24 (A)	25 (B)	26 (C)
27 (C)	28 (B)	29 (A)	30 (A)	31 (C)

PART 3
32 (C)	33 (B)	34 (A)	35 (C)	36 (A)
37 (C)	38 (A)	39 (D)	40 (B)	41 (D)
42 (A)	43 (C)	44 (A)	45 (C)	46 (D)
47 (D)	48 (B)	49 (A)	50 (B)	51 (A)
52 (A)	53 (D)	54 (B)	55 (D)	56 (B)
57 (D)	58 (B)	59 (D)	60 (A)	61 (B)
62 (A)	63 (C)	64 (D)	65 (C)	66 (C)
67 (D)	68 (D)	69 (B)	70 (A)	

PART 4
71 (C)	72 (D)	73 (A)	74 (C)	75 (D)
76 (C)	77 (A)	78 (C)	79 (D)	80 (A)
81 (B)	82 (A)	83 (C)	84 (B)	85 (A)
86 (B)	87 (D)	88 (C)	89 (B)	90 (A)
91 (C)	92 (C)	93 (B)	94 (D)	95 (C)
96 (B)	97 (C)	98 (B)	99 (D)	100 (A)

TEST 4 p.63

PART 1
1 (C)	2 (A)	3 (B)	4 (C)	5 (D)
6 (B)				

PART 2
7 (C)	8 (B)	9 (A)	10 (B)	11 (A)
12 (B)	13 (C)	14 (B)	15 (C)	16 (A)
17 (B)	18 (A)	19 (A)	20 (C)	21 (B)
22 (A)	23 (A)	24 (B)	25 (C)	26 (C)
27 (A)	28 (C)	29 (C)	30 (B)	31 (C)

PART 3
32 (C)	33 (A)	34 (B)	35 (D)	36 (A)
37 (D)	38 (C)	39 (A)	40 (D)	41 (A)
42 (B)	43 (B)	44 (D)	45 (A)	46 (A)
47 (D)	48 (A)	49 (D)	50 (B)	51 (B)
52 (C)	53 (B)	54 (A)	55 (C)	56 (A)
57 (C)	58 (A)	59 (A)	60 (D)	61 (C)
62 (B)	63 (D)	64 (C)	65 (D)	66 (C)
67 (B)	68 (C)	69 (B)	70 (A)	

PART 4
71 (B)	72 (C)	73 (D)	74 (A)	75 (C)
76 (A)	77 (C)	78 (D)	79 (C)	80 (A)
81 (B)	82 (C)	83 (D)	84 (A)	85 (B)
86 (B)	87 (D)	88 (C)	89 (D)	90 (A)
91 (B)	92 (D)	93 (A)	94 (C)	95 (D)
96 (C)	97 (B)	98 (A)	99 (D)	100 (B)

TEST 5

p.77

PART 1

1 (A)	2 (C)	3 (D)	4 (B)	5 (C)
6 (B)				

PART 2

7 (C)	8 (A)	9 (C)	10 (A)	11 (B)
12 (A)	13 (C)	14 (B)	15 (B)	16 (C)
17 (A)	18 (C)	19 (A)	20 (B)	21 (C)
22 (A)	23 (B)	24 (C)	25 (B)	26 (B)
27 (B)	28 (A)	29 (B)	30 (A)	31 (C)

PART 3

32 (C)	33 (B)	34 (A)	35 (B)	36 (C)
37 (A)	38 (D)	39 (A)	40 (D)	41 (C)
42 (B)	43 (C)	44 (D)	45 (A)	46 (B)
47 (D)	48 (A)	49 (B)	50 (D)	51 (B)
52 (A)	53 (A)	54 (C)	55 (D)	56 (A)
57 (B)	58 (C)	59 (D)	60 (C)	61 (B)
62 (C)	63 (C)	64 (D)	65 (A)	66 (C)
67 (D)	68 (B)	69 (B)	70 (D)	

PART 4

71 (C)	72 (D)	73 (D)	74 (C)	75 (A)
76 (A)	77 (C)	78 (D)	79 (C)	80 (B)
81 (A)	82 (C)	83 (B)	84 (D)	85 (D)
86 (C)	87 (A)	88 (D)	89 (C)	90 (B)
91 (B)	92 (A)	93 (D)	94 (B)	95 (A)
96 (B)	97 (B)	98 (D)	99 (D)	100 (C)

TEST 6

p.91

PART 1

1 (B)	2 (A)	3 (C)	4 (B)	5 (D)
6 (A)				

PART 2

7 (C)	8 (A)	9 (C)	10 (B)	11 (A)
12 (B)	13 (A)	14 (B)	15 (C)	16 (A)
17 (C)	18 (A)	19 (B)	20 (A)	21 (C)
22 (C)	23 (A)	24 (B)	25 (A)	26 (C)
27 (C)	28 (B)	29 (C)	30 (B)	31 (B)

PART 3

32 (A)	33 (C)	34 (D)	35 (C)	36 (B)
37 (B)	38 (C)	39 (A)	40 (B)	41 (C)
42 (D)	43 (A)	44 (B)	45 (C)	46 (A)
47 (B)	48 (A)	49 (B)	50 (D)	51 (A)
52 (A)	53 (D)	54 (D)	55 (A)	56 (C)
57 (A)	58 (D)	59 (B)	60 (D)	61 (A)
62 (C)	63 (B)	64 (C)	65 (B)	66 (D)
67 (C)	68 (A)	69 (D)	70 (B)	

PART 4

71 (D)	72 (A)	73 (C)	74 (A)	75 (B)
76 (D)	77 (C)	78 (A)	79 (D)	80 (A)
81 (A)	82 (C)	83 (D)	84 (D)	85 (C)
86 (B)	87 (C)	88 (B)	89 (D)	90 (D)
91 (B)	92 (B)	93 (B)	94 (C)	95 (D)
96 (C)	97 (B)	98 (A)	99 (B)	100 (A)

TEST 7

p.105

PART 1

1 (C)	2 (A)	3 (D)	4 (D)	5 (B)
6 (C)				

PART 2

7 (A)	8 (B)	9 (C)	10 (B)	11 (C)
12 (A)	13 (B)	14 (B)	15 (B)	16 (C)
17 (C)	18 (B)	19 (A)	20 (B)	21 (A)
22 (C)	23 (A)	24 (B)	25 (A)	26 (A)
27 (C)	28 (B)	29 (A)	30 (C)	31 (C)

PART 3

32 (A)	33 (B)	34 (B)	35 (C)	36 (B)
37 (A)	38 (D)	39 (B)	40 (A)	41 (A)
42 (B)	43 (D)	44 (C)	45 (A)	46 (A)
47 (D)	48 (D)	49 (B)	50 (C)	51 (D)
52 (B)	53 (B)	54 (C)	55 (C)	56 (A)
57 (D)	58 (A)	59 (D)	60 (C)	61 (B)
62 (C)	63 (A)	64 (D)	65 (D)	66 (B)
67 (A)	68 (B)	69 (A)	70 (D)	

PART 4

71 (C)	72 (B)	73 (C)	74 (D)	75 (B)
76 (B)	77 (C)	78 (A)	79 (A)	80 (B)
81 (D)	82 (C)	83 (C)	84 (A)	85 (B)
86 (A)	87 (A)	88 (D)	89 (C)	90 (B)
91 (A)	92 (A)	93 (D)	94 (D)	95 (B)
96 (D)	97 (D)	98 (B)	99 (C)	100 (B)

TEST 8

p.119

PART 1

1 (D)	2 (C)	3 (B)	4 (D)	5 (A)
6 (B)				

PART 2

7 (A)	8 (B)	9 (C)	10 (B)	11 (A)
12 (C)	13 (A)	14 (C)	15 (B)	16 (C)
17 (B)	18 (A)	19 (C)	20 (A)	21 (C)
22 (B)	23 (C)	24 (B)	25 (A)	26 (B)
27 (B)	28 (A)	29 (C)	30 (C)	31 (A)

PART 3

32 (D)	33 (B)	34 (C)	35 (A)	36 (A)
37 (C)	38 (C)	39 (D)	40 (C)	41 (D)
42 (C)	43 (B)	44 (C)	45 (B)	46 (D)
47 (A)	48 (D)	49 (C)	50 (B)	51 (A)
52 (C)	53 (A)	54 (A)	55 (C)	56 (A)
57 (B)	58 (A)	59 (D)	60 (A)	61 (D)
62 (D)	63 (C)	64 (B)	65 (D)	66 (B)
67 (B)	68 (C)	69 (C)	70 (B)	

PART 4

71 (A)	72 (C)	73 (B)	74 (B)	75 (A)
76 (B)	77 (C)	78 (D)	79 (C)	80 (D)
81 (A)	82 (D)	83 (D)	84 (B)	85 (A)
86 (A)	87 (B)	88 (C)	89 (A)	90 (D)
91 (B)	92 (A)	93 (B)	94 (B)	95 (D)
96 (C)	97 (A)	98 (B)	99 (A)	100 (D)

TEST 9

p.133

PART 1

1 (B)	2 (A)	3 (B)	4 (A)	5 (D)
6 (C)				

PART 2

7 (B)	8 (A)	9 (B)	10 (B)	11 (A)
12 (B)	13 (A)	14 (C)	15 (B)	16 (B)
17 (C)	18 (C)	19 (A)	20 (C)	21 (C)
22 (B)	23 (C)	24 (A)	25 (C)	26 (A)
27 (C)	28 (A)	29 (B)	30 (A)	31 (B)

PART 3

32 (B)	33 (A)	34 (D)	35 (B)	36 (C)
37 (C)	38 (D)	39 (B)	40 (C)	41 (D)
42 (B)	43 (B)	44 (C)	45 (D)	46 (A)
47 (B)	48 (A)	49 (C)	50 (D)	51 (C)
52 (D)	53 (A)	54 (D)	55 (A)	56 (C)
57 (A)	58 (A)	59 (B)	60 (C)	61 (A)
62 (B)	63 (D)	64 (C)	65 (D)	66 (B)
67 (B)	68 (B)	69 (B)	70 (C)	

PART 4

71 (A)	72 (C)	73 (B)	74 (A)	75 (D)
76 (C)	77 (B)	78 (A)	79 (C)	80 (D)
81 (A)	82 (D)	83 (C)	84 (B)	85 (A)
86 (D)	87 (C)	88 (B)	89 (C)	90 (A)
91 (D)	92 (D)	93 (C)	94 (B)	95 (D)
96 (B)	97 (B)	98 (A)	99 (D)	100 (B)

TEST 10

p.147

PART 1

1 (B)	2 (A)	3 (D)	4 (A)	5 (B)
6 (C)				

PART 2

7 (A)	8 (C)	9 (B)	10 (A)	11 (C)
12 (B)	13 (C)	14 (A)	15 (B)	16 (C)
17 (C)	18 (B)	19 (A)	20 (C)	21 (B)
22 (A)	23 (C)	24 (A)	25 (B)	26 (A)
27 (C)	28 (B)	29 (B)	30 (C)	31 (A)

PART 3

32 (C)	33 (B)	34 (D)	35 (B)	36 (A)
37 (A)	38 (D)	39 (B)	40 (C)	41 (D)
42 (B)	43 (D)	44 (A)	45 (D)	46 (A)
47 (C)	48 (D)	49 (A)	50 (B)	51 (A)
52 (D)	53 (D)	54 (C)	55 (A)	56 (C)
57 (A)	58 (C)	59 (B)	60 (A)	61 (B)
62 (D)	63 (A)	64 (B)	65 (D)	66 (A)
67 (C)	68 (C)	69 (B)	70 (A)	

PART 4

71 (A)	72 (C)	73 (B)	74 (B)	75 (A)
76 (A)	77 (D)	78 (A)	79 (C)	80 (C)
81 (D)	82 (B)	83 (B)	84 (C)	85 (A)
86 (A)	87 (C)	88 (D)	89 (D)	90 (B)
91 (A)	92 (D)	93 (C)	94 (C)	95 (A)
96 (C)	97 (B)	98 (D)	99 (D)	100 (B)

TEST 11

p.161

PART 1

1 (A)	2 (D)	3 (B)	4 (A)	5 (D)
6 (C)				

PART 2

7 (A)	8 (C)	9 (B)	10 (C)	11 (C)
12 (A)	13 (B)	14 (A)	15 (B)	16 (B)
17 (C)	18 (A)	19 (B)	20 (B)	21 (A)
22 (A)	23 (C)	24 (C)	25 (A)	26 (B)
27 (C)	28 (A)	29 (B)	30 (C)	31 (A)

PART 3

32 (C)	33 (D)	34 (A)	35 (A)	36 (C)
37 (B)	38 (B)	39 (A)	40 (B)	41 (A)
42 (C)	43 (D)	44 (B)	45 (A)	46 (C)
47 (D)	48 (C)	49 (D)	50 (B)	51 (D)
52 (C)	53 (D)	54 (C)	55 (A)	56 (D)
57 (A)	58 (B)	59 (D)	60 (B)	61 (A)
62 (B)	63 (C)	64 (A)	65 (A)	66 (D)
67 (B)	68 (C)	69 (C)	70 (B)	

PART 4

71 (A)	72 (D)	73 (B)	74 (C)	75 (B)
76 (A)	77 (D)	78 (A)	79 (A)	80 (D)
81 (B)	82 (C)	83 (B)	84 (A)	85 (C)
86 (B)	87 (C)	88 (A)	89 (D)	90 (C)
91 (C)	92 (D)	93 (C)	94 (D)	95 (D)
96 (A)	97 (B)	98 (D)	99 (B)	100 (C)

TEST 12

p.175

PART 1

1 (C)	2 (A)	3 (D)	4 (B)	5 (C)
6 (B)				

PART 2

7 (C)	8 (A)	9 (A)	10 (C)	11 (C)
12 (A)	13 (B)	14 (A)	15 (B)	16 (C)
17 (A)	18 (A)	19 (C)	20 (B)	21 (A)
22 (A)	23 (B)	24 (C)	25 (B)	26 (C)
27 (C)	28 (B)	29 (B)	30 (C)	31 (B)

PART 3

32 (C)	33 (A)	34 (A)	35 (C)	36 (A)
37 (C)	38 (A)	39 (C)	40 (D)	41 (C)
42 (B)	43 (C)	44 (D)	45 (C)	46 (C)
47 (D)	48 (A)	49 (A)	50 (C)	51 (B)
52 (B)	53 (D)	54 (B)	55 (D)	56 (B)
57 (A)	58 (C)	59 (D)	60 (B)	61 (D)
62 (C)	63 (B)	64 (C)	65 (A)	66 (B)
67 (B)	68 (A)	69 (A)	70 (D)	

PART 4

71 (C)	72 (D)	73 (C)	74 (C)	75 (B)
76 (A)	77 (D)	78 (B)	79 (B)	80 (C)
81 (A)	82 (A)	83 (C)	84 (D)	85 (A)
86 (C)	87 (B)	88 (D)	89 (B)	90 (A)
91 (B)	92 (D)	93 (C)	94 (A)	95 (A)
96 (D)	97 (D)	98 (B)	99 (B)	100 (D)

Answer Sheet

TEST 02

LISTENING (Part I~IV)

맞은 문제 개수: ___ / 100

TEST 01

LISTENING (Part I~IV)

맞은 문제 개수: ___ / 100

자르는 선 ✂

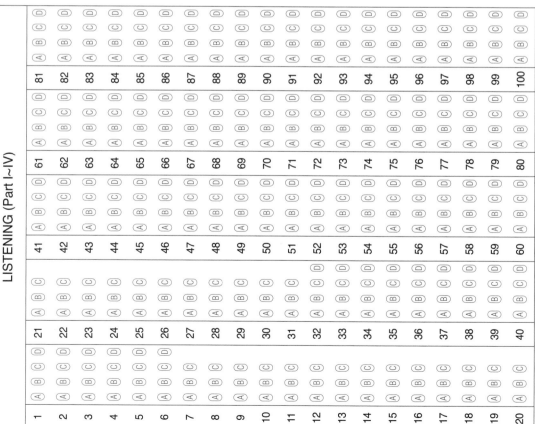

무료 토익·토스·오픽·취업 자료 제공

Hackers.co.kr

Answer Sheet
TEST 04

LISTENING (Part I~IV)

맞은 문제 개수: ___/100

Answer Sheet
TEST 03

LISTENING (Part I~IV)

맞은 문제 개수: ___/100

자르는 선 ✄

무료 토익 · 토스 · 오픽 · 취업 자료 제공

Hackers.co.kr

Answer Sheet

TEST 06

LISTENING (Part I~IV)

#	A	B	C	D	#	A	B	C	D	#	A	B	C	D	#	A	B	C	D	#	A	B	C	D
1	A	B	C	D	21	A	B	C		41	A	B	C	D	61	A	B	C	D	81	A	B	C	D
2	A	B	C	D	22	A	B	C		42	A	B	C	D	62	A	B	C	D	82	A	B	C	D
3	A	B	C	D	23	A	B	C		43	A	B	C	D	63	A	B	C	D	83	A	B	C	D
4	A	B	C		24	A	B	C		44	A	B	C	D	64	A	B	C	D	84	A	B	C	D
5	A	B	C		25	A	B	C		45	A	B	C	D	65	A	B	C	D	85	A	B	C	D
6	A	B	C		26	A	B	C		46	A	B	C	D	66	A	B	C	D	86	A	B	C	D
7	A	B	C		27	A	B	C		47	A	B	C	D	67	A	B	C	D	87	A	B	C	D
8	A	B	C		28	A	B	C		48	A	B	C	D	68	A	B	C	D	88	A	B	C	D
9	A	B	C		29	A	B	C		49	A	B	C	D	69	A	B	C	D	89	A	B	C	D
10	A	B	C		30	A	B	C		50	A	B	C	D	70	A	B	C	D	90	A	B	C	D
11	A	B	C		31	A	B	C		51	A	B	C	D	71	A	B	C	D	91	A	B	C	D
12	A	B	C		32	A	B	C		52	A	B	C	D	72	A	B	C	D	92	A	B	C	D
13	A	B	C		33	A	B	C		53	A	B	C	D	73	A	B	C	D	93	A	B	C	D
14	A	B	C		34	A	B	C		54	A	B	C	D	74	A	B	C	D	94	A	B	C	D
15	A	B	C		35	A	B	C		55	A	B	C	D	75	A	B	C	D	95	A	B	C	D
16	A	B	C		36	A	B	C		56	A	B	C	D	76	A	B	C	D	96	A	B	C	D
17	A	B	C		37	A	B	C		57	A	B	C	D	77	A	B	C	D	97	A	B	C	D
18	A	B	C		38	A	B	C		58	A	B	C	D	78	A	B	C	D	98	A	B	C	D
19	A	B	C		39	A	B	C		59	A	B	C	D	79	A	B	C	D	99	A	B	C	D
20	A	B	C		40	A	B	C		60	A	B	C	D	80	A	B	C	D	100	A	B	C	D

맞은 문제 개수: ____/100

Answer Sheet

TEST 05

LISTENING (Part I~IV)

#	A	B	C	D	#	A	B	C	D	#	A	B	C	D	#	A	B	C	D	#	A	B	C	D
1	A	B	C	D	21	A	B	C		41	A	B	C	D	61	A	B	C	D	81	A	B	C	D
2	A	B	C	D	22	A	B	C		42	A	B	C	D	62	A	B	C	D	82	A	B	C	D
3	A	B	C	D	23	A	B	C		43	A	B	C	D	63	A	B	C	D	83	A	B	C	D
4	A	B	C		24	A	B	C		44	A	B	C	D	64	A	B	C	D	84	A	B	C	D
5	A	B	C		25	A	B	C		45	A	B	C	D	65	A	B	C	D	85	A	B	C	D
6	A	B	C		26	A	B	C		46	A	B	C	D	66	A	B	C	D	86	A	B	C	D
7	A	B	C		27	A	B	C		47	A	B	C	D	67	A	B	C	D	87	A	B	C	D
8	A	B	C		28	A	B	C		48	A	B	C	D	68	A	B	C	D	88	A	B	C	D
9	A	B	C		29	A	B	C		49	A	B	C	D	69	A	B	C	D	89	A	B	C	D
10	A	B	C		30	A	B	C		50	A	B	C	D	70	A	B	C	D	90	A	B	C	D
11	A	B	C		31	A	B	C		51	A	B	C	D	71	A	B	C	D	91	A	B	C	D
12	A	B	C		32	A	B	C		52	A	B	C	D	72	A	B	C	D	92	A	B	C	D
13	A	B	C		33	A	B	C		53	A	B	C	D	73	A	B	C	D	93	A	B	C	D
14	A	B	C		34	A	B	C		54	A	B	C	D	74	A	B	C	D	94	A	B	C	D
15	A	B	C		35	A	B	C		55	A	B	C	D	75	A	B	C	D	95	A	B	C	D
16	A	B	C		36	A	B	C		56	A	B	C	D	76	A	B	C	D	96	A	B	C	D
17	A	B	C		37	A	B	C		57	A	B	C	D	77	A	B	C	D	97	A	B	C	D
18	A	B	C		38	A	B	C		58	A	B	C	D	78	A	B	C	D	98	A	B	C	D
19	A	B	C		39	A	B	C		59	A	B	C	D	79	A	B	C	D	99	A	B	C	D
20	A	B	C		40	A	B	C		60	A	B	C	D	80	A	B	C	D	100	A	B	C	D

맞은 문제 개수: ____/100

자르는 선 ✂

무료 토익 · 토스 · 오픽 · 취업 자료 제공

Hackers.co.kr

Answer Sheet

TEST 08

LISTENING (Part I~IV)

	A	B	C	D		A	B	C	D		A	B	C	D		A	B	C	D		A	B	C	D
1	Ⓐ	Ⓑ	Ⓒ	Ⓓ	21	Ⓐ	Ⓑ	Ⓒ	Ⓓ	41	Ⓐ	Ⓑ	Ⓒ	Ⓓ	61	Ⓐ	Ⓑ	Ⓒ	Ⓓ	81	Ⓐ	Ⓑ	Ⓒ	Ⓓ
2	Ⓐ	Ⓑ	Ⓒ	Ⓓ	22	Ⓐ	Ⓑ	Ⓒ	Ⓓ	42	Ⓐ	Ⓑ	Ⓒ	Ⓓ	62	Ⓐ	Ⓑ	Ⓒ	Ⓓ	82	Ⓐ	Ⓑ	Ⓒ	Ⓓ
3	Ⓐ	Ⓑ	Ⓒ	Ⓓ	23	Ⓐ	Ⓑ	Ⓒ	Ⓓ	43	Ⓐ	Ⓑ	Ⓒ	Ⓓ	63	Ⓐ	Ⓑ	Ⓒ	Ⓓ	83	Ⓐ	Ⓑ	Ⓒ	Ⓓ
4	Ⓐ	Ⓑ	Ⓒ	Ⓓ	24	Ⓐ	Ⓑ	Ⓒ	Ⓓ	44	Ⓐ	Ⓑ	Ⓒ	Ⓓ	64	Ⓐ	Ⓑ	Ⓒ	Ⓓ	84	Ⓐ	Ⓑ	Ⓒ	Ⓓ
5	Ⓐ	Ⓑ	Ⓒ	Ⓓ	25	Ⓐ	Ⓑ	Ⓒ	Ⓓ	45	Ⓐ	Ⓑ	Ⓒ	Ⓓ	65	Ⓐ	Ⓑ	Ⓒ	Ⓓ	85	Ⓐ	Ⓑ	Ⓒ	Ⓓ
6	Ⓐ	Ⓑ	Ⓒ	Ⓓ	26	Ⓐ	Ⓑ	Ⓒ	Ⓓ	46	Ⓐ	Ⓑ	Ⓒ	Ⓓ	66	Ⓐ	Ⓑ	Ⓒ	Ⓓ	86	Ⓐ	Ⓑ	Ⓒ	Ⓓ
7	Ⓐ	Ⓑ	Ⓒ		27	Ⓐ	Ⓑ	Ⓒ		47	Ⓐ	Ⓑ	Ⓒ	Ⓓ	67	Ⓐ	Ⓑ	Ⓒ	Ⓓ	87	Ⓐ	Ⓑ	Ⓒ	Ⓓ
8	Ⓐ	Ⓑ	Ⓒ		28	Ⓐ	Ⓑ	Ⓒ		48	Ⓐ	Ⓑ	Ⓒ	Ⓓ	68	Ⓐ	Ⓑ	Ⓒ	Ⓓ	88	Ⓐ	Ⓑ	Ⓒ	Ⓓ
9	Ⓐ	Ⓑ	Ⓒ		29	Ⓐ	Ⓑ	Ⓒ		49	Ⓐ	Ⓑ	Ⓒ	Ⓓ	69	Ⓐ	Ⓑ	Ⓒ	Ⓓ	89	Ⓐ	Ⓑ	Ⓒ	Ⓓ
10	Ⓐ	Ⓑ	Ⓒ		30	Ⓐ	Ⓑ	Ⓒ		50	Ⓐ	Ⓑ	Ⓒ	Ⓓ	70	Ⓐ	Ⓑ	Ⓒ	Ⓓ	90	Ⓐ	Ⓑ	Ⓒ	Ⓓ
11	Ⓐ	Ⓑ	Ⓒ		31	Ⓐ	Ⓑ	Ⓒ	Ⓓ	51	Ⓐ	Ⓑ	Ⓒ	Ⓓ	71	Ⓐ	Ⓑ	Ⓒ	Ⓓ	91	Ⓐ	Ⓑ	Ⓒ	Ⓓ
12	Ⓐ	Ⓑ	Ⓒ		32	Ⓐ	Ⓑ	Ⓒ	Ⓓ	52	Ⓐ	Ⓑ	Ⓒ	Ⓓ	72	Ⓐ	Ⓑ	Ⓒ	Ⓓ	92	Ⓐ	Ⓑ	Ⓒ	Ⓓ
13	Ⓐ	Ⓑ	Ⓒ		33	Ⓐ	Ⓑ	Ⓒ	Ⓓ	53	Ⓐ	Ⓑ	Ⓒ	Ⓓ	73	Ⓐ	Ⓑ	Ⓒ	Ⓓ	93	Ⓐ	Ⓑ	Ⓒ	Ⓓ
14	Ⓐ	Ⓑ	Ⓒ		34	Ⓐ	Ⓑ	Ⓒ	Ⓓ	54	Ⓐ	Ⓑ	Ⓒ	Ⓓ	74	Ⓐ	Ⓑ	Ⓒ	Ⓓ	94	Ⓐ	Ⓑ	Ⓒ	Ⓓ
15	Ⓐ	Ⓑ	Ⓒ		35	Ⓐ	Ⓑ	Ⓒ	Ⓓ	55	Ⓐ	Ⓑ	Ⓒ	Ⓓ	75	Ⓐ	Ⓑ	Ⓒ	Ⓓ	95	Ⓐ	Ⓑ	Ⓒ	Ⓓ
16	Ⓐ	Ⓑ	Ⓒ		36	Ⓐ	Ⓑ	Ⓒ	Ⓓ	56	Ⓐ	Ⓑ	Ⓒ	Ⓓ	76	Ⓐ	Ⓑ	Ⓒ	Ⓓ	96	Ⓐ	Ⓑ	Ⓒ	Ⓓ
17	Ⓐ	Ⓑ	Ⓒ		37	Ⓐ	Ⓑ	Ⓒ	Ⓓ	57	Ⓐ	Ⓑ	Ⓒ	Ⓓ	77	Ⓐ	Ⓑ	Ⓒ	Ⓓ	97	Ⓐ	Ⓑ	Ⓒ	Ⓓ
18	Ⓐ	Ⓑ	Ⓒ		38	Ⓐ	Ⓑ	Ⓒ	Ⓓ	58	Ⓐ	Ⓑ	Ⓒ	Ⓓ	78	Ⓐ	Ⓑ	Ⓒ	Ⓓ	98	Ⓐ	Ⓑ	Ⓒ	Ⓓ
19	Ⓐ	Ⓑ	Ⓒ		39	Ⓐ	Ⓑ	Ⓒ	Ⓓ	59	Ⓐ	Ⓑ	Ⓒ	Ⓓ	79	Ⓐ	Ⓑ	Ⓒ	Ⓓ	99	Ⓐ	Ⓑ	Ⓒ	Ⓓ
20	Ⓐ	Ⓑ	Ⓒ		40	Ⓐ	Ⓑ	Ⓒ	Ⓓ	60	Ⓐ	Ⓑ	Ⓒ	Ⓓ	80	Ⓐ	Ⓑ	Ⓒ	Ⓓ	100	Ⓐ	Ⓑ	Ⓒ	Ⓓ

맞은 문제 개수 _____ /100

✂ 자르는 선

Answer Sheet

TEST 07

LISTENING (Part I~IV)

	A	B	C	D		A	B	C	D		A	B	C	D		A	B	C	D		A	B	C	D
1	Ⓐ	Ⓑ	Ⓒ	Ⓓ	21	Ⓐ	Ⓑ	Ⓒ	Ⓓ	41	Ⓐ	Ⓑ	Ⓒ	Ⓓ	61	Ⓐ	Ⓑ	Ⓒ	Ⓓ	81	Ⓐ	Ⓑ	Ⓒ	Ⓓ
2	Ⓐ	Ⓑ	Ⓒ	Ⓓ	22	Ⓐ	Ⓑ	Ⓒ	Ⓓ	42	Ⓐ	Ⓑ	Ⓒ	Ⓓ	62	Ⓐ	Ⓑ	Ⓒ	Ⓓ	82	Ⓐ	Ⓑ	Ⓒ	Ⓓ
3	Ⓐ	Ⓑ	Ⓒ	Ⓓ	23	Ⓐ	Ⓑ	Ⓒ	Ⓓ	43	Ⓐ	Ⓑ	Ⓒ	Ⓓ	63	Ⓐ	Ⓑ	Ⓒ	Ⓓ	83	Ⓐ	Ⓑ	Ⓒ	Ⓓ
4	Ⓐ	Ⓑ	Ⓒ	Ⓓ	24	Ⓐ	Ⓑ	Ⓒ	Ⓓ	44	Ⓐ	Ⓑ	Ⓒ	Ⓓ	64	Ⓐ	Ⓑ	Ⓒ	Ⓓ	84	Ⓐ	Ⓑ	Ⓒ	Ⓓ
5	Ⓐ	Ⓑ	Ⓒ	Ⓓ	25	Ⓐ	Ⓑ	Ⓒ	Ⓓ	45	Ⓐ	Ⓑ	Ⓒ	Ⓓ	65	Ⓐ	Ⓑ	Ⓒ	Ⓓ	85	Ⓐ	Ⓑ	Ⓒ	Ⓓ
6	Ⓐ	Ⓑ	Ⓒ	Ⓓ	26	Ⓐ	Ⓑ	Ⓒ	Ⓓ	46	Ⓐ	Ⓑ	Ⓒ	Ⓓ	66	Ⓐ	Ⓑ	Ⓒ	Ⓓ	86	Ⓐ	Ⓑ	Ⓒ	Ⓓ
7	Ⓐ	Ⓑ	Ⓒ		27	Ⓐ	Ⓑ	Ⓒ		47	Ⓐ	Ⓑ	Ⓒ	Ⓓ	67	Ⓐ	Ⓑ	Ⓒ	Ⓓ	87	Ⓐ	Ⓑ	Ⓒ	Ⓓ
8	Ⓐ	Ⓑ	Ⓒ		28	Ⓐ	Ⓑ	Ⓒ		48	Ⓐ	Ⓑ	Ⓒ	Ⓓ	68	Ⓐ	Ⓑ	Ⓒ	Ⓓ	88	Ⓐ	Ⓑ	Ⓒ	Ⓓ
9	Ⓐ	Ⓑ	Ⓒ		29	Ⓐ	Ⓑ	Ⓒ		49	Ⓐ	Ⓑ	Ⓒ	Ⓓ	69	Ⓐ	Ⓑ	Ⓒ	Ⓓ	89	Ⓐ	Ⓑ	Ⓒ	Ⓓ
10	Ⓐ	Ⓑ	Ⓒ		30	Ⓐ	Ⓑ	Ⓒ		50	Ⓐ	Ⓑ	Ⓒ	Ⓓ	70	Ⓐ	Ⓑ	Ⓒ	Ⓓ	90	Ⓐ	Ⓑ	Ⓒ	Ⓓ
11	Ⓐ	Ⓑ	Ⓒ		31	Ⓐ	Ⓑ	Ⓒ	Ⓓ	51	Ⓐ	Ⓑ	Ⓒ	Ⓓ	71	Ⓐ	Ⓑ	Ⓒ	Ⓓ	91	Ⓐ	Ⓑ	Ⓒ	Ⓓ
12	Ⓐ	Ⓑ	Ⓒ		32	Ⓐ	Ⓑ	Ⓒ	Ⓓ	52	Ⓐ	Ⓑ	Ⓒ	Ⓓ	72	Ⓐ	Ⓑ	Ⓒ	Ⓓ	92	Ⓐ	Ⓑ	Ⓒ	Ⓓ
13	Ⓐ	Ⓑ	Ⓒ		33	Ⓐ	Ⓑ	Ⓒ	Ⓓ	53	Ⓐ	Ⓑ	Ⓒ	Ⓓ	73	Ⓐ	Ⓑ	Ⓒ	Ⓓ	93	Ⓐ	Ⓑ	Ⓒ	Ⓓ
14	Ⓐ	Ⓑ	Ⓒ		34	Ⓐ	Ⓑ	Ⓒ	Ⓓ	54	Ⓐ	Ⓑ	Ⓒ	Ⓓ	74	Ⓐ	Ⓑ	Ⓒ	Ⓓ	94	Ⓐ	Ⓑ	Ⓒ	Ⓓ
15	Ⓐ	Ⓑ	Ⓒ		35	Ⓐ	Ⓑ	Ⓒ	Ⓓ	55	Ⓐ	Ⓑ	Ⓒ	Ⓓ	75	Ⓐ	Ⓑ	Ⓒ	Ⓓ	95	Ⓐ	Ⓑ	Ⓒ	Ⓓ
16	Ⓐ	Ⓑ	Ⓒ		36	Ⓐ	Ⓑ	Ⓒ	Ⓓ	56	Ⓐ	Ⓑ	Ⓒ	Ⓓ	76	Ⓐ	Ⓑ	Ⓒ	Ⓓ	96	Ⓐ	Ⓑ	Ⓒ	Ⓓ
17	Ⓐ	Ⓑ	Ⓒ		37	Ⓐ	Ⓑ	Ⓒ	Ⓓ	57	Ⓐ	Ⓑ	Ⓒ	Ⓓ	77	Ⓐ	Ⓑ	Ⓒ	Ⓓ	97	Ⓐ	Ⓑ	Ⓒ	Ⓓ
18	Ⓐ	Ⓑ	Ⓒ		38	Ⓐ	Ⓑ	Ⓒ	Ⓓ	58	Ⓐ	Ⓑ	Ⓒ	Ⓓ	78	Ⓐ	Ⓑ	Ⓒ	Ⓓ	98	Ⓐ	Ⓑ	Ⓒ	Ⓓ
19	Ⓐ	Ⓑ	Ⓒ		39	Ⓐ	Ⓑ	Ⓒ	Ⓓ	59	Ⓐ	Ⓑ	Ⓒ	Ⓓ	79	Ⓐ	Ⓑ	Ⓒ	Ⓓ	99	Ⓐ	Ⓑ	Ⓒ	Ⓓ
20	Ⓐ	Ⓑ	Ⓒ		40	Ⓐ	Ⓑ	Ⓒ	Ⓓ	60	Ⓐ	Ⓑ	Ⓒ	Ⓓ	80	Ⓐ	Ⓑ	Ⓒ	Ⓓ	100	Ⓐ	Ⓑ	Ⓒ	Ⓓ

맞은 문제 개수 _____ /100

자르는 선 ✂

무료 토익·토스·오픽·취업 자료 제공

Hackers.co.kr

Answer Sheet

TEST 10

LISTENING (Part I~IV)

#					#					#					#					#				
1	Ⓐ	Ⓑ	Ⓒ	Ⓓ	21	Ⓐ	Ⓑ	Ⓒ		41	Ⓐ	Ⓑ	Ⓒ	Ⓓ	61	Ⓐ	Ⓑ	Ⓒ	Ⓓ	81	Ⓐ	Ⓑ	Ⓒ	Ⓓ
2	Ⓐ	Ⓑ	Ⓒ	Ⓓ	22	Ⓐ	Ⓑ	Ⓒ		42	Ⓐ	Ⓑ	Ⓒ	Ⓓ	62	Ⓐ	Ⓑ	Ⓒ	Ⓓ	82	Ⓐ	Ⓑ	Ⓒ	Ⓓ
3	Ⓐ	Ⓑ	Ⓒ	Ⓓ	23	Ⓐ	Ⓑ	Ⓒ		43	Ⓐ	Ⓑ	Ⓒ	Ⓓ	63	Ⓐ	Ⓑ	Ⓒ	Ⓓ	83	Ⓐ	Ⓑ	Ⓒ	Ⓓ
4	Ⓐ	Ⓑ	Ⓒ	Ⓓ	24	Ⓐ	Ⓑ	Ⓒ		44	Ⓐ	Ⓑ	Ⓒ	Ⓓ	64	Ⓐ	Ⓑ	Ⓒ	Ⓓ	84	Ⓐ	Ⓑ	Ⓒ	Ⓓ
5	Ⓐ	Ⓑ	Ⓒ	Ⓓ	25	Ⓐ	Ⓑ	Ⓒ		45	Ⓐ	Ⓑ	Ⓒ	Ⓓ	65	Ⓐ	Ⓑ	Ⓒ	Ⓓ	85	Ⓐ	Ⓑ	Ⓒ	Ⓓ
6	Ⓐ	Ⓑ	Ⓒ	Ⓓ	26	Ⓐ	Ⓑ	Ⓒ		46	Ⓐ	Ⓑ	Ⓒ	Ⓓ	66	Ⓐ	Ⓑ	Ⓒ	Ⓓ	86	Ⓐ	Ⓑ	Ⓒ	Ⓓ
7	Ⓐ	Ⓑ	Ⓒ		27	Ⓐ	Ⓑ	Ⓒ		47	Ⓐ	Ⓑ	Ⓒ	Ⓓ	67	Ⓐ	Ⓑ	Ⓒ	Ⓓ	87	Ⓐ	Ⓑ	Ⓒ	Ⓓ
8	Ⓐ	Ⓑ	Ⓒ		28	Ⓐ	Ⓑ	Ⓒ		48	Ⓐ	Ⓑ	Ⓒ	Ⓓ	68	Ⓐ	Ⓑ	Ⓒ	Ⓓ	88	Ⓐ	Ⓑ	Ⓒ	Ⓓ
9	Ⓐ	Ⓑ	Ⓒ		29	Ⓐ	Ⓑ	Ⓒ		49	Ⓐ	Ⓑ	Ⓒ	Ⓓ	69	Ⓐ	Ⓑ	Ⓒ	Ⓓ	89	Ⓐ	Ⓑ	Ⓒ	Ⓓ
10	Ⓐ	Ⓑ	Ⓒ		30	Ⓐ	Ⓑ	Ⓒ		50	Ⓐ	Ⓑ	Ⓒ	Ⓓ	70	Ⓐ	Ⓑ	Ⓒ	Ⓓ	90	Ⓐ	Ⓑ	Ⓒ	Ⓓ
11	Ⓐ	Ⓑ	Ⓒ		31	Ⓐ	Ⓑ	Ⓒ		51	Ⓐ	Ⓑ	Ⓒ	Ⓓ	71	Ⓐ	Ⓑ	Ⓒ	Ⓓ	91	Ⓐ	Ⓑ	Ⓒ	Ⓓ
12	Ⓐ	Ⓑ	Ⓒ		32	Ⓐ	Ⓑ	Ⓒ		52	Ⓐ	Ⓑ	Ⓒ	Ⓓ	72	Ⓐ	Ⓑ	Ⓒ	Ⓓ	92	Ⓐ	Ⓑ	Ⓒ	Ⓓ
13	Ⓐ	Ⓑ	Ⓒ		33	Ⓐ	Ⓑ	Ⓒ		53	Ⓐ	Ⓑ	Ⓒ	Ⓓ	73	Ⓐ	Ⓑ	Ⓒ	Ⓓ	93	Ⓐ	Ⓑ	Ⓒ	Ⓓ
14	Ⓐ	Ⓑ	Ⓒ		34	Ⓐ	Ⓑ	Ⓒ		54	Ⓐ	Ⓑ	Ⓒ	Ⓓ	74	Ⓐ	Ⓑ	Ⓒ	Ⓓ	94	Ⓐ	Ⓑ	Ⓒ	Ⓓ
15	Ⓐ	Ⓑ	Ⓒ		35	Ⓐ	Ⓑ	Ⓒ		55	Ⓐ	Ⓑ	Ⓒ	Ⓓ	75	Ⓐ	Ⓑ	Ⓒ	Ⓓ	95	Ⓐ	Ⓑ	Ⓒ	Ⓓ
16	Ⓐ	Ⓑ	Ⓒ		36	Ⓐ	Ⓑ	Ⓒ		56	Ⓐ	Ⓑ	Ⓒ	Ⓓ	76	Ⓐ	Ⓑ	Ⓒ	Ⓓ	96	Ⓐ	Ⓑ	Ⓒ	Ⓓ
17	Ⓐ	Ⓑ	Ⓒ		37	Ⓐ	Ⓑ	Ⓒ		57	Ⓐ	Ⓑ	Ⓒ	Ⓓ	77	Ⓐ	Ⓑ	Ⓒ	Ⓓ	97	Ⓐ	Ⓑ	Ⓒ	Ⓓ
18	Ⓐ	Ⓑ	Ⓒ		38	Ⓐ	Ⓑ	Ⓒ		58	Ⓐ	Ⓑ	Ⓒ	Ⓓ	78	Ⓐ	Ⓑ	Ⓒ	Ⓓ	98	Ⓐ	Ⓑ	Ⓒ	Ⓓ
19	Ⓐ	Ⓑ	Ⓒ		39	Ⓐ	Ⓑ	Ⓒ		59	Ⓐ	Ⓑ	Ⓒ	Ⓓ	79	Ⓐ	Ⓑ	Ⓒ	Ⓓ	99	Ⓐ	Ⓑ	Ⓒ	Ⓓ
20	Ⓐ	Ⓑ	Ⓒ		40	Ⓐ	Ⓑ	Ⓒ		60	Ⓐ	Ⓑ	Ⓒ	Ⓓ	80	Ⓐ	Ⓑ	Ⓒ	Ⓓ	100	Ⓐ	Ⓑ	Ⓒ	Ⓓ

맞은 문제 개수: ____ / 100

✂ 자르는 선

Answer Sheet

TEST 09

LISTENING (Part I~IV)

#					#					#					#					#				
1	Ⓐ	Ⓑ	Ⓒ		21	Ⓐ	Ⓑ	Ⓒ	Ⓓ	41	Ⓐ	Ⓑ	Ⓒ	Ⓓ	61	Ⓐ	Ⓑ	Ⓒ	Ⓓ	81	Ⓐ	Ⓑ	Ⓒ	Ⓓ
2	Ⓐ	Ⓑ	Ⓒ		22	Ⓐ	Ⓑ	Ⓒ	Ⓓ	42	Ⓐ	Ⓑ	Ⓒ	Ⓓ	62	Ⓐ	Ⓑ	Ⓒ	Ⓓ	82	Ⓐ	Ⓑ	Ⓒ	Ⓓ
3	Ⓐ	Ⓑ	Ⓒ		23	Ⓐ	Ⓑ	Ⓒ	Ⓓ	43	Ⓐ	Ⓑ	Ⓒ	Ⓓ	63	Ⓐ	Ⓑ	Ⓒ	Ⓓ	83	Ⓐ	Ⓑ	Ⓒ	Ⓓ
4	Ⓐ	Ⓑ	Ⓒ		24	Ⓐ	Ⓑ	Ⓒ	Ⓓ	44	Ⓐ	Ⓑ	Ⓒ	Ⓓ	64	Ⓐ	Ⓑ	Ⓒ	Ⓓ	84	Ⓐ	Ⓑ	Ⓒ	Ⓓ
5	Ⓐ	Ⓑ	Ⓒ		25	Ⓐ	Ⓑ	Ⓒ	Ⓓ	45	Ⓐ	Ⓑ	Ⓒ	Ⓓ	65	Ⓐ	Ⓑ	Ⓒ	Ⓓ	85	Ⓐ	Ⓑ	Ⓒ	Ⓓ
6	Ⓐ	Ⓑ	Ⓒ		26	Ⓐ	Ⓑ	Ⓒ	Ⓓ	46	Ⓐ	Ⓑ	Ⓒ	Ⓓ	66	Ⓐ	Ⓑ	Ⓒ	Ⓓ	86	Ⓐ	Ⓑ	Ⓒ	Ⓓ
7	Ⓐ	Ⓑ	Ⓒ		27	Ⓐ	Ⓑ	Ⓒ		47	Ⓐ	Ⓑ	Ⓒ	Ⓓ	67	Ⓐ	Ⓑ	Ⓒ	Ⓓ	87	Ⓐ	Ⓑ	Ⓒ	Ⓓ
8	Ⓐ	Ⓑ	Ⓒ		28	Ⓐ	Ⓑ	Ⓒ		48	Ⓐ	Ⓑ	Ⓒ	Ⓓ	68	Ⓐ	Ⓑ	Ⓒ	Ⓓ	88	Ⓐ	Ⓑ	Ⓒ	Ⓓ
9	Ⓐ	Ⓑ	Ⓒ		29	Ⓐ	Ⓑ	Ⓒ		49	Ⓐ	Ⓑ	Ⓒ	Ⓓ	69	Ⓐ	Ⓑ	Ⓒ	Ⓓ	89	Ⓐ	Ⓑ	Ⓒ	Ⓓ
10	Ⓐ	Ⓑ	Ⓒ		30	Ⓐ	Ⓑ	Ⓒ		50	Ⓐ	Ⓑ	Ⓒ	Ⓓ	70	Ⓐ	Ⓑ	Ⓒ	Ⓓ	90	Ⓐ	Ⓑ	Ⓒ	Ⓓ
11	Ⓐ	Ⓑ	Ⓒ		31	Ⓐ	Ⓑ	Ⓒ		51	Ⓐ	Ⓑ	Ⓒ	Ⓓ	71	Ⓐ	Ⓑ	Ⓒ	Ⓓ	91	Ⓐ	Ⓑ	Ⓒ	Ⓓ
12	Ⓐ	Ⓑ	Ⓒ		32	Ⓐ	Ⓑ	Ⓒ		52	Ⓐ	Ⓑ	Ⓒ	Ⓓ	72	Ⓐ	Ⓑ	Ⓒ	Ⓓ	92	Ⓐ	Ⓑ	Ⓒ	Ⓓ
13	Ⓐ	Ⓑ	Ⓒ		33	Ⓐ	Ⓑ	Ⓒ		53	Ⓐ	Ⓑ	Ⓒ	Ⓓ	73	Ⓐ	Ⓑ	Ⓒ	Ⓓ	93	Ⓐ	Ⓑ	Ⓒ	Ⓓ
14	Ⓐ	Ⓑ	Ⓒ		34	Ⓐ	Ⓑ	Ⓒ		54	Ⓐ	Ⓑ	Ⓒ	Ⓓ	74	Ⓐ	Ⓑ	Ⓒ	Ⓓ	94	Ⓐ	Ⓑ	Ⓒ	Ⓓ
15	Ⓐ	Ⓑ	Ⓒ		35	Ⓐ	Ⓑ	Ⓒ		55	Ⓐ	Ⓑ	Ⓒ	Ⓓ	75	Ⓐ	Ⓑ	Ⓒ	Ⓓ	95	Ⓐ	Ⓑ	Ⓒ	Ⓓ
16	Ⓐ	Ⓑ	Ⓒ		36	Ⓐ	Ⓑ	Ⓒ		56	Ⓐ	Ⓑ	Ⓒ	Ⓓ	76	Ⓐ	Ⓑ	Ⓒ	Ⓓ	96	Ⓐ	Ⓑ	Ⓒ	Ⓓ
17	Ⓐ	Ⓑ	Ⓒ		37	Ⓐ	Ⓑ	Ⓒ		57	Ⓐ	Ⓑ	Ⓒ	Ⓓ	77	Ⓐ	Ⓑ	Ⓒ	Ⓓ	97	Ⓐ	Ⓑ	Ⓒ	Ⓓ
18	Ⓐ	Ⓑ	Ⓒ		38	Ⓐ	Ⓑ	Ⓒ		58	Ⓐ	Ⓑ	Ⓒ	Ⓓ	78	Ⓐ	Ⓑ	Ⓒ	Ⓓ	98	Ⓐ	Ⓑ	Ⓒ	Ⓓ
19	Ⓐ	Ⓑ	Ⓒ		39	Ⓐ	Ⓑ	Ⓒ		59	Ⓐ	Ⓑ	Ⓒ	Ⓓ	79	Ⓐ	Ⓑ	Ⓒ	Ⓓ	99	Ⓐ	Ⓑ	Ⓒ	Ⓓ
20	Ⓐ	Ⓑ	Ⓒ		40	Ⓐ	Ⓑ	Ⓒ		60	Ⓐ	Ⓑ	Ⓒ	Ⓓ	80	Ⓐ	Ⓑ	Ⓒ	Ⓓ	100	Ⓐ	Ⓑ	Ⓒ	Ⓓ

맞은 문제 개수: ____ / 100

무료 토익 · 토스 · 오픽 · 취업 자료 제공

Hackers.co.kr

Answer Sheet

TEST 12

LISTENING (Part I~IV)

맞은 문제 개수: ___ /100

Answer Sheet

TEST 11

LISTENING (Part I~IV)

맞은 문제 개수: ___ /100

자르는 선 ✂

자르는 선

물토익부터 **불토익**까지, **1200제**로 토익 졸업!

해커스 토익

실전 1200제
LISTENING LC

초판 8쇄 발행 2024년 7월 22일
초판 1쇄 발행 2020년 7월 1일

지은이	해커스 어학연구소
펴낸곳	(주)해커스 어학연구소
펴낸이	해커스 어학연구소 출판팀

주소	서울특별시 서초구 강남대로61길 23 (주)해커스 어학연구소
고객센터	02-537-5000
교재 관련 문의	publishing@hackers.com
동영상강의	HackersIngang.com

ISBN	978-89-6542-374-4 (13740)
Serial Number	01-08-01

영어 전문 포털, 해커스토익
Hackers.co.kr

해커스토익

· 매일 실전 RC/LC 문제 및 토익 보카 TEST 등 **다양한 무료 학습 컨텐츠**
· 매월 무료 적중예상특강 및 실시간 토익시험 정답확인/해설강의

외국어인강 1위, 해커스인강
HackersIngang.com

해커스 인강

· 실전에서 듣게 될 발음/속도를 미리 경험하는 **교재 MP3**
· 들으면서 외우는 **무료 단어암기장 및 단어암기 MP3**
· 취약 문제 유형을 분석해주는 인공지능 시스템 **해커스토익 '빅플' 어플**(교재 내 이용권 수록)
· **무료 받아쓰기&쉐도잉 프로그램 및 정답녹음 MP3**
· 토익 스타강사의 고득점 전략이 담긴 **본 교재 인강**

[외국어인강 1위] 헤럴드 선정 2018 대학생 선호브랜드 대상 '대학생이 선정한 외국어인강' 부문 1위

5천 개가 넘는
해커스토익 무료 자료!

대한민국에서 공짜로 토익 공부하고 싶으면　해커스영어 Hackers.co.kr ▾　검색

RC 정수진 **RC 이상길**

토익 강의

베스트셀러 1위 토익 강의 150강 무료 서비스,
누적 시청 1,900만 돌파!

토익 실전 문제

토익 RC/LC 풀기, 모의토익 등
실전토익 대비 문제 제공!

LC 한승태 **RC 김동영**

최신 특강

2,400만뷰 스타강사의
압도적 적중예상특강 매달 업데이트!

고득점 달성 비법

토익 고득점 달성팁, 파트별 비법,
점수대별 공부법 무료 확인

전원 무료
*미션 달성 시

가장 빠른 정답까지!

615만이 선택한 해커스 토익 정답!
시험 직후 가장 빠른 정답 확인

더 많은
토익 무료자료 보기 ▶

19년 연속 베스트셀러 1위*
대한민국 영어강자 해커스!

"1분 레벨테스트"로
바로 확인하는 내 토익 레벨 ▶

▌토익 교재 시리즈

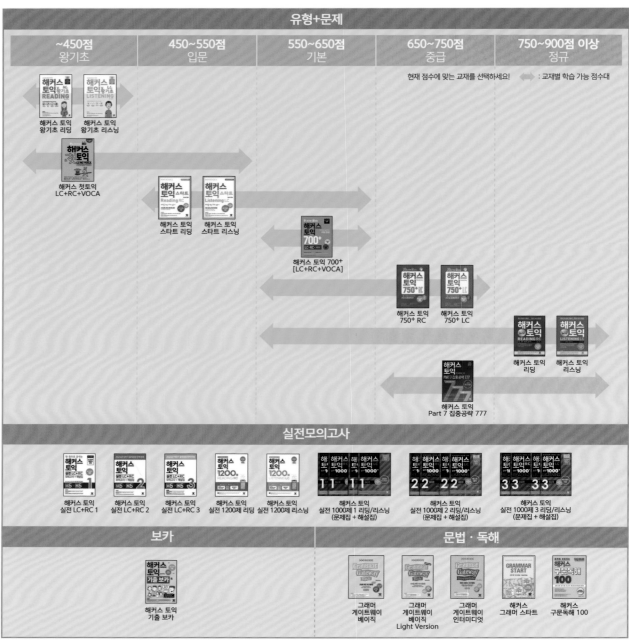

유형+문제				
~450점 왕기초	450~550점 입문	550~650점 기본	650~750점 중급	750~900점 이상 정규

현재 점수에 맞는 교재를 선택하세요! ↔ : 교재별 학습 가능 점수대

해커스 토익 왕기초 리딩 / 해커스 토익 왕기초 리스닝

해커스 첫토익 LC+RC+VOCA

해커스 토익 스타트 리딩 / 해커스 토익 스타트 리스닝

해커스 토익 700+ [LC+RC+VOCA]

해커스 토익 750+ RC / 해커스 토익 750+ LC

해커스 토익 리딩 / 해커스 토익 리스닝

해커스 토익 Part 7 집중공략 777

실전모의고사

해커스 토익 실전 LC+RC 1 / 해커스 토익 실전 LC+RC 2 / 해커스 토익 실전 LC+RC 3 / 해커스 토익 실전 1200제 리딩 / 해커스 토익 실전 1200제 리스닝 / 해커스 토익 실전 1000제 1 리딩/리스닝 (문제집 + 해설집) / 해커스 토익 실전 1000제 2 리딩/리스닝 (문제집 + 해설집) / 해커스 토익 실전 1000제 3 리딩/리스닝 (문제집 + 해설집)

보카

해커스 토익 기출 보카

문법 · 독해

그래머 게이트웨이 베이직 / 그래머 게이트웨이 베이직 Light Version / 그래머 게이트웨이 인터미디엇 / 해커스 그래머 스타트 / 해커스 구문독해 100

▌토익스피킹 교재 시리즈

해커스 토익스피킹 스타트 / 만능 템플릿과 위기탈출 표현으로 해커스 토익스피킹 5일 완성 / 해커스 토익스피킹 / 해커스 토익스피킹 실전모의고사 15회

▌오픽 교재 시리즈

해커스 오픽 스타트 [Intermediate 공략] / 서베이부터 실전까지 해커스 오픽 매뉴얼 / 해커스 오픽 [Advanced 공략]

13740

9 788965 423744
ISBN 978-89-6542-374-4

해커스 토익 실전 1200제 로
바로 졸업할 수 있습니다

실제 시험과 똑같은 난이도의 문제로 대비하니까!

최근 12개월 실제 시험과
동일한 난이도의
실전 문제 풀이

정답 찾는 방법을 콕 짚어주는 해설이 있으니까!

오답의 이유까지
꼼꼼하게 알려주는
맞춤 과외식 해설로 실력 상승

내 약점을 정확하게 찾아서 보완해주니까!

해커스 인공지능 시스템
"빅플"로
취약 유형 문제 반복 학습

해커스 토익
실전 1200제
LISTENING LC

300% 활용법

교재 MP3

이용방법 **해커스인강** HackersIngang.com
접속 후 로그인 >> 상단 메뉴
[토익 → MP3/자료 → 문제풀이 MP3]
클릭하여 이용하기

단어암기장 및 단어암기 MP3

정답 PDF 및 정답 녹음 MP3

받아쓰기&쉐도잉 프로그램

이용방법 **해커스인강** HackersIngang.com 접속 후 로그인 >>
상단 메뉴 [토익 → MP3/자료 → 무료 MP3/자료] 클릭하여 이용하기

무료 매일 실전 RC/LC 문제

이용방법 **해커스토익** Hackers.co.kr 접속 >>
상단 메뉴 [토익 → 토익 무료학습 →
매일 실전 RC/LC 풀기] 클릭하여 이용하기

빅플 약점집중학습 이용권

D49ED3FE23FAB2B3

이용방법 **해커스인강** HackersIngang.com 접속 후 로그인 >>
[마이클래스 → 결제관리 → 내 쿠폰 확인하기] 클릭 >>
위 쿠폰번호 입력 후 빅플 어플에서 이용권 확인하기

* 이용기한: 2025년 12월 31일(등록 후 14일간 사용 가능)

함께 학습하면 좋은 **해커스토익 빅플 APP**

해커스토익 빅플

본 교재
모든 문제
**취약 유형
심층 분석**
무료 제공

· 어플을 통해 언제 어디서나 편리하게 토익 문제풀이 학습
· 문제풀이에 대한 학습결과 분석 자료로 취약점 파악 및 약점 보완

>> 구글 플레이스토어/애플 앱스토어에서 '빅플'을 검색하세요.

▲ 빅플 다운 받기

이용방법 [해커스토익 빅플] 어플 접속 >> 상단 [교재풀이] 클릭 후 본 교재 OMR 답안 입력 및 제출 >>
[분석레포트] 클릭 >> 교재 풀이 분석 결과보기

최신기출유형 **100%** 반영

해커스
토익
해설집

실전 1200제
LISTENING LC

해커스 어학연구소

PART 1

1 (A)	2 (C)	3 (D)	4 (B)	5 (D)
6 (C)				

PART 2

7 (C)	8 (A)	9 (C)	10 (B)	11 (A)
12 (A)	13 (A)	14 (C)	15 (C)	16 (B)
17 (A)	18 (C)	19 (A)	20 (B)	21 (C)
22 (C)	23 (B)	24 (A)	25 (A)	26 (C)
27 (A)	28 (B)	29 (C)	30 (B)	31 (B)

PART 3

32 (B)	33 (A)	34 (B)	35 (B)	36 (D)
37 (A)	38 (B)	39 (A)	40 (C)	41 (D)
42 (D)	43 (B)	44 (D)	45 (B)	46 (C)
47 (B)	48 (C)	49 (A)	50 (D)	51 (C)
52 (A)	53 (B)	54 (C)	55 (A)	56 (A)
57 (C)	58 (D)	59 (D)	60 (B)	61 (B)
62 (C)	63 (A)	64 (D)	65 (B)	66 (C)
67 (B)	68 (C)	69 (A)	70 (A)	

PART 4

71 (B)	72 (D)	73 (D)	74 (A)	75 (C)
76 (A)	77 (C)	78 (B)	79 (C)	80 (D)
81 (D)	82 (B)	83 (C)	84 (D)	85 (A)
86 (D)	87 (C)	88 (B)	89 (A)	90 (C)
91 (A)	92 (B)	93 (C)	94 (C)	95 (A)
96 (B)	97 (D)	98 (B)	99 (D)	100 (A)

PART 1

1 🔊 호주식 발음   하 ●○○

(A) **She's looking out a window.**
(B) She's writing on a piece of paper.
(C) She's talking on her phone.
(D) She's closing her laptop.

window 창문   laptop 노트북 컴퓨터

해석 (A) **그녀는 창문 밖을 바라보고 있다.**
(B) 그녀는 종이에 쓰고 있다.
(C) 그녀는 전화 통화를 하고 있다.
(D) 그녀는 노트북 컴퓨터를 닫고 있다.

해설 **1인 사진**
(A) [o] 여자가 창문 밖을 바라보고 있는 상태를 가장 잘 묘사한 정답이다.

(B) [x] writing on a piece of paper(종이에 쓰고 있다)는 여자의 동작과 무관하므로 오답이다. 사진에 있는 종이(paper)를 사용하여 혼동을 주었다.
(C) [x] talking on her phone(전화 통화를 하고 있다)은 여자의 동작과 무관하므로 오답이다.
(D) [x] 여자가 노트북 컴퓨터 앞에 앉아 있는 상태인데 노트북을 닫고 있다고 잘못 묘사했으므로 오답이다.

2 🔊 영국식 발음   하 ●○○

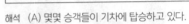

(A) Some passengers are boarding a train.
(B) There is a car parked next to a road.
(C) **Some people are walking along a platform.**
(D) There is a bus stopped on a bridge.

board 탑승하다   along ~을 따라

해석 (A) 몇몇 승객들이 기차에 탑승하고 있다.
(B) 도로 옆에 주차된 자동차가 있다.
(C) **몇몇 사람들이 플랫폼을 따라 걷고 있다.**
(D) 다리 위에 멈춰 있는 버스가 있다.

해설 **2인 이상 사진**
(A) [x] 사진에 기차에 탑승하고 있는(boarding a train) 승객들이 없으므로 오답이다.
(B) [x] 사진에서 도로 옆에 주차된(parked next to a road) 자동차를 확인할 수 없으므로 오답이다.
(C) [o] 플랫폼을 따라 걷고 있는 사람들의 모습을 가장 잘 묘사한 정답이다.
(D) [x] 사진에서 다리 위에 멈춰 있는(stopped on a bridge) 버스를 확인할 수 없으므로 오답이다. 사진에 있는 다리(bridge)를 사용하여 혼동을 주었다.

3 🔊 미국식 발음   하 ●○○

(A) A man is carrying a ladder.
(B) A man is sweeping a floor.
(C) A man is lifting a bucket.
(D) **A man is painting a wall.**

ladder 사다리   sweep (빗자루로) 쓸다   bucket 양동이

해석 (A) 한 남자가 사다리를 나르고 있다.
(B) 한 남자가 바닥을 쓸고 있다.
(C) 한 남자가 양동이를 들어 올리고 있다.
(D) **한 남자가 벽을 페인트칠하고 있다.**

해설 **1인 사진**
(A) [x] carrying a ladder(사다리를 나르고 있다)는 남자의 동작과 무관하므로 오답이다. 사진에 있는 사다리(ladder)를 사용하여 혼동을 주었다.
(B) [x] sweeping a floor(바닥을 쓸고 있다)는 남자의 동작과 무관하므로 오답이다.

(C) [×] lifting a bucket(양동이를 들어 올리고 있다)은 남자의 동작과 무관하
므로 오답이다. 사진에 있는 양동이(bucket)를 사용하여 혼동을 주었다.
(D) [○] 한 남자가 벽을 페인트칠하고 있는 모습을 정확히 묘사한 정답이다.

4 🔊 호주식 발음　　　　　　　　　　　　　하 ●○○

(A) They are watching a film.
(B) One of the men is wearing a jacket.
(C) They are standing around a chair.
(D) One of the men is reading a book.

around ~ 주변에

해석　(A) 그들은 영화를 보고 있다.
　　　(B) 남자들 중 한 명이 재킷을 입고 있다.
　　　(C) 그들은 의자 주변에 서 있다.
　　　(D) 남자들 중 한 명이 책을 읽고 있다.

해설　**2인 이상 사진**
　　　(A) [×] watching a film(영화를 보고 있다)은 사진 속 사람들의 동작과 무관
하므로 오답이다.
　　　(B) [○] 남자들 중 한 명이 재킷을 입고 있는 상태를 정확히 묘사한 정답이다.
　　　(C) [×] 사람들이 의자에 앉아 있는 모습인데 서 있다고 잘못 묘사했으므로 오
답이다. 사진에 있는 의자(chair)를 사용하여 혼동을 주었다.
　　　(D) [×] 사진에 책을 읽고 있는(reading a book) 남자가 없으므로 오답이다.

5 🔊 미국식 발음　　　　　　　　　　　　　중 ●●○

(A) A campground is full of tents.
(B) Cabins have been built in the forest.
(C) A path is covered with leaves.
(D) Tables have been set up in the shade.

campground 야영지　full of ~로 가득한　cabin 오두막　shade 그늘

해석　(A) 야영지가 텐트들로 가득하다.
　　　(B) 오두막들이 숲에 지어져 있다.
　　　(C) 길이 나뭇잎들로 덮여 있다.
　　　(D) 탁자들이 그늘에 놓여 있다.

해설　**사물 및 풍경 사진**
　　　(A) [×] 사진에서 텐트들을 확인할 수 없으므로 오답이다.
　　　(B) [×] 사진에 오두막들이 지어져 있는지(have been built) 확인할 수 없으
므로 오답이다.
　　　(C) [×] 사진에서 길은 보이지만 나뭇잎들로 덮여 있는(covered with
leaves) 모습은 아니므로 오답이다.
　　　(D) [○] 탁자들이 그늘에 놓여 있는 모습을 가장 잘 묘사한 정답이다.

6 🔊 캐나다 발음　　　　　　　　　　　　　하 ●○○

(A) Some people are sitting in a circle.
(B) Instruments are being put in cases.
**(C) Some people are playing music
outside.**
(D) Chairs are being stacked next to a fence.

in a circle 동그랗게, 원형으로　instrument 악기　stack 쌓다

해석　(A) 몇몇 사람들이 동그랗게 앉아 있다.
　　　(B) 악기들이 케이스들 안에 넣어지고 있다.

(C) 몇몇 사람들이 야외에서 음악을 연주하고 있다.
(D) 의자들이 울타리 옆에 쌓이고 있다.

해설　**2인 이상 사진**
　　　(A) [×] sitting in a circle(동그랗게 앉아 있다)은 사진 속 사람들의 동작과 무
관하므로 오답이다.
　　　(B) [×] 사진에서 악기는 보이지만 상자 안에 넣어지고 있는(are being put
in cases) 모습은 아니므로 오답이다.
　　　(C) [○] 야외에서 음악을 연주하고 있는 사람들의 모습을 가장 잘 묘사한 정
답이다.
　　　(D) [×] 사진에 울타리 옆에 쌓이고 있는(are being stacked next to a
fence) 의자들이 없으므로 오답이다. 사진에 있는 울타리(fence)를 사
용하여 혼동을 주었다.

PART 2

7 🔊 영국식 발음 → 캐나다식 발음　　　　　　　하 ●○○

Why did you work late yesterday?
(A) I'll do it next week.
(B) Yes. I left around 10 P.M.
(C) Because I have a presentation today.

work late 늦게까지 일하다

해석　당신은 어제 왜 늦게까지 일했나요?
　　　(A) 다음 주에 할게요.
　　　(B) 네. 저는 오후 10시 정도에 떠났어요.
　　　(C) 오늘 발표가 있기 때문에요.

해설　**Why 의문문**
　　　(A) [×] work(일하다)와 관련 있는 do it(하다)을 사용하여 혼동을 준 오답이
다.
　　　(B) [×] 어제 왜 늦게까지 일했는지를 물었는데, 오후 10시 정도에 떠났다
며 관련이 없는 내용으로 응답했으므로 오답이다. Why 의문문에는
Yes/No 응답이 불가능한 점을 알아둔다.
　　　(C) [○] 오늘 발표가 있기 때문이라는 말로 어제 늦게까지 일한 이유를 언급
했으므로 정답이다.

8 🔊 호주식 발음 → 미국식 발음　　　　　　　하 ●○○

When should we leave for the train station?
(A) In 10 minutes.
(B) It was very comfortable.
(C) The one heading to Glasgow.

comfortable 편한

해석　우리는 기차역으로 언제 출발해야 하나요?
　　　(A) 10분 이내에요.
　　　(B) 이것은 매우 편했어요.
　　　(C) 글래스고에 가는 것이요.

해설　**When 의문문**
　　　(A) [○] In 10 minutes(10분 이내)라는 특정 시점을 언급했으므로 정답이다.
　　　(B) [×] 기차역으로 언제 출발해야 하는지를 물었는데, 이것은 매우 편했다며
관련이 없는 내용으로 응답했으므로 오답이다.
　　　(C) [×] train station(기차역)에서 연상할 수 있는 목적지와 관련된 Glasgow
(글래스고)를 사용하여 혼동을 준 오답이다.

9 🔊 영국식 발음 → 호주식 발음 　　　　　상 ●●●

Will the company cover our travel expenses?
(A) They are on leave this week.
(B) The hotel increased its room rates.
(C) As long as we submit our receipts.

expense 경비, 비용　rate 요금　as long as ~하기만 하면, ~하는 한은

해석　회사가 우리의 여행 경비를 부담할까요?
　　　(A) 그들은 이번 주에 휴가예요.
　　　(B) 그 호텔은 객실 요금을 인상했어요.
　　　(C) 우리가 영수증을 제출하기만 한다면요.

해설　**조동사 의문문**
　　　(A) [×] travel(여행)과 관련 있는 leave(휴가)를 사용하여 혼동을 준 오답이다.
　　　(B) [×] travel expenses(여행 경비)와 관련 있는 room rates(객실 요금)를 사용하여 혼동을 준 오답이다.
　　　(C) [○] 영수증을 제출하기만 한다면이라는 말로 회사가 자신들의 여행 경비를 부담할 것임을 간접적으로 전달했으므로 정답이다.

10 🔊 캐나다식 발음 → 미국식 발음 　　　　　중 ●●○

Where do you want to meet before the concert?
(A) My favorite band is performing.
(B) I'll wait for you at the ticket counter.
(C) At 9:30 P.M.

concert 공연　perform 공연하다　ticket counter 매표소

해석　공연 전에 어디에서 만나기를 원하세요?
　　　(A) 제가 좋아하는 밴드가 공연해요.
　　　(B) 매표소에서 당신을 기다릴게요.
　　　(C) 오후 9시 30분이에요.

해설　**Where 의문문**
　　　(A) [×] concert(공연)와 관련 있는 band(밴드)를 사용하여 혼동을 준 오답이다.
　　　(B) [○] 매표소에서 기다리겠다며 만나기를 원하는 장소를 간접적으로 언급했으므로 정답이다.
　　　(C) [×] 공연 전에 만나기를 원하는 장소를 물었는데, 시간으로 응답했으므로 오답이다.

11 🔊 호주식 발음 → 미국식 발음 　　　　　상 ●●●

We need to recruit a front desk clerk for the hotel.
(A) When do you need someone to start?
(B) Actually, just a few.
(C) We'll check in soon.

recruit 모집하다　clerk 직원

해석　저희는 호텔의 안내 데스크 직원을 모집해야 해요.
　　　(A) 언제 시작할 사람이 필요하신가요?
　　　(B) 사실, 몇 개만요.
　　　(C) 우리는 곧 체크인할 거예요.

해설　**평서문**
　　　(A) [○] 언제 시작할 사람이 필요한지를 되물어 직원 모집에 대한 추가 정보를 요청했으므로 정답이다.
　　　(B) [×] 호텔의 안내 데스크 직원을 모집해야 한다고 말했는데, 몇 개만이라며

관련이 없는 내용으로 응답했으므로 오답이다.
　　　(C) [×] hotel(호텔)과 관련 있는 check in(체크인하다)을 사용하여 혼동을 준 오답이다.

12 🔊 영국식 발음 → 미국식 발음 　　　　　중 ●●○

What is the new Wi-Fi password?
(A) It's the same as before.
(B) The speakers are cordless.
(C) My passport is in the suitcase.

cordless 무선의　suitcase 여행 가방

해석　와이파이의 새로운 비밀번호는 무엇인가요?
　　　(A) 그것은 이전과 같아요.
　　　(B) 스피커들은 무선이에요.
　　　(C) 제 여권은 여행 가방 안에 있어요.

해설　**What 의문문**
　　　(A) [○] 그것, 즉 와이파이의 새로운 비밀번호는 이전과 같다며 간접적인 응답을 했으므로 정답이다.
　　　(B) [×] Wi-Fi(와이파이)에서 연상할 수 있는 전자기기와 관련된 speakers (스피커들)를 사용하여 혼동을 주었다.
　　　(C) [×] password – passport의 유사 발음 어휘를 사용하여 혼동을 준 오답이다.

13 🔊 호주식 발음 → 영국식 발음 　　　　　하 ●○○

Who will be the lead software developer?
(A) Wasn't Macy Klein given that position?
(B) This Friday.
(C) The store changed its name.

position 직책

해석　누가 수석 소프트웨어 개발자가 될까요?
　　　(A) Macy Klein이 그 직책을 부여받지 않았나요?
　　　(B) 이번 주 금요일이요.
　　　(C) 가게가 이름을 바꾸었어요.

해설　**Who 의문문**
　　　(A) [○] Macy Klein이 그 직책을 부여받지 않았는지 되물어 사실에 대한 추가 정보를 요청했으므로 정답이다.
　　　(B) [×] 누가 수석 소프트웨어 개발자가 될지를 물었는데, 이번 주 금요일이라며 관련이 없는 내용으로 응답했으므로 오답이다.
　　　(C) [×] 누가 수석 소프트웨어 개발자가 될지를 물었는데, 가게가 이름을 바꾸었다며 관련이 없는 내용으로 응답했으므로 오답이다.

14 🔊 미국식 발음 → 캐나다식 발음 　　　　　하 ●○○

Can you repair my desktop today?
(A) On the right.
(B) That was easy to fix.
(C) Yes, it shouldn't take long.

해석　제 컴퓨터를 오늘 수리해 주실 수 있나요?
　　　(A) 오른쪽에요.
　　　(B) 그건 고치기 쉬웠어요.
　　　(C) 네, 이건 오래 걸리지 않을 거예요.

해설 **요청 의문문**

(A) [×] 컴퓨터를 오늘 수리해 줄 수 있는지를 물었는데, 오른쪽에라며 관련이 없는 내용으로 응답했으므로 오답이다.

(B) [×] 질문의 repair(수리하다)와 같은 의미인 fix를 사용하여 혼동을 준 오답이다.

(C) [○] Yes로 컴퓨터를 오늘 수리해 줄 수 있음을 전달한 후, 오래 걸리지 않을 거라는 부연 설명을 했으므로 정답이다.

---

15 🎧 영국식 발음 → 캐나다식 발음　중 ●●○

Please put this sign at the entrance to the park.
(A) I signed the contract.
(B) In the building's lobby.
(C) Give me a few minutes.

sign 표지판; 서명하다　entrance 입구

해석 공원의 입구에 이 표지판을 놓아 주세요.

(A) 제가 계약서에 서명했어요.
(B) 건물 로비 안에요.
(C) 몇 분만 시간을 주세요.

해설 **평서문**

(A) [×] 질문의 sign을 '서명하다'라는 의미의 signed로 사용하여 혼동을 준 오답이다.

(B) [×] 공원의 입구에 이 표지판을 놓아 달라고 말했는데, 건물 로비 안이라며 관련이 없는 내용으로 응답했으므로 오답이다.

(C) [○] 몇 분만 시간을 달라는 말로 요청을 간접적으로 수락했으므로 정답이다.

---

16 🎧 호주식 발음 → 캐나다식 발음　상 ●●●

What did Ms. Danton say about her new office?
(A) To talk about the budget.
(B) There are no problems.
(C) Before the demonstration.

budget 예산　demonstration 시연

해석 Ms. Danton이 그녀의 새 사무실에 대해 뭐라고 말했나요?

(A) 예산에 대해 이야기하기 위해서요.
(B) 아무 문제도 없다고요.
(C) 시연 전에요.

해설 **What 의문문**

(A) [×] say(말하다)와 같은 의미인 talk를 사용하여 혼동을 준 오답이다.

(B) [○] 아무 문제도 없다며 Ms. Danton이 그녀의 새 사무실에 대해 말한 내용을 언급했으므로 정답이다.

(C) [×] Ms. Danton이 뭐라고 말했는지를 물었는데, 시점으로 응답했으므로 오답이다.

---

17 🎧 영국식 발음 → 호주식 발음　하 ●○○

When did you become a professional musician?
(A) Seven years ago.
(B) That is really amazing.
(C) My job is very interesting.

professional 전문의, 전문적인

해석 당신은 언제 전문 음악가가 되었나요?

(A) 7년 전이었어요.
(B) 그것은 정말 놀라워요.
(C) 제 직업은 매우 흥미로워요.

해설 **When 의문문**

(A) [○] Seven years ago(7년 전)라는 특정 시점을 언급했으므로 정답이다.

(B) [×] 언제 전문 음악가가 되었는지를 물었는데, 그것은 정말 놀랍다며 관련이 없는 내용으로 응답했으므로 오답이다.

(C) [×] professional musician(전문 음악가)과 관련 있는 job(직업)을 사용하여 혼동을 준 오답이다.

최고난도 문제

18 🎧 미국식 발음 → 캐나다식 발음　상 ●●●

Would you mind changing seats?
(A) A window seat.
(B) I'll pay with credit card.
(C) Actually, I was just leaving.

credit card 신용카드

해석 좌석들을 바꿔주시겠어요?

(A) 창가 좌석이요.
(B) 신용카드로 지불할게요.
(C) 사실, 막 떠나려던 참이에요.

해설 **요청 의문문**

(A) [×] 질문의 seats(좌석들)를 seat로 반복 사용하여 혼동을 준 오답이다.

(B) [×] 좌석들을 바꿔 줄 수 있는지를 물었는데, 신용카드로 지불하겠다며 관련이 없는 내용으로 응답했으므로 오답이다.

(C) [○] 막 떠나려던 참이라며 요청을 간접적으로 수락했으므로 정답이다.

---

19 🎧 호주식 발음 → 영국식 발음　중 ●●○

Who decorated all the tables?
(A) You'll have to ask Brenda.
(B) In the middle of the stage.
(C) Some of them are broken.

decorate 꾸미다

해석 누가 모든 탁자들을 꾸몄나요?

(A) Brenda에게 물어보셔야 할 거예요.
(B) 무대 중앙에요.
(C) 그것들 중 일부가 부서졌어요.

해설 **Who 의문문**

(A) [○] Brenda에게 물어봐야 할 거라는 말로 누가 모든 탁자들을 꾸몄는지 모른다는 간접적인 응답을 했으므로 정답이다.

(B) [×] 누가 모든 탁자들을 꾸몄는지를 물었는데, 무대 중앙에라며 관련이 없는 내용으로 응답했으므로 오답이다.

(C) [×] 질문의 tables(탁자들)를 나타낼 수 있는 them을 사용하여 혼동을 준 오답이다.

---

20 🎧 캐나다식 발음 → 호주식 발음　상 ●●●

A snowstorm will hit Portland this evening, right?
(A) On the next flight.

(B) According to local news programs.
(C) My house is across the street.

---

snowstorm 눈보라 hit (장소를) 덮치다, 영향을 주다

해석 눈보라가 오늘 밤에 포틀랜드를 덮칠 거예요, 그렇죠?
    (A) 다음 비행기로요.
    (B) 지역 뉴스 프로그램에 따르면요.
    (C) 제 집은 길 건너편에 있어요.

해설 **부가 의문문**
    (A) [×] 질문의 Portland(포틀랜드)와 관련 있는 flight(비행기)를 사용하여 혼동을 준 오답이다.
    (B) [○] 지역 뉴스 프로그램에 따르면이라는 말로 눈보라가 오늘 밤에 포틀랜드를 덮칠 것임을 간접적으로 전달했으므로 정답이다.
    (C) [×] 눈보라가 오늘 밤에 포틀랜드를 덮칠 것인지를 물었는데, 자신의 집은 길 건너편에 있다며 관련이 없는 내용으로 응답했으므로 오답이다.

21 🔊 영국식 발음 → 캐나다식 발음   중 ●●○

Did the manager schedule a meeting?
(A) It sold out quickly.
(B) An updated agenda.
(C) Not that I'm aware of.

---

sell out 매진되다, 다 팔리다 agenda 안건, 의제

해석 관리자가 회의 일정을 잡았나요?
    (A) 이것은 빨리 매진되었어요.
    (B) 업데이트된 안건이요.
    (C) 제가 알기로는 아니에요.

해설 **조동사 의문문**
    (A) [×] 관리자가 회의 일정을 잡았는지를 물었는데, 이것은 빨리 매진되었다며 관련이 없는 내용으로 응답했으므로 오답이다.
    (B) [×] meeting(회의)과 관련 있는 agenda(안건)를 사용하여 혼동을 준 오답이다.
    (C) [○] 자신이 알기로는 아니라는 말로 관리자가 회의 일정을 잡지 않았음을 간접적으로 전달했으므로 정답이다.

22 🔊 미국식 발음 → 호주식 발음   하 ●○○

How long will you be working on the advertising campaign?
(A) Yes, I designed it.
(B) We focused on new markets.
(C) About six weeks.

---

advertising campaign 광고 캠페인

해석 당신은 얼마 동안 광고 캠페인을 만들 것인가요?
    (A) 네, 제가 그것을 디자인했어요.
    (B) 우리는 새로운 시장에 집중했어요.
    (C) 대략 6주요.

해설 **How 의문문**
    (A) [×] advertising campaign(광고 캠페인)과 관련 있는 designed(디자인했다)를 사용하여 혼동을 준 오답이다. How 의문문에는 Yes/No 응답이 불가능한 점을 알아둔다.
    (B) [×] 질문의 advertising campaign(광고 캠페인)과 관련 있는 new market(새로운 시장)을 사용하여 혼동을 준 오답이다.

    (C) [○] 대략 6주라며, 광고 캠페인을 만드는 데 걸리는 기간을 언급했으므로 정답이다.

23 🔊 미국식 발음 → 영국식 발음   중 ●●●

Why did Samantha Roberts call our firm this morning?
(A) I will meet with the accounting team.
(B) To ask about the report.
(C) You should come earlier.

해석 Samantha Roberts가 오늘 아침에 왜 우리 회사에 전화했나요?
    (A) 저는 회계팀과 만날 거예요.
    (B) 보고서에 대해 문의하기 위해서요.
    (C) 당신은 더 일찍 오셔야 해요.

해설 **Why 의문문**
    (A) [×] Samantha Roberts가 오늘 아침에 왜 회사에 전화했는지를 물었는데, 자신은 회계팀과 만날 것이라며 관련이 없는 내용으로 응답했으므로 오답이다.
    (B) [○] 보고서에 대해 문의하기 위해서라는 말로 Samantha Roberts가 전화한 이유를 언급했으므로 정답이다.
    (C) [×] Samantha Roberts가 오늘 아침에 왜 회사에 전화했는지를 물었는데, 당신은 더 일찍 와야 한다며 관련이 없는 내용으로 응답했으므로 오답이다.

24 🔊 미국식 발음 → 캐나다식 발음   중 ●●●

Could you proofread this training manual, please?
(A) I'll begin right away.
(B) No, I'm pretty sure it wasn't.
(C) During the training session.

---

proofread 교정보다 right away 곧바로

해석 이 교육 안내서를 교정봐주실 수 있나요?
    (A) 곧바로 시작할게요.
    (B) 아니요, 저는 이것이 그렇지 않았다고 꽤 확신해요.
    (C) 교육 과정 동안에요.

해설 **요청 의문문**
    (A) [○] 곧바로 시작하겠다는 말로 요청을 수락한 정답이다.
    (B) [×] 질문의 training manual(교육 안내서)을 나타낼 수 있는 it을 사용하여 혼동을 준 오답이다. No만 듣고 정답으로 고르지 않도록 주의한다.
    (C) [×] 질문의 training을 반복 사용하여 혼동을 준 오답이다.

최고난도 문제

25 🔊 영국식 발음 → 호주식 발음   상 ●●●

Do you want to take a walk or watch a movie?
(A) I need some exercise.
(B) Please watch over the store.
(C) It's only three blocks from here.

---

watch over ~을 지켜보다

해석 산책을 하고 싶으신가요, 아니면 영화를 보고 싶으신가요?
    (A) 저는 운동이 좀 필요해요.
    (B) 가게를 지켜봐 주세요.
    (C) 여기서 단지 세 블록 떨어져 있어요.

해설 **선택 의문문**

(A) [o] 운동이 좀 필요하다는 말로 산책하는 것을 간접적으로 선택했으므로 정답이다.
(B) [×] 질문의 watch를 반복 사용하여 혼동을 준 오답이다.
(C) [×] 산책(walk)에서 연상할 수 있는 거리와 관련된 three blocks(세 블록)를 사용하여 혼동을 준 오답이다.

26 [3ᵃᵉ] 캐나다식 발음 → 영국식 발음   중 ●●○

The workshop will be held on Wednesday afternoon.
(A) I attended the seminar.
(B) Thirty percent off.
(C) What time will it begin?

attend 참석하다

해석 워크숍은 수요일 오후에 열릴 거예요.
(A) 저는 세미나에 참석했어요.
(B) 30퍼센트 할인이요.
(C) 그것은 몇 시에 시작할까요?

해설 **평서문**

(A) [×] workshop(워크숍)과 관련 있는 seminar(세미나)와 attended(참석했다)를 사용하여 혼동을 준 오답이다.
(B) [×] 워크숍은 수요일 오후에 열릴 거라고 말했는데, 30퍼센트 할인이라며 관련이 없는 내용으로 응답했으므로 오답이다.
(C) [o] 그것, 즉 워크숍이 몇 시에 시작할지를 되물어 사실에 대한 추가 정보를 요청했으므로 정답이다.

27 [3ᵃᵉ] 미국식 발음 → 호주식 발음   하 ●○○

Where will the new staff's desks be set up?
(A) On the second floor.
(B) At the end of the month.
(C) The orientation went well.

set up 마련하다, 설치하다   at the end of ~의 말에

해석 신입 직원들의 책상이 어디에 마련될 것인가요?
(A) 2층에요.
(B) 이번 달 말에요.
(C) 오리엔테이션은 잘 진행됐어요.

해설 **Where 의문문**

(A) [o] 2층에라며 신입 직원들의 책상이 마련될 장소를 언급했으므로 정답이다.
(B) [×] 신입 직원들의 책상이 마련될 장소를 물었는데, 시점으로 응답했으므로 오답이다.
(C) [×] new staff(신입 직원)와 관련 있는 orientation(오리엔테이션)을 사용하여 혼동을 준 오답이다.

최고난도 문제

28 [3ᵃᵉ] 캐나다식 발음 → 미국식 발음   상 ●●●

The gym stays open until 11 P.M. on weekends, right?
(A) You can hire a personal trainer.
(B) Let me write down the business hours.
(C) No, the class is already full.

trainer 트레이너, 코치

해석 체육관은 주말에 오후 11시까지 문을 열죠, 그렇죠?
(A) 당신은 개인 트레이너를 고용하실 수 있어요.
(B) 영업시간을 적어드릴게요.
(C) 아니요, 수업이 이미 다 찼어요.

해설 **부가 의문문**

(A) [×] gym(체육관)과 관련 있는 personal trainer(개인 트레이너)를 사용하여 혼동을 준 오답이다.
(B) [o] 영업시간을 적어주겠다는 말로 주말에 오후 11시까지 문을 열지 않음을 간접적으로 전달했으므로 정답이다.
(C) [×] 체육관이 주말에 오후 11시까지 문을 여는지를 물었는데, 수업이 이미 다 찼다며 관련이 없는 내용으로 응답했으므로 오답이다. No만 듣고 정답으로 고르지 않도록 주의한다.

29 [3ᵃᵉ] 영국식 발음 → 호주식 발음   중 ●●○

Can't Jason make another ten copies of the brochure?
(A) It's a useful pamphlet.
(B) Yes, he gave the speech.
(C) Our printer is out of ink.

brochure 소책자   pamphlet 소책자

해석 Jason이 소책자의 사본을 10개 더 만들 수 없나요?
(A) 이것은 유용한 소책자예요.
(B) 네, 그가 연설했어요.
(C) 우리 프린터에 잉크가 없어요.

해설 **부정 의문문**

(A) [×] brochure(소책자)와 같은 의미인 pamphlet을 사용하여 혼동을 준 오답이다.
(B) [×] 질문의 Jason을 나타낼 수 있는 he를 사용하여 혼동을 준 오답이다. Yes만 듣고 정답으로 고르지 않도록 주의한다.
(C) [o] 프린터에 잉크가 없다며 사본을 더 만들 수 없음을 간접적으로 전달했으므로 정답이다.

30 [3ᵃᵉ] 미국식 발음 → 캐나다식 발음   중 ●●○

Should we open a new branch in Vancouver or Toronto?
(A) That store is understaffed.
(B) Both options have advantages.
(C) I live in another city.

understaffed 인원이 부족한

해석 우리가 새로운 지점을 밴쿠버에 열어야 할까요, 토론토에 열어야 할까요?
(A) 그 가게는 인원이 부족해요.
(B) 두 선택지 모두 장점이 있어요.
(C) 저는 다른 도시에 살아요.

해설 **선택 의문문**

(A) [×] 질문의 branch(지점)와 관련 있는 store(가게)를 사용하여 혼동을 준 오답이다.
(B) [o] 두 선택지 모두 장점이 있다는 말로, 밴쿠버와 토론토 둘 다 선택한 정답이다.
(C) [×] Vancouver(밴쿠버)와 Toronto(토론토)에서 연상할 수 있는 장소와 관련된 city(도시)를 사용하여 혼동을 주었다.

31 ⓐ 영국식 발음 → 캐나다식 발음 중 ●●○

> I think the scanner was not installed properly.
> (A) I'll purchase this model.
> **(B) I definitely agree.**
> (C) Yes, it is for sale.
>
> definitely 확실히, 분명히

해석 스캐너가 제대로 설치되지 않은 것 같아요.
(A) 이 모델을 구매할게요.
(B) 저는 확실히 동의해요.
(C) 네, 그것은 판매 중이에요.

해설 평서문
(A) [×] 질문의 scanner(스캐너)와 관련 있는 model(모델)을 사용하여 혼동을 준 오답이다.
(B) [o] 자신이 확실히 동의한다는 말로 의견을 제시했으므로 정답이다.
(C) [×] 스캐너가 제대로 설치되지 않은 것 같다고 말했는데, 그것은 판매 중이라며 관련이 없는 내용으로 응답했으므로 오답이다.

PART 3

32-34 ⓐ 호주식 발음 → 미국식 발음

Questions 32-34 refer to the following conversation.

> M: Hello, Ms. Patel? ³²**This is Harvey Miller from the Hillside Legal Services.** We spoke last week about having your company cater our year-end party.
> W: Of course. Have you had a chance to review the contract?
> M: That's what I'm calling about. ³³**I noticed a mistake. The contract states that the party will be on December 22 rather than December 23.**
> W: My apologies. ³⁴**I'll ask my assistant to update the contract now**, and I'll email you the revised version tomorrow.
>
> cater 음식을 제공하다 year-end 연말(의) contract 계약서
> rather than ~ 대신에 assistant 비서 revised 수정된

해석
32-34번은 다음 대화에 관한 문제입니다.
남: 안녕하세요, Ms. Patel? ³²저는 Hillside 법률 서비스사의 Harvey Miller입니다. 당신의 회사에서 저희의 연말 파티에 음식을 제공하는 것에 관해 지난주에 이야기했었어요.
여: 그럼요. 계약서를 검토해 보실 기회가 있으셨나요?
남: 그것이 바로 제가 전화드리는 이유예요. ³³제가 실수를 발견했어요. 계약서에는 파티가 12월 23일 대신에 12월 22일에 있을 것이라고 기재되어 있어요.
여: 죄송합니다. ³⁴제 비서에게 지금 계약서를 갱신하도록 요청하고, 내일 수정된 버전을 이메일로 보내드릴게요.

32 화자 문제 하 ●○○

해석 남자는 어디에서 일하는가?
(A) 백화점에서
(B) 법률 사무소에서
(C) 여행사에서
(D) 출판사에서

해설 대화에서 신분 및 직업과 관련된 표현을 놓치지 않고 듣는다. 대화 초반부에서 남자가 "This is Harvey Miller from the Hillside Legal Services(저는 Hillside 법률 서비스사의 Harvey Miller입니다)"라고 한 것을 통해, 남자가 법률 사무소에서 일함을 알 수 있다. 따라서 (B)가 정답이다.

어휘 legal firm 법률 사무소

33 문제점 문제 중 ●●○

해석 어떤 문제가 언급되는가?
(A) 문서가 오류를 포함하고 있다.
(B) 메시지가 수신되지 않았다.
(C) 행사가 일찍 끝났다.
(D) 비서를 만날 수 없다.

해설 남자의 말에서 부정적인 표현이 언급된 다음을 주의 깊게 듣는다. 대화 중반부에서 남자가 "I noticed a mistake. The contract states that the party will be on December 22 rather than December 23(제가 실수를 발견했어요. 계약서에는 파티가 12월 23일 대신에 12월 22일에 있을 것이라고 기재되어 있어요)"라고 하였다. 이를 통해, 문서가 오류를 포함하고 있음을 알 수 있다. 따라서 (A)가 정답이다.

어휘 error 오류 available 만날 수 있는

34 다음에 할 일 문제 중 ●●○

해석 여자는 다음에 무엇을 할 것 같은가?
(A) 그녀의 사무실로 돌아간다.
(B) 직원에게 이야기한다.
(C) 보증서를 확인한다.
(D) 예약을 한다.

해설 대화의 마지막 부분을 주의 깊게 듣는다. 여자가 "I'll ask my assistant to update the contract now(제 비서에게 지금 계약서를 갱신하도록 요청할게요)"라고 하였다. 따라서 (B)가 정답이다.

어휘 warranty 보증서

패러프레이징

> ask ~ assistant 비서에게 요청하다 → Speak to an employee 직원에게 이야기한다

35-37 ⓐ 캐나다식 발음 → 영국식 발음

Questions 35-37 refer to the following conversation.

> M: Malinda, it's Greg Dray. ³⁵**I'm currently in Oakland to attend a marketing convention.** Is Daniel Perrot working today? I haven't been able to contact him.
> W: ³⁶**Daniel is holding a meeting with our chief executive at the moment.** I can take a message for him if you'd like.
> M: Sure. ³⁷**Could you let him know that I'm going to stay in Oakland a day longer than expected?** I met a potential client, and we are going to have dinner.
> W: No problem. I'll tell him as soon as possible.
>
> hold a meeting 회의를 열다 potential 잠재적인, 가능성이 있는

해석
35-37번은 다음 대화에 관한 문제입니다.

남: Malinda, 저 Greg Dray예요. ³⁵저는 현재 마케팅 컨벤션에 참석하기 위해 오클랜드에 있어요. 오늘 Daniel Perrot이 일하나요? 그에게 연락할 수가 없었어요.

여: ³⁶Daniel은 지금 우리 최고경영자와 회의를 열고 있어요. 원하신다면 제가 그를 위한 메시지를 받아 둘 수 있어요.

남: 그래요. ³⁷제가 오클랜드에 예상보다 하루 더 머물 예정이라는 것을 그에게 알려주시겠어요? 제가 잠재적인 고객을 만났는데, 우리는 저녁 식사를 할 거예요.

여: 문제없어요. 제가 가능한 한 빨리 그에게 말할게요.

35 이유 문제   하 ●○○

해석 남자는 왜 오클랜드로 여행했는가?
(A) 교육을 제공하기 위해
(B) 컨퍼런스에 참석하기 위해
(C) 공장을 견학하기 위해
(D) 계약을 협상하기 위해

해설 질문의 핵심어구(Oakland)가 언급된 주변을 주의 깊게 듣는다. 대화 초반부에서 남자가 "I'm currently in Oakland to attend a marketing convention(저는 현재 마케팅 컨벤션에 참석하기 위해 오클랜드에 있어요)"이라고 하였다. 따라서 (B)가 정답이다.

어휘 negotiate 협상하다 agreement 계약, 협정

36 특정 세부 사항 문제   하 ●○○

해석 여자에 따르면, Daniel Perrot은 누구와 만나고 있는가?
(A) 상담사
(B) 마케팅 담당자
(C) 투자자
(D) 경영진

해설 질문의 핵심어구(Daniel Perrot)과 관련된 내용을 주의 깊게 듣는다. 대화 중반부에서 여자가 "Daniel is holding a meeting with our chief executive at the moment(Daniel은 지금 우리 최고경영자와 회의를 열고 있어요)"라고 하였다. 따라서 (D)가 정답이다.

37 요청 문제   중 ●●○

해석 남자는 여자가 Daniel에게 무엇을 말하도록 요청하는가?
(A) 여행이 연장되었다.
(B) 계약이 서명되었다.
(C) 약속 일정이 변경되었다.
(D) 면접이 진행되었다.

해설 남자의 말에서 요청과 관련된 표현이 언급된 다음을 주의 깊게 듣는다. 대화 후반부에서 남자가 "Could you let him know that I'm going to stay in Oakland a day longer than expected?(제가 오클랜드에 예상보다 하루 더 머물 예정이라는 것을 그에게 알려주시겠어요?)"라고 하였다. 따라서 (A)가 정답이다.

어휘 extend 연장하다 reschedule 일정을 변경하다

패러프레이징

stay ~ a day longer than expected 예상보다 하루 더 머물다 → A trip was extended 여행이 연장되었다

38-40 캐나다식 발음 → 미국식 발음 → 영국식 발음

Questions 38-40 refer to the following conversation with three speakers.

> M: Pardon me, but ³⁸I need some help. Do you know if the buses are still running? I'm not from around here.
>
> W1: Most stopped running around 10 P.M. Isn't that right, Amy?
>
> W2: Yes, but ³⁹there's also the All-Night Urban System. The All-Night Urban buses only come once an hour, and their routes have fewer stops than the daytime buses.
>
> M: I see. Do any of the night buses stop near the Coral Bay Bridge? I'm staying at a hotel there.
>
> W2: Yes, the 201 does. You could also walk there. It's about a mile away.
>
> M: ⁴⁰I think I'll wait for the 201.
>
> W1: That bus comes at 10:45 P.M., so it'll be here soon.

running 운행 route 노선, 경로 daytime 낮, 주간 near 가까이에
away (시간·공간적으로) 떨어져, 떨어진 곳에

해석
38-40번은 다음 세 명의 대화에 관한 문제입니다.

남: 실례하지만, ³⁸도움이 좀 필요해요. 버스들이 아직 운행하고 있는지 아시나요? 제가 이 근처 출신이 아니어서요.

여1: 대부분은 오후 10시 정도에 운영을 중단했어요. 그렇지 않아요, Amy?

여2: 네, 하지만 ³⁹All-Night Urban 시스템도 있어요. All-Night Urban 버스들은 한 시간에 한 대만 오고, 그것들의 노선은 낮 시간의 버스들보다 정류장이 적어요.

남: 알겠습니다. 심야 버스 중에 Coral Bay 다리 가까이에 서는 버스가 있나요? 저는 그곳의 호텔에 머물고 있어요.

여2: 네, 201번이 가요. 당신은 그곳까지 걸어갈 수도 있어요. 그건 1마일 정도 떨어져 있어요.

남: ⁴⁰저는 201번을 기다려야겠어요.

여1: 그 버스는 오후 10시 45분에 오니까, 곧 여기 올 거예요.

38 이유 문제   중 ●●○

해석 남자는 왜 도움을 요청하는가?
(A) 잘못된 주소를 가지고 있다.
(B) 다른 곳에서 왔다.
(C) 휴대폰을 깜빡했다.
(D) 사전에 지불했다.

해설 질문의 핵심어구(ask for help)와 관련된 내용을 주의 깊게 듣는다. 대화 초반부에서 남자가 "I need some help. Do you know if the buses are still running? I'm not from around here(도움이 좀 필요해요. 버스들이 아직 운행하고 있는지 아시나요? 제가 이 근처 출신이 아니어서요)"라고 한 것을 통해 남자가 다른 곳에서 왔으므로 도움을 요청하고 있음을 알 수 있다. 따라서 (B)가 정답이다.

최고난도 문제

39 언급 문제   상 ●●●

해석 All-Night Urban 시스템에 대해 무엇이 언급되는가?
(A) 한 시간 단위로 운영한다.
(B) 더 긴 노선으로 이루어져 있다.

(C) 중단될 것이다.
(D) 사기업에 의해 운영된다.

해설 질문의 핵심어구(All-Night Urban System)가 언급된 주변을 주의 깊게 듣는다. 대화 중반부에서 여자2가 "there's also the All-Night Urban System. The All-Night Urban buses only come once an hour (All-Night Urban 시스템도 있어요. All-Night Urban 버스들은 한 시간에 한 대만 와요)"라고 하였다. 따라서 (A)가 정답이다.

어휘 operate 운영하다 basis 기준 단위 consist of ~로 이루어지다 discontinue 중단하다

40 특정 세부 사항 문제   하 ●○○

해석 남자는 무엇을 하기로 결정하는가?
(A) 전화번호를 준다.
(B) 택시를 부른다.
(C) 버스를 기다린다.
(D) 호텔로 걸어간다.

해설 질문의 핵심어구(decide to do)와 관련된 내용을 주의 깊게 듣는다. 대화 후반부에서 남자가 "I think I'll wait for the 201(저는 201번을 기다려야겠어요)"이라고 하였다. 따라서 (C)가 정답이다.

41-43 [3회] 영국식 발음 → 호주식 발음

Questions 41-43 refer to the following conversation.

W: Paul, can we talk briefly? Did you contact media companies regarding our upcoming product launch?
M: Yes, ⁴¹**I called several this morning**. At least five newspapers plan to send reporters.
W: Great. ⁴²**Could you also draft a press release?** We'll have an employee hand it out at the event.
M: Actually, ⁴³**I'm leaving the office for a doctor's appointment in a few minutes**.
W: Oh, OK. In that case, I will assign the job to someone else. I think Kate is available.

media 대중 매체, 미디어 launch 출시(하는 행사) draft 초안을 작성하다 press release 보도 자료 doctor's appointment 진료 예약

해석
41-43번은 다음 대화에 관한 문제입니다.
여: Paul, 우리 잠시 이야기할 수 있을까요? 우리의 다가오는 제품 출시 행사에 관해 대중 매체 회사들에 연락했나요?
남: 네, ⁴¹오늘 아침에 몇몇 군데에 전화했어요. 최소한 5개 신문사가 기자를 보낼 예정이에요.
여: 좋아요. ⁴²보도 자료 초안도 작성해 주시겠어요? 행사에서 직원이 그것을 나눠주도록 할 거예요.
남: 사실, ⁴³저는 몇 분 후에 진료 예약을 위해 사무실을 떠나요.
여: 아, 알겠어요. 그렇다면, 제가 다른 사람에게 그 업무를 배정할게요. Kate가 가능할 것 같네요.

41 특정 세부 사항 문제   하 ●○○

해석 남자는 오늘 아침에 무엇을 했는가?
(A) 서류를 제출했다.
(B) 기사들을 읽었다.
(C) 워크숍을 준비했다.

(D) 전화를 했다.

해설 질문의 핵심어구(this morning)가 언급된 주변을 주의 깊게 듣는다. 대화 초반부에서 남자가 "I called several this morning(오늘 아침에 몇몇 군데에 전화했어요)"이라고 하였다. 따라서 (D)가 정답이다.

어휘 submit 제출하다

42 요청 문제   중 ●●○

해석 여자는 남자에게 무엇을 하라고 요청하는가?
(A) 사무실 정책을 업데이트한다.
(B) 관리자에게 승인을 요청한다.
(C) 모임을 연기한다.
(D) 보도 자료를 작성한다.

해설 여자의 말에서 요청과 관련된 표현이 언급된 다음을 주의 깊게 듣는다. 대화 중반부에서 여자가 "Could you also draft a press release?(보도 자료 초안도 작성해 주시겠어요?)"라고 하였다. 따라서 (D)가 정답이다.

어휘 gathering 모임

패러프레이징

draft 초안을 작성하다 → Write 작성하다

43 이유 문제   하 ●○○

해석 남자는 왜 사무실을 떠나는가?
(A) 휴가를 가기 위해
(B) 의사의 진찰을 받기 위해
(C) 고객을 만나기 위해
(D) 지사에 방문하기 위해

해설 질문의 핵심어구(leaving the office)가 언급된 주변을 주의 깊게 듣는다. 대화 후반부에서 남자가 "I'm leaving the office for a doctor's appointment in a few minutes(저는 몇 분 후에 진료 예약을 위해 사무실을 떠나요)"라고 하였다. 따라서 (B)가 정답이다.

어휘 see a doctor 의사의 진찰을 받다

패러프레이징

doctor's appointment 진료 예약 → see a doctor 의사의 진찰을 받다

44-46 [3회] 미국식 발음 → 호주식 발음

Questions 44-46 refer to the following conversation.

W: Good afternoon. This is Janet Crawford from Sand Designs. ⁴⁴**I'm calling about your recent order of company T-shirts. I just want to check that you'd like thirty T-shirts in sky blue and another thirty in dark green.**
M: Yes, that's right. And ⁴⁵**please remember to put our company logo** on all of them.
W: I'll be sure to do that for you. Your order should arrive by next Thursday, March 15. ⁴⁶**I'll e-mail you when we ship it.**
M: Great. Thank you so much.

sky blue 하늘색 dark green 짙은 녹색 ship 보내다, 수송하다

해석
44-46번은 다음 대화에 관한 문제입니다.

여: 안녕하세요. Sand 디자인사의 Janet Crawford입니다. ⁴⁴저는 고객님의 회사 티셔츠 관련 최근 주문에 관해 전화드려요. 고객님께서 하늘색 티셔츠 30장과 짙은 녹색으로 다른 30장을 원하시는 것이 맞는지 확인하고 싶어요.
남: 네, 맞아요. 그리고 그것들 모두에 ⁴⁵저희 회사 로고를 넣는 것을 기억해 주세요.
여: 고객님을 위해 반드시 그렇게 할게요. 고객님의 주문은 3월 15일인 다음 주 목요일까지 도착할 거예요. ⁴⁶저희가 그것을 보내면 이메일 드릴게요.
남: 좋아요. 정말 감사해요.

44 목적 문제

해석 여자는 왜 전화하고 있는가?
(A) 불만을 논의하기 위해
(B) 피드백을 제공하기 위해
(C) 지불을 요청하기 위해
(D) 주문을 확인하기 위해

해설 전화의 목적을 묻는 문제이므로, 대화의 초반을 반드시 듣는다. 여자가 "I'm calling about your recent order of company T-shirts. I just want to check that you'd like thirty T-shirts in sky blue and another thirty in dark green(저는 고객님의 회사 티셔츠 관련 최근 주문에 관해 전화드려요. 고객님께서 하늘색 티셔츠 30장과 짙은 녹색으로 다른 30장을 원하시는 것이 맞는지 확인하고 싶어요)"이라고 하였다. 따라서 (D)가 정답이다.

45 특정 세부 사항 문제

해석 남자는 여자가 무엇을 하도록 상기시키는가?
(A) 할인 코드를 적용한다.
(B) 회사 로고를 포함한다.
(C) 물품들을 주의 깊게 포장한다.
(D) 색상 선택을 변경한다.

해설 질문의 핵심어구(remind ~ to do)와 관련된 내용을 주의 깊게 듣는다. 대화 중반부에서 남자가 "please remember to put our company logo(저희 회사 로고를 넣는 것을 기억해주세요)"라고 하였다. 따라서 (B)가 정답이다.

어휘 remind 상기시키다 modify 변경하다

패러프레이징

put ~ company logo 회사 로고를 넣다 → Include a company logo 회사 로고를 포함하다

46 다음에 할 일 문제

해석 여자는 무엇을 하겠다고 말하는가?
(A) 고객에게 전화한다.
(B) 제품을 시연한다.
(C) 이메일을 보낸다.
(D) 송장을 인쇄한다.

해설 대화의 마지막 부분을 주의 깊게 듣는다. 여자가 "I'll e-mail you when we ship it(저희가 그것을 보내면 이메일 드릴게요)"이라고 하였다. 따라서 (C)가 정답이다.

어휘 demonstrate 시연하다 invoice 송장

47-49 영국식 발음 → 캐나다식 발음

Questions 47-49 refer to the following conversation.

W: Hello. I'm a guest here at Winston Hotel, and I'm wondering if you can assist me with something.
M: What can I do for you?
W: ⁴⁷/⁴⁸**I need to attend an academic conference today at Holt College.** ⁴⁸**It'd take too long to go there by bus.**
M: Our hotel partners with a taxi company. Guests receive a 50 percent discount.
W: Wonderful. ⁴⁹**Can you arrange a ride for me?**
M: Sure. ⁴⁹**If you stand near the entrance, a taxi will arrive shortly.**

guest 투숙객, 손님   academic conference 학술 대회
partner with ~와 제휴하다, 협력하다   arrange a ride 차편을 마련하다

해석
47-49번은 다음 대화에 관한 문제입니다.

여: 안녕하세요. 저는 여기 Winston 호텔의 투숙객인데, 당신이 저를 도와주실 수 있는지 궁금해요.
남: 무엇을 도와드릴까요?
여: ⁴⁷/⁴⁸저는 오늘 Holt 대학교에서 열리는 학술 대회에 참석해야 해요. ⁴⁸버스로 그곳에 가는 것은 너무 오래 걸릴 것 같아요.
남: 저희 호텔은 택시 회사와 제휴하고 있어요. 투숙객들께서는 50퍼센트 할인을 받습니다.
여: 훌륭해요. ⁴⁹저를 위해 차편을 마련해 주실 수 있나요?
남: 그럼요. ⁴⁹입구 근처에 서 계시면, 택시가 곧 도착할 거예요.

47 특정 세부 사항 문제

해석 여자에 따르면, 오늘 무엇이 열리는가?
(A) 음악 축제
(B) 학술 대회
(C) 기금 모금 연회
(D) 시상식

해설 질문의 핵심어구(today)가 언급된 주변을 주의 깊게 듣는다. 대화 중반부에서 여자가 "I need to attend an academic conference today at Holt College(저는 오늘 Holt 대학교에서 열리는 학술 대회에 참석해야 해요)"라고 하였다. 따라서 (B)가 정답이다.

어휘 fund-raising 기금 모금(의)

48 의도 파악 문제

해석 남자는 왜 "저희 호텔은 택시 회사와 제휴하고 있어요"라고 말하는가?
(A) 변경을 발표하기 위해
(B) 제의를 수락하기 위해
(C) 제안하기 위해
(D) 오해를 바로잡기 위해

해설 질문의 인용어구(Our hotel partners with a taxi company)가 언급된 주변을 주의 깊게 듣는다. 대화 중반부에서 여자가 "I need to attend an academic conference today at Holt College. It'd take too long to go there by bus(저는 오늘 Holt 대학교에서 열리는 학술 대회에 참석해야 해요. 버스로 그곳에 가는 것은 너무 오래 걸릴 것 같아요)"라고 하자, 남자가 자신들의 호텔은 택시 회사와 제휴하고 있다고 하였으므로, 택시를 타는 것을 제안하려는 의도임을 알 수 있다. 따라서 (C)가 정답이다.

어휘 offer 제의 make a suggestion 제안하다

49 다음에 할 일 문제　중 ●●○

해석 여자는 다음에 무엇을 할 것 같은가?
　(A) 입구 근처에서 기다린다.
　(B) 방으로 돌아간다.
　(C) 업체에 연락한다.
　(D) 보고서를 평가한다.

해설 대화의 마지막 부분을 주의 깊게 듣는다. 여자가 "Can you arrange a ride for me?(저를 위해 차편을 마련해 주실 수 있나요?)"라고 하자, 남자가 "If you stand near the entrance, a taxi will arrive shortly(입구 근처에 서 계시면, 택시가 곧 도착할 거예요)"라고 한 것을 통해, 여자가 입구 근처에서 기다릴 것임을 알 수 있다. 따라서 (A)가 정답이다.

50-52　3州 캐나다식 발음 → 호주식 발음 → 미국식 발음

Questions 50-52 refer to the following conversation with three speakers.

M1: Welcome to Sports World. Can I help you two find anything today?
M2: My coworker and I are looking for something to give our boss as a gift. ⁵⁰**He is retiring this month, so we are holding a party for him on Thursday.**
M1: Oh, how nice. What sports does your boss like to play?
W: He really enjoys golfing. However, ⁵¹**I'm a bit worried. I know golf gear can be expensive, and we can only spend $100.**
M1: How about buying him some golf gloves? This pair is made of very high-quality materials, and they cost $85.
W: I see. What do you think, Arnold?
M2: That sounds perfect. ⁵²**Could you gift wrap the gloves?**
M1: Sorry, but we don't offer that service.

boss 상사　expensive 비싼, 고가의　pair 한 켤레　material 직물, 소재
gift wrap 선물용으로 포장하다

해석
50-52번은 다음 세 명의 대화에 관한 문제입니다.
남1: Sports World에 오신 것을 환영합니다. 오늘 두 분께 무엇을 찾는 것을 도와드릴까요?
남2: 제 동료와 저는 저희 상사에게 선물로 드릴 무언가를 찾고 있어요. ⁵⁰그는 이번 달에 은퇴해서, 저희가 목요일에 그를 위해 파티를 열 거예요.
남1: 아, 멋지네요. 상사분께서는 어떤 운동을 즐겨 하시나요?
여: 그는 골프를 정말 즐겨요. 하지만, ⁵¹저는 약간 걱정돼요. 골프용품은 비쌀 수도 있다고 알고 있는데, 저희는 100달러만 쓸 수 있어요.
남1: 골프 장갑을 사드리는 것은 어떠신가요? 이 한 켤레는 매우 고품질의 직물로 만들어졌고, 85달러예요.
여: 그렇군요. 어떻게 생각해요, Arnold?
남2: 완벽하게 들리네요. ⁵²그 장갑을 선물용으로 포장해 주실 수 있나요?
남1: 죄송하지만, 저희는 그 서비스를 제공하지 않습니다.

50 다음에 할 일 문제　하 ●○○

해석 목요일에 무엇이 열릴 것 같은가?
　(A) 직원 오리엔테이션
　(B) 개업식

　(C) 자선 행사
　(D) 은퇴 파티

해설 질문의 핵심어구(on Thursday)가 언급된 주변을 주의 깊게 듣는다. 대화 중반부에서 남자2가 "He[boss] is retiring this month, so we are holding a party for him on Thursday(상사가 이번 달에 은퇴해서, 저희가 목요일에 그를 위해 파티를 열 거예요)"라고 하였다. 따라서 (D)가 정답이다.

어휘 charity event 자선 행사

51 문제점 문제　상 ●●●

해석 여자는 무엇에 대해 걱정하는가?
　(A) 정책을 따르는 것
　(B) 장소를 찾는 것
　(C) 예산을 초과하는 것
　(D) 불만을 처리하는 것

해설 여자의 말에서 부정적인 표현이 언급된 다음을 주의 깊게 듣는다. 대화 중반부에서 여자가 "I'm a bit worried. I know golf gear can be expensive, and we can only spend $100(저는 약간 걱정돼요. 골프용품은 비쌀 수도 있다고 알고 있는데, 저희는 100달러만 쓸 수 있어요)"이라고 하였다. 이를 통해, 여자가 예산을 초과하는 것에 대해 걱정하고 있음을 알 수 있다. 따라서 (C)가 정답이다.

어휘 exceed 초과하다　budget 예산　handle 처리하다

52 특정 세부 사항 문제　하 ●○○

해석 Arnold는 무엇을 문의하는가?
　(A) 포장 서비스
　(B) 명함
　(C) 할인
　(D) 영수증

해설 대화에서 남자2[Arnold]의 말을 주의 깊게 듣는다. 대화 후반부에서 남자2[Arnold]가 "Could you gift wrap the gloves?(그 장갑을 선물용으로 포장해 주실 수 있나요?)"라고 하였다. 따라서 (A)가 정답이다.

어휘 wrapping 포장, 포장지　business card 명함

53-55　3州 호주식 발음 → 영국식 발음

Questions 53-55 refer to the following conversation.

M: Ms. Bremmer, ⁵³**this is Hank from Kensington Furniture returning your call.** In your voice mail, you asked for your order's tracking number. It's 53981, and ⁵⁴**the chairs you bought will arrive at your office next Friday.**
W: ⁵⁴But I chose the express option.
M: Let me check our records . . . Oh, I'm very sorry, Ms. Bremmer. An employee must have made a mistake. ⁵⁵**To apologize, I'm going to give you back 10 percent of the cost of your order.**
W: OK, thanks.

tracking number 추적 번호　express 속달의　give back 되돌려 주다

해석
53-55번은 다음 대화에 관한 문제입니다.
남: Ms. Bremmer, ⁵³귀하의 전화에 회신하는 Kensington 가구점의 Hank입니다. 음성 메시지에서, 귀하의 주문 추적 번호를 문의하셨죠. 그것은 53981이며, ⁵⁴귀하께서 구입하신 의자는 다음 주 금요일에 귀하의 사무실에 도착할 것입니다.

여: ⁵⁴하지만 저는 속달 옵션을 선택했어요.

남: 저희 기록을 확인해 볼게요⋯ 아, 정말 죄송합니다, Ms. Bremmer. 직원이 실수한 것 같습니다. ⁵⁵사과드리기 위해, 제가 귀하의 주문품 비용의 10퍼센트를 되돌려드리겠습니다.

여: 알겠어요, 고마워요.

53 화자 문제
하 ●○○

해석 남자는 어디에서 일하는가?

(A) 가구점에서
(B) 소프트웨어 회사에서
(C) 마케팅 회사에서
(D) 제조 공장에서

해설 대화에서 신분 및 직업과 관련된 표현을 놓치지 않고 듣는다. 있다. 대화 초반부에서 남자가 "this is Hank from Kensington Furniture returning your call(귀하의 전화에 회신하는 Kensington 가구점의 Hank입니다)"이라고 하였다. 따라서 (A)가 정답이다.

어휘 manufacturing 제조 plant 공장

54 의도 파악 문제
상 ●●●

해석 여자는 왜 "저는 속달 옵션을 선택했어요"라고 말하는가?

(A) 요청을 하기 위해
(B) 청구를 거절하기 위해
(C) 문제점을 지적하기 위해
(D) 선호를 나타내기 위해

해설 질문의 인용어구(I chose the express option)가 언급된 주변을 주의 깊게 듣는다. 대화 초반부에서 남자가 "the chairs you bought will arrive at your office next Friday(귀하께서 구입하신 의자는 다음 주 금요일에 귀하의 사무실에 도착할 것입니다)"라고 하자, 여자가 하지만 자신은 속달 옵션을 선택했다고 한 것을 통해 문제점을 지적하기 위함임을 알 수 있다. 따라서 (C)가 정답이다.

어휘 claim (보상금에 대한) 청구 point out 지적하다 preference 선호

55 특정 세부 사항 문제
하 ●○○

해석 여자는 무엇을 받을 것 같은가?

(A) 부분적인 환불
(B) 상품권
(C) 무료 업그레이드
(D) 제품 목록

해설 질문의 핵심어구(woman ~ receive)와 관련된 내용을 주의 깊게 듣는다. 대화 후반부에서 남자가 여자에게 "To apologize, I'm going to give you back 10 percent of the cost of your order(사과드리기 위해, 제가 귀하의 주문품 비용의 10퍼센트를 되돌려드리겠습니다)"라고 하였다. 따라서 (A)가 정답이다.

어휘 partial 부분적인 catalog 목록, 카탈로그

56-58 [3ₘ] 캐나다식 발음 → 미국식 발음

Questions 56-58 refer to the following conversation.

M: Whitney, ⁵⁶**one of the diners I served sent this steak back**. She wasn't satisfied with it.

W: What's wrong with the steak? Everything seemed fine when I sent it out.

M: ⁵⁷**The diner said it's overcooked.** She was very polite, but she asked for a new one.

W: Hmm . . . Yes, I see what she means. Okay, I'll make a new one right away. Also, ⁵⁸**please be sure to give the guest a complimentary dessert**. Hopefully, that will make up for the mistake.

diner (식당) 손님 overcooked 너무 익힌 complimentary 무료의
hopefully 바라건대 make up for 만회하다

해석
56-58번은 다음 대화에 관한 문제입니다.

남: Whitney, ⁵⁶제가 음식을 갖다 드린 식당 손님들 중 한 분이 이 스테이크를 돌려보냈어요. 그녀는 이것에 만족하지 못했어요.

여: 그 스테이크에 무엇이 잘못되었나요? 제가 그것을 보낼 때는 모든 것이 괜찮았던 것 같은데요.

남: ⁵⁷그 손님은 이것이 너무 익었다고 말했어요. 그녀는 매우 정중했지만, 새로운 것을 요청했어요.

여: 흠⋯ 네, 어떤 의미인지 알겠네요. 좋아요, 바로 새것을 만들게요. 또한, ⁵⁸그 손님께 꼭 무료 디저트를 제공해 드리세요. 바라건대, 그것이 실수를 만회한다면 좋겠어요.

56 화자 문제
중 ●●○

해석 남자는 누구인 것 같은가?

(A) 웨이터
(B) 요리사
(C) 선생님
(D) 건축가

해설 대화에서 신분 및 직업과 관련된 표현을 놓치지 않고 듣는다. 대화 초반부에서 남자가 "one of the diners I served sent this steak back(제가 음식을 갖다 드린 식당 손님들 중 한 분이 이 스테이크를 돌려보냈어요)"라고 한 것을 통해, 남자가 웨이터임을 알 수 있다. 따라서 (A)가 정답이다.

57 문제점 문제
중 ●●○

해석 어떤 문제가 언급되는가?

(A) 몇몇 재료가 재고가 없다.
(B) 식사 손님이 식사를 받지 못했다.
(C) 음식이 제대로 준비되지 않았다.
(D) 계산서가 정확하지 않다.

해설 대화에서 부정적인 표현이 언급된 다음을 주의 깊게 듣는다. 대화 중반부에서 남자가 "The diner said it's overcooked(그 손님은 이것이 너무 익었다고 말했어요)"라고 하였다. 따라서 (C)가 정답이다.

어휘 diner 식사 손님 meal 식사

58 요청 문제
중 ●●○

해석 여자는 남자에게 무엇을 하라고 말하는가?

(A) 테이블을 치운다.
(B) 업체를 홍보한다.
(C) 동료에게 도움을 요청한다.
(D) 무료 품목을 제공한다.

해설 여자의 말에서 요청과 관련된 표현이 언급된 다음을 주의 깊게 듣는다. 대화 후반부에서 여자가 "please be sure to give the guest a complimentary dessert(그 손님께 꼭 무료 디저트를 제공해 드리세요)"라고 하였다. 따라서 (D)

가 정답이다.

패러프레이징

| complimentary dessert 무료 디저트 → free item 무료 품목 |

59-61 🎧 미국식 발음 → 호주식 발음

Questions 59-61 refer to the following conversation.

W: Dennis, I'm not sure if you've already arrived at the house on Graves Street, but ⁵⁹**the appointment has been canceled**. Our client, Mr. Greenly, can't go.
M: Really? ⁶⁰**I contacted him this morning to confirm when we will meet**, and he seemed excited to see the property.
W: I guess he had to deal with something at work. However, ⁶¹**another client would like to see the house on Harper Street. Please drive to 347 Harper Street now to give a tour.**

appointment 예약, 약속 excited 기대하는, 신이 난 property 건물, 부동산
give a tour 둘러보게 하다, 구경시켜 주다

해석
59-61번은 다음 대화에 관한 문제입니다.

여: Dennis, 당신이 이미 Graves가의 집에 도착했는지 모르겠지만, ⁵⁹예약이 취소됐어요. 우리 고객인 Mr. Greenly가 갈 수 없어요.
남: 정말이요? ⁶⁰오늘 아침에 언제 만날지를 확인하기 위해 그에게 전화했었는데, 그는 건물을 보는 것을 기대하는 것 같았는데요.
여: 그는 직장에서 뭔가를 처리해야 하는 것 같아요. 하지만, ⁶¹다른 고객이 Harper가의 집을 보고 싶어 해요. 둘러보도록 해드리기 위해 지금 Harper가 347번지로 가 주세요.

59 목적 문제 중 ●●○

해석 여자는 왜 남자에게 전화하고 있는가?
(A) 승진에 대해 물어보기 위해
(B) 지시를 받기 위해
(C) 새로운 프로젝트를 논의하기 위해
(D) 취소를 알리기 위해

해설 전화의 목적을 묻는 문제이므로, 대화의 초반을 반드시 듣는다. 대화 초반부에서 여자가 "the appointment has been canceled(예약이 취소됐어요)"라고 하였다. 따라서 (D)가 정답이다.

어휘 report 알리다

60 특정 세부 사항 문제 중 ●●○

해석 남자는 오늘 아침에 무엇을 확인했는가?
(A) 고객 불만
(B) 예약 시간
(C) 건물 가격
(D) 행사 장소

해설 질문의 핵심어구(this morning)가 언급된 주변을 주의 깊게 듣는다. 대화 중반부에서 남자가 "I contacted him this morning to confirm when we will meet(오늘 아침에 언제 만날지를 확인하기 위해 그에게 전화했었어요)"이라고 하였다. 따라서 (B)가 정답이다.

61 다음에 할 일 문제 상 ●●●

해석 남자는 다음에 무엇을 할 것 같은가?
(A) 몇몇 정보를 읽는다.
(B) 다른 장소로 간다.
(C) 음성 메시지를 듣는다.
(D) 장비를 설치한다.

해설 대화의 마지막 부분을 주의 깊게 듣는다. 대화 후반부에서 여자가 "another client would like to see the house on Harper Street. Please drive to 347 Harper Street now to give a tour(다른 고객이 Harper가의 집을 보고 싶어 해요. 둘러보도록 해드리기 위해 지금 Harper가 347번지로 가 주세요)"라고 하였다. 따라서 (B)가 정답이다.

62-64 🎧 캐나다식 발음 → 영국식 발음

Questions 62-64 refer to the following conversation and screen.

M: Welcome to Swift Auto Rentals. Are you interested in a rental today?
W: Yes, I am. My coworkers and I just arrived here in Seattle, and we'll need a vehicle for our upcoming trip. However, ⁶²**I'm a bit worried because I didn't book one in advance.**
M: Oh, we have a variety of cars available. Our options are displayed on the screen behind you.
W: OK. Well, there are five people in total, but we've also got a lot of luggage.
M: In that case, ⁶³**I suggest our largest vehicle, which can hold 10 people.**
W: Sounds good to me. Also, ⁶⁴**I'd like to pay extra for damage insurance.**

display (화면에) 표시하다 hold (사람을) 수용하다 extra 추가로
damage insurance 손해 보험

해석
62-64번은 다음 대화와 화면에 관한 문제입니다.

남: Swift 차량 대여점에 오신 것을 환영합니다. 오늘 대여에 관심 있으신가요?
여: 네, 그래요. 제 동료와 저는 이곳 시애틀에 막 도착해서, 저희 다가오는 여행을 위한 차량이 필요해요. 하지만, ⁶²저는 미리 예약하지 않아서 약간 걱정되네요.
남: 아, 저희는 이용 가능한 다양한 차량이 있어요. 저희의 옵션들은 고객님 뒤의 화면에 표시되어 있어요.
여: 좋아요. 음, 저희는 총 5명이지만, 짐도 많아요.
남: 그렇다면, ⁶³저는 10명을 수용할 수 있는 저희의 가장 큰 차량을 추천해요.
여: 좋은 것 같네요. 또한, ⁶⁴저는 손해 보험을 위해 추가로 지불하고 싶어요.

Swift 자동차 대여점

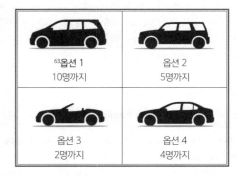

| ⁶³옵션 1
10명까지 | 옵션 2
5명까지 |
| 옵션 3
2명까지 | 옵션 4
4명까지 |

62 문제점 문제   중 ●●○

해석 여자는 어떤 문제를 언급하는가?
(A) 그녀의 영수증을 잃어버렸다.
(B) 예상보다 늦게 도착했다.
(C) 예약을 하지 않았다.
(D) 그녀의 신용카드를 찾을 수 없다.

해설 여자의 말에서 부정적인 표현이 언급된 다음을 주의 깊게 듣는다. 대화 중반부에서 여자가 "I'm a bit worried because I didn't book one in advance(저는 미리 예약하지 않아서 약간 걱정되네요)"라고 하였다. 따라서 (C)가 정답이다.

어휘 credit card 신용카드

패러프레이징

book 예약하다 → make a reservation 예약을 하다

63 시각 자료 문제   중 ●●○

해석 시각 자료를 보아라. 남자는 어느 옵션을 제안하는가?
(A) 옵션 1
(B) 옵션 2
(C) 옵션 3
(D) 옵션 4

해설 화면의 정보를 확인한 후 질문의 핵심어구(option ~ man recommend)와 관련된 내용을 주의 깊게 듣는다. 대화 후반부에서 남자가 "I suggest our largest vehicle, which can hold 10 people(저는 10명을 수용할 수 있는 저희의 가장 큰 차량을 추천해요)"이라고 하였으므로, 남자가 10명까지 수용할 수 있는 옵션 1을 제안함을 화면에서 알 수 있다. 따라서 (A)가 정답이다.

64 특정 세부 사항 문제   중 ●●○

해석 여자는 무엇을 위해 추가로 지불하고 싶어 하는가?
(A) 호텔 픽업
(B) 차량 수리
(C) 내비게이션 시스템
(D) 보험

해설 질문의 핵심어구(pay extra)가 언급된 주변을 주의 깊게 듣는다. 대화 후반부에서 여자가 "I'd like to pay extra for damage insurance(저는 손해 보험을 위해 추가로 지불하고 싶어요)"라고 하였다. 따라서 (D)가 정답이다.

어휘 pickup 픽업, 승객·화물을 태우기   navigation 내비게이션

65-67 [캐나다식 발음 → 미국식 발음]

Questions 65-67 refer to the following conversation and delivery schedule.

M: Good morning. This is Mitch Hannah calling from Nolan Beverage Company. I want to let you know that I am on the way with your soft drinks.
W: I was just planning to contact your company. As it turns out, ⁶⁵**the order we placed is wrong. We need two additional cases**. Is that going to be an issue?
M: Hmm . . . I don't have any extra with me at the moment. However, ⁶⁶**I'm still close to our warehouse, so I can go back quickly to get a couple more**.
W: That would be wonderful. Um, ⁶⁷**what time should I**

expect you to arrive?
M: ⁶⁷**I'll be there at 9:45 A.M. as scheduled.**
W: Great. Thank you so much!

as scheduled 예정대로

해석
65-67번은 다음 대화와 배달 일정표에 관한 문제입니다.

남: 안녕하세요. Nolan 음료 회사에서 전화드리는 Mitch Hannah입니다. 귀하의 음료수를 배달하는 중이라는 것을 알려드리고 싶어요.
여: 저는 방금 당신의 회사에 연락할 계획이었어요. 나중에 알고 보니, ⁶⁵저희가 한 주문이 잘못되었어요. 저희는 추가로 두 상자가 더 필요해요. 이것이 문제가 될까요?
남: 흠… 지금은 저에게 여분이 없어요. 하지만, ⁶⁶저는 저희 창고와 여전히 가까워서, 두 상자 더 가지러 빨리 돌아갈 수 있어요.
여: 그럼 정말 좋을 것 같아요. 음, ⁶⁷당신이 몇 시에 도착하는 것으로 제가 예상해야 할까요?
남: ⁶⁷저는 예정대로 그곳에 오전 9시 45분에 도착할 거예요.
여: 좋아요. 정말 감사합니다!

고객	배달 시간
Gibbs 마켓	오전 9시
⁶⁷Star 주유소	오전 9시 45분
Black Bird 카페	오전 10시 30분
Weston 식료품점	오전 11시 15분

65 문제점 문제   중 ●●○

해석 무슨 문제가 언급되는가?
(A) 청구서가 지불되지 않았다.
(B) 주문이 부정확하다.
(C) 가게를 일찍 닫아야 한다.
(D) 수송품이 도착하지 않았다.

해설 대화에서 부정적인 표현이 언급된 다음을 주의 깊게 듣는다. 대화 중반부에서 여자가 "the order we placed is wrong. We need two additional cases(저희가 한 주문이 잘못되었어요. 저희는 추가로 두 상자가 더 필요해요)"라고 하였다. 따라서 (B)가 정답이다.

어휘 incorrect 부정확한

66 제안 문제   중 ●●○

해석 남자는 무엇을 해주겠다고 제안하는가?
(A) 몇몇 제품 견본을 제공한다.
(B) 만기일을 연장한다.
(C) 보관 시설로 돌아간다.
(D) 할인을 준비한다.

해설 남자의 말에서 제안과 관련된 표현이 언급된 다음을 주의 깊게 듣는다. 대화 중반부에서 남자가 "I'm still close to our warehouse, so I can go back quickly to get a couple more(저는 저희 창고와 여전히 가까워서, 두 상자 더 가지러 빨리 돌아갈 수 있어요)"라고 하였다. 따라서 (C)가 정답이다.

어휘 due date 만기일   storage 보관, 저장

패러프레이징

warehouse 창고 → storage facility 보관 시설

67 시각 자료 문제

해석 시각 자료를 보아라. 여자는 어디에서 일하는가?
(A) Gibbs 마켓
(B) Star 주유소
(C) Black Bird 카페
(D) Weston 식료품점

해설 배달 일정표의 정보를 확인한 후 질문의 핵심어구(woman work)와 관련된 내용을 주의 깊게 듣는다. 대화 후반부에서 여자가 "what time should I expect you to arrive?(당신이 몇 시에 도착하는 것으로 제가 예상해야 할까요?)"라고 하자, 남자가 "I'll be there at 9:45 A.M. as scheduled(저는 예정대로 그곳에 오전 9시 45분에 도착할 거예요)"라고 하였으므로, 여자가 배달 시간이 오전 9시 45분인 Star 주유소에서 일하는 것을 배달 일정표에서 알 수 있다. 따라서 (B)가 정답이다.

68-70 🎧 영국식 발음 → 호주식 발음

Questions 68-70 refer to the following conversation and Web site.

W: Kyle, I'd like to quickly discuss the technology conference that we are holding in May. Have you made any progress on the preparations?
M: I have. In fact, ⁶⁸**I created invitations this morning.** ⁶⁹**I was planning to send them out now.**
W: That's great. However, ⁶⁹**can you send them later?** The event Web site requires a bit more work first. Actually, I'd like your opinion on the site. ⁷⁰**Where do you think I should put the registration button?**
M: ⁷⁰**I think it should be directly below the conference name.** That way, it'll be easy to see.

progress 진전 registration 등록

해석
68-70번은 다음 대화와 웹사이트에 관한 문제입니다.
여: Kyle, 저는 우리가 5월에 주최하는 기술 컨퍼런스에 대해 빠르게 논의하고 싶어요. 준비에 관해 어떤 진전이라도 있나요?
남: 네. 사실, ⁶⁸오늘 아침에 초대장들을 만들었어요. ⁶⁹지금 그것들을 보낼 계획이었어요.
여: 좋네요. 하지만, ⁶⁹그것들을 조금 있다가 보내주실 수 있나요? 행사 웹사이트가 먼저 약간의 작업이 더 필요해요. 사실, 저는 그 사이트에 대해 당신의 의견을 듣고 싶어요. ⁷⁰제가 등록 버튼을 어디에 두어야 한다고 생각하시나요?
남: ⁷⁰저는 그것이 컨퍼런스 이름 바로 밑에 있어야 한다고 생각해요. 그렇게 하면 확인하기 쉬울 거예요.

http://www.windsortechconference.com

환영합니다!
Windsor 기술 컨퍼런스

⁷⁰자리 1
자리 4
자리 2
자리 3

68 특정 세부 사항 문제

해석 남자는 오늘 아침에 무엇을 만들었는가?
(A) 설명서들
(B) 설문지들
(C) 초대장들
(D) 이름표들

해설 질문의 핵심어구(this morning)가 언급된 주변을 주의 깊게 듣는다. 대화 초반부에서 남자가 "I created invitations this morning(오늘 아침에 초대장들을 만들었어요)"이라고 하였다. 따라서 (C)가 정답이다.

어휘 questionnaire 설문지

69 제안 문제

해석 여자는 무엇을 제안하는가?
(A) 업무를 연기하기
(B) 행사를 확장하기
(C) 계약서를 준비하기
(D) 파일을 다운로드하기

해설 여자의 말에서 제안과 관련된 표현이 언급된 다음을 주의 깊게 듣는다. 대화 중반부에서 남자가 "I was planning to send them out now(지금 그것들을 보낼 계획이었어요)"라고 하자, 여자가 "can you send them later?(그것들을 조금 있다가 보내주실 수 있나요?)"라고 한 것을 통해, 여자가 업무를 연기하는 것을 제안함을 알 수 있다. 따라서 (A)가 정답이다.

어휘 expand 확장하다, 확대하다

70 시각 자료 문제

해석 시각 자료를 보아라. 남자는 어디에 등록 버튼을 두길 원하는가?
(A) 자리 1
(B) 자리 2
(C) 자리 3
(D) 자리 4

해설 웹사이트의 정보를 확인한 후 질문의 핵심어구(registration button)가 언급된 주변을 주의 깊게 듣는다. 대화 후반부에서 여자가 "Where do you think I should put the registration button?(제가 등록 버튼을 어디에 두어야 한다고 생각하시나요?)"이라고 하자, 남자가 "I think it should be directly below the conference name(저는 그것이 컨퍼런스 이름 바로 밑에 있어야 한다고 생각해요)"이라고 하였으므로, 남자가 컨퍼런스 이름 바로 밑인 자리 1에 등록 버튼을 두길 원하는 것임을 웹사이트에서 알 수 있다. 따라서 (A)가 정답이다.

어휘 place 두다, 놓다

PART 4

71-73 🎧 호주식 발음

Questions 71-73 refer to the following advertisement.

⁷¹**Are you tired of exercising at home? Then, head over to SilverPlus Gym!** To help you get fit, we've recently updated our exercise class schedule with tons of new offerings, including ballet and Pilates lessons. Also, ⁷²**we have certified personal trainers who will show you how to do various exercises properly.** Plus, ⁷³**if you register now, you will**

receive a free T-shirt. So, don't delay! Visit SilverPlus Gym today.

| tire of ~에 싫증 나다 tons of 다수의 offering 강좌 certified 공인된, 보증된 |

해석
71-73번은 다음 광고에 관한 문제입니다.

⁷¹집에서 운동하는 것에 싫증 나셨나요? 그럼, SilverPlus 체육관으로 향하세요! 당신이 건강해지도록 돕기 위해, 저희는 최근에 발레와 필라테스 수업을 포함하여 다수의 새로운 강좌로 운동 수업 일정을 업데이트했습니다. 또한, ⁷²여러 운동을 제대로 하는 법을 여러분께 보여드릴 공인된 개인 트레이너들도 있습니다. 게다가, ⁷³지금 등록하시면, 무료 티셔츠를 받으실 것입니다. 그러니, 지체하지 마세요! 오늘 SilverPlus 체육관을 방문하세요!

71 주제 문제   하 ●○○

해석 무엇이 광고되고 있는가?
(A) 옷 가게
(B) 체육관
(C) 식료품점
(D) 운동 경기

해설 광고의 주제를 묻는 문제이므로, 지문의 초반을 주의 깊게 듣는다. "Are you tired of exercising at home? Then, head over to SilverPlus Gym! (집에서 운동하는 것에 싫증 나셨나요? 그럼, SilverPlus 체육관으로 향하세요!)"라고 한 것을 통해 체육관이 광고되고 있음을 알 수 있다. 따라서 (B)가 정답이다.

72 언급 문제   중 ●●○

해석 개인 트레이너들에 관해 무엇이 언급되는가?
(A) 저녁에 일한다.
(B) 일정을 변경했다.
(C) 몇몇 수업을 취소했다.
(D) 운동을 시연한다.

해설 질문의 핵심어구(personal trainers)가 언급된 주변을 주의 깊게 듣는다. 지문 중반부에서 "we have certified personal trainers who will show you how to do various exercises properly(여러 운동을 제대로 하는 법을 여러분께 보여드릴 공인된 개인 트레이너들도 있습니다)"라고 하였다. 따라서 (D)가 정답이다.

어휘 session 수업 demonstrate 시연하다, 보여주다

패러프레이징

> show ~ how to do various exercises 여러 운동을 하는 법을 보여주다
> → demonstrate some exercises 운동을 시연하다

73 특정 세부 사항 문제   하 ●○○

해석 신입 회원들은 무엇을 무료로 받을 수 있는가?
(A) 월간 입장권
(B) 물병
(C) 양말 한 켤레
(D) 티셔츠

해설 질문의 핵심어구(free)가 언급된 주변을 주의 깊게 듣는다. 지문 후반부에서 "if you register now, you will receive a free T-shirt(지금 등록하시면, 무료 티셔츠를 받으실 것입니다)"라고 하였다. 따라서 (D)가 정답이다.

어휘 bottle 병

74-76 미국식 발음

Questions 74-76 refer to the following telephone message.

> Hello, Mr. Lee. My name is Claire Walter, and ⁷⁴**I'm the curator at The Bealieu Center—a contemporary art gallery**. I'm calling because I'm interested in your photographs. ⁷⁵**We're currently preparing to hold an exhibition focused on international cultures, and you have many images of native Australian communities. ⁷⁶Just a couple of weeks ago, I arranged a similar show**, and it was a major success. If you're open to participating, call me at 555-3957, and we'll discuss the matter further.

| curator 큐레이터, 관장 international culture 국제 문화
| native 원주민의, 토착의 open to ~에 대해 열린 마음을 가진 |

해석
74-76번은 다음 전화 메시지에 관한 문제입니다.

안녕하세요, Mr. Lee. 제 이름은 Claire Walter이며, ⁷⁴현대 미술관인 Bealieu 센터의 큐레이터입니다. 당신의 사진에 관심이 있어서 연락드립니다. ⁷⁵저희는 현재 국제 문화에 초점을 둔 전시를 열 준비를 하고 있어요, 그리고 당신은 호주 원주민 공동체의 사진을 여러 장 갖고 계시죠. ⁷⁶단지 몇 주 전에, 저는 유사한 전시를 준비했었고, 그것은 큰 성공이었습니다. 참여하는 것에 대해 열린 마음을 갖고 계시다면, 555-3957로 제게 전화주세요, 그러면 우리는 추후 사항에 대해 논의할 것입니다.

74 화자 문제   하 ●○○

해석 화자는 누구인가?
(A) 큐레이터
(B) 예술가
(C) 여행사 직원
(D) 경비원

해설 지문에서 신분 및 직업과 관련된 표현을 놓치지 않고 듣는다. 지문 초반부에서 "I'm the curator at The Bealieu Center—a contemporary art gallery(현대 미술관인 Bealieu 센터의 큐레이터입니다)"라고 하였다. 따라서 (A)가 정답이다.

어휘 security guard 경비원

75 의도 파악 문제   상 ●●●

해석 화자는 "당신은 호주 원주민 공동체의 사진을 여러 장 갖고 계시죠"라고 말할 때 무엇을 의도하는가?
(A) 청자가 다른 무언가의 사진을 찍기를 원한다.
(B) 사진들 중 하나를 구입하고 싶어 한다.
(C) 청자의 작품이 적합하다고 생각한다.
(D) 전시가 확대되길 기대한다.

해설 질문의 인용어구(you have many images of native Australian communities)가 언급된 주변을 주의 깊게 듣는다. 지문 중반부에서 "We're currently preparing to hold an exhibition focused on international cultures(저희는 현재 국제 문화에 초점을 둔 전시를 열 준비를 하고 있어요)"라며 그리고 청자가 호주 원주민 공동체의 사진을 여러 장 갖고 있다고 한 것을 통해 준비하고 있는 전시에 청자의 작품이 적합하다고 생각함을 알 수 있다. 따라서 (C)가 정답이다.

어휘 suitable 적합한 expand 확대하다

76 특정 세부 사항 문제   중 ●●○

해석 화자는 최근에 무엇을 했는가?
(A) 전시를 준비했다.
(B) 구매자에게 연락했다.
(C) 몇몇 작품을 판매했다.
(D) 해외를 여행했다.

해설 질문의 핵심어구(recently do)와 관련된 내용을 주의 깊게 듣는다. 지문 후반부에서 "Just a couple of weeks ago, I arranged a similar show(단지 몇 주 전에, 저는 유사한 전시를 준비했습니다)"라고 하였다. 따라서 (A)가 정답이다.

어휘 **buyer** 구매자   **overseas** 해외

패러프레이징

> arranged a ~ show 전시를 준비했다 → organized a display 전시를 준비했다

77-79 ③ 캐나다식 발음

Questions 77-79 refer to the following radio broadcast.

> You're listening to *Classical Alive* on KTDS radio 97.8. Today, [77]**I'm interviewing renowned violinist Marcia Gray.** [78]**Ms. Gray is recognized across the globe for the many exceptional performances she has given** as a member of the Harrisburg Symphony. But today, we'll be hearing mainly about how Ms. Gray has recently opened a school. [79]**She hopes to teach the region's youth to appreciate and perform classical music.** Welcome, Ms. Gray.
>
> **exceptional** 뛰어난   **symphony** 교향악단   **youth** 젊은이
> **appreciate** 감상하다

해석
77-79번은 다음 라디오 방송에 관한 문제입니다.

여러분은 97.8 KTDS 라디오에서 *Classical Alive*를 듣고 계십니다. 오늘, [77]저는 유명한 바이올리니스트 Marcia Gray를 인터뷰할 것입니다. Harrisburg 교향악단의 구성원으로서 [78]Ms. Gray는 그녀가 한 많은 뛰어난 연주들로 세계적으로 유명합니다. 하지만 오늘, 저희는 Ms. Gray가 어떻게 최근에 학교를 열었는지에 대해 주로 듣게 될 것입니다. [79]그녀는 지역의 젊은이들이 클래식 음악을 감상하고 연주하도록 가르칠 수 있기를 바랍니다. 환영합니다, Ms. Gray.

77 특정 세부 사항 문제   하 ●○○

해석 Marcia Gray는 누구인가?
(A) 배우
(B) 안무가
(C) 음악가
(D) 운동선수

해설 질문의 핵심어구(Marcia Gray)가 언급된 주변을 주의 깊게 듣는다. 지문 초반부에서 "I'm interviewing renowned violinist Marcia Gray(저는 유명한 바이올리니스트 Marcia Gray를 인터뷰할 것입니다)"라고 하였다. 따라서 (C)가 정답이다.

어휘 **athlete** 운동선수

78 이유 문제   중 ●●○

해석 Ms. Gray는 왜 세계적으로 알려져 있는가?
(A) 다수의 상을 받았다.
(B) 많은 공연을 했다.
(C) 텔레비전 쇼에 나왔다.
(D) 유명한 곡을 작사했다.

해설 질문의 핵심어구(known worldwide)와 관련된 내용을 주의 깊게 듣는다. 지문 중반부에서 "Ms. Gray is recognized across the globe for the many exceptional performances she has given(Ms. Gray는 그녀가 한 많은 뛰어난 연주들로 세계적으로 유명합니다)"이라고 하였다. 따라서 (B)가 정답이다.

어휘 **worldwide** 세계적으로, 전 세계에   **give a performance** 공연을 하다

패러프레이징

> known worldwide 세계적으로 알려져 있다 → recognized across the globe 세계적으로 유명하다

79 특정 세부 사항 문제   중 ●●○

해석 화자에 따르면, Ms. Gray는 무엇을 하기를 바라는가?
(A) 책을 발간한다.
(B) 회사에 투자한다.
(C) 젊은이들을 교육한다.
(D) 기금을 조성한다.

해설 질문의 핵심어구(Ms. Gray hope to do)와 관련된 내용을 주의 깊게 듣는다. 지문 후반부에서 "She[Ms. Gray] hopes to teach the region's youth to appreciate and perform classical music(Ms. Gray는 지역의 젊은이들이 클래식 음악을 감상하고 연주하도록 가르칠 수 있기를 바랍니다)"이라고 하였다. 따라서 (C)가 정답이다.

어휘 **release** 발간하다   **invest** 투자하다   **educate** 교육하다
     raise funds 기금을 조성하다

패러프레이징

> teach the ~ youth 젊은이들을 가르치다 → Educate ~ young people 젊은이들을 교육하다

80-82 ③ 영국식 발음

Questions 80-82 refer to the following telephone message.

> Good afternoon, Mr. Renauld. [80]**This is Zoey Frank, the head of the human resources department** at Rochester Corporation. I'm calling about your recent interview. I'm delighted to tell you that [81]**we were very impressed with your extensive work history.** Accordingly, we'd like to offer you the position of investment manager at our firm. [82]**I'm sending you an e-mail with a detailed job description.** If you're interested, please call me back. I hope to hear back from you soon!
>
> **delighted** 기쁜, 기뻐하는   **extensive** 광범위한   **work history** 이력
> **accordingly** 따라서   **position** 직책   **job description** 직무 내용 설명서

해석
80-82번은 다음 전화 메시지에 관한 문제입니다.

안녕하세요, Mr. Renauld. [80]저는 Rochester사 인사부장 Zoey Frank입니다. 당신의 최근 면접에 관해 전화드립니다. [81]저희가 당신의 광범위한 이력에 대해 매

우 감명받았다는 것을 전하게 되어 기쁩니다. 따라서, 저희 회사의 투자 관리자 직책을 당신께 제안하고자 합니다. ⁸²세부적인 직무 내용 설명서를 이메일로 보내 드립니다. 관심이 있으시다면, 회신 전화 주시기 바랍니다. 곧 당신으로부터 소식을 듣길 기대합니다!

80 화자 문제 중 ●●○

해석 화자는 누구인가?
(A) 자문가
(B) 회사 사장
(C) 접수 담당자
(D) 부서 관리자

해설 지문에서 신분 및 직업과 관련된 표현을 놓치지 않고 듣는다. 지문 초반부에서 "This is Zoey Frank, the head of the human resources department(저는 Rochester사 인사부장 Zoey Frank입니다)"라고 하였다. 따라서 (D)가 정답이다.

어휘 advisor 자문가

패러프레이징

head of the ~ department 부장 → department manager 부서 관리자

81 특정 세부 사항 문제 상 ●●●

해석 화자에 따르면, 청자에 대해 무엇이 인상적인가?
(A) 정직하다.
(B) 뛰어난 의사소통 기술을 가졌다.
(C) 열심히 일하는 직원이다.
(D) 많은 업무 경험을 가졌다.

해설 질문의 핵심어구(impressive about the listener)와 관련된 내용을 주의 깊게 듣는다. 지문 중반부에서 "we were very impressed with your extensive work history(저희가 당신의 광범위한 이력에 대해 매우 감명받았습니다)"라고 하였다. 따라서 (D)가 정답이다.

어휘 communication 의사소통

패러프레이징

extensive work history 광범위한 이력 → a lot of work experience 많은 업무 경험

82 특정 세부 사항 문제 중 ●●○

해석 이메일에 무엇이 포함되어 있는가?
(A) 회사 소개
(B) 직책 세부 사항
(C) 회의 시간
(D) 배송 주소

해설 질문의 핵심어구(e-mail)가 언급된 주변을 주의 깊게 듣는다. 지문 후반부에서 "I'm sending you an e-mail with a detailed job description(세부적인 직무 내용 설명서를 이메일로 보내드립니다)"이라고 하였다. 따라서 (B)가 정답이다.

83-85 [3세] 호주식 발음

Questions 83-85 refer to the following broadcast.

⁸³This is Manuel Larroga reporting from Central Park in Cebu City. Right now, the city is preparing for a major ⟳

storm. It's calm at the moment, but severe wind and rain is expected just two hours from now. ⁸⁴The local government has asked residents to stay indoors until the storm ends. For public safety, ⁸⁵the coastal highway and all beaches are closed. While this storm is expected to be rather strong, it will probably last a short amount of time. Stay tuned for more updates after a quick commercial break.

report 전하다 storm 폭풍우 severe 극심한 indoors 실내에서 coastal 해안의

해석
83-85번은 다음 방송에 관한 문제입니다.

Cebu시의 ⁸³중앙 공원에서 전해드리고 있는 Manuel Larroga입니다. 바로 지금, 도시는 큰 폭풍우를 대비하고 있습니다. 현재는 고요하지만, 지금으로부터 단지 2시간 후에는 극심한 바람과 비가 예상됩니다. ⁸⁴지역 정부는 주민들에게 폭풍우가 끝날 때까지 실내에 머물도록 요청했습니다. 공공 안전을 위해, ⁸⁵해안 고속도로와 모든 해변은 폐쇄되었습니다. 이 폭풍우는 다소 강할 것으로 예상되는 반면에, 이것은 아마 짧은 시간만 지속될 것입니다. 잠깐의 광고 휴식 이후에 더 많은 세부 사항을 위해 채널을 고정해 주세요.

83 장소 문제 하 ●○○

해석 화자는 어디에 있는 것 같은가?
(A) 쇼핑센터에
(B) 시청에
(C) 공원에
(D) 텔레비전 스튜디오에

해설 장소와 관련된 표현을 놓치지 않고 듣는다. 지문 초반부에서 "This is Manuel Larroga reporting from Central Park(중앙 공원에서 전해드리고 있는 Manuel Larroga입니다)"라고 하였다. 따라서 (C)가 정답이다.

어휘 city hall 시청

84 특정 세부 사항 문제 하 ●○○

해석 정부는 시민들에게 무엇을 하도록 요청했는가?
(A) 병원에 간다.
(B) 프로그램을 본다.
(C) 전자제품을 끈다.
(D) 실내에 머무른다.

해설 질문의 핵심어구(government asked)가 언급된 주변을 주의 깊게 듣는다. 지문 중반부에서 "The local government has asked residents to stay indoors until the storm ends(지역 정부는 주민들에게 폭풍우가 끝날 때까지 실내에 머물도록 요청했습니다)"라고 하였다. 따라서 (D)가 정답이다.

85 의도 파악 문제 상 ●●●

해석 화자는 왜 "이것은 아마 짧은 시간만 지속될 것입니다"라고 말하는가?
(A) 안심시키는 말을 하기 위해
(B) 도움을 요청하기 위해
(C) 실망을 표현하기 위해
(D) 계획을 마무리하기 위해

해설 질문의 인용어구(it will probably last a short amount of time)가 언급된 주변을 주의 깊게 듣는다. 지문 후반부에서 "the coastal highway and all beaches are closed. While this storm is expected to be rather strong(해안 고속도로와 모든 해변은 폐쇄되었습니다. 이 폭풍우는 다소 강할 것

으로 예상되는 반면)"이라며 이것은 아마 짧은 시간만 지속될 것이라고 하였으므로 안심시키는 말을 하기 위함임을 알 수 있다. 따라서 (A)가 정답이다.

어휘 reassurance 안심시키는 말[행동] finalize 마무리하다, 완성하다

86-88 [3и] 캐나다식 발음

Questions 86-88 refer to the following excerpt from a meeting.

---

⁸⁶**Before we finish our meeting, I have an important announcement for all assembly line employees.** We're unlikely to reach our target quota for shoe production at our current pace. ⁸⁷**However, Senica Shoes—the firm that hired us to make their sneakers—has made it clear that they need these products by the date we originally agreed on.** To resolve the matter, ⁸⁸**I'm asking everyone to work an additional two hours per shift next week**. You'll be paid extra during those hours to make up for the inconvenience. If you're unable to do this, please let me know in person. Thanks.

announcement 소식, 발표 assembly line 조립 라인 quota 할당량, 한도 production 생산 pace 속도 resolve 해결하다 in person 직접

해석
86-88번은 다음 회의 발췌록에 관한 문제입니다.

⁸⁶우리 회의를 마치기 전에, 모든 조립 라인 직원들을 위한 중요한 소식이 있습니다. 우리의 현재 속도로는 신발 생산에 대한 목표 할당량에 도달할 수 있을 것 같지 않습니다. ⁸⁷하지만, 운동화를 만들도록 우리를 고용한 회사인 Senica Shoes사는 제품들이 우리가 원래 합의했던 날짜까지 필요하다는 것을 분명히 했습니다. 이 문제를 해결하기 위해, ⁸⁸저는 모든 분들께 다음 주에 교대 근무당 추가로 2시간씩 일하시도록 요청드립니다. 불편을 보상하기 위해 여러분께서는 그 시간 동안 추가로 수당을 받으실 것입니다. 만약 이렇게 하는 것이 불가능하시다면, 제게 직접 알려주세요. 감사합니다.

86 청자 문제
하 ●○○

해석 청자들은 누구인가?
(A) 소매점 판매원들
(B) 신발 디자이너들
(C) 트럭 운전자들
(D) 조립 라인 작업자들

해설 지문에서 신분 및 직업과 관련된 표현을 놓치지 않고 듣는다. 지문 초반부에서 "Before we finish our meeting, I have an important announcement for all assembly line employees(우리 회의를 마치기 전에, 모든 조립 라인 직원들을 위한 중요한 소식이 있습니다)"라고 한 것을 통해 청자들이 조립 라인 작업자들임을 알 수 있다. 따라서 (D)가 정답이다.

어휘 salespeople 판매원

최고난도 문제

87 특정 세부 사항 문제
상 ●●●

해석 어떤 문제가 언급되는가?
(A) 일부 장비가 부상을 야기하고 있다.
(B) 안전 수칙이 구식이다.
(C) 마감일이 변경될 수 없다.
(D) 고객이 주문을 늘렸다.

해설 질문의 핵심어구(problem)와 관련된 내용을 주의 깊게 듣는다. 지문 중반부

에서 "However, Senica Shoes—the firm that hired us to make their sneakers—has made it clear that they need these products by the date we originally agreed on(하지만, 운동화를 만들도록 우리를 고용한 회사인 Senica Shoes사는 제품들이 우리가 원래 합의했던 날짜까지 필요하다는 것을 분명히 했습니다)"이라고 하였다. 이를 통해, 마감일이 변경될 수 없다는 것을 알 수 있다. 따라서 (C)가 정답이다.

어휘 safety procedure 안전 수칙 outdated 구식인

88 요청 문제
중 ●●○

해석 청자들은 무엇을 하도록 요청받는가?
(A) 짧은 휴식을 취한다.
(B) 추가 시간을 일한다.
(C) 보호 장비를 착용한다.
(D) 안내서를 검토한다.

해설 지문의 중후반에서 요청과 관련된 표현이 포함된 문장을 주의 깊게 듣는다. "I'm asking everyone to work an additional two hours per shift next week(저는 모든 분들께 다음 주에 교대 근무당 추가로 2시간씩 일하시도록 요청드립니다)"이라고 하였다. 따라서 (B)가 정답이다.

어휘 protective gear 보호 장비 handbook 안내서

89-91 [3и] 미국식 발음

Questions 89-91 refer to the following talk.

I'm glad to have members of our software development team here today. ⁸⁹**I want to talk about the upcoming release of our corporation's word-processing application.** First of all, ⁹⁰**I'd like Howard to be responsible for creating the development schedule for this project.** In addition, ⁹¹**we have several new staff members starting tomorrow who will join your team. But, um . . . they'll be trained over the next two weeks**. OK, those are the essentials for now. We'll discuss more about the project at this Friday's staff meeting.

release 출시 application 응용 프로그램
be responsible for ~을 담당하다, 책임지다 train 교육하다

해석
89-91번은 다음 담화에 관한 문제입니다.

오늘 이곳에서 우리 소프트웨어 개발팀의 구성원들과 함께하게 되어 기쁩니다. ⁸⁹저는 다가오는 우리 기업의 워드프로세싱 응용 프로그램 출시에 관해 이야기하고 싶습니다. 먼저, ⁹⁰이 프로젝트의 개발 일정을 제작하는 것은 Howard가 담당해 주길 바랍니다. 덧붙여, ⁹¹내일부터 여러분의 팀에 합류할 신입 직원 여러 명이 있습니다. 하지만, 음… 그들은 다음 2주 동안 교육을 받을 것입니다. 자, 지금으로서는 그것들이 필수 사항입니다. 이번 주 금요일 직원회의에서 이 프로젝트에 대해 더 논의하겠습니다.

89 특정 세부 사항 문제
중 ●●○

해석 회사는 무엇을 할 계획인가?
(A) 프로그램을 출시한다.
(B) 교육 자료를 수정한다.
(C) 실험을 진행한다.
(D) 취업 지원서를 처리한다.

해설 질문의 핵심어구(company plan to do)와 관련된 내용을 주의 깊게 듣는다. 지문 초반부에서 "I want to talk about the upcoming release of our corporation's word-processing application(저는 다가오는 우리 기업의 워드프로세싱 응용 프로그램 출시에 관해 이야기하고 싶습니다)"이라고 하였다. 따라서 (A)가 정답이다.

어휘 **conduct** 진행하다 **trial** 실험 **process** 처리하다
job application 취업 지원서

90 언급 문제

중 ●●○

해석 화자는 Howard에 대해 무엇을 말하는가?
(A) 최근에 고용되었다.
(B) 팀을 이끌 것이다.
(C) 일정표를 만들 것이다.
(D) 이전에 인턴이었다.

해설 질문의 핵심어구(Howard)가 언급된 주변을 주의 깊게 듣는다. 지문 중반부에서 "I'd like Howard to be responsible for creating the development schedule for this project(이 프로젝트의 개발 일정을 제작하는 것은 Howard가 담당해 주길 바랍니다)"라고 하였다. 따라서 (C)가 정답이다.

어휘 **recently** 최근에 **timetable** 일정표

패러프레이징

schedule 일정 → timetable 일정표

91 의도 파악 문제

상 ●●●

해석 화자는 "그들은 다음 2주 동안 교육을 받을 것입니다"라고 말할 때 무엇을 의도하는가?
(A) 지원이 즉시 가능하지는 않을 것이다.
(B) 회사 정책이 업데이트되었다.
(C) 회의가 연기될 것이다.
(D) 장소가 사용될 준비가 되지 않았다.

해설 질문의 인용어구(they'll be trained over the next two weeks)가 언급된 주변을 주의 깊게 듣는다. "we have several new staff members starting tomorrow who will join your team(내일부터 여러분의 팀에 합류할 신입 직원 여러 명이 있습니다)"이라며, 하지만 그들은 다음 2주 동안 교육을 받을 것이라고 한 것을 통해 지원이 즉시 가능하지는 않을 것임을 알 수 있다. 따라서 (A)가 정답이다.

어휘 **assistance** 지원

92-94 호주식 발음

Questions 92-94 refer to the following telephone message.

Ms. Douglas, this is Clarence Jordan from Delane Airlines. [92]**I understand that you want to reschedule your flight since your conference is going to last a day longer than expected.** That shouldn't be a problem. There is a flight on May 13, and I can get you the same seat in business class. [93]**The departure time will be 30 minutes earlier, though.** I'm going to send you a new ticket via e-mail shortly. One last thing, [94]**you should print your e-ticket before going to the airport**. You'll save time when checking in.

understand 알다, 이해하다 **via** ~을 통해 **e-ticket** 전자 항공권
save 절약하다

해석
92-94번은 다음 전화 메시지에 관한 문제입니다.

Ms. Douglas, Delane 항공사의 Clarence Jordan입니다. [92]저는 귀하의 컨퍼런스가 예상보다 하루 길어지게 되어 항공편의 일정을 변경하길 원하시는 것으로 압니다. 그것은 문제가 되지 않을 것입니다. 5월 13일에 항공편이 있으며, 비즈니스석으로 같은 좌석을 예약해드릴 수 있습니다. [93]하지만, 출발 시간은 30분 빠를 것입니다. 제가 즉시 이메일을 통해 새로운 티켓을 보내드리겠습니다. 마지막 한 가지로, [94]공항에 가시기 전에 귀하의 전자 항공권을 출력해 가셔야 합니다. 체크인하실 때 시간을 절약하실 것입니다.

92 이유 문제

중 ●●○

해석 항공편 일정이 왜 변경되어야 하는가?
(A) 휴가가 취소되었다.
(B) 컨퍼런스가 연장되었다.
(C) 날씨가 지연을 초래했다.
(D) 항공편이 초과 예약되었다.

해설 질문의 핵심어구(flight ~ rescheduled)와 관련된 내용을 주의 깊게 듣는다. 지문 초반부에서 "I understand that you want to reschedule your flight since your conference is going to last a day longer than expected(저는 귀하의 컨퍼런스가 예상보다 하루 길어지게 되어 항공편의 일정을 변경하길 원하시는 것으로 압니다)"라고 하였다. 따라서 (B)가 정답이다.

어휘 **call off** 취소하다 **overbook** 초과 예약을 받다

패러프레이징

going to last a day longer 하루 길어지게 되다 → has been extended 연장되었다

93 특정 세부 사항 문제

하 ●○○

해석 화자에 따르면, 무엇이 변경되었는가?
(A) 좌석 배치
(B) 탑승구 번호
(C) 출발 시간
(D) 목적지

해설 질문의 핵심어구(changed)가 언급된 주변을 주의 깊게 듣는다. 지문 중반부에서 "The departure time will be 30 minutes earlier, though(하지만, 출발 시간은 30분 빠를 것입니다)"라고 하였다. 따라서 (C)가 정답이다.

어휘 **departure** 출발

94 제안 문제

중 ●●○

해석 화자는 무엇을 제안하는가?
(A) 공항에 일찍 도착하기
(B) 온라인에 후기를 남기기
(C) 미리 탑승권을 인쇄하기
(D) 경쟁사의 요금을 비교하기

해설 지문의 중후반에서 제안과 관련된 표현이 포함된 문장을 주의 깊게 듣는다. "you should print your e-ticket before going to the airport(공항에 가시기 전에 귀하의 전자 항공권을 출력해 가셔야 합니다)"라고 하였다. 따라서 (C)가 정답이다.

어휘 **pass** 탑승권 **compare** 비교하다 **rate** 요금

95-97 [3㎜] 미국식 발음

Questions 95-97 refer to the following excerpt from a meeting and map.

> As you know, ⁹⁵**our company will be moving into a building on the corner of Oak Street and Center Avenue next week**. I'd like to go over a couple of things related to this. First, ⁹⁶**all staff members will need an employee ID card when entering the building. Please pick one up at our reception desk tomorrow morning.** Um, they will be available at 10 A.M. Second, many of you have asked about parking. ⁹⁷**There is a large parking garage that you will be able to use. I'll send all of you an e-mail that includes the rules for this facility later today.** Does anyone have any questions?

go over 검토하다 parking garage 주차장 rule 규칙

해석
95-97번은 다음 회의 발췌록과 지도에 관한 문제입니다.

여러분도 아시다시피, ⁹⁵우리 회사는 다음 주에 Oak가와 Center가의 모퉁이에 있는 건물로 이전할 것입니다. 저는 이와 관련된 몇 가지 사항을 검토하고자 합니다. 먼저, ⁹⁶모든 직원들께서는 건물에 들어갈 때 사원증이 필요할 것입니다. 내일 오전에 접수처에서 하나씩 가져가 주세요. 음, 그것들은 오전 10시에 이용 가능할 거예요. 두 번째로, 여러분 중 많은 분들께서 주차에 대해 문의하셨습니다. ⁹⁷그곳에는 여러분들이 사용할 수 있는 큰 주차장이 있어요. 오늘 오후에 모든 분들께 이 시설에 관한 규칙들을 포함한 이메일을 보내드리겠습니다. 질문 있으신 분이 계신가요?

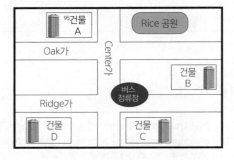

95 시각 자료 문제
중 ●●○

해석 시각 자료를 보아라. 회사의 새로운 사무실은 어디에 위치할 것인가?
(A) 건물 A에
(B) 건물 B에
(C) 건물 C에
(D) 건물 D에

해설 지도의 정보를 확인한 후 질문의 핵심어구(company's new office)와 관련된 내용을 주의 깊게 듣는다. 지문 초반부에서 "our company will be moving into a building on the corner of Oak Street and Center Avenue next week(우리 회사는 다음 주에 Oak가와 Center가의 모퉁이에 있는 건물로 이전할 것입니다)"이라고 하였으므로, 회사의 새로운 사무실이 건물 A에 위치할 것임을 지도에서 알 수 있다. 따라서 (A)가 정답이다.

96 요청 문제
하 ●○○

해석 청자들은 내일 아침에 무엇을 하도록 요청받는가?
(A) 가구를 설치한다.
(B) 신분증을 가져간다.
(C) 관리자에게 연락한다.
(D) 장비를 옮긴다.

해설 지문의 중후반에서 요청과 관련된 표현이 포함된 문장을 주의 깊게 듣는다. "all staff members will need an employee ID card when entering the building. Please pick one up at our reception desk tomorrow morning(모든 직원들께서는 건물에 들어갈 때 사원증이 필요할 것입니다. 내일 오전에 접수처에서 하나씩 가져가 주세요)"이라고 하였다. 따라서 (B)가 정답이다.

97 특정 세부 사항 문제
하 ●○○

해석 청자들은 오늘 오후에 무엇을 받을 것인가?
(A) 전화번호
(B) 제품 디자인
(C) 견본 사진
(D) 주차 규정

해설 질문의 핵심어구(later today)가 언급된 주변을 주의 깊게 듣는다. "There is a large parking garage that you will be able to use. I'll send all of you an e-mail that includes the rules for this facility later today(그곳에는 여러분들이 사용할 수 있는 큰 주차장이 있어요. 오늘 오후에 모든 분들께 이 시설에 관한 규칙들을 포함한 이메일을 보내드리겠습니다)"라고 하였다. 따라서 (D)가 정답이다.

어휘 regulation 규정, 규칙

98-100 [3㎜] 영국식 발음

Questions 98-100 refer to the following excerpt from workshop and schedule.

> Now that everyone has taken a seat, we can begin our department's workshop. ⁹⁸**I'm going to discuss how to understand and respond to customer expectations.** As I give my talk, ⁹⁹**I'll give you all a chance to ask any questions you may have.** So, please let me know if anything is unclear. ¹⁰⁰**I should also mention that at the end of the workshop, we're going to do a short role-playing exercise.** OK, let's begin.

respond 부응하다, 대응하다 expectation 기대 role-playing 역할극

해석
98-100번은 다음 워크숍 발췌록과 일정에 관한 문제입니다.

이제 모든 분들께서 착석하셨으니, 우리 부서의 워크숍을 시작할 수 있습니다. ⁹⁸저는 고객 기대를 이해하고 그에 부응하는 법을 논의할 것입니다. 제가 이야기를 하는 동안, ⁹⁹여러분께서 갖고 계실 수 있는 질문을 하실 기회를 드릴 것입니다. 그러니, 무엇이라도 불분명하다면 제게 알려주세요. ¹⁰⁰또한 워크숍 마지막에, 우리가 짧은 역할극 연습을 할 것임을 말씀드려야겠네요. 자, 시작하겠습니다.

워크숍 일정		
시간	부서	주제
오전 10시 - 오전 11시	마케팅	효과적인 상호작용
오전 11시 - 오후 12시	⁹⁸영업	고객 기대
오후 1시 - 오후 2시	고객 서비스	불만들 다루기
오후 2시 - 오후 3시	인사	의견 수집하기

98 시각 자료 문제 중 ●●○

해석 시각 자료를 보아라. 화자는 어느 부서에서 왔는가?
(A) 마케팅
(B) 영업
(C) 고객 서비스
(D) 인사

해설 일정의 정보를 확인한 후 질문의 핵심어구(department)와 관련된 내용을 주의 깊게 듣는다. 지문 초반부에서 "I'm going to discuss how to understand and respond to customer expectations(저는 고객 기대를 이해하고 그에 부응하는 법을 논의할 것입니다)"라고 하였으므로, 화자가 영업 부서에서 왔음을 일정에서 알 수 있다. 따라서 (B)가 정답이다.

99 특정 세부 사항 문제 하 ●○○

해석 화자에 따르면, 청자들은 무엇을 할 수 있을 것인가?
(A) 제안을 한다.
(B) 자신들을 소개한다.
(C) 설문 조사를 기입한다.
(D) 질문을 한다.

해설 질문의 핵심어구(listeners ~ able to do)와 관련된 내용을 주의 깊게 듣는다. 지문 중반부에서 "I'll give you all a chance to ask any questions you may have(여러분께서 갖고 계실 수 있는 질문을 하실 기회를 드릴 것입니다)"라고 하였다. 따라서 (D)가 정답이다.

어휘 introduce 소개하다 complete 기입하다

100 다음에 할 일 문제 중 ●●○

해석 워크숍 마지막에 무엇이 일어날 것인가?
(A) 활동이 진행될 것이다.
(B) 양식이 전달될 것이다.
(C) 영상이 재생될 것이다.
(D) 지침이 논의될 것이다.

해설 질문의 핵심어구(at the end of the workshop)가 언급된 주변을 주의 깊게 듣는다. 지문 후반부에서 "I should also mention that at the end of the workshop, we're going to do a short role-playing exercise(또한 워크숍 마지막에, 우리가 짧은 역할극 연습을 할 것임을 말씀드려야겠네요)"라고 하였다. 이를 통해, 워크숍 마지막에 활동이 진행될 것임을 알 수 있다. 따라서 (A)가 정답이다.

어휘 pass out 전달하다 play 재생하다

패러프레이징

role-playing exercise 역할극 연습 → activity 활동

PART 1

1 (B)	2 (D)	3 (A)	4 (B)	5 (C)
6 (D)				

PART 2

7 (A)	8 (B)	9 (A)	10 (C)	11 (B)
12 (A)	13 (C)	14 (C)	15 (B)	16 (C)
17 (A)	18 (B)	19 (A)	20 (C)	21 (B)
22 (A)	23 (B)	24 (A)	25 (B)	26 (A)
27 (B)	28 (B)	29 (C)	30 (C)	31 (B)

PART 3

32 (D)	33 (C)	34 (A)	35 (B)	36 (A)
37 (C)	38 (D)	39 (B)	40 (C)	41 (B)
42 (A)	43 (C)	44 (A)	45 (A)	46 (D)
47 (C)	48 (B)	49 (A)	50 (B)	51 (C)
52 (C)	53 (B)	54 (C)	55 (D)	56 (C)
57 (B)	58 (C)	59 (D)	60 (B)	61 (A)
62 (B)	63 (C)	64 (A)	65 (A)	66 (D)
67 (A)	68 (D)	69 (A)	70 (B)	

PART 4

71 (D)	72 (C)	73 (A)	74 (B)	75 (D)
76 (C)	77 (B)	78 (D)	79 (A)	80 (C)
81 (D)	82 (B)	83 (C)	84 (B)	85 (A)
86 (D)	87 (C)	88 (B)	89 (B)	90 (C)
91 (A)	92 (B)	93 (A)	94 (D)	95 (B)
96 (A)	97 (A)	98 (D)	99 (D)	100 (C)

PART 1

1 [3ml] 영국식 발음　　　　　하 ●○○

(A) Some people are standing in a line.
(B) One of the women is giving a presentation.
(C) Some people are watching a movie.
(D) One of the men is moving a desk.

presentation 발표

해석　(A) 몇몇 사람들이 줄을 서 있다.
(B) 여자들 중 한 명이 발표를 하고 있다.
(C) 몇몇 사람들이 영화를 보고 있다.
(D) 남자들 중 한 명이 책상을 옮기고 있다.

해설　**2인 이상 사진**
(A) [×] 사진에 줄을 서 있는 사람들이 없으므로 오답이다.
(B) [○] 여자들 중 한 명이 발표를 하고 있는 모습을 정확히 묘사한 정답이다.
(C) [×] 사진의 사람들은 영화를 보고 있지(watching a movie) 않으므로 오답이다.
(D) [×] 사진에서 책상을 옮기고 있는 남자를 확인할 수 없으므로 오답이다.

2 [3ml] 미국식 발음　　　　　하 ●○○

(A) They are carrying toolboxes.
(B) They are repairing a window.
(C) They are lifting up a board.
(D) They are looking at a paper.

carry 운반하다, 나르다　toolbox 공구통　repair 수리하다　lift 들어 올리다
board 판자

해석　(A) 그들은 공구통을 운반하고 있다.
(B) 그들은 창문을 수리하고 있다.
(C) 그들은 판자를 들어 올리고 있다.
(D) 그들은 종이를 보고 있다.

해설　**2인 이상 사진**
(A) [×] 사진의 사람들은 공구통을 운반하고 있지(carrying toolboxes) 않으므로 오답이다.
(B) [×] 사진의 사람들은 창문을 수리하고 있지(repairing a window) 않으므로 오답이다. 사진에 있는 창문(window)을 사용하여 혼동을 주었다.
(C) [×] 사진의 사람들은 판자를 들어 올리고 있지(lifting up a board) 않으므로 오답이다.
(D) [○] 사람들이 종이를 보고 있는 모습을 정확히 묘사한 정답이다.

3 [3ml] 캐나다식 발음　　　　　하 ●○○

(A) They are shaking hands.
(B) A railing is being installed.
(C) A sofa is being vacuumed.
(D) They are entering a store.

shake hands 악수하다　railing 난간　install 설치하다
vacuum 진공청소기로 청소하다

해석　**(A) 그들은 악수하고 있다.**
(B) 난간이 설치되고 있다.
(C) 소파가 진공청소기로 청소되고 있다.
(D) 그들은 가게에 들어가고 있다.

해설　**2인 이상 사진**
(A) [○] 사람들이 악수하고 있는 모습을 정확히 묘사한 정답이다.
(B) [×] 난간이 설치되어 있는 상태인데 설치되고 있다고 잘못 묘사했으므로 오답이다.
(C) [×] 사진에 소파가 없으므로 오답이다.
(D) [×] 사진의 사람들은 가게에 들어가고 있지(entering a store) 않으므로 오답이다.

4 🔊 호주식 발음　　　　　　　하 ●○○

(A) The woman is cutting a vegetable.
(B) The woman is drinking a beverage.
(C) The woman is washing a glass.
(D) The woman is opening a refrigerator.

vegetable 채소　beverage 음료　glass 유리잔　refrigerator 냉장고

해석　(A) 여자가 채소를 자르고 있다.
　　　(B) 여자가 음료를 마시고 있다.
　　　(C) 여자가 유리잔을 씻고 있다.
　　　(D) 여자가 냉장고를 열고 있다.

해설　**1인 사진**
　　　(A) [×] cutting(자르고 있다)은 여자의 동작과 무관하므로 오답이다. 사진에 있는 채소(vegetable)를 사용하여 혼동을 주었다.
　　　(B) [○] 여자가 음료를 마시고 있는 모습을 정확히 묘사한 정답이다.
　　　(C) [×] washing(씻고 있다)은 여자의 동작과 무관하므로 오답이다. 사진에 있는 유리잔(glass)을 사용하여 혼동을 주었다.
　　　(D) [×] opening a refrigerator(냉장고를 열고 있다)는 여자의 동작과 무관하므로 오답이다.

5 🔊 영국식 발음　　　　　　　하 ●○○

(A) A truck is stopped in a tunnel.
(B) A street is filled with cars.
(C) Traffic cones are set up on a road.
(D) Vehicles are parked in a row.

traffic cone 원뿔형의 도로 표지　vehicle 차량　in a row 일렬로

해석　(A) 트럭이 터널에 멈춰 있다.
　　　(B) 거리가 자동차로 가득 차 있다.
　　　(C) 원뿔형의 도로 표지가 도로에 세워져 있다.
　　　(D) 차량들이 일렬로 주차되어 있다.

해설　**사물 및 풍경 사진**
　　　(A) [×] 사진에서 트럭은 보이지만 터널에 멈춰 있는(is stopped in a tunnel) 모습은 아니므로 오답이다.
　　　(B) [×] 사진에서 거리는 보이지만, 자동차로 가득 차 있는(is filled with cars) 모습은 아니므로 오답이다.
　　　(C) [○] 원뿔형의 도로 표지가 도로에 세워져 있는 모습을 정확히 묘사한 정답이다.
　　　(D) [×] 사진에 일렬로 주차되어 있는 차량들이 없으므로 오답이다.

6 🔊 호주식 발음　　　　　　　중 ●●○

(A) One of the women is using a phone.
(B) Some jackets have been left on the chair.
(C) One of the women is wiping a window.
(D) Some books are stacked on a table.

leave 남기다　wipe 닦다　stack 쌓다

해석　(A) 여자들 중 한 명이 휴대폰을 사용하고 있다.
　　　(B) 재킷들이 의자에 남겨져 있다.
　　　(C) 여자들 중 한 명이 창문을 닦고 있다.

(D) 책들이 식탁 위에 쌓여 있다.

해설　**2인 이상 사진**
　　　(A) [×] 사진에 핸드폰을 사용하고 있는(using a phone) 여자가 없으므로 오답이다. 사진에 있는 휴대폰(phone)을 사용하여 혼동을 주었다.
　　　(B) [×] 사진에서 재킷이 의자에 남겨져 있는지 확인할 수 없으므로 오답이다. 사진에 있는 의자(chair)를 사용하여 혼동을 주었다.
　　　(C) [×] 사진에 창문을 닦고 있는(wiping a window) 여자가 없으므로 오답이다.
　　　(D) [○] 책들이 식탁 위에 쌓여 있는 상태를 정확히 묘사한 정답이다.

PART 2

7 🔊 캐나다식 발음 → 영국식 발음　　　　　　　하 ●○○

Does the shop stay open all night?
(A) No. It closes at midnight.
(B) Yes, here's the booking.
(C) It takes five minutes to get to the station.

midnight 자정　booking 예약　station 역

해석　그 상점은 밤새 열려 있나요?
　　　(A) 아니요. 자정에 문을 닫아요.
　　　(B) 네, 여기 예약이 있어요.
　　　(C) 역까지 가는 데 5분이 걸려요.

해설　**조동사 의문문**
　　　(A) [○] No로 상점이 밤새 열려 있지 않음을 전달한 후, 자정에 문을 닫는다는 부연 설명을 했으므로 정답이다.
　　　(B) [×] 상점이 밤새 열려 있는지를 물었는데, 예약이 있다며 관련이 없는 내용으로 응답했으므로 오답이다. Yes만 듣고 정답으로 고르지 않도록 주의한다.
　　　(C) [×] 상점이 밤새 열려 있는지를 물었는데, 역까지 가는 데 5분이 걸린다며 관련이 없는 내용으로 응답했으므로 오답이다.

8 🔊 미국식 발음 → 캐나다식 발음　　　　　　　하 ●○○

When will you wake up the guests in Room 723?
(A) To catch an early flight.
(B) They requested a 5 o'clock wake-up call.
(C) There are 50 people attending.

request 요청하다　wake-up call 모닝콜

해석　723호실의 손님은 언제 깨워드릴 건가요?
　　　(A) 이른 비행기를 타기 위해서요.
　　　(B) 그들은 5시 모닝콜을 요청했어요.
　　　(C) 50명이 참석해요.

해설　**When 의문문**
　　　(A) [×] 723호실의 손님을 언제 깨울 것인지를 물었는데, 이른 비행기를 타기 위해서라며 관련이 없는 내용으로 응답했으므로 오답이다.
　　　(B) [○] 5 o'clock(5시)이라는 특정 시점을 언급했으므로 정답이다.
　　　(C) [×] 723호실의 손님을 언제 깨울 것인지를 물었는데, 50명이 참석한다며 관련이 없는 내용으로 응답했으므로 오답이다.

9 🎧 영국식 발음 → 호주식 발음　　　　　하 ●○○

How often are the reports published?
(A) Once every month.
(B) A financial consultant.
(C) Yes, they should be created.

publish 발행하다　financial 재무의　consultant 상담가, 자문 위원
create 제작하다

해석　보고서는 얼마나 자주 발행되나요?
　　(A) 매달 한 번씩이요.
　　(B) 재무 상담가요.
　　(C) 네, 그것들은 제작되어야 해요.

해설　How 의문문
　　(A) [o] 매달 한 번씩이라며 보고서가 발행되는 빈도를 언급했으므로 정답이다.
　　(B) [x] 보고서가 얼마나 자주 발행되는지를 물었는데, 재무 상담가라며 관련이 없는 내용으로 응답했으므로 오답이다.
　　(C) [x] 질문의 reports(보고서)를 나타낼 수 있는 they를 사용하여 혼동을 준 오답이다. How 의문문에는 Yes/No 응답이 불가능한 점을 알아둔다.

10 🎧 호주식 발음 → 미국식 발음　　　　　중 ●●○

This mall is pretty crowded, isn't it?
(A) Not as delicious as I expected.
(B) It's such a cloudy day.
(C) Yes. There are a lot of shoppers.

mall 쇼핑몰　pretty 꽤　crowded 붐비는　shopper 쇼핑객

해석　이 쇼핑몰은 꽤 붐비네요, 그렇지 않나요?
　　(A) 제가 기대했던 만큼 맛있지 않아요.
　　(B) 정말 흐린 날이에요.
　　(C) 네. 쇼핑객들이 많네요.

해설　부가 의문문
　　(A) [x] 이 쇼핑몰은 꽤 붐빈다고 했는데, 기대했던 것만큼 맛있지 않다며 관련이 없는 내용으로 응답했으므로 오답이다.
　　(B) [x] crowded – cloudy의 유사 발음 어휘를 사용하여 혼동을 준 오답이다.
　　(C) [o] Yes로 쇼핑몰이 꽤 붐빈다는 것을 전달한 후, 쇼핑객들이 많다는 부연 설명을 했으므로 정답이다.

11 🎧 영국식 발음 → 캐나다식 발음　　　　　중 ●●○

What should we have for lunch today?
(A) The restaurant was full.
(B) I know a good Italian place.
(C) From 12 to 1 P.M.

restaurant 식당　good 괜찮은, 좋은

해석　오늘 점심으로 무엇을 먹을까요?
　　(A) 식당은 만석이었어요.
　　(B) 제가 괜찮은 이탈리아 요리점을 알고 있어요.
　　(C) 오후 12시부터 오후 1시까지요.

해설　What 의문문
　　(A) [x] lunch(점심)와 관련 있는 restaurant(식당)를 사용하여 혼동을 준 오

답이다.
　　(B) [o] 괜찮은 이탈리아 요리점을 알고 있다며 이탈리아 요리를 먹자는 것을 간접적으로 전달했으므로 정답이다.
　　(C) [x] 점심으로 무엇을 먹을지를 물었는데, 시간으로 응답했으므로 오답이다.

12 🎧 미국식 발음 → 캐나다식 발음　　　　　하 ●○○

Is Smoothie Hut planning to have a grand opening party?
(A) Yes. On September 23.
(B) Please open the window.
(C) I've never tried it.

grand opening 개업식

해석　Smoothie Hut은 개업식 파티를 열 계획인가요?
　　(A) 네. 9월 23일이에요.
　　(B) 창문을 열어주세요.
　　(C) 시도해본 적이 없어요.

해설　Be 동사 의문문
　　(A) [o] Yes로 Smoothie Hut이 개업식 파티를 열 계획임을 전달한 후, 9월 23일이라는 부연 설명을 했으므로 정답이다.
　　(B) [x] opening – open의 유사 발음 어휘를 사용하여 혼동을 준 오답이다.
　　(C) [x] 질문의 Smoothie Hut을 나타낼 수 있는 it을 사용하여 혼동을 준 오답이다.

13 🎧 호주식 발음 → 영국식 발음　　　　　중 ●●○

Who qualifies for the annual membership discount?
(A) It's the original price.
(B) She filled out an application form.
(C) Current university students.

qualify for ~할 자격이 있다　original 원래의　fill out 작성하다
current 현재(의)

해석　누가 연간 회원권 할인을 받을 자격이 있나요?
　　(A) 이것은 원래 가격이에요.
　　(B) 그녀는 신청서를 작성했어요.
　　(C) 현재 대학생들이요.

해설　Who 의문문
　　(A) [x] discount(할인)와 관련 있는 price(가격)를 사용하여 혼동을 준 오답이다.
　　(B) [x] 누가 연간 회원권 할인을 받을 자격이 있는지를 물었는데, 그녀는 신청서를 작성했다며 관련이 없는 내용으로 응답했으므로 오답이다.
　　(C) [o] 현재 대학생들이라며 연간 회원권 할인을 받을 자격이 있는 인물을 언급했으므로 정답이다.

14 🎧 캐나다식 발음 → 영국식 발음　　　　　중 ●●○

What did Mr. Daniels suggest during the meeting?
(A) No, it has been addressed.
(B) He opened an account.
(C) He said we must reduce costs.

address 해결하다　account 계좌　reduce 줄이다　cost 비용

해석　Mr. Daniels는 회의 중에 무엇을 제안했나요?

(A) 아니요, 이것은 해결되었어요.

(B) 그는 계좌를 개설했어요.

(C) 그는 우리가 비용을 줄여야 한다고 말했어요.

해설   What 의문문

(A) [×] Mr. Daniels가 회의 중에 무엇을 제안했는지를 물었는데, 이것은 해결되었다며 관련이 없는 내용으로 응답했으므로 오답이다. What 의문문에는 Yes/No 응답이 불가능한 점을 알아둔다.

(B) [×] 질문의 Mr. Daniels를 나타낼 수 있는 He를 사용하여 혼동을 준 오답이다.

(C) [○] 그는 비용을 줄여야 한다고 말했다며 Mr. Daniels가 제안한 것을 언급했으므로 정답이다.

15 ⌘ 호주식 발음 → 미국식 발음　　　　중 ●●○

Will the radio program give away tickets to the South Bay Music Festival?

(A) You may be familiar with the show.

(B) A decision hasn't been made.

(C) Music lessons are still available.

give away 나누어 주다　be familiar with ~에 익숙하다
available 이용 가능한

해설   라디오 프로그램이 South Bay 음악 축제 티켓을 나누어 줄 건가요?

(A) 당신은 공연에 익숙하시겠네요.

(B) 결정이 되지 않았어요.

(C) 음악 수업은 여전히 이용 가능해요.

해설   조동사 의문문

(A) [×] Music Festival(음악 축제)과 관련 있는 show(공연)를 사용하여 혼동을 준 오답이다.

(B) [○] 결정이 되지 않았다는 말로 라디오 프로그램이 티켓을 나누어 줄 것인지 모른다는 간접적인 응답을 했으므로 정답이다.

(C) [×] 질문의 Music을 반복 사용하여 혼동을 준 오답이다.

16 ⌘ 캐나다식 발음 → 호주식 발음　　　　중 ●●○

How do you like your new laptop?

(A) By taking Highway 7.

(B) A new countertop.

(C) I'm really happy with it.

laptop 노트북 컴퓨터　highway 고속도로　countertop 주방용 조리대

해설   당신의 새 노트북 컴퓨터는 어떤가요?

(A) 7번 고속도로를 타서요.

(B) 새로운 주방용 조리대요.

(C) 저는 그것이 정말 마음에 들어요.

해설   How 의문문

(A) [×] 새 노트북 컴퓨터가 어떤지를 물었는데, 7번 고속도로를 타서라며 관련이 없는 내용으로 응답했으므로 오답이다.

(B) [×] 질문의 new를 반복 사용하고, laptop – countertop의 유사 발음 어휘를 사용하여 혼동을 준 오답이다.

(C) [○] 자신은 그것, 즉 노트북이 정말 마음에 든다며, 새 노트북에 대한 의견을 언급했으므로 정답이다.

17 ⌘ 미국식 발음 → 캐나다식 발음　　　　하 ●○○

Why are the orchestra members meeting tomorrow morning?

(A) Because they need to discuss the season's schedule.

(B) I met with her recently as well.

(C) For all of the instruments.

orchestra 오케스트라　meet 모이다, 만나다　discuss 논의하다
schedule 일정　recently 최근에　as well 또한

해설   오케스트라 회원들은 왜 내일 아침에 모이나요?

(A) 그들은 시즌 일정에 대해 논의할 필요가 있기 때문이에요.

(B) 저 또한 최근에 그녀와 만났어요.

(C) 모든 악기에요.

해설   Why 의문문

(A) [○] 시즌 일정에 대해 논의할 필요가 있기 때문이라며 오케스트라 회원들이 내일 아침에 모여야 하는 이유를 언급했으므로 정답이다.

(B) [×] 질문의 meeting을 met으로 반복 사용하여 혼동을 준 오답이다.

(C) [×] orchestra(오케스트라)에서 연상할 수 있는 공연과 관련된 instruments(악기)를 사용하여 혼동을 주었다.

18 ⌘ 영국식 발음 → 미국식 발음　　　　중 ●●○

Would Ben like to join us at the baseball game?

(A) My favorite team won again.

(B) He has to work late tonight.

(C) Yes, he lives across town.

baseball 야구　favorite 매우 좋아하는　across 맞은편에　town 시내

해설   Ben이 야구 경기에 우리와 함께하고 싶어 할까요?

(A) 제가 매우 좋아하는 팀이 또 이겼어요.

(B) 그는 오늘 밤늦게까지 일해야 해요.

(C) 네, 그는 시내 맞은편에 살아요.

해설   조동사 의문문

(A) [×] baseball game(야구 경기)과 관련 있는 team(팀)을 사용하여 혼동을 준 오답이다.

(B) [○] 그는 오늘 밤늦게까지 일해야 한다며 Ben이 야구 경기에 함께할 수 없음을 간접적으로 전달했으므로 정답이다.

(C) [×] 질문의 Ben을 나타낼 수 있는 he를 사용하여 혼동을 준 오답이다. Yes만 듣고 정답으로 고르지 않도록 주의한다.

19 ⌘ 호주식 발음 → 영국식 발음　　　　중 ●●○

Do you take credit card or only cash?

(A) Either is fine.

(B) The total is $19.

(C) Here's your receipt.

credit card 신용카드　total 총액　receipt 영수증

해설   신용카드를 받으시나요, 아니면 현금만 받으시나요?

(A) 어느 것이든 괜찮아요.

(B) 총액은 19달러예요.

(C) 여기 당신의 영수증이요.

해설   선택 의문문

(A) [○] either(어느 것이든)로 둘 다 선택했으므로 정답이다.

(B) [×] cash(현금)와 관련 있는 total(총액)을 사용하여 혼동을 준 오답이다.

(C) [×] credit card(신용카드)와 관련 있는 receipt(영수증)를 사용하여 혼동을 준 오답이다.

20 [캐나다식 발음 → 미국식 발음] 　　　　　중 ●●○

Our software application will be released soon, won't it?
(A) The orientation should begin earlier.
(B) No, a program engineer named Bob Glint.
(C) Wasn't that postponed until next month?

---

application 응용 프로그램 release 출시하다
orientation 오리엔테이션, 예비 교육 engineer 엔지니어 postpone 연기하다

해석　우리 소프트웨어 응용 프로그램이 곧 출시될 예정이에요, 그렇지 않나요?
(A) 오리엔테이션이 더 일찍 시작되어야 해요.
(B) 아니요, Bob Glint라는 프로그램 엔지니어요.
(C) 그것은 다음 달까지 연기되지 않았나요?

해설　**부가 의문문**
(A) [×] 소프트웨어 응용 프로그램이 곧 출시될 예정인지를 물었는데, 오리엔테이션이 더 일찍 시작되어야 한다며 관련이 없는 내용으로 응답했으므로 오답이다.
(B) [×] software application(소프트웨어 응용 프로그램)과 관련 있는 program engineer(프로그램 엔지니어)를 사용하여 혼동을 준 오답이다. No만 듣고 정답으로 고르지 않도록 주의한다.
(C) [o] 그것, 즉 응용 프로그램 출시가 다음 달까지 연기되지 않았는지를 되물어 사실에 대한 추가 정보를 요청했으므로 정답이다.

21 [호주식 발음 → 영국식 발음] 　　　　　상 ●●●

Why hasn't our marketing campaign been more successful?
(A) To the company spokesperson.
(B) The commercials seem to confuse consumers.
(C) Only some of our staff.

---

successful 성공적인 spokesperson 대변인 commercial 광고
confuse 혼란스럽게 만들다 consumer 소비자 staff 직원

해석　왜 우리 홍보 캠페인이 더 성공적이지 않았나요?
(A) 회사 대변인에게요.
(B) 광고가 소비자들을 혼란스럽게 만드는 것 같아요.
(C) 우리 직원 중 일부만요.

해설　**Why 의문문**
(A) [×] 왜 홍보 캠페인이 더 성공적이지 않았는지를 물었는데, 회사 대변인에게라며 관련이 없는 내용으로 응답했으므로 오답이다.
(B) [o] 광고가 소비자들을 혼란스럽게 만드는 것 같다며 홍보 캠페인이 더 성공적이지 않은 이유를 언급했으므로 정답이다.
(C) [×] 왜 홍보 캠페인이 더 성공적이지 않았는지를 물었는데, 우리 직원 중 일부만이라며 관련이 없는 내용으로 응답했으므로 오답이다.

22 [미국식 발음 → 캐나다식 발음] 　　　　　하 ●○○

Where can I find handouts about the job fair?
(A) They are on that table.
(B) I've worked there for a while.
(C) As soon as the talk begins.

---

handout 유인물 job fair 취업 설명회 talk 강연

해석　취업 설명회에 관한 유인물은 어디에서 찾을 수 있나요?
(A) 그것들은 저 탁자 위에 있어요.
(B) 저는 한동안 그곳에서 일했어요.
(C) 강연이 시작되자마자요.

해설　**Where 의문문**
(A) [o] 그것들은 저 탁자 위에 있다며 유인물이 있는 장소를 언급했으므로 정답이다.
(B) [×] 질문의 job fair(취업 설명회)를 나타낼 수 있는 there를 사용하여 혼동을 준 오답이다.
(C) [×] 취업 설명회에 관한 유인물을 어디에서 찾을 수 있는지를 물었는데, 시점으로 응답했으므로 오답이다.

23 [영국식 발음 → 호주식 발음] 　　　　　중 ●●●

You should hire a real estate agent.
(A) Just across the hall.
(B) I appreciate your suggestion.
(C) You made the right decision.

---

real estate agent 부동산 중개인 appreciate 감사하다

해석　당신은 부동산 중개인을 고용해야 해요.
(A) 복도 바로 맞은편이에요.
(B) 당신의 제안에 감사드려요.
(C) 당신은 옳은 선택을 했어요.

해설　**평서문**
(A) [×] 당신은 부동산 중개인을 고용해야 한다고 말했는데, 복도 바로 맞은편이라며 관련이 없는 내용으로 응답했으므로 오답이다.
(B) [o] 제안에 감사드린다는 말로 제안을 수락했으므로 정답이다.
(C) [×] 당신은 부동산 중개인을 고용해야 한다고 말했는데, 당신은 옳은 선택을 했다며 관련이 없는 내용으로 응답했으므로 오답이다.

24 [미국식 발음 → 영국식 발음] 　　　　　중 ●●○

Will Mr. Jackson be in the office tomorrow?
(A) He's on leave until January.
(B) The office is closed today.
(C) To attend the meeting.

---

leave 휴가 attend 참석하다 meeting 회의

해석　Mr. Jackson이 내일 사무실에 있을까요?
(A) 그는 1월까지 휴가예요.
(B) 사무실은 오늘 문을 닫았어요.
(C) 회의에 참석하기 위해서요.

해설　**조동사 의문문**
(A) [o] 그는 1월까지 휴가라는 말로 Mr. Jackson이 내일 사무실에 없을 것임을 간접적으로 전달했으므로 정답이다.
(B) [×] 질문의 office를 반복 사용하여 혼동을 준 오답이다.
(C) [×] Mr. Jackson이 내일 사무실에 있을지를 물었는데, 회의에 참석하기 위해서라며 관련이 없는 내용으로 응답했으므로 오답이다.

25 [호주식 발음 → 미국식 발음] 　　　　　중 ●●○

Do those shoes work for you, or would you like another size?
(A) I prefer the black laces.

(B) Let me try walking in them first.
(C) Yes, I'm going there soon.

lace 끈 soon 곧

해석 그 신발이 당신에게 맞나요, 아니면 다른 크기를 원하시나요?
(A) 저는 검은색 끈을 선호해요.
(B) 먼저 제가 그것들을 신고 걸어 볼게요.
(C) 네, 저는 그곳에 곧 갈 거예요.

해설 **선택 의문문**
(A) [×] shoes(신발)와 관련 있는 laces(끈)를 사용하여 혼동을 준 오답이다.
(B) [○] 먼저 자신이 그것들을 신고 걸어 보겠다는 말로 신발이 맞는지 모른다는 간접적인 응답을 했으므로 정답이다.
(C) [×] 신발이 맞는지 아니면 다른 크기를 원하는지를 물었는데, 그곳에 곧 갈 거라며 관련이 없는 내용으로 응답했으므로 오답이다.

26 ③ 캐나다식 발음 → 미국식 발음   하 ●○○

What do you think about the training manual?
(A) It's very well written.
(B) No, I don't think so.
(C) On a personal vacation.

training 교육 manual 안내서

해석 교육 안내서에 대해 어떻게 생각하나요?
(A) 이것은 매우 잘 쓰여 있어요.
(B) 아니요, 그렇게 생각하지 않아요.
(C) 개인 휴가예요.

해설 **What 의문문**
(A) [○] 이것, 즉 교육 안내서는 매우 잘 쓰여 있다며 교육 안내서에 대한 의견을 언급했으므로 정답이다.
(B) [×] 질문의 think를 반복 사용하여 혼동을 준 오답이다. What 의문문에는 Yes/No 응답이 불가능한 점을 알아둔다.
(C) [×] 교육 안내서에 대해 어떻게 생각하는지를 물었는데, 개인 휴가라며 관련이 없는 내용으로 응답했으므로 오답이다.

27 ③ 호주식 발음 → 캐나다식 발음   상 ●●●

You study Chinese in the evenings, don't you?
(A) Yes, let's meet then.
(B) Every Tuesday and Friday.
(C) They even went to the concert.

Chinese 중국어 evening 저녁 even 심지어

해석 당신은 저녁에 중국어를 공부하죠, 그렇지 않나요?
(A) 네, 그때 만나요.
(B) 매주 화요일과 금요일이에요.
(C) 그들은 심지어 콘서트에 갔어요.

해설 **부가 의문문**
(A) [×] 저녁에 중국어를 공부하는지를 물었는데, 그때 만나자며 관련이 없는 내용으로 응답했으므로 오답이다. Yes만 듣고 정답으로 고르지 않도록 주의한다.
(B) [○] 매주 화요일과 금요일이라는 말로 저녁에 중국어를 공부하는 요일을 전달했으므로 정답이다.
(C) [×] evenings – even의 유사 발음 어휘를 사용하여 혼동을 준 오답이다.

28 ③ 영국식 발음 → 캐나다식 발음   상 ●●●

Doesn't the *Manhattan Tribune* put video content on its Web site?
(A) We recently moved to New York City.
(B) It's going to start uploading some soon.
(C) The movie theater was very crowded.

upload 업로드 하다 crowded 붐비는

해석 *Manhattan Tribune*지는 그곳의 웹사이트에 비디오 콘텐츠를 올리지 않나요?
(A) 우리는 최근에 뉴욕시로 이사했어요.
(B) 곧 몇 개를 업로드 하기 시작할 거예요.
(C) 영화관이 매우 붐볐어요.

해설 **부정 의문문**
(A) [×] *Manhattan Tribune*과 관련 있는 New York City(뉴욕시)를 사용하여 혼동을 준 오답이다.
(B) [○] 곧 몇 개를 업로드 하기 시작할 것이라며 *Manhattan Tribune*지가 그곳의 웹사이트에 비디오 콘텐츠를 올릴 것임을 전달했으므로 정답이다.
(C) [×] video(비디오)와 관련 있는 movie(영화)를 사용하여 혼동을 준 오답이다.

29 ③ 미국식 발음 → 호주식 발음   상 ●●●

Our company has decided to begin to let employees work from home.
(A) Thank you for hanging up the curtain.
(B) We will hire new workers.
(C) I'd like to do that if possible.

employee 직원 work from home 재택근무하다 hang up 걸다

해석 우리 회사는 직원들이 재택근무를 하도록 시작하기로 결정했어요.
(A) 커튼을 걸어 주셔서 감사해요.
(B) 우리는 새로운 직원을 고용할 거예요.
(C) 저는 가능하다면 그것을 하고 싶어요.

해설 **평서문**
(A) [×] 우리 회사는 직원들이 재택근무를 하도록 시작하기로 결정했다고 말했는데, 커튼을 걸어 주셔서 감사하다며 관련이 없는 내용으로 응답했으므로 오답이다.
(B) [×] employees(직원들)와 같은 의미인 workers를 사용하여 혼동을 준 오답이다.
(C) [○] 가능하다면 그것, 즉 재택근무를 하고 싶다는 말로 회사의 결정에 대한 의견을 제시했으므로 정답이다.

30 ③ 캐나다식 발음 → 미국식 발음   하 ●○○

How long does it take to get to Bryce Park from here?
(A) It's on top of the shelf.
(B) That's a fair offer.
(C) About an hour by car.

shelf 선반 fair 타당한, 공정한 offer 제안 about 약

해석 여기에서 Bryce 공원까지 가는 데 얼마나 걸리나요?
(A) 이것은 선반 위에 있어요.
(B) 그것은 타당한 제안이네요.

TEST 2 해커스 토익 실전 1200제 LISTENING

(C) 자동차로 약 1시간이요.

해설 **How 의문문**
(A) [×] 질문의 Bryce Park(Bryce 공원)를 나타낼 수 있는 It을 사용하여 혼동을 준 오답이다.
(B) [×] 여기에서 Bryce 공원까지 가는 데 얼마나 걸리는지를 물었는데, 타당한 제안이라며 관련이 없는 내용으로 응답했으므로 오답이다.
(C) [○] 자동차로 약 1시간이라며 Bryce 공원까지 가는 데 걸리는 시간을 언급했으므로 정답이다.

최고난도 문제

31 ③ 호주식 발음 → 영국식 발음　　　　　상 ●●●

> Does the company provide paid sick leave?
> (A) Employees are paid once a month.
> **(B) That's the current policy.**
> (C) Please inform me when you do.
>
> sick leave 병가　current 현재의　policy 정책　inform 알리다

해설 회사에서 유급 병가를 제공하나요?
(A) 직원들은 한 달에 한 번 급여를 받아요.
(B) 그것이 현재의 정책이에요.
(C) 당신이 할 때 제게 알려주세요.

해설 **조동사 의문문**
(A) [×] 질문의 paid를 반복 사용하여 혼동을 준 오답이다.
(B) [○] 그것이 현재의 정책이라는 말로 유급 병가가 제공됨을 간접적으로 전달했으므로 정답이다.
(C) [×] 회사가 유급 병가를 제공하는지를 물었는데, 당신이 할 때 알려달라며 관련이 없는 내용으로 응답했으므로 오답이다.

PART 3

32-34 ③ 호주식 발음 → 영국식 발음

Questions 32-34 refer to the following conversation.

> M: Excuse me, Ms. Whittier? I just looked at my timetable for next month, and I have to lead a lot of training sessions. **³²Since you're the head of the human resources department, I'd like to discuss this with you.**
> W: Well, as you know, **³³Janice Light will be flying to France at the beginning of next month to offer training to overseas staff.** That means someone else needs to lead her sessions here.
> M: Right, but both of her classes have been assigned to me. **³⁴Can I ask another staff member to cover one?**
> W: OK. I'm fine with that.
>
> lead 인솔하다　training 교육　human resources department 인사부
> overseas 해외　assign 배정하다, 맡기다　cover 대신하다

해설
32-34번은 다음 대화에 관한 문제입니다.
남: 실례합니다, Ms. Whittier? 제가 방금 다음 달 제 일정을 살펴보았는데, 많은 교육을 인솔해야 해요. ³²당신이 인사부 책임자이니, 당신과 이에 대해 논의하고 싶어요.

여: 음, 아시다시피, ³³Janice Light가 해외 직원들에게 교육을 제공하기 위해 다음 달 초에 프랑스로 갈 거예요. 그것은 다른 누군가가 여기서 그녀의 수업을 인솔할 필요가 있다는 것을 의미해요.
남: 맞아요, 하지만 그녀의 수업 두 개가 모두 제게 배정되었어요. ³⁴다른 직원이 한 개를 대신해줄 것을 물어봐도 될까요?
여: 알겠어요. 저는 괜찮아요.

32 화자 문제　　　　　하 ●○○

해석 여자는 누구인가?
(A) 개인 비서
(B) 여행사 직원
(C) 기업 자문 위원
(D) 부서 책임자

해설 대화에서 신분 및 직업과 관련된 표현을 놓치지 않고 듣는다. 대화 초반부에서 남자가 "Since you're the head of the human resources department, I'd like to discuss this with you(당신이 인사부 책임자이니 당신과 이에 대해 논의하고 싶어요)"라고 한 것을 통해, 여자가 부서 책임자임을 알 수 있다. 따라서 (D)가 정답이다.

어휘 assistant 비서　corporate 기업의　consultant 자문 위원

33 이유 문제　　　　　하 ●○○

해석 Janice Light는 왜 프랑스로 출장을 가는가?
(A) 조직을 이끌기 위해
(B) 연구를 수행하기 위해
(C) 교육을 제공하기 위해
(D) 일자리를 위한 면접을 보기 위해

해설 질문의 핵심어구(Janice Light)가 언급된 주변을 주의 깊게 듣는다. 대화 중반부에서 여자가 "Janice Light will be flying to France at the beginning of next month to offer training to overseas staff(Janice Light가 해외 직원들에게 교육을 제공하기 위해 다음 달 초에 프랑스로 갈 거예요)"라고 하였다. 이를 통해, Janice Light가 프랑스로 출장을 가는 이유는 교육을 제공하기 위함임을 알 수 있다. 따라서 (C)가 정답이다.

어휘 conduct 수행하다　research 연구　offer 제공하다　interview 면접을 보다

34 다음에 할 일 문제　　　　　중 ●●○

해석 남자는 다음에 무엇을 할 것 같은가?
(A) 동료와 이야기한다.
(B) 등록 기간을 단축한다.
(C) 읽을 자료를 지정한다.
(D) 다른 지사로 전근 간다.

해설 대화의 마지막 부분을 주의 깊게 듣는다. 남자가 "Can I ask another staff member to cover one?(다른 직원이 한 개를 대신해줄 것을 물어봐도 될까요?)"라고 한 것을 통해, 동료와 이야기할 것임을 알 수 있다. 따라서 (A)가 정답이다.

어휘 shorten 단축하다　enrollment 등록　transfer 전근 가다

35-37 ③ 호주식 발음 → 미국식 발음

Questions 35-37 refer to the following conversation.

> M: Hello, Ms. Glenn. **³⁵Now that I have arrived at your house**, what seems to be wrong with your dishwashing machine？　○

W: Water leaks from the device while it's running. I'm worried that the water will ruin my wood floor.

M: I see. And, ³⁶which model is this?

W: The DryMore 3XC. It's only 11 months old.

M: Ah, yes. This particular model has a weak bottom seal. Fortunately, that's fairly easy to fix. ³⁷It shouldn't take me more than an hour to fix it.

W: Oh, great. Take your time.

---

dishwashing machine 식기 세척기　leak 새다　run 작동하다　ruin 망치다
particular 특정한　weak 약한　seal 밀폐 부분

해석

35-37번은 다음 대화에 관한 문제입니다.

남: 안녕하세요, Ms. Glenn. ³⁵이제 제가 당신의 집에 도착했으니, 당신의 식기 세척기에 어떤 문제가 있는 것 같나요?

여: 기기가 작동하는 동안 여기에서 물이 새어 나와요. 물이 제 나무 바닥을 망칠까 봐 걱정돼요.

남: 알겠습니다. 그리고, ³⁶이것은 어떤 모델인가요?

여: DryMore 3XC요. 11개월밖에 되지 않았어요.

남: 아, 네. 이 특정 모델은 바닥 밀폐 부분이 약해요. 다행스럽게도, 이는 꽤 고치기 쉬워요. ³⁷제가 이것을 고치는 데 1시간 이상 걸리지는 않을 거예요.

여: 아, 좋아요. 천천히 하세요.

35 장소 문제　　　　　중 ●●○

해석 화자들은 어디에 있는 것 같은가?
(A) 상점에
(B) 거주지에
(C) 사무실에
(D) 공장에

해설 장소와 관련된 표현을 놓치지 않고 듣는다. 대화 초반부에서 남자가 "Now that I have arrived at your house(이제 제가 당신의 집에 도착했어요)"라고 한 것을 통해, 거주지에서 대화가 이루어지고 있음을 알 수 있다. 따라서 (B)가 정답이다.

어휘 residence 거주지　factory 공장

36 특정 세부 사항 문제　　　　　하 ●○○

해석 남자는 무엇을 물어보는가?
(A) 모델명
(B) 건물 주소
(C) 구매 날짜
(D) 일련번호

해설 질문의 핵심어구(man ask about)와 관련된 내용을 주의 깊게 듣는다. 대화 중반부에서 남자가 "which model is this?(이것은 어떤 모델인가요?)"라고 하였다. 따라서 (A)가 정답이다.

어휘 purchase 구매　serial number 일련번호

37 다음에 할 일 문제　　　　　중 ●●●

해석 남자는 다음에 무엇을 할 것 같은가?
(A) 제품을 주문한다.
(B) 가구를 옮긴다.
(C) 수리를 한다.
(D) 해결책을 설명한다.

해설 대화 마지막 부분을 주의 깊게 듣는다. 대화 후반부에서 남자가 "It shouldn't take me more than an hour to fix it(제가 이것을 고치는 데 1시간 이상 걸리지는 않을 거예요)"라고 하였다. 따라서 (C)가 정답이다.

어휘 furniture 가구　repair 수리하다　solution 해결책

38-40 [3ᵁ] 미국식 발음 → 캐나다식 발음

Questions 38-40 refer to the following conversation.

W: Good afternoon, Mr. Pao. This is Carol Pearce, the curator of the Elm Museum. I have some good news. ³⁸We'd like to feature your sculptures in an exhibition next month.

M: That's wonderful! ³⁹When do you need the pieces by?

W: ³⁹This Friday, at the latest. Our staff will start planning the artwork arrangement on Saturday.

M: Oh . . . ³⁹I'm teaching classes every day this week.

W: In that case, ⁴⁰I can call a moving company to have their workers transport the sculptures. The workers will stop by your studio on Thursday morning.

---

curator (박물관의) 큐레이터, 관리자　feature 특집으로 다루다
sculpture 조각품　exhibition 전시회　piece 작품　at the latest 늦어도
artwork 예술 작품　arrangement 배치, 준비　transport 운송하다

해석

38-40번은 다음 대화에 관한 문제입니다.

여: 안녕하세요, Mr. Pao. 저는 Elm Museum의 큐레이터인 Carol Pearce예요. 좋은 소식이 있어요. ³⁸다음 달 전시회에서 당신의 조각품을 특집으로 다루고 싶어요.

남: 굉장하네요! ³⁹언제까지 작품들이 필요하신가요?

여: ³⁹늦어도, 이번 주 금요일이요. 저희 직원들이 토요일에 예술 작품 배치를 계획하기 시작할 거예요.

남: 아… ³⁹저는 이번 주에 매일 수업을 가르쳐요.

여: 그렇다면, ⁴⁰제가 직원들이 조각품을 운송하도록 운송 업체에 전화할 수 있어요. 그 직원들은 목요일 아침에 당신의 작업실에 들를 거예요.

38 특정 세부 사항 문제　　　　　중 ●●○

해석 여자는 무엇을 하고 싶어 하는가?
(A) 박물관 입장권을 보낸다.
(B) 온라인 서비스를 사용한다.
(C) 견학을 신청한다.
(D) 조각품을 전시한다.

해설 질문의 핵심어구(woman want to do)와 관련된 내용을 주의 깊게 듣는다. 대화 초반부에서 여자가 "We'd like to feature your sculptures in an exhibition next month(다음 달 전시회에서 당신의 조각품을 특집으로 다루고 싶어요)"라고 하였다. 따라서 (D)가 정답이다.

어휘 pass 입장권　register 신청하다　display 전시하다

39 의도 파악 문제　　　　　중 ●●○

해석 남자는 "저는 이번 주에 매일 수업을 가르쳐요"라고 말할 때 무엇을 의도하는가?
(A) 직책이 받아들여졌다.
(B) 일정이 곤란하다.
(C) 강의가 잘 진행되고 있다.
(D) 수요가 충족될 수 있다.

해설 질문의 인용어구(I'm teaching classes every day this week)가 언급된 주변을 주의 깊게 듣는다. 대화 중반부에서 남자가 "When do you need the pieces by?(언제까지 작품이 필요하신가요?)"라고 한 후, 여자가 "This Friday, at the latest. Our staff will start planning the artwork arrangement on Saturday(늦어도 이번 주 금요일이요. 저희 직원들이 토요일에 예술 작품 배치를 계획하기 시작할 거예요)"라고 하자, 남자가 자신은 이번 주에 매일 수업을 가르친다고 하였으므로, 일정이 곤란하다는 의도임을 알 수 있다. 따라서 (B)가 정답이다.

어휘 position 직책 accept 받아들이다 inconvenient 곤란한 demand 수요

40 다음에 할 일 문제

중 ●●○

해석 목요일 아침에 무슨 일이 일어날 것 같은가?
(A) 그림이 판매될 것이다.
(B) 상이 수여될 것이다.
(C) 물품들이 이동될 것이다.
(D) 공지가 이루어질 것이다.

해설 질문의 핵심어구(Thursday morning)가 언급된 주변을 주의 깊게 듣는다. 대화 중반부에서 "I can call a moving company to have their workers transport the sculptures. The workers will stop by your studio on Thursday morning(제가 직원들이 조각품을 운송하도록 운송 업체에 전화할 수 있어요. 그 직원들은 목요일 아침에 당신의 작업실에 들를 거예요)"이라고 하였다. 이를 통해, 물품들이 이동될 것임을 알 수 있다. 따라서 (C)가 정답이다.

어휘 painting 그림 announcement 공지

패러프레이징

transport the sculptures 조각품을 운송하다 → Items will be moved 물품들이 이동될 것이다

41-43 🎧 영국식 발음 → 캐나다식 발음

Questions 41-43 refer to the following conversation.

W: Unfortunately, **41I can't give you a passing score on your construction inspection today**, Mr. Berry.

M: Really? I was sure I double-checked everything. What in particular is the issue?

W: The chandelier in the lobby isn't working properly. It needs to be dealt with.

M: Hmm . . . we must have missed that. Fortunately, **42I bought the light fixture at a nearby store**. I'll exchange it for a replacement.

W: Great. **43I'll come back next Monday to make sure it has been fixed**. If it looks good, then the business will be ready to open.

unfortunately 유감스럽게도 construction 건축 inspection 검사 deal with 해결하다 light fixture 조명 설비 nearby 근처의 replacement 대체품 business 회사, 사업체

해석
41-43번은 다음 대화에 관한 문제입니다.

여: 유감스럽게도, 41오늘 귀하의 건축 검사에서 합격점을 드릴 수 없어요, Mr. Berry.

남: 정말인가요? 저는 모든 것을 재확인했다고 확신했어요. 무엇이 특별히 문제인가요?

여: 로비의 상들리에가 제대로 작동하지 않아요. 이것이 해결되어야 합니다.

남: 흠… 저희가 그것을 놓쳤나 봐요. 다행히도, 42제가 근처의 상점에서 조명 설비를 구입해 두었어요. 그것을 대체품으로 교체할게요.

여: 좋아요. 43다음 주 월요일에 그것이 수리되었는지 확인하기 위해 다시 올게요. 만약 그것이 괜찮아 보인다면, 회사를 열 준비가 될 거예요.

41 화자 문제

중 ●●●

해석 여자는 누구인 것 같은가?
(A) 마케팅 사원
(B) 건물 감독관
(C) 인테리어 디자이너
(D) 사업주

해설 대화에서 신분 및 직업과 관련된 표현을 놓치지 않고 듣는다. 대화 초반부에서 여자가 "I can't give you a passing score on your construction inspection today(오늘 귀하의 건축 검사에서 합격점을 드릴 수 없어요)"라고 한 것을 통해, 여자가 건물 감독관임을 알 수 있다. 따라서 (B)가 정답이다.

어휘 inspector 감독관 business owner 사업주

42 언급 문제

하 ●○○

해석 조명 설비에 대해 무엇이 언급되는가?
(A) 근처에서 구입되었다.
(B) 여러 가지 크기로 나온다.
(C) 2층에 위치해 있다.
(D) 제조자에 의해서 회수되었다.

해설 질문의 핵심어구(light fixture)가 언급된 주변을 주의 깊게 듣는다. 대화 중반부에서 남자가 "I bought the light fixture at a nearby store(근처의 상점에서 조명 설비를 구입해 두었어요)"이라고 하였다. 따라서 (A)가 정답이다.

어휘 multiple 여러 가지 recall 회수하다 manufacturer 제조자

43 이유 문제

중 ●●○

해석 여자는 왜 다음 주에 돌아올 것인가?
(A) 더 많은 용품을 전달하기 위해
(B) 오래된 배선을 제거하기 위해
(C) 공무원을 만나기 위해
(D) 문제를 점검하기 위해

해설 질문의 핵심어구(return next week)와 관련된 내용을 주의 깊게 듣는다. 대화 후반부에서 여자가 "I'll come back next Monday to make sure it[light fixture] has been fixed(다음 주 월요일에 조명 설비가 수리되었는지 확인하기 위해 다시 올게요)"라고 하였다. 이를 통해, 여자가 문제를 점검하기 위해 다음 주에 돌아올 것임을 알 수 있다. 따라서 (D)가 정답이다.

어휘 remove 제거하다 wiring 배선 city official 공무원

44-46 🎧 호주식 발음 → 영국식 발음 → 미국식 발음

Questions 44-46 refer to the following conversation with three speakers.

M: **44What a great movie. I'm glad we decided to see it.** The special effects were amazing.

W1: I know. Now, let's grab something to eat.

M: **45I heard that a Chinese restaurant just opened near here**—The Beijing House. It's supposed to have very authentic cuisine. **45We should go there.**

W2: That's right. It has a delicious buffet.

M: Plus, it's not too far. I know how to get there by subway.

W2: ⁴⁶**Let's head to the subway station.** There's an entrance at the end of this block.

special effects 특수 효과 be supposed to ~라고 한다
authentic 정통의, 믿을 만한 cuisine 요리

해석
44-46은 다음 세 명의 대화에 관한 문제입니다.

남: ⁴⁴정말 좋은 영화예요. 우리가 이것을 보기로 결정해서 다행이에요. 특수 효과가 훌륭했어요.

여1: 맞아요. 이제, 무언가를 먹으러 가요.

남: The Beijing House라는 ⁴⁵중국 식당이 이 근처에 막 문을 열었다고 들었어요. 굉장히 정통 요리를 한다고 해요. ⁴⁵우리는 거기에 가야 해요.

여2: 맞아요. 그곳은 맛있는 뷔페가 있어요.

남: 게다가, 너무 멀지 않아요. 지하철로 그곳에 가는 방법을 알고 있어요.

여2: ⁴⁶지하철역으로 갑시다. 이 블록 끝에 입구가 있어요.

44 특정 세부 사항 문제   하 ●○○

해석 화자들은 무엇을 했는가?
(A) 영화를 보았다.
(B) 콘서트에 참석했다.
(C) 전시회를 보았다.
(D) 박물관에 갔다.

해설 대화에서 질문의 핵심어구(speakers do)와 관련된 내용을 주의 깊게 듣는다. 대화 초반부에서 남자가 "What a great movie. I'm glad we decided to see it(정말 좋은 영화예요. 우리가 이것을 보기로 결정해서 다행이에요)"이라고 하였다. 이를 통해, 화자들이 영화를 보았음을 알 수 있다. 따라서 (A)가 정답이다.

어휘 attend 참석하다 view 보다

45 제안 문제   상 ●●●

해석 남자는 무엇을 제안하는가?
(A) 새로운 식당에 방문하기
(B) 버스를 기다리기
(C) 길을 물어보기
(D) 영화 전에 식사하기

해설 남자의 말에서 제안과 관련된 표현이 언급된 다음을 주의 깊게 듣는다. 대화 중반부에서 남자가 "I heard that a Chinese restaurant just opened near here(중국 식당이 이 근처에 막 문을 열었다고 들었어요)"라고 한 후, "We should go there(우리는 거기에 가야 해요)"라고 하였다. 이를 통해, 남자가 새로운 식당에 방문하기를 제안하고 있음을 알 수 있다. 따라서 (A)가 정답이다.

어휘 establishment 식당, 시설 direction 길, 방향 meal 식사

46 다음에 할 일 문제   하 ●○○

해석 화자들은 다음에 무엇을 할 것 같은가?
(A) 주문을 취소한다.
(B) 택시를 탄다.
(C) 영화관에 들어간다.
(D) 정류장으로 걸어간다.

해설 대화의 마지막 부분을 주의 깊게 듣는다. 대화 후반부에서 여자2가 "Let's

head to the subway station(지하철역으로 갑시다)"이라고 하였다. 따라서 (D)가 정답이다.

어휘 cancel 취소하다 order 주문

패러프레이징

head to 가다 → Walk to 걸어가다

47-49 [3ᵈ] 캐나다식 발음 → 미국식 발음

Questions 47-49 refer to the following conversation.

M: Sally, ⁴⁷tenants are complaining about the lack of security cameras in our apartment building. I think it's time for us to install some.

W: Sure, but how expensive would it be? ⁴⁸Since I'm managing our budget, I have to approve any expenses.

M: I researched several local companies online that can set everything up for under $10,000.

W: Oh, that sounds reasonable, but how long would it take for the equipment to be installed?

M: They could do it within two days, I believe. ⁴⁹I'll call one of the companies this afternoon and confirm that, though.

tenant 세입자 complain 불평하다 lack 부족 approve 승인하다
reasonable 합리적인 equipment 장비

해석
47-49번은 다음 대화에 관한 문제입니다.

남: Sally, ⁴⁷세입자들이 우리 아파트 건물에 감시 카메라가 부족하다고 불평하고 있어요. 몇 개를 설치해야 할 때라고 생각해요.

여: 그럼요, 그런데 얼마나 비쌀까요? ⁴⁸제가 예산을 관리하고 있어서, 모든 경비를 승인해야 해요.

남: 제가 1만 달러 미만으로 모든 것을 설치할 수 있는 여러 지역 회사들을 온라인에서 조사했어요.

여: 아, 그건 합리적인 것 같은데, 장비를 설치하는 데는 얼마나 걸릴까요?

남: 제 생각엔, 그들이 이틀 안에 그것을 할 수 있을 것 같아요. 하지만, ⁴⁹제가 오늘 오후에 회사 중 한 군데에 전화해서 확인해볼게요.

47 주제 문제   중 ●●○

해석 화자들은 주로 무엇에 대해 이야기하고 있는가?
(A) 임대료 인상
(B) 세입자에 대한 통지
(C) 보안 장비
(D) 웹사이트 문제

해설 대화의 주제를 묻는 문제이므로, 대화의 초반을 반드시 듣는다. 남자가 "tenants are complaining about the lack of security cameras in our apartment building. I think it's time for us to install some(세입자들이 우리 아파트 건물에 감시 카메라가 부족하다고 불평하고 있어요. 몇 개를 설치해야 할 때라고 생각해요)"이라고 한 것을 통해, 보안 장비에 대해 이야기하고 있음을 알 수 있다. 따라서 (C)가 정답이다.

어휘 rent 임대료 increase 인상

패러프레이징

security cameras 감시 카메라 → Security equipment 보안 장비

48 특정 세부 사항 문제 중 ●●○

해석　여자는 무엇을 담당하는가?
(A) 거주민들과 소통하기
(B) 예산을 감독하기
(C) 직원들에게 업무를 배정하기
(D) 기계를 설치하기

해설　질문의 핵심어구(in charge of doing)와 관련된 내용을 주의 깊게 듣는다. 대화 중반부에서 여자가 "Since I'm managing our budget, I have to approve any expenses(제가 예산을 관리하고 있어서 모든 경비를 승인해야 해요)"라고 하였다. 따라서 (B)가 정답이다.

어휘　communicate 소통하다　oversee 감독하다　machinery 기계

패러프레이징

> managing ~ budget 예산을 관리하다 → Overseeing a budget 예산을 감독하기

49 다음에 할 일 문제 중 ●●○

해석　남자는 오후에 무엇을 할 것이라고 말하는가?
(A) 회사에 연락한다.
(B) 사용자 설명서를 읽는다.
(C) 감시 카메라를 이동시킨다.
(D) 서비스를 홍보한다.

해설　질문의 핵심어구(this afternoon)가 언급된 주변을 주의 깊게 듣는다. 대화 후반부에서 남자가 "I'll call one of the companies this afternoon and confirm that(제가 오늘 오후에 회사 중 한 군데에 전화해서 확인해볼게요)"이라고 하였다. 이를 통해, 남자가 오후에 회사에 연락할 것임을 알 수 있다. 따라서 (A)가 정답이다.

어휘　manual 설명서

패러프레이징

> call one of the companies 회사 중 한 군데에 전화하다 → Contact a business 회사에 연락하다

50-52 호주식 발음 → 영국식 발음

Questions 50-52 refer to the following conversation.

M: Good morning. ⁵⁰**This is Jeff Newton calling from Blue Automotive.** Is Gretchen Tan available?
W: Yes, this is she. ⁵⁰**Has my car already been repaired?**
M: Actually, that's why I called. ⁵¹**Unfortunately, some additional parts need to be ordered before we can fix the car.** The vehicle won't be ready until Wednesday afternoon.
W: Oh . . . That's too bad.
M: I'm very sorry. To apologize, ⁵²**I can change your oil at no cost.**

---

additional 추가적인　fix 수리하다, 고치다　apologize 사과하다
at no cost 무료로

해석
50-52번은 다음 대화에 관한 문제입니다.

남: 안녕하세요. ⁵⁰Blue Automotive에서 전화드리는 Jeff Newton이에요. Gretchen Tan과 통화 가능한가요?

여: 네, 저예요. ⁵⁰제 차가 벌써 수리되었나요?
남: 사실, 그것이 제가 전화드린 이유예요. ⁵¹유감스럽게도, 자동차를 수리하기 전에 몇몇 추가 부품들이 주문되어야 해요. 차량이 수요일 오후나 되어서야 준비될 거예요.
여: 아… 정말 안타깝네요.
남: 정말 죄송해요. 사과드리기 위해, ⁵²제가 무료로 오일을 교환해 드릴게요.

50 화자 문제 중 ●●○

해석　남자는 어디에서 일하는가?
(A) 대여점에서
(B) 수리점에서
(C) 소매점에서
(D) 제조 공장에서

해설　대화에서 신분 및 직업과 관련된 표현을 놓치지 않고 듣는다. 대화 초반부에서 남자가 "This is Jeff Newton calling from Blue Automotive(Blue Automotive에서 전화드리는 Jeff Newton이에요)"라고 하자, 여자가 "Has my car already been repaired?(제 차가 벌써 수리되었나요?)"라고 한 것을 통해, 남자가 일하는 곳이 수리점임을 알 수 있다. 따라서 (B)가 정답이다.

어휘　rental agency 대여점　retail outlet 소매점

51 문제점 문제 하 ●○○

해석　남자는 무슨 문제를 언급하는가?
(A) 연장이 작동하지 않는다.
(B) 주차 공간을 이용할 수 없다.
(C) 부품이 주문되어야 한다.
(D) 지점이 더 일찍 닫을 것이다.

해설　남자의 말에서 부정적인 표현이 언급된 다음을 주의 깊게 듣는다. 대화 중반부에서 "Unfortunately, some additional parts need to be ordered before we can fix the car(유감스럽게도, 자동차를 수리하기 전에 몇몇 부품들이 주문되어야 해요)"라고 하였다. 따라서 (C)가 정답이다.

어휘　malfunction (제대로) 작동하지 않다　unavailable 이용할 수 없는

52 제안 문제 중 ●●○

해석　남자는 무엇을 해주겠다고 제안하는가?
(A) 가격 견적서를 제공한다.
(B) 갱신된 계산서를 인쇄한다.
(C) 무료 서비스를 제공한다.
(D) 기름 유출을 청소한다.

해설　남자의 말에서 제안과 관련된 표현이 언급된 다음을 주의 깊게 듣는다. 대화 후반부에서 남자가 "I can change your oil at no cost(제가 무료로 오일을 교환해드릴게요)"라고 하였다. 이를 통해, 남자가 무료 서비스를 제공하는 것을 제안하고 있음을 알 수 있다. 따라서 (C)가 정답이다.

어휘　price estimate 가격 견적서　statement 계산서　spill 유출

패러프레이징

> at no cost 무료로 → free 무료

53-55 [3인] 캐나다식 발음 → 미국식 발음 → 영국식 발음

Questions 53-55 refer to the following conversation with three speakers.

M: Our supervisor just called me. ⁵³**She said she needs our quarterly financial reports before tomorrow. It still hasn't been finished.**

W1: Mary, can you do that?

W2: I'm sorry, but I'm in charge of employee payroll these days. And, I've got a lot of work already, so I can't take on the extra load.

M: ⁵⁴**I have to write an instructional handbook for new accountants.** Once I'm finished with that, though, I can take care of the report.

W1: Thank you, Richard. I really appreciate it.

M: Sure. ⁵⁵**I'll proofread the report in an hour.**

---

quarterly 분기별 be in charge of ~을 담당하다 payroll 급료 지불 명부 take on (일 등을) 맡다 load 부담, 업무량 instructional 교육용의 handbook 안내서 accountant 회계사

해석
53-55번은 다음 세 명의 대화에 관한 문제입니다.

남: 우리 관리자가 방금 제게 전화했어요. ⁵³그녀는 우리의 분기별 재무 보고서가 내일 전까지 필요하다고 말했어요. 그건 아직 완료되지 않았어요.

여1: Mary, 그것을 해줄 수 있나요?

여2: 죄송하지만, 저는 요즘 직원 급료 지불 명부를 담당하고 있어요. 그리고 이미 많은 일이 있어서, 추가적인 부담을 맡을 수가 없어요.

남: ⁵⁴저는 신입 회계사를 위한 교육용 안내서를 작성해야 해요. 그래도 그것을 완료하면, 그 보고서를 처리할 수 있어요.

여1: 고마워요, Richard. 정말 감사해요.

남: 네. ⁵⁵한 시간 후에 보고서를 교정할게요.

53 문제점 문제   하 ●○○

해석 무슨 문제가 언급되는가?
(A) 부서가 축소되어야 한다.
(B) 보고서가 완료되지 않았다.
(C) 관리자가 아파서 결근한다고 전화했다.
(D) 지불이 이루어지지 않았다.

해설 남자의 말에서 부정적인 표현이 언급된 다음을 주의 깊게 듣는다. 대화 초반부에서 "She said she needs our quarterly financial reports before tomorrow. It still hasn't been finished(그녀는 우리의 분기별 재무 보고서가 내일 전까지 필요하다고 말했어요. 그건 아직 완료되지 않았어요)"라고 하였다. 따라서 (B)가 정답이다.

어휘 downsize 축소하다 call in sick 아파서 결근한다고 전화하다

54 특정 세부 사항 문제   중 ●●○

해석 남자는 현재 무엇에 대해 작업하고 있는가?
(A) 홍보 소책자
(B) 입사 지원서
(C) 교육 안내서
(D) 주문 양식

해설 질문의 핵심어구(currently working on)와 관련된 내용을 주의 깊게 듣는다. 대화 중반부에서 남자가 "I have to write an instructional handbook for new accountants(저는 신입 회계사를 위한 교육용 안내서를 작성해야 해

요)"라고 하였다. 따라서 (C)가 정답이다.

어휘 work on ~에 대해 작업하다 brochure 소책자 job application 입사 지원서

패러프레이징

an instructional handbook 교육용 안내서 → A training manual 교육 안내서

55 다음에 할 일 문제   중 ●●○

해석 남자는 한 시간 후에 무엇을 할 것인가?
(A) 세미나를 위해 떠난다.
(B) 포커스 그룹을 인솔한다.
(C) 약속을 정한다.
(D) 문서를 읽는다.

해설 질문의 핵심어구(in an hour)가 언급된 주변을 주의 깊게 듣는다. 대화 후반부에서 남자가 "I'll proofread the report in an hour(한 시간 후에 보고서를 교정할게요)"라고 하였다. 따라서 (D)가 정답이다.

어휘 focus group 포커스 그룹(테스트할 상품에 대해서 토의하는 소비자 그룹)

패러프레이징

report 보고서 → document 문서

56-58 [3인] 미국식 발음 → 캐나다식 발음

Questions 56-58 refer to the following conversation.

W: I'd like one adult ski pass for the day, please.

M: OK. And, in case you didn't know, ⁵⁶**all passes are half off. This is because it was 50 years ago today that our resort first opened.** So, they're only $12.

W: I wasn't aware. That's good to hear. Oh . . . I forgot to tell you that I'll need rental boots as well. ⁵⁷**I brought a pair of skis,** but my boots recently broke.

M: No problem. They'll be $40. ⁵⁸**You'll just have to complete this rental form.**

---

rental 대여 complete 작성하다

해석
56-58번은 다음 대화에 관한 문제입니다.

여: 일일 성인 스키 입장권 하나 주세요.

남: 네. 그리고 고객님께서 모르실 경우에 대비해서, ⁵⁶오늘 모든 입장권이 반값이에요. 우리 리조트가 처음 개장한 것이 50년 전 오늘이기 때문이에요. 그래서 단지 12달러입니다.

여: 몰랐어요. 좋은 소식이네요. 아… 부츠 대여도 필요할 것이라고 말씀드리는 것을 잊었어요. ⁵⁷스키 한 대는 가져왔지만, 제 부츠가 최근에 부서졌어요.

남: 문제없어요. 40달러 되겠습니다. ⁵⁸이 대여 양식을 작성해 주시기만 하면 돼요.

최고난도 문제

56 이유 문제   상 ●●●

해석 왜 할인이 제공되고 있는가?
(A) 공휴일을 상기하기 위해
(B) 제품을 홍보하기 위해
(C) 기념일을 축하하기 위해
(D) 새로운 지사를 기념하기 위해

해설 질문의 핵심어구(discount ~ offered)와 관련된 내용을 주의 깊게 듣는다. 대화 초반부에서 "all passes are half off. This is because it was 50 years ago today that our resort first opened(오늘 모든 입장권이 반값이에요. 우리 리조트가 처음 개장한 것이 50년 전 오늘이기 때문이에요)"라고 하였다. 이를 통해, 기념일을 축하하기 위해 할인이 제공되고 있음을 알 수 있다. 따라서 (C)가 정답이다.

어휘 recognize 상기하다　commemorate 기념하다

57 언급 문제　　　　　　　　　　　　중 ●●○

해석 여자는 무엇을 가져왔다고 말하는가?
(A) 신용카드
(B) 장비
(C) 수화물
(D) 정기권

해설 질문의 핵심어구(brought)가 언급된 주변을 주의 깊게 듣는다. 대화 중반부에서 "I brought a pair of skis(스키 한 대는 가져왔어요)"라고 하였다. 따라서 (B)가 정답이다.

패러프레이징

a pair of skis 스키 한 대 → Some equipment 장비

58 다음에 할 일 문제　　　　　　　　중 ●●○

해석 여자는 다음에 무엇을 할 것 같은가?
(A) 장비를 입어 본다.
(B) 강사를 만난다.
(C) 서류를 작성한다.
(D) 물건을 고른다.

해설 대화의 마지막 부분을 주의 깊게 듣는다. 남자가 "You'll just have to complete this rental form(이 대여 양식을 작성해 주시기만 하면 돼요)"이라고 한 것을 통해, 여자가 서류를 작성할 것임을 알 수 있다. 따라서 (C)가 정답이다.

어휘 try on ~을 입어보다　gear 장비　instructor 강사

패러프레이징

complete ~ rental form 대여 양식을 작성하다 → Fill out some paperwork 서류를 작성한다

59-61 [3↔] 호주식 발음 → 영국식 발음

Questions 59-61 refer to the following conversation.

M: Excuse me. I'm considering buying a new sedan, and I'm wondering if you can help me.
W: Certainly. Is there a particular vehicle that you're considering buying?
M: Yes, the X35. It's a great car. **59/60I really like that it includes keyless entry.**
W: **60Many people are talking about that**. Would you like to take it for a test drive?
M: If that's okay. That way, I can see how it handles on the road.
W: Sure. But first **61I'll need your driver's license to scan for our records**. ○

sedan 세단형 자동차　keyless entry 무선 도어 잠금　test drive 시승
driver's license 운전 면허증

해석
59-61번은 다음 대화에 관한 문제입니다.

남: 실례합니다. 새 세단형 자동차를 구입하는 것을 고려하고 있는데, 당신께서 도와주실 수 있는지 궁금해요.
여: 물론이에요. 구매를 고려하시는 특정한 차량이 있나요?
남: 네, X35요. 멋진 차예요. 59/60무선 도어 잠금을 포함한다는 것이 정말 좋아요.
여: 60많은 사람들이 그것에 대해서 이야기해요. 시승해 보시겠어요?
남: 그것이 괜찮다면요. 그러면, 도로에서 어떻게 운전되는지 알 수 있겠어요.
여: 그럼요. 하지만 먼저 61저희 기록을 위해 당신의 운전 면허증을 스캔해야 해요.

59 특정 세부 사항 문제　　　　　　　중 ●●○

해석 남자는 어떤 특징에 관심이 있는가?
(A) 스피커 장치
(B) 터치스크린
(C) 보관 칸
(D) 무선 도어 잠금장치

해설 질문의 핵심어구(man interested in)와 관련된 내용을 주의 깊게 듣는다. 대화 중반부에서 남자가 "I really like that it[X35] includes keyless entry(X35가 무선 도어 잠금을 포함한다는 것이 정말 좋아요)"라고 하였다. 따라서 (D)가 정답이다.

어휘 storage 보관　compartment 칸, 구획

60 의도 파악 문제　　　　　　　　　상 ●●●

해석 여자는 왜 "많은 사람들이 그것에 대해서 이야기해요"라고 말하는가?
(A) 우려를 나타내기 위해
(B) 동의를 표현하기 위해
(C) 제안을 하기 위해
(D) 계획을 승인하기 위해

해설 질문의 인용어구(Many people are talking about that)가 언급된 주변을 주의 깊게 듣는다. 대화 중반부에서 남자가 "I really like that it includes keyless entry(무선 도어 잠금을 포함한다는 것이 정말 좋아요)"라고 하자, 여자가 많은 사람들이 그것에 대해서 이야기한다고 하였으므로, 동의를 표현하기 위함을 알 수 있다. 따라서 (B)가 정답이다.

어휘 indicate 나타내다　concern 우려

61 다음에 할 일 문제　　　　　　　　상 ●●●

해석 남자는 다음에 무엇을 할 것 같은가?
(A) 신분증을 준다.
(B) 추가 양식을 작성한다.
(C) 가격을 비교한다.
(D) 소프트웨어를 설치한다.

해설 대화의 마지막 부분을 주의 깊게 듣는다. 여자가 "I'll need your driver's license to scan for our records(저희 기록을 위해 당신의 운전 면허증을 스캔해야 해요)"라고 하였다. 이를 통해, 남자가 신분증을 줄 것임을 알 수 있다. 따라서 (A)가 정답이다.

어휘 identification 신분증

패러프레이징

driver's license 운전면허증 → identification 신분증

62-64 🎧 미국식 발음 → 캐나다식 발음

Questions 62-64 refer to the following conversation and schedule.

W: Did you make the final seating chart for Friday's shareholder meeting?

M: Yeah. However, something's come up. ⁶²**Our CEO informed me that she cannot attend the meeting. Now, we need to figure out how to fill our 11:30 slot.**

W: That certainly changes things. Do you have any ideas on what to add to the schedule?

M: Hmm . . . Oh! ⁶²/⁶³**Why don't we play the promotional movie our PR team put together recently?** It's about 45 minutes long and highlights our major upcoming product lines.

W: Perfect. And ⁶⁴**let's print out name tags for attendees to wear** before we forget.

shareholder 주주 slot 자리 promotional 홍보용의 highlight 강조하다
name tag 이름표

해석
62-64번은 다음 대화와 일정표에 대한 문제입니다.

여: 금요일 주주 총회를 위한 최종 좌석 배치도를 만들었나요?

남: 네. 하지만, 일이 생겼어요. ⁶²우리 최고 경영자가 회의에 참석할 수 없다고 저에게 알렸어요. 이제, 11시 30분 자리를 어떻게 채울지 생각해 내야 해요.

여: 그것이 확실히 상황을 바꾸네요. 일정에 추가할 것에 대한 아이디어가 있나요?

남: 음… 아! ⁶²/⁶³홍보팀이 최근에 준비한 홍보용 영화를 재생하는 것은 어때요? 그것은 약 45분 분량이고, 우리의 주요 향후 제품 라인을 강조해요.

여: 완벽해요. 그리고 잊기 전에 ⁶⁴참석자가 착용할 이름표를 인쇄하기로 해요.

시간	연설	연설자
오전 10시 30분	인력 혁신	Margot Hatch
오전 11시 30분	⁶²세계적 확장	Cynthia Bloom
오후 12시 15분	점심시간	
오후 1시 30분	재정 예측	Gerald Fines
오후 2시 45분	국내 시장	Pete Strass

62 시각 자료 문제　　　　　　하 ●○○

해석　시각 자료를 보라. 어떤 연설이 대체될 것인가?

(A) 인력 혁신
(B) 세계적 확장
(C) 재정 예측
(D) 국내 시장

해설　일정표의 정보를 확인한 후 질문의 핵심어구(talk ~ replaced)와 관련된 내용을 주의 깊게 듣는다. 지문 중반부에서 남자가 "Our CEO informed me that she cannot attend the meeting. Now, we need to figure out how to fill our 11:30 slot(우리 최고 경영자가 회의에 참석할 수 없다고 저에게 알렸어요. 이제 11시 30분 자리를 어떻게 채울지 생각해 내야 해요)"이라고 한 후, "Why don't we play the promotional movie ~?(홍보용 영화를 재생하는 것은 어때요?)"라고 하였다. 이를 통해, 세계적 확장 연설이 대체될 것임을 일정표에서 알 수 있다. 따라서 (B)가 정답이다.

63 제안 문제　　　　　　하 ●○○

해석　남자는 무엇을 제안하는가?

(A) 시간대를 조정하기
(B) 다른 발표자를 초대하기
(C) 비디오를 보여주기
(D) 참석자들에게 알리기

해설　남자의 말에서 제안과 관련된 표현이 언급된 다음을 주의 깊게 듣는다. 대화 중반부에서 남자가 "Why don't we play the promotional movie our PR team put together recently?(홍보팀이 최근에 준비한 홍보용 영화를 재생하는 것은 어때요?)"라고 하였다. 따라서 (C)가 정답이다.

어휘　adjust 조정하다 time slot 시간대 invite 초대하다 notify 알리다

패러프레이징

play the promotional movie 홍보용 영화를 재생하다 → Showing a video 비디오를 보여주기

64 특정 세부 사항 문제　　　　　　하 ●○○

해석　여자는 무엇을 인쇄할 것인가?

(A) 손님 이름표
(B) 기업 안내서
(C) 좌석 배치도
(D) 회의 진행표

해설　질문의 핵심어구(print)가 언급된 주변을 주의 깊게 듣는다. 대화 후반부에서 "let's print out name tags for attendees to wear(참석자가 착용할 이름표를 인쇄하기로 해요)"라고 하였다. 따라서 (A)가 정답이다.

어휘　brochure 안내서

65-67 🎧 영국식 발음 → 캐나다식 발음

Questions 65-67 refer to the following conversation and floor plan.

W: Riverfront Arts Center. How can I help you?

M: My name is Floyd Janes, and ⁶⁵**I'd like to reserve a ticket for the Friday evening play, *All Along the Dock*.**

W: We still have seats available in all of our sections, although the prices for each are different.

M: ⁶⁶**I'd like to sit in the back of the theater.** I have some friends with tickets in that area.

W: OK. Can I get your phone number?

M: Sure. It's 555-9383.

W: Thanks. Your ticket will cost $25, which you can pay in person when you arrive at the venue. Also, we don't offer parking, but ⁶⁷**there is a parking lot across the street that I recommend using.**

reserve 예약하다 play 연극 in person 직접 venue 장소
offer 제공하다 parking 주차 장소

해석
65-67번은 다음 대화와 평면도에 관한 문제입니다.

여: Riverfront 예술 센터입니다. 어떻게 도와드릴까요?

남: 제 이름은 Floyd Janes이고, ⁶⁵금요일 저녁 연극인 *All Along the Dock* 표를 예약하고 싶어요.

여: 각 구역의 가격은 다르지만, 여전히 모든 구역에 이용 가능한 좌석이 있어요.

남: ⁶⁶저는 극장 뒤쪽에 앉고 싶어요. 그 구역 티켓 있는 친구들이 있거든요.

여: 알겠습니다. 귀하의 휴대폰 번호를 알려주시겠어요?

남: 네. 555-9383이에요.

여: 귀하의 티켓은 25달러이며, 장소에 도착하셔서 직접 지불하시면 됩니다. 또한,

저희는 주차 장소를 제공하지 않지만, ⁶⁷길 건너편에 제가 이용하기를 추천해 드리는 주차장이 있어요.

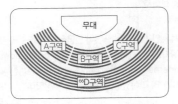

65 특정 세부 사항 문제   하 ●○○

해석 남자는 어떤 종류의 행사 표를 원하는가?

(A) 연극
(B) 음악 축제
(C) 시상식
(D) 영화 상영

해설 질문의 핵심어구(ticket)가 언급된 주변을 주의 깊게 듣는다. 대화 초반부에서 남자가 "I'd like to reserve a ticket for the Friday evening play, *All Along the Dock*(금요일 저녁 연극인 All Along the Dock 표를 예약하고 싶어요)"이라고 하였다. 이를 통해, 남자가 연극 표를 원하는 것을 알 수 있다. 따라서 (A)가 정답이다.

어휘 awards ceremony 시상식 screening (영화) 상영

66 시각 자료 문제   중 ●●○

해석 시각 자료를 보아라. 남자는 어느 구역에 앉기를 원하는가?

(A) A구역
(B) B구역
(C) C구역
(D) D구역

해설 평면도의 정보를 확인한 후 질문의 핵심어구(section ~ sit in)와 관련된 내용을 주의 깊게 듣는다. 남자가 "I'd like to sit in the back of the theater(저는 극장 뒤쪽에 앉고 싶어요)"라고 하였다. 이를 통해, 남자가 D구역의 티켓을 원하는 것을 평면도에서 알 수 있다. 따라서 (D)가 정답이다.

67 제안 문제   하 ●○○

해석 여자는 무엇을 제안하는가?

(A) 인근 주차장 이용하기
(B) 업그레이드에 대한 비용을 지불하기
(C) 장소에 일찍 도착하기
(D) 온라인에서 후기를 읽기

해설 여자의 말에서 제안과 관련된 표현이 언급된 다음을 주의 깊게 듣는다. 대화 후반부에서 여자가 "there is a parking lot across the street that I recommend using(길 건너편에 제가 이용하기를 추천해 드리는 주차장이 있어요)"이라고 하였다. 따라서 (A)가 정답이다.

68-70   [3에] 미국식 발음 → 호주식 발음

Questions 68-70 refer to the following conversation and directory.

W: Welcome back, David. ⁶⁸**How did your sales proposals for the clients in Berlin go?**
M: Not very well. Most of them already use electronic locks that are similar to the ones we sell.
W: That's unfortunate. ⁶⁹**It seems our competitor, SecureForce, has many customers in Europe.**
M: If that's the case, then we need to rethink our sales strategy.
W: Absolutely. I'm going to bring this up at our meeting this Wednesday.
M: Good idea. Also, ⁷⁰**I'll call our market researcher** to request a report on our European competition. We can use it in the meeting.

sales 판매의 competitor 경쟁사 rethink 재고하다 strategy 전략
bring up 얘기하다

해석
68-70번은 다음 대화와 전화번호부에 관한 문제입니다.

여: 돌아온 것을 환영해요, David. ⁶⁸베를린 고객들을 위한 판매 제안은 어떻게 되었나요?
남: 별로 좋지는 않아요. 그들 대부분은 우리가 판매하는 것과 유사한 전자자물쇠를 이미 사용하고 있어요.
여: 안타깝네요. ⁶⁹우리의 경쟁사인 SecureForce가 유럽에 많은 고객을 보유하고 있는 것 같네요.
남: 그렇다면, 우리는 우리의 판매 전략을 재고해야겠네요.
여: 물론이에요. 이번 주 수요일 회의에서 제가 이것을 얘기할게요.
남: 좋은 생각이에요. 또한, ⁷⁰우리 시장 조사 담당자에게 전화해서 유럽의 경쟁에 대한 보고서를 요청할게요. 우리는 그것을 회의에서 사용할 수 있어요.

부서	내선번호
영업	310
시장 조사	⁷⁰455
보안	562
제품 디자인	640

68 특정 세부 사항 문제   상 ●●●

해석 남자는 베를린에서 무엇을 했는가?

(A) 판매 계약을 체결했다.
(B) 지원자와 면담했다.
(C) 시설에 방문했다.
(D) 고객들과 만났다.

해설 질문의 핵심어구(Berlin)가 언급된 주변을 주의 깊게 듣는다. 대화 초반부에서 "How did your sales proposals for the clients in Berlin go?(베를린 고객들을 위한 판매 제안은 어떻게 되었나요?)"라고 하였다. 이를 통해, 남자가 베를린에서 고객들과 만났음을 알 수 있다. 따라서 (D)가 정답이다.

어휘 sign 체결하다 facility 시설

69 언급 문제   하 ●○○

해석 여자는 SecureForce에 대해 무엇을 언급하는가?

(A) 유럽 고객이 많다.
(B) 기술적인 문제를 경험했다.
(C) 최근에 새로운 제품을 발표했다.
(D) 베를린에서 사무소를 운영한다.

해설 질문의 핵심어구(SecureForce)가 언급된 주변을 주의 깊게 듣는다. 대화 중반부에서 여자가 "It seems our competitor, SecureForce, has many customers in Europe(우리의 경쟁사인 SecureForce가 유럽에 많은 고객을

보유하고 있는 것 같네요)"이라고 하였다. 따라서 (A)가 정답이다.

어휘 technical 기술적인 operate 운영하다

70 시각 자료 문제 하 ●○○

해석 시각 자료를 보아라. 남자는 어느 내선 번호로 전화할 것인가?
(A) 310
(B) 455
(C) 562
(D) 640

해설 전화번호부의 정보를 확인한 후 질문의 핵심어구(dial)와 관련된 내용을 주의 깊게 듣는다. 대화 후반부에서 남자가 "I'll call our market researcher(우리 시장 조사 담당자에게 전화할게요)"라고 하였다. 이를 통해, 남자가 455번으로 전화할 것임을 전화번호부에서 알 수 있다. 따라서 (B)가 정답이다.

PART 4

71-73 ③ 미국식 발음

Questions 71-73 refer to the following telephone message.

Good afternoon. ⁷¹**This is Teresa from Rushbar Hospital.** Mr. Chester, I'm calling with a quick request. ⁷²**When you came to our facility two days ago, we unfortunately forgot to collect your insurance card number.** ⁷²/⁷³**We need to get this number from you in order to set up your online account with us.** Umm . . . ⁷³**This will help you make appointments in advance.** If you have a moment, could you please give me a call back at 555-1879? Thank you.

collect 받다, 수집하다 insurance 보험 set up 만들다, 설치하다
account 계정 appointment 예약 in advance 미리

해석
71-73번은 다음 전화 메시지에 관한 문제입니다.

안녕하세요. ⁷¹Rushbar 병원의 Teresa입니다. Mr. Chester, 급한 요청으로 전화 드려요. ⁷²이틀 전에 저희 시설에 오셨을 때, 유감스럽게도 보험 카드 번호를 받는 것을 잊었습니다. ⁷²/⁷³저희 쪽에 당신의 온라인 계정을 만들기 위해 당신에게서 이 번호를 받아야 합니다. 음… ⁷³이것은 당신이 미리 예약하시는 데 도움이 될 것입니다. 잠시 시간이 있으시다면, 555-1879로 다시 전화 주시겠어요? 감사합니다.

71 화자 문제 하 ●○○

해석 화자는 어디서 일하는가?
(A) 보험 회사에서
(B) 은행에서
(C) 약국에서
(D) 병원에서

해설 대화에서 신분 및 직업과 관련된 표현을 놓치지 않고 듣는다. 지문 초반부에서 "This is Teresa from Rushbar Hospital(Rushbar 병원의 Teresa입니다)"이라고 한 것을 통해, 화자가 병원에서 일하는 것을 알 수 있다. 따라서 (D)가 정답이다.

어휘 pharmacy 약국 clinic 병원

패러프레이징

Hospital 병원 → clinic 병원

72 목적 문제 중 ●●○

해석 화자는 왜 전화를 하고 있는가?
(A) 최신 정보를 주기 위해
(B) 주소를 확인하기 위해
(C) 정보를 요청하기 위해
(D) 환불을 제공하기 위해

해설 전화의 목적을 묻는 문제이므로, 지문의 초반을 반드시 듣는다. "When you came to our facility two days ago, we unfortunately forgot to collect your insurance card number(이틀 전에 저희 시설에 오셨을 때 유감스럽게도 보험 카드 번호를 받는 것을 잊었습니다)"라고 한 후, "We need to get this number from you ~(당신에게서 이 번호를 받아야 합니다)"라고 하였다. 이를 통해, 화자가 정보를 요청하기 위해 전화를 하였음을 알 수 있다. 따라서 (C)가 정답이다.

어휘 confirm 확인하다 refund 환불

73 언급 문제 중 ●●○

해석 화자는 온라인 계정에 대해 무엇을 언급하는가?
(A) 일정 관리 기능이 있다.
(B) 건강 기록을 제공한다.
(C) 비밀번호 변경이 필요하다.
(D) 월별 지불금을 낮출 것이다.

해설 질문의 핵심어구(online account)가 언급된 주변을 주의 깊게 듣는다. 지문 후반부에서 "We need to ~ set up your online account with us(저희 쪽에 당신의 온라인 계정을 만들어야 합니다)"라고 한 후, "This will help you make appointments in advance(이것은 당신이 미리 예약하시는 데 도움이 될 것입니다)"라고 하였다. 이를 통해, 온라인 계정에 일정 관리 기능이 있음을 알 수 있다. 따라서 (A)가 정답이다.

어휘 scheduling 일정 관리 function 기능 health 건강 require 필요하다 lower 낮추다

패러프레이징

help ~ make appointments 예약하는 데 도움이 되다 → has scheduling functions 일정 관리 기능이 있다

74-76 ③ 영국식 발음

Questions 74-76 refer to the following excerpt from a meeting.

Today, ⁷⁴**I want to discuss our company's upcoming service fee changes.** Starting next week, we will increase the cost of our deluxe cable TV package from $35 a month to $45 a month. ⁷⁵**This is being done as a result of the new premium channels that we've added. We're expecting some feedback, though.** ⁷⁵/⁷⁶**So if you receive any calls, please transfer them to our customer service team.** Those employees have been notified of this change and will know how to handle those situations.

upcoming 앞으로의 fee 요금 deluxe 고급의 transfer 돌리다, 전달하다
employee 직원 handle 처리하다

해석
74-76번은 다음 회의 발췌록에 관한 문제입니다.

오늘, ⁷⁴저는 우리 회사의 앞으로의 서비스 요금 변경에 대해 이야기하고 싶습니다. 다음 주부터, 우리는 고급 케이블 TV 패키지의 비용을 한 달에 35달러에서 한 달에 45달러로 인상할 것입니다. ⁷⁵이것은 우리가 추가한 새로운 프리미엄 채널에 대한 결과로 시행됩니다. 하지만, 우리는 약간의 피드백을 예상하고 있습니다. ^{75/76}따라서 어떤 전화든 받으시면, 고객 서비스 팀으로 돌려주세요. 해당 직원들은 이 변경에 대해 통지받았으며, 그러한 상황을 처리하는 방법을 알 것입니다.

74 특정 세부 사항 문제   하 ●○○

해석 화자에 따르면, 무엇이 바뀔 것인가?
(A) 반품 정책
(B) 서비스 요금
(C) 생산 계약
(D) 전화번호

해설 질문의 핵심어구(will be changed)와 관련된 내용을 주의 깊게 듣는다. 지문 초반부에서 "I want to discuss ~ upcoming service fee changes (저는 앞으로의 서비스 요금 변경에 대해 이야기하고 싶습니다)"라고 하였다. 이를 통해, 서비스 요금이 바뀔 것임을 알 수 있다. 따라서 (B)가 정답이다.

어휘 returns 반품 policy 정책 production 생산

75 의도 파악 문제   상 ●●●

해석 화자는 "하지만, 우리는 약간의 피드백을 예상하고 있습니다"라고 말할 때 무엇을 의도하는가?
(A) 포장이 개선될 것이다.
(B) 몇몇 직원들은 칭찬을 받을 수도 있다.
(C) 시스템 오류가 있을 수도 있다.
(D) 일부 불만이 제기될 수도 있다.

해설 질문의 인용어구(We're expecting some feedback, though)가 언급된 주변을 주의 깊게 듣는다. 지문 중반부에서 "This is being done as a result of the new premium channels that we've added(이것은 우리가 추가한 새로운 프리미엄 채널에 대한 결과로 시행됩니다)"라고 한 후, 하지만 우리는 약간의 피드백을 예상하고 있다며, "So if you receive any calls, please transfer them to our customer service team(따라서 어떤 전화든 받으시면 고객 서비스팀으로 돌려주세요)"이라고 하였다. 이를 통해, 일부 불만이 제기될 수도 있다는 의도임을 알 수 있다. 따라서 (D)가 정답이다.

어휘 praise 칭찬하다 error 오류 complaint 불만

76 요청 문제   하 ●○○

해석 청자들은 무엇을 하도록 요청받는가?
(A) 구매를 한다.
(B) 책임자에게 연락한다.
(C) 전화를 돌린다.
(D) 구독을 홍보한다.

해설 지문의 중후반에서 요청과 관련된 표현이 포함된 문장을 주의 깊게 듣는다. "So if you receive any calls, please transfer them to our customer service team(따라서 어떤 전화든 받으시면 고객 서비스팀으로 돌려주세요)"이라고 하였다. 따라서 (C)가 정답이다.

어휘 director 책임자 promote 홍보하다 subscription 구독

77-79   호주식 발음

Questions 77-79 refer to the following telephone message.

> Hello. ⁷⁷**This is Renaldo Rolenti calling about your inquiry on the discount for your trip.** I see that you booked it on our Web site, but this promotion is only available if you book through our smartphone application. ⁷⁸**Just install the application and enter the promotion code to save 15 percent off the regular booking rate.** You should receive a confirmation e-mail when it's complete. After that, ⁷⁹**call me back and I'll delete your previous booking.** Please let me know if you have any questions.
>
> inquiry 문의 discount 할인 promotion 판촉 행사 save 절약하다
> regular 일반적인 rate 요금

해석
77-79번은 다음 전화 메시지에 관한 문제입니다.

안녕하세요. ⁷⁷귀하의 여행 할인에 관한 문의에 대해 전화드리는 Renaldo Rolenti입니다. 귀하께서 저희 웹사이트에서 그것을 예약하신 것이 확인되는데, 이 판촉 행사는 저희 스마트폰 애플리케이션을 통해 예약하신 경우에만 이용 가능합니다. ⁷⁸그저 애플리케이션을 설치하시고 일반 예약 요금의 15퍼센트를 절약하기 위한 할인 코드를 입력하시면 됩니다. 이것이 완료되면 확인 이메일을 받으실 것입니다. 그 후, ⁷⁹다시 전화를 주시면 이전 예약을 취소해드리겠습니다. 궁금한 점이 있으시면 알려주세요.

77 화자 문제   하 ●○○

해석 화자는 어디에서 일하는 것 같은가?
(A) 호텔에서
(B) 여행사에서
(C) 직원 채용 업체에서
(D) 전자기기 소매점에서

해설 지문에서 신분 및 직업과 관련된 표현을 놓치지 않고 듣는다. 지문 초반부에서 "This is Renaldo Rolenti calling about your inquiry on the discount for your trip(귀하의 여행 할인에 관한 문의에 대해 전화드리는 Renaldo Rolenti입니다)"라고 한 것을 통해, 화자가 여행사에서 일하는 것을 알 수 있다. 따라서 (B)가 정답이다.

어휘 travel agency 여행사 staffing 직원 채용 electronics 전자기기

78 방법 문제   하 ●○○

해석 청자는 애플리케이션에서 어떻게 할인을 받을 수 있는가?
(A) 소식지를 신청함으로써
(B) 이메일을 발송함으로써
(C) 행사에 참여함으로써
(D) 코드를 입력함으로써

해설 질문의 핵심어구(discount with an application)와 관련된 내용을 주의 깊게 듣는다. 지문 중반부에서 "Just install the application and enter the promotion code to save 15 percent off the regular booking rate(그저 애플리케이션을 설치하시고 일반 예약 요금의 15퍼센트를 절약하기 위한 할인 코드를 입력하시면 됩니다)"라고 하였다. 따라서 (D)가 정답이다.

어휘 newsletter 소식지

79 이유 문제 　　　　　　　중 ●●○

해석　청자는 왜 화자에게 전화해야 하는가?
　　(A) 이전 예약을 취소하기 위해
　　(B) 특별 패키지를 예약하기 위해
　　(C) 여행안내를 듣기 위해
　　(D) 여행 계획을 수정하기 위해

해설　질문의 핵심어구(call the speaker)와 관련된 내용을 주의 깊게 듣는다. 지문 후반부에서 "call me back and I'll delete your previous booking (다시 전화를 주시면 이전 예약을 취소해드리겠습니다)"이라고 하였다. 이를 통해, 이전 예약을 취소하기 위해 청자가 화자에게 전화해야 함을 알 수 있다. 따라서 (A)가 정답이다.

어휘　revise 수정하다　itinerary 여행 계획

패러프레이징

delete ~ previous booking 이전 예약을 취소하다 → cancel an earlier reservation 이전 예약을 취소하다

80-82 ③에 캐나다식 발음

Questions 80-82 refer to the following advertisement.

Everyone knows it can be difficult to manage both your professional and home life. And that's where Alito Incorporated comes in! **80Let us take care of your household cleaning duties. 81Our staff is thorough and professional, with close attention to detail. This is why we have been in business for so many years.** What are you waiting for? **82Visit our Web site to set up an initial meeting with one of our specialists**, who will provide you with customized pricing options.

professional 전문적인　home life 가정생활　household 가정
thorough 철저한　close attention 세심한 주의　initial 1차, 초기의
specialist 전문가　customized 맞춤형

해석
80-82번은 다음 광고에 관한 문제입니다.

전문적인 생활과 가정생활을 모두 관리하기가 어려울 수 있다는 것은 누구나 알고 있습니다. 그리고 그곳이 Alito사가 등장하는 지점입니다! 80당신의 가정 청소 업무를 저희가 책임지겠습니다. 81저희 직원들은 세부적인 것에 대해 세심한 주의를 기울이며, 철저하고 전문적입니다. 이는 수년간 우리가 사업을 해 온 이유입니다. 무엇을 기다리고 계십니까? 맞춤형 가격 옵션을 제공할 82우리의 전문가들 중 한 명과 1차 약속을 잡기 위해 저희 웹사이트를 방문하세요.

80 주제 문제 　　　　　　　중 ●●○

해석　어떤 종류의 업체가 광고되고 있는가?
　　(A) 부동산 관리 회사
　　(B) 조경 회사
　　(C) 청소 서비스
　　(D) 실내 장식 회사

해설　광고의 주제를 묻는 문제이므로, 지문의 초반을 반드시 듣는다. "Let us take care of your household cleaning duties(당신의 가정 청소 업무를 저희가 책임지겠습니다)"라고 하였다. 이를 통해, 청소 서비스가 광고되고 있음을 알 수 있다. 따라서 (C)가 정답이다.

어휘　property management 부동산 관리　landscaping 조경　firm 회사

81 의도 파악 문제 　　　　　　　중 ●●○

해석　화자는 왜 "이는 수년간 우리가 사업을 해 온 이유입니다"라고 말하는가?
　　(A) 직원을 추천하기 위해
　　(B) 제안을 재고하기 위해
　　(C) 놀라움을 표현하기 위해
　　(D) 작업의 질을 강조하기 위해

해설　질문의 인용어구(This is why we have been in business so many years)가 언급된 주변을 주의 깊게 듣는다. 지문 중반부에서 "Our staff is thorough and professional, with close attention to detail(저희 직원들은 세부적인 것에 대해 세심한 주의를 기울이며 철저하고 전문적입니다)"이라며 이는 수년간 자신들이 사업을 해 온 이유라고 하였으므로, 작업의 질을 강조하기 위함임을 알 수 있다. 따라서 (D)가 정답이다.

어휘　reconsider 재고하다　emphasize 강조하다

82 특정 세부 사항 문제 　　　　　　　중 ●●○

해석　청자들은 웹사이트에서 무엇을 할 수 있는가?
　　(A) 이미지를 본다.
　　(B) 상담을 예약한다.
　　(C) 가격을 본다.
　　(D) 파일을 다운로드한다.

해설　질문의 핵심어구(Web site)가 언급된 주변을 주의 깊게 듣는다. 지문 후반부에서 "Visit our Web site to set up an initial meeting with one of our specialists(우리의 전문가들 중 한 명과 1차 약속을 잡기 위해 저희 웹사이트를 방문하세요)"라고 하였다. 이를 통해, 청자들은 웹사이트에서 상담을 예약할 수 있음을 알 수 있다. 따라서 (B)가 정답이다.

패러프레이징

set up an initial meeting with ~ specialists 전문가들과 1차 약속을 잡다 → Book a consultation 상담을 예약하다

83-85 ③에 호주식 발음

Questions 83-85 refer to the following introduction.

It's a pleasure to welcome you all to the Stein Institute Convention. **83The topic for today is renewable energy**, which can hopefully replace gas, coal, and oil in the future. We have a number of great speakers lined up, including Morgan O'Malley, a renowned solar panel designer. **84He will be giving a talk on the benefits of solar panels at home.** Afterwards, we will provide lunch at noon and there will be more speakers later in the day. Oh, one more thing. **85Please fill out the survey sent to your e-mail and let us know what you think about the speeches.**

renewable energy 재생 가능 에너지　hopefully 바라건대　coal 석탄
line up 준비하다　solar panel 태양 전지판　benefit 이점　afterward 그 후

해석
83-85번은 다음 소개에 관한 문제입니다.

Stein 기관 학회에 오신 것을 환영하게 되어 기쁩니다. 83오늘의 주제는 바라건대 미래에 가스, 석탄 및 석유를 대체할 수 있는 재생 가능 에너지입니다. 유명한 태양 전지판 디자이너인 Morgan O'Malley를 포함하여, 여러 훌륭한 발표자들이 준비되어 있습니다. 84그는 가정에서의 태양 전지판의 이점에 대해 이야기할 것입니다. 그 후, 저희는 정오에 점심을 제공할 예정이며, 오후에 더 많은 발표자가 있을 것입니다.

아, 한 가지 더 있습니다. ⁸⁵이메일로 전송된 설문조사를 작성하셔서 연설에 대해 여러분께서 생각하시는 점을 알려주세요.

83 주제 문제　　　　　　하 ●○○

해석 학회의 주제는 무엇인가?
(A) 재무 관리
(B) 기업 브랜딩
(C) 재생 가능 에너지
(D) 건축 설계

해설 학회의 주제를 묻는 문제이므로, 지문의 초반을 반드시 듣는다. 지문 초반부에서 "The topic for today is renewable energy(오늘의 주제는 재생 가능 에너지입니다)"라고 하였다. 따라서 (C)가 정답이다.

어휘 financial 재무의　architectural 건축의

84 특정 세부 사항 문제　　　　　　중 ●●○

해석 Mr. O'Malley는 무엇에 관해 이야기할 것인가?
(A) 건설 방법
(B) 장비의 장점
(C) 기기의 설계
(D) 기술의 문제점

해설 질문의 핵심 어구(Mr. O'Malley)와 관련된 내용을 주의 깊게 듣는다. 지문 중반부에서 "He[Morgan O'Mally] will be giving a talk on the benefits of solar panels at home(그는 가정에서의 태양 전지판의 이점에 대해 이야기할 것입니다)"이라고 하였다. 이를 통해, Mr. O'Malley가 장비의 장점에 대해 이야기할 것임을 알 수 있다. 따라서 (B)가 정답이다.

어휘 advantage 장점　appliance 기기

패러프레이징

benefits 이점 → advantages 장점

85 제안 문제　　　　　　상 ●●●

해석 화자는 무엇을 할 것을 제안하는가?
(A) 후기를 남기기
(B) 조직에 가입하기
(C) 발표자로 등록하기
(D) 기관에 기부하기

해설 지문의 중후반에서 제안과 관련된 표현이 포함된 문장을 주의 깊게 듣는다. "Please fill out the survey sent to your e-mail and let us know what you think about the speeches(이메일로 전송된 설문조사를 작성하셔서 연설에 대해 여러분께서 생각하시는 점을 알려주세요)"라고 하였다. 따라서 (A)가 정답이다.

어휘 sign up 등록하다　donate 기부하다　institution 기관

86-88 🔊 영국식 발음

Questions 86-88 refer to the following announcement.

Good afternoon, everyone, I have an important announcement to make. ⁸⁶**This month, there were five workers injured at our factory** due to the mishandling of heavy machines. To ensure we don't have any more accidents, ⁸⁷**the human resources team has recorded a video training session, which is on our Web page. It will only take about one**

hour to watch and it must be done by Friday. If you have any questions, ⁸⁸**just hold on to them until our safety workshop next week**. There, we'll talk about the video in more detail.

injure 부상을 입다　mishandle 잘못 다루다　record 녹화하다
in detail 자세히

해석
86-88번은 다음 공지에 관한 문제입니다.

안녕하세요, 여러분. 중요한 발표가 있습니다. ⁸⁶이번 달에 무거운 기계를 잘못 다루어 우리 공장에서 부상을 입은 5명의 작업자가 있었습니다. 더 이상 어떠한 사고도 발생하지 않도록 확실히 하기 위해, ⁸⁷인사팀은 교육 과정 영상을 녹화하였고, 이것은 우리 웹페이지에 있습니다. 시청하는 데 단지 1시간 정도만 소요되며 금요일까지 완료돼야 합니다. 궁금한 점이 있으시면, ⁸⁸다음 주 안전 워크숍까지 그것들을 갖고 계세요. 그곳에서, 비디오에 대해 더 자세히 이야기하겠습니다.

86 특정 세부 사항 문제　　　　　　중 ●●○

해석 화자에 따르면, 이번 달에 무슨 일이 일어났는가?
(A) 검사가 시행되었다.
(B) 기계가 설치되었다.
(C) 교육 전문가가 도착했다.
(D) 사고가 발생했다.

해설 질문의 핵심어구(this month)가 언급된 주변을 주의 깊게 듣는다. 지문 초반부에서 "This month, there were five workers injured at our factory(이번 달에 우리 공장에서 부상을 입은 5명의 작업자가 있었습니다)"라고 하였다. 이를 통해, 이번 달에 사고가 발생했음을 알 수 있다. 따라서 (D)가 정답이다.

어휘 occur 발생하다

87 특정 세부 사항 문제　　　　　　하 ●○○

해석 청자들은 금요일까지 무엇을 해야 하는가?
(A) 설명서를 읽는다.
(B) 일부 기계를 수리한다.
(C) 영상을 시청한다.
(D) 강의를 녹화한다.

해설 질문의 핵심어구(by Friday)가 언급된 주변을 주의 깊게 듣는다. 지문 중반부에서 "the human resources team has recorded a video training session, which is on our Web page. It will only take about one hour to watch and it must be done by Friday(인사팀은 교육 과정 영상을 녹화하였고, 이것은 우리 웹페이지에 있습니다. 시청하는 데 단지 1시간 정도만 소요되며 금요일까지 완료돼야 합니다)"라고 하였다. 이를 통해, 청자들이 금요일까지 영상을 시청해야 함을 알 수 있다. 따라서 (C)가 정답이다.

88 다음에 할 일 문제　　　　　　하 ●○○

해석 다음 주에 무엇이 열릴 것인가?
(A) 이사회
(B) 회사 워크숍
(C) 개업식
(D) 자선 행사

해설 질문의 핵심어구(next week)가 언급된 주변을 주의 깊게 듣는다. 지문 후반부에서 "just hold on to them[questions] until our safety workshop next week(다음 주 안전 워크숍까지 질문들을 갖고 계세요)"이라고 하였다. 이를 통해, 다음 주에 회사 워크숍이 열릴 것임을 알 수 있다. 따라서 (B)가 정답이다.

어휘 board meeting 이사회 grand opening 개업식 charity 자선

89-91 호주식 발음

Questions 89-91 refer to the following speech.

> Thank you all for coming. **⁸⁹I'm Jamie Dunn, lead designer of the Robo Sweeper**—a device that cleans floor surfaces all by itself. It has been a huge success, and today Duva Tech is introducing a follow-up version, the Robo Sweeper Plus. As head of one of the teams involved in this product, **⁹⁰I can say that it is faster, quieter, and more energy efficient than the original. I'm already using one at home.** In just a moment, **⁹¹my assistant will bring a Robo Sweeper Plus on stage and switch it on.**
>
> by itself 스스로 head 책임자 involve 관련시키다
> energy efficient 에너지 효율적인 switch on 스위치를 켜다

해석
89–91번은 다음 연설에 관한 문제입니다.

와 주신 모든 분들께 감사드립니다. ⁸⁹저는 바닥을 스스로 청소하는 기계인 Robo Sweeper의 수석 디자이너 Jamie Dunn입니다. 이것은 큰 성공을 거두고, 오늘 Duva Tech사는 후속 버전인 Robo Sweeper Plus를 소개합니다. 이 제품과 관련된 팀들의 책임자 중 한 사람으로서, ⁹⁰이것은 기존의 것보다 더 빠르고, 조용하며, 에너지 효율적이라고 말씀드릴 수 있습니다. 저는 이미 집에서 이것을 사용하고 있습니다. 잠시 후, ⁹¹저의 조수가 Robo Sweeper Plus를 무대로 가져와 스위치를 켤 것입니다.

89 화자 문제
하 ●○○

해석 화자는 누구인가?
(A) 여행사 직원
(B) 제품 디자이너
(C) 뉴스 기자
(D) 유지 관리 책임자

해설 지문에서 신분 및 직업과 관련된 표현을 놓치지 않고 듣는다. 지문 초반부에서 "I'm Jamie Dunn, lead designer of the Robo Sweeper(저는 Robo Sweeper의 수석 디자이너 Jamie Dunn입니다)"라고 하였다. 이를 통해, 화자가 제품 디자이너임을 알 수 있다. 따라서 (B)가 정답이다.

어휘 reporter 기자 maintenance 유지 관리

90 의도 파악 문제
중 ●●○

해석 화자는 왜 "저는 이미 집에서 이것을 사용하고 있습니다"라고 말하는가?
(A) 오류를 수정하기 위해
(B) 의견을 요청하기 위해
(C) 추천을 하기 위해
(D) 불편을 설명하기 위해

해설 질문의 인용어구(I'm already using one at home)가 언급된 주변을 주의 깊게 듣는다. 지문 중반부에서 "I can say that it[Robo Sweeper Plus] is faster, quieter, and more energy-efficient than the original(Robo Sweeper Plus는 기존의 것보다 더 빠르고, 조용하며, 에너지 효율적이라고 말씀드릴 수 있습니다)"이라며 자신은 이미 집에서 이것을 사용하고 있다고 하였으므로, 추천을 하기 위함임을 알 수 있다. 따라서 (C)가 정답이다.

어휘 correct 수정하다 inconvenience 불편, 불편한 것

91 다음에 할 일 문제
중 ●●○

해석 조수는 다음에 무엇을 할 것인가?
(A) 기기를 켠다.
(B) 방문객들을 실험실로 안내한다.
(C) 무료 샘플들을 나눠준다.
(D) 제품 특징을 설명한다.

해설 지문의 마지막 부분을 주의 깊게 듣는다. "my assistant will bring a Robo Sweeper Plus on stage and switch it on(저의 조수가 Robo Sweeper Plus를 무대로 가져와 스위치를 켤 것입니다)"이라고 하였다. 따라서 (A)가 정답이다.

어휘 turn on 켜다

패러프레이징

switch on 스위치를 켜다 → turn on 켜다

92-94 캐나다식 발음

Questions 92-94 refer to the following broadcast.

> You're listening to Westville's own WGGT 97.3 radio. I'm your host, Harold LaRoche. Today, **⁹²I'll be interviewing our city's newly hired parks and recreation department supervisor, Jane Kearney**. Ms. Kearney will discuss plans for several upcoming events, including the summer arts festival and regional tennis competition. And after that, **⁹³our listeners are encouraged to call our station and ask questions directly to Ms. Kearney**. Now, before we begin our interview, **⁹⁴let's hear some commercials from our local sponsors**.
>
> recreation 휴양 encourage 권장하다 station 방송국 directly 직접
> commercial 광고 sponsor 후원자

해석
92–94번은 다음 방송에 관한 문제입니다.

Westville시의 WGGT 97.3 라디오를 듣고 계십니다. 저는 진행자, Harold LaRoche입니다. 오늘은 ⁹²우리 도시의 새로 고용된 공원 및 휴양 부서 관리자 Jane Kearney를 인터뷰할 것입니다. Ms. Kearney는 여름 예술 축제 및 지역 테니스 대회를 포함하여, 다가오는 여러 행사들에 대한 계획을 논의할 것입니다. 그리고 그 후에, ⁹³저희 청취자들께서는 저희 방송국에 전화하셔서 Ms. Kearney에게 직접 질문을 하시도록 권장됩니다. 이제 저희가 인터뷰를 시작하기 전에, ⁹⁴지역 후원자들의 광고를 듣겠습니다.

92 특정 세부 사항 문제
중 ●●○

해석 Jane Kearney는 누구인 것 같은가?
(A) 영화감독
(B) 시 공무원
(C) 인사 관리자
(D) 부동산 중개업자

해설 질문 대상(Jane Kearney)의 신분 및 직업과 관련된 표현을 놓치지 않고 듣는다. 지문 초반부에서 "I'll be interviewing our city's newly hired parks and recreation department supervisor, Jane Kearney(우리 도시의 새로 고용된 공원 및 휴양 부서 관리자 Jane Kearney를 인터뷰할 것입니다)"라고 한 것을 통해, Jane Kearney가 시 공무원임을 알 수 있다. 따라서 (B)가 정답이다.

어휘 director 감독

패러프레이징

city's ~ parks and recreation department supervisor 도시의 공원 및 휴양 부서 관리자 → city official 시 공무원

93 제안 문제　　　　　　　　　　　　하 ●○○

해석 화자는 청자들에게 무엇을 하라고 제안하는가?
(A) 라디오 방송국에 연락한다.
(B) 축제에 참석한다.
(C) 명소 지도를 찾는다.
(D) 공원에 방문한다.

해설 지문의 중후반에서 제안과 관련된 표현이 포함된 문장을 주의 깊게 듣는다. "our listeners are encouraged to call our station and ask questions directly to Ms. Kearney(저희 청취자들께서는 저희 방송국에 전화하셔서 Ms. Kearney에게 직접 질문을 하시도록 권장됩니다)"라고 하였다. 따라서 (A)가 정답이다.

패러프레이징

call 전화하다 → Contact 연락하다

94 다음에 할 일 문제　　　　　　　　중 ●●○

해석 다음에 무슨 일이 일어날 것 같은가?
(A) 대회 세부 사항들이 발표될 것이다.
(B) 부서 구성원들이 소개될 것이다.
(C) 설문지가 배포될 것이다.
(D) 광고가 이어질 것이다.

해설 지문의 마지막 부분을 주의 깊게 듣는다. "let's hear some commercials from our local sponsors(지역 후원자들의 광고를 듣겠습니다)"라고 하였다. 따라서 (D)가 정답이다.

어휘 competition 대회 questionnaire 설문지 run 이어지다

패러프레이징

commercials 광고 → advertisements 광고

95-97 [3세] 영국식 발음

Questions 95-97 refer to the following speech and graph.

[95]**I want to take this opportunity to let all of you know that Highlighter Advertising will be opening its second office in July.** This is an important step for the company. When CEO Brandon Suresh started this company, he was the only employee and there were very few clients. But now, [96]**Highlighter is one of the most trusted advertising agencies in Mumbai, and we want to thank all of you for making it possible.** To celebrate this day, [97]**I'll be awarding round-trip tickets to Kuala Lumpur to the team that has attracted the most new clients this year**. Two other teams will receive gift certificates, and everyone attending will be treated to a lunch buffet at the end of this event.

trusted 신뢰받는　award 수여하다　attract 유치하다　gift certificate 상품권
treat 대접하다

해석
95-97번은 다음 연설과 그래프에 관한 문제입니다.
[95]저는 이 기회에 Highlighter 광고사가 7월에 두 번째 사무실을 개시하게 되는 것을 여러분 모두에게 알리고 싶습니다. 이것은 회사에 있어 중요한 단계입니다. 최고 경영자 Brandon Suresh가 이 회사를 시작했을 때, 그는 유일한 직원이었고 고객은 거의 없었습니다. 그러나 현재, [96]Highlighter사는 뭄바이에서 가장 신뢰받는 광고 대행사 중 한 곳이며, 이것을 가능하게 해 주신 데 대해 여러분 모두에게 감사를 전하고 싶습니다. 오늘을 기념하기 위해, [97]올해 가장 많은 신규 고객을 유치한 팀에게 쿠알라룸푸르행 왕복 항공권을 수여할 것입니다. 다른 두 팀은 상품권을 받게 되며, 참석하신 모든 분들은 이 행사의 후반부에 점심 뷔페를 대접받으실 것입니다.

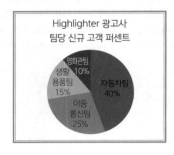

Highlighter 광고사
팀당 신규 고객 퍼센트
영화관팀 10%
생활 용품팀 15%
자동차팀 40%
이동 통신팀 25%

95 목적 문제　　　　　　　　　　　하 ●○○

해석 연설의 목적은 무엇인가?
(A) 산업 상을 받기 위해
(B) 지점 개시를 발표하기 위해
(C) 회사 임원을 소개하기 위해
(D) 팀 관리자를 임명하기 위해

해설 연설의 목적을 묻는 문제이므로, 지문의 초반을 반드시 듣는다. 화자가 "I want to take this opportunity to let all of you know that Highlighter Advertising will be opening its second office in July(저는 이 기회에 Highlighter 광고사가 7월에 두 번째 사무실을 개시하게 되는 것을 여러분 모두에게 알리고 싶습니다)"라고 하였다. 따라서 (B)가 정답이다.

어휘 award 상　executive 임원　appoint 임명하다

96 이유 문제　　　　　　　　　　　상 ●●●

해석 화자는 왜 청자들에게 고마워하는가?
(A) 회사를 성공적으로 만들었다.
(B) 출장에 참여했다.
(C) 프로젝트를 빠르게 완료했다.
(D) 선물을 주었다.

해설 질문의 핵심어구(thank the listeners)와 관련된 내용을 주의 깊게 듣는다. 지문 중반부에서 "Highlighter is one of the most trusted advertising agencies in Mumbai, and we want to thank all of you for making it possible(Highlighter사는 뭄바이에서 가장 신뢰받는 광고 대행사 중 한 곳이며, 이것을 가능하게 해 주신 데 대해 여러분 모두에게 감사를 전하고 싶습니다)"이라고 하였다. 이를 통해, 회사를 성공적으로 만들었기 때문에 청자들에게 고마워함을 알 수 있다. 따라서 (A)가 정답이다.

어휘 successful 성공적인　business trip 출장

97 시각 자료 문제　　　　　　　　　중 ●●○

해석 시각 자료를 보아라. 어떤 팀이 쿠알라룸푸르행 티켓을 받을 것인가?
(A) 자동차팀
(B) 이동통신팀

(C) 생활용품팀
(D) 영화관팀

해설 그래프의 정보를 확인한 후 질문의 핵심어구(tickets to Kuala Lumpur)가 언급된 주변을 주의 깊게 듣는다. "I'll be awarding round-trip tickets to Kuala Lumpur to the team that has attracted the most new clients this year(올해 가장 많은 신규 고객을 유치한 팀에게 쿠알라룸푸르행 왕복 항공권을 수여 할 것입니다)"라고 하였다. 이를 통해, 자동차팀이 쿠알라룸푸르행 티켓을 받을 것임을 그래프에서 알 수 있다. 따라서 (A)가 정답이다.

98-100 ③ 미국식 발음

Questions 98-100 refer to the following announcement and schedule.

Welcome to the new staff orientation session. ⁹⁸**Redridge Corporation is the country's premier food production company, and we're delighted you've decided to join us.** ⁹⁹**When you came in, I gave each of you a schedule and training booklet.** Please take a look at the schedule now. I need to point out a slight change before we begin. Unfortunately, ¹⁰⁰**the first speaker after the break can't be here due to an urgent team meeting.** The head of our communications department will be presenting at that time instead. OK, let's begin our presentations.

premier 최고의   delight 기쁘다   booklet 책자   point out 언급하다
urgent 긴급한

해석
98-100번은 다음 공지와 일정표에 관한 문제입니다.

신입 직원 오리엔테이션에 오신 것을 환영합니다. ⁹⁸Redridge사는 이 나라 최고의 식품 생산 회사이며, 여러분이 우리와 함께하시게 되어 기쁩니다. ⁹⁹여러분이 들어오셨을 때, 저는 여러분 각각에게 일정표와 교육 책자를 드렸습니다. 지금 일정을 봐주시기 바랍니다. 시작하기 전에 약간의 변경을 언급해야 합니다. 안타깝게도, ¹⁰⁰휴식 이후의 첫 번째 연설자가 긴급한 팀 회의로 인해 여기에 올 수 없습니다. 대신 통신 부장이 그 시간에 발표하게 될 것입니다. 자, 저희 발표를 시작하겠습니다.

Redridge사 오리엔테이션 과정 일정표	
발표자	**시간**
Jamie Crossford	오전 8시 – 오전 9시
Qian Wong	오전 9시 – 오전 10시
휴식 – 30 분	
¹⁰⁰Miranda Garcia	오전 10시 30분 – 오전 11시 30분
Ahmed Shah	오전 11시 30분 – 오후 12시 30분

98 화자 문제   하 ●○○

해석 화자는 어디에서 일하는가?
(A) 광고 대행사에서
(B) 소프트웨어 회사에서
(C) 출판사에서
(D) 식품 생산 회사에서

해설 지문에서 신분 및 직업과 관련된 표현을 놓치지 않고 듣는다. 지문 초반부에서 "Redridge Corporation is the country's premier food production

company, and we're delighted you've decided to join us(Redridge사는 이 나라 최고의 식품 생산 회사이며, 여러분이 우리와 함께하시게 되어 기쁩니다)"라고 한 것을 통해, 화자가 식품 생산 회사에서 일하는 것을 알 수 있다. 따라서 (D)가 정답이다.

어휘 publishing 출판

99 특정 세부 사항 문제   중 ●●○

해석 화자는 청자들을 위해 무엇을 했는가?
(A) 이름표를 제공했다.
(B) 정책들을 설명했다.
(C) 좌석을 정리했다.
(D) 몇몇 문서를 나누어 주었다.

해설 질문의 핵심어구(do for the listeners)와 관련된 내용을 주의 깊게 듣는다. 지문 중반부에서 "When you came in, I gave each of you a schedule and training booklet(여러분이 들어오셨을 때, 저는 여러분 각각에게 일정표와 교육 책자를 드렸습니다)"이라고 하였다. 이를 통해, 화자가 청자들에게 몇몇 문서를 나누어 주었음을 알 수 있다. 따라서 (D)가 정답이다.

어휘 organize 정리하다

패러프레이징

> gave schedule and training booklet 일정표와 교육 책자를 주었다 →
> handed out some documents 몇몇 문서를 나누어 주었다

100 시각 자료 문제   중 ●●○

해석 시각 자료를 보아라. 어떤 발표자가 대체될 것인가?
(A) Jamie Crossford
(B) Qian Wong
(C) Miranda Garcia
(D) Ahmed Shah

해설 일정표의 정보를 확인한 후 질문의 핵심어구(presenter ~ replaced)와 관련된 내용을 주의 깊게 듣는다. "the first speaker after the break can't be here due to an urgent team meeting(휴식 이후의 첫 번째 연설자가 긴급한 팀 회의로 인해 여기에 올 수 없습니다)"이라고 하였으므로, Miranda Garcia가 대체될 것임을 일정표에서 알 수 있다. 따라서 (C)가 정답이다.

PART 1

1 (A)	2 (C)	3 (A)	4 (B)	5 (D)
6 (D)				

PART 2

7 (A)	8 (B)	9 (C)	10 (A)	11 (B)
12 (B)	13 (C)	14 (B)	15 (C)	16 (A)
17 (C)	18 (B)	19 (C)	20 (A)	21 (B)
22 (A)	23 (B)	24 (A)	25 (B)	26 (C)
27 (C)	28 (B)	29 (A)	30 (A)	31 (C)

PART 3

32 (C)	33 (B)	34 (A)	35 (C)	36 (A)
37 (C)	38 (A)	39 (D)	40 (B)	41 (D)
42 (A)	43 (C)	44 (B)	45 (C)	46 (D)
47 (D)	48 (B)	49 (A)	50 (D)	51 (A)
52 (A)	53 (D)	54 (B)	55 (D)	56 (B)
57 (D)	58 (B)	59 (D)	60 (A)	61 (B)
62 (A)	63 (C)	64 (D)	65 (C)	66 (C)
67 (D)	68 (D)	69 (B)	70 (A)	

PART 4

71 (C)	72 (D)	73 (A)	74 (C)	75 (D)
76 (C)	77 (A)	78 (C)	79 (D)	80 (A)
81 (B)	82 (A)	83 (C)	84 (B)	85 (A)
86 (B)	87 (D)	88 (C)	89 (B)	90 (A)
91 (C)	92 (C)	93 (B)	94 (D)	95 (C)
96 (B)	97 (C)	98 (B)	99 (D)	100 (A)

PART 1

1 🔊 캐나다식 발음　　　　　　　하 ●○○

(A) **She is looking at a document.**
(B) She is pointing to a bulletin board.
(C) She is picking up a laptop.
(D) She is writing on a notepad.

document 문서　bulletin board 게시판　pick up ~을 집어 들다
notepad 메모장

해석　(A) **그녀는 문서를 보고 있다.**
　　　(B) 그녀는 게시판을 가리키고 있다.
　　　(C) 그녀는 노트북 컴퓨터를 집어 들고 있다.
　　　(D) 그녀는 메모장에 쓰고 있다.

해설　**1인 사진**
　　　(A) [○] 여자가 문서를 보고 있는 모습을 정확히 묘사한 정답이다.
　　　(B) [×] pointing(가리키고 있다)은 여자의 동작과 무관하므로 오답이다.
　　　(C) [×] picking up(집어 들고 있다)은 여자의 동작과 무관하므로 오답이다.
　　　　　　사진에 있는 노트북 컴퓨터(laptop)를 사용하여 혼동을 주었다.
　　　(D) [×] writing(쓰고 있다)은 여자의 동작과 무관하므로 오답이다.

2 🔊 미국식 발음　　　　　　　하 ●○○

(A) He is assembling a tripod.
(B) He is paying for a camera.
(C) **He is taking a photograph.**
(D) He is walking on the beach.

assemble 조립하다　tripod 삼각대　pay (비용을) 지불하다　beach 해변

해석　(A) 그는 삼각대를 조립하고 있다.
　　　(B) 그는 카메라 비용을 지불하고 있다.
　　　(C) **그는 사진을 찍고 있다.**
　　　(D) 그는 해변을 걷고 있다.

해설　**1인 사진**
　　　(A) [×] assembling(조립하고 있다)은 남자의 동작과 무관하므로 오답이다.
　　　　　　사진에 있는 tripod(삼각대)를 사용하여 혼동을 주었다.
　　　(B) [×] paying(지불하고 있다)은 남자의 동작과 무관하므로 오답이다. 사진
　　　　　　에 있는 camera(카메라)를 사용하여 혼동을 주었다.
　　　(C) [○] 남자가 사진을 찍고 있는 모습을 정확히 묘사한 정답이다.
　　　(D) [×] walking(걷고 있다)은 남자의 동작과 무관하고, 사진의 장소가 해변
　　　　　　(beach)인지 확인할 수 없으므로 오답이다.

3 🔊 호주식 발음　　　　　　　중 ●●○

(A) **A cushion has been placed on a chair.**
(B) A framed picture is lying on a table.
(C) A plant is being trimmed.
(D) A light bulb is being removed.

framed picture 액자에 넣은 그림　lie 놓여 있다　trim 다듬다, 손질하다
light bulb 전구　remove 제거하다

해석　(A) **쿠션이 의자에 놓여 있다.**
　　　(B) 액자에 넣은 그림이 탁자 위에 놓여 있다.
　　　(C) 식물이 다듬어지고 있다.
　　　(D) 전구가 제거되고 있다.

해설　**사물 및 풍경 사진**
　　　(A) [○] 쿠션이 의자에 놓여 있는 상태를 가장 잘 묘사한 정답이다.
　　　(B) [×] 액자에 넣은 그림이 벽에 걸려 있는데 탁자 위에 놓여 있다고 잘못 묘
　　　　　　사한 오답이다.
　　　(C) [×] 사진에서 식물은 보이지만 다듬어지고 있는(is being trimmed) 모
　　　　　　습은 아니므로 오답이다. 사람이 등장하지 않는 사진에 진행 수동형을 사

용해 사람의 동작을 묘사한 오답에 주의한다.

(D) [×] 사진에서 전구가 제거되고 있는지 확인할 수 없으므로 오답이다.

4 ③ 영국식 발음　　　　　　　　　하 ●○○

(A) The man is opening a window.
(B) They are folding their arms.
(C) The woman is taking off a watch.
(D) They are shaking hands.

fold one's arms 팔짱을 끼다　shake hands 악수하다

해석　(A) 남자가 창문을 열고 있다.
　　　(B) 그들은 팔짱을 끼고 있다.
　　　(C) 여자가 시계를 벗고 있다.
　　　(D) 그들은 악수하고 있다.

해설　**2인 이상 사진**
　　　(A) [×] opening(열고 있다)은 남자의 동작과 무관하므로 오답이다. 사진에 있는 창문(window)을 사용하여 혼동을 주었다.
　　　(B) [○] 사람들이 팔짱을 끼고 있는 모습을 가장 잘 묘사한 정답이다.
　　　(C) [×] 여자가 시계를 찬 상태인데 시계를 벗고 있다고 잘못 묘사했으므로 오답이다.
　　　(D) [×] shaking hands(악수하고 있다)는 사람들의 동작과 무관하므로 오답이다.

5 ③ 미국식 발음　　　　　　　　　중 ●●○

(A) Cups have been left in a sink.
(B) One of the men is serving coffee.
(C) A woman is putting food in a dish.
(D) Plates have been set on a table.

sink 싱크대　serve 제공하다　dish 접시　plate 접시　set 놓다

해석　(A) 컵들이 싱크대에 남겨져 있다.
　　　(B) 남자들 중 한 명이 커피를 제공하고 있다.
　　　(C) 여자가 접시에 음식을 놓고 있다.
　　　(D) 접시들이 테이블에 놓여 있다.

해설　**2인 이상 사진**
　　　(A) [×] 사진에서 컵들이 싱크대에 남겨져 있는지 확인할 수 없으므로 오답이다.
　　　(B) [×] 사진에 커피를 제공하고 있는 남자가 없으므로 오답이다.
　　　(C) [×] 음식이 접시에 놓인 상태인데 여자가 접시에 음식을 놓고 있다고 잘못 묘사했으므로 오답이다. 사진에 있는 음식(food)과 접시(dish)를 사용하여 혼동을 주었다.
　　　(D) [○] 접시들이 테이블에 놓여 있는 상태를 가장 잘 묘사한 정답이다.

6 ③ 호주식 발음　　　　　　　　　상 ●●●

(A) A cooking utensil is being washed.
(B) She is sweeping the floor.
(C) A counter is being wiped.
(D) She is cleaning a cupboard door.

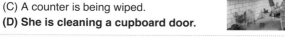

utensil 기구　sweep 쓸다　counter 조리대　wipe 닦다　cupboard 찬장

해석　(A) 조리 기구가 세척되고 있다.
　　　(B) 그녀는 바닥을 쓸고 있다.

　　　(C) 조리대가 닦이고 있다.
　　　(D) 그녀는 찬장 문을 청소하고 있다.

해설　**1인 사진**
　　　(A) [×] 사진에서 조리 기구는 보이지만 세척되고 있는(is being washed) 모습은 아니므로 오답이다.
　　　(B) [×] sweeping(쓸고 있다)은 여자의 동작과 무관하므로 오답이다.
　　　(C) [×] 사진에서 조리대는 보이지만 닦이고 있는(is being wiped) 모습은 아니므로 오답이다.
　　　(D) [○] 여자가 찬장 문을 청소하고 있는 모습을 정확히 묘사한 정답이다.

PART 2

7 ③ 캐나다식 발음 → 영국식 발음　　　　하 ●○○

Who used the company car last time?
(A) That was Jonas.
(B) In a luxury sedan.
(C) Please sit here.

luxury 호화로운　sedan 세단형 자동차

해석　누가 지난번에 회사 차를 사용했나요?
　　　(A) 그건 Jonas였어요.
　　　(B) 호화로운 세단형 자동차에서요.
　　　(C) 여기 앉으세요.

해설　**Who 의문문**
　　　(A) [○] Jonas라며 지난번에 회사 차를 사용한 인물을 언급했으므로 정답이다.
　　　(B) [×] car(차)와 관련 있는 sedan(세단형 자동차)을 사용하여 혼동을 준 오답이다.
　　　(C) [×] 누가 지난번에 회사 차를 사용했는지를 물었는데, 여기 앉으라며 관련이 없는 내용으로 응답했으므로 오답이다.

8 ③ 미국식 발음 → 호주식 발음　　　　중 ●●●

Why will you miss next week's conference?
(A) Yes, that's why we came.
(B) My project's deadline is approaching.
(C) It was very informative.

conference 학회　deadline 마감일　approach 다가오다
informative 유익한

해석　왜 다음 주 학회에 오지 못하시나요?
　　　(A) 네, 그게 저희가 온 이유예요.
　　　(B) 제 프로젝트 마감일이 다가오고 있어요.
　　　(C) 그건 매우 유익했어요.

해설　**Why 의문문**
　　　(A) [×] 질문의 why를 반복 사용하여 혼동을 준 오답이다.
　　　(B) [○] 프로젝트 마감일이 다가오고 있다며, 다음 주 학회에 오지 못하는 이유를 언급했으므로 정답이다.
　　　(C) [×] 질문의 conference(학회)를 나타낼 수 있는 It을 사용하여 혼동을 준 오답이다.

9 🎧 영국식 발음 → 호주식 발음　　　　　中 ●●○

Will our client arrive at the airport on Wednesday or Thursday?
(A) Usually from Tokyo.
(B) The mall was crowded.
(C) Let me check her itinerary.

---

airport 공항　itinerary 일정표

해석　우리 고객이 공항에 수요일에 도착하나요, 아니면 목요일에 도착하나요?
　　(A) 보통 도쿄에서요.
　　(B) 쇼핑몰이 붐볐어요.
　　(C) 그녀의 일정표를 확인해 볼게요.

해설　**선택 의문문**
　　(A) [×] airport(공항)에서 연상할 수 있는 행선지와 관련된 Tokyo(도쿄)를 사용하여 혼동을 주었다.
　　(B) [×] 고객이 공항에 수요일에 도착하는지 아니면 목요일에 도착하는지를 물었는데, 쇼핑몰이 붐볐다며 관련이 없는 내용으로 응답했으므로 오답이다.
　　(C) [○] 그녀의 일정표를 확인해 보겠다는 말로 고객이 공항에 언제 도착할지 모른다는 것을 간접적으로 전달했으므로 정답이다.

10 🎧 영국식 발음 → 캐나다식 발음　　　　　下 ●○○

When should we go over the marketing materials?
(A) This afternoon would be best.
(B) It is expensive.
(C) Write down the serial number.

---

go over ~를 검토하다　material 자료　serial number 일련번호

해석　우리가 마케팅 자료를 언제 검토해야 할까요?
　　(A) 오늘 오후가 가장 좋을 거예요.
　　(B) 이것은 비싸요.
　　(C) 일련번호를 기록하세요.

해설　**When 의문문**
　　(A) [○] This afternoon(오늘 오후)이라며 마케팅 자료를 검토할 시점을 언급했으므로 정답이다.
　　(B) [×] 마케팅 자료를 언제 검토해야 할지를 물었는데, 이것은 비싸다며 관련이 없는 내용으로 응답했으므로 오답이다.
　　(C) [×] 마케팅 자료를 언제 검토해야 할지를 물었는데, 일련번호를 기록하라며 관련이 없는 내용으로 응답했으므로 오답이다.

11 🎧 호주식 발음 → 미국식 발음　　　　　上 ●●●

Will many people attend the festival?
(A) No. I rode my bike.
(B) That's very likely.
(C) I have two tickets.

---

likely ~할 것 같은

해석　많은 사람들이 축제에 참석할까요?
　　(A) 아니요. 제 자전거를 탔어요.
　　(B) 그럴 것 같아요.
　　(C) 저는 티켓 두 장이 있어요.

해설　**조동사 의문문**
　　(A) [×] 많은 사람들이 축제에 참석할지를 물었는데, 자신의 자전거를 탔다며 관련이 없는 내용으로 응답했으므로 오답이다. No만 듣고 정답을 고르지 않도록 주의한다.
　　(B) [○] 그럴 것 같다는 말로 많은 사람들이 축제에 참석할 것임을 전달했으므로 정답이다.
　　(C) [×] festival(축제)과 관련 있는 tickets(티켓)를 사용하여 혼동을 준 오답이다.

12 🎧 영국식 발음 → 미국식 발음　　　　　中 ●●○

Who will bring refreshments to the office party?
(A) It should be a lot of fun.
(B) Patrick offered to.
(C) We are celebrating my promotion.

---

refreshment 다과　celebrate 축하하다　promotion 승진

해석　누가 사무실 파티에 다과를 가져올 건가요?
　　(A) 그건 아주 재미있을 거예요.
　　(B) Patrick이 하기로 했어요.
　　(C) 우리는 저의 승진을 축하하고 있어요.

해설　**Who 의문문**
　　(A) [×] 질문의 office party(사무실 파티)를 나타낼 수 있는 It을 사용하여 혼동을 준 오답이다.
　　(B) [○] Patrick이라며 사무실 파티에 다과를 가져올 인물을 언급했으므로 정답이다.
　　(C) [×] party(파티)와 관련 있는 celebrating(축하하다)을 사용하여 혼동을 준 오답이다.

13 🎧 캐나다식 발음 → 미국식 발음　　　　　中 ●●○

A real estate agent called for you.
(A) He travels often.
(B) Details related to the contract.
(C) I'll try to reach him now.

---

real estate agent 부동산 중개인　detail 세부 사항　reach 연락하다

해석　부동산 중개인이 당신에게 전화했어요.
　　(A) 그는 자주 여행해요.
　　(B) 계약과 관련된 세부 사항이요.
　　(C) 제가 지금 그에게 연락해 볼게요.

해설　**평서문**
　　(A) [×] 질문의 real estate agent(부동산 중개인)를 나타낼 수 있는 He를 사용하여 혼동을 준 오답이다.
　　(B) [×] real estate agent(부동산 중개인)에서 연상할 수 있는 부동산 구매와 관련된 contract(계약)를 사용하여 혼동을 주었다.
　　(C) [○] 자신이 지금 그, 즉 부동산 중개인에게 연락해 보겠다는 말로 해결책을 제시했으므로 정답이다.

14 🎧 호주식 발음 → 미국식 발음　　　　　中 ●●○

This book came out last year, didn't it?
(A) That's Mr. Stanfield's office.
(B) Actually, it was two years ago.

(C) Yes, on page 375.

come out 출간되다

해석 이 책은 작년에 출간되었지요, 그렇지 않나요?
(A) 그곳은 Mr. Stanfield의 사무실이에요.
(B) 사실, 그건 2년 전이었어요.
(C) 네, 375쪽에요.

해설 **부가 의문문**
(A) [×] 이 책이 작년에 출간되었는지를 물었는데, 그곳은 Mr. Stanfield의 사무실이라며 관련이 없는 내용으로 응답했으므로 오답이다.
(B) [○] 사실 그건 2년 전이었다며 책이 작년에 출간되지 않았음을 간접적으로 전달했으므로 정답이다.
(C) [×] book(책)과 관련 있는 page(쪽)를 사용하여 혼동을 준 오답이다. Yes만 듣고 정답으로 고르지 않도록 주의한다.

15 🎧 영국식 발음 → 호주식 발음   중 ●●○

What type of report are you trying to complete?
(A) The conclusions are quite surprising.
(B) I'll type it up instead.
(C) It's a market research analysis.

surprising 놀라운 type 입력하다 market 시장 research 조사
analysis 분석

해석 어떤 종류의 보고서를 작성하려고 하나요?
(A) 결론이 상당히 놀라워요.
(B) 제가 대신 입력할게요.
(C) 시장 조사 분석이요.

해설 **What 의문문**
(A) [×] report(보고서)와 관련 있는 conclusion(결론)을 사용하여 혼동을 준 오답이다.
(B) [×] 질문의 type(종류)을 '입력하다'라는 의미로 사용하여 혼동을 준 오답이다.
(C) [○] 시장 조사 분석이라며 보고서의 종류를 언급했으므로 정답이다.

16 🎧 미국식 발음 → 영국식 발음   중 ●●○

Would you like us to send you a product list?
(A) Yes, I'd appreciate that.
(B) I returned that item yesterday.
(C) A tour of the facility.

product list 제품 목록 appreciate 감사하다

해석 저희가 제품 목록을 보내드리기를 원하나요?
(A) 네, 그렇게 해주시면 감사할 것 같아요.
(B) 어제 그 제품을 반품했어요.
(C) 시설 견학이요.

해설 **제안 의문문**
(A) [○] Yes라는 말로 제안을 수락한 후, 그렇게 해주면 감사할 것 같다는 부연 설명을 했으므로 정답이다.
(B) [×] product(제품)와 같은 의미인 item을 사용하여 혼동을 준 오답이다.
(C) [×] 제품 목록을 보내주기를 원하는지를 물었는데, 시설 견학이라며 관련이 없는 내용으로 응답했으므로 오답이다.

17 🎧 미국식 발음 → 호주식 발음   중 ●●○

Jessica will select the winner of the music award.
(A) I enjoy playing the guitar.
(B) They are new staff members.
(C) I wonder who will be picked.

select 선정하다 award 상 wonder 궁금하다

해석 Jessica가 음악상의 수상자를 선정할 거예요.
(A) 저는 기타 연주하는 것을 즐겨요.
(B) 그들은 새로운 직원들이에요.
(C) 누가 뽑힐지 궁금해요.

해설 **평서문**
(A) [×] music(음악)에서 연상할 수 있는 악기와 관련된 guitar(기타)를 사용하여 혼동을 주었다.
(B) [×] Jessica가 음악상의 수상자를 선정할 것이라고 말했는데, 그들은 새로운 직원들이라며 관련이 없는 내용으로 응답했으므로 오답이다.
(C) [○] 누가 뽑힐지 궁금하다는 말로 의견을 추가했으므로 정답이다.

최고난도 문제

18 🎧 캐나다식 발음 → 영국식 발음   상 ●●●

Can you carry these boxes to the truck, or are they too heavy?
(A) Her suitcase is light.
(B) It would be easier with two people.
(C) No, I haven't seen them.

heavy 무거운 suitcase 여행 가방

해석 이 상자들을 트럭으로 운반할 수 있나요, 아니면 그것들은 너무 무겁나요?
(A) 그녀의 여행 가방은 가벼워요.
(B) 두 사람이면 더 쉬울 거예요.
(C) 아니요, 그것들을 보지 못했어요.

해설 **선택 의문문**
(A) [×] heavy(무거운)와 반대 의미인 light(가벼운)를 사용하여 혼동을 주었다.
(B) [○] 두 사람이면 더 쉬울 것이라며 상자들이 너무 무겁다는 것을 간접적으로 선택했으므로 정답이다.
(C) [×] 질문의 these boxes를 나타낼 수 있는 them을 사용하여 혼동을 준 오답이다. No만 듣고 정답으로 고르지 않도록 주의한다.

19 🎧 미국식 발음 → 캐나다식 발음   상 ●●●

Did my assistant contact you about the order?
(A) On the bottom of the form.
(B) For the phone call.
(C) We talked briefly last week.

assistant 비서, 조수 briefly 간단히

해석 제 비서가 주문과 관련하여 연락드렸나요?
(A) 양식 하단에요.
(B) 전화 통화를 위해서요.
(C) 우리는 지난주에 간단히 이야기했어요.

해설 **조동사 의문문**
(A) [×] order(주문)에서 연상할 수 있는 주문 양식과 관련된 form(양식)을 사

(B) [×] contact(연락하다)와 관련 있는 phone call(전화 통화)을 사용하여 혼동을 준 오답이다.

(C) [○] 지난주에 간단히 이야기했다며 비서가 주문과 관련하여 연락했음을 간접적으로 전달했으므로 정답이다.

20 호주식 발음 → 영국식 발음   중 ●●○

How many tables must be removed from the banquet room?
(A) Greg already took care of it.
(B) Your seat is just this way.
(C) I'll meet you in the lobby.

banquet 연회   take care of 처리하다

해석 연회장에서 몇 개의 탁자들을 치워야 하나요?
(A) Greg이 이미 그것을 처리했어요.
(B) 당신의 자리는 이쪽이에요.
(C) 로비에서 만나요.

해설 How 의문문
(A) [○] Greg이 이미 그것을 처리했다며 탁자들을 치울 필요가 없음을 간접적으로 전달했으므로 정답이다.
(B) [×] banquet room(연회장)과 관련 있는 seat(자리)을 사용하여 혼동을 준 오답이다.
(C) [×] 연회장에서 몇 개의 탁자들을 치워야 하는지를 물었는데, 로비에서 만나자며 관련이 없는 내용으로 응답했으므로 오답이다.

21 캐나다식 발음 → 호주식 발음   하 ●○○

Aren't you going to give a presentation today?
(A) Social media advertising.
(B) Yes, I'll do it right after lunch.
(C) I got you a present.

presentation 발표   advertising 광고

해석 당신은 오늘 발표를 하지 않나요?
(A) 소셜 미디어 광고요.
(B) 네, 점심 식사 후에 그것을 바로 할 거예요.
(C) 제가 당신에게 선물을 가져왔어요.

해설 부정 의문문
(A) [×] 오늘 발표를 하지 않는지를 물었는데, 소셜 미디어 광고라며 관련이 없는 내용으로 응답했으므로 오답이다.
(B) [○] Yes로 오늘 발표를 한다는 것을 전달한 후, 점심 식사 후에 그것을 바로 할 것이라는 부연 설명을 했으므로 정답이다.
(C) [×] presentation – present의 유사 발음 어휘를 사용하여 혼동을 준 오답이다.

22 캐나다식 발음 → 영국식 발음   상 ●●●

Where should I take this folder?
(A) Our manager is waiting for it.
(B) It starts in an hour.
(C) Yes, you should.

take 가져가다, 얻다

해석 제가 어디로 이 폴더를 가져가야 하나요?

(A) 관리자가 그것을 기다리고 있어요.
(B) 그것은 한 시간 후에 시작해요.
(C) 네, 그래야 해요.

해설 Where 의문문
(A) [○] 관리자가 그것을 기다리고 있다며 관리자에게 폴더를 가져가야 함을 간접적으로 전달했으므로 정답이다.
(B) [×] 어디로 이 폴더를 가져가야 하는지를 물었는데, 그것은 한 시간 후에 시작한다며 관련이 없는 내용으로 응답했으므로 오답이다.
(C) [×] 질문의 should를 반복 사용하여 혼동을 준 오답이다. Where 의문문에는 Yes/No 응답이 불가능한 점을 알아둔다.

23 미국식 발음 → 캐나다식 발음   상 ●●●

Are you able to work evening or day shifts?
(A) The meeting was in the morning.
(B) I have to be home by 6 P.M.
(C) This Friday.

shift 교대 근무

해석 저녁 교대 근무로 일하는 것이 가능한가요, 아니면 낮교대 근무로 일하는 것이 가능한가요?
(A) 회의는 아침에 있었어요.
(B) 저는 오후 6시까지 집에 가야 해요.
(C) 이번 주 금요일이에요.

해설 선택 의문문
(A) [×] 질문의 evening과 관련된 morning(아침)을 사용하여 혼동을 준 오답이다.
(B) [○] 오후 6시까지 집에 가야 한다는 말로 낮교대 근무를 선택했으므로 정답이다.
(C) [×] 저녁 교대 근무로 일하는 것이 가능한지 아니면 낮교대 근무로 일하는 것이 가능한지를 물었는데, 이번 주 금요일이라며 관련이 없는 내용으로 응답했으므로 오답이다.

24 영국식 발음 → 호주식 발음   상 ●●●

You're coming to the trade show, aren't you?
(A) I just confirmed my registration.
(B) You should bring your passport.
(C) He'll be there a little late.

trade show 무역 박람회   confirm 확정하다   registration 등록
passport 여권

해석 당신은 무역 박람회에 오시죠, 그렇지 않나요?
(A) 방금 등록을 확정했어요.
(B) 여권을 가져오셔야 해요.
(C) 그는 그곳에 조금 늦게 갈 거예요.

해설 부가 의문문
(A) [○] 방금 등록을 확정했다며 무역 박람회에 간다는 것을 간접적으로 전달했으므로 정답이다.
(B) [×] 질문의 coming(오다)과 관련 있는 passport(여권)를 사용하여 혼동을 준 오답이다.
(C) [×] 질문의 trade show(무역 박람회)를 나타낼 수 있는 there를 사용하여 혼동을 준 오답이다.

25 🎧 미국식 발음 → 호주식 발음　　　　　　상 ●●●

How are you getting to the art festival on Saturday?
(A) She is planning to leave right after work.
(B) Maybe Brett will give me a ride.
(C) I wasn't able to make it.

give a ride 태워주다　make it (모임 등에) 가다, 참석하다

해석　토요일에 예술 축제에 어떻게 가시나요?
(A) 그녀는 일이 끝나고 바로 떠날 계획이에요.
(B) 아마도 Brett이 저를 태워 줄 거예요.
(C) 저는 그것에 갈 수 없었어요.

해설　How 의문문
(A) [×] 토요일에 예술 축제에 어떻게 가는지를 물었는데, 그녀는 일이 끝나고 바로 떠날 계획이라며 관련이 없는 내용으로 응답했으므로 오답이다.
(B) [○] 아마도 Brett이 자신을 태워줄 거라며 예술 축제에 가는 방법을 언급했으므로 정답이다.
(C) [×] 질문의 art festival(예술 축제)을 나타낼 수 있는 it을 사용하여 혼동을 준 오답이다.

26 🎧 영국식 발음 → 캐나다식 발음　　　　　　상 ●●●

I think this printer might be out of paper.
(A) Please print some extra ones.
(B) Let me get an ink cartridge for you.
(C) Some more will be delivered on Wednesday.

out of 없는　extra 여분의　deliver 배송하다

해석　이 프린터에 용지가 없는 것 같아요.
(A) 여분의 것들을 인쇄해주세요.
(B) 제가 당신을 위해 잉크 카트리지를 가져다드릴게요.
(C) 수요일에 좀 더 배송될 거예요.

해설　평서문
(A) [×] printer – print의 유사 발음 어휘를 사용하여 혼동을 준 오답이다.
(B) [×] printer(프린터)와 관련 있는 ink cartridge(잉크 카트리지)를 사용하여 혼동을 준 오답이다.
(C) [○] 수요일에 좀 더 배송될 것이라는 말로, 프린터에 용지가 없는 문제점에 대한 해결책을 제시했으므로 정답이다.

27 🎧 미국식 발음 → 캐나다식 발음　　　　　　중 ●●○

Are you looking for anything in particular?
(A) Look under the table.
(B) I'd be happy to.
(C) I need a jacket.

in particular 특별히

해석　특별히 찾는 것이 있으신가요?
(A) 책상 아래를 보세요.
(B) 기꺼이 해 드릴게요.
(C) 재킷이 필요해요.

해설　Be 동사 의문문
(A) [×] looking – look의 유사 발음 어휘를 사용하여 혼동을 준 오답이다.
(B) [×] 특별히 찾는 것이 있는지를 물었는데, 기꺼이 해 드리겠다며 관련이 없는 내용으로 응답했으므로 오답이다.

(C) [○] 재킷이 필요하다는 말로 찾고 있는 것을 전달했으므로 정답이다.

28 🎧 호주식 발음 → 영국식 발음　　　　　　상 ●●●

Where does your firm produce its merchandise?
(A) On a daily basis.
(B) We opened a new facility in Canada.
(C) I will check the price for you.

produce 생산하다　merchandise 상품　daily 하루(의)　basis 단위
facility 시설

해석　당신의 회사는 어디에서 상품을 생산하나요?
(A) 하루 단위로요.
(B) 저희는 캐나다에 새로운 시설을 열었어요.
(C) 당신을 위해 가격을 확인해 드릴게요.

해설　Where 의문문
(A) [×] 회사가 상품을 생산하는 장소를 물었는데, 빈도로 응답했으므로 오답이다.
(B) [○] 캐나다에 새로운 시설을 열었다는 말로 캐나다에서 상품을 생산한다는 것을 간접적으로 전달했으므로 정답이다.
(C) [×] merchandise(상품)와 관련 있는 price(가격)를 사용하여 혼동을 준 오답이다.

29 🎧 캐나다식 발음 → 영국식 발음　　　　　　상 ●●●

Did you see my latest memo?
(A) I was out of the office all day.
(B) Just for the accounting staff.
(C) No, I can't come tonight.

latest 최근의　accounting 회계　staff 직원, 담당자　come (행사 등에) 가다

해석　제 가장 최근의 회람을 보셨나요?
(A) 저는 하루 종일 사무실에 없었어요.
(B) 회계 직원들만을 위해서요.
(C) 아니요, 저는 오늘 밤에 갈 수 없어요.

해설　조동사 의문문
(A) [○] 하루 종일 사무실에 없었다며 가장 최근의 회람을 보지 못했다는 것을 간접적으로 전달했으므로 정답이다.
(B) [×] memo(회람)에서 연상할 수 있는 수신자와 관련된 for the accounting staff(회계 직원들을 위해)를 사용하여 혼동을 주었다.
(C) [×] 가장 최근의 회람을 보았는지를 물었는데, 오늘 밤에 갈 수 없다며 관련이 없는 내용으로 응답했으므로 오답이다. No만 듣고 정답으로 고르지 않도록 주의한다.

30 🎧 호주식 발음 → 미국식 발음　　　　　　상 ●●●

Why haven't you taken this food to Suite 204 yet?
(A) I was just about to bring it there.
(B) Meet me in the restaurant.
(C) Room service is no longer available.

suite 스위트룸　be about to 막 ~하려는 참이다　bring 가져다주다
meet 만나다　available 이용할 수 있는

해석　왜 아직 이 음식을 204호 스위트룸으로 가져가지 않았나요?
(A) 제가 막 그곳에 이것을 가져다드리려는 참이었어요.

(B) 식당에서 만나요.
(C) 룸서비스를 더 이상 이용할 수 없어요.

해설 **Why 의문문**
(A) [○] 막 그곳에 이것, 즉 음식을 가져다주려는 참이었다며 음식을 204호 스위트룸으로 가져가지 않은 이유를 간접적으로 언급했으므로 정답이다.
(B) [×] food(음식)와 관련 있는 restaurant(식당)를 사용하여 혼동을 준 오답이다.
(C) [×] Suite(스위트룸)와 관련 있는 Room service(룸서비스)를 사용하여 혼동을 준 오답이다.

31 [3W] 영국식 발음 → 호주식 발음 중 ●●○

Are those new shoes?
(A) I'm the staff.
(B) At the local store.
(C) I got them on sale last week.

staff 직원 local 지역의

해설 그것들은 새 신발인가요?
(A) 저는 직원이에요.
(B) 지역 상점에서요.
(C) 지난주의 세일 때 그것들을 샀어요.

해설 **Be동사 의문문**
(A) [×] 새 신발인지를 물었는데, 자신은 직원이라며 관련이 없는 내용으로 응답했으므로 오답이다.
(B) [×] 새 신발인지를 물었는데, 장소로 응답했으므로 오답이다.
(C) [○] 지난주의 세일 때 그것들, 즉 신발을 샀다는 말로 새 신발임을 간접적으로 전달했으므로 정답이다.

PART 3

32-34 [3W] 캐나다식 발음 → 미국식 발음

Questions 32-34 refer to the following conversation.

M: Diana, do you have a moment? ³²**I'd like you to print some invitations for our upcoming employee appreciation dinner.**
W: Of course, Mr. Ruiz. How many copies would you like printed?
M: One for every staff member, so 45 in total. Please bring them to me when you're done. ³³**I'm late for a conference call with an important client. I need to contact her as soon as possible.**
W: OK. ³⁴**I'll take care of the printing now.**

invitation 초대장 upcoming 다가오는 appreciation 감사 staff 직원 conference call 전화 회의 contact 연락하다

32-34번은 다음 대화에 관한 문제입니다.
남: Diana, 잠시 시간 있으신가요? ³²다가오는 직원 감사 만찬의 초대장을 인쇄하고 싶어요.
여: 물론이죠, Mr. Ruiz. 몇 장을 인쇄하시겠어요?
남: 직원 한 명당 하나씩이니, 총 45장이요. 완료되면 제게 가져다주세요. ³³제가 중요한 고객과의 전화 회의에 늦었거든요. 그녀에게 최대한 빨리 연락해야 해요.
여: 알겠어요. ³⁴지금 인쇄를 처리할게요.

32 주제 문제 하 ●○○

해석 화자들은 주로 무엇에 관해 이야기하는가?
(A) 여행 일정표
(B) 교육 프로그램
(C) 행사 초대장
(D) 직원 평가

해설 대화의 주제를 묻는 문제이므로, 대화의 초반을 주의 깊게 듣는다. 남자가 "I'd like you to print some invitations for our upcoming employee appreciation dinner(다가오는 직원 감사 만찬의 초대장을 인쇄하고 싶어요)"라고 한 후, 행사 초대장에 대한 내용으로 대화가 이어지고 있다. 따라서 (C)가 정답이다.

어휘 itinerary 일정표

패러프레이징

employee appreciation dinner 직원 감사 만찬 → Event 행사

33 특정 세부 사항 문제 하 ●○○

해석 남자는 무엇을 해야 하는가?
(A) 장소를 예약한다.
(B) 고객에게 연락한다.
(C) 비품을 찾아온다.
(D) 계약서에 서명한다.

해설 질문의 핵심어구(man need to do)와 관련된 내용을 주의 깊게 듣는다. 대화 중후반에서 남자가 "I'm late for a conference call with an important client. I need to contact her as soon as possible(제가 중요한 고객과의 전화 회의에 늦었거든요. 그녀에게 최대한 빨리 연락해야 해요)"이라고 하였다. 이를 통해, 남자가 고객에게 연락해야 함을 알 수 있다. 따라서 (B)가 정답이다.

어휘 venue 장소

34 다음에 할 일 문제 하 ●○○

해석 여자는 다음에 무엇을 할 것 같은가?
(A) 일부 자료를 인쇄한다.
(B) 동료에게 전화한다.
(C) 발표를 한다.
(D) 유인물을 나눠 준다.

해설 대화의 마지막 부분을 주의 깊게 듣는다. 여자가 "I'll take care of the printing now(지금 인쇄를 처리할게요)"라고 하였다. 따라서 (A)가 정답이다.

어휘 material 자료 coworker 동료 distribute 나눠 주다, 배포하다

35-37 [3W] 캐나다식 발음 → 영국식 발음

Questions 35-37 refer to the following conversation.

M: Welcome to the Grossmont Community Garden. Tickets to explore the indoor gardens cost $8 for adults.
W: Actually, ³⁵**I heard that your garden is looking for volunteers to help maintain the plants. I'd like to help out.**
M: Oh, wonderful! ³⁶**Could you please complete this registration form?** It's helpful to know how much gardening experience volunteers have.
W: Sure. Um . . . ³⁷**I have one concern, though. Would I have to come on weekends? If so, I won't be available,**

since I work a part-time job on those days.
M: As of right now, we have sufficient people on Saturdays and Sundays. So, we'd be glad to have you here during the week.

---

explore 답사하다　volunteer 자원봉사자　maintain 관리하다, 유지하다
registration form 신청서　gardening 원예　part-time job 아르바이트
sufficient 충분한

35-37번은 다음 대화에 관한 문제입니다.

남: Grossmont Community Garden에 오신 것을 환영합니다. 실내 정원을 답사하기 위한 표는 성인의 경우 8달러예요.

여: 사실, ³⁵당신 정원에서 식물을 관리하는 것을 도와줄 자원봉사자를 찾고 있다고 들었어요. 제가 도와드리고 싶어요.

남: 아, 좋아요! ³⁶이 신청서를 작성해 주시겠어요? 자원봉사자들이 얼마나 원예 경험이 있는지 아는 것이 도움이 되거든요.

여: 물론이죠. 음… ³⁷그런데, 걱정이 하나 있어요. 주말에 와야 하나요? 만약 그렇다면, 그날에는 아르바이트를 해서 제가 할 수 없을 거예요.

남: 지금으로서, 토요일과 일요일에는 충분한 사람들이 있어요. 따라서 주중에 당신이 와 주시면 좋을 것 같아요.

35 목적 문제　　　　　　　　　　　중 ●●○

해석　여자의 방문 목적은 무엇인가?
(A) 식물을 구입하기 위해
(B) 단체 여행을 준비하기 위해
(C) 업무에 자원하기 위해
(D) 원예 수업을 듣기 위해

해설　방문의 목적을 묻는 문제이므로, 대화의 초반을 반드시 듣는다. 대화 초반부에서 여자가 "I heard that your garden is looking for volunteers to help maintain the plants. I'd like to help out(당신 정원에서 식물을 관리하는 것을 도와줄 자원봉사자를 찾고 있다고 들었어요. 제가 도와드리고 싶어요)"이라고 하였다. 따라서 (C)가 정답이다.

어휘　purchase 구입하다　task 업무

36 요청 문제　　　　　　　　　　　하 ●○○

해석　남자는 여자에게 무엇을 하라고 요청하는가?
(A) 문서를 작성한다.
(B) 다른 접수원과 이야기한다.
(C) 전단지를 읽어본다.
(D) 신분증을 제시한다.

해설　남자의 말에서 요청과 관련된 표현이 언급된 다음을 주의 깊게 듣는다. 대화 중반부에서 남자가 "Could you please complete this registration form?(이 신청서를 작성해 주시겠어요?)"이라고 하였다. 이를 통해, 남자가 여자에게 문서를 작성하라고 요청하고 있음을 알 수 있다. 따라서 (A)가 정답이다.

어휘　fill out 작성하다　receptionist 접수원　leaflet 전단지　present 제시하다
identification 신분증

패러프레이징

complete ~ registration form 신청서를 작성하다 → Fill out a document
문서를 작성하다

37 문제점 문제　　　　　　　　　　　중 ●●○

해석　여자는 왜 걱정하는가?

(A) 지불할 여유가 없다.
(B) 메시지를 받지 못했다.
(C) 주말에는 시간이 없다.
(D) 아르바이트를 구하지 못했다.

해설　여자의 말에서 부정적인 표현이 언급된 주변을 주의 깊게 듣는다. 대화 중후반에서 여자가 "I have one concern, though. Would I have to come on weekends? If so, I won't be available(그런데 걱정이 하나 있어요. 주말에 와야 하나요? 만약 그렇다면 제가 할 수 없을 거예요)"이라고 하였다. 따라서 (C)가 정답이다.

어휘　afford 여유가 되다

38-40 🎧 미국식 발음 → 호주식 발음

Questions 38-40 refer to the following conversation.

W: Zack, ³⁸can you send me the file for our latest accounting report? I want to review it before our presentation on Friday.
M: Sure. I'll send it to you in an e-mail right now. As for Friday, ³⁹how about we go over the presentation together beforehand? There are a lot of details.
W: I'm open to that. Let's discuss it later this afternoon in the conference room. In the meantime, ⁴⁰I'll set up the projector for us to use.

---

latest 최신의　accounting 회계　go over 검토하다　beforehand 미리
detail 세부 사항　in the meantime 그동안

38-40번은 다음 대화에 관한 문제입니다.

여: Zack, ³⁸최신 회계 보고서 파일을 보내 주실 수 있나요? 금요일에 발표하기 전에 그것을 검토하고 싶어요.

남: 그럼요. 지금 이메일로 보내 드릴게요. 금요일을 위해서, ³⁹미리 발표를 함께 검토하는 것은 어때요? 세부 사항들이 많아요.

여: 좋아요. 오늘 오후에 회의실에서 그것을 논의해요. 그동안, ⁴⁰저는 우리가 사용할 프로젝터를 준비할게요.

38 요청 문제　　　　　　　　　　　중 ●●●

해석　여자는 남자에게 무엇을 요청하는가?
(A) 재정 보고서
(B) 이메일 비밀번호
(C) 사무용 프로젝터
(D) 여분의 메모장

해설　여자의 말에서 요청과 관련된 표현이 언급된 다음을 주의 깊게 듣는다. 대화 초반부에서 여자가 "can you send me the file for our latest accounting report?(최신 회계 보고서 파일을 보내 주실 수 있나요?)"라고 하였다. 따라서 (A)가 정답이다.

어휘　extra 여분의　notepad 메모장

39 의도 파악 문제　　　　　　　　　중 ●●●

해석　남자는 왜 "세부 사항들이 많아요"라고 말하는가?
(A) 변경을 발표하기 위해
(B) 동의를 보여주기 위해
(C) 불만을 논의하기 위해
(D) 우려를 나타내기 위해

해설　질문의 인용어구(There are a lot of details)가 언급된 주변을 주의 깊게 듣

는다. 대화 중반부에서 남자가 "how about we go over the presentation together beforehand?(미리 발표를 함께 검토하는 것은 어때요?)"라고 한 후, 세부 사항들이 많다고 한 것을 통해 우려를 나타내기 위함임을 알 수 있다. 따라서 (D)가 정답이다.

어휘 indicate 나타내다 concern 우려

40 특정 세부 사항 문제　　　　　　　　하 ●○○

해석 여자는 무엇을 할 계획인가?
(A) 오찬을 연기한다.
(B) 장치를 준비한다.
(C) 보고서를 교정한다.
(D) 건물을 점검한다.

해설 질문의 핵심어구(woman plan to do)와 관련된 내용을 주의 깊게 듣는다. 대화 후반부에서 여자가 "I'll set up the projector for us to use(저는 우리가 사용할 프로젝터를 준비할게요)"라고 한 것을 통해, 여자가 장치를 준비할 것임을 알 수 있다. 따라서 (B)가 정답이다.

어휘 proofread 교정하다

패러프레이징

projector 프로젝터 → device 장치

41-43 [3에] 영국식 발음 → 캐나다식 발음 → 미국식 발음

Questions 41-43 refer to the following conversation with three speakers.

W1: Josh, **⁴¹I just saw the draft of the magazine advertisement that our company is creating for Gateway Electronics**. Didn't we decide to use a different image and increase the size of the company's logo?

M: Yes, I know. **⁴²I haven't had a chance to make the changes yet. Mr. Carter asked me to train the new interns . . . It will take up the rest of the day.**

W1: I see. How about you, Gabby?

W2: I just finished an assignment, so I'm available. Can you show me the advertisement?

W1: Sure, **⁴³let's go to your desk.** I'll explain how it should be changed.

draft 초안 take up 걸리다 assignment 업무

41-43번은 다음 세 명의 대화에 관한 문제입니다.

여1: Josh, ⁴¹방금 우리 회사가 Gateway 전자사를 위해 만들고 있는 잡지 광고 초안을 보았어요. 다른 이미지를 사용하고 회사 로고의 크기를 늘리기로 결정하지 않았나요?

남: 네, 알아요. ⁴²아직 변경할 기회가 없었어요. Mr. Carter가 제게 신입 인턴들을 교육해 달라고 요청했어요… 그건 오늘 남은 시간이 모두 걸릴 거예요.

여1: 알겠어요. 당신은 어때요, Gabby?

여2: 저는 방금 업무를 마쳐서, 가능해요. 저에게 광고를 보여주실 수 있나요?

여1: 그럼요, ⁴³당신 책상으로 가요. 제가 그것이 어떻게 변경되어야 할지 설명해 드릴게요.

최고난도 문제

41 화자 문제　　　　　　　　상 ●●●

해석 화자들은 어디에서 일하는 것 같은가?
(A) 채용 대행사
(B) 전자제품 매장
(C) 출판사
(D) 마케팅 회사

해설 대화에서 신분 및 직업과 관련된 표현을 놓치지 않고 듣는다. 대화 초반부에서 여자1이 "I just saw the draft of the magazine advertisement that our company is creating for Gateway Electronics(방금 우리 회사가 Gateway 전자사를 위해 만들고 있는 잡지 광고 초안을 보았어요)"라고 하였다. 이를 통해, 화자들이 마케팅 회사에서 일하고 있음을 알 수 있다. 따라서 (D)가 정답이다.

어휘 recruitment 채용 agency 대행사 electronics store 전자제품 매장

42 이유 문제　　　　　　　　중 ●●○

해석 남자는 왜 변경을 할 수 없는가?
(A) 일부 직원들을 교육해야 한다.
(B) 회의를 준비하고 있다.
(C) 방문객들을 맞이해야 한다.
(D) 원고를 검토하고 있다.

해설 질문의 핵심어구(unable to ~ changes)와 관련된 내용을 주의 깊게 듣는다. 대화 중반부에서 남자가 "I haven't had a chance to make the changes yet. Mr. Carter asked me to train the new interns ~. It will take up the rest of the day(아직 변경할 기회가 없었어요. Mr. Carter가 제게 신입 인턴들을 교육해 달라고 요청했어요 ~. 그건 오늘 남은 시간이 모두 걸릴 거예요)"라고 하였다. 이를 통해, 남자가 일부 직원들을 교육해야 하므로 변경을 할 수 없음을 알 수 있다. 따라서 (A)가 정답이다.

어휘 greet 맞이하다 manuscript 원고

43 다음에 할 일 문제　　　　　　　　중 ●●○

해석 Gabby는 다음에 무엇을 할 것인가?
(A) 동료들을 소개한다.
(B) 고객에게 변경 사항을 설명한다.
(C) 작업 장소로 간다.
(D) 사진을 찍는다.

해설 대화의 마지막 부분을 주의 깊게 듣는다. 대화 후반부에서 여자1이 여자2[Gabby]에게 "let's go to your desk(당신 책상으로 가요)"라고 하였다. 따라서 (C)가 정답이다.

어휘 head (~를 향해) 가다 workstation 작업 장소

44-46 [3에] 미국식 발음 → 호주식 발음

Questions 44-46 refer to the following conversation.

W: Pardon me. **⁴⁴I have a question regarding continuing education courses at this school.** I'm hoping that you can answer it.

M: **⁴⁴Yes, I'm in charge of registration.** Do you have a question about the fees?

W: Actually, **⁴⁵I'm curious about the physical therapy course you offer. Specifically, will the class be held from**

February to June? Your Web site doesn't say anything about that.

M: Just a moment. ⁴⁶**Let me check our course catalog.**

---

regarding ~에 관하여　continuing education 평생 교육
be in charge of 담당하다　fee 금액, 요금　physical therapy 물리 치료
specifically 특히　catalog 편람, 카탈로그

44-46번은 다음 대화에 관한 문제입니다.

여: 실례합니다. ⁴⁴이 학교의 평생 교육 과정에 관해 질문이 있어요. 당신이 대답해 주실 수 있으면 하는데요.

남: ⁴⁴네, 제가 등록을 담당하고 있습니다. 금액에 대해 궁금한 점이 있으신가요?

여: 사실, ⁴⁵여기에서 제공하는 물리 치료 수업이 궁금해요. 특히, 수업이 2월에서 6월까지 열리나요? 웹사이트에는 그것에 대해 아무것도 나와 있지 않아서요.

남: 잠시만요. ⁴⁶수업 편람을 확인해 볼게요.

44 화자 문제
하 ●○○

해석 남자는 어디에서 일하는가?

(A) 학교에서
(B) 도서관에서
(C) 병원에서
(D) 체육관에서

해설 대화에서 신분 및 직업과 관련된 표현을 놓치지 않고 듣는다. 대화 초반부에서 여자가 "I have a question regarding continuing education courses at this school(이 학교의 평생 교육 과정에 관해 질문이 있어요)"이라고 하자, 남자가 "Yes, I'm in charge of registration(네, 제가 등록을 담당하고 있습니다)"이라고 한 것을 통해, 남자가 학교에서 일함을 알 수 있다. 따라서 (A)가 정답이다.

어휘 clinic 병원

45 특정 세부 사항 문제
상 ●●●

해석 여자는 무엇에 대해 물어보는가?

(A) 금액
(B) 책자
(C) 일정
(D) 설문지

해설 대화에서 여자의 말을 주의 깊게 듣는다. 대화 중반부에서 여자가 "I'm curious about the physical therapy course you offer. Specifically, will the class be held from February to June?(여기에서 제공하는 물리 치료 수업이 궁금해요. 특히, 수업이 2월에서 6월까지 열리나요?)"이라고 한 것을 통해, 여자가 일정에 대해 물어보고 있음을 알 수 있다. 따라서 (C)가 정답이다.

어휘 brochure 책자　questionnaire 설문지

46 다음에 할 일 문제
중 ●●○

해석 남자는 다음에 무엇을 할 것 같은가?

(A) 피드백을 요약한다.
(B) 등록 신청서를 검토한다.
(C) 메시지에 응답한다.
(D) 세부 사항을 찾아본다.

해설 대화의 마지막 부분을 주의 깊게 듣는다. 대화 후반부에서 남자가 "Let me check our course catalog(수업 편람을 확인해 볼게요)"라고 한 것을 통해, 남자가 세부 사항을 찾아볼 것임을 알 수 있다. 따라서 (D)가 정답이다.

어휘 enrollment 등록　respond 응답하다

패러프레이징

| check 확인하다 → Search for 찾아보다 |

47-49 영국식 발음 → 호주식 발음 → 미국식 발음

Questions 47-49 refer to the following conversation with three speakers.

W1: ⁴⁷**The launch party on Monday for our new tablet went well**, don't you think?

M: Yeah. Everything came together as planned. However, ⁴⁷**I didn't get a chance to talk with many of the journalists.** You know, to see how they felt about our device.

W2: ⁴⁸**They all seemed impressed with the device.**

W1: ⁴⁸**Yes. Everyone said it was amazing.**

M: OK. Are any Web sites planning to publish articles about the tablet?

W2: A few already have, and I expect more to post stories soon.

M: Great. ⁴⁹**Our director will be happy to hear that. I'll tell him now.**

---

launch 출시　come together 이루어지다　device 기기
impressed 감명받은　amazing 놀라운　publish 게재하다, 간행하다
story 기사, 이야기

해석

47-49번은 다음 세 명의 대화에 관한 문제입니다.

여1: ⁴⁷우리의 새로운 태블릿을 위한 월요일의 출시 파티는 잘 진행되었어요, 그렇게 생각하지 않나요?

남: 맞아요. 모든 것이 계획한 대로 이루어졌어요. 하지만, ⁴⁷저는 많은 기자들과 이야기할 기회를 얻지 못했어요. 아시다시피, 그들이 우리 기기에 대해 어떻게 느끼는지를 보기 위해서요.

여2: ⁴⁸그들은 모두 기기에 감명받은 것처럼 보였어요.

여1: ⁴⁸맞아요. 모든 사람들이 그것이 놀랍다고 이야기했어요.

남: 알겠어요, 태블릿에 대한 기사를 게재할 계획이 있는 웹사이트가 있나요?

여2: 몇몇은 이미 게재했고, 저는 더 많은 곳에서 곧 기사들을 게시할 것으로 예상해요.

남: 좋네요. ⁴⁹우리 관리자가 그것을 들으면 좋아할 거예요. 제가 지금 그에게 말할게요.

47 특정 세부 사항 문제
중 ●●○

해석 이번 주 초에 무엇이 일어났는가?

(A) 기자 회견
(B) 구직 면접
(C) 교육 세미나
(D) 제품 출시

해설 질문의 핵심어구(earlier this week)와 관련된 내용을 주의 깊게 듣는다. 대화 초반부에서 여자1이 "The launch party on Monday for our new tablet went well(우리의 새로운 태블릿을 위한 월요일의 출시 파티는 잘 진행되었어요)"이라고 하였다. 이를 통해, 이번 주 초에 제품 출시가 있었음을 알 수 있다. 따라서 (D)가 정답이다.

어휘 press conference 기자 회견　job interview 구직 면접

패러프레이징

tablet 태블릿 → product 제품

48 특정 세부 사항 문제   상 ●●●

해석 여자들은 남자에게 무엇에 대해 알려주는가?
   (A) 회람의 목적
   (B) 참석자들의 의견
   (C) 캠페인의 목표
   (D) 정책의 혜택

해설 질문의 핵심어구(women inform ~ man)와 관련된 내용을 주의 깊게 듣는다. 대화 중반부에서 남자가 "I didn't get a chance to talk with many of the journalists(저는 많은 기자들과 이야기할 기회를 얻지 못했어요)"라고 하자, 여자2가 "They all seemed impressed with the device(그들은 모두 기기에 감명받은 것처럼 보였어요)"라고 한 후, 여자1이 "Yes. Everyone said it was amazing(맞아요. 모든 사람들이 그것이 놀랍다고 이야기했어요)"이라고 하였다. 이를 통해, 여자들이 남자에게 참석자들의 의견을 알려주고 있음을 알 수 있다. 따라서 (B)가 정답이다.

어휘 attendee 참석자

49 다음에 할 일 문제   하 ●○○

해석 남자는 그가 무엇을 할 것이라고 말하는가?
   (A) 관리자에게 알린다.
   (B) 표를 구매한다.
   (C) 기사를 인쇄한다.
   (D) 지침을 게시한다.

해설 대화의 마지막 부분을 주의 깊게 듣는다. 남자가 "Our director will be happy to hear that. I'll tell him now(우리 관리자가 그것을 들으면 좋아할 거예요. 제가 지금 그에게 말할게요)"라고 하였다. 따라서 (A)가 정답이다.

패러프레이징

director 관리자 → manager 관리자

50-52   🎧 미국식 발음 → 캐나다식 발음

Questions 50-52 refer to the following conversation.

> W: Hello, Mr. Sanders. This is Carla from Gold Realtors. ⁵⁰**I'm calling to let you know about a newly listed apartment in the San Lucas Hill neighborhood.** It includes many of the features you want in a new home.
> M: Oh, really? How many bedrooms does it have?
> W: There are three.
> M: Great. And, ⁵¹**would it be an easy commute to the downtown area?**
> W: It's across from a metro station. I suggest seeing it soon. Would you be able to come at 5 P.M. today?
> M: I'm afraid not, but how about 7 P.M.?
> W: ⁵²**The current tenant will be there then, but it shouldn't be a problem.** You can meet me in front of 117 Charles Avenue.

listed 등록된   feature 특징   commute 통근하다   downtown 시내
metro station 지하철역   current 현재의   tenant 세입자

50-52번은 다음 대화에 관한 문제입니다.

여: 안녕하세요, Mr. Sanders. Gold Realtors의 Carla에요. ⁵⁰San Lucas Hill 인근에 새로 등록된 아파트에 대해 알려드리고자 전화했어요. 그곳은 당신이 새 집에 원하시는 많은 특징들을 포함하고 있어요.
남: 아, 정말요? 침실은 몇 개 있나요?
여: 3개가 있어요.
남: 좋아요. 그리고, ⁵¹시내 지역으로 쉽게 통근할 수 있나요?
여: 그곳은 지하철역 건너편에 있어요. 어서 그곳을 보시길 권해요. 오늘 오후 5시에 오실 수 있나요?
남: 안 될 것 같아요, 그렇지만 오후 7시는 어때요?
여: ⁵²현재 세입자가 그때 그곳에 있을 것이지만, 문제가 되지는 않을 거예요. Charles가 117번지 앞에서 저를 만나실 수 있어요.

50 목적 문제   중 ●●○

해석 여자는 왜 전화를 하고 있는가?
   (A) 예약을 하기 위해
   (B) 아파트에 대해 논의하기 위해
   (C) 조건들에 관해 문의하기 위해
   (D) 인터뷰를 준비하기 위해

해설 전화의 목적을 묻는 문제이므로, 대화의 초반을 반드시 듣는다. 여자가 "I'm calling to let you know about a newly listed apartment in the San Lucas Hill neighborhood(San Lucas Hill 인근에 새로 등록된 아파트에 대해 알려드리고자 전화했어요)"라고 하였다. 따라서 (B)가 정답이다.

어휘 requirement 조건

51 의도 파악 문제   중 ●●○

해석 여자는 왜 "그곳은 지하철역 건너편에 있어요"라고 말하는가?
   (A) 장점을 강조하기 위해
   (B) 지연을 설명하기 위해
   (C) 실수를 정정하기 위해
   (D) 계획을 확정하기 위해

해설 질문의 인용어구(It's across from a metro station)가 언급된 주변을 주의 깊게 듣는다. 대화 중반부에서 남자가 "would it be an easy commute to the downtown area?(시내 지역으로 쉽게 통근할 수 있나요?)"라고 하자 여자가 그곳은 지하철역 건너편에 있다고 한 것을 통해 장점을 강조하기 위한 의도임을 알 수 있다. 따라서 (A)가 정답이다.

어휘 highlight 강조하다   advantage 장점

52 언급 문제   상 ●●●

해석 세입자에 대해 무엇이 언급되는가?
   (A) 방문하는 동안 그곳에 있을 것이다.
   (B) 수리에 만족하지 못한다.
   (C) 매우 빠른 시일 안의 답변을 기대한다.
   (D) 문을 잠그지 않았다.

해설 질문의 핵심어구(tenant)가 언급된 주변을 주의 깊게 듣는다. 대화 후반부에서 여자가 "The current tenant will be there then, but it shouldn't be a problem(현재 세입자가 그때 그곳에 있을 것이지만, 문제가 되지는 않을 거예요)"이라고 한 것을 통해 세입자가 방문하는 동안 그곳에 있을 것임을 알 수 있다. 따라서 (A)가 정답이다.

어휘 present 있는   renovation 수리

53-55 3예 영국식 발음 → 호주식 발음

Questions 53-55 refer to the following conversation.

W: Ventura Home Goods. This is Helen speaking. How can I help you?
M: I ordered a mirror from your Web site last Tuesday. But ⁵³**when it arrived, I discovered a large crack on its surface.**
W: I apologize for that, sir. ⁵⁴**If you tell me your order number, I can carry out an exchange for you.**
M: I'd appreciate that. The order number is 9283.
W: Hmm . . . I can't find that number in our system. Are you positive that's the correct one?
M: Oh, my mistake! That was for another item I recently purchased. ⁵⁵**Let me just check my e-mail for a moment to find the right information.**

discover 발견하다　crack 금, 균열　surface 표면　appreciate 감사하다
positive 확실한

53-55번은 다음 대화에 관한 문제입니다.

여: Ventura 가정용품점입니다. 저는 Helen입니다. 어떻게 도와드릴까요?
남: 저는 지난주 화요일에 당신의 웹사이트에서 거울을 주문했어요. 하지만 ⁵³그것이 도착했을 때, 그것의 표면에서 큰 금을 발견했어요.
여: 죄송합니다, 손님. ⁵⁴제게 주문 번호를 알려 주시면, 교환해 드릴 수 있어요.
남: 감사합니다. 주문 번호는 9283이에요.
여: 흠… 저희 시스템에서 해당 번호를 찾을 수가 없네요. 그것이 정확한 것인지 확실하신가요?
남: 아, 제 실수예요! 그건 제가 최근에 구입한 다른 품목의 것이었어요. ⁵⁵맞는 정보를 찾기 위해 잠시 이메일을 확인할게요.

53 문제점 문제 　중 ●●○

해석　남자는 무슨 문제를 언급하는가?
(A) 웹사이트가 작동하지 않는다.
(B) 주문이 도착하지 않았다.
(C) 요금 청구서가 정확하지 않다.
(D) 물품이 손상되었다.

해설　남자의 말에서 부정적인 표현이 언급된 다음을 주의 깊게 듣는다. 대화 초반부에서 남자가 "when it[mirror] arrived, I discovered a large crack on its surface(거울이 도착했을 때, 그것의 표면에서 큰 금을 발견했어요)"라고 한 것을 통해, 물품이 손상되었음을 알 수 있다. 따라서 (D)가 정답이다.

어휘　billing statement 요금 청구서

54 특정 세부 사항 문제 　하 ●○○

해석　여자는 무슨 정보가 필요한가?
(A) 제품명
(B) 주문 번호
(C) 배송 주소
(D) 구매 날짜

해설　질문의 핵심어구(information ~ woman need)와 관련된 내용을 주의 깊게 듣는다. 대화 중반부에서 여자가 "If you tell me your order number, I can carry out an exchange for you(제게 주문 번호를 알려 주시면, 교환해 드릴 수 있어요)"라고 하였다. 따라서 (B)가 정답이다.

55 다음에 할 일 문제 　하 ●○○

해석　남자는 다음에 무엇을 할 것인가?
(A) 주문서를 다운로드한다.
(B) 온라인에서 가격을 비교한다.
(C) 상자에 제품을 포장한다.
(D) 이메일을 살펴본다.

해설　대화의 마지막 부분을 주의 깊게 듣는다. 남자가 "Let me just check my e-mail for a moment to find the right information(맞는 정보를 찾기 위해 잠시 이메일을 확인할게요)"이라고 하였다. 따라서 (D)가 정답이다.

어휘　compare 비교하다　pack 포장하다

패러프레이징

> check 확인하다 → Look through 살펴보다

56-58 3예 미국식 발음 → 캐나다식 발음

Questions 56-58 refer to the following conversation.

W: Excuse me, Mr. Darbin. ⁵⁶**I'm a reporter from *The Heston Times*.** Thank you for organizing today's press conference. I'd like to ask you some questions about your firm's business plans.
M: Sure. What would you like to know?
W: ⁵⁷**You mentioned that your company plans to build a production plant here in Chicago.** I'm wondering how many people your firm plans to hire.
M: Our goal is to employ 200 people from the city. Actually, ⁵⁸**more details about our plans are outlined in an informational brochure that we created for today. You can find copies on the table near the door.**

firm 회사　production plant 제조 공장　employ 고용하다
outline 개요를 서술하다, 나타내다　informational 정보의

56-58번은 다음 대화에 관한 문제입니다.

여: 실례합니다, Mr. Darbin. ⁵⁶저는 *The Heston Times*지의 기자예요. 오늘 기자 회견을 열어 주셔서 감사합니다. 저는 귀사의 사업 계획에 대해 몇 가지 질문을 하고 싶어요.
남: 물론이죠. 무엇을 알고 싶으신가요?
여: ⁵⁷귀사가 이곳 시카고에 제조 공장을 지으려고 계획하고 있다고 언급하셨는데요. 귀사에서 몇 명의 직원을 고용할 계획인지 궁금합니다.
남: 저희의 목표는 이 도시에서 200명을 고용하는 것입니다. 사실, ⁵⁸저희의 계획에 대한 더 많은 세부 사항은 저희가 오늘을 위해 제작한 정보 안내서에 개요가 서술되어 있어요. 입구 근처의 탁자에서 몇 부 찾으실 수 있을 거예요.

56 화자 문제 　하 ●○○

해석　여자는 누구인가?
(A) 시 공무원
(B) 기자
(C) 정치가
(D) 사업주

해설　대화에서 신분 및 직업과 관련된 표현을 놓치지 않고 듣는다. 대화 초반부에서 여자가 "I'm a reporter from *The Heston Times*(저는 *The Heston Times*지의 기자예요)"라고 한 것을 통해 여자가 기자임을 알 수 있다. 따라서 (B)가 정답이다.

어휘 official 공무원 politician 정치가

57 특정 세부 사항 문제　　　　　중 ●●○

해석 여자에 따르면, 시카고에 무엇이 건설될 것인가?
(A) 쇼핑 단지
(B) 스포츠 시설
(C) 지역 문화 회관
(D) 제조 공장

해설 질문의 핵심어구(Chicago)가 언급된 주변을 주의 깊게 듣는다. 대화 중반부에서 여자가 "You mentioned that your company plans to build a production plant here in Chicago(귀사가 이곳 시카고에 제조 공장을 지으려고 계획하고 있다고 언급하셨는데요)"라고 한 것을 통해 시카고에 제조 공장이 건설될 것임을 알 수 있다. 따라서 (D)가 정답이다.

어휘 shopping complex 쇼핑 단지　community center 지역 문화 회관

패러프레이징

production plant 제조 공장 → manufacturing factory 제조 공장

58 특정 세부 사항 문제　　　　　하 ●○○

해석 테이블에는 무엇이 놓여 있는가?
(A) 이름표들
(B) 소책자들
(C) 신청서들
(D) 견본 제품들

해설 질문의 핵심어구(table)와 관련된 내용을 주의 깊게 듣는다. 대화 후반부에서 남자가 "more details ~ are outlined in an informational brochure ~. You can find copies on the table near the door(더 많은 세부 사항은 정보 안내서에 개요가 서술되어 있어요. 입구 근처의 탁자에서 몇 부 찾으실 수 있을 거예요)"라고 하였다. 따라서 (B)가 정답이다.

어휘 name tag 이름표　registration form 신청서

패러프레이징

brochure 안내서 → pamphlet 소책자

59-61 [3째] 영국식 발음 → 캐나다식 발음

Questions 59-61 refer to the following conversation.

W: Good morning. This is Casey Taylor calling. **59You were supposed to come to my house to fix my broken air conditioner at 10 o'clock today. However, it's already 10:15 A.M.**
M: Ms. Taylor, hello. Unfortunately, my truck got a flat tire. **60I'm very sorry for not calling to let you know I'd be late.**
W: Oh, I see. What time do you think you'll get here?
M: I should arrive at 11:00 A.M. The tire was just replaced. **61I'm going to make my way to your house now.**

be supposed to ~하기로 되어 있다　unfortunately 안타깝게도
get a flat tire 타이어가 바람이 빠지다　make one's way 가다

59-61번은 다음 대화에 관한 문제입니다.

여: 안녕하세요. 저는 Casey Taylor입니다. 59당신은 오늘 10시에 고장 난 에어컨을 고치기 위해 저의 집에 오시기로 되어 있었어요. 그런데, 이미 오전 10시 15분이에요.

남: Ms. Taylor, 안녕하세요. 안타깝게도, 제 트럭의 타이어가 바람이 빠졌어요. 60제가 늦을 것이라고 알리기 위해 전화드리지 못해 정말 죄송해요.

여: 아, 알겠어요. 여기에 몇 시에 도착하실 것 같나요?

남: 오전 11시에 도착할 것 같아요. 방금 타이어가 교체되었어요. 61저는 이제 고객님 댁으로 갈 거예요.

59 목적 문제　　　　　중 ●●○

해석 여자는 왜 전화를 하고 있는가?
(A) 약속 일정이 변경되어야 한다.
(B) 영수증이 수정되어야 한다.
(C) 기기가 너무 크다.
(D) 직원이 늦었다.

해설 전화의 목적을 묻는 문제이므로, 대화의 초반을 반드시 듣는다. 여자가 "You were supposed to come to my house to fix my broken air conditioner at 10 o'clock today. However, it's already 10:15 A.M.(당신은 오늘 10시에 고장 난 에어컨을 고치기 위해 저의 집에 오시기로 되어 있었어요. 그런데, 이미 오전 10시 15분이에요)"라고 한 것을 통해, 여자가 직원이 늦어서 전화를 하고 있음을 알 수 있다. 따라서 (D)가 정답이다.

어휘 receipt 영수증　appliance 기기

60 이유 문제　　　　　중 ●●○

해석 남자는 왜 사과하는가?
(A) 고객에게 연락하지 않았다.
(B) 주문을 취소하지 않았다.
(C) 잘못된 금액을 청구했다.
(D) 길을 잃어버렸다.

해설 질문의 핵심어구(apologize)와 관련된 내용을 주의 깊게 듣는다. 대화 중반부에서 남자가 "I'm very sorry for not calling to let you know I'd be late(제가 늦을 것이라고 알리기 위해 전화드리지 못해 정말 죄송해요)"라고 하였다. 따라서 (A)가 정답이다.

어휘 charge 청구하다　misplace 잃어버리다, 잘못 놓다

61 다음에 할 일 문제　　　　　하 ●○○

해석 남자는 다음으로 무엇을 할 것 같은가?
(A) 지도를 확인한다.
(B) 집으로 운전한다.
(C) 질문을 한다.
(D) 문서들을 제출한다.

해설 대화의 마지막 부분을 주의 깊게 듣는다. 대화 후반부에서 남자가 "I'm going to make my way to your house now(저는 이제 고객님 댁으로 갈 거예요)"라고 하였다. 따라서 (B)가 정답이다.

62-64 [3째] 미국식 발음 → 호주식 발음

Questions 62-64 refer to the following conversation and product list.

W: Brad, can you help me? **62I was asked to change the price tags for our upcoming sale. But no one told me which items will be discounted.**
M: Well, I can help you with that. **63The products produced by Grand Corporation will be 15 percent off.** All of the others will be marked down by 10 percent.

W: Great. Thanks for letting me know. Um, **⁶⁴I also have a suggestion. Maybe we should put up a large sign at the store's entrance** to make sure that our customers know about the sale.

M: That's a good idea. I'll talk to our manager about it.

---

price tag 가격표 mark down 가격을 인하하다 put up 걸다
make sure 확실히 하다

해석

62-64번은 다음 대화와 제품 목록에 관한 문제입니다.

여: Brad, 저를 도와주실 수 있나요? ⁶²저는 다가오는 세일을 위해 가격표를 바꿔 달라고 요청받았어요. 하지만 아무도 어떤 제품이 할인될 것인지 제게 말해주지 않았어요.

남: 음, 제가 그걸 도와드릴 수 있어요. ⁶³Grand사에서 제작된 제품들은 15퍼센트 할인될 거예요. 다른 모든 것들은 10퍼센트의 가격이 인하될 거고요.

여: 좋아요. 알려주셔서 감사해요. 음, ⁶⁴또한 제가 제안할 것이 있어요. 어쩌면 우리가 고객들이 확실히 세일에 대해 알 수 있도록 가게 입구에 큰 표지판을 걸어야 할 것 같아요.

남: 그거 좋은 생각이네요. 제가 관리자에게 그것에 대해 이야기해 볼게요.

제조사	제품
Peterson사	Flow 스마트폰
Range사	Envo 노트북
Grand사	⁶³TouchTech 프린터
Beasley전자사	C32 텔레비전

62 문제점 문제
상 ●●●

해석 여자의 문제는 무엇인가?

(A) 정보가 없다.
(B) 다른 업무를 배정받았다.
(C) 자료를 잊어버렸다.
(D) 허가를 기다리고 있다.

해설 대화에서 부정적인 표현이 언급된 다음을 주의 깊게 듣는다. 여자가 "I was asked to change the price tags for our upcoming sale. But no one told me which items will be discounted(저는 다가오는 세일을 위해 가격표를 바꿔 달라고 요청받았어요. 하지만 아무도 어떤 제품이 할인될 것인지 제게 말해주지 않았어요)"라고 하였다. 이를 통해, 여자가 정보가 없다는 것이 문제임을 알 수 있다. 따라서 (A)가 정답이다.

어휘 assign 배정하다 material 자료 approval 허가

63 시각 자료 문제
하 ●○○

해석 시각 자료를 보라. 어느 품목이 15퍼센트 할인될 것인가?

(A) Flow 스마트폰
(B) Envo 노트북
(C) TouchTech 프린터
(D) C32 텔레비전

해설 제품 목록의 정보를 확인한 후 질문의 핵심어구(15 percent off)와 관련된 내용을 주의 깊게 듣는다. 대화 중반부에서 남자가 "The products produced by Grand Corporation will be 15 percent off(Grand사에서 제작된 제품들은 15퍼센트 할인될 거예요)"라고 하였으므로, TouchTech 프린터가 15퍼

센트 할인될 것임을 제품 목록에서 알 수 있다. 따라서 (C)가 정답이다.

64 제안 문제
하 ●○○

해석 여자는 무엇을 제안하는가?

(A) 업체 유인물을 만들기
(B) 상품을 옮기기
(C) 고객 의견을 수집하기
(D) 표지판을 걸기

해설 여자의 말에서 제안과 관련된 표현이 언급된 다음을 주의 깊게 듣는다. 대화 후반부에서 여자가 "I also have a suggestion. Maybe we should put up a large sign at the store's entrance(또한 제가 제안할 것이 있어요. 어쩌면 우리가 가게 입구에 큰 표지판을 걸어야 할 것 같아요)"라고 하였다. 따라서 (D)가 정답이다.

어휘 merchandise 상품

65-67 ③ᴹ 호주식 발음 → 영국식 발음

Questions 65-67 refer to the following conversation and recipe.

M: OK, **⁶⁵we're done setting up the equipment for the cooking class.** We should go over the recipes. Students are going to begin arriving in 45 minutes.

W: Yes, here's the pancake recipe that we're going to use. Only, **⁶⁶we have to change one of the recipe steps slightly. Some people don't eat dairy, so we should use oil instead of butter on the pan.**

M: No problem. **⁶⁷I'm going to get the ingredients that I need from the storage room.**

---

recipe 요리법 slightly 약간 dairy 유제품 ingredient 재료

65-67번은 다음 대화와 요리법에 관한 문제입니다.

남: 좋아요, ⁶⁵요리 수업을 위한 도구를 준비하는 것을 마쳤어요. 우리는 요리법을 검토해 봐야 해요. 학생들이 45분 후에 도착하기 시작할 거예요.

여: 네, 여기 우리가 사용할 팬케이크 요리법이에요. 다만, ⁶⁶요리법 단계 중 하나를 약간 변경해야 해요. 몇몇 사람들은 유제품을 먹지 않아서, 팬에 버터 대신 기름을 사용해야 해요.

남: 문제없어요. ⁶⁷제가 보관실에서 필요한 재료를 가져올게요.

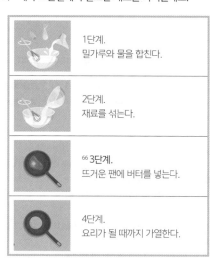

	1단계. 밀가루와 물을 합친다.
	2단계. 재료를 섞는다.
	⁶⁶3단계. 뜨거운 팬에 버터를 넣는다.
	4단계. 요리가 될 때까지 가열한다.

65 특정 세부 사항 문제　하 ●○○

해석 남자에 따르면, 무엇이 준비되었는가?
(A) 음료들
(B) 포스터들
(C) 도구들
(D) 가구들

해설 질문의 핵심어구(set up)와 관련된 내용을 주의 깊게 듣는다. 대화 초반부에서 남자가 "we're done setting up the equipment for the cooking class(요리 수업을 위한 도구를 준비하는 것을 마쳤어요)"라고 하였다. 이를 통해, 도구들이 준비되었음을 알 수 있다. 따라서 (C)가 정답이다.

66 시각 자료 문제　중 ●●○

해석 시각 자료를 보아라. 어느 단계가 변경되어야 하는가?
(A) 1단계
(B) 2단계
(C) 3단계
(D) 4단계

해설 요리법의 정보를 확인한 후 질문의 핵심어구(step ~ changed)와 관련된 내용을 주의 깊게 듣는다. 대화 중반부에서 여자가 "we have to change one of the recipe steps slightly. Some people don't eat dairy, so we should use oil instead of butter on the pan(요리법 단계 중 하나를 약간 변경해야 해요. 몇몇 사람들은 유제품을 먹지 않아서, 팬에 버터 대신 기름을 사용해야 해요)"이라고 하였다. 이를 통해, 3단계가 변경될 것임을 요리법에서 알 수 있다. 따라서 (C)가 정답이다.

67 다음에 할 일 문제　하 ●○○

해석 남자는 다음으로 무엇을 할 것 같은가?
(A) 사람들을 맞이한다.
(B) 음식을 맛본다.
(C) 메뉴를 나눠 준다.
(D) 일부 재료를 가져온다.

해설 대화의 마지막 부분을 주의 깊게 듣는다. 남자가 "I'm going to get the ingredients that I need from the storage room(제가 보관실에서 필요한 재료를 가져올게요)"이라고 하였다. 따라서 (D)가 정답이다.

어휘 welcome 맞이하다

68-70 ③웰 영국식 발음 → 캐나다식 발음

Questions 68-70 refer to the following conversation and program.

W: Hey, Stan. How did everything go at the team-building event yesterday? **⁶⁸I couldn't attend it. I had to complete a major report.**

M: Great. I really enjoyed getting to know some of our colleagues who work in other departments.

W: Yeah, the event would be a great opportunity for that. **⁶⁹Which workshop did you attend?**

M: **⁶⁹The one about building trust in the workplace.** It was pretty interesting.

W: I was hoping to listen to that one, too. I'm upset that I missed it.

M: Oh, don't worry. **⁷⁰Videos of all the speeches are going to be posted on our company Web site** for those who

couldn't attend. In fact, they should be posted later today.

colleague 동료　opportunity 기회　trust 신뢰　workplace 직장
upset 속상한　miss 놓치다

68-70번은 다음 대화와 프로그램에 관한 문제입니다.
여: 안녕하세요, Stan. 어제 팀 빌딩 행사가 어떻게 진행되었나요? ⁶⁸저는 그것을 참석할 수가 없었어요. 중요한 보고서를 작성해야 했거든요.
남: 좋았어요. 다른 부서에서 일하는 우리 동료 중 몇몇을 알게 되어 정말 즐거웠어요.
여: 네, 그 행사는 그것을 위한 좋은 기회였을 것 같아요. ⁶⁹어느 워크숍에 참석했나요?
남: ⁶⁹직장에서 신뢰를 쌓는 것에 관한 것이요. 꽤 흥미로웠어요.
여: 저도 그것을 듣고 싶었어요. 그것을 놓쳤다는 것이 속상하네요.
남: 아, 걱정 마세요. ⁷⁰모든 연설의 영상은 참석할 수 없었던 사람들을 위해 우리 회사 웹사이트에 게시될 거예요. 실제로, 그것들은 오늘 오후에 게시될 거예요.

SAVALL MOTORS 팀 빌딩 워크숍	
연설자	주제
Logan Jenkins	직원 의사소통
⁶⁹Betty Graham	직장에서의 신뢰
Aubrey Hammond	신입 직원 교육
Carson Filby	팀 효율성

68 이유 문제　중 ●●○

해석 왜 여자는 행사를 놓쳤는가?
(A) 관리자를 도와야 했다.
(B) 도시를 떠나 있었다.
(C) 몸이 좋지 않았다.
(D) 업무를 완료해야 했다.

해설 질문의 핵심어구(miss ~ event)와 관련된 내용을 주의 깊게 듣는다. 대화 초반부에서 여자가 "I couldn't attend it. I had to complete a major report(저는 그것을 참석할 수가 없었어요. 중요한 보고서를 작성해야 했거든요)"라고 한 것을 통해, 여자가 업무를 완료해야 했기 때문에 행사를 놓쳤음을 알 수 있다. 따라서 (D)가 정답이다.

어휘 assist 돕다　assignment 업무

패러프레이징

report 보고서 → assignment 업무

69 시각 자료 문제　하 ●○○

해석 시각 자료를 보아라. 누가 남자가 참석한 워크숍을 진행했는가?
(A) Logan Jenkins
(B) Betty Graham
(C) Aubrey Hammond
(D) Carson Filby

해설 프로그램의 정보를 확인한 후 질문의 핵심어구(led ~ workshop)와 관련된 내용을 주의 깊게 듣는다. 대화 중반부에서 여자가 "Which workshop did you attend?(어느 워크숍에 참석했나요?)"라고 묻자 남자가 "The one about building trust in the workplace(직장에서 신뢰를 쌓는 것에 관한 것이요)"라고 한 것을 통해, Betty Graham이 남자가 참석한 워크숍을 진행했음을 프로그램에서 알 수 있다. 따라서 (B)가 정답이다.

70 특정 세부 사항 문제   중 ●●○

해석 무엇이 온라인에 게시될 것인가?

   (A) 비디오 녹화물
   (B) 연설 기록
   (C) 시설 지도
   (D) 수정된 일정

해설 질문의 핵심어구(posted online)와 관련된 내용을 주의 깊게 듣는다. 대화 후반부에서 남자가 "Videos of all the speeches are going to be posted on our company Web site(모든 연설의 영상은 우리 회사 웹사이트에 게시될 거예요)"라고 하였다. 따라서 (A)가 정답이다.

어휘 recording 녹화된 것   transcript 기록   revise 수정하다

PART 4

71-73 3㎖ 영국식 발음

Questions 71-73 refer to the following announcement.

71I've been getting questions from staff members on our company housing policy. At the moment, we're not able to provide accommodation, but we expect to be able to do so in the future. We know that some of you are commuting quite far. So, **72for those who live outside the city, our company will reimburse your transportation costs**. If you are interested in applying for this benefit, please notify the human resources manager. **73She will e-mail you a form to fill out.**

company housing 사택   accommodation 숙소   commute 통근하다
reimburse 상환하다

71-73번은 다음 공지에 관한 문제입니다.

71저는 사택 정책에 관해 직원들로부터 질문을 받고 있습니다. 지금으로서, 저희는 숙소를 제공할 수 없지만, 앞으로는 그렇게 할 수 있을 것으로 기대합니다. 저희는 여러분 중 몇몇이 꽤 멀리 통근하고 있다는 것을 알고 있습니다. 따라서, 72시 외부에 거주하는 분들을 위해, 우리 회사에서 교통 비용을 상환할 것입니다. 이 혜택을 신청하는 것에 관심이 있으시다면, 인사 관리자에게 알려주세요. 73그녀가 작성할 양식을 이메일로 보내줄 것입니다.

71 주제 문제   하 ●○○

해석 화자는 주로 무엇에 대해 이야기하고 있는가?

   (A) 사업 기회
   (B) 경력 개발
   (C) 회사 정책
   (D) 사무실 이전

해설 공지의 주제를 묻는 문제이므로, 지문의 초반을 반드시 듣는다. "I've been getting questions from staff members on our company housing policy(저는 사택 정책에 관해 직원들로부터 질문을 받고 있습니다)"라고 하였다. 이를 통해, 공지가 회사 정책에 관한 것임을 알 수 있다. 따라서 (C)가 정답이다.

어휘 opportunity 기회   relocation 이전

72 특정 세부 사항 문제   중 ●●○

해석 일부 직원은 무엇에 대해 상환을 받을 수 있는가?

   (A) 건강관리
   (B) 식사
   (C) 체육관 회원권
   (D) 교통

해설 질문의 핵심어구(reimbursement)와 관련된 내용을 주의 깊게 듣는다. 지문 중반부에서 "for those who live outside the city, our company will reimburse your transportation costs(시 외부에 거주하는 분들을 위해, 우리 회사에서 교통 비용을 상환할 것입니다)"라고 하였다. 따라서 (D)가 정답이다.

73 특정 세부 사항 문제   하 ●○○

해석 이메일로 무엇이 보내질 것인가?

   (A) 양식
   (B) 설문 조사
   (C) 영수증
   (D) 안내 책자

해설 질문의 핵심어구(e-mail)가 언급된 주변을 주의 깊게 듣는다. 지문 후반부에서 "She will e-mail you a form to fill out(그녀가 작성할 양식을 이메일로 보내줄 것입니다)"이라고 한 것을 통해, 양식이 이메일로 보내질 것임을 알 수 있다. 따라서 (A)가 정답이다.

74-76 3㎖ 호주식 발음

Questions 74-76 refer to the following excerpt from a meeting.

As you all know, **74I held a meeting with a number of our major stakeholders on Saturday** to discuss our company's financial standing. **75We're a bit concerned because company expenditures have increased recently.** This is mainly because of the rise in electricity usage. So, **76in order to decrease these costs, please remember to always put your computer to sleep before you go to lunch and meetings. Also, if you're the last person to leave a room, please turn off the lights.** These changes will become part of our daily routine.

a number of 여럿의, 다수의   stakeholder 주주, 이해 관계자
financial standing 재무 상태   expenditure 지출   usage 사용량
daily routine 일상 업무

74-76번은 회의 발췌록에 관한 문제입니다.

아시다시피, 74저는 토요일에 회사의 재무 상태에 관해 논의하기 위해 여러 주요 주주들과 회의를 했습니다. 75최근 회사 지출이 증가했기 때문에 약간의 우려가 있습니다. 이는 주로 전기 사용량의 증가 때문입니다. 따라서, 76이러한 비용을 줄이기 위해서, 점심 식사와 회의에 가기 전 항상 컴퓨터를 비활동 상태로 두는 것을 기억해주세요. 또한, 방을 마지막으로 떠나는 사람의 경우, 불을 꺼 주세요. 이 변경 사항들은 우리 일상 업무의 일부가 될 것입니다.

74 특정 세부 사항 문제   중 ●●○

해석 주말에 무슨 일이 일어났는가?

   (A) 시상식
   (B) 회사 야유회
   (C) 업무 회의
   (D) 교육 워크숍

해설 질문의 핵심어구(weekend)와 관련된 내용을 주의 깊게 듣는다. 지문 초반부

에서 "I held a meeting with a number of our major stakeholders on Saturday(저는 토요일에 여러 주요 주주들과 회의를 했습니다)"라고 하였다. 따라서 (C)가 정답이다.

75 이유 문제

상 ●●●

해석 화자는 왜 걱정하는가?
(A) 요청이 거부되었다.
(B) 배송이 지연되었다.
(C) 일부 판매량이 적었다.
(D) 일부 비용이 높아졌다.

해설 질문의 인용어구(concerned)가 언급된 주변을 주의 깊게 듣는다. 지문 중반부에서 "We're a bit concerned because company expenditures have increased recently(최근 회사 지출이 증가했기 때문에 약간의 우려가 있습니다)"라고 하였다. 이를 통해, 화자가 일부 비용이 높아졌기 때문에 걱정하고 있음을 알 수 있다. 따라서 (D)가 정답이다.

어휘 deny 거부하다 sales 판매량

패러프레이징

> company expenditures have increased 회사 지출이 증가했다 → Some costs have gotten high 일부 비용이 높아졌다

최고난도 문제

76 의도 파악 문제

상 ●●●

해석 화자는 왜 "이 변경 사항들은 우리 일상 업무의 일부가 될 것입니다"라고 말하는가?
(A) 다른 사람들이 행사에 참석하도록 장려하기 위해
(B) 직원 근무 일정을 변경하기 위해
(C) 정책의 중요성을 강조하기 위해
(D) 건강한 생활 방식을 장려하기 위해

해설 질문의 인용어구(These changes will become part of our daily routine)가 언급된 주변을 주의 깊게 듣는다. 지문 중후반에서 "in order to decrease these costs, please remember to ~ put your computer to sleep ~. Also, ~ please turn off the lights(이러한 비용을 줄이기 위해서 컴퓨터를 비활동 상태로 두는 것을 기억해 주세요. 또한, 불을 꺼 주세요)"라며 이 변경 사항들은 그들의 일상 업무의 일부가 될 것이라고 한 것을 통해, 정책의 중요성을 강조하기 위함임을 알 수 있다. 따라서 (C)가 정답이다.

어휘 alter 변경하다 emphasize 강조하다 lifestyle 생활 방식

77-79 ③ 미국식 발음

Questions 77-79 refer to the following telephone message.

> Hi, James. This is Cheryl from the marketing department. [77]**I'm calling because the projector in Conference Room C isn't working properly.** When I push the power button, it switches on for just a few minutes, but then it turns off automatically after that. [78]**I really need to get this fixed quickly, because I have to do an important client presentation at 3 P.M. today.** [79]**Could you please come up to the 10th floor and take a look at the projector?** Thanks.

> properly 제대로 switch on 켜다 automatically 자동으로 come up 오다 take a look at ~을 보다

77-79번은 다음 전화 메시지에 관한 문제입니다.

안녕하세요, James. 저는 마케팅 부서의 Cheryl입니다. [77]C 회의실의 프로젝터가 제대로 작동하지 않아 전화드려요. 전원 버튼을 누르면, 그건 몇 분 동안은 켜지지만, 그 후에 자동으로 꺼집니다. [78]저는 이것을 신속하게 해결해야 하는데, 왜냐하면 오늘 오후 3시에 중요한 고객 발표를 해야 하기 때문입니다. [79]10층에 오셔서 그 프로젝터를 봐주시겠어요? 감사합니다.

77 특정 세부 사항 문제

중 ●●○

해석 화자에 따르면, 무엇이 문제인가?
(A) 기기가 제대로 작동하지 않는다.
(B) 방이 현재 잠겨있다.
(C) 고객이 늦고 있다.
(D) 스위치에 접근할 수 없다.

해설 질문의 핵심어구(problem)와 관련된 내용을 주의 깊게 듣는다. 지문 초반부에서 "I'm calling because the projector in Conference Room C isn't working properly(C 회의실의 프로젝터가 제대로 작동하지 않아 전화드려요)"라고 하였다. 따라서 (A)가 정답이다.

어휘 inaccessible 접근할 수 없는

패러프레이징

> projector ~ isn't working properly 프로젝터가 제대로 작동하지 않는다 → A device is malfunctioning 기기가 제대로 작동하지 않는다

78 이유 문제

하 ●○○

해석 화자는 왜 작업이 빨리 끝나기를 원하는가?
(A) 보고서를 끝내야 한다.
(B) 문서를 인쇄하려고 한다.
(C) 발표를 해야 한다.
(D) 예산을 확정해야 한다.

해설 질문의 핵심어구(work ~ quickly)가 언급된 주변을 주의 깊게 듣는다. 지문 중반부에서 "I really need to get this fixed quickly, because I have to do an important client presentation at 3 P.M. today(저는 이것을 신속하게 해결해야 하는데, 왜냐하면 오늘 오후 3시에 중요한 고객 발표를 해야 하기 때문입니다)"라고 하였다. 따라서 (C)가 정답이다.

79 요청 문제

중 ●●○

해석 화자는 청자에게 무엇을 하라고 요청하는가?
(A) 전화번호를 적는다.
(B) 제품 시연을 본다.
(C) 제안에 대해 논의한다.
(D) 장비를 점검한다.

해설 지문 중후반에서 요청과 관련된 표현이 포함된 문장을 주의 깊게 듣는다. "Could you please come up to the 10th floor and take a look at the projector?(10층에 오셔서 그 프로젝터를 봐주시겠어요?)"라고 한 말을 통해 화자가 청자에게 장비를 점검하도록 요청하고 있음을 알 수 있다. 따라서 (D)가 정답이다.

어휘 demonstration 시연

패러프레이징

> take a look at ~ projector 프로젝터를 보다 → Inspect some equipment 장비를 점검하다

80-82 [3w] 캐나다식 발음

Questions 80-82 refer to the following excerpt from a meeting.

As you might know, **80we've recently hired some new staff at our restaurant**. This was done to accommodate customers during our busy lunch hours. Accordingly, **81I've just posted an updated timetable on the bulletin board in our break room**. One more thing —**82some of our chef's newest dishes have been added to our lunch menu**, including chicken noodle soup and a mushroom panini. **82Don't forget to suggest these to customers**. OK. Back to work, everyone.

accommodate 수용하다 accordingly 따라서 post 게시하다
timetable 일정표 bulletin board 게시판 break room 휴게실

80-82번은 다음 회의 발췌록에 관한 문제입니다.

아시다시피, 80최근에 우리 식당에서 새로운 직원을 고용했습니다. 이는 바쁜 점심시간 동안 고객들을 수용하기 위해서 이루어졌습니다. 따라서, 81제가 방금 휴게실의 게시판에 업데이트된 일정표를 게시했습니다. 한 가지 더, 치킨 누들 수프와 버섯 파니니를 포함한 82우리 요리사의 최신 요리들 일부가 점심 메뉴에 추가되었습니다. 82고객들에게 이것들을 추천하는 것을 잊지 마세요. 좋습니다. 모두, 다시 일하러 갑시다.

80 청자 문제 하 ●○○

해석 청자들은 어디에서 일하는가?
(A) 식당에서
(B) 식료품점에서
(C) 요리 학원에서
(D) 주방용품점에서

해설 지문에서 신분 및 직업과 관련된 표현을 놓치지 않고 듣는다. 지문 초반부에서 "we've recently hired some new staff at our restaurant(최근에 우리 식당에서 새로운 직원을 고용했습니다)"라고 한 것을 통해, 청자들이 식당에서 일함을 알 수 있다. 따라서 (A)가 정답이다.

어휘 kitchenware 주방용품

81 특정 세부 사항 문제 하 ●○○

해석 화자는 최근에 무엇을 했는가?
(A) 휴식을 취했다.
(B) 일정표를 게시했다.
(C) 가구를 재배치했다.
(D) 홍보 이메일을 보냈다.

해설 질문의 핵심어구(recently do)와 관련된 내용을 주의 깊게 듣는다. 지문 중반부에서 "I've just posted an updated timetable on the bulletin board in our break room(제가 방금 휴게실의 게시판에 업데이트된 일정표를 게시했습니다)"이라고 하였다. 따라서 (B)가 정답이다.

어휘 rearrange 재배치하다 promotional 홍보의

82 제안 문제 하 ●○○

해석 화자는 청자에게 무엇을 하도록 권하는가?
(A) 요리를 추천한다.
(B) 메뉴를 수정한다.
(C) 테이블을 예약한다.
(D) 주문품을 가져온다.

해설 지문 중후반에서 제안과 관련된 표현이 포함된 문장을 주의 깊게 듣는다.

"some of our chef's newest dishes have been added to our lunch menu(우리 요리사의 최신 요리 일부가 점심 메뉴에 추가되었습니다)"라고 한 후, "Don't forget to suggest these to customers(고객들에게 이것들을 추천하는 것을 잊지 마세요)"라고 하였다. 따라서 (A)가 정답이다.

83-85 [3w] 호주식 발음

Questions 83-85 refer to the following advertisement.

Spring has arrived, which means it's time to make your way down to Evergreen's! **83We've got a huge selection of gardening equipment and seeds.** Plus, **84this February, our shop was named one of Minneapolis's best local businesses by** *Commerce Magazine*. **85Make sure to sign up for our newsletter so you can be the first to hear about our special offers.** We hope to see you soon!

gardening 원예 equipment 장비 seed 씨앗 name 지명하다
make sure to 반드시 ~하다 newsletter 소식지

해석
83-85번은 다음 광고에 관한 문제입니다.
봄이 왔으니, 이제 Evergreen으로 오실 때라는 뜻입니다! 74저희에게는 광범위한 선택지의 원예 장비와 씨앗들이 있습니다. 또한, 75이번 2월에, 저희 가게는 *Commerce*지에서 미니애폴리스 지역 최고의 기업 중 하나로 지명되었습니다. 76저희의 할인에 대해 가장 먼저 들어보실 수 있도록 저희 소식지에 반드시 등록하십시오. 곧 뵙기를 바랍니다!

83 주제 문제 중 ●●○

해석 무엇이 광고되고 있는가?
(A) 슈퍼마켓
(B) 정비소
(C) 원예 가게
(D) 배달 서비스

해설 광고의 주제를 묻는 문제이므로, 지문의 초반을 주의 깊게 듣는다. "We've got a huge selection of gardening equipment and seeds(저희에게는 광범위한 선택지의 원예 장비와 씨앗들이 있습니다)"라고 하였다. 이를 통해, 원예 가게가 광고되고 있음을 알 수 있다. 따라서 (C)가 정답이다.

어휘 repair shop 정비소

84 특정 세부 사항 문제 상 ●●●

해석 2월에 무슨 일이 일어났는가?
(A) 주기적인 할인이 끝났다.
(B) 업체가 출판물에 등장했다.
(C) 가게가 추가적인 지점들을 개점했다.
(D) 온라인 잡지가 출시되었다.

해설 질문의 핵심어구(in February)와 관련된 내용을 주의 깊게 듣는다. 지문 중반부에서 "this February, our shop was named one of Minneapolis's best local businesses by *Commerce Magazine*(이번 2월에, 저희 가게는 *Commerce*지에서 미니애폴리스 지역 최고의 기업 중 하나로 지명되었습니다)"이라고 하였다. 이를 통해, 2월에 업체가 출판물에 등장했음을 알 수 있다. 따라서 (B)가 정답이다.

어휘 seasonal 주기적인 conclude 끝나다 appear 등장하다
publication 출판물

85 특정 세부 사항 문제　　　　　　　　　　중 ●●○

해석 소식지에 무엇이 포함되었는가?
　　(A) 할인에 대한 정보
　　(B) 제품 평가
　　(C) 회사 소식
　　(D) 지역 가게 목록

해설 질문의 핵심어구(newsletter)와 관련된 내용을 주의 깊게 듣는다. 지문 후반
부에서 "Make sure to sign up for our newsletter so you can be the
first to hear about our special offers(저희의 할인에 대해 가장 먼저 들어
보실 수 있도록 저희 소식지에 반드시 등록하십시오)"라고 하였다. 이를 통해, 소
식지에는 할인에 대한 정보가 포함되었음을 알 수 있다. 따라서 (A)가 정답이
다.

86-88　③내 영국식 발음

Questions 86-88 refer to the following excerpt from a meeting.

I'd like to begin today by sharing some important news.
[86]**Welkin's Sportswear bought the building across the
street from our clothing shop** last week. It plans to open
a branch there. [87]**That chain has become really popular
recently. And, you know, people like to shop at well-known
stores.** Therefore, [87/88]**I have decided to discount everything
we sell by 15 percent for all of April**. I'll provide more details
about this sale on Thursday.

share 공유하다　branch 지점　well-known 잘 알려진

해석
86-88번은 다음 회의 발췌록에 관한 문제입니다.

저는 중요한 소식을 공유함으로써 오늘을 시작하고 싶습니다. [86]Welkin's 스포츠웨
어가 지난주에 우리 옷 가게의 길 건너편에 있는 건물을 구입했습니다. 그것은 그곳
에 지점을 열 계획입니다. [87]그 체인은 최근에 아주 유명해졌어요. 그리고, 아시다시
피, 사람들은 잘 알려진 가게에서 쇼핑하는 것을 좋아하죠. 따라서, [87/88]저는 4월
내내 우리가 판매하는 모든 것에서 15퍼센트를 할인하기로 결정했습니다. 목요일
에 이 판매에 관한 세부 사항을 더 제공해 드리겠습니다.

86 언급 문제　　　　　　　　　　　　　상 ●●●

해석 Welkin's 스포츠웨어에 관해 무엇이 언급되는가?
　　(A) 창고를 닫았다.
　　(B) 부동산을 구입했다.
　　(C) 대변인을 고용했다.
　　(D) 건물을 재건했다.

해설 질문의 핵심어구(Welkin's Sportswear)가 언급된 주변을 주의 깊게 듣
는다. 지문 초반부에서 "Welkin's Sportswear bought the building
across the street from our clothing shop(Welkin's 스포츠웨어가 우
리 옷 가게의 길 건너편에 있는 건물을 구입했습니다)"이라고 하였다. 이를 통해,
Welkin's 스포츠웨어가 부동산을 구입했음을 알 수 있다. 따라서 (B)가 정답
이다.

어휘 property 부동산　spokesperson 대변인　reconstruct 재건하다

87 의도 파악 문제　　　　　　　　　　상 ●●●

해석 화자는 "사람들은 잘 알려진 가게들에서 쇼핑하는 것을 좋아하죠"라고 말할 때
무엇을 의도하는가?
　　(A) 고객들이 의견을 제공해 왔다.
　　(B) 직원들이 제안하도록 요청받을 것이다.
　　(C) 마케팅 노력이 성공적이었다.
　　(D) 다른 업체가 경쟁을 일으킬 것이다.

해설 질문의 인용어구(people like to shop at well-known stores)가 언급
된 주변을 주의 깊게 듣는다. 지문 중반부에서 "That chain has become
really popular recently(그 체인은 최근에 아주 유명해졌어요)"라고 한 후, 그
리고 아시다시피 사람들은 잘 알려진 가게에서 쇼핑하는 것을 좋아한다며
"I have decided to discount everything we sell by 15 percent for
all of April(저는 4월 내내 우리가 판매하는 모든 것에서 15퍼센트를 할인하기로
결정했습니다)"이라고 하였으므로, 다른 업체가 경쟁을 일으킬 것임을 알 수 있
다. 따라서 (D)가 정답이다.

어휘 feedback 의견, 피드백　competition 경쟁

88 특정 세부 사항 문제　　　　　　　　　중 ●●○

해석 4월에 고객들에게 무엇이 제공될 것인가?
　　(A) 무료 서비스
　　(B) 제품 견본
　　(C) 가격 할인
　　(D) 상품권

해설 질문의 핵심어구(in April)와 관련된 내용을 주의 깊게 듣는다. 지문 후반부
에서 "I have decided to discount everything we sell by 15 percent
for all of April(저는 4월 내내 우리가 판매하는 모든 것에서 15퍼센트를 할인하
기로 결정했습니다)"이라고 하였다. 이를 통해, 4월에 고객들에게 가격 할인이
제공될 것임을 알 수 있다. 따라서 (C)가 정답이다.

어휘 gift card 상품권

89-91　③내 캐나다식 발음

Questions 89-91 refer to the following instructions.

[89]**Since today was the last day of our shop's winter
clothing sale, we need to prepare the space for tomorrow.**
That means we need to reorganize the store for our spring
seasonal items. [90]**You can begin by clearing everything
off this display table and moving it near the entrance.** It's
heavy, so at least two people will be needed to lift it. While
you take care of that, [91]**I'll bring the new line of shirts that
we're going to showcase. They are stored in the back
room.** OK, let's get started.

reorganize 재구성하다　seasonal 계절의　clear off 치우다
display table 진열대　lift 들어 올리다　showcase 전시하다
back room 안쪽 방

89-91번은 다음 안내에 관한 문제입니다.

[89]오늘이 우리 가게 겨울 의류 세일의 마지막 날이었으므로, 내일을 위한 공간을 마
련해야 합니다. 그것은 봄 계절 품목들을 위해 상점을 재구성해야 한다는 것을 의미
합니다. [90]이 진열대에서 모든 것을 치우고 이것을 입구 근처로 옮기는 것부터 시작

할 수 있겠어요. 이것은 무거우므로, 들어 올리려면 최소한 두 사람이 필요할 겁니다. 여러분이 그것을 처리하는 동안, ⁹¹저는 우리가 전시할 새로운 셔츠 라인을 가져오겠습니다. 그것들은 안쪽 방에 보관되어 있습니다. 자, 시작합시다.

89 장소 문제
상 ●●●

해석 청자들은 어디에 있는 것 같은가?
(A) 의류 공장에
(B) 소매점에
(C) 창고 시설에
(D) 인쇄소에

해설 장소와 관련된 표현을 놓치지 않고 듣는다. 지문 초반부에서 "Since today was the last day of our shop's winter clothing sale, we need to prepare the space for tomorrow(오늘이 우리 가게 겨울 의류 세일의 마지막 날이었으므로, 내일을 위한 공간을 마련해야 합니다)"라고 한 것을 통해, 청자들이 소매점에 있음을 알 수 있다. 따라서 (B)가 정답이다.

어휘 retail outlet 소매점 storage 창고

90 요청 문제
하 ●○○

해석 화자는 청자들에게 무엇을 옮기라고 요청하는가?
(A) 진열대
(B) 세일 표지판
(C) 쇼핑 바구니
(D) 액세서리

해설 지문 중후반에서 요청과 관련된 표현이 포함된 문장을 주의 깊게 듣는다. "You can begin by clearing everything off this display table and moving it near the entrance(이 진열대에서 모든 것을 치우고 이것을 입구 근처로 옮기는 것부터 시작할 수 있겠어요)"라고 하였다. 따라서 (A)가 정답이다.

어휘 accessory 액세서리, 장신구

91 다음에 할 일
중 ●●○

해석 화자는 무엇을 할 것이라고 말하는가?
(A) 도구들을 모은다.
(B) 안쪽 방을 청소한다.
(C) 일부 품목을 꺼낸다.
(D) 새로운 직물을 보여준다.

해설 질문의 핵심어구(will do)와 관련된 내용을 주의 깊게 듣는다. 지문 후반부에서 "I'll bring the new line of shirts that we're going to showcase. They are stored in the back room(저는 우리가 전시할 새로운 셔츠 라인을 가져오겠습니다. 그것들은 안쪽 방에 보관되어 있습니다)"이라고 하였다. 이를 통해, 화자가 일부 품목을 꺼낼 것임을 알 수 있다. 따라서 (C)가 정답이다.

어휘 tool 도구

92-94 [호] 호주식 발음

Questions 92-94 refer to the following telephone message.

My name is Jamal Watts. ⁹²**I hired your landscaping service for the first time after noticing your advertisement in the local newspaper.** I chose your service because the ad said you could do the work within one day. Well, ⁹³**your crew stopped by to trim some tree branches, but now there are leaves all over my backyard.** ⁹³**Please call me back as soon as possible to address the issue.** ⁹⁴**Just note that I'll be**

in a videoconference with a customer between 1 P.M. and 3 P.M., so I won't be available then.

landscaping 조경 notice 보다 advertisement 광고 within ~ 이내에
crew 직원 trim 다듬다 branch 나뭇가지 backyard 뒤뜰
address 해결하다 videoconference 화상 회의

92-94번은 다음 전화 메시지에 관한 문제입니다.

제 이름은 Jamal Watts입니다. ⁹²지역 신문에서 광고를 보고 나서 처음으로 당신의 조경 서비스를 고용했어요. 저는 그 광고가 하루 이내에 작업을 할 수 있다고 했기 때문에 당신의 서비스를 선택했습니다. 음, ⁹³당신의 직원이 나뭇가지를 다듬기 위해 들렀습니다, 하지만 지금 제 뒤뜰 도처에 온통 나뭇잎이 있습니다. ⁹³이 문제를 해결하기 위해서 최대한 빨리 제게 연락해 주세요. ⁹⁴다만 제가 오후 1시와 3시 사이에 고객과 화상 회의를 할 거예요, 그래서 그때에는 시간이 없을 것이라는 점을 알아두시기 바랍니다.

92 방법 문제
하 ●○○

해석 화자는 사업체에 대해 어떻게 알게 되었는가?
(A) 친구와 이야기함으로써
(B) 텔레비전을 봄으로써
(C) 신문을 읽음으로써
(D) 이메일을 확인함으로써

해설 질문의 핵심어구(learn ~ business)와 관련된 내용을 주의 깊게 듣는다. 지문 초반부에서 "I hired your landscaping service ~ after noticing your advertisement in the local newspaper(지역 신문에서 광고를 보고 나서 당신의 조경 서비스를 고용했어요)"라고 하였다. 따라서 (C)가 정답이다.

93 의도 파악 문제
중 ●●○

해석 화자는 "지금 제 뒤뜰 도처에 온통 나뭇잎이 있습니다"라고 말할 때 무엇을 의도하는가?
(A) 업무를 하는 것을 잊었다.
(B) 만족스럽지 않다.
(C) 서비스에 관심이 있다.
(D) 스스로 일을 완료할 것이다.

해설 질문의 인용어구(now there are leaves all over my backyard)가 언급된 주변을 주의 깊게 듣는다. 지문 중반부에서 "your crew stopped by to trim some tree branches(당신의 직원이 나뭇가지를 다듬기 위해 들렀습니다)"라며 하지만 지금 자신의 뒤뜰 도처에 온통 나뭇잎이 있다고 한 후, "Please call me back as soon as possible to address the issue(이 문제를 해결하기 위해서 최대한 빨리 제게 연락해 주세요)"라고 한 것을 통해, 화자가 만족스럽지 않음을 알 수 있다. 따라서 (B)가 정답이다.

어휘 satisfy 만족시키다 be interested in ~에 관심이 있다
on one's own 스스로

94 다음에 할 일 문제
중 ●●○

해석 화자는 오늘 오후에 무엇을 할 것인가?
(A) 직장에 들른다.
(B) 공급업체들을 조사한다.
(C) 최종 납부를 한다.
(D) 고객과 대화한다.

해설 질문의 핵심어구(this afternoon)가 언급된 주변을 주의 깊게 듣는다. 지문 후반부에서 "Just note that I'll be in a videoconference with a customer between 1 P.M. and 3 P.M.(다만 제가 오후 1시와 3시 사이에 고

객과 화상 회의를 할 거라는 점을 알아두시기를 바랍니다)"이라고 하였다. 이를 통해, 화자가 고객과 대화할 것임을 알 수 있다. 따라서 (D)가 정답이다.

패러프레이징

> be in a videoconference with a customer 고객과 화상 회의를 하다 →
> Talk to a customer 고객과 대화하다

95-97 [3레] 캐나다식 발음

Questions 95-97 refer to the following excerpt from a meeting and graph.

> Good morning, everyone. ⁹⁵**I've called you here to talk about the strengths and weaknesses of our marketing strategies.** Last quarter had some surprises for us. ⁹⁶**One month in particular is of interest, as a prominent blogger—Stacy Meadow—positively reviewed our MusicBeat headphones. During that month, sales jumped up to 4,000.** I believe her review contributed to the sudden boost in sales. So, ⁹⁷**starting next month, we're going to contact popular Internet bloggers to review our products.** My hope is that their reviews will continue to increase our sales.
>
> strength 강점 weakness 약점 quarter 분기 of interest 흥미로운
> prominent 유명한 jump up 증가하다 contribute 기여하다
> sudden 갑작스러운 boost 증가

95-97번은 다음 회의 발췌록과 그래프에 관한 문제입니다.

좋은 아침입니다, 여러분. ⁹⁵우리 마케팅 전략의 강점과 약점에 대해 이야기하기 위해 여러분을 불렀습니다. 지난 분기에는 우리에게 놀라운 점들이 있었죠. ⁹⁶특히 흥미로웠던 달이 있었는데, 유명한 블로거인 Stacy Meadow가 우리 MusicBeat 헤드폰을 긍정적으로 평가했기 때문입니다. 그달 동안, 판매량이 4,000까지 증가했죠. 그녀의 리뷰가 갑작스러운 판매 증가에 기여했다고 생각합니다. 그래서 ⁹⁷다음 달부터, 인기 있는 인터넷 블로거들에게 제품을 평가해 달라고 연락할 것입니다. 그들의 평가가 우리의 판매량을 계속해서 증가시킬 수 있기를 바랍니다.

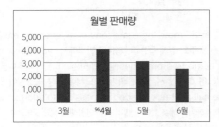

월별 판매량

```
5,000
4,000
3,000
2,000
1,000
   0
     3월  ⁹⁶4월  5월  6월
```

[최고난도 문제]

95 목적 문제

상 ●●●

해석 회의의 목적은 무엇인가?
(A) 새로운 직원을 소개하기 위해
(B) 회의를 준비하기 위해
(C) 몇몇 전략을 논의하기 위해
(D) 설문조사 결과를 발표하기 위해

해설 회의의 목적을 묻는 문제이므로, 지문의 초반을 반드시 듣는다. "I've called you here to talk about the strengths and weaknesses of our marketing strategies(우리 마케팅 전략의 강점과 약점에 대해 이야기하기 위해 여러분을 불렀습니다)"라고 하였다. 따라서 (C)가 정답이다.

어휘 tactic 전략

패러프레이징

> strategies 전략 → tactics 전략

96 시각 자료 문제

중 ●●○

해석 시각 자료를 보아라. 제품은 언제 평가되었는가?
(A) 3월
(B) 4월
(C) 5월
(D) 6월

해설 그래프의 정보를 확인한 후 질문의 핵심어구(product reviewed)와 관련된 내용을 주의 깊게 듣는다. "One month in particular is of interest, as a prominent blogger ~ positively reviewed our ~ headphones. During that month, sales jumped up to 4,000(특히 흥미로웠던 달이 있었는데, 유명한 블로거가 우리 헤드폰을 긍정적으로 평가했기 때문입니다. 그달 동안, 판매량이 4,000까지 증가했죠)"이라고 하였으므로, 판매량이 4,000인 4월에 제품이 평가되었음을 그래프에서 알 수 있다. 따라서 (B)가 정답이다.

97 다음에 할 일 문제

중 ●●○

해석 회사는 다음 달에 무엇을 할 것인가?
(A) 음악 팬들에게 무료 제품들을 보낸다.
(B) 공식 웹사이트를 개선한다.
(C) 온라인 작가들에게 연락한다.
(D) 헤드폰을 출시한다.

해설 질문의 핵심어구(next month)가 언급된 주변을 주의 깊게 듣는다. 지문 후반부에서 "starting next month, we're going to contact popular Internet bloggers to review our products(다음 달부터, 인기 있는 인터넷 블로거들에게 제품을 평가해 달라고 연락할 것입니다)"라고 한 것을 통해, 다음 달에 온라인 작가들에게 연락할 것임을 알 수 있다. 따라서 (C)가 정답이다.

98-100 [3레] 미국식 발음

Questions 98-100 refer to the following talk and schedule.

> ⁹⁸**Welcome, everyone, to the Pittsburgh Planetarium.** We have a number of attractions for all of you to enjoy. ⁹⁸**On the second floor, you can stop by our newly opened exhibition about the formation of our galaxy.** Also, there are several shows playing at our theater today. However, ⁹⁹**please note that the afternoon showing has been canceled.** To make up for this, ¹⁰⁰**we've decided to give away some free items, including a poster, key chain, and hat. Stop by the gift shop to pick your gifts up.**
>
> planetarium 천문관 exhibition 전시회 formation 형성
> galaxy 은하 showing 공연 make up 대신하다

98-100번은 다음 담화와 일정표에 관한 문제입니다.

⁹⁸Pittsburgh 천문관에 오신 여러분을 환영합니다. 여러분 모두가 즐기실 수 있는 많은 볼거리들이 있습니다. ⁹⁸2층에서는, 은하 형성에 관해 새로 열린 전시회에 들르실 수 있습니다. 또한, 오늘 저희 극장에서 몇몇 공연이 열리고 있습니다. 하지만, ⁹⁹오후 공연은 취소되었음을 주의해 주세요. 이를 대신하기 위해, ¹⁰⁰우리는 포스터, 열쇠고리, 그리고 모자를 포함한 일부 무료 제품을 제공하기로 결정했습니다. 선물 가게에 들러 선물을 가져가세요.

공연 이름	시간
Pittsburgh 천문관 극장 상영 – 8월 9일	
별과 행성	오전 9시 – 오전 10시
북극광	오전 10시 – 오전 11시
우주를 가로질러 여행하기	오전 11시 – 오후 12시
99 지구의 풍경들	오후 1시 – 오후 3시

98 추론 문제   중 ●●○

해석 Pittsburgh 천문관에 대해 무엇이 암시되는가?

(A) 신문에 실렸다.

(B) 1개 이상의 층이 있다.

(C) 매일 공연이 있다.

(D) 지난주에 개조되었다.

해설 질문의 핵심어구(Pittsburgh Planetarium)가 언급된 주변을 주의 깊게 듣는다. 지문 초반부에서 "Welcome, everyone, to the Pittsburgh Planetarium(Pittsburgh 천문관에 오신 여러분을 환영합니다)"이라고 한 후, "On the second floor, you can stop by our newly opened exhibition ~(2층에서는, 새로 열린 전시회에 들르실 수 있습니다)"라고 하였다. 이를 통해, Pittsburgh 천문관에 1개 이상의 층이 있음을 알 수 있다. 따라서 (B)가 정답이다.

어휘 feature 실리다, 출연하다   renovate 개조하다

99 시각 자료 문제   중 ●●○

해석 시각 자료를 보아라. 어떤 공연이 취소되었는가?

(A) 별과 행성

(B) 북극광

(C) 우주를 가로질러 여행하기

(D) 지구의 풍경들

해설 일정표의 정보를 확인한 후 질문의 핵심어구(show ~ canceled)와 관련된 내용을 주의 깊게 듣는다. 지문 중반부에서 "please note that the afternoon showing has been canceled(오후 공연은 취소되었음을 주의해 주세요)"라고 하였으므로, 오후에 공연하는 지구의 풍경들이 취소되었음을 일정표에서 알 수 있다. 따라서 (D)가 정답이다.

100 특정 세부 사항 문제   하 ●○○

해석 방문객들은 무료 제품을 어디에서 받을 수 있는가?

(A) 선물 가게에서

(B) 매표소에서

(C) 접수처에서

(D) 정문에서

해설 질문의 핵심어구(free items)가 언급된 주변을 주의 깊게 듣는다. 지문 후반부에서 "we've decided to give away some free items ~. Stop by the gift shop to pick your gifts up(우리는 일부 무료 제품을 제공하기로 결정했습니다. 선물 가게에 들러 선물을 가져가세요)"이라고 하였다. 따라서 (A)가 정답이다.

어휘 front desk 접수처

PART 1

1 (C)	2 (A)	3 (B)	4 (C)	5 (D)
6 (B)				

PART 2

7 (C)	8 (B)	9 (A)	10 (B)	11 (A)
12 (B)	13 (C)	14 (B)	15 (C)	16 (A)
17 (B)	18 (A)	19 (A)	20 (C)	21 (B)
22 (A)	23 (A)	24 (B)	25 (C)	26 (C)
27 (A)	28 (C)	29 (C)	30 (B)	31 (C)

PART 3

32 (C)	33 (A)	34 (B)	35 (D)	36 (A)
37 (D)	38 (C)	39 (A)	40 (D)	41 (A)
42 (B)	43 (D)	44 (D)	45 (D)	46 (A)
47 (D)	48 (A)	49 (D)	50 (B)	51 (B)
52 (C)	53 (B)	54 (A)	55 (C)	56 (A)
57 (C)	58 (A)	59 (A)	60 (D)	61 (C)
62 (B)	63 (D)	64 (C)	65 (D)	66 (C)
67 (B)	68 (C)	69 (B)	70 (A)	

PART 4

71 (B)	72 (C)	73 (D)	74 (A)	75 (C)
76 (A)	77 (C)	78 (D)	79 (C)	80 (A)
81 (B)	82 (C)	83 (D)	84 (A)	85 (B)
86 (B)	87 (D)	88 (C)	89 (D)	90 (A)
91 (B)	92 (D)	93 (A)	94 (C)	95 (D)
96 (C)	97 (B)	98 (A)	99 (D)	100 (B)

PART 1

1 [캐] 캐나다식 발음　하 ●○○

(A) She is opening a cabinet.
(B) She is copying a document.
(C) She is looking through a binder.
(D) She is selecting a book.

document 서류　look through 자세히 살펴보다　select 고르다

해석　(A) 그녀는 보관함을 열고 있다.
　　(B) 그녀는 서류를 복사하고 있다.
　　(C) 그녀는 바인더를 자세히 살펴보고 있다.
　　(D) 그녀는 책을 고르고 있다.

해설　1인 사진
　　(A) [×] opening a cabinet(보관함을 열고 있다)은 여자의 동작과 무관하므로 오답이다. 사진에 있는 보관함(cabinet)을 사용하여 혼동을 주었다.
　　(B) [×] copying a document(서류를 복사하고 있다)는 여자의 동작과 무관하므로 오답이다. 사진에 있는 서류(document)를 사용하여 혼동을 주었다.
　　(C) [○] 여자가 바인더를 자세히 살펴보고 있는 모습을 정확히 묘사한 정답이다.
　　(D) [×] selecting a book(책을 고르고 있다)은 여자의 동작과 무관하므로 오답이다.

2 [미] 미국식 발음　중 ●●○

(A) A plant has been placed near a window.
(B) Some fruit has been sliced on a plate.
(C) Some dishes are being washed in a sink.
(D) A cup is being filled with water.

place 놓다; 장소　slice 썰다, 자르다; 조각　sink 싱크대　fill 채우다

해석　**(A) 식물이 창문 가까이에 놓여 있다.**
　　(B) 몇몇 과일이 접시 위에 썰어져 있다.
　　(C) 몇몇 접시들이 싱크대에서 씻기고 있다.
　　(D) 컵에 물이 채워지고 있다.

해설　1인 사진
　　(A) [○] 식물이 창문 가까이에 놓여 있는 상태를 가장 잘 묘사한 정답이다.
　　(B) [×] 사진에서 접시 위에 썰어져 있는 과일을 확인할 수 없으므로 오답이다.
　　(C) [×] 사진에서 접시(dish)는 보이지만 싱크대에서 씻기고(being washed) 있는 모습은 아니므로 오답이다.
　　(D) [×] 사진에서 컵에 물이 채워지고 있는 모습을 확인할 수 없으므로 오답이다.

최고난도 문제

3 [호] 호주식 발음　상 ●●●

(A) A sign is being taken down.
(B) An item has been put inside a paper bag.
(C) A woman is lifting a box off a shelf.
(D) A man is lined up at a checkout counter.

sign 표지판, 표시　take down 내리다　lift 들어 올리다
checkout counter 계산대

해석　(A) 표지판이 내려지고 있다.
　　(B) 물품이 종이봉투 안에 놓여 있다.
　　(C) 여자가 선반에서 상자를 들어 올리고 있다.
　　(D) 남자가 계산대에 줄을 서 있다.

해설　2인 이상 사진
　　(A) [×] 사진에서 표지판을 확인할 수 없으므로 오답이다.

(B) [○] 물품이 종이봉투 안에 놓여 있는 모습을 정확히 묘사한 정답이다.

(C) [×] lifting a box(상자를 들어 올리고 있다)는 여자의 동작과 무관하므로 오답이다.

(D) [×] lined up at a checkout counter(계산대에 줄을 서 있다)는 남자의 동작과 무관하므로 오답이다.

4 [3회] 영국식 발음 상 ●●●

(A) One of the men is boarding a ship.
(B) One of the men is adjusting a safety vest.
(C) A structure has been set up near the water.
(D) A vehicle has been driven onto a ferry.

adjust (매무새 등을) 바로잡다 safety vest 안전 조끼 water 수면, 물
ferry 배

해석 (A) 남자들 중 한 명이 배에 승선하고 있다.
(B) 남자들 중 한 명이 안전 조끼 매무새를 바로잡고 있다.
(C) 구조물이 수면 가까이에 설치되어 있다.
(D) 차량이 배 위로 운반되었다.

해설 **2인 이상 사진**
(A) [×] 사진에 배에 승선하고 있는(boarding a ship) 남자가 없으므로 오답이다. 사진에 있는 배(ship)를 사용하여 혼동을 주었다.
(B) [×] 사진에 안전 조끼 매무새를 바로잡고 있는(adjusting a safety vest) 남자가 없으므로 오답이다. 사진에 있는 안전 조끼(safety vest)를 사용하여 혼동을 주었다.
(C) [○] 구조물이 수면 가까이에 설치된 상태를 정확하게 묘사한 정답이다.
(D) [×] 사진에서 배 위로 운반된 차량을 확인할 수 없으므로 오답이다.

5 [3회] 호주식 발음 중 ●●○

(A) Some street lamps are being set up beside a curb.
(B) A tree has been cut down.
(C) A trash can has been knocked over.
(D) Some benches are located along a walkway.

beside ~ 옆에 curb (도로의) 연석 knock over (쳐서) 넘어뜨리다
locate 위치하다 along ~을 따라

해석 (A) 몇몇 가로등이 연석 옆에 설치되고 있다.
(B) 나무가 베어져 있다.
(C) 쓰레기통이 넘어져 있다.
(D) 몇몇 벤치가 길을 따라 위치해 있다.

해설 **사물 및 풍경 사진**
(A) [×] 사진에서 가로등을 확인할 수 없으므로 오답이다. 사람이 등장하지 않는 사진에 진행 수동형을 사용해 사람의 동작을 묘사한 오답에 주의한다.
(B) [×] 사진에서 나무는 보이지만 베어져 있는(has been cut down) 모습은 아니므로 오답이다.
(C) [×] 사진에서 쓰레기통은 보이지만 넘어져 있는(has been knocked over) 모습은 아니므로 오답이다.
(D) [○] 벤치가 길을 따라 위치해 있는 모습을 가장 잘 묘사한 정답이다.

6 [3회] 미국식 발음 상 ●●●

(A) They are setting up some monitors.
(B) One of the women is resting her elbow on the desk.
(C) One of the women is writing on a chalkboard.
(D) They are arranging some furniture.

rest 기대다 chalkboard 칠판

해석 (A) 그들은 모니터들을 설치하고 있다.
(B) 여자들 중 한 명이 책상에 그녀의 팔꿈치를 기대고 있다.
(C) 여자들 중 한 명이 칠판에 쓰고 있다.
(D) 그들은 가구를 배치하고 있다.

해설 **2인 이상 사진**
(A) [×] setting up some monitors(모니터들을 설치하고 있다)는 사람들의 동작과 무관하므로 오답이다. 사진에 있는 모니터(monitors)를 사용하여 혼동을 주었다.
(B) [○] 여자들 중 한 명이 책상에 그녀의 팔꿈치를 기대고 있는 모습을 정확히 묘사한 정답이다.
(C) [×] 사진에 칠판에 쓰고 있는(writing on a chalkboard) 여자가 없으므로 오답이다.
(D) [×] arranging some furniture(가구를 배치하고 있다)는 사람들의 동작과 무관하므로 오답이다. 사진에 있는 furniture(가구)를 사용하여 혼동을 주었다.

PART 2

7 [3회] 영국식 발음 → 캐나다식 발음 중 ●●○

How far is the grocery store from your apartment?
(A) I've been in the apartment for two months.
(B) I finished work at 7 P.M.
(C) There is a market a mile away.

grocery store 식료품점

해석 당신의 아파트에서 식료품점은 얼마나 먼가요?
(A) 저는 이 아파트에 두 달 동안 있었어요.
(B) 저는 오후 7시에 일을 마쳤어요.
(C) 1마일 떨어진 곳에 시장이 있어요.

해설 **How 의문문**
(A) [×] 질문의 apartment를 반복 사용하여 혼동을 준 오답이다.
(B) [×] 아파트에서 식료품점이 얼마나 먼지를 물었는데, 오후 7시에 일을 마쳤다며 관련이 없는 내용으로 응답했으므로 오답이다.
(C) [○] 1마일 떨어진 곳에 시장이 있다며 식료품점까지의 거리를 언급했으므로 정답이다.

8 [3회] 호주식 발음 → 영국식 발음 중 ●●○

Why is the subway's Blue Line out of service?
(A) The green one, please.
(B) For maintenance work.
(C) Since last Wednesday.

out of service 이용 불가능한 maintenance 보수, 유지

해석 왜 지하철의 파란색 노선이 이용 불가능한가요?
(A) 녹색으로 부탁드려요.
(B) 보수 작업 때문에요.
(C) 지난 수요일부터요.

해설 **Why 의문문**
(A) [x] Blue(파란색)에서 연상할 수 있는 색상과 관련된 green(녹색)을 사용하여 혼동을 주었다.
(B) [o] 보수 작업 때문이라는 말로 이용 불가능한 이유를 언급했으므로 정답이다.
(C) [x] 왜 지하철의 파란 노선이 이용 불가능한지를 물었는데, 시점으로 응답하였으므로 오답이다.

---

9 🎧 미국식 발음 → 영국식 발음　　　　　　　하 ●○○

Your computer is still under warranty, isn't it?
(A) That's correct.
(B) I called a repairperson.
(C) No, under the television.

under warranty 보증 기간 내에 있는　repairperson 수리공

해석 당신의 컴퓨터는 아직 보증 기간 내에 있죠, 그렇지 않나요?
(A) 맞아요.
(B) 제가 수리공을 불렀어요.
(C) 아니요, 텔레비전 아래에요.

해설 **부가 의문문**
(A) [o] 맞다는 말로 컴퓨터가 보증 기간 내에 있음을 전달했으므로 정답이다.
(B) [x] under warranty(보증 기간 내에 있는)에서 연상할 수 있는 수리와 관련된 repairperson(수리공)을 사용하여 혼동을 주었다.
(C) [x] 질문의 under를 반복 사용하여 혼동을 준 오답이다.

---

10 🎧 호주식 발음 → 미국식 발음　　　　　　중 ●●○

Who arranged our group tour of Vancouver?
(A) All participants must wear nametags.
(B) Didn't Camille make the booking?
(C) The city is very beautiful.

arrange 준비하다, 마련하다　participant 참석자　nametag 이름표

해석 누가 밴쿠버로 가는 우리 단체 여행을 준비했나요?
(A) 모든 참석자들은 이름표를 착용해야 해요.
(B) Camille이 예약을 하지 않았나요?
(C) 그 도시는 매우 아름다워요.

해설 **Who 의문문**
(A) [x] group tour(단체 여행)와 관련 있는 participants(참석자들)를 사용하여 혼동을 주었다.
(B) [o] Camille이 예약하지 않았는지를 되물어 사실에 대한 추가 정보를 요청했으므로 정답이다.
(C) [x] 질문의 Vancouver(밴쿠버)를 나타낼 수 있는 The city(그 도시)를 사용하여 혼동을 준 오답이다.

---

11 🎧 영국식 발음 → 호주식 발음　　　　　　상 ●●●

Weren't bonuses given to the top sales associates?
(A) Yes. Each got an extra $1,000.　　　　　◌

(B) It's a brief presentation.
(C) We'll include some additional clips.

bonus 상여금, 보너스　sales associate 영업 사원　brief 간단한, 짧은
clip 영상

해석 상위 영업 사원들에게 상여금이 주어지지 않았나요?
(A) 네. 각각 추가로 1,000달러를 받았어요.
(B) 그건 간단한 발표예요.
(C) 우리는 추가적인 영상들을 포함할 거예요.

해설 **부정 의문문**
(A) [o] Yes로 상여금이 주어졌음을 전달한 후, 추가로 1,000달러를 받았다는 부연 설명을 했으므로 정답이다.
(B) [x] sales(영업)와 관련 있는 presentation(발표)을 사용하여 혼동을 준 오답이다.
(C) [x] 상위 영업 사원들에게 상여금이 주어지지 않았는지를 물었는데, 추가적인 영상들을 포함할 것이라며 관련이 없는 내용으로 응답했으므로 오답이다.

---

12 🎧 캐나다식 발음 → 영국식 발음　　　　　中 ●●○

Where should we host the banquet, in Hall A or B?
(A) You should taste both drinks.
(B) Whichever one is bigger.
(C) Invitations can be sent out today.

host 주최하다　banquet 연회　whichever 어느 쪽이든 ~한 것
invitation 초대(장)

해석 우리는 A홀과 B홀 중 어디에서 연회를 주최해야 할까요?
(A) 당신은 두 음료 모두 맛보셔야 해요.
(B) 어느 쪽이든 더 큰 곳에서요.
(C) 초대장들은 오늘 발송될 수 있어요.

해설 **선택 의문문**
(A) [x] banquet(연회)에서 연상할 수 있는 음식과 관련된 drinks(음료)를 사용하여 혼동을 주었다.
(B) [o] 어느 쪽이든 더 큰 곳이라며 연회를 주최할 장소를 간접적으로 선택했으므로 정답이다.
(C) [x] banquet(연회)과 관련 있는 invitation(초대장)을 사용하여 혼동을 주었다.

---

13 🎧 영국식 발음 → 호주식 발음　　　　　　상 ●●●

Could you put these shirts on hangers?
(A) No, the space was very modern.
(B) I bought some new clothes.
(C) Let me finish the dishes first.

hanger 옷걸이　modern 현대적인

해석 이 셔츠들을 옷걸이에 걸어 줄 수 있나요?
(A) 아니요, 그 공간은 매우 현대적이에요.
(B) 저는 몇 벌의 새 옷을 샀어요.
(C) 먼저 이 음식을 다 먹고요.

해설 **요청 의문문**
(A) [x] 셔츠들을 옷걸이에 걸어 줄 수 있는지를 물었는데, 그 공간은 매우 현대적이라며 관련이 없는 내용으로 응답했으므로 오답이다. No만 듣고 정

답으로 고르지 않도록 주의한다.
(B) [×] shirts(셔츠들)와 관련 있는 clothes(옷)를 사용하여 혼동을 준 오답이다.
(C) [○] 먼저 이 음식을 다 먹겠다는 말로 요청을 간접적으로 거절한 정답이다.

14 🎧 미국식 발음 → 캐나다식 발음　　　중 ●●○

Can't we apply for a membership online?
(A) What's the password?
(B) Yes, I'll show you.
(C) There are many members.

apply for 신청하다, 지원하다　membership 회원(권)

해석　온라인으로 회원권을 신청할 수 있지 않나요?
(A) 비밀번호가 무엇인가요?
(B) 네, 제가 보여드릴게요.
(C) 많은 회원들이 있어요.

해설　**부정 의문문**
(A) [×] online(온라인)에서 연상할 수 있는 접속 방법과 관련된 password(비밀번호)를 사용하여 혼동을 준 오답이다.
(B) [○] Yes로 온라인으로 신청할 수 있음을 전달한 후, 자신이 보여주겠다는 부연 설명을 했으므로 정답이다.
(C) [×] membership – members의 유사 발음 어휘를 사용하여 혼동을 준 오답이다.

15 🎧 영국식 발음 → 호주식 발음　　　중 ●●○

When is your film going to be screened?
(A) I'll be going.
(B) Their printer is ready.
(C) The beginning of September.

screen 상영하다

해석　당신의 영화는 언제 상영되나요?
(A) 저는 갈 거예요.
(B) 그들의 프린터는 준비되었어요.
(C) 9월 초요.

해설　**When 의문문**
(A) [×] 영화가 언제 상영되는지를 물었는데, 자신은 갈 거라며 관련이 없는 내용으로 응답했으므로 오답이다.
(B) [×] 영화가 언제 상영되는지를 물었는데, 그들의 프린터는 준비되었다며 관련이 없는 내용으로 응답했으므로 오답이다.
(C) [○] 9월 초라며 영화가 상영되는 시점을 언급했으므로 정답이다.

16 🎧 미국식 발음 → 호주식 발음　　　중 ●●○

Why don't you rearrange the display in the main window?
(A) If I have time.
(B) I see what they mean.
(C) No, don't make dinner plans.

rearrange 재배치하다　display 전시　window (진열)창

해석　당신이 주 진열창의 전시를 재배치하는 것이 어때요?

(A) 시간이 있으면요.
(B) 그들이 무슨 의미인지 알겠어요.
(C) 아니요, 저녁 계획을 짜지 마세요.

해설　**제안 의문문**
(A) [○] 시간이 있으면이라는 말로 전시를 재배치해달라는 제안을 간접적으로 수락한 정답이다.
(B) [×] main – mean의 유사 발음 어휘를 사용하여 혼동을 준 오답이다.
(C) [×] 전시를 재배치하는 것이 어떤지를 물었는데, 저녁 계획을 짜지 말라며 관련이 없는 내용으로 응답하였으므로 오답이다. No만 듣고 정답으로 고르지 않도록 주의한다.

17 🎧 영국식 발음 → 캐나다식 발음　　　중 ●●○

Isn't there supposed to be a thunderstorm later today?
(A) There aren't any napkins.
(B) Let me check the forecast.
(C) Put your umbrella over there.

be supposed to ~라고 한다, ~하기로 되어 있다　thunderstorm 뇌우
forecast 예보

해석　오늘 늦게 뇌우가 있을 거라고 하지 않나요?
(A) 냅킨은 없어요.
(B) 예보를 확인해 볼게요.
(C) 당신의 우산을 저쪽에 두세요.

해설　**부정 의문문**
(A) [×] 뇌우가 있을 거라고 하지 않는지를 물었는데, 냅킨은 없다며 관련이 없는 내용으로 응답했으므로 오답이다.
(B) [○] 예보를 확인해 보겠다는 말로 뇌우가 있을 것인지 모른다는 간접적인 응답을 했으므로 정답이다.
(C) [×] thunderstorm(뇌우)과 관련 있는 umbrella(우산)를 사용하여 혼동을 준 오답이다.

18 🎧 영국식 발음 → 미국식 발음　　　상 ●●●

An inspector will stop by our café on Sunday.
(A) Our employees should be informed.
(B) You'll probably like the espresso.
(C) Multiple code violations.

inspector 검사관　inform 통보하다, 알리다　code 규정, 법규
violation 위반 (행위)

해석　검사관은 일요일에 우리 카페에 들를 거예요.
(A) 우리 직원들에게 통보되어야겠어요.
(B) 당신은 아마 그 에스프레소를 좋아할 거예요.
(C) 다수의 규정 위반 행위들이요.

해설　**평서문**
(A) [○] 직원들에게 통보되어야겠다는 말로 의견을 제시했으므로 정답이다.
(B) [×] café(카페)와 관련 있는 espresso(에스프레소)를 사용하여 혼동을 준 오답이다.
(C) [×] inspector(검사관)에서 연상할 수 있는 검사 내용과 관련된 code violations(규정 위반 행위들)를 사용하여 혼동을 주었다.

19 🎧 호주식 발음 → 영국식 발음　　　　　　　중 ●●○

When does Mr. Graves want to hold a press conference?
(A) By Friday at the latest.
(B) He announced a branch opening.
(C) Actually, the dress has been discounted.

---

press conference 기자 회견, 기자단에게 발표하는 것　announce 발표하다
branch 지점　opening 개장　discount 할인하다

해석　Mr. Graves는 언제 기자 회견을 열길 원하나요?
　　　(A) 늦어도 금요일까지요.
　　　(B) 그가 지점 개장을 발표했어요.
　　　(C) 사실, 그 드레스는 할인되어 있어요.

해설　When 의문문
　　　(A) [o] 늦어도 금요일까지라며 기자 회견을 하길 원하는 시점을 언급했으므
　　　로 정답이다.
　　　(B) [×] press conference(기자 회견)에서 연상할 수 있는 기자 회견의 내
　　　용과 관련된 announced a branch opening(지점 개장을 발표했다)을
　　　사용하여 혼동을 주었다.
　　　(C) [×] press – dress의 유사 발음 어휘를 사용하여 혼동을 준 오답이다.

20 🎧 캐나다식 발음 → 미국식 발음　　　　　　　상 ●●●

Why were these chairs moved?
(A) Next to the main entrance.
(B) Over 50 pages long.
(C) Those workers might know.

해석　이 의자들은 왜 옮겨졌나요?
　　　(A) 정문 옆에요.
　　　(B) 50페이지가 넘는 길이예요.
　　　(C) 저 작업자들이 알 거예요.

해설　Why 의문문
　　　(A) [×] 의자가 옮겨진 이유를 물었는데, 위치로 응답했으므로 오답이다.
　　　(B) [×] 의자들이 왜 옮겨졌는지를 물었는데, 50페이지가 넘는 길이라며 관련
　　　이 없는 내용으로 응답하였으므로 오답이다.
　　　(C) [o] 저 작업자들이 알 것이라는 말로 의자들이 옮겨진 이유를 모른다는 간
　　　접적인 응답을 했으므로 정답이다.

21 🎧 호주식 발음 → 영국식 발음　　　　　　　중 ●●○

Can passengers get a refund for any flight?
(A) Baggage must be securely stored.
(B) Only for the canceled ones.
(C) Meals will be served after takeoff.

---

refund 환불　baggage 수화물　securely 안전하게　store 보관하다
takeoff 이륙, 출발

해석　승객들은 어느 항공편이든 환불을 받을 수 있나요?
　　　(A) 수화물은 안전하게 보관되어야 합니다.
　　　(B) 취소된 것들에 대해서만요.
　　　(C) 식사는 이륙 이후에 제공될 거예요.

해설　조동사 의문문
　　　(A) [×] flight(비행)와 관련 있는 baggage(수화물)를 사용하여 혼동을 준 오
　　　답이다.

(B) [o] 취소된 것들에 대해서만이라는 말로 승객들이 환불을 받을 수 있는 경
　　　우를 언급했으므로 정답이다.
(C) [×] flight(비행)와 관련 있는 takeoff(이륙)를 사용하여 혼동을 준 오답이다.

22 🎧 캐나다식 발음 → 호주식 발음　　　　　　　상 ●●●

When should we arrive at the theater?
(A) Well, the play starts at 8 o'clock.
(B) That's a good recommendation.
(C) I really liked that movie.

---

theater 극장, 영화관　recommendation 추천

해석　우리는 극장에 언제 도착해야 하나요?
　　　(A) 음, 연극은 8시에 시작해요.
　　　(B) 그것은 좋은 추천이네요.
　　　(C) 저는 그 영화가 매우 좋았어요.

해설　When 의문문
　　　(A) [o] 연극은 8시에 시작한다는 말로 8시 이전에 도착하는 것이 좋겠다는
　　　의견을 간접적으로 전달했으므로 정답이다.
　　　(B) [×] 극장에 언제 도착해야 하는지를 물었는데, 그것은 좋은 추천이라며 관
　　　련이 없는 내용으로 응답했으므로 오답이다.
　　　(C) [×] theater(극장)와 관련 있는 movie(영화)를 사용하여 혼동을 준 오답
　　　이다.

23 🎧 영국식 발음 → 호주식 발음　　　　　　　하 ●○○

Do we need to replace the batteries in the portable radio?
(A) No. They're working just fine.
(B) I enjoyed that very much.
(C) Please turn the volume up.

---

replace 교체하다　portable 휴대용의

해석　우리가 휴대용 라디오의 건전지들을 교체해야 하나요?
　　　(A) 아니요. 그것들은 그저 잘 작동하고 있어요.
　　　(B) 저는 그것을 매우 즐겼어요.
　　　(C) 볼륨을 높여 주세요.

해설　조동사 의문문
　　　(A) [o] No로 교체가 필요하지 않음을 전달한 후, 그것들, 즉 건전지들은 그
　　　저 잘 작동하고 있다는 부연 설명을 했으므로 정답이다.
　　　(B) [×] 휴대용 라디오의 건전지들을 교체해야 할지를 물었는데, 그것을 매우
　　　즐겼다며 관련이 없는 내용으로 응답했으므로 오답이다.
　　　(C) [×] radio(라디오)와 관련 있는 volume(볼륨)을 사용하여 혼동을 준 오
　　　답이다.

24 🎧 미국식 발음 → 영국식 발음　　　　　　　상 ●●●

Are you interested in advanced tennis lessons?
(A) We're holding more orientation sessions.
(B) I'm not sure I'm ready for that yet.
(C) I played basketball with him, too.

---

advanced 고급(의), 상급의　hold 열다, 주최하다

해석　당신은 고급 테니스 수업에 관심이 있나요?
　　　(A) 우리는 더 많은 오리엔테이션 수업을 열 거예요.
　　　(B) 제가 아직 그것에 준비되었는지 잘 모르겠어요.

(C) 저도 그와 농구를 했었어요.

해설　Be 동사 의문문

(A) [×] 질문의 lessons(수업)와 같은 의미인 session을 사용하여 혼동을 준 오답이다.

(B) [ㅇ] 아직 그것에 준비되었는지 잘 모르겠다는 말로 고급 테니스 수업에 관심이 없음을 간접적으로 전달했으므로 정답이다.

(C) [×] tennis(테니스)에서 연상할 수 있는 운동 종목과 관련된 basketball(농구)을 사용하여 혼동을 주었다.

---

25 호주식 발음 → 미국식 발음　　상 ●●●

Who is giving directions to the volunteers?
(A) Thanks for the help.
(B) You can ride with me.
(C) I was going to ask you that.

give directions 지시 사항을 알려주다　ride 타다

해석　누가 자원봉사자들에게 지시 사항을 알려줄 건가요?
(A) 도와주셔서 감사해요.
(B) 당신은 저와 함께 타고 가실 수 있어요.
(C) 저는 당신에게 그것을 요청하려고 했어요.

해설　Who 의문문

(A) [×] 누가 자원봉사자들에게 지시 사항을 알려줄 것인지를 물었는데, 도와주셔서 감사하다며 관련이 없는 내용으로 응답했으므로 오답이다.

(B) [×] 누가 자원봉사자들에게 지시 사항을 알려줄 것인지를 물었는데, 자신과 함께 타고 갈 수 있다며 관련이 없는 내용으로 응답했으므로 오답이다.

(C) [ㅇ] 당신에게 그것을 요청하려고 했다며 자원봉사자들에게 지시 사항을 알려줄 인물을 간접적으로 전달했으므로 정답이다.

---

26 캐나다식 발음 → 미국식 발음　　상 ●●●

What changes do you want in the brochure?
(A) I've read it already.
(B) There's a box full of them.
(C) Pictures should be included.

brochure 소책자　include 포함하다

해석　당신은 소책자에서 어떤 변화를 원하시나요?
(A) 저는 그것을 이미 읽었어요.
(B) 그것들로 가득한 상자가 있어요.
(C) 사진들이 포함되어야 해요.

해설　What 의문문

(A) [×] brochure(소책자)와 관련 있는 read(읽었다)를 사용하여 혼동을 준 오답이다.

(B) [×] 소책자에서 어떤 변화를 원하는지를 물었는데, 그것들로 가득한 상자가 있다며 관련이 없는 내용으로 응답하였으므로 오답이다.

(C) [ㅇ] 사진들이 포함되어야 한다며, 변경되어야 하는 부분을 언급했으므로 정답이다.

---

27 호주식 발음 → 캐나다식 발음　　상 ●●●

This is the fastest route to Ashbury Park.
(A) What about taking Oak Street?
(B) The delivery service.

(C) I read the first part of the novel.

route 길, 경로　delivery 배달

해석　이것이 Ashbury 공원으로 가는 가장 빠른 길이에요.
(A) Oak가를 타는 것은 어때요?
(B) 배달 서비스예요.
(C) 저는 그 소설의 첫 부분을 읽었어요.

해설　평서문

(A) [ㅇ] Oak가를 타는 것은 어떤지를 되물어 다른 의견을 제시했으므로 정답이다.

(B) [×] 이것이 Ashbury 공원으로 가는 가장 빠른 길이라고 했는데, 배달 서비스라며 관련이 없는 내용으로 응답했으므로 오답이다.

(C) [×] fastest – first의 유사 발음 어휘를 사용하여 혼동을 준 오답이다.

최고난도 문제

28 영국식 발음 → 캐나다식 발음　　상 ●●●

Where are the laundry detergents in this store?
(A) During the selection process.
(B) At a special discount price.
(C) I think we have run out.

laundry 세탁　detergent 세제　run out 다 떨어지다

해석　이 가게에 세탁 세제는 어디에 있나요?
(A) 선정 과정 동안에요.
(B) 특별 할인 가격이에요.
(C) 제 생각엔 다 떨어진 것 같아요.

해설　Where 의문문

(A) [×] 이 가게에 세탁 세제는 어디에 있는지를 물었는데, 선정 과정 동안이라며 관련이 없는 내용으로 응답했으므로 오답이다.

(B) [×] store(가게)와 관련 있는 discount price(할인 가격)를 사용하여 혼동을 준 오답이다.

(C) [ㅇ] 다 떨어진 것 같다는 말로 세탁 세제가 없다는 간접적인 응답을 했으므로 정답이다.

---

29 미국식 발음 → 호주식 발음　　중 ●●○

How did you finish your assignment so quickly?
(A) I'll make an appointment now.
(B) Please finish that today.
(C) Ted offered to help.

assignment 업무　appointment 일정

해석　당신은 어떻게 그렇게 빨리 당신의 업무를 마쳤나요?
(A) 지금 일정을 잡을게요.
(B) 오늘 그것을 마쳐주세요.
(C) Ted가 도와주었어요.

해설　How 의문문

(A) [×] assignment – appointment의 유사 발음 어휘를 사용하여 혼동을 준 오답이다.

(B) [×] 질문의 finish를 반복 사용하여 혼동을 준 오답이다.

(C) [ㅇ] Ted가 도와주었다며 업무를 빨리 마친 방법을 언급했으므로 정답이다.

30 [3 ▷] 캐나다식 발음 → 미국식 발음   상 ●●●

Can companies set up their booths near the entrance?
(A) The event is for the technology industry.
(B) A stage will be in that area.
(C) Companies can call to get a quote.

industry 산업   area 구역, 영역   quote 견적

해석 회사들은 그들의 부스를 입구 근처에 설치할 수 있나요?
(A) 그 행사는 기술 산업에 관한 거예요.
(B) 무대가 그 구역에 있을 거예요.
(C) 회사들은 견적을 받기 위해 전화를 할 수 있어요.

해설 **조동사 의문문**
(A) [×] booth(부스)와 관련 있는 event(행사)를 사용하여 혼동을 준 오답이다.
(B) [○] 무대가 그 구역, 즉 입구 근처에 있을 것이라는 말로, 부스를 입구 근처에 설치할 수 없음을 간접적으로 전달했으므로 정답이다.
(C) [×] 질문의 companies를 반복 사용하여 혼동을 준 오답이다.

31 [3 ▷] 호주식 발음 → 영국식 발음   중 ●●○

What city will your band be performing in next?
(A) Live performances can be a lot of fun.
(B) I used to be in a musical group, too.
(C) I need to check the schedule.

perform 공연하다

해석 당신의 밴드는 다음으로 어느 도시에서 공연할 예정인가요?
(A) 라이브 공연은 매우 재미있을 수 있어요.
(B) 저도 뮤지컬 단체에 있었던 적이 있어요.
(C) 일정을 확인해 봐야 해요.

해설 **What 의문문**
(A) [×] performing – performance의 유사 발음 어휘를 사용하여 혼동을 준 오답이다.
(B) [×] performing(공연하다)과 관련 있는 musical(뮤지컬)을 사용하여 혼동을 준 오답이다.
(C) [○] 일정을 확인해 봐야 한다는 말로 어느 도시에서 공연할 예정인지 모른다는 간접적인 응답을 했으므로 정답이다.

PART 3

32-34 [3 ▷] 캐나다식 발음 → 영국식 발음

Questions 32-34 refer to the following conversation.

M: Heather, ³²**some diners have complained about our restaurant menu recently. They want at least one vegan choice.**
W: Hmm . . . ³³**Do you remember the vegan noodle dish we tried at the International Cuisine Fair last month?** Maybe we can do something similar.
M: Great suggestion. We'd better talk to Chris Martin. ³⁴**As the lead chef here, he'll have to create the new entrée.**
W: He's on vacation, but ³⁴**I'll e-mail him** to share our thoughts.

diner 식사하는 손님   vegan 채식주의(자)   cuisine 요리   lead 수석(의)
create 만들다   entrée 메인 요리

32-34번은 다음 대화에 관한 문제입니다.

남: Heather, ³²식사하시는 손님 몇 분이 최근 우리 식당 메뉴에 대해 불평을 했었어요. 그들은 적어도 하나의 채식주의 선택지를 원해요.
여: 흠… ³³지난달 국제 요리 박람회에서 시식했던 채식주의 면 요리를 기억하나요? 아마 우리가 비슷한 무언가를 할 수 있을 거예요.
남: 좋은 제안이네요. Chris Martin에게 이야기하는 것이 좋겠어요. ³⁴이곳의 수석 요리사로서, 그가 새로운 메인 요리를 만들어야 할 거예요.
여: 그는 휴가 중이지만, ³⁴제가 그에게 우리의 생각을 공유하기 위해 이메일을 보낼게요.

32 특정 세부 사항 문제   하 ●○○

해석 남자에 따르면, 손님들은 무엇에 대해 불평했는가?
(A) 공간의 크기
(B) 요리의 가격
(C) 메뉴 선택지
(D) 운영 시간

해설 질문의 핵심어구(customers complain about)와 관련된 주변을 주의 깊게 듣는다. 대화 초반부에서 남자가 "some diners have complained about our restaurant menu recently. They want at least one vegan choice(식사하시는 손님 몇 분이 최근 우리 식당 메뉴에 대해 불평을 했었어요. 그들은 적어도 하나의 채식주의 선택지를 원해요)"라고 한 것을 통해 손님들이 메뉴 선택지에 대해 불평했음을 알 수 있다. 따라서 (C)가 정답이다.

어휘 operating hours 운영 시간

패러프레이징

choice 선택지 → options 선택지

33 특정 세부 사항 문제   중 ●●○

해석 지난 달에 무엇이 개최되었는가?
(A) 산업 박람회
(B) 교육 과정
(C) 영업 발표
(D) 요리 강좌

해설 질문의 핵심어구(last month)가 언급된 주변을 주의 깊게 듣는다. 대화 중반부에서 여자가 "Do you remember the vegan noodle dish we tried at the International Cuisine Fair last month?(지난달 국제 요리 박람회에서 시식했던 채식주의 면 요리를 기억하나요?)"라고 하였다. 따라서 (A)가 정답이다.

어휘 culinary 요리

패러프레이징

International Cuisine Fair 국제 요리 박람회 → industry fair 산업 박람회

34 특정 세부 사항 문제   하 ●○○

해석 여자는 누구에게 이메일을 보낼 것인가?
(A) 경영진
(B) 요리사
(C) 비평가
(D) 상담가

해설 질문의 핵심어구(e-mail)가 언급된 주변을 주의 깊게 듣는다. 대화 후반부에서 남자가 "As the lead chef here, he'll have to create the new entrée(이곳의 수석 요리사로서, 그가 새로운 메인 요리를 만들어야 할 거예요)"라고 하자, 여자가 "I'll e-mail him(제가 그에게 이메일을 보낼게요)"이라고 하였다. 따라서 (B)가 정답이다.

어휘 executive 경영진 critic 비평가 consultant 상담가

패러프레이징

chef 요리사 → cook 요리사

35-37 ③ 미국식 발음 → 캐나다식 발음

Questions 35-37 refer to the following conversation.

> W: Welcome back to Jam 89.8 FM. My name is Betty Doris, and ³⁵**I'm talking to rock singer Dylan Franklin. Dylan will be performing in our city this evening.**
> M: That's correct, Betty. My band and I are going to play at Yellow Ridge Stadium.
> W: ³⁶**I know you were born here in Chicago, and I'm curious if you've performed here before.**
> M: Yes, I've visited a few times over the years to hold small concerts.
> W: That's very interesting. I had no idea! Okay, ³⁷**listeners, I encourage you to call our radio station at 555-9931. The 10th caller is going to win complimentary tickets.**
>
> be born 태어나다 curious 궁금한 over the years 수년간
> encourage 권장하다 complimentary 무료(의)

35-37번은 다음 대화에 관한 문제입니다.

여: Jam 89.8 FM에 돌아오신 것을 환영합니다. 저는 Betty Doris이고, ³⁵록 가수인 Dylan Franklin과 이야기하고 있습니다. Dylan은 오늘 저녁에 우리 도시에서 공연할 예정이죠.

남: 맞아요, Betty. 제 밴드와 저는 Yellow Ridge 경기장에서 연주할 거예요.

여: ³⁶당신이 이곳 시카고에서 태어나신 것으로 아는데요, 이전에 이곳에서 공연한 적이 있으신지 궁금하네요.

남: 네, 저는 작은 콘서트들을 열기 위해 수년간 여러 번 방문했어요.

여: 매우 흥미롭네요. 전혀 몰랐어요! 좋아요, ³⁷청취자 분들, 555-9931로 저희 라디오 방송국에 전화를 거시는 것을 권장합니다. 10번째로 전화를 거신 분께서는 무료 티켓을 얻으실 거예요.

35 다음에 할 일 문제
중 ●●○

해석 여자는 오늘 밤에 무슨 일이 일어날 것이라고 말하는가?
(A) 영화 상영
(B) 라이브 방송
(C) 시상식
(D) 음악 공연

해설 질문의 핵심어구(tonight)와 관련된 내용을 주의 깊게 듣는다. 대화 초반부에서 여자가 "I'm talking to rock singer Dylan Franklin. Dylan will be performing in our city this evening(록 가수인 Dylan Franklin과 이야기하고 있습니다. Dylan은 오늘 저녁에 우리 도시에서 공연할 예정이죠)"이라고 한 것을 통해, 오늘 밤에 음악 공연이 일어날 것임을 알 수 있다. 따라서 (D)가 정답이다.

어휘 screening 상영 award ceremony 시상식

36 특정 세부 사항 문제
중 ●●○

해석 여자는 무엇을 알고 싶어 하는가?
(A) 남자가 이전에 시카고에서 공연한 적 있는지
(B) 남자가 어디에서 태어났는지
(C) 남자가 왜 밴드를 시작했는지
(D) 남자가 그의 다음 음반을 언제 발매할 계획인지

해설 질문의 핵심어구(woman want to know)와 관련된 내용을 주의 깊게 듣는다. 지문 중반부에서 여자가 남자에게 "I know you were born here in Chicago, and I'm curious if you've performed here before(당신이 이곳 시카고에서 태어나신 것으로 아는데요, 이전에 이곳에서 공연한 적이 있으신지 궁금하네요)"라고 하였다. 따라서 (A)가 정답이다.

어휘 perform 공연하다 release 발매하다

패러프레이징

were born ~ in ~에서 태어나다 → originally from 본래 ~ 출신이다

37 이유 문제
중 ●●○

해석 청취자들은 왜 라디오 방송국에 전화해야 하는가?
(A) 행사에 등록하기 위해
(B) 이야기를 나누기 위해
(C) 의류를 얻기 위해
(D) 무료 티켓을 받기 위해

해설 질문의 핵심어구(call ~ radio station)가 언급된 주변을 주의 깊게 듣는다. 대화 후반부에서 여자가 "listeners, I encourage you to call our radio station ~. The 10th caller is going to win complimentary tickets(청취자 분들, 저희 라디오 방송국에 전화를 거시는 것을 권장합니다. 10번째로 전화를 거신 분께서는 무료 티켓을 얻으실 거예요)"라고 하였다. 따라서 (D)가 정답이다.

어휘 register 등록하다 apparel 의류

패러프레이징

win complimentary tickets 무료 티켓을 얻다 → receive free tickets 무료 티켓을 받다

38-40 ③ 호주식 발음 → 미국식 발음

Questions 38-40 refer to the following conversation.

> M: Cassie, ³⁸**are you excited to upgrade to a larger office?**
> W: Yes. I'm definitely looking forward to having a bit more room. Oh, since you're here, ³⁹**would you mind grabbing that box on the ground beside you? I'd do it, but my hands are already full.**
> M: OK, I can help you carry your things down the hall. And just so you know, ⁴⁰**the computer chair you ordered for your new office arrived.** It has to be put together, though.
> W: Um . . . ⁴⁰**I'm not very good at assembling furniture. Could you handle that for me?**
> M: ⁴⁰**Sure.**
>
> definitely 확실히 just so you know 참고로 말하자면
> put together 조립하다 assemble 조립하다 handle 처리하다

38-40번은 다음 대화에 관한 문제입니다.

남: Cassie, ³⁸더 넓은 사무실로 업그레이드하게 되어 기쁘신가요?

여: 네. 약간 더 공간을 갖는 것을 확실히 기대하고 있어요. 아, 당신이 여기 있으니, ³⁹당신 옆의 바닥에 있는 상자를 들어 주시겠어요? 제가 하고 싶지만, 제가 이미 손에 가득 들고 있어서요.

남: 네, 당신의 물건들을 복도로 운반하는 것을 도와드릴 수 있어요. 그리고 참고로 말씀드리자면, ⁴⁰당신이 새 사무실을 위해 주문한 컴퓨터 의자가 도착했어요. 하지만, 그것은 조립되어야 해요.

여: 음… ⁴⁰저는 가구를 조립하는 데 능숙하지 못해요. 저를 위해 그것을 처리해 주실 수 있나요?

남: ⁴⁰그럼요.

38 주제 문제   하 ●○○

해석 대화는 주로 무엇에 관한 것인가?
(A) 임대 가구
(B) 배송 주소
(C) 새로운 업무 공간
(D) 최근의 주문

해설 대화의 주제를 묻는 문제이므로, 대화의 초반을 주의 깊게 듣는다. 남자가 여자에게 "are you excited to upgrade to a larger office?(더 넓은 사무실로 업그레이드하게 되어 기쁘신가요?)"라고 물은 후, 새로운 업무 공간에 대한 내용으로 대화가 이어지고 있다. 따라서 (C)가 정답이다.

어휘 rental 임대의 workspace 업무 공간

패러프레이징

office 사무실 → workspace 업무 공간

39 이유 문제   중 ●●○

해석 여자는 왜 도움이 필요한가?
(A) 운반해야 하는 것이 너무 많다.
(B) 사용법을 가지고 있지 않다.
(C) 몇몇 가구를 찾을 수 없다.
(D) 결정을 내릴 수 없다.

해설 질문의 핵심어구(woman need help)와 관련된 내용을 주의 깊게 듣는다. 대화 중반부에서 여자가 "would you mind grabbing that box on the ground beside you? ~ my hands are already full(당신 옆의 바닥에 있는 상자를 들어 주시겠어요? 제가 이미 손에 가득 들고 있어서요)"이라고 한 것을 통해, 여자가 운반해야 하는 것이 너무 많아 도움이 필요함을 알 수 있다. 따라서 (A)가 정답이다.

어휘 directions 사용법, 안내

40 특정 세부 사항 문제   중 ●●○

해석 남자는 무엇을 하기로 동의하는가?
(A) 문제를 보고한다.
(B) 몇몇 정보를 녹음한다.
(C) 구매를 승인한다.
(D) 의자를 조립한다.

해설 질문의 핵심어구(man agree to do)와 관련된 내용을 주의 깊게 듣는다. 대화 중후반에서 남자가 "the computer chair you ordered for your new office arrived(당신이 새 사무실을 위해 주문한 컴퓨터 의자가 도착했어요)"라고 한 후, 여자가 "I'm not very good at assembling furniture. Could you handle that for me?(저는 가구를 조립하는 데 능숙하지 못해요. 저를 위해 그것을 처리해 주실 수 있나요?)"라고 하자 남자가 "Sure(그럼요)"라며 동의하였다. 따라서 (D)가 정답이다.

어휘 record 녹음하다, 녹화하다 confirm 승인하다 purchase 구매

41-43 🔊 캐나다식 발음 → 영국식 발음

Questions 41-43 refer to the following conversation.

M: Melanie, this is Paul from the accounting department. I noticed that you didn't fill out your expense forms from last week.
W: Oh, yes. ⁴¹I was on a business trip to China last Friday, which is why I never turned them in. ⁴²Can I submit the forms before I leave the office today?
M: ⁴²Sorry, but I'd like to review them after our lunch break. Is there any way you can get them to me before noon?
W: Sure, I can do that. ⁴³I have a meeting with our department head in about 10 minutes. I will fill out the forms when we finish.

accounting 회계 notice 발견하다, 알아차리다 expense form 경비 양식
business trip 출장 turn in 제출하다

41-43번은 다음 대화에 관한 문제입니다.

남: Melanie, 회계부의 Paul입니다. 당신이 지난 주 당신의 경비 양식들을 기재하지 않았다는 것을 발견했어요.
여: 아, 네. ⁴¹제가 지난 금요일에 중국으로 출장을 가 있었는데, 그것이 제가 그것들을 제출하지 않은 이유예요. ⁴²제가 오늘 사무실을 떠나기 전에 양식들을 제출해도 될까요?
남: ⁴²죄송하지만, 저는 그것들을 점심시간 후에 검토하려고 해요. 정오 전에 제게 그것을 가져다 주실 수 있는 방법이 있을까요?
여: 그럼요, 그렇게 할 수 있어요. ⁴³저는 10분 후에 부서 책임자와 회의가 있어요. 끝나면 그 양식들을 작성할게요.

41 특정 세부 사항 문제   중 ●●○

해석 여자는 지난주에 무엇을 했는가?
(A) 해외를 여행했다.
(B) 기계를 설치했다.
(C) 설문 조사를 실시했다.
(D) 지원서를 보냈다.

해설 질문의 핵심어구(last week)가 언급된 주변을 주의 깊게 듣는다. 대화 중반부에서 여자가 "I was on a business trip to China last Friday(제가 지난 금요일에 중국으로 출장을 가 있었어요)"라고 하였다. 따라서 (A)가 정답이다.

어휘 abroad 해외로 machinery 기계 conduct 실시하다, 수행하다

패러프레이징

was on a business trip to China 중국으로 출장을 가 있었다 → traveled abroad 해외를 여행했다

42 요청 문제   중 ●●○

해석 남자는 여자에게 무엇을 하라고 요청하는가?
(A) 마감일을 연장한다.
(B) 서류를 제출한다.
(C) 이메일을 보낸다.
(D) 웹사이트를 업데이트한다.

해설 남자의 말에서 요청과 관련된 표현이 언급된 다음을 주의 깊게 듣는다. 대화 중반부에서 여자가 "Can I submit the forms before I leave the office today?(제가 오늘 사무실을 떠나기 전에 양식들을 제출해도 될까요?)"라고 하자, 남자가 "Sorry, but I'd like to review them after our lunch break. Is there any way you can get them to me before noon?(죄송하지만, 저는 그것들을 점심시간 후에 검토하려고 해요. 정오 전에 제게 그것을 가져다 주실 수 있는 방법이 있을까요?)"이라고 하였다. 따라서 (B)가 정답이다.

어휘 deadline 마감일 submit 제출하다

43 다음에 할 일 문제   하 ●○○

해석 여자는 다음에 무엇을 할 것 같은가?
    (A) 몇몇 설명서를 읽는다.
    (B) 관리자와 만난다.
    (C) 배달원에게 연락한다.
    (D) 짧은 휴식을 취한다.

해설 대화의 마지막 부분을 주의 깊게 듣는다. 여자가 "I have a meeting with our department head in about 10 minutes(저는 10분 후에 부서 책임자와 회의가 있어요)"라고 하였다. 따라서 (B)가 정답이다.

어휘 manual 설명서

44-46 ③ 미국식 발음 → 호주식 발음

Questions 44-46 refer to the following conversation.

> W: Simon, I have a favor to ask of you. As you know, **⁴⁴we're going to hold a shareholders' meeting on March 12**, and I'm curious if you'd be willing to participate.
> M: I'd be happy to. What would you like me to do?
> W: **⁴⁵/⁴⁶I'm hoping you can discuss our Canadian factory. Our guests are interested in the machinery that we installed there earlier this month. ⁴⁶You visited the facility recently**, didn't you?
> M: I just got back last week. I was quite impressed with everything there.
> W: Great. I'll devote an hour of the schedule to your presentation, then.
>
> favor 부탁 shareholder 주주 facility 시설
> devote (시간 · 노력 · 돈 · 지면 따위를) 돌리다, 바치다

44-46번은 다음 대화에 관한 문제입니다.

여: Simon, 당신에게 부탁할 것이 있어요. 아시다시피, ⁴⁴우리는 3월 12일에 주주 회의를 여는데, 당신이 참석할 의향이 있는지 궁금해요.
남: 기꺼이 그렇게 할게요. 제가 무엇을 하기를 원하시나요?
여: ⁴⁵/⁴⁶저는 당신이 우리의 캐나다 공장에 대해 논의할 수 있으면 좋겠어요. 우리 내빈들이 우리가 그곳에 이번 달 초에 설치한 기계들에 흥미가 있어요. ⁴⁶당신은 최근에 그 시설을 방문했죠, 그렇지 않나요?
남: 지난주에 막 돌아왔어요. 저는 그곳의 모든 것들에 꽤 감명을 받았어요.
여: 좋아요. 그러면, 일정 중에서 한 시간을 당신의 발표로 돌려놓을게요.

최고난도 문제

44 주제 문제   상 ●●●

해석 화자들은 주로 무엇에 대해 이야기하고 있는가?
    (A) 개점식
    (B) 면접
    (C) 안전 점검
    (D) 투자자 모임

해설 대화의 주제를 묻는 문제이므로, 대화의 초반을 주의 깊게 듣는다. 여자가 "we're going to hold a shareholders' meeting on March 12(우리는 3월 12일에 주주 회의를 열어요)"라고 한 후, 투자자 모임에 대한 내용으로 대화가 이어지고 있다. 따라서 (D)가 정답이다.

어휘 grand opening 개점식 inspection 점검 investor 투자자
    gathering 모임

패러프레이징

> shareholders' meeting 주주 회의 → investor gathering 투자자 모임

최고난도 문제

45 언급 문제   상 ●●●

해석 공장에 대해 무엇이 언급되는가?
    (A) 가동을 위한 준비가 거의 완료되었다.
    (B) 더 많은 직원을 필요로 한다.
    (C) 이전되어야 한다.
    (D) 새로운 장비가 있다.

해설 질문의 핵심어구(factory)가 언급된 주변을 주의 깊게 듣는다. 대화 중반부에서 여자가 "I'm hoping you can discuss our ~ factory(저는 당신이 우리의 공장에 대해 논의할 수 있으면 좋겠어요)"라고 한 후, "Our guests are interested in the machinery that we installed there earlier this month(우리 내빈들이 우리가 그곳에 이번 달 초에 설치한 기계들에 흥미가 있어요)"라고 한 것을 통해, 공장에 새로운 장비가 있음을 알 수 있다. 따라서 (D)가 정답이다.

어휘 operation 가동 relocate 이전하다

46 의도 파악 문제   중 ●●○

해석 여자는 "당신은 최근에 그 시설을 방문했죠"라고 말할 때 무엇을 의도하는가?
    (A) 남자가 행사에서 말하기를 원한다.
    (B) 제조 공장을 조사할 계획이다.
    (C) 남자가 작업 일정을 조정하는 것을 필요로 한다.
    (D) 지연의 원인을 알아내길 바란다.

해설 질문의 인용어구(You visited the facility recently)가 언급된 부분을 주의 깊게 듣는다. 대화 후반부에서 "I'm hoping you can discuss our Canadian factory. Our guests are interested in the machinery that we installed there earlier this month(저는 당신이 우리의 캐나다 공장에 대해 논의할 수 있으면 좋겠어요. 우리 내빈들이 우리가 그곳에 이번 달 초에 설치한 기계들에 흥미가 있어요)"라고 한 후, 남자가 최근에 그 시설을 방문했다고 하였다. 이를 통해, 남자가 행사에서 말하기를 원한다는 의도임을 알 수 있다. 따라서 (A)가 정답이다.

어휘 inspect 조사하다 adjust 조정하다 delay 지연

47-49 ③ 미국식 발음 → 영국식 발음 → 캐나다식 발음

Questions 47-49 refer to the following conversation with three speakers.

> W1: Excuse me. My friend and I need some help.
> W2: **⁴⁷There's usually fresh bread available here in the morning**, but most of the shelves are empty.
> M: Yes, I know. While we offer fresh goods daily, **⁴⁸we're experiencing an issue**. We were expecting a supply of ingredients last night, but it never arrived. **⁴⁸Our supplier forgot to include us in their express delivery route.**

W1: Oh, I see. So, your homemade products won't be sold until tomorrow?

M: That's right. I'm very sorry for the inconvenience.

W2: ⁴⁹**Do you know where we can get baguettes nearby?**

M: ⁴⁹**I'd stop by Sunny Side Market.** It's just a few blocks south of here.

---

goods 제품, 상품 daily 매일 supply 공급 ingredient 재료 express delivery 신속 배달 inconvenience 불편 nearby 근처(에) stop by 들르다

47-49번은 다음 세 명의 대화에 관한 문제입니다.

여1: 실례합니다. 제 친구와 제가 도움이 좀 필요해서요.

여2: ⁴⁷아침에 이곳에는 보통 갓 구운 빵이 있는데, 대부분의 선반이 비어 있어요.

남: 네, 알고 있습니다. ⁴⁸저희는 갓 만든 제품을 매일 제공하는데, 문제를 겪고 있어요. 어젯밤에 재료 공급을 예상하였는데, 그것이 도착하지 않았어요. ⁴⁸저희의 공급처에서 그들의 신속 배달 경로에 저희를 포함하는 것을 잊었어요.

여1: 아, 그렇군요. 그러면, 내일까지 당신의 수제 제품이 판매되지 않게 되나요?

남: 맞아요. 불편하게 해드려 정말 죄송합니다.

여2: ⁴⁹근처에서 저희가 바게트를 살 수 있는 곳을 아시나요?

남: ⁴⁹Sunny Side 식료품점에 들러 보세요. 이곳에서 남쪽으로 그저 몇 블록 떨어져 있습니다.

47 장소 문제   중 ●●○

해석 대화는 어디에서 일어나고 있는가?
(A) 창고에서
(B) 농장에서
(C) 연구실에서
(D) 빵집에서

해설 장소와 관련된 표현을 놓치지 않고 듣는다. 대화 초반부에서 여자2가 "There's usually fresh bread available here in the morning(아침에 이곳에는 보통 갓 구운 빵이 있어요)"이라고 한 것을 통해, 대화가 빵집에서 일어나고 있음을 알 수 있다. 따라서 (D)가 정답이다.

어휘 warehouse 창고, 도매점 laboratory 연구실, 실험실

48 문제점 문제   중 ●●○

해석 남자는 무슨 문제를 언급하는가?
(A) 공급처에서 실수를 했다.
(B) 몇몇 제품이 기한이 만료되었다.
(C) 몇몇 정책이 변경되었다.
(D) 서비스가 취소되었다.

해설 남자의 말에서 부정적인 표현이 언급된 다음을 주의 깊게 듣는다. 대화 중반부에서 남자가 "we're experiencing an issue(저희는 문제를 겪고 있어요)"라고 한 뒤, "Our supplier forgot to include us in their express delivery route(저희의 공급처에서 그들의 신속 배달 경로에 저희를 포함하는 것을 잊었어요)"라고 한 것을 통해, 공급처에서 실수를 했음을 알 수 있다. 따라서 (A)가 정답이다.

어휘 expire (기한이) 만료되다

49 제안 문제   중 ●●○

해석 남자는 무엇을 제안하는가?
(A) 공식 항의를 접수하기
(B) 이후 시간에 재방문하기

(C) 온라인으로 주문하기
(D) 다른 가게에 가기

해설 남자의 말에서 제안과 관련된 표현이 언급된 다음을 주의 깊게 듣는다. 대화 후반부에서 여자가 "Do you know where we can get baguettes nearby?(근처에서 저희가 바게트를 살 수 있는 곳을 아시나요?)"라고 묻자, 남자가 "I'd stop by Sunny Side Market(Sunny Side 식료품점에 들러 보세요)"이라고 하였다. 따라서 (D)가 정답이다.

어휘 file 접수하다 formal 공식적인 complaint 항의, 불평 place an order 주문하다

50-52 [영] 영국식 발음 → 캐나다식 발음

Questions 50-52 refer to the following conversation.

W: Did you hear? Management has agreed to modify our employee benefits. ⁵⁰**The human resources department just e-mailed all staff to provide the latest details about the decision.**

M: No, uh . . . I didn't know. What are the terms of the agreement?

W: ⁵¹**All Shop Center staff are going to receive a 7 percent raise and four additional vacation days per year.** That's a big deal, since ⁵¹**we only get a couple of days as of now.**

M: That's great news! ⁵²**When are the changes scheduled to go into effect?**

W: ⁵²**In June**, according to the message.

---

modify 변경하다, 수정하다 latest 최신의 terms 조건 raise 임금 인상 as of now 현재로서는 go into effect 실시되다

50-52번은 다음 대화에 관한 문제입니다.

여: 들으셨어요? 경영진이 우리 직원 복지를 변경하기로 합의했어요. ⁵⁰인사부에서 방금 이 결정의 최신 세부 사항을 제공하는 이메일을 전 사원에게 보냈어요.

남: 아니요, 어… 저는 몰랐어요. 합의 조건들은 무엇인가요?

여: ⁵¹모든 Shop Center 직원들이 7퍼센트 임금 인상과 연간 4일의 추가적인 휴가를 받을 거예요. 그건 상당한 일이죠, ⁵¹현재로서는 우리는 이틀 정도만 받고 있으니까요.

남: 좋은 소식이네요! ⁵²이 변경 사항들은 언제 실시되기로 예정되어 있나요?

여: 메시지에 따르면, ⁵²6월에요.

50 특정 세부 사항 문제   중 ●●○

해석 무엇이 최근에 직원들에게 이메일로 보내졌는가?
(A) 설문지
(B) 최신 정보
(C) 일정표
(D) 독촉장

해설 질문의 핵심어구(e-mailed to staff)와 관련된 내용을 주의 깊게 듣는다. 대화 초반부에서 여자가 "The human resources department just e-mailed all staff to provide the latest details about the decision(인사부에서 방금 이 결정의 최신 세부 사항을 제공하는 이메일을 전 사원에게 보냈어요)"이라고 한 것을 통해, 최신 정보가 이메일로 보내졌음을 알 수 있다. 따라서 (B)가 정답이다.

어휘 questionnaire 설문지

패러프레이징

latest details 최신 세부 사항 → update 최신 정보

51 언급 문제　　　　　중 ●●○

해석　직원들에 대해 무엇이 언급되는가?
(A) 합의서에 서명할 것이다.
(B) 더 많은 휴가를 받을 것이다.
(C) 설문조사를 기재할 것이다.
(D) 초과 근무를 할 것이다.

해설　질문의 핵심어구(employees)와 관련된 부분을 주의 깊게 듣는다. 대화 중반부에서 여자가 "All Shop Center staff are going to receive ~ four additional vacation days per year(모든 Shop Center 직원들이 연간 4일의 추가적인 휴가를 받을 거예요)"라고 한 뒤, "we only get a couple of days as of now(현재로서는 우리는 이틀 정도만 받고 있어요)"라고 한 것을 통해 직원들이 더 많은 휴가를 받을 것임을 알 수 있다. 따라서 (B)가 정답이다.

어휘　time off 휴가, 휴식　overtime 초과 근무

패러프레이징

> vacation days 휴가 → time off 휴가

52 다음에 할 일 문제　　　　　상 ●●●

해석　6월에 무엇이 일어날 것 같은가?
(A) 불만 사항이 검토될 것이다.
(B) 몇몇 정책들이 평가될 것이다.
(C) 몇몇 혜택들이 변경될 것이다.
(D) 직원상이 주어질 것이다.

해설　질문의 핵심어구(in June)가 언급된 주변을 주의 깊게 듣는다. 대화 후반부에서 남자가 "When are the changes scheduled to go into effect?(이 변경 사항들은 언제 실시되기로 예정되어 있나요?)"라고 묻자, 여자가 "In June(6월이에요)"이라고 대답하였다. 따라서 (C)가 정답이다.

어휘　evaluate 평가하다

53-55　[3w] 미국식 발음 → 캐나다식 발음 → 호주식 발음

Questions 53-55 refer to the following conversation with three speakers.

> W: Hello, ⁵³/⁵⁴**I purchased a sofa here last week, but it's too big. I know you offer the same model in a smaller size, so I'd like to exchange mine for that one.**
> M1: Okay. Did you get a warranty on the sofa?
> W: No, I didn't.
> M1: I see. We usually only exchange products with warranties. Pardon me, Mr. Griggs? This customer wants to exchange a sofa without a warranty. She bought the item last week. Is that okay?
> M2: Yes, ⁵⁵**as long as the product isn't damaged.**
> W: ⁵⁵**It is in perfect condition.**
> M2: Then, you won't have an issue. If you follow me, I can process your request.
>
> warranty 품질 보증서　damaged 손상된　condition 상태
> process 처리하다; 과정

53-55번은 다음 세 명의 대화에 관한 문제입니다.

여:　안녕하세요, ⁵³/⁵⁴제가 지난주에 여기에서 소파를 구매했는데, 그것이 너무 커요. 같은 모델을 더 작은 크기로 제공하는 것으로 알고 있어서, 제 것을 그것으로 교환하고 싶어요.

남1: 알겠습니다. 소파에 대한 품질 보증서를 받으셨나요?

여:　아니요, 없어요.

남1: 그렇군요. 저희는 보통 품질 보증서가 있는 제품들만 교환해드려요. 실례합니다, Mr. Griggs? 이 고객님께서 보증서 없이 소파를 교환하고 싶어 하시는데요. 지난주에 이 항목을 구매하셨어요. 그것이 괜찮은가요?

남2: 네, ⁵⁵그 제품이 손상되지만 않았다면요.

여:　⁵⁵그건 온전한 상태예요.

남2: 그렇다면, 문제가 없을 거예요. 저를 따라오시면, 고객님의 요청을 처리해 드릴 수 있습니다.

53 화자 문제　　　　　하 ●○○

해석　남자들은 어떤 종류의 업체에서 일하는 것 같은가?
(A) 의류 가게
(B) 가구점
(C) 부동산 업체
(D) 이사 업체

해설　대화에서 신분 및 직업과 관련된 표현을 놓치지 않고 듣는다. 대화 초반부에서 여자가 "I purchased a sofa here last week ~. I know you offer the same model in a smaller size, so I'd like to exchange mine for that one(제가 지난 주에 여기에서 소파를 구매했어요. 같은 모델을 더 작은 크기로 제공하는 것으로 알고 있어서, 제 것을 그것으로 교환하고 싶어요)"이라고 한 후, 남자들이 여자의 교환을 처리하는 것에 대한 내용으로 대화가 이어지고 있다. 이를 통해, 남자들이 가구점에서 일한다는 것을 알 수 있다. 따라서 (B)가 정답이다.

어휘　real estate 부동산

54 특정 세부 사항 문제　　　　　중 ●●○

해석　여자는 무엇을 하고 싶어 하는가?
(A) 교환을 한다.
(B) 몇몇 가격을 비교한다.
(C) 몇몇 물품을 시험해 본다.
(D) 할인 코드를 활용한다.

해설　질문의 핵심어구(woman want to do)와 관련된 내용을 주의 깊게 듣는다. 대화 초반부에서 여자가 "I purchased a sofa here last week ~. I know you offer the same model in a smaller size, so I'd like to exchange mine for that one(제가 지난주에 여기에서 소파를 구매했어요. 같은 모델을 더 작은 크기로 제공하는 것으로 알고 있어서, 제 것을 그것으로 교환하고 싶어요)"이라고 하였다. 따라서 (A)가 정답이다.

어휘　test out 시험해 보다　merchandise 물품　utilize 활용하다

55 언급 문제　　　　　하 ●○○

해석　여자의 제품에 대해 무엇이 언급되는가?
(A) 검사될 것이다.
(B) 곧 도착할 것이다.
(C) 손상되지 않았다.
(D) 사용할 수 없다.

해설　질문의 핵심어구(woman's product)와 관련된 내용을 주의 깊게 듣는다. 대화 후반부에서 남자2가 "as long as the product isn't damaged(그 제품이 손상되지만 않았다면요)"라고 하자, 여자가 "It[sofa] is in perfect condition(소파는 온전한 상태예요)"이라고 한 것을 통해, 여자의 제품이 손상되지 않았음을 알 수 있다. 따라서 (C)가 정답이다.

어휘　inspect 검사하다

Questions 56-58 refer to the following conversation.

W: Harris, it's Lola. **56I'm just calling to discuss my trip to New York City next week.** There are some things that I'd like us to do while I'm there.

M: What do you have in mind?

W: I really want to see some museums as well as Central Park. Also, **57I read online that *Win Some, Lose Some* will be showing at Windsor Theater next Saturday. I've wanted to see that play for a long time.** It starts at 6 P.M.

M: Actually, **58I've already made a dinner reservation for that evening. Maybe I can change it to Friday, though. Once we get off the phone, I'll call to find out.**

---

have in mind 염두에 두다, (~에 관해) 생각하고 있다   **get off** (전화를) 끊다

56-58번은 다음 대화에 관한 문제입니다.

여: Harris, 저 Lola예요. 56다음 주의 제 뉴욕 여행에 관해 논의하고 싶어 전화드려요. 제가 거기 있을 동안 몇 가지 하고 싶은 것이 있어요.

남: 무엇을 염두에 두고 계신가요?

여: 저는 센트럴 파크뿐만 아니라 몇몇 박물관들을 정말 보고 싶어요. 또한, 57다음 주 토요일에 Windsor 극장에서 *Win Some, Lose Some*이 상연될 것이라고 온라인에서 읽었어요. 저는 오랜 시간 동안 그 연극이 보고 싶었어요. 그건 오후 6시에 시작해요.

남: 사실, 58저는 그날 저녁에 이미 저녁 식사 예약을 해 두었어요. 하지만, 아마 제가 그것을 금요일로 바꿀 수 있을 거예요. 전화를 끊고 나서, 제가 전화해서 알아볼게요.

56 목적 문제
하 ●○○

해석 여자는 왜 전화하고 있는가?

(A) 여행 계획을 공유하기 위해
(B) 몇몇 자리를 예약하기 위해
(C) 숙소에 대해 문의하기 위해
(D) 초대장을 보내기 위해

해설 전화의 목적을 묻는 문제이므로, 대화의 초반을 반드시 듣는다. 여자가 "I'm just calling to discuss my trip to New York City next week(다음 주의 제 뉴욕 여행에 관해 논의하고 싶어 전화드려요)"이라고 한 것을 통해 여행 계획을 공유하기 위해 전화하고 있음을 알 수 있다. 따라서 (A)가 정답이다.

어휘 **accommodation** 숙소   **extend an invitation** 초대장을 보내다

57 다음에 할 일 문제
중 ●●○

해석 여자에 따르면, 다음 주 토요일에 무엇이 일어날 것인가?
(A) 자선 행사
(B) 박물관 견학
(C) 연극 공연
(D) 부동산 공개

해설 질문의 핵심어구(next Saturday)가 언급된 주변을 주의 깊게 듣는다. 대화 중반부에 여자가 "I read ~ that *Win Some, Lose Some* will be showing at Windsor Theater next Saturday. I've wanted to see that play for a long time(다음 주 토요일에 Windsor 극장에서 *Win Some, Lose Some*이 상연될 것이라고 읽었어요. 저는 오랜 시간 동안 그 연극이 보고 싶었어요)"이라고 하였다. 따라서 (C)가 정답이다.

어휘 **charity** 자선 (단체)   **property** 부동산, 재산

58 다음에 할 일 문제
하 ●○○

해석 남자는 무엇을 할 것이라고 말하는가?
(A) 식당에 연락한다.
(B) 여자를 픽업한다.
(C) 몇몇 프로그램을 인쇄한다.
(D) 입장료를 알아본다.

해설 대화의 마지막 부분을 주의 깊게 듣는다. 대화 후반부에서 남자가 "I've already made a dinner reservation ~. Maybe I can change it to Friday, though. Once we get off the phone, I'll call to find out(저는 이미 저녁 식사 예약을 해 두었어요. 하지만 아마 제가 그것을 금요일로 바꿀 수 있을 거예요. 전화를 끊고 나서 제가 전화해서 알아볼게요)"이라고 하였다. 따라서 (A)가 정답이다.

어휘 **admission rates** 입장료

패러프레이징

> **call** 전화하다 → **Contact** 연락하다

59-61 🎧 미국식 발음 → 호주식 발음

Questions 59-61 refer to the following conversation.

W: David, did I tell you that Russell McCoy called me last Thursday?

M: No. **59I wasn't in the office last week. I had to fly to Houston to attend a software development team meeting.** What did Mr. McCoy say?

W: Well, **60it sounds like he's considering investing more money in our company.**

M: **60That's a relief. We'll be expanding soon.**

W: He'll come to our office on Wednesday to discuss the situation. **61If you're available, I want you to join the meeting.** Mr. McCoy would probably like to hear your thoughts on the company's future.

---

fly 비행하다   **invest** 투자하다   **expand** 확장하다

59-61번은 다음 대화에 관한 문제입니다.

여: David, 지난 목요일에 Russel McCoy가 전화했었다고 제가 말씀드렸었나요?

남: 아니요. 59저는 지난주에 사무실에 없었어요. 소프트웨어 개발팀 회의에 참석하기 위해 휴스턴으로 비행해야 했거든요. Mr. McCoy가 뭐라고 말했나요?

여: 음, 60그가 우리 회사에 더 많은 돈을 투자하는 것을 고려하고 있는 것 같아요.

남: 60다행이네요. 우리는 곧 확장할 거잖아요.

여: 그는 이 상황에 대해 논의하기 위해 수요일에 우리 회사에 올 거예요. 61만약 가능하다면, 저는 당신이 회의에 참석했으면 좋겠어요. Mr. McCoy는 아마 회사의 미래에 대해 당신의 생각을 듣고 싶어 할 거예요.

59 이유 문제
중 ●●○

해석 남자는 왜 지난주에 사무실을 벗어나 있었는가?
(A) 출장을 갔다.
(B) 무역 박람회에 참석했다.
(C) 병원을 방문했다.
(D) 수습 직원들을 관찰했다.

해설 질문의 핵심어구(out of the office)와 관련된 내용을 주의 깊게 듣는다. 대화 초반부에서 남자가 "I wasn't in the office last week. I had to fly to Houston to attend a software development team meeting(저는 지난

주에 사무실에 없었어요. 소프트웨어 개발팀 회의에 참석하기 위해 휴스턴으로 비행해야 했거든요)"이라고 하였다. 이를 통해, 남자가 지난주에 출장을 갔음을 알 수 있다. 따라서 (A)가 정답이다.

어휘 business trip 출장 trainee 수습 직원

패러프레이징

fly ~ to attend a ~ meeting 회의에 참석하기 위해 비행하다 → took a business trip 출장을 갔다

60 의도 파악 문제
상 ●●●

해석 남자는 "우리는 곧 확장할 거잖아요"라고 말할 때 무엇을 의도하는가?
(A) 직원이 승진할 것이다.
(B) 법적 계약이 수정되어야 한다.
(C) 광고들이 제작되어야 한다.
(D) 추가적인 자금이 필요할 수도 있다.

해설 질문의 인용어구(We'll be expanding soon)가 언급된 주변을 주의 깊게 듣는다. 대화 중반부에서 여자가 "it sounds like he's considering investing more money in our company(그가 우리 회사에 더 많은 돈을 투자하는 것을 고려하고 있는 것 같아요)"라고 하자, 남자가 "That's a relief(다행이네요)"라며 자신들이 곧 확장할 거라고 하였으므로, 추가적인 자금이 필요할 수도 있다는 것임을 알 수 있다. 따라서 (D)가 정답이다.

어휘 agreement 계약 fund 자금

61 요청 문제
중 ●●○

해석 여자는 남자에게 무엇을 하라고 요청하는가?
(A) 발표를 한다.
(B) 예약 일정을 변경한다.
(C) 회의에 참여한다.
(D) 지점 관리자에게 이야기한다.

해설 여자의 말에서 요청과 관련된 표현이 언급된 다음을 주의 깊게 듣는다. 대화 후반부에서 여자가 "If you're available, I want you to join the meeting(만약 가능하다면 저는 당신이 회의에 참석했으면 좋겠어요)"이라고 하였다. 이를 통해, 여자가 남자에게 회의에 참여하라고 요청하고 있음을 알 수 있다. 따라서 (C)가 정답이다.

어휘 reschedule 일정을 변경하다 take part in 참여하다

패러프레이징

join the meeting 회의에 참석하다 → Take part in the meeting 회의에 참여하다

62-64 ③ 캐나다식 발음 → 미국식 발음

Questions 62-64 refer to the following conversation and manual.

M: Wendy, I didn't realize you were planning to install a new TV in the lobby.
W: Yes. **⁶²Our manager bought a new one, as the previous television would unexpectedly turn off on occasion.**
M: I'm glad we won't have to deal with that anymore. Do you need my help?
W: Yes. **⁶³I've been going through the manual**, but the instructions are confusing. **⁶⁴I can't figure out how to program the remote control. Here's the booklet.**

Take a look at it.

unexpectedly 갑자기 on occasion 가끔
program (프로그램을) 설정하다 remote control 리모컨

62-64번은 다음 대화와 설명서에 관한 문제입니다.

남: Wendy, 당신이 새로운 TV를 로비에 설치할 계획이었던 것을 몰랐어요.
여: 네. ⁶²예전 텔레비전이 가끔 갑자기 꺼지곤 해서, 저희 관리자가 새 것을 샀어요.
남: 우리가 더 이상 그것을 처리하지 않아도 되어서 기쁘네요. 제 도움이 필요하신가요?
여: 네. ⁶³저는 설명서를 살펴보고 있었는데, 설명이 혼란스러워요. ⁶⁴저는 리모컨을 어떻게 설정해야 하는지 이해할 수가 없어요. 여기 설명서가 있어요. 한 번 보세요.

P223 평면 TV
사용자 설명서

목차

설치 1
메뉴 가이드 3
리모컨 ⁶⁴6
화면 옵션 7

62 이유 문제
중 ●●○

해석 관리자는 왜 텔레비전을 샀는가?
(A) 회의실이 개조되었다.
(B) 이전 기기가 제대로 작동하지 않았다.
(C) 가게에서 판촉 행사를 한다.
(D) 제품이 긍정적인 평가를 받았다.

해설 질문의 핵심어구(buy a television)와 관련된 내용을 주의 깊게 듣는다. 대화 초반부에서 여자가 "Our manager bought a new one, as the previous television would unexpectedly turn off on occasion(예전 텔레비전이 가끔 갑자기 꺼지곤 해서, 저희 관리자가 새 것을 샀어요)"이라고 한 것을 통해, 이전 기기가 제대로 작동하지 않아서 텔레비전을 샀음을 알 수 있다. 따라서 (B)가 정답이다.

어휘 renovate 개조하다 malfunctioning 제대로 작동하지 않는

패러프레이징

unexpectedly turn off 갑자기 꺼지다 → malfunctioning 제대로 작동하지 않다

63 특정 세부 사항 문제
중 ●●○

해석 여자는 자신이 이미 무엇을 했다고 말하는가?
(A) 몇몇 세팅을 조정했다.
(B) 추가적인 스피커들을 설치했다.
(C) 포장재들을 재활용했다.
(D) 사용자 설명서를 읽었다.

해설 질문의 핵심어구(woman ~ already did)와 관련된 내용을 주의 깊게 듣는다. 대화 중반부에서 여자가 "I've been going through the manual(저는 설명서를 살펴보고 있었어요)"이라고 하였다. 따라서 (D)가 정답이다.

어휘 adjust 조정하다, 조절하다 packaging material 포장재

64 시각 자료 문제　　　　하 ●○○

해석　시각 자료를 보아라. 남자는 어떤 페이지를 읽을 것 같은가?
　　　(A) 1페이지
　　　(B) 3페이지
　　　(C) 6페이지
　　　(D) 7페이지

해설　설명서의 정보를 확인한 후 질문의 핵심어구(man ~ read)와 관련된 내용을 주의 깊게 듣는다. 대화 후반부에서 여자가 남자에게 "I can't figure out how to program the remote control. Here's the booklet. Take a look at it(저는 리모컨을 어떻게 설정해야 하는지 이해할 수가 없어요. 여기 설명서가 있어요. 한 번 보세요)"이라고 하였으므로, 남자가 리모컨과 관련된 내용이 있는 6페이지를 읽을 것임을 설명서에서 알 수 있다. 따라서 (C)가 정답이다.

65-67 🎧 영국식 발음 → 캐나다식 발음

Questions 65-67 refer to the following conversation and map.

W: Sunrise Medical Clinic. How can I help you?

M: ⁶⁵**I was scheduled for an annual check-up an hour ago, but I completely forgot about it.** My name is Danny Boyle.

W: Yes, Mr. Boyle. According to our records, you were supposed to see Dr. Akin. If you want to reschedule, Dr. Akin is available next Monday at 2 P.M.

M: That works for me. Thank you.

W: Okay, I've scheduled you for then. However, ⁶⁶**you should get here 15 minutes early** to fill out a medical form.

M: No problem. Also, ⁶⁷**where's the nearest parking lot to your clinic?**

W: ⁶⁷**Use the one near the intersection of Higgins Road and Roberts Avenue.**

---

annual 연례의, 연간의　check-up 건강 검진　record 기록
medical form 진료 양식　intersection 사거리, 교차점

65-67번은 다음 대화와 지도에 관한 문제입니다.

여: Sunrise 병원입니다. 어떻게 도와드릴까요?

남: ⁶⁵제가 한 시간 전에 연례 건강 검진이 예약되어 있었는데, 그것을 완전히 잊어버렸어요. 제 이름은 Danny Boyle이에요.

여: 네, Mr. Boyle. 저희 기록에 따르면, Dr. Akin과 만나시기로 되어 있었습니다. 만약 일정을 변경하기를 원하신다면, Dr. Akin은 다음 주 월요일 오후 2시에 시간이 있으세요.

남: 저는 좋아요. 감사합니다.

여: 알겠습니다, 그때로 예약해드렸어요. 하지만, 진료 양식을 작성하시기 위해 ⁶⁶15분 일찍 여기에 도착하셔야 해요.

남: 문제없어요. 그리고, ⁶⁷병원에서 가장 가까운 주차장이 어디인가요?

여: ⁶⁷Higgins가와 Roberts가의 사거리 가까이에 있는 것을 이용하세요.

65 문제점 문제　　　　중 ●●○

해석　남자의 문제점은 무엇인가?
　　　(A) 잘못된 주소로 갔다.
　　　(B) 교통편이 없다.
　　　(C) 의사에게 불만족스럽다.
　　　(D) 약속을 놓쳤다.

해설　남자의 말에서 부정적인 표현이 언급된 다음을 주의 깊게 듣는다. 대화 초반부에서 남자가 "I was scheduled for an annual check-up an hour ago, but I completely forgot about it(제가 한 시간 전에 연례 건강 검진이 예약되어 있었는데, 그것을 완전히 잊어버렸어요)"이라고 하였다. 이를 통해, 남자가 약속을 놓쳤음을 알 수 있다. 따라서 (D)가 정답이다.

어휘　unhappy with ~에 불만족스럽다

패러프레이징

annual check-up 연례 건강 검진 → appointment 약속

66 요청 문제　　　　하 ●○○

해석　여자는 남자에게 무엇을 하도록 요청하는가?
　　　(A) 대중 교통을 탄다.
　　　(B) 전화번호를 적어둔다.
　　　(C) 일찍 도착한다.
　　　(D) 의사에게 연락한다.

해설　여자의 말에서 요청과 관련된 표현이 언급된 다음을 주의 깊게 듣는다. 대화 중반부에서 여자가 "you should get here 15 minutes early(15분 일찍 여기에 도착하셔야 해요)"라고 하였다. 따라서 (C)가 정답이다.

어휘　physician 의사

67 시각 자료 문제　　　　중 ●●○

해석　시각 자료를 보아라. 남자는 어디에 주차할 것 같은가?
　　　(A) A구역
　　　(B) B구역
　　　(C) C구역
　　　(D) D구역

해설　지도의 정보를 확인한 후 질문의 핵심어구(man ~ park)와 관련된 내용을 주의 깊게 듣는다. 지문 후반부에서 남자가 "where's the nearest parking lot to your clinic?(병원에서 가장 가까운 주차장이 어디인가요?)"이라고 묻자, 여자가 "Use the one near the intersection of Higgins Road and Roberts Avenue(Higgins가와 Roberts가의 사거리 가까이에 있는 것을 이용하세요)"라고 하였으므로, 남자가 B구역에 주차할 것임을 지도에서 알 수 있다. 따라서 (B)가 정답이다.

68-70 🎧 호주식 발음 → 미국식 발음

Questions 68-70 refer to the following conversation and graph.

M: Samantha, ⁶⁸**how is your study going? I heard you've been analyzing how rain patterns are impacting our firm's crop growth.**

W: It's going well on the whole. However, there seems to be a minor issue with some of my data. ⁶⁹**There was apparently a month with an average rainfall of only two inches. That seems very unusual, so I have to verify the information.**

M: That does sound odd. You should definitely look into it . . . Well, ⁷⁰**I'd like to discuss your progress again later this week.**

W: Sure. ⁷⁰**When is a good time for you?**

M: ⁷⁰**Friday at 1:00 P.M. would be best.**

crop 농작물 average 평균 verify 입증하다 odd 이상한

68-70번은 다음 대화와 그래프에 관한 문제입니다.

남: Samantha, ⁶⁸당신의 연구는 어떻게 되어 가고 있나요? 당신이 강우 패턴이 우리 회사의 농작물 성장에 어떻게 영향을 미치는지 분석하고 있다고 들었어요.

여: 전체적으로는 잘 되어 가고 있어요. 하지만, 제 자료의 일부에 작은 문제가 있는 것 같아요. ⁶⁹보아하니 평균 강우량이 겨우 2인치인 달이 있었어요. 그것은 아주 드문 것 같아서, 그 정보를 입증해야 해요.

남: 그것은 정말 이상하게 들리네요. 당신이 확실히 그것을 조사해야겠어요… 음, ⁷⁰저는 이번 주 후반에 당신의 진척 상황을 다시 논의하고 싶은데요.

여: 좋아요. ⁷⁰당신은 언제가 괜찮으신가요?

남: ⁷⁰금요일 오후 1시가 가장 좋을 거예요.

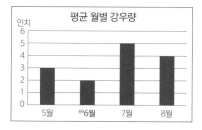

최고난도 문제

68 화자 문제

상 ●●●

해석 여자는 누구인 것 같은가?

(A) 대학 교수
(B) 농장 관리자
(C) 기업 연구자
(D) 시장 분석가

해설 대화에서 신분 및 직업과 관련된 표현을 놓치지 않고 듣는다. 대화 초반부에서 남자가 "how is your study going? I heard you've been analyzing how rain patterns are impacting our firm's crop growth (당신의 연구는 어떻게 되어 가고 있나요? 당신이 강우 패턴이 우리 회사의 농작물 성장에 어떻게 영향을 미치는지 분석하고 있다고 들었어요)"라고 한 것을 통해, 여자가 기업 연구자임을 알 수 있다. 따라서 (C)가 정답이다.

어휘 corporate 기업(의) market 시장 analyst 분석가

69 시각 자료 문제

중 ●●○

해석 시각 자료를 보아라. 여자가 걱정하는 것은 어떤 달인가?

(A) 5월
(B) 6월
(C) 7월
(D) 8월

해설 그래프의 정보를 확인한 후 질문의 핵심어구(woman concerned about)와 관련된 내용을 주의 깊게 듣는다. 대화 중반부에서 여자가 "There was apparently a month with an average rainfall of only two inches. That seems very unusual, so I have to verify the information(보아하니 평균 강우량이 겨우 2인치인 달이 있었어요. 그것은 아주 드문 것 같아서 그 정보를 입증해야 해요)"이라고 하였으므로, 여자가 걱정하는 것은 6월임을 그래

프에서 알 수 있다. 따라서 (B)가 정답이다.

70 특정 세부 사항 문제

중 ●●○

해석 남자는 금요일에 무엇을 하고 싶어 하는가?

(A) 동료를 만난다.
(B) 보고서를 배포한다.
(C) 고객에게 이야기한다.
(D) 시설을 순회한다.

해설 질문의 핵심어구(man ~ do on Friday)와 관련된 주변을 주의 깊게 듣는다. 대화 후반부에서 남자가 "I'd like to discuss your progress again later this week(저는 이번 주 후반에 당신의 진척 상황을 다시 논의하고 싶은데요)"이라고 한 뒤, 여자가 "When is a good time for you?(당신은 언제가 괜찮으신가요?)"라고 묻자 남자가 "Friday ~ would be best(금요일이 가장 좋을 거예요)"라고 대답하였다. 따라서 (A)가 정답이다.

어휘 release 배포하다

PART 4

71-73 3ₘ 영국식 발음

Questions 71-73 refer to the following talk.

Next on our tour, ⁷¹**we'll be walking through our plant's loading dock.** This is where the furniture is stored before sending it to retail outlets around the world. While we walk around, I'll explain a bit about our merchandise. ⁷²**You'll get to see the new ElectraDesk, which is equipped with a wireless charging pad.** Now, as we make our way through the facility, ⁷³**please follow my lead and watch out for trucks.** OK, let's keep moving.

loading dock 하적장, 짐 싣는 곳 store 보관하다
around the world 전세계의 retail outlet 소매점
be equipped with ~을 갖추고 있다 wireless 무선(의)
watch out 조심하다

71-73번 문제는 다음 담화에 관한 문제입니다.

우리 견학에서는 다음으로, ⁷¹우리 공장의 하적장을 통과해 걸어갈 것입니다. 이곳은 가구가 전 세계의 소매점으로 보내지기 전에 보관되는 곳이죠. 우리가 돌아다니는 동안, 제가 우리 제품에 대해 약간 설명해 드릴게요. ⁷²여러분은 새로운 ElectraDesk를 보시게 될 것인데, 이것은 무선 충전 패드를 갖추고 있습니다. 이제, 우리가 시설 안으로 들어갈 테니, ⁷³제 안내를 따라오시며 트럭들을 조심해 주세요. 좋아요, 계속 움직입시다.

71 장소 문제

중 ●●○

해석 화자들은 어디에 있는가?

(A) 도서관에
(B) 공장에
(C) 가구 상점에
(D) 자동차 판매 대리점에

해설 장소와 관련된 표현을 놓치지 않고 듣는다. 지문 초반부에서 "we'll be walking through our plant's loading dock(우리 공장의 하적장을 통과해 걸어갈 것입니다)"이라고 한 것을 통해, 화자들이 공장에 있음을 알 수 있다. 따라서 (B)가 정답이다.

어휘 automobile dealership 자동차 판매 대리점

패러프레이징

| plant 공장 → factory 공장 |

72 언급 문제   중 ●●○

해석 ElectraDesk에 대해 무엇이 언급되는가?
(A) 추가적인 조립을 필요로 한다.
(B) 현재 페인트칠되고 있다.
(C) 특별한 기능을 포함한다.
(D) 가장 잘 팔리는 품목이다.

해설 질문의 핵심어구(ElectraDesk)가 언급된 주변을 주의 깊게 듣는다. 지문 중반부에서 "You'll get to see the new ElectraDesk, which is equipped with a wireless charging pad(여러분은 새로운 ElectraDesk를 보시게 될 것인데, 이것은 무선 충전 패드를 갖추고 있습니다)"라고 하였다. 이를 통해, ElectraDesk가 특별한 기능을 포함하고 있음을 알 수 있다. 따라서 (C)가 정답이다.

어휘 further 추가적인, 그 이상의   assembly 조립   currently 현재

패러프레이징

| wireless charging pad 무선 충전 패드 → special feature 특별한 기능 |

73 요청 문제   중 ●●○

해석 청자들은 무엇을 하도록 요청되는가?
(A) 안전 장비를 반납한다.
(B) 몇몇 제품을 점검한다.
(C) 나중을 위해 질문을 모아 둔다.
(D) 차량을 조심한다.

해설 지문의 중후반에서 요청과 관련된 표현이 포함된 문장을 주의 깊게 듣는다. "please ~ watch out for trucks(트럭들을 조심해 주세요)"라고 한 것을 통해 차량을 조심하도록 요청됨을 알 수 있다. 따라서 (D)가 정답이다.

어휘 safety equipment 안전 장비   vehicle 차량

패러프레이징

| watch out for trucks 트럭들을 조심하다 → Be careful of vehicles 차량을 조심하다 |

74-76   🎧 미국식 발음

Questions 74-76 refer to the following telephone message.

> Hi, Sandy. **⁷⁴I received the magazine article you sent me earlier today to edit.** On the whole, I'm impressed. You've done a good job describing the strong leadership Rico Marcus has shown on the Grizzlies soccer team. However, **⁷⁵I would like you to include some information regarding Mr. Marcus's childhood and charity work.** **⁷⁶Let's meet tomorrow along with some other editorial employees to discuss the draft in more detail. Ten in the morning should work.**
>
> impressed 감명(을) 받은   describe 묘사하다   regarding ~에 관련하여   along with ~와 함께   editorial 편집(의)   in detail 자세히

74-76번 문제는 다음 전화 메시지에 관한 문제입니다.

안녕하세요, Sandy. ⁷⁴오늘 오전에 당신이 편집을 위해 보내 주신 잡지 기사를 받았습니다. 전체적으로, 저는 감명 받았어요. 당신은 Rico Marcus가 Grizzlies 축구팀에서 보여준 강력한 리더십을 훌륭하게 묘사했습니다. 하지만, ⁷⁵저는 Mr. Marcus의 어린 시절과 자선 사업에 관련된 몇몇 정보를 당신이 포함해 주었으면 좋겠어요. ⁷⁶초안을 좀 더 자세히 논의하기 위해 내일 몇몇 다른 편집 직원들과 함께 만납시다. 오전 10시면 괜찮을 거예요.

74 화자 문제   하 ●○○

해석 화자는 누구인 것 같은가?
(A) 잡지 편집자
(B) 스포츠 사진가
(C) 축구 선수
(D) 모금 행사 기획자

해설 담화에서 신분 및 직업과 관련된 표현을 놓치지 않고 듣는다. 지문 초반부에서 "I received the magazine article you sent me earlier today to edit(오늘 오전에 당신이 편집을 위해 보내 주신 잡지 기사를 받았습니다)"이라고 하였으므로, 화자가 잡지 편집자임을 알 수 있다. 따라서 (A)가 정답이다.

어휘 fund-raiser 모금 행사

75 요청 문제   상 ●●●

해석 화자는 청자에게 무엇을 하라고 요청하는가?
(A) 운동 선수를 인터뷰한다.
(B) 보고서를 마무리한다.
(C) 문서를 수정한다.
(D) 자원 봉사를 한다.

해설 지문 중후반에서 요청과 관련된 표현이 포함된 문장을 주의 깊게 듣는다. "I would like you to include some information regarding Mr. Marcus's childhood and charity work(저는 Mr. Marcus의 어린 시절과 자선 사업에 관련된 몇몇 정보를 당신이 포함해 주었으면 좋겠어요)"라고 한 것을 통해, 정보를 포함하여 문서를 수정할 것을 요청하고 있음을 알 수 있다. 따라서 (C)가 정답이다.

어휘 finalize 마무리하다   revise 수정하다   volunteer work 자원 봉사

76 다음에 할 일 문제   중 ●●○

해석 내일 아침에 무엇이 일어날 것 같은가?
(A) 직원회의
(B) 박물관 개관
(C) 스포츠 경기
(D) 제품 공개

해설 질문의 핵심어구(tomorrow morning)와 관련된 내용을 주의 깊게 듣는다. 지문 후반부에서 "Let's meet tomorrow along with some other editorial employees ~. Ten in the morning should work(내일 몇몇 다른 편집 직원들과 함께 만납시다. 오전 10시면 괜찮을 거예요)"라고 한 것을 통해, 내일 아침에 직원회의가 있을 것임을 알 수 있다. 따라서 (A)가 정답이다.

어휘 competition 경기   reveal 공개

패러프레이징

| meet ~ along with some ~ employees 몇몇 직원들과 함께 만나다 → staff meeting 직원회의 |

77-79 호주식 발음

Questions 77-79 refer to the following talk.

> ⁷⁷**I'm pleased you've all joined us for Gainsville Elementary School's information session about BookTalk program.** This program is an effort to encourage our students to learn about the world through reading. ⁷⁸**At first, we didn't know how many students would be interested. But as I look around, I can't see a single empty seat.** In a few minutes, we're going to give an overview of the program. But first, ⁷⁹**we'll hear a brief speech from Carolyn Woods, the fourth-grade instructor** who came up with the idea for this fantastic program. So, let's give a round of applause for Carolyn Woods.

> information session 설명회 encourage 장려하다
> give an overview ~의 개요를 설명하다 brief 짧은
> give a round of applause 박수를 보내다

77-79번 문제는 다음 담화에 관한 문제입니다.

⁷⁷여러분 모두가 Gainsville 초등학교의 BookTalk 프로그램에 대한 설명회에 참여해 주셔서 기쁩니다. 이 프로그램은 우리 학생들이 독서를 통해 세상에 대해 배울 수 있도록 장려하기 위한 노력의 일환입니다. ⁷⁸처음에, 저희는 얼마나 많은 학생들이 관심이 있을지 몰랐습니다. 하지만 제가 둘러보니, 빈자리를 하나도 볼 수 없네요. 몇 분 내에, 저희는 이 프로그램의 개요를 설명할 것입니다. 하지만 먼저, 이 멋진 프로그램의 아이디어를 제안한 ⁷⁹4학년 교사인 Carolyn Woods의 짧은 연설을 들을 것입니다. 그러니, Carolyn Woods에게 박수를 보냅시다.

77 목적 문제   중 ●●○

해석 담화의 목적은 무엇인가?
(A) 출판물을 판매하기 위해
(B) 운동을 장려하기 위해
(C) 프로그램을 소개하기 위해
(D) 상을 발표하기 위해

해설 담화의 목적을 묻는 문제이므로, 지문의 초반을 반드시 듣는다. "I'm pleased you've all joined us for Gainsville Elementary School's information session about BookTalk program(여러분 모두가 Gainsville 초등학교의 BookTalk 프로그램에 대한 설명회에 참여해 주셔서 기쁩니다)"이라고 한 후, 프로그램에 대한 소개로 담화가 이어지고 있다. 따라서 (C)가 정답이다.

어휘 publication 출판(물)

78 의도 파악 문제   중 ●●○

해석 화자는 "빈자리를 하나도 볼 수 없네요"라고 말할 때 무엇을 의도하는가?
(A) 청자들은 빨리 신청해야 한다.
(B) 청자들은 일어서야 한다.
(C) 대회가 곧 시작한다.
(D) 프로그램이 인기가 있다.

해설 질문의 인용어구(I can't see a single empty seat)가 언급된 주변을 주의 깊게 듣는다. "At first, we didn't know how many students would be interested(처음에 저희는 얼마나 많은 학생들이 관심이 있을지 몰랐습니다)"라며 하지만 둘러보니 빈자리를 하나도 볼 수 없다고 하였으므로, 프로그램이 인기가 있다는 것임을 알 수 있다. 따라서 (D)가 정답이다.

어휘 contest 대회

79 특정 세부 사항 문제   상 ●●●

해석 Carolyn Woods는 누구인가?
(A) 영화 감독
(B) 작가
(C) 선생님
(D) 행사 기획자

해설 질문의 핵심어구(Carolyn Woods)가 언급된 주변을 주의 깊게 듣는다. 지문 후반부에서 "we'll hear a brief speech from Carolyn Woods, the fourth-grade instructor(4학년 교사인 Carolyn Woods의 짧은 연설을 들을 것입니다)"라고 하였다. 따라서 (C)가 정답이다.

어휘 director 감독

패러프레이징

> instructor 교사 → teacher 선생님

80-82 캐나다식 발음

Questions 80-82 refer to the following advertisement.

> Stop by Grand Furniture and Decor over the next week to take advantage of our ongoing sale! ⁸⁰**We have just opened our 10th store location, and we're holding a major promotion to celebrate.** All of our beautiful carpets will be 15 percent off. Plus, ⁸¹**purchases over $500 will include a stylish floor lamp at no extra charge!** Just ⁸²**visit us at our Web site to get the addresses of our three Detroit locations.** However, you'll want to act fast. Deals are only valid while supplies last.

> ongoing 진행 중인 charge 금액, 요금 valid 유효한 supply 재고
> last 충분하다

80-82번 문제는 다음 광고에 관한 문제입니다.

다음 주 동안 Grand Furniture and Decor에 들르셔서 지금 진행 중인 할인의 기회를 이용하세요! ⁸⁰저희는 이제 막 10번째 지점을 개점해서, 축하하기 위해 큰 판촉 행사를 열고 있습니다. 저희의 모든 아름다운 카펫이 15퍼센트 할인될 거예요. 또한, ⁸¹500달러 이상의 구매는 추가 금액 없이 멋진 플로어 램프를 포함할 것입니다! 그저 ⁸²저희의 웹사이트를 방문하셔서 디트로이트의 3개 지점의 주소를 확인하세요. 하지만, 빨리 행동하셔야 할 거예요. 할인은 오직 재고가 충분할 동안만 유효합니다.

80 이유 문제   중 ●●○

해석 기업은 왜 할인 행사를 열고 있는가?
(A) 개점을 기념하기 위해
(B) 휴일을 인지하기 위해
(C) 몇몇 회원들에게 감사하기 위해
(D) 몇몇 새로운 제품을 홍보하기 위해

해설 질문의 핵심어구(holding ~ sale)와 관련된 내용을 주의 깊게 듣는다. 지문 초반부에서 "We have just opened our 10th store location, and we're holding a major promotion to celebrate(저희는 이제 막 10번째 지점을 개점해서 축하하기 위해 큰 판촉 행사를 열고 있습니다)"라고 하였다. 따라서 (A)가 정답이다.

어휘 mark 기념하다, 표시하다 recognize 인지하다

패러프레이징

> celebrate 축하하다 → mark 기념하다

81 특정 세부 사항 문제
하 ●○○

해석 무엇이 몇몇 구매에 제공될 것인가?
(A) 양탄자
(B) 플로어 램프
(C) 청소 스프레이
(D) 책상

해설 질문의 핵심어구(provided with ~ purchases)와 관련된 내용을 주의 깊게 듣는다. 지문 중반부에서 "purchases over $500 will include a stylish floor lamp at no extra charge(500달러 이상의 구매는 추가 금액 없이 멋진 플로어 램프를 포함할 것입니다)"라고 하였다. 따라서 (B)가 정답이다.

어휘 rug 양탄자, 깔개

82 특정 세부 사항 문제
하 ●○○

해석 화자에 따르면, 청자들은 웹사이트에서 무엇을 찾을 수 있는가?
(A) 최신 가격
(B) 제품 사진
(C) 점포 주소
(D) 주문 양식

해설 질문의 핵심어구(find on a Web site)와 관련된 내용을 주의 깊게 듣는다. 지문 후반부에서 "visit us at our Web site to get the addresses of our three Detroit locations(저희의 웹사이트를 방문하셔서 디트로이트의 3개 지점의 주소를 확인하세요)"라고 하였다. 따라서 (C)가 정답이다.

어휘 store 점포, 가게

패러프레이징

locations 지점 → Store 점포

83-85 [3에] 호주식 발음

Questions 83-85 refer to the following excerpt from a meeting.

Before we finish up, **83I want to discuss the upcoming development project for the latest version of PaintPlus, our photo editing software**. As many of you know, we have received numerous complaints from customers because of the confusing design. Accordingly, **84I'm going to put Keith French in charge of the new version. He has managed similar issues for us in the past.** **85Keith will give a presentation at next week's meeting about his design plan.** All right. That's it for now.

upcoming 다가오는 development 개발 numerous 많은
confusing 혼란스러운 accordingly 따라서

83-85번 문제는 다음 회의 발췌록에 관한 문제입니다.

저희가 마무리하기 전에, 83우리의 사진 편집 소프트웨어인 PaintPlus의 최신 버전을 위한 다가오는 개발 프로젝트에 관해 논의하고 싶습니다. 많은 분들께서 아시다시피, 저희는 혼란스러운 디자인으로 인해 고객들로부터 많은 항의를 받았어요. 따라서, 84저는 Keith French를 새로운 버전의 책임자로 둘 것입니다. 그는 과거에 저희를 위해 비슷한 문제들을 관리했었어요. 85Keith는 다음 주 회의에서 그의 디자인 계획에 대해 발표를 할 거예요. 좋아요. 지금은 그게 전부입니다.

83 주제 문제
하 ●○○

해석 화자는 주로 무엇에 대해 이야기하고 있는가?

(A) 프로젝트 마감 기한
(B) 마케팅 기술
(C) 재정 계획
(D) 소프트웨어 개발

해설 회의 발췌록의 주제를 묻는 문제이므로, 지문의 초반을 주의 깊게 듣는다. "I want to discuss the upcoming development project for the latest version of ~ our ~ software(우리 소프트웨어의 최신 버전을 위한 다가오는 개발 프로젝트에 관해 논의하고 싶습니다)"라고 하였다. 따라서 (D)가 정답이다.

어휘 technique 기술 financial 재정(의)

84 의도 파악 문제
상 ●●●

해석 화자는 왜 "그는 과거에 저희를 위해 비슷한 문제들을 관리했었어요"라고 말하는가?
(A) 누군가의 적합성을 보여주기 위해
(B) 도움을 더 요청하기 위해
(C) 우려를 표현하기 위해
(D) 결정에 대해 불평하기 위해

해설 질문의 인용어구(He has managed similar issues for us in the past)가 언급된 주변을 주의 깊게 듣는다. "I'm going to put Keith French in charge of the new version(저는 Keith French를 새로운 버전의 책임자로 둘 것입니다)"이라며 그가 과거에 자신들을 위해 비슷한 문제들을 관리했었다고 하였으므로, 책임자가 된 사람의 적합성을 보여줌을 알 수 있다. 따라서 (A)가 정답이다.

어휘 suitability 적합성, 어울림 ask for help 도움을 요청하다

85 다음에 할 일 문제
하 ●○○

해석 Keith French는 다음 주에 무엇을 할 것인가?
(A) 고객을 만난다.
(B) 계획을 발표한다.
(C) 프로그램을 업그레이드한다.
(D) 디자이너를 고용한다.

해설 질문의 핵심어구(next week)가 언급된 주변을 주의 깊게 듣는다. 지문 후반부에서 "Keith will give a presentation at next week's meeting about his design plan(Keith는 다음 주 회의에서 그의 디자인 계획에 대해 발표를 할 거예요)"이라고 하였다. 따라서 (B)가 정답이다.

어휘 present 발표하다

86-88 [3에] 캐나다식 발음

Questions 86-88 refer to the following news report.

My name is Jack Ayers, and you're listening to EZTV's news report. **86Elections will be held next Thursday, May 10, to decide who will be the new head of Bradenton's city council.** This vote comes at a crucial time, as **87the newly appointed city council head must make a proposal for future city improvements**. These plans must include funding for the maintenance of the Harraway Bridge and other aging structures. And **88with low funds currently in the budget, this task won't be easy**. Remember to follow next week's election results by tuning in to our show.

election 선거 crucial 결정적인, 중요한 appoint 임명하다

proposal 계획, 제안 maintenance 보수, 유지 aging 낡아 가는, 나이든
task 작업, 업무 tune in 주파수를 맞추다

86-88번 문제는 다음 뉴스 보도에 관한 문제입니다.

제 이름은 Jack Ayers이고, 여러분은 EZTV의 뉴스 보도를 듣고 계십니다. ⁸⁶Bradeton의 새로운 시의회 의장이 누가 될 것인지를 결정하기 위해 다음 주 목요일, 5월 10일에 선거가 치러질 것입니다. 이번 투표는 결정적인 시기에 다가왔는데요, ⁸⁷새롭게 임명될 시의회 의장은 미래의 도시 개선을 위한 계획을 짜야 하기 때문입니다. 이 계획은 Harraway 다리와 다른 낡아 가는 건축물들의 보수를 위한 자금을 포함해야 합니다. 그리고 ⁸⁸현재 예산의 적은 재원으로, 이 작업은 쉽지 않을 겁니다. 저희 쇼에 주파수를 맞추셔서 다음 주의 선거 결과를 지켜보는 것을 기억해 주세요.

86 주제 문제
중 ●●○

해석 보도는 주로 무엇에 관한 것인가?
(A) 건설 계획
(B) 다가오는 선거
(C) 도로 폐쇄
(D) 세금 인상

해설 뉴스 보도의 주제를 묻는 문제이므로, 지문의 초반을 주의 깊게 듣는다. "Elections will be held next Thursday ~ to decide who will be the new head of Bradenton's city council(Bradenton의 새로운 시의회 의장이 누가 될 것인지를 결정하기 위해 다음 주 목요일에 선거가 치러질 것입니다)"이라고 한 후, 다가오는 선거에 관한 내용으로 보도가 이어지고 있다. 따라서 (B)가 정답이다.

어휘 closure 폐쇄

패러프레이징

next Thursday 다음 주 목요일 → upcoming 다가오는

87 특정 세부 사항 문제
중 ●●○

해석 화자에 따르면, 새로운 의회 의장은 무엇을 해야 하는가?
(A) 의원을 임명한다.
(B) 예산을 줄인다.
(C) 컨퍼런스에 참석한다.
(D) 개발 계획을 수립한다.

해설 질문의 핵심어구(new council head do)와 관련된 내용을 주의 깊게 듣는다. 지문 중반부에서 "the newly appointed city council head must make a proposal for future city improvements(새롭게 임명될 시의회 의장은 미래의 도시 개선을 위한 계획을 짜야 합니다)"라고 하였다. 따라서 (D)가 정답이다.

패러프레이징

proposal for ~ city improvements 도시 개선을 위한 계획 → development plan 개발 계획

88 이유 문제
중 ●●○

해석 화자는 왜 업무가 쉽지 않을 것이라고 말하는가?
(A) 공공의 반대가 있다.
(B) 훼손된 시설들이 있다.
(C) 자금이 제한되어 있다.
(D) 규정들이 너무 많다.

해설 질문의 핵심어구(task ~ not be easy)와 관련된 내용을 주의 깊게 듣는다.

지문 후반부에서 "with low funds currently in the budget, this task won't be easy(현재 예산의 적은 재원으로 이 작업은 쉽지 않을 겁니다)"라고 하였다. 따라서 (C)가 정답이다.

어휘 opposition 반대

패러프레이징

low 적은 → limited 제한되어 있다

89-91 [3▲] 미국식 발음

Questions 89-91 refer to the following telephone message.

This is Rachel Foucault, owner of the Crest Apartment Building. ⁸⁹/⁹⁰I talked to you about repairing the wood floors in one of my units on April 19. Unfortunately, ⁹⁰I'm a bit worried about our arrangements. The new tenants contacted me yesterday, and they will come to the apartment sooner than I thought. I will probably be in a meeting with clients later, but ⁹¹please call my office and my secretary can give you the details.

unfortunately 유감스럽게도 arrangement 계획, 준비 tenant 세입자
secretary 비서 detail 세부 사항

89-91번 문제는 다음 전화 메시지에 관한 문제입니다.

저는 Crest 아파트 건물주인 Rachel Foucault입니다. 4월 19일에 ⁸⁹/⁹⁰저는 저희 방들 중 하나의 나무 바닥을 수리하는 것에 관해 당신과 이야기했어요. 유감스럽게도, ⁹⁰저는 우리의 계획에 대해 조금 걱정스럽습니다. 새로운 세입자들이 어제 제게 연락했는데, 그들은 제가 생각했던 것보다 더 일찍 아파트에 입주할 거예요. 오후에는 아마 제가 고객들과 회의를 하고 있겠지만, ⁹¹사무실로 전화해 주시면 제 비서가 세부 사항을 이야기해드릴 수 있을 것입니다.

89 청자 문제
중 ●●○

해석 청자는 누구인 것 같은가?
(A) 트럭 운전사
(B) 여행사 직원
(C) 사무실 관리자
(D) 보수 작업자

해설 지문에서 신분 및 직업과 관련된 표현을 놓치지 않고 듣는다. 지문 초반부에서 "I talked to you about repairing the wood floors in one of my units(저는 저희 방들 중 하나의 나무 바닥을 수리하는 것에 관해 당신과 이야기했어요)"라고 한 말을 통해, 청자가 보수 작업자임을 알 수 있다. 따라서 (D)가 정답이다.

어휘 travel agent 여행사 직원 supervisor 관리자

90 의도 파악 문제
상 ●●●

해석 화자는 "그들은 제가 생각했던 것보다 더 일찍 아파트에 입주할 거예요"라고 말할 때 무엇을 의도하는가?
(A) 계획이 변경되어야 한다.
(B) 입주자가 특별 요청이 있다.
(C) 문제가 해결되었다.
(D) 배달이 연기되어야 한다.

해설 질문의 인용어구(they will come to the apartment sooner than I thought)가 언급된 주변을 주의 깊게 듣는다. 지문 초중반에서 "I talked to you about repairing the wood floors in one of my units(저는 저희 방들 중 하나의 나무 바닥을 수리하는 것에 관해 당신과 이야기했어요)"라고 한

후, "I'm a bit worried about our arrangements. The new tenants contacted me yesterday(저는 우리의 계획에 대해 조금 걱정스럽습니다. 새로운 세입자들이 어제 제게 연락했어요)"라며 그들이 생각했던 것보다 더 일찍 아파트에 입주할 거라고 하였으므로, 수리 계획이 변경되어야 한다는 것임을 알 수 있다. 따라서 (A)가 정답이다.

어휘 occupant 입주자

91 요청 문제   중 ●●○

해석 화자는 청자에게 무엇을 하도록 요청하는가?
(A) 거주자에게 전화한다.
(B) 비서와 이야기한다.
(C) 견본을 제공한다.
(D) 회의를 취소한다.

해설 지문에서 요청과 관련된 표현이 포함된 문장을 주의 깊게 듣는다. 지문 후반부에서 "please call my office and my secretary can give you the details(사무실로 전화해 주시면 제 비서가 세부 사항을 이야기해드릴 수 있을 것입니다)"라고 하였으므로, 비서와 이야기하도록 요청하고 있음을 알 수 있다. 따라서 (B)가 정답이다.

어휘 resident 거주자 assistant 비서, 조수

패러프레이징

secretary 비서 → assistant 비서

92-94 [3배] 호주식 발음

Questions 92-94 refer to the following introduction.

Welcome, everyone. It's great to see you all again, and **[92]I hope you've been practicing what we learned in last week's guitar lesson.** This week's practice session is going to be different, as we have a special visitor to our class—Roman Brunelli, a professional musician. He'll be teaching you a simple Spanish piece. **[93]If you haven't already grabbed the music sheets for today's class, they're stacked on the table beside the door.** Now, let me introduce Mr. Brunelli to you. **[94]He's going to demonstrate the piece for you right now.**

professional 전문(의) piece 작품, 조각 music sheet 악보 stack 쌓다
demonstrate 시연하다

92-94번 문제는 다음 소개에 관한 문제입니다.

환영합니다, 여러분. 모두 다시 뵙게 되어 기쁘고, [92]지난주 기타 수업에서 우리가 배웠던 것들을 연습하고 계셨기를 바랍니다. 이번 주의 연습 수업은 다를 예정인데, 전문 음악가인 Roman Brunelli가 우리 수업에 특별한 방문자로 오셨기 때문이죠. 그는 여러분에게 간단한 스페인 작품을 가르쳐드릴 거예요. [93]만약 오늘 수업을 위한 악보를 아직 가져오지 않으셨다면, 그것들은 문 옆의 탁자 위에 쌓여 있습니다. 이제, 여러분께 Mr. Brunelli를 소개해드리겠습니다. [94]그가 바로 지금 여러분을 위해 그 작품을 시연해 드릴 거예요.

92 장소 문제   중 ●●●

해석 청자들은 어디에 있는 것 같은가?
(A) 미술관에
(B) 컨벤션 센터에
(C) 기타 상점에

(D) 음악 교육 기관에

해설 장소와 관련된 표현을 놓치지 않고 듣는다. 지문 초반부에서 "I hope you've been practicing what we learned in last week's guitar lesson(지난주 기타 수업에서 우리가 배웠던 것들을 연습하고 계셨기를 바랍니다)"이라고 한 말을 통해 청자들이 음악 교육 기관에 있음을 알 수 있다. 따라서 (D)가 정답이다.

어휘 academy 교육 기관, 학원

93 특정 세부 사항 문제   하 ●○○

해석 탁자에 무엇이 놓여 있는가?
(A) 악보
(B) 악기
(C) 사진 앨범
(D) 수업 일정

해설 질문의 핵심어구(on the table)가 언급된 주변을 주의 깊게 듣는다. 지문 후반부에서 "If you haven't already grabbed the music sheets ~, they're stacked on the table beside the door(만약 악보를 아직 가져오지 않으셨다면, 그것들은 문 옆의 탁자 위에 쌓여 있습니다)"라고 하였다. 따라서 (A)가 정답이다.

어휘 instrument 악기

94 다음에 할 일 문제   중 ●●●

해석 청자들은 다음에 무엇을 할 것 같은가?
(A) 음악 작품에 대해 토론한다.
(B) 다과를 즐긴다.
(C) 연주를 본다.
(D) 그룹으로 모인다.

해설 지문의 마지막 부분을 주의 깊게 듣는다. "He's going to demonstrate the piece for you right now(그가 바로 지금 여러분을 위해 그 작품을 시연해 드릴 거예요)"라고 한 말을 통해 청자들이 연주를 볼 것임을 알 수 있다. 따라서 (C)가 정답이다.

어휘 refreshment 다과 gather 모이다

95-97 [3배] 영국식 발음

Questions 95-97 refer to the following excerpt from a meeting and product list.

OK, now that we've had a chance to talk about this year's annual bonuses, **[95]I'd like to move on to another topic. Specifically, our ongoing sale**, which is aimed at clearing out our stock of last year's smart watches. The event is supposed to end in two days, but we still have quite a few Knell and X9 models left. As of now, **[96]only the Sonic watch is sold out**. So, **[97]if someone expresses an interest in that model, please encourage them to try one of the other equally impressive options.**

aim at ~을 목표로 한, 겨냥한 clear out 소진하다, 정리하다 stock 재고
equally 똑같이

95-97번 문제는 다음 회의 발췌록과 제품 목록에 관한 문제입니다.

자, 이제 우리가 올해의 연간 상여금에 관해 이야기할 기회를 가졌으니, [95]다른 주제로 넘어가고자 합니다. 특히, 작년의 스마트워치 재고를 소진하는 것을 목표로 하고 진행 중인 우리의 할인에 대해서요. 이 행사는 이틀 안에 끝날 예정이지만, 우리는 여

전히 Knell과 X9 모델이 꽤 여럿 남아 있습니다. 현재로서는, ⁹⁶Sonic 시계만이 품절이에요. 그러니, ⁹⁷만약 누군가 그 모델에 관해 관심을 표하면, 똑같이 멋진 다른 선택지들 중 하나를 시도해 보도록 권장해 주세요.

모델: Knell
제품 번호: 3392

모델: X9
제품 번호: 4192

모델: Sonic
제품 번호: ⁹⁶6447

모델: Fringe
제품 번호: 8426

95 주제 문제

하 ●○○

해석 화자는 주로 무엇에 대해 이야기하고 있는가?
(A) 고객 불만
(B) 직원 일정
(C) 마케팅 전략
(D) 판매 행사

해설 회의 발췌록의 주제를 묻는 문제이므로, 지문의 초반을 주의 깊게 듣는다. "I'd like to move on to another topic. Specifically, our ongoing sale(다른 주제로 넘어가고자 합니다. 특히 진행 중인 우리의 할인이요)"이라고 한 후, 판매 행사에 대한 내용으로 지문이 이어지고 있다. 따라서 (D)가 정답이다.

어휘 strategy 전략 sales event 판매 행사

패러프레이징

ongoing sale 진행 중인 할인 → sales event 판매 행사

96 시각 자료 문제

중 ●●○

해석 시각 자료를 보아라. 어떤 제품 번호가 재고가 없는가?
(A) 3392
(B) 4192
(C) 6447
(D) 8426

해설 제품 목록의 정보를 확인한 후 질문의 핵심어구(out of stock)와 관련된 내용을 주의 깊게 듣는다. 지문 후반부에서 "only the Sonic watch is sold out(Sonic 시계만이 품절이에요)"이라고 하였으므로, 제품 번호 6447의 재고가 없음을 제품 목록에서 알 수 있다. 따라서 (C)가 정답이다.

패러프레이징

out of stock 재고가 없는 → sold out 품절인

97 제안 문제

상 ●●●

해석 화자는 무엇을 하라고 제안하는가?
(A) 가격을 낮추기
(B) 쇼핑객들의 방향을 바꾸기
(C) 제품 보증을 홍보하기
(D) 행사를 연장하기

해설 지문에서 제안과 관련된 표현이 포함된 문장을 주의 깊게 듣는다. 지문 후반

부에서 "if someone expresses an interest in that model, please encourage them to try one of the other ~ options(만약 누군가 그 모델에 관해 관심을 표하면 다른 선택지들 중 하나를 시도해 보도록 권장해 주세요)"라고 하였다. 따라서 (B)가 정답이다.

어휘 redirect 방향[초점]을 바꾸다 warranty 제품 보증

패러프레이징

encourage ~ to try one of the other ~ options 다른 선택지들 중 하나를 시도해 보도록 권장하다 → Redirecting 방향을 바꾸기

98-100 ③₀ 캐나다식 발음

Questions 98-100 refer to the following announcement and floor plan.

Everyone, I want to remind you that ⁹⁸**one of our technical personnel will be installing some scanners at our office tomorrow morning**. Please be careful when you enter through the front door tomorrow, as the technician will be working near that area and around the reception desk. Also, Printer Y will be disabled while the work is being done. Instead, ⁹⁹**please use Printer Z, which is located next to the conference room**. The installation should only last for about one hour, so it won't be a major disruption to your work. ¹⁰⁰**I e-mailed everyone information on how to use the new scanners. Please go through it carefully.**

remind 상기시키다 install 설치하다
disable (기계 등을 일시적으로) 사용 불가능하게 하다 disruption 방해, 혼란

98-100번 문제는 다음 공지와 평면도에 관한 문제입니다.

여러분, ⁹⁸내일 아침에 기술직원 중 한 명이 우리 사무실에 스캐너 몇 개를 설치할 것임을 여러분에게 상기시켜 드리고 싶습니다. 기술자가 정문 근처 구역과 접수처 주변에서 작업할 것이므로, 내일 정문을 통해 들어오실 때 주의해 주세요. 또한, 작업이 진행되는 동안 Y 프린터는 사용 불가능할 것입니다. 대신, ⁹⁹회의실 옆에 위치해 있는 Z 프린터를 사용해 주세요. 설치는 오직 한 시간 정도만 지속할 것이므로, 여러분의 업무에 큰 방해가 되지는 않을 것입니다. ¹⁰⁰제가 새로운 스캐너를 사용하는 방법에 대한 정보를 모든 분들께 이메일로 보내드렸습니다. 그것을 주의 깊게 읽어 주세요.

1구역 정문 2구역
3구역 접수처 ⁹⁹4구역
회의실

98 다음에 할 일 문제

중 ●●○

해석 화자에 따르면, 내일 무슨 일이 일어날 것인가?
(A) 몇몇 기기가 설치될 것이다.
(B) 책상이 치워질 것이다.
(C) 손님 목록이 인쇄될 것이다.
(D) 몇몇 기기가 시연될 것이다.

해설 질문의 핵심어구(tomorrow)가 언급된 주변을 주의 깊게 듣는다. 지문 초반부에서 "one of our technical personnel will be installing some scanners at our office tomorrow morning(내일 아침에 기술직원 중 한 명이 우리 사무실에 스캐너 몇 개를 설치할 것입니다)"이라고 하였다. 따라서 (A)

가 정답이다.

어휘 **remove** 치우다, 제거하다   **device** 기기

99 시각 자료 문제 　　　　　　　　　　　중 ●●○

해석 시각 자료를 보아라. Z 프린터는 어디에 놓여 있는가?
(A) 1구역
(B) 2구역
(C) 3구역
(D) 4구역

해설 평면도의 정보를 확인한 후 질문의 핵심어구(Printer Z)가 언급된 주변을 주의 깊게 듣는다. 지문 중반부에서 "please use Printer Z, which is located next to the conference room(회의실 옆에 위치해 있는 Z 프린터를 사용해 주세요)"이라고 하였으므로, Z 프린터가 회의실 옆 4구역에 놓여 있음을 평면도에서 알 수 있다. 따라서 (D)가 정답이다.

어휘 **situate** (~을) 놓다, 위치를 정하다

100 제안 문제 　　　　　　　　　　　상 ●●●

해석 화자는 청자들에게 무엇을 하라고 제안하는가?
(A) 기술자에게 연락한다.
(B) 설명을 참고한다.
(C) 접수처를 방문한다.
(D) 이메일을 보낸다.

해설 지문에서 제안과 관련된 표현이 포함된 문장을 주의 깊게 듣는다. 지문 후반부에서 "I e-mailed everyone information on how to use the new scanners. Please go through it carefully(제가 새로운 스캐너를 사용하는 방법에 대한 정보를 모든 분들께 이메일로 보내드렸습니다. 그것을 주의 깊게 읽어주세요)"라고 하였다. 따라서 (B)가 정답이다.

어휘 **refer to** ~을 참고하다   **instruction** 설명

패러프레이징

information on how to use ~ scanners 스캐너를 사용하는 방법에 대한 정보
→ instructions 설명

TEST 5

p 77

PART 1

1 (A)	2 (C)	3 (D)	4 (B)	5 (C)
6 (B)				

PART 2

7 (C)	8 (A)	9 (C)	10 (A)	11 (B)
12 (A)	13 (C)	14 (B)	15 (B)	16 (C)
17 (A)	18 (C)	19 (A)	20 (B)	21 (C)
22 (A)	23 (B)	24 (C)	25 (B)	26 (B)
27 (B)	28 (A)	29 (B)	30 (A)	31 (C)

PART 3

32 (C)	33 (B)	34 (A)	35 (B)	36 (C)
37 (A)	38 (D)	39 (A)	40 (D)	41 (C)
42 (B)	43 (C)	44 (D)	45 (A)	46 (B)
47 (D)	48 (A)	49 (B)	50 (D)	51 (B)
52 (A)	53 (B)	54 (C)	55 (B)	56 (A)
57 (A)	58 (C)	59 (D)	60 (C)	61 (B)
62 (C)	63 (C)	64 (D)	65 (A)	66 (C)
67 (D)	68 (B)	69 (B)	70 (D)	

PART 4

71 (C)	72 (D)	73 (D)	74 (C)	75 (A)
76 (A)	77 (C)	78 (D)	79 (C)	80 (B)
81 (A)	82 (C)	83 (B)	84 (D)	85 (D)
86 (C)	87 (A)	88 (B)	89 (C)	90 (B)
91 (B)	92 (A)	93 (D)	94 (B)	95 (A)
96 (B)	97 (B)	98 (D)	99 (D)	100 (C)

PART 1

1 ③ 영국식 발음　　　　　　　　　　　　　하 ●○○

(A) One of the men is holding on to a suitcase.
(B) Some people are standing in a line.
(C) Some people are going into a building.
(D) One of the men is handing out beverages.

hold 잡다, 들다　in a line 한 줄로　hand out 나누어 주다　beverage 음료

해석 **(A) 남자들 중 한 명이 여행 가방을 잡고 있다.**
　　(B) 몇몇 사람들이 한 줄로 서 있다.
　　(C) 몇몇 사람들이 건물 안으로 들어가고 있다.
　　(D) 남자들 중 한 명이 음료들을 나누어 주고 있다.

해설　2인 이상 사진
　　(A) [○] 남자들 중 한 명이 여행 가방을 잡고 있는 모습을 정확히 묘사한 정답이다.
　　(B) [×] standing in a line(한 줄로 서 있다)은 사람들의 동작과 무관하므로 오답이다.
　　(C) [×] going into a building(건물 안으로 들어가고 있다)은 사람들의 동작과 무관하므로 오답이다. 사진의 장소인 건물(building)을 사용하여 혼동을 주었다.
　　(D) [×] 사진에 음료들을 나누어 주고 있는(handing out beverages) 남자가 없으므로 오답이다.

2 ③ 캐나다식 발음　　　　　　　　　　　중 ●●○

(A) Books have been stacked on the floor.
(B) He is choosing shirts from a rack.
(C) A lamp has been placed next to a window.
(D) He is reaching for a bookshelf.

stack 쌓다　choose 고르다, 선택하다　rack 선반　lamp 전등
bookshelf 책꽂이

해석　(A) 책들이 바닥에 쌓여 있다.
　　(B) 그는 선반에서 셔츠를 고르고 있다.
　　(C) 전등이 창문 옆에 놓여 있다.
　　(D) 그는 책꽂이를 향해 손을 뻗고 있다.

해설　1인 사진
　　(A) [×] 사진에서 책들은 보이지만 바닥에 쌓여 있는(stacked on the floor) 모습은 아니므로 오답이다.
　　(B) [×] choosing shirts from a rack(선반에서 셔츠를 고르고 있다)은 남자의 동작과 무관하므로 오답이다. 남자가 입고 있는 셔츠(shirts)를 사용하여 혼동을 주었다.
　　(C) [○] 전등이 창문 옆에 놓여 있는 상태를 정확히 묘사한 정답이다.
　　(D) [×] reaching for a bookshelf(책꽂이를 향해 손을 뻗고 있다)는 남자의 동작과 무관하므로 오답이다. 사진에 있는 책꽂이(bookshelf)를 사용하여 혼동을 주었다.

3 ③ 미국식 발음　　　　　　　　　　　　하 ●○○

(A) He is using a broom.
(B) He is opening some containers.
(C) He is climbing up a ladder.
(D) He is moving some boxes.

broom 빗자루　container (화물 수송용) 컨테이너, 용기　climb 올라가다
ladder 사다리

해석　(A) 그는 빗자루를 사용하고 있다.
　　(B) 그는 컨테이너들을 열고 있다.
　　(C) 그는 사다리를 올라가고 있다.

(D) 그는 상자들을 운반하고 있다.

해설　**1인 사진**
(A) [×] 사진에서 빗자루(broom)를 확인할 수 없으므로 오답이다.
(B) [×] opening some containers(컨테이너들을 열고 있다)는 남자의 동작과 무관하므로 오답이다.
(C) [×] 사진에 사다리(ladder)가 없고, climbing up a ladder(사다리를 올라가고 있다)는 남자의 동작과 무관하므로 오답이다.
(D) [○] 남자가 상자들을 운반하고 있는 모습을 정확하게 묘사한 정답이다.

4 🔊 영국식 발음　중 ●●○

(A) They are wiping an instrument.
(B) They are working on a machine.
(C) They are unloading baggage.
(D) They are moving a vehicle.

wipe 닦다　instrument 장비　work on 수리하다, 적합하다　unload 내리다

해설　(A) 그들은 장비를 닦고 있다.
(B) 그들은 기계를 수리하고 있다.
(C) 그들은 수화물을 내리고 있다.
(D) 그들은 차량을 옮기고 있다.

해설　**2인 이상 사진**
(A) [×] 사진의 사람들은 장비를 닦고 있지(wiping an instrument) 않으므로 오답이다.
(B) [○] 사람들이 기계를 수리하고 있는 모습을 정확히 묘사한 정답이다.
(C) [×] 사진의 사람들은 수화물을 내리고 있지(unloading baggage) 않으므로 오답이다.
(D) [×] 사진에서 차량(vehicle)을 확인할 수 없으므로 오답이다.

5 🔊 호주식 발음　하 ●○○

(A) The woman is organizing items.
(B) The woman is talking on a phone.
(C) The woman is looking in a mirror.
(D) The woman is paying for a pair of glasses.

organize 정리하다　mirror 거울　pay for 값을 지불하다

해설　(A) 여자가 물건을 정리하고 있다.
(B) 여자가 전화로 이야기하고 있다.
(C) 여자가 거울을 보고 있다.
(D) 여자가 안경값을 지불하고 있다.

해설　**1인 사진**
(A) [×] organizing items(물건을 정리하고 있다)는 여자의 동작과 무관하므로 오답이다.
(B) [×] 사진에 전화(phone)가 없으므로 오답이다.
(C) [○] 여자가 거울을 보고 있는 모습을 정확하게 묘사한 정답이다.
(D) [×] paying for a pair of glasses(안경값을 지불하고 있다)는 여자의 동작과 무관하므로 오답이다. 사진에 있는 안경(glasses)을 사용하여 혼동을 주었다.

6 🔊 캐나다식 발음　하 ●○○

(A) A basket has been put on the ground.
(B) A bicycle is leaning against a gate.
(C) A sidewalk has been blocked off.
(D) A sign is hanging from a building.

basket 바구니　ground 땅바닥　sidewalk 보도　sign 간판
hang 걸리다, 걸다

해설　(A) 바구니가 땅바닥에 놓여 있다.
(B) 자전거가 문에 기대어져 있다.
(C) 보도가 막혀 있다.
(D) 간판이 건물에 걸려 있다.

해설　**사물 및 풍경 사진**
(A) [×] 사진에서 바구니는 보이지만 땅바닥에 놓여 있는(put on the ground) 모습은 아니므로 오답이다.
(B) [○] 자전거가 문에 기대어져 있는 상태를 정확하게 묘사한 정답이다.
(C) [×] 사진에서 보도가 막혀 있는지 확인할 수 없으므로 오답이다.
(D) [×] 사진에 간판(sign)이 없으므로 오답이다.

PART 2

7 🔊 캐나다식 발음 → 영국식 발음　하 ●○○

Is this where Bus 44 stops?
(A) The fare is $1.25.
(B) We'll stop in 20 minutes.
(C) That's correct.

fare 요금　stop 멈추다, 중단하다　in ~ 후에

해설　이곳이 44번 버스가 서는 곳인가요?
(A) 요금은 1.25달러예요.
(B) 우리는 20분 후에 멈출 거예요.
(C) 맞아요.

해설　**Be 동사 의문문**
(A) [×] Bus(버스)와 관련 있는 fare(요금)를 사용하여 혼동을 준 오답이다.
(B) [×] stops – stop의 유사 발음 어휘를 사용하여 혼동을 준 오답이다.
(C) [○] 맞다는 말로, 이곳이 44번 버스가 서는 곳임을 전달했으므로 정답이다.

8 🔊 호주식 발음 → 미국식 발음　중 ●●○

Can I use this coupon online or only in the store?
(A) We accept it on our Web site.
(B) He found a job.
(C) Thanks for telling me.

accept 받다

해설　이 쿠폰을 온라인에서 사용할 수 있나요, 아니면 가게에서만 사용할 수 있나요?
(A) 저희는 웹사이트에서 이것을 받아요.
(B) 그는 일자리를 찾았어요.
(C) 제게 말해주셔서 감사해요.

해설 **선택 의문문**

(A) [o] Web site(웹사이트)로 온라인에서 사용할 수 있음을 선택했으므로 정답이다.

(B) [×] 쿠폰을 온라인에서 사용할 수 있는지 아니면 가게에서만 사용할 수 있는지를 물었는데, 그는 일자리를 찾았다며 관련이 없는 내용으로 응답했으므로 오답이다.

(C) [×] 쿠폰을 온라인에서 사용할 수 있는지 아니면 가게에서만 사용할 수 있는지를 물었는데, 말해주셔서 감사하다며 관련이 없는 내용으로 응답했으므로 오답이다.

9 〔3๙〕 영국식 발음 → 호주식 발음   하 ●○○

Who conducted the job interview?
(A) On April 17.
(B) An hour or so.
(C) The head of human resources.

conduct 진행하다   or so 정도, 쯤

해석 누가 구직 면접을 진행했나요?

(A) 4월 17일이에요.
(B) 1시간 정도요.
(C) 인사부장이요.

해설 **Who 의문문**

(A) [×] 구직 면접을 누가 진행하였는지를 물었는데, 날짜로 응답했으므로 오답이다.

(B) [×] 구직 면접을 누가 진행하였는지를 물었는데, 시간으로 응답했으므로 오답이다.

(C) [o] 인사부장이라며, 구직 면접을 진행한 인물을 언급했으므로 정답이다.

10 〔3๙〕 캐나다식 발음 → 미국식 발음   하 ●○○

Where are the boxes going to be kept from now on?
(A) Our storeroom seems good.
(B) Let me show you where she lives.
(C) I finished that yesterday.

from now on 이제부터   show (위치를) 알려 주다

해석 상자들은 이제부터 어디에 보관되나요?

(A) 우리 창고가 좋을 것 같아요.
(B) 그녀가 사는 곳을 제가 당신에게 알려드릴게요.
(C) 제가 어제 그것을 끝냈어요.

해설 **Where 의문문**

(A) [o] 우리 창고가 좋을 것 같다며, 상자들이 이제부터 보관될 장소를 언급했으므로 정답이다.

(B) [×] 질문의 Where를 반복 사용하여 혼동을 준 오답이다.

(C) [×] 상자들이 이제부터 어디에 보관되는지를 물었는데, 자신이 어제 그것들을 끝냈다며 관련이 없는 내용으로 응답했으므로 오답이다.

11 〔3๙〕 호주식 발음 → 영국식 발음   중 ●●○

The safety inspection is going to last for 30 minutes, right?
(A) No. It was delivered last week.
(B) Yes. It ends at noon.
(C) I submitted an application.

○

safety inspection 안전 점검   last 계속되다   application 신청서, 지원서

해석 안전 점검은 30분 동안 계속될 예정이에요, 그렇죠?

(A) 아니요. 이것은 지난주에 배달되었어요.
(B) 네. 그것은 정오에 끝나요.
(C) 저는 신청서를 제출했어요.

해설 **부가 의문문**

(A) [×] 질문의 safety inspection(안전 점검)을 나타낼 수 있는 It을 사용하여 혼동을 준 오답이다. No만 듣고 정답으로 고르지 않도록 주의한다.

(B) [o] Yes로 안전 점검이 30분 동안 계속될 예정임을 전달한 후, 정오에 끝난다는 부연 설명을 했으므로 정답이다.

(C) [×] 안전 점검이 30분 동안 계속될 예정인지를 물었는데, 자신은 신청서를 제출했다며 관련이 없는 내용으로 응답했으므로 오답이다.

12 〔3๙〕 캐나다식 발음 → 미국식 발음   중 ●●○

Why don't you commute by car?
(A) It's faster to walk.
(B) The car has comfortable seats.
(C) I usually bring a book.

commute 통근하다   comfortable 편안한

해석 자동차로 통근하는 게 어때요?

(A) 걷는 것이 더 빨라요.
(B) 그 차는 편안한 좌석이 있어요.
(C) 저는 주로 책 한 권을 가져와요.

해설 **제안 의문문**

(A) [o] 걷는 것이 더 빠르다는 말로, 제안을 간접적으로 거절한 정답이다.

(B) [×] 질문의 car를 반복 사용하여 혼동을 준 오답이다.

(C) [×] 자동차로 통근하는 것이 어떤지를 물었는데, 자신은 주로 책 한 권을 가져온다며 관련이 없는 내용으로 응답했으므로 오답이다.

13 〔3๙〕 캐나다식 발음 → 호주식 발음   중 ●●○

What was your favorite part of the museum?
(A) There are lots of traffic.
(B) Here are the admission tickets.
(C) The exhibition on Egypt was incredible.

traffic 교통량   admission ticket 입장권   incredible 놀라운, 엄청난

해석 박물관의 가장 좋은 부분은 무엇이었나요?

(A) 그곳은 교통량이 많아요.
(B) 입장권이 여기 있습니다.
(C) 이집트에 관한 전시가 놀라웠어요.

해설 **What 의문문**

(A) [×] 박물관의 가장 좋은 부분이 무엇이었는지를 물었는데, 그곳은 교통량이 많다며 관련이 없는 내용으로 응답했으므로 오답이다.

(B) [×] museum(박물관)과 관련 있는 admission tickets(입장권)를 사용하여 혼동을 준 오답이다.

(C) [o] 이집트에 관한 전시가 놀라웠다며, 박물관의 가장 좋은 부분을 언급했으므로 정답이다.

14 ③ 미국식 발음 → 캐나다식 발음   하 ●○○

I think the warranty for this refrigerator is still valid.
(A) As a set of appliances.
(B) No, it definitely isn't.
(C) It was a present from my family.

warranty 보증(서)   refrigerator 냉장고   valid 유효한   appliance 가전제품

해석 이 냉장고의 보증이 여전히 유효한 것 같아요.
   (A) 가전제품 한 세트로요.
   (B) 아니요, 그것은 분명히 아니에요.
   (C) 이것은 가족으로부터의 선물이었어요.

해설   **평서문**
   (A) [×] refrigerator(냉장고)와 관련 있는 appliances(가전제품)를 사용하여 혼동을 준 오답이다.
   (B) [○] No로 냉장고의 보증이 유효하지 않음을 전달한 후, 그것은 분명히 아니라는 의견을 추가했으므로 정답이다.
   (C) [×] 질문의 refrigerator(냉장고)를 나타낼 수 있는 It을 사용하여 혼동을 준 오답이다.

15 ③ 영국식 발음 → 호주식 발음   중 ●●○

Where will you be traveling for work in March?
(A) Turn on the tablet.
(B) My team is going to Cape Town.
(C) He will return next week.

해석 3월에 어디로 출장을 가실 예정인가요?
   (A) 태블릿을 켜세요.
   (B) 저희 팀은 케이프타운에 갈 거예요.
   (C) 그는 다음 주에 돌아올 거예요.

해설   **Where 의문문**
   (A) [×] 3월에 어디로 출장을 갈 예정인지를 물었는데, 태블릿을 켜라며 관련이 없는 내용으로 응답했으므로 오답이다.
   (B) [○] 케이프타운이라며, 출장을 갈 장소를 언급했으므로 정답이다.
   (C) [×] traveling for work(출장을 가다)와 관련 있는 return(돌아오다)을 사용하여 혼동을 준 오답이다.

16 ③ 미국식 발음 → 영국식 발음   상 ●●●

What did Ms. Walker talk about at the convention?
(A) For about a week.
(B) Yes, it was extremely informative.
(C) I missed her speech.

extremely 매우   informative 유익한   speech 연설

해석 Ms. Walker는 회의에서 무엇에 대해 이야기했나요?
   (A) 약 일주일 동안이요.
   (B) 네, 그것은 매우 유익했어요.
   (C) 저는 그녀의 연설을 놓쳤어요.

해설   **What 의문문**
   (A) [×] Ms. Walker가 회의에서 무엇에 대해 이야기했는지를 물었는데, 기간으로 응답했으므로 오답이다.
   (B) [×] 질문의 convention(회의)을 나타낼 수 있는 it을 사용하여 혼동을 준 오답이다. What 의문문에는 Yes/No 응답이 불가능한 점을 알아둔다.

   (C) [○] 그녀의 연설을 놓쳤다는 말로, Ms. Walker가 무엇에 대해 이야기했는지 모른다는 간접적인 응답을 했으므로 정답이다.

17 ③ 미국식 발음 → 캐나다식 발음   중 ●●○

Would you like to try these cupcakes that I made?
(A) They look very good.
(B) Fifteen dollars.
(C) They are not for sale.

해석 제가 만든 이 컵케이크들을 드셔 보시겠어요?
   (A) 그것들은 맛있어 보이네요.
   (B) 15달러예요.
   (C) 그것들은 판매용이 아니에요.

해설   **제안 의문문**
   (A) [○] 그것들, 즉 컵케이크들은 맛있어 보인다는 말로 제안을 간접적으로 수락한 정답이다.
   (B) [×] 컵케이크들을 먹어 볼지를 물었는데, 15달러라며 관련이 없는 내용으로 응답하였으므로 오답이다.
   (C) [×] 질문의 cupcakes(컵케이크들)를 나타낼 수 있는 they를 사용하여 혼동을 준 오답이다.

18 ③ 영국식 발음 → 미국식 발음   중 ●●○

How many times have you visited Berlin?
(A) I didn't know he was visiting.
(B) Round trip by train.
(C) Several times.

visit 가다, 방문하다   round trip 왕복 여행

해석 베를린에 몇 번이나 가 보셨나요?
   (A) 저는 그가 방문했는지 몰랐어요.
   (B) 기차로 왕복 여행이요.
   (C) 여러 번이요.

해설   **How 의문문**
   (A) [×] visited – visiting의 유사 발음 어휘를 사용하여 혼동을 준 오답이다.
   (B) [×] visited Berlin(베를린에 갔다)과 관련 있는 Round trip(왕복 여행)을 사용하여 혼동을 준 오답이다.
   (C) [○] 여러 번이라며, 베를린에 가 본 횟수를 언급했으므로 정답이다.

19 ③ 호주식 발음 → 영국식 발음   중 ●●○

Why haven't you updated the list of suppliers?
(A) There aren't any changes.
(B) Here is the blueprint.
(C) We have a large supply of paper.

supplier 공급업체, 공급자   blueprint 청사진   a large supply of 많은 양의

해석 왜 공급업체들의 목록을 업데이트하지 않았나요?
   (A) 거기에는 아무 변경 사항이 없어요.
   (B) 여기 청사진이 있어요.
   (C) 우리는 많은 양의 용지가 있어요.

해설   **Why 의문문**
   (A) [○] 거기에는 아무 변경 사항이 없다는 말로, 공급업체들의 목록을 업데이트할 필요가 없음을 간접적으로 전달했으므로 정답이다.

(B) [×] 왜 공급업체들의 목록을 업데이트하지 않았는지를 물었는데, 여기 청
사진이 있다며 관련이 없는 내용으로 응답했으므로 오답이다.

(C) [×] suppliers – supply의 유사 발음 어휘를 사용하여 혼동을 준 오답이다.

20 [3#] 캐나다식 발음 → 미국식 발음   중 ●●○

Would it be OK to meet an hour later than planned?
(A) Thanks for the dinner.
(B) Yes. It's not urgent.
(C) She will go on leave.

later 뒤에, 나중에 dinner 만찬 urgent 긴급한, 시급한
go on leave 휴가를 가다

해석 계획된 것보다 한 시간 뒤에 만나도 괜찮을까요?
(A) 만찬에 대해 감사드려요.
(B) 네. 이것은 긴급하지 않아요.
(C) 그녀는 휴가를 갈 거예요.

해설 **요청 의문문**
(A) [×] 계획된 것보다 한 시간 뒤에 만나도 괜찮을지를 물었는데, 만찬에 대
해 감사하다며 관련이 없는 내용으로 응답했으므로 오답이다.
(B) [○] 이것은 긴급하지 않다는 말로, 요청을 수락한 정답이다.
(C) [×] 계획된 것보다 한 시간 뒤에 만나도 괜찮을지를 물었는데, 그녀는 휴
가를 갈 것이라며 관련이 없는 내용으로 오답했으므로 오답이다.

최고난도 문제

21 [3#] 호주식 발음 → 영국식 발음   상 ●●●

Has a new fitness machine been added recently?
(A) Follow the instructions.
(B) It is a challenging routine.
(C) I just joined this gym.

fitness 운동 machine 기구, 기계 recently 최근에 routine 순서
join 가입하다

해석 새로운 운동 기구가 최근에 추가되었나요?
(A) 설명서를 따르세요.
(B) 그것은 힘든 순서예요.
(C) 저는 막 이 체육관에 가입했어요.

해설 **조동사 의문문**
(A) [×] fitness machine(운동 기구)과 관련 있는 instructions(설명서)를
사용하여 혼동을 준 오답이다.
(B) [×] 질문의 fitness와 관련 있는 challenging을 사용하여 혼동을 준 오
답이다.
(C) [○] 막 이 체육관에 가입했다는 말로, 운동 기구가 추가되었는지 모른다는
간접적인 응답을 했으므로 정답이다.

22 [3#] 캐나다식 발음 → 호주식 발음   중 ●●○

My apartment lease will expire next month.
(A) You should renew it soon.
(B) She has a driver's license.
(C) It is on Fifth street.

lease 임차 기간, 임대차 계약 expire (기간이) 끝나다, 만료되다
renew 갱신하다, 연장하다 driver's license 운전 면허증

해석 제 아파트 임차 기간이 다음 달에 끝날 거예요.
(A) 당신은 그것을 곧 갱신해야겠네요.
(B) 그녀는 운전 면허증을 갖고 있어요.
(C) 그것은 5번가에 있어요.

해설 **평서문**
(A) [○] 곧 갱신해야겠다는 말로, 아파트 임차 기간이 다음 달에 끝나는 문제
점에 대한 해결책을 제시했으므로 정답이다.
(B) [×] 자신의 아파트 임차 기간이 다음 달에 끝날 것이라고 말했는데, 그녀
는 운전 면허증을 갖고 있다며 관련이 없는 내용으로 응답했으므로 오답
이다.
(C) [×] 질문의 apartment를 나타낼 수 있는 It을 사용하여 혼동을 준 오답
이다.

23 [3#] 영국식 발음 → 캐나다식 발음   중 ●●○

Who requested copies of this leaflet?
(A) Carmen Dellio handles reservation.
(B) The receptionist might know.
(C) That's enough for everyone.

leaflet 전단지 handle 처리하다, 다루다 enough 충분히

해석 누가 이 전단지의 복사본을 요청했나요?
(A) Carmen Dellio가 예약을 처리해요.
(B) 접수 담당자가 알 거예요.
(C) 그것은 모두를 위해 충분해요.

해설 **Who 의문문**
(A) [×] 누가 전단지의 복사본을 요청했는지를 물었는데, Carmen Dellio가
예약을 처리한다며 관련이 없는 내용으로 응답했으므로 오답이다.
(B) [○] 접수 담당자가 알 것이라는 말로, 누가 전단지의 복사본을 요청했는지
모른다는 간접적인 응답을 했으므로 정답이다.
(C) [×] 누가 전단지의 복사본을 요청했는지를 물었는데, 그것은 모두를 위해
충분하다며 관련이 없는 내용으로 응답했으므로 오답이다.

24 [3#] 미국식 발음 → 영국식 발음   상 ●●●

Aren't sales representatives allowed to transfer to other
branches?
(A) Except for customer complaints.
(B) They're buying groceries.
(C) Only under special circumstances.

sales representative 판매 직원 transfer 전근 가다, 이동하다
except for ~을 제외하고, 이외에 circumstance 상황

해석 판매 직원들은 다른 지점으로 전근 가도록 허가되지 않나요?
(A) 고객 불만 사항을 제외하고요.
(B) 그들은 식료품을 사고 있어요.
(C) 특별한 상황에만요.

해설 **부정 의문문**
(A) [×] sales representatives(판매 직원들)와 관련 있는 customer(고객)
를 사용하여 혼동을 준 오답이다.
(B) [×] 질문의 sales representatives(판매 직원들)를 나타낼 수 있는
They를 사용하여 혼동을 준 오답이다.
(C) [○] 특별한 상황에만이라는 말로, 판매 직원들이 다른 지점으로 전근 가도
록 허가됨을 간접적으로 전달했으므로 정답이다.

25 🔊 호주식 발음 → 미국식 발음　　　　　　　　　　중 ●●○

How did you know about this hotel?
(A) I need some help.
(B) A friend stayed here last summer.
(C) I'll meet you by the pool.

stay 묵다, 지내다　by 옆에　pool 수영장

해석　이 호텔에 대해 어떻게 아셨나요?
(A) 도움이 좀 필요해요.
(B) 친구가 지난 여름에 여기에서 묵었어요.
(C) 수영장 옆에서 당신을 만날게요.

해설　How 의문문
(A) [×] 이 호텔에 대해 어떻게 알았는지를 물었는데, 도움이 좀 필요하다며 관련이 없는 내용으로 응답했으므로 오답이다.
(B) [○] 친구가 지난 여름에 여기서 묵었다며, 이 호텔을 알게 된 경로를 언급했으므로 정답이다.
(C) [×] hotel(호텔)과 관련 있는 pool(수영장)을 사용하여 혼동을 준 오답이다.

26 🔊 캐나다식 발음 → 미국식 발음　　　　　　　　　　중 ●●○

Do you know if the paint on the bench is dry?
(A) She is an excellent painter.
(B) I wouldn't sit on it yet.
(C) No, I didn't get your e-mail.

paint 페인트　painter 화가, 페인트공　sit 앉다

해석　벤치의 페인트가 말랐는지 알고 있으신가요?
(A) 그녀는 훌륭한 화가예요.
(B) 저라면 아직 그것에 앉지 않을 거예요.
(C) 아니요, 저는 당신의 이메일을 받지 못했어요.

해설　조동사 의문문
(A) [×] paint – painter의 유사 발음 어휘를 사용하여 혼동을 준 오답이다.
(B) [○] 자신이라면 아직 그것에 앉지 않을 것이라며 벤치의 페인트가 마르지 않았음을 간접적으로 전달했으므로 정답이다.
(C) [×] 벤치의 페인트가 말랐는지 알고 있는지를 물었는데, 이메일을 받지 못했다며 관련이 없는 내용으로 응답했으므로 오답이다. No만 듣고 정답으로 고르지 않도록 주의한다.

27 🔊 호주식 발음 → 캐나다식 발음　　　　　　　　　　중 ●●○

When is the concert taking place?
(A) On Whitehead Avenue.
(B) From 9 P.M. to midnight.
(C) About 20,000 people.

take place 열리다, 개최되다　midnight 자정

해석　콘서트는 언제 열리나요?
(A) Whitehead가에서요.
(B) 오후 9시부터 자정까지요.
(C) 약 2만 명의 사람들이요.

해설　When 의문문
(A) [×] 콘서트가 열리는 시간을 물었는데, 장소로 응답했으므로 오답이다.
(B) [○] 9 P.M.(오후 9시)이라는 특정 시점을 언급했으므로 정답이다.

(C) [×] concert(콘서트)에서 연상할 수 있는 관객과 관련된 About 20,000 people(약 2만 명의 사람들)을 사용하여 혼동을 준 오답이다.

28 🔊 영국식 발음 → 캐나다식 발음　　　　　　　　　　중 ●●○

Is the company making a profit?
(A) I don't have that information.
(B) That is a large collection.
(C) Twelve people are attending.

profit 수익　collection 소장품

해석　회사가 수익을 내고 있나요?
(A) 저는 그 정보를 갖고 있지 않아요.
(B) 그것은 대형의 소장품이에요.
(C) 12명의 사람들이 참석해요.

해설　Be 동사 의문문
(A) [○] 자신이 그 정보를 갖고 있지 않다는 말로 회사의 수익을 내고 있는지 모른다는 간접적인 응답을 했으므로 정답이다.
(B) [×] 회사가 수익을 내고 있는지를 물었는데, 그것은 대형의 소장품이라며 관련이 없는 내용으로 응답했으므로 오답이다.
(C) [×] 회사가 수익을 내고 있는지를 물었는데, 12명의 사람들이 참석한다며 관련이 없는 내용으로 응답했으므로 오답이다.

29 🔊 미국식 발음 → 호주식 발음　　　　　　　　　　하 ●○○

Why are the books still in the hallway?
(A) Near the entrance.
(B) I haven't had time to move them.
(C) No, mostly sports news.

hallway 복도

해석　왜 책들이 여전히 복도에 있나요?
(A) 입구 근처요.
(B) 그것들을 옮길 시간이 없었어요.
(C) 대부분 스포츠 뉴스에요.

해설　Why 의문문
(A) [×] hallway(복도)에서 연상할 수 있는 건물의 요소와 관련된 entrance(입구)를 사용하여 혼동을 준 오답이다.
(B) [○] 그것들을 옮길 시간이 없었다는 말로 책들이 여전히 복도에 있는 이유를 언급했으므로 정답이다.
(C) [×] 왜 책들이 여전히 복도에 있는지를 물었는데, 대부분 스포츠 뉴스라며 관련이 없는 내용으로 응답했으므로 오답이다.

30 🔊 캐나다식 발음 → 미국식 발음　　　　　　　　　　중 ●●○

The sculptures in the lobby are quite impressive.
(A) Yes, I noticed them, too.
(B) I think we should have called.
(C) That's a good idea.

impressive 인상적인　notice 알아차리다

해석　로비에 있는 조각들이 인상적이에요.
(A) 네, 저도 그것들을 알아차렸어요.
(B) 우리가 전화했어야 했다고 생각해요.
(C) 그건 좋은 생각이에요.

해설 **평서문**

(A) [o] 자신도 그것들을 알아차렸다는 말로 로비에 있는 조각들이 인상적임을 간접적으로 전달했으므로 정답이다.

(B) [×] 로비에 있는 조각들이 인상적이라고 말했는데, 우리가 전화했어야 했다고 생각한다며 관련이 없는 내용으로 응답했으므로 오답이다.

(C) [×] 로비에 있는 조각들이 인상적이라고 말했는데, 그건 좋은 생각이라며 관련이 없는 내용으로 응답했으므로 오답이다.

31 ⌈호⌉ 호주식 발음 → 영국식 발음　　　　　　　상 ●●●

> The catering company wants to be paid by check.
> (A) He works in marketing.
> (B) Some guests arrived early.
> **(C) Mr. Kim takes care of bills.**
>
> check 수표　arrive 도착하다　bill 청구서

해설 출장 연회 업체는 수표로 지불 받기를 원해요.

(A) 그는 마케팅 부서에서 일해요.

(B) 몇몇 손님들은 일찍 도착했어요.

(C) Mr. Kim이 청구서들을 다뤄요.

해설 **평서문**

(A) [×] 출장 연회 업체는 수표로 지불 받기를 원한다고 말했는데, 그는 마케팅 부서에서 일한다며 관련이 없는 내용으로 응답했으므로 오답이다.

(B) [×] catering company(출장 연회 업체)와 관련 있는 guests(손님들)를 사용하여 혼동을 준 오답이다.

(C) [o] Mr. Kim이 청구서들을 다룬다는 말로 자신이 출장 연회 업체에 지불하는 업무를 하지 않음을 간접적으로 전달했으므로 정답이다.

PART 3

32-34 ⌈미⌉ 미국식 발음 → 호주식 발음

Questions 32-34 refer to the following conversation.

> W: OK, Mr. Moss. I've checked that the heating system in your building is properly installed. ³²**I'm going to give you a passing inspection score.**
> M: Wonderful. ³³**The crew I hired to install the system was a bit behind schedule.** However, I'm glad they got it done in time without any problems.
> W: Just remember that this store can't open until you receive the permit.
> M: Then, ³⁴**when will the official permit arrive?**
> W: ³⁴**It will arrive next Friday.** It will take seven days to process.
>
> behind schedule 일정보다 늦은　in time 시간에 맞춰　permit 허가서

32-34번은 다음 대화에 관한 문제입니다.

여: 좋아요, Mr. Moss. 당신의 건물에 있는 난방 시스템이 적절하게 설치되어 있는 것을 확인했습니다. ³²당신에게 점검 통과 점수를 드릴게요.

남: 훌륭하네요. ³³제가 시스템을 설치하도록 고용한 작업자들이 일정보다 약간 늦었었어요. 하지만, 그들이 어떤 문제도 없이 시간에 맞춰 그것을 완료해서 기뻐요.

여: 그저 당신이 허가서를 받기 전까지는 이 가게를 개장할 수 없다는 것만 기억해 주세요.

남: 그렇다면, ³⁴공식 허가서는 언제 도착할까요?

여: ³⁴그것은 다음 주 금요일에 도착할 거예요. 처리되는 데 7일이 걸릴 거예요.

32 화자 문제　　　　　　　　　　　　　하 ●○○

해석 여자는 누구인 것 같은가?

(A) 투자자

(B) 자문 위원

(C) 감독관

(D) 임대주

해설 대화에서 신분 및 직업과 관련된 표현을 주의 깊게 듣는다. 대화 초반부에서 여자가 "I'm going to give you a passing inspection score(당신에게 점검 통과 점수를 드릴게요)"라고 한 것을 통해, 여자가 감독관임을 알 수 있다. 따라서 (C)가 정답이다.

어휘 investor 투자자　inspector 감독관　landlord 임대주

33 특정 세부 사항 문제　　　　　　　　하 ●○○

해석 작업자들은 무엇을 하도록 고용되었는가?

(A) 천장을 페인트칠한다.

(B) 설치를 수행한다.

(C) 작업 공간을 재배치한다.

(D) 장비를 점검한다.

해설 질문의 핵심어구(crew)가 언급된 부분을 주의 깊게 듣는다. 대화 중반부에서 남자가 "The crew I hired to install the system was a bit behind schedule(제가 시스템을 설치하도록 고용한 작업자들이 일정보다 약간 늦었었어요)"이라고 한 것을 통해, 작업자들이 설치를 수행하도록 고용되었음을 알 수 있다. 따라서 (B)가 정답이다.

어휘 carry out 수행하다　workspace 작업 공간

패러프레이징

> install 설치하다 → Carry out an installation 설치를 수행하다

34 특정 세부 사항 문제　　　　　　　　중 ●●○

해석 다음 주 금요일에 무엇이 도착할 것 같은가?

(A) 공식 문서

(B) 대체 부품

(C) 설계도

(D) 주문서

해설 질문의 핵심어구(arrive next Friday)와 관련된 내용을 주의 깊게 듣는다. 대화 후반부에서 남자가 "when will the official permit arrive?(공식 허가서는 언제 도착할까요?)"라고 묻자 여자가 "It will arrive next Friday(그것은 다음 주 금요일에 도착할 거예요)"라고 답한 것을 통해, 다음 주 금요일에 공식 문서가 도착할 것임을 알 수 있다. 따라서 (A)가 정답이다.

어휘 replacement 대체품　blueprint 설계도

패러프레이징

> official permit 공식 허가서 → official document 공식 문서

35-37 ⌈캐⌉ 캐나다식 발음 → 영국식 발음

Questions 35-37 refer to the following conversation.

> M: This is going to be your workstation moving forward, Ms. Wong. Feel free to use the next couple of hours to ○

set up your personal belongings. Then, at 11 A.M., ³⁵**I'll give you a complete tour of our health clinic.**

W: OK. And just out of curiosity, ³⁶**when will I have an opportunity to meet the rest of the accounting team?**

M: Oh, ³⁷**I've already scheduled a meeting for this afternoon.** There are 15 people in the department, and all of them will be in attendance.

workstation 업무 공간 belonging 소지품 give a tour 둘러보게 하다
out of curiosity 호기심에서 accounting 회계 in attendance 참석하여

35-37번은 다음 대화에 관한 문제입니다.

남: 이곳이 앞으로 당신의 업무 공간이 될 거예요, Ms. Wong. 다음 두 시간 동안은 자유롭게 당신의 개인 소지품들을 배치하면서 보내세요. 그러고 나서, 오전 11시에 ³⁵제가 당신이 우리 진료소를 완전히 둘러볼 수 있도록 해 드릴게요.

여: 알겠어요. 그리고 그저 호기심에서 여쭤보는데, ³⁶제가 언제 나머지 회계 팀원들과 만날 기회를 가지게 될까요?

남: 아, ³⁷제가 이미 오늘 오후에 회의를 잡아 두었어요. 그 부서에는 15명이 있고, 그들 모두가 참석할 거예요.

35 화자 문제   상 ●●●

해석 화자들은 어디에서 일하는 것 같은가?
(A) 회계 법인에서
(B) 의료 시설에서
(C) 출판사에서
(D) 헬스장에서

해설 대화에서 신분 및 직업과 관련된 표현을 주의 깊게 듣는다. 대화 초반부에서 남자가 "I'll give you a complete tour of our health clinic(제가 당신이 우리 진료소를 완전히 둘러볼 수 있도록 해 드릴게요)"이라고 한 것을 통해, 화자들이 의료 시설에서 일하고 있음을 알 수 있다. 따라서 (B)가 정답이다.

어휘 publishing company 출판사 fitness center 헬스장

패러프레이징

> health clinic 진료소 → medical facility 의료 시설

36 특정 세부 사항 문제   하 ●○○

해석 여자는 무엇에 관해 문의하는가?
(A) 얼마 동안 고용될 것인지
(B) 누가 그녀를 지도할 것인지
(C) 언제 동료들을 만날 것인지
(D) 그녀의 직무가 무엇이 될 것인지

해설 질문의 핵심어구(woman ask)와 관련된 내용을 주의 깊게 듣는다. 대화 중반부에서 여자가 "when will I have an opportunity to meet the rest of the accounting team?(제가 언제 나머지 회계 팀원들과 만날 기회를 가지게 될까요?)"이라고 물은 것을 통해, 여자가 언제 동료들을 만날 것인지에 관해 문의하고 있음을 알 수 있다. 따라서 (C)가 정답이다.

어휘 employ 고용하다 supervise 지도하다 colleague 동료 duty 직무, 임무

37 특정 세부 사항 문제   하 ●○○

해석 남자는 그가 무엇을 했다고 말하는가?
(A) 회의를 준비했다.
(B) 업무 공간을 옮겼다.
(C) 그의 소지품을 챙겼다.
(D) 이메일에 답했다.

해설 질문의 핵심어구(man ~ has done)와 관련된 내용을 주의 깊게 듣는다. 대화 후반부에서 남자가 "I've already scheduled a meeting for this afternoon(제가 이미 오늘 오후에 회의를 잡아 두었어요)"이라고 하였다. 따라서 (A)가 정답이다.

어휘 arrange 준비하다, 마련하다 pack (짐을) 챙기다

패러프레이징

> scheduled a meeting 회의를 잡아 두었다 → arranged a meeting 회의를 준비했다

38-40   ③ 영국식 발음 → 호주식 발음

Questions 38-40 refer to the following conversation.

W: Laurence, I'd like to talk with you about our IT budget.

M: Sure. What do you want to discuss?

W: ³⁸**My team is interested in purchasing new computers this quarter,** so I'd like to find out exactly how much we can spend on equipment. ³⁹**Can you meet me at 3 P.M.?**

M: ³⁹**Actually, I'm leading a workshop this afternoon.**

W: I see. In that case, ⁴⁰**I'll stop by your office tomorrow.**

budget 예산 purchase 구매하다 quarter 분기 lead 이끌다
in that case 그렇다면 stop by 들르다

38-40번은 다음 대화에 관한 문제입니다.

여: Laurence, 당신과 우리 IT 예산에 관해 이야기하고 싶어요.

남: 좋아요. 무엇을 논의하기를 원하세요?

여: ³⁸제 팀이 이번 분기에 새로운 컴퓨터를 구매하는 것에 관심이 있어서, 우리가 장비에 정확히 얼마를 지출할 수 있는지 알아보고 싶어요. ³⁹저와 오후 세 시에 만날 수 있으신가요?

남: ³⁹사실, 제가 오늘 오후에 워크숍을 이끌어요.

여: 알겠어요. 그렇다면, ⁴⁰제가 내일 당신의 사무실에 들를게요.

38 특정 세부 사항 문제   중 ●●○

해석 여자의 팀은 무엇을 하고 싶어 하는가?
(A) 마감 기한을 연기한다.
(B) 워크숍에 참석한다.
(C) 더 많은 직원을 모집한다.
(D) 전자기기를 산다.

해설 질문의 핵심어구(team want to do)와 관련된 내용을 주의 깊게 듣는다. 대화 초반부에서 여자가 "My team is interested in purchasing new computers this quarter(제 팀이 이번 분기에 새로운 컴퓨터를 구매하는 것에 관심이 있어요)"라고 한 것을 통해, 여자의 팀이 전자기기를 사고 싶어 함을 알 수 있다. 따라서 (D)가 정답이다.

어휘 recruit 모집하다 electronics 전자 기기

에 중요한 컨퍼런스에서 연설하실 예정이지 않나요?

남: ⁴³맞아요. 저는 태양 전지판에 관해 이야기할 거예요.

39 의도 파악 문제　　　　　　　　　　　　　　중 ●●○

해석　남자는 왜 "제가 오늘 오후에 워크숍을 이끌어요"라고 말하는가?

　　(A) 요청을 거절하기 위해

　　(B) 약속을 확정하기 위해

　　(C) 오류를 정정하기 위해

　　(D) 초대를 하기 위해

해설　질문의 인용어구(I'm leading a workshop this afternoon)가 언급된 주변을 주의 깊게 듣는다. 대화 중반부에서 여자가 "Can you meet me at 3 P.M.?(저와 오후 세 시에 만날 수 있으신가요?)"이라고 하자, 남자가 사실 자신이 오늘 오후에 워크숍을 이끈다고 한 것을 통해 요청을 거절하기 위함임을 알 수 있다. 따라서 (A)가 정답이다.

어휘　extend an invitation 초대를 하다

40 다음에 할 일 문제　　　　　　　　　　　　하 ●○○

해석　여자는 내일 무엇을 할 것이라고 말하는가?

　　(A) 주문품을 배달한다.

　　(B) 평가를 작성한다.

　　(C) 부서 예산을 수정한다.

　　(D) 남자의 사무실로 간다.

해설　대화의 마지막 부분을 주의 깊게 듣는다. 여자가 "I'll stop by your office tomorrow(제가 내일 당신의 사무실에 들를게요)"라고 하였다. 따라서 (D)가 정답이다.

어휘　revise 수정하다　departmental 부서(의)

패러프레이징

stop by ~에 들르다 → Go to ~로 가다

41-43 [3회] 미국식 발음 → 캐나다식 발음

Questions 41-43 refer to the following conversation.

> W: Dr. Lee, this is Elena Fritz from *Fresh Magazine*. As we discussed over e-mail, ⁴¹**I'm calling to interview you about your research on renewable energy.**
> M: Yes. ⁴²**I did a study with a group of other scientists. We finished it last week.**
> W: Before we get into that, I want to clarify something for my article. ⁴³**Won't you be speaking at an important conference in July?**
> M: ⁴³**That's right. I'm going to talk about solar panels.**
>
> research 연구　renewable energy 재생 가능 에너지　clarify 분명히 하다
> article 기사　speak 연설하다　solar panel 태양 전지판

41-43번은 다음 대화에 관한 문제입니다.

여: Dr. Lee, *Fresh*지의 Elena Fritz입니다. 저희가 이메일로 논의했던 것처럼, ⁴¹당신의 재생 가능 에너지에 관한 연구에 대해 인터뷰하려고 전화드렸어요.

남: 네. ⁴²저는 다른 과학자들과 함께 연구를 했어요. 저희는 지난주에 그것을 마쳤고요.

여: 그것에 관해 들어가기 전에, 제 기사를 위해 분명히 하고 싶은 것이 있어요. ⁴³7월

41 주제 문제　　　　　　　　　　　　　　　중 ●●●

해석　인터뷰의 주제는 무엇이 될 것인가?

　　(A) 강연 시리즈

　　(B) 정부 프로그램

　　(C) 연구

　　(D) 수업

해설　인터뷰의 주제를 묻는 문제이므로, 대화의 초반을 반드시 듣는다. 여자가 "I'm calling to interview you about your research on renewable energy(당신의 재생 가능 에너지에 관한 연구에 대해 인터뷰하려고 전화드렸어요)"라고 하였다. 이를 통해, 인터뷰의 주제가 연구가 될 것임을 알 수 있다. 따라서 (C)가 정답이다.

어휘　lecture 강연

42 특정 세부 사항 문제　　　　　　　　　　하 ●○○

해석　남자는 지난주에 무엇을 했는가?

　　(A) 다른 국가를 여행했다.

　　(B) 다른 과학자들과 협업했다.

　　(C) 큰 상을 받았다.

　　(D) 새로운 프로젝트를 발표했다.

해설　질문의 핵심어구(last week)가 언급된 주변을 주의 깊게 듣는다. 대화 중반부에서 남자가 "I did a study with a group of other scientists. We finished it last week(저는 다른 과학자들과 함께 연구를 했어요. 저희는 지난주에 그것을 마쳤고요)"이라고 하였다. 이를 통해, 남자가 지난주에 다른 과학자들과 협업했음을 알 수 있다. 따라서 (B)가 정답이다.

어휘　work with 협업하다　major 큰, 주요한

43 특정 세부 사항 문제　　　　　　　　　　하 ●○○

해석　남자는 컨퍼런스에서 무엇에 관해 이야기할 것인가?

　　(A) 풍력

　　(B) 재활용 방법

　　(C) 태양 전지판

　　(D) 공기 오염

해설　질문의 핵심어구(conference)가 언급된 주변을 주의 깊게 듣는다. 대화 후반부에서 여자가 "Won't you be speaking at an important conference in July?(7월에 중요한 컨퍼런스에서 연설하실 예정이지 않나요?)"라고 묻자, 남자가 "That's right. I'm going to talk about solar panels(맞아요. 저는 태양 전지판에 관해 이야기할 거예요)"라고 하였다. 따라서 (C)가 정답이다.

어휘　wind power 풍력　recycling 재활용

44-46 [3회] 영국식 발음 → 호주식 발음

Questions 44-46 refer to the following conversation.

> W: Excuse me. ⁴⁴**I'm having trouble with this automatic checkout machine. It's my first time using one.** I always pay at one of the cashier counters.
> M: Sure. ⁴⁵**All you have to do is scan the bar code of each item, then put the groceries into the shopping bag.**
> W: Right . . . However, the fruits and vegetables don't have barcodes. How can I scan them?

M: Oh. For that, ⁴⁶you'll need to place them on that scale. Next, push this button on the screen.

W: ⁴⁶Thank you. I'll do the rest myself.

---

automatic 자동의 checkout 계산대 cashier 계산원 grocery 식료품 place 놓다 scale 저울 the rest 나머지

44-46번은 다음 대화에 관한 문제입니다.

여: 실례합니다. ⁴⁴저는 이 자동 계산대 기계 때문에 어려움을 겪고 있어요. 저는 이것을 사용해 보는 것이 처음이에요. 저는 항상 계산원 카운터 중 한 곳에서 지불하거든요.

남: 그럼요. ⁴⁵고객님께서 하셔야 하는 것은 각 물품의 바코드를 스캔하고 나서, 그 식료품들을 쇼핑 가방에 집어넣으시는 거예요.

여: 그렇군요… 하지만, 과일과 채소에는 바코드가 없어요. 그것들은 어떻게 스캔할 수 있나요?

남: 아. 그것에 관해서는 ⁴⁶저울 위에 그것들을 놓으셔야 해요. 다음으로, 화면에서 이 버튼을 누르세요.

여: ⁴⁶감사합니다. 나머지는 제가 스스로 할게요.

44 문제점 문제　　　　　　　　　상 ●●●

해석 여자는 무엇에 문제를 겪고 있는가?
(A) 몇몇 상품을 찾기
(B) 용기의 무게를 달기
(C) 재고를 정리하기
(D) 기기를 사용하기

해설 여자의 말에서 부정적인 표현이 언급된 다음을 주의 깊게 듣는다. 대화 초반부에서 여자가 "I'm having trouble with this automatic checkout machine. It's my first time using one(저는 이 자동 계산대 기계 때문에 어려움을 겪고 있어요. 저는 이것을 사용해 보는 것이 처음이에요)"이라고 한 것을 통해, 여자가 기기를 사용하는 데 문제를 겪고 있음을 알 수 있다. 따라서 (D)가 정답이다.

어휘 locate 찾다, (특정한 곳에) 두다　weigh 무게를 달다　inventory 재고 operate (기계 등을) 사용하다

패러프레이징

automatic checkout machine 자동 계산대 기계 → device 기기

45 장소 문제　　　　　　　　　하 ●○○

해석 대화는 어디에서 일어나고 있는가?
(A) 식료품점에서
(B) 호텔에서
(C) 식당에서
(D) 선물 가게에서

해설 대화에서 장소와 관련된 표현을 놓치지 않고 듣는다. 대화 중반부에서 남자가 "All you have to do is scan the bar code of each item, then put the groceries into the shopping bag(고객님께서 하셔야 하는 것은 각 물품의 바코드를 스캔하고 나서, 그 식료품들을 쇼핑 가방에 집어넣으시는 거예요)"이라고 한 것을 통해, 대화가 식료품점에서 일어나고 있음을 알 수 있다. 따라서 (A)가 정답이다.

46 의도 파악 문제　　　　　　　　　상 ●●●

해석 여자는 "나머지는 제가 스스로 할게요"라고 말할 때 무엇을 의도하는가?
(A) 몇몇 제품들에 만족한다.

(B) 절차를 이해한다.
(C) 프로젝트를 위한 준비가 되었다.
(D) 일정에 동의한다.

해설 질문의 인용어구(I'll do the rest myself)가 언급된 주변을 주의 깊게 듣는다. 대화 후반부에서 남자가 "you'll need to place them[fruits and vegetables] on that scale. Next, push this button on the screen(저울 위에 과일과 채소를 놓으셔야 해요. 다음으로 화면에서 이 버튼을 누르세요)"이라고 하자, 여자가 "Thank you(감사합니다)"라며 나머지는 자신이 스스로 하겠다고 한 것을 통해, 여자가 절차를 이해했음을 알 수 있다. 따라서 (B)가 정답이다.

어휘 be pleased with ~에 만족하다　procedure 절차

47-49 [3캐] 미국식 발음 → 캐나다식 발음

Questions 47-49 refer to the following conversation.

W: Excuse me, sir. ⁴⁷**Do you own the red sedan that was towed to our auto repair shop?**

M: Yes. Have you figured out why it wouldn't start?

W: As it turns out, ⁴⁸**the battery cables had become disconnected. Also, we noticed that the brake pads are old. I strongly encourage you to change them.**

M: How much will everything cost?

W: About $500. The repairs will take an hour.

M: OK, go ahead with the work. ⁴⁹**I've written my phone number down on this form.** Please contact me when you are finished.

---

tow 견인하다　disconnect 끊다　notice 알아차리다　strongly 강력히 encourage 권장하다　go ahead 진행하다

47-49번은 다음 대화에 관한 문제입니다.

여: 실례합니다, 손님. ⁴⁷저희 자동차 정비소에 견인된 붉은색 세단을 소유하고 계신가요?

남: 네. 그것이 왜 시동이 걸리지 않는지 알아내셨나요?

여: 알고 보니, ⁴⁸배터리 선이 끊어져 있었어요. 또한, 저희는 브레이크 패드도 낡은 것을 알아차렸어요. 저는 그것들을 교체하시기를 강력히 권장합니다.

남: 모든 것에 비용이 얼마가 들까요?

여: 500달러 정도요. 수리는 한 시간 걸릴 거예요.

남: 좋아요, 작업을 진행해 주세요. ⁴⁹저는 이 양식에 제 전화번호를 작성했어요. 당신이 완료되면 제게 연락해 주세요.

47 화자 문제　　　　　　　　　중 ●●○

해석 여자는 어디에서 일하는 것 같은가?
(A) 주차 시설에서
(B) 대여 업체에서
(C) 차량 대리점에서
(D) 수리점에서

해설 대화에서 신분 및 직업과 관련된 표현을 놓치지 않고 듣는다. 대화 초반부에서 여자가 "Do you own the red sedan that was towed to our auto repair shop?(저희 자동차 정비소에 견인된 붉은색 세단을 소유하고 계신가요?)"이라고 물은 것을 통해, 여자가 수리점에서 일하고 있음을 알 수 있다. 따라서 (D)가 정답이다.

어휘 agency 업체, 기관　dealership 대리점

남: ⁵²괜찮겠네요. 제가 오늘 그에게 그것을 물어볼게요.

48 제안 문제

해석 여자는 무엇을 제안하는가?
  (A) 일부 부품을 교체하기
  (B) 차를 견인시키기
  (C) 다른 모델을 선택하기
  (D) 몇몇 선택지를 비교하기

해설 여자의 말에서 제안과 관련된 표현이 언급된 다음을 주의 깊게 듣는다. 대화 중반부에서 여자가 "the battery cables had become disconnected. ~ we noticed that the brake pads are old. I strongly encourage you to change them(배터리 선이 끊어져 있었어요. 저희는 브레이크 패드도 낡은 것을 알아차렸어요. 저는 그것들을 교체하시기를 강력히 권장합니다)"이라고 한 것을 통해, 여자가 일부 부품을 교체하기를 제안하고 있음을 알 수 있다. 따라서 (A)가 정답이다.

어휘 tow 견인하다

패러프레이징

recommend 제안하다 → encourage 권장하다

49 특정 세부 사항 문제
하 ●○○

해석 남자는 양식에 무엇을 작성했는가?
  (A) 수령 시간
  (B) 전화번호
  (C) 이메일 주소
  (D) 가격 견적

해설 질문의 핵심어구(write on a form)와 관련된 내용을 주의 깊게 듣는다. 대화 후반부에서 남자가 "I've written my phone number down on this form(저는 이 양식에 제 전화번호를 작성했어요)"이라고 하였다. 따라서 (B)가 정답이다.

어휘 estimate 견적

50-52 [3쪽] 호주식 발음 → 영국식 발음

Questions 50-52 refer to the following conversation.

M: Hi, Wendy. You're heading up to the 20ᵗʰ floor, right?
W: Actually, I'm going to the 18ᵗʰ floor. ⁵⁰I have a meeting with **Ms. Simone, the marketing manager.** Could you push the button for me?
M: Sure. Oh, also . . . ⁵¹**I'll be at our corporate headquarters next Tuesday, so I can't lead the weekly sales meeting.**
W: Really? ⁵²**Maybe Jerome can lead the meeting.** He's done so in the past.
M: ⁵²**That could work. I'll ask him about that today.**

head (~로) 가다, 향하다 corporate 회사(의) headquarters 본사
weekly 주간(의) in the past 이전에, 과거에

50-52번은 다음 대화에 관한 문제입니다.

남: 안녕하세요, Wendy. 20층으로 가시죠, 그렇죠?
여: 사실, 저는 18층으로 가요. ⁵⁰마케팅 관리자인 Ms. Simone과 회의가 있어요. 저를 위해 그 버튼을 눌러 주실 수 있나요?
남: 그럼요. 아, 또한… ⁵¹저는 다음 주 화요일에 우리 회사 본사에 있을 거라서, 주간 영업 회의를 주재할 수 없어요.
여: 정말요? ⁵²아마 Jerome이 그 회의를 주재할 수 있을 거예요. 이전에 그가 그렇게 했었거든요.

50 특정 세부 사항 문제
중 ●●○

해석 Ms. Simone은 누구인가?
  (A) 변호사
  (B) 고객
  (C) 비서
  (D) 관리자

해설 질문 대상(Ms. Simone)의 신분 및 직업과 관련된 표현을 놓치지 않고 듣는다. 대화 초반부에서 여자가 "I have a meeting with Ms. Simone, the marketing manager(마케팅 관리자인 Ms. Simone과 회의가 있어요)"라고 하였다. 따라서 (D)가 정답이다.

어휘 client 고객 secretary 비서

패러프레이징

manager 관리자 → supervisor 관리자

51 문제점 문제
중 ●●○

해석 남자의 문제는 무엇인가?
  (A) 업무를 마칠 수 없다.
  (B) 회의에 참석할 수 없다.
  (C) 서류를 받지 못했다.
  (D) 연락처를 잃어버렸다.

해설 남자의 말에서 부정적인 표현이 언급된 다음을 주의 깊게 듣는다. 대화 중반부에서 남자가 "I'll be at our corporate headquarters next Tuesday, so I can't lead the weekly sales meeting(저는 다음 주 화요일에 우리 회사 본사에 있을 거라서, 주간 영업 회의를 주재할 수 없어요)"이라고 한 것을 통해, 남자가 회의에 참석할 수 없음을 알 수 있다. 따라서 (B)가 정답이다.

어휘 misplace 잃어버리다, 잘못 두다

52 다음에 할 일 문제
하 ●○○

해석 남자는 무엇을 할 것이라고 말하는가?
  (A) 요청을 한다.
  (B) 변경을 승인한다.
  (C) 일정을 업데이트한다.
  (D) 결정을 확정한다.

해설 대화의 마지막 부분을 주의 깊게 듣는다. 여자가 "Maybe Jerome can lead the meeting(아마 Jerome이 그 회의를 주재할 수 있을 거예요)"이라고 하자, 남자가 "That could work. I'll ask him about that today(괜찮겠네요. 제가 오늘 그에게 그것을 물어볼게요)"라고 하였다. 따라서 (A)가 정답이다.

53-55 [3쪽] 호주식 발음 → 미국식 발음 → 영국식 발음

Questions 53-55 refer to the following conversation with three speakers.

M: ⁵³**Did either of you attend the charity event when it was hosted last year? There seem to be more people here this year.**
W1: No. I was unable to make it to the last one.
W2: I came, and I think so too. I'm sure the auction will be a great success. ⁵⁴**The paintings and sculptures on display near the main entrance are amazing.**

TEST 5

해커스 토익 실전 1200제 LISTENING

M: Everyone's beginning to take their seats. Maybe we should sit down as well.
W1: Good idea. ⁵⁵It seems like the institute's president is preparing to speak.
W2: Follow me . . . I see some open chairs.

---

charity 자선 host 개최하다, 주최하다 make it (시간에 맞춰) 가다
auction 경매 sculpture 조각 on display 전시된 amazing 대단한, 놀라운
institute 협회, 기관

53-55번은 다음 세 명의 대화에 관한 문제입니다.

남: ⁵³지난해에 이 자선 행사가 개최되었을 때 두 분 중 누구라도 참석하셨었나요? 올해 더 많은 사람들이 있는 것 같아요.
여1: 아니요. 저는 지난번 것에 갈 수 없었어요.
여2: 저는 왔어요, 그리고 저도 그렇게 생각해요. 저는 경매가 굉장한 성공작이 될 것이라고 확신해요. ⁵⁴중앙 출입구 근처에 전시된 그림과 조각들이 대단하던데요.
남: 모두가 자리에 앉기 시작하고 있어요. 아마 우리도 자리에 앉아야겠어요.
여1: 좋은 생각이에요. ⁵⁵협회장이 연설하려고 준비하고 있는 것 같아요.
여2: 저를 따라오세요… 빈 의자들이 몇 개 보여요.

53 장소 문제   하 ●○○

해석 화자들은 어디에 있는가?
   (A) 자선 행사에
   (B) 상점 개장식에
   (C) 무역 박람회에
   (D) 오리엔테이션에

해설 대화에서 장소와 관련된 표현을 놓치지 않고 듣는다. 대화 초반부에서 남자가 "Did either of you attend the charity event when it was hosted last year? There seem to be more people here this year(지난해에 이 자선 행사가 개최되었을 때 두 분 중 누구라도 참석하셨었나요? 올해 더 많은 사람들이 있는 것 같아요)"라고 한 것을 통해, 화자들이 자선 행사에 있음을 알 수 있다. 따라서 (A)가 정답이다.

어휘 trade show 무역 박람회

54 특정 세부 사항 문제   중 ●●○

해석 무엇이 중앙 출입구 근처에 설치되어 있는가?
   (A) 의자
   (B) 제품 견본
   (C) 미술품
   (D) 신청서

해설 질문의 핵심어구(near the main entrance)가 언급된 내용을 주의 깊게 듣는다. 대화 중반부에서 여자2가 "The paintings and sculptures on display near the main entrance are amazing(중앙 출입구 근처에 전시된 그림과 조각들이 대단하던데요)"이라고 하였다. 따라서 (C)가 정답이다.

어휘 artwork 미술품 registration 신청

패러프레이징

paintings and sculptures 그림과 조각들 → Some artwork 미술품

55 다음에 할 일 문제   중 ●●○

해석 다음에 무엇이 일어날 것 같은가?
   (A) 주최자들이 전단지들을 나눠 줄 것이다.

   (B) 참석자들이 영상을 볼 것이다.
   (C) 식사가 제공될 것이다.
   (D) 연설이 있을 것이다.

해설 대화의 마지막 부분을 주의 깊게 듣는다. 여자1이 "It seems like the institute's president is preparing to speak(협회장이 연설하려고 준비하고 있는 것 같아요)"라고 한 것을 통해, 다음에 연설이 있을 것임을 알 수 있다. 따라서 (D)가 정답이다.

어휘 organizer 주최자 distribute 나눠주다, 배포하다 leaflet 전단지

56-58 [3小] 호주식 발음 → 미국식 발음

Questions 56-58 refer to the following conversation.

M: Did you hear the news, Stacy? ⁵⁶Star Café decided to buy our industrial coffee machines.
W: Yeah. ⁵⁶The equipment will be used at 15 locations. As an added benefit, I'm thinking of holding a workshop for its staff. ⁵⁷Do you know of any venues that I could use for that? I estimate there'll be 200 participants.
M: The Richfield Hotel has a fully equipped conference room. You'd better book it soon, though. It's fairly popular.
W: ⁵⁸I'll call the human resources manager of Star Café now to find out a convenient date for the training. After I speak to her, I'll make a reservation at the hotel.

---

industrial 대형의, 공업용의 location 지점, 장소 added 추가된
venue 장소 estimate 예상하다, 추정하다
fully equipped 장비를 완전히 갖춘 fairly 꽤 convenient 편리한

56-58번은 다음 대화에 관한 문제입니다.

남: 소식 들었어요, Stacy? ⁵⁶Star 카페가 우리의 대형 커피 기계들을 사기로 결정했어요.
여: 네. ⁵⁶그 장비는 15개 지점에서 사용될 거예요. 추가적인 혜택으로, 저는 그곳의 직원들에게 워크숍을 열어 주는 것을 생각하고 있어요. ⁵⁷제가 그것을 위해 사용할 만한 장소들을 알고 계신가요? 저는 200명 정도의 참석자가 있을 것으로 예상해요.
남: Richfield 호텔에 장비를 완전히 갖춘 회의실이 있어요. 하지만, 빨리 예약하시는 것이 좋을 거예요. 그곳은 꽤 인기 있어요.
여: 교육을 위해 편리한 날짜를 알아보기 위해 ⁵⁸지금 Star 카페의 인사 관리자에게 전화해 볼게요. 그녀와 이야기하고 나서, 그 호텔에서 예약해야겠어요.

56 특정 세부 사항 문제   중 ●●○

해석 무엇이 Star 카페에 팔렸는가?
   (A) 기기들
   (B) 간판들
   (C) 사무용품들
   (D) 주문 제작 가구

해설 질문의 핵심어구(Star Café)가 언급된 주변을 주의 깊게 듣는다. 대화 초반부에서 남자가 "Star Café decided to buy our industrial coffee machines(Star 카페가 우리의 대형 커피 기계들을 사기로 결정했어요)"라고 하자, 여자가 "The equipment will be used at 15 locations(그 장비는 15개 지점에서 사용될 거예요)"라고 하였다. 이를 통해, 기기들이 Star 카페에 팔렸음을 알 수 있다. 따라서 (A)가 정답이다.

어휘 appliance 기기 custom 주문 제작한, 맞춤의

57 특정 세부 사항 문제　　　　　　　　하 ●○○

해석　여자는 무엇에 대해 문의하는가?
　　(A) 행사 장소
　　(B) 손님 목록
　　(C) 제품 견본
　　(D) 사용 설명서

해설　질문의 핵심어구(woman ask about)와 관련된 내용을 주의 깊게 듣는다. 대화 중반부에서 여자가 "Do you know of any venues that I could use for that?(제가 그것을 위해 사용할 만한 장소들을 알고 계신가요?)"라고 하였다. 따라서 (A)가 정답이다.

어휘　guest 손님　user manual 사용 설명서

58 다음에 할 일 문제　　　　　　　　중 ●●○

해석　여자는 다음에 무엇을 할 것 같은가?
　　(A) 안내서를 읽는다.
　　(B) 계획을 발표한다.
　　(C) 관리자에게 연락한다.
　　(D) 웹사이트를 업데이트한다.

해설　대화의 마지막 부분을 주의 깊게 듣는다. 여자가 "I'll call the human resources manager of Star Café now(지금 Star 카페의 인사 관리자에게 전화해 볼게요)"라고 하였다. 따라서 (C)가 정답이다.

어휘　brochure 안내서

59-61 [♫] 영국식 발음 → 미국식 발음 → 캐나다식 발음

Questions 59-61 refer to the following conversation with three speakers.

W1: ⁵⁹**Welcome to Pavlov Castle, the oldest landmark in Richmond.**
W2: Hi. We need tickets for two adults, please.
W1: OK. That will be $16 in total.
M: Thanks. Also, ⁶⁰**we'd like to grab some lunch later today**. Could you suggest somewhere to eat nearby?
W1: You could try Bev's Bistro. The food there is delicious.
W2: That sounds good. Could you give us directions?
W1: ⁶¹**Just head over to Kestrel Lane.** It's two blocks east of here. Moreover, ⁶¹**a traditional band will be performing a show on that street at 2 P.M.**
M: Wonderful. We really appreciate it.

landmark 랜드마크, 주요 지형지물　in total 합계(의)　nearby 근처에
try 시도해 보다　directions 길 안내　appreciate 감사하다

59-61번은 다음 세 명의 대화에 관한 문제입니다.

여1: ⁵⁹Richmond에서 가장 오래된 랜드마크인 Pavlov 성에 오신 것을 환영합니다.
여2: 안녕하세요. 성인 입장권 2장 주세요.
여1: 알겠습니다. 합계 16달러가 되겠네요.
남: 감사해요. 또한, ⁶⁰저희는 오늘 오후에 점심을 먹고 싶은데요. 근처에 먹을 만한 곳을 추천해 주실 수 있을까요?

여1: Bev's 식당을 시도해 보실 수 있을 거예요. 그곳 음식이 맛있어요.
여2: 좋을 것 같네요. 길 안내를 해 주실 수 있나요?
여1: ⁶¹그저 Kestrel가 쪽으로 가시면 돼요. 그곳은 여기에서 동쪽으로 두 블록 떨어져 있어요. 게다가, ⁶¹전통 밴드가 오후 2시에 그 거리에서 공연할 거예요.
남: 멋지네요. 정말 감사합니다.

59 장소 문제　　　　　　　　상 ●●●

해석　대화는 어디에서 이루어지고 있는 것 같은가?
　　(A) 쇼핑몰에서
　　(B) 영화관에서
　　(C) 놀이 공원에서
　　(D) 유적지에서

해설　대화에서 장소와 관련된 표현을 놓치지 않고 듣는다. 대화 초반부에서 여자1이 "Welcome to Pavlov Castle, the oldest landmark in Richmond(Richmond에서 가장 오래된 랜드마크인 Pavlov 성에 오신 것을 환영합니다)"라고 한 것을 통해, 대화가 유적지에서 이루어지고 있음을 알 수 있다. 따라서 (D)가 정답이다.

어휘　historical site 유적지

60 특정 세부 사항 문제　　　　　　　　하 ●○○

해석　남자는 오늘 오후에 무엇을 하고 싶어 하는가?
　　(A) 공원을 탐사한다.
　　(B) 여행을 간다.
　　(C) 식사를 한다.
　　(D) 사진을 찍는다.

해설　질문의 핵심어구(later today)가 언급된 주변을 주의 깊게 듣는다. 대화 중반부에서 남자가 "we'd like to grab some lunch later today(저희는 오늘 오후에 점심을 먹고 싶은데요)"라고 하였다. 따라서 (C)가 정답이다.

어휘　explore 탐사하다, 탐험하다

61 특정 세부 사항 문제　　　　　　　　중 ●○○

해석　Kestrel가에서 어떤 종류의 행사가 일어날 것인가?
　　(A) 미술 전시회
　　(B) 음악 공연
　　(C) 경주
　　(D) 연극

해설　질문의 핵심어구(Kestrel Lane)가 언급된 주변을 주의 깊게 듣는다. 대화 후반부에서 여자1이 "Just head over to Kestrel Lane(그저 Kestrel가 쪽으로 가시면 돼요)"이라고 한 후, "a traditional band will be performing a show on that street at 2 P.M.(전통 밴드가 오후 2시에 그 거리에서 공연할 거예요)"이라고 하였다. 이를 통해, Kestrel가에서 음악 공연이 일어날 것임을 알 수 있다. 따라서 (B)가 정답이다.

어휘　fair 전시회　race 경주, 달리기

Questions 62-64 refer to the following conversation and menu.

M: I have a reservation under the name Chris Harris for 12:30. ⁶²I'm sorry for being late. Some roads are closed because of construction work, so I had to take a longer route than usual.
W: Not a problem, Mr. Harris. Please follow me to your table . . . Here's our menu. Also, just so you know, the beef lasagna is our daily special.
M: Actually, I don't eat red meat, so I think I'll pass on that. ⁶³Can you suggest anything else?
W: In that case, ⁶⁴why don't you try the seafood spaghetti? It's quite delicious.
M: ⁶⁴OK, I'll take that.

under the name of ~라는 이름으로 than usual 평소보다 seafood 해물
quite 꽤

62-64번은 다음 대화와 메뉴에 관한 문제입니다.

남: Chris Harris의 이름으로 12시 30분에 예약되어 있어요. ⁶²늦어서 죄송합니다. 공사 작업 때문에 몇몇 도로가 폐쇄되어 있어서, 평소보다 더 오래 걸리는 경로를 타야 했어요.
여: 문제없습니다, Mr. Harris. 당신의 테이블로 저를 따라와 주세요… 여기 저희 메뉴가 있습니다. 또한, 참고로 말씀드리자면, 비프 라자냐가 오늘의 특선이에요.
남: 사실, 저는 붉은 고기를 먹지 않아서, 그건 넘어갈 것 같네요. ⁶³다른 것을 제안해 주실 수 있나요?
여: 그런 경우에는, ⁶⁴해물 스파게티를 시도해 보시는 건 어떤가요? 그건 꽤 맛있습니다.
남: ⁶⁴좋아요, 그걸로 할게요.

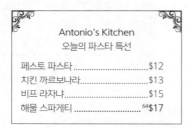

Antonio's Kitchen
오늘의 파스타 특선

페스토 파스타.....................$12
치킨 까르보나라...................$13
비프 라자냐.........................$15
해물 스파게티....................⁶⁴$17

62 이유 문제 중 ●●○

해석 남자는 왜 늦었는가?
(A) 주차 공간을 이용할 수 없었다.
(B) 회의가 지연되었다.
(C) 도로가 접근 불가능했다.
(D) 식당이 찾기 어려웠다.

해설 질문의 핵심어구(late)가 언급된 내용을 주의 깊게 듣는다. 대화 초반부에서 남자가 "I'm sorry for being late. Some roads are closed because of construction work(늦어서 죄송합니다. 공사 작업 때문에 몇몇 도로가 폐쇄되어 있어요)"라고 한 것을 통해, 도로가 접근 불가능했음을 알 수 있다. 따라서 (C)가 정답이다.

어휘 parking spot 주차 공간 inaccessible 접근 불가능한

패러프레이징

closed 폐쇄되어 있다 → inaccessible 접근 불가능한

63 요청 문제 중 ●●●

해석 남자는 여자에게 무엇을 해달라고 요청하는가?
(A) 물을 가져다 준다.
(B) 그의 재킷을 걸어 준다.
(C) 추천을 해 준다.
(D) 테이크아웃 주문을 변경해 준다.

해설 남자의 말에서 요청과 관련된 표현이 언급된 다음을 주의 깊게 듣는다. 대화의 중후반에서 남자가 "Can you suggest anything else?(다른 것을 제안해 주실 수 있나요?)"라고 한 것을 통해, 추천을 해 달라고 요청하고 있음을 알 수 있다. 따라서 (C)가 정답이다.

어휘 hang up 걸다

패러프레이징

suggest 제안하다 → Give a recommendation 추천을 해 주다

64 시각 자료 문제 하 ●○○

해석 시각 자료를 보아라. 남자의 식사 비용은 얼마일 것인가?
(A) 12달러
(B) 13달러
(C) 15달러
(D) 17달러

해설 메뉴의 정보를 확인한 후 질문의 핵심어구(meal cost)와 관련된 내용을 주의 깊게 듣는다. 대화 후반부에서 여자가 "why don't you try the seafood spaghetti?(해물 스파게티를 시도해 보시는 건 어떤가요?)"라고 묻자, 남자가 "OK, I'll take that(좋아요, 그걸로 할게요)"이라고 하였으므로, 남자의 식사인 해물 스파게티의 비용이 17달러일 것임을 메뉴에서 알 수 있다. 따라서 (D)가 정답이다.

Questions 65-67 refer to the following conversation and Web page.

W: Steve, ⁶⁵Our company is sending me to Bangkok next week to participate in a marketing convention. I plan to stay a few extra days and visit some beaches, so I need your opinion on some sun hats.
M: Which hats are you considering?
W: These ones are available online. The hat from Bongo Fashion looks great, but it's too expensive.
M: ⁶⁶I think you should get the $25 one. It's very stylish.
W: ⁶⁶You're probably right. ⁶⁷Now, I just need to create an account on this online shopping site so that I can place my order.

participate 참석하다 opinion 의견 sun hat 햇빛 차단용 모자
stylish 멋진, 유행에 맞는 account 계정 place an order 주문을 하다

65-67번은 다음 대화와 웹페이지에 관한 문제입니다.

여: Steve, ⁶⁵우리 회사가 저를 다음 주에 마케팅 컨벤션에 참석하도록 방콕으로 보낼 거예요. 저는 며칠 더 묵으면서 몇몇 해변에 방문할 예정이라서, 햇빛 차단용 모자에 대한 당신의 의견이 필요해요.
남: 어느 모자를 고려하고 있나요?
여: 이것들이 온라인에서 구매 가능한 것들이에요. Bongo Fashion사의 모자가 보기 좋은데, 이것은 너무 비싸요.

남: ⁶⁶저는 25달러짜리를 사야 한다고 생각해요. 그것이 굉장히 멋져요.

여: ⁶⁶당신이 옳은 것 같아요. ⁶⁷이제, 주문을 할 수 있도록 이 온라인 쇼핑 사이트에서 계정을 만들기만 하면 돼요.

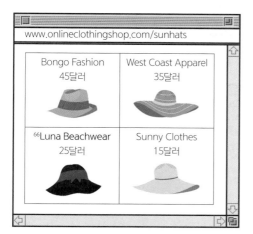

www.onlineclothingshop.com/sunhats

Bongo Fashion	West Coast Apparel
45달러	35달러
⁶⁶Luna Beachwear	Sunny Clothes
25달러	15달러

65 이유 문제
중 ●●○

해석 여자는 왜 방콕으로 갈 것인가?

(A) 회의에 참석하기 위해
(B) 고객에게 조언하기 위해
(C) 친구를 만나기 위해
(D) 축제에 참여하기 위해

해설 질문의 핵심어구(traveling to Bangkok)와 관련된 내용을 주의 깊게 듣는다. 대화 초반부에서 여자가 "Our company is sending me to Bangkok next week to participate in a marketing convention(우리 회사가 저를 다음 주에 마케팅 컨벤션에 참석하도록 방콕으로 보낼 거예요)"이라고 하였다. 따라서 (A)가 정답이다.

어휘 travel 가다, 여행하다 advise 조언하다

패러프레이징

participate in a ~ convention 컨벤션에 참석하다 → attend a conference 회의에 참석하다

66 시각 자료 문제
중 ●●○

해석 시각 자료를 보아라. 여자는 어떤 브랜드를 살 것 같은가?

(A) Bongo Fashion
(B) West Coast Apparel
(C) Luna Beachwear
(D) Sunny Clothes

해설 웹페이지의 정보를 확인한 후 질문의 핵심어구(brand ~ buy)와 관련된 내용을 주의 깊게 듣는다. 대화 중후반에서 남자가 "I think you should get the $25 one(저는 25달러짜리를 사야 한다고 생각해요)"이라고 하자, 여자가 "You're probably right(당신이 옳은 것 같아요)"이라고 하였으므로, 여자가 Luna Beachwear 브랜드를 살 것임을 웹페이지에서 알 수 있다. 따라서 (C)가 정답이다.

67 다음에 할 일 문제
하 ●○○

해석 여자는 다음에 무엇을 할 것 같은가?

(A) 이메일을 보낸다.
(B) 표를 예약한다.

(C) 평가를 읽는다.
(D) 계정을 만든다.

해설 대화의 마지막 부분을 주의 깊게 듣는다. 여자가 "Now, I just need to create an account on this online shopping site(이제, 이 온라인 쇼핑 사이트에서 계정을 만들기만 하면 돼요)"라고 하였다. 따라서 (D)가 정답이다.

어휘 review 평가

68-70 🔊 캐나다식 발음 → 미국식 발음

Questions 68-70 refer to the following conversation and schedule.

M: Okay. It's 9:40 A.M., and ⁶⁸you'll be speaking at 10 o'clock. Is there anything you need me to do in preparation for the talk?

W: Yes, actually. I plan to incorporate a slideshow. ⁶⁹If a projector hasn't been set up in Hall A, can you do that?

M: Certainly. By the way, you can get into the hall now. I'll open the doors for guests in about 10 minutes.

W: Sounds good. Only, ⁷⁰I left my backpack in my car. There are some things I need in it, so I'm going to get it quickly.

in preparation for ~의 준비로 incorporate 포함하다

68-70번은 다음 대화와 일정표에 관한 문제입니다.

남: 좋아요. 지금은 오전 9시 40분이고, ⁶⁸당신은 10시에 연설하시게 될 겁니다. 연설을 위한 준비로 제가 해 드려야 할 것이 무엇이라도 있을까요?

여: 사실, 있어요. 저는 슬라이드쇼를 포함할 계획이에요. ⁶⁹만약 프로젝터가 A홀에 설치되어 있지 않으면, 그것을 해 주실 수 있을까요?

남: 그럼요. 그러고 보니, 당신은 지금 홀에 들어가실 수 있어요. 제가 10분 후에 손님들을 위해 문을 열 거예요.

여: 좋네요. 다만, ⁷⁰제가 차에 제 배낭을 두고 왔어요. 그 안에 제가 필요한 것들이 몇 가지 있으니, 빨리 그것을 가져올게요.

Weston 여성 건강 세미나	
연설자	시간
Valarie Bartley	오전 9시
⁶⁸Lacey Smith	오전 10시
Marsha Fernandez	오전 11시
Yi Lang	오후 12시

68 시각 자료 문제
중 ●●○

해석 시각 자료를 보아라. 여자는 누구인가?

(A) Valarie Bartley
(B) Lacey Smith
(C) Marsha Fernandez
(D) Yi Lang

해설 일정표의 정보를 확인한 후 질문의 핵심어구(woman)와 관련된 내용을 주의 깊게 듣는다. 대화 초반부에서 남자가 여자에게 "you'll be speaking at 10 o'clock(당신은 10시에 연설하시게 될 겁니다)"이라고 하였으므로, 여자는 Lacey Smith임을 일정표에서 알 수 있다. 따라서 (B)가 정답이다.

69 요청 문제
중 ●●○

해석 여자는 남자에게 무엇을 해달라고 요청하는가?

(A) 동료에게 연락한다.

(B) 장비를 설치한다.
(C) 발표를 한다.
(D) 일정을 수정한다.

해설 여자의 말에서 요청과 관련된 표현이 언급된 다음을 주의 깊게 듣는다. 대화 중반부에서 여자가 "If a projector hasn't been set up in Hall A, can you do that?(만약 프로젝터가 A홀에 설치되어 있지 않으면, 그것을 해 주실 수 있을까?)"이라고 한 것을 통해, 여자가 남자에게 장비를 설치해 달라고 요청함을 알 수 있다. 따라서 (B)가 정답이다.

어휘 colleague 동료

패러프레이징

projector 프로젝터 → equipment 장비

70 특정 세부 사항 문제   하 ●○○

해석 여자는 그녀의 차에서 무엇을 가져와야 하는가?
(A) 서류
(B) 기기
(C) 필기도구
(D) 가방

해설 질문의 핵심어구(get from her car)와 관련된 내용을 주의 깊게 듣는다. 대화 후반부에서 여자가 "I left my backpack in my car. ~ I'm going to get it quickly(제가 차에 제 배낭을 두고 왔어요. 빨리 그것을 가져올게요)"라고 하였다. 따라서 (D)가 정답이다.

어휘 paperwork 서류   utensil 도구

패러프레이징

backpack 배낭 → bag 가방

PART 4

71-73 호주식 발음

Questions 71-73 refer to the following telephone message.

71This is Leroy's Formal Wear calling for Joseph London. It's regarding the order you made three days ago. Your suit alterations are now complete. **72We'd like you to come into the shop and try it on to check that it fits.** That way, our tailor can make changes if necessary. However, we can deliver it if you can't come in. This will take about two to three days. If you need it urgently, **73for an additional $24.99, we offer expedited delivery.**

suit 정장; 어울리다   alteration 수선, 변경   try ~ on 입어보다
if necessary 필요할 경우   urgently 급하게   additional 추가(의)
expedited delivery 속달 배송, 긴급 배송

71-73번은 다음 전화 메시지에 관한 문제입니다.
71Leroy's 예복점에서 Joseph London씨에게 전화드립니다. 귀하께서 3일 전에 하신 주문에 관한 것입니다. 귀하의 정장 수선이 이제 완료되었습니다. 72귀하께서 가게에 오셔서 그것이 잘 맞는지 입어 보시면 좋겠습니다. 그렇게 하시면, 필요할 경우 저희 재단사가 변경을 할 수 있습니다. 하지만, 귀하께서 오실 수 없다면 저희가 그것을 배달해 드릴 수 있습니다. 이는 2일에서 3일 정도 걸릴 것입니다. 만약 급하게 이것이 필요하시다면, 73저희는 추가로 24.99달러에 속달 배송을 제공합니다.

71 주제 문제   하 ●○○

해석 화자는 무엇에 관해 전화하고 있는가?
(A) 다가오는 홍보
(B) 잃어버린 물품
(C) 최근 주문
(D) 청구서 오류

해설 전화 메시지의 주제를 묻는 문제이므로, 지문의 초반을 주의 깊게 듣는다. 지문 초반부에서 "This is Leroy's Formal Wear calling for Joseph London. It's regarding the order you made three days ago(Leroy's 예복점에서 Joseph London씨에게 전화드립니다. 귀하께서 3일 전에 하신 주문에 관한 것입니다)"라고 한 후, 최근 주문에 관한 내용으로 지문이 이어지고 있다. 따라서 (C)가 정답이다.

어휘 misplaced 잃어버린   billing 청구서

72 제안 문제   중 ●●○

해석 화자는 청자에게 무엇을 하도록 제안하는가?
(A) 관리자를 만난다.
(B) 추가적인 액세서리를 구매한다.
(C) 원치 않는 제품을 반납한다.
(D) 가게를 방문한다.

해설 지문의 중반에서 제안과 관련된 표현이 포함된 문장을 주의 깊게 듣는다. "We'd like you to come into the shop and try it on to check that it fits(귀하께서 가게에 오셔서 그것이 잘 맞는지 입어 보시면 좋겠습니다)"라고 한 것을 통해, 가게를 방문하도록 제안하고 있음을 알 수 있다. 따라서 (D)가 정답이다.

어휘 unwanted 원치 않는

패러프레이징

come into the shop 가게에 오다 → Visit a store 가게를 방문하다

73 특정 세부 사항 문제   하 ●○○

해석 화자는 무엇을 추가 요금으로 제공하는가?
(A) 개별 상담
(B) 특수 직물
(C) 연장 보증
(D) 속달 배송

해설 질문의 핵심어구(additional fee)와 관련된 내용을 주의 깊게 듣는다. 지문 후반부에서 "for an additional $24.99, we offer expedited delivery(저희는 추가로 24.99달러에 속달 배송을 제공합니다)"라고 하였다. 따라서 (D)가 정답이다.

어휘 private 개별의, 전용의   fabric 직물, 천   warranty 보증

74-76 캐나다식 발음

Questions 74-76 refer to the following broadcast.

You're listening to *Our Society*. I'm your host, James Ash. **74For today's show, we'll be focusing on the health effects of typical American diets.** I'll be discussing this topic with nutrition specialist Omani Khan. **75Dr. Khan will talk about her article, which was recently published in the *Health Today Magazine*. 76On our Web site, you can find her**

ideal weekly meal plan for adults. Please feel free to check it out.

---

host 진행자　health effect 건강상 효과　typical 일반적인　diet 식습관
nutrition 영양　specialist 전문가　ideal 이상적인　meal plan 식단
check out 확인하다

74-76번은 다음 방송에 관한 문제입니다.

여러분께서는 *Our Society*를 듣고 계십니다. 저는 여러분의 진행자인 James Ash 입니다. ⁷⁴오늘 쇼에서는, 일반적인 미국인 식습관의 건강상 효과에 초점을 맞출 것입니다. 저는 이 주제에 대해 영양 전문가인 Omani Khan과 이야기를 나눌 것입니다. ⁷⁵Dr. Khan은 최근 *Health Today*지에 게재된 그녀의 기사에 관해 이야기할 것입니다. ⁷⁶저희 웹사이트에서, 여러분은 성인을 위한 그녀의 이상적인 주간 식단을 찾아보실 수 있습니다. 자유롭게 확인해 보세요.

74 주제 문제　　　　　　　　　　　　하 ●○○

해석　방송은 주로 무엇에 관한 것인가?
(A) 수면 습관
(B) 식품 생산
(C) 건강상 효과
(D) 운동 조언

해설　방송의 주제를 묻는 문제이므로, 지문의 초반을 주의 깊게 듣는다. "For today's show, we'll be focusing on the health effects of typical American diets(오늘 쇼에서는, 일반적인 미국인 식습관의 건강상 효과에 초점을 맞출 것입니다)"라고 하였다. 따라서 (C)가 정답이다.

어휘　habit 습관　food production 식품 생산

75 특정 세부 사항 문제　　　　　　　중 ●●○

해석　화자에 따르면, Dr. Khan은 최근에 무엇을 했는가?
(A) 기사를 썼다.
(B) 회의에 참석했다.
(C) 라디오 쇼를 시작했다.
(D) 학위를 수여받았다.

해설　질문의 핵심어구(Dr. Khan)와 관련된 내용을 주의 깊게 듣는다. 지문 중반부에서 "Dr. Khan will talk about her article, which was recently published in the *Health Today Magazine*(Dr. Khan은 최근 *Health Today*지에 게재된 그녀의 기사에 관해 이야기할 것입니다)"이라고 한 것을 통해, 최근에 기사를 썼음을 알 수 있다. 따라서 (A)가 정답이다.

어휘　conference 회의　launch 시작하다　degree 학위

76 특정 세부 사항 문제　　　　　　　하 ●○○

해석　청자들은 웹사이트에서 무엇을 찾을 수 있는가?
(A) 식단
(B) 담화 기록
(C) 요리 비디오
(D) 행사 일정

해설　질문의 핵심어구(Web site)가 언급된 주변을 주의 깊게 듣는다. 지문 후반부에서 "On our Web site, you can find her ideal weekly meal plan for adults(저희 웹사이트에서, 여러분은 성인을 위한 그녀의 이상적인 주간 식단을 찾아보실 수 있습니다)"라고 하였다. 따라서 (A)가 정답이다.

어휘　transcript 기록　itinerary 일정

77-79　③ 미국식 발음

Questions 77-79 refer to the following telephone message.

Hello, my name is Dolores Reese. ⁷⁷**I want to inform you that we received your moving request.** I'll be at your house by 9 A.M. tomorrow to help pack your belongings. Also, I'd like to confirm the address. ⁷⁸**You indicated you'll be moving to . . . um . . . 303 Westland Road. That's actually the location of a shopping mall.** So, ⁷⁹**could you please give me a call back at 555-4034 and tell me the correct address if possible?** Otherwise, I'll check with you when I arrive.

---

inform 알리다, 통보하다　pack 포장하다, (짐을) 싸다　belongings 소유물
if possible 가능하다면　otherwise 그렇지 않으면

77-79번은 다음 전화 메시지에 관한 문제입니다.

안녕하세요, 제 이름은 Dolores Reese입니다. ⁷⁷저희가 당신의 이사 요청을 받았음을 알려드리고 싶어요. 저는 소유물들을 포장하는 것을 도와드리기 위해 내일 오전 9시까지 당신의 집에 갈 것입니다. 또한, 주소를 확인하고 싶습니다. ⁷⁸당신은… 음… Westland가 303번지로 이사하신다고 하셨는데요. 그것은 사실 쇼핑몰 자리입니다. 그러니, ⁷⁹가능하시다면 555-4034로 제게 다시 전화하셔서 올바른 주소를 말씀해 주시겠어요? 그렇지 않으면, 제가 도착해서 당신과 확인하겠습니다.

77 화자 문제　　　　　　　　　　　　하 ●○○

해석　화자는 어디에서 일하는 것 같은가?
(A) 집수리 가게
(B) 차량 대여점
(C) 이사 업체
(D) 쇼핑센터

해설　지문에서 신분 및 직업과 관련된 표현을 놓치지 않고 듣는다. 지문 초반부에서 "I want to inform you that we received your moving request(저희가 당신의 이사 요청을 받았음을 알려드리고 싶어요)"라고 한 것을 통해, 화자가 이사 업체에서 일한다는 것을 알 수 있다. 따라서 (C)가 정답이다.

78 의도 파악 문제　　　　　　　　　　중 ●●○

해석　화자는 왜 "그것은 사실 쇼핑몰 자리입니다"라고 말하는가?
(A) 대안을 제시하기 위해
(B) 지연을 설명하기 위해
(C) 목적지를 제안하기 위해
(D) 오류를 지적하기 위해

해설　질문의 인용어구(That's actually the location of a shopping mall)가 언급된 주변을 주의 깊게 듣는다. 지문 중반부에서 "You indicated you'll be moving to ~ 303 Westland Road(당신은 Westland가 303번지로 이사하신다고 하셨는데요)"라며 그것은 사실 쇼핑몰 자리라고 하였으므로, 화자가 오류를 지적하려는 의도임을 알 수 있다. 따라서 (D)가 정답이다.

어휘　propose 제시하다　alternative 대안(책)　destination 목적지

79 요청 문제　　　　　　　　　　　　하 ●○○

해석　화자는 청자에게 무엇을 하도록 요청하는가?
(A) 환불을 제공한다.
(B) 몇몇 장비를 구매한다.
(C) 전화를 회신한다.
(D) 주소를 적어 둔다.

해설 지문의 중후반에서 요청과 관련된 표현이 언급된 문장을 주의 깊게 듣는다. "could you please give me a call back at 555-4034 ~?(가능하시다면 555-4034로 제게 다시 전화해 주시겠어요?)"라고 하였다. 따라서 (C)가 정답이다.

패러프레이징

give ~ a call back 다시 전화하다 → Return a phone call 전화를 회신하다

80-82 [3째] 호주식 발음

Questions 80-82 refer to the following excerpt from a meeting.

As you all know, **80we're doing our first catering job this Thursday for a new client**, Ledman Industries. **81It will be challenging because there will be about 400 people, which is twice as many as usual.** Yet, we could be hired to manage their in-office cafeteria if we impress them on Friday. **82We're going to get together tomorrow morning to go over the necessary details.**

catering 출장 요리 서비스 challenging 도전적인 twice 두 배의
impress (깊은) 인상을 남기다 get together 모이다 go over 검토하다
detail 세부 사항

80~82번은 다음 회의 발췌록에 관한 문제입니다.

여러분 모두 아시다시피, 80우리는 이번 목요일에 새로운 고객, Ledman사를 위한 첫 번째 출장 요리 서비스 작업을 할 것입니다. 81그곳에는 약 400명이 있을 텐데, 이는 평소보다 두 배가량 많기 때문에 도전적인 일일 것입니다. 하지만, 우리가 금요일에 깊은 인상을 남긴다면 그들의 사내 식당을 관리하도록 고용될 수도 있어요. 82우리는 필요한 세부 사항들을 검토하기 위해 내일 아침에 모일 겁니다.

80 청자 문제   하 ●○○

해석 청자들은 어떤 종류의 업체에서 일하는 것 같은가?
(A) 호텔 체인
(B) 출장 요리 서비스
(C) 시장 조사 기관
(D) 컨벤션 센터

해설 지문에서 신분 및 직업과 관련된 표현을 놓치지 않고 듣는다. 지문 초반부에서 "we're doing our first catering job this Thursday for a new client(우리는 이번 목요일에 새로운 고객을 위한 첫 번째 출장 요리 서비스 작업을 할 것입니다)"라고 하였다. 따라서 (B)가 정답이다.

어휘 market research 시장 조사 agency 기관, 업체

81 이유 문제   중 ●●○

해석 화자는 왜 작업이 어려울 것이라고 말하는가?
(A) 행사에 참석자가 많을 것이다.
(B) 행사가 낯선 장소에서 개최될 것이다.
(C) 회사에 인원이 부족하다.
(D) 준비 시간이 너무 짧다.

해설 질문의 핵심어구(work will be difficult)와 관련된 내용을 주의 깊게 듣는다. 지문 중반부에서 "It will be challenging because there will be about 400 people, which is twice as many as usual(그곳에는 약 400명이 있을 텐데, 이는 평소보다 두 배가량 많기 때문에 도전적인 일일 것입니다)"이라고 한 것을 통해, 행사에 참석자가 많을 것이기 때문에 작업이 어려울 것임을 알 수 있다. 따라서 (A)가 정답이다.

어휘 unfamiliar 낯선 understaffed 인원이 부족한

패러프레이징

difficult 어려운 → challenging 도전적인

82 다음에 할 일 문제   중 ●●○

해석 화자는 내일 무엇이 일어날 것이라고 말하는가?
(A) 고객이 계약서에 서명할 것이다.
(B) 새로운 관리자가 임명될 것이다.
(C) 직원들이 준비하기 위해 모일 것이다.
(D) 온라인 접수가 시작될 것이다.

해설 질문의 핵심어구(tomorrow)가 언급된 부분을 주의 깊게 듣는다. 지문 후반부에서 "We're going to get together tomorrow morning to go over the necessary details(우리는 필요한 세부 사항들을 검토하기 위해 내일 아침에 모일 겁니다)"라고 한 것을 통해, 직원들이 준비하기 위해 모일 것임을 알 수 있다. 따라서 (C)가 정답이다.

어휘 appoint 임명하다

패러프레이징

get together ~ to go over the necessary details 필요한 세부 사항들을 검토하기 위해 모이다 → gather to prepare 준비하기 위해 모이다

83-85 [3째] 미국식 발음

Questions 83-85 refer to the following speech.

83Welcome to the opening ceremony for Varadan Limited's first plant in South America. The facility will be used to produce Porval. We believe that this medication will be our top-selling product. **84Porval can only be produced with the advanced machinery in this plant. 85You will get to see all of that when we begin our factory tour in just a moment.** Now, unless there are any questions, please follow me.

opening ceremony 개장식, 개업식 plant 공장 top-selling 가장 잘 팔리는
advanced 발전된 machinery 기계

83~85번은 다음 연설에 관한 문제입니다.

남미에서의 83Varadan사의 첫 공장 개장식에 오신 것을 환영합니다. 이 시설은 Porval을 생산하기 위해 사용될 것입니다. 우리는 이 약이 가장 잘 팔리는 제품이 될 것으로 생각합니다. 84Porval은 이 공장의 발전된 기계로만 생산될 수 있습니다. 85곧 우리가 공장 투어를 시작하면 여러분은 이 모든 것을 보시게 될 겁니다. 이제 질문이 없으시다면, 저를 따라와 주세요.

83 특정 세부 사항 문제   하 ●○○

해석 어떤 종류의 행사가 열리고 있는가?
(A) 시상식
(B) 개장식
(C) 지역 축제
(D) 스포츠 대회

해설 질문의 핵심어구(event)와 관련된 내용을 주의 깊게 듣는다. 지문 초반부에서 "Welcome to the opening ceremony for Varadan Limited's first plant(Varadan사의 첫 공장 개장식에 오신 것을 환영합니다)"라고 하였다. 따라서 (B)가 정답이다.

어휘 awards show 시상식

84 언급 문제 　　　　　　　　　　中 ●●○

해석　Porval에 관해 무엇이 언급되는가?
　　(A) 빨리 생산될 수 있다.
　　(B) 의사들에 의해 추천되었다.
　　(C) 제조 과정이 기밀이다.
　　(D) 발전된 장비로 만들어진다.

해설　질문의 핵심어구(Porval)가 언급된 주변을 주의 깊게 듣는다. 지문 중반부에서 "Porval can only be produced with the advanced machinery in this plant(Porval은 이 공장의 발전된 기계로만 생산될 수 있습니다)"라고 한 것을 통해, Porval이 발전된 장비로 만들어짐을 알 수 있다. 따라서 (D)가 정답이다.

어휘　confidential 기밀의, 비밀의

85 다음에 할 일 문제 　　　　　　　中 ●●○

해석　청자들은 다음에 무엇을 할 것 같은가?
　　(A) 책자를 가져간다.
　　(B) 몇몇 기계들을 설치한다.
　　(C) 연회에 참석한다.
　　(D) 시설을 둘러본다.

해설　지문의 마지막 부분을 주의 깊게 듣는다. "You will get to see all of that when we begin our factory tour in just a moment(곧 우리가 공장 투어를 시작하면 여러분은 이 모든 것을 보시게 될 겁니다)"라고 한 것을 통해, 청자들이 시설을 둘러볼 것임을 알 수 있다. 따라서 (D)가 정답이다.

어휘　reception (환영) 연회

패러프레이징

begin ~ factory tour 공장 투어를 시작하다 → Look around a facility 시설을 둘러보다

86-88 [호주식 발음]

Questions 86-88 refer to the following introduction.

It's my pleasure to introduce the recipient of the Purlin Citizen of the Year Award, Haley Cobb. ⁸⁶**Ms. Cobb has been awarded this honor thanks to her volunteer work in the city.** ^{86/87}**In particular, she has been helping people in need find housing through her organization, Housing Connection. The results have been quite surprising.** ⁸⁷**In 10 years, the group has arranged permanent housing for over 3,000 people.** Now, ⁸⁸**please join me in welcoming Ms. Cobb up here on the stage. She'd like to say a few things.**

recipient 수상자　award 수여하다　in particular 특히　find 마련하다, 찾다
housing 주택　permanent 영구적인

86-88번은 다음 소개에 관한 문제입니다.

올해의 Purlin 시민상의 수상자인 Haley Cobb을 소개하게 되어 기쁩니다. ⁸⁶Ms. Cobb은 도시 내에서의 자원봉사 활동에 힘입어 이 영예를 수상하게 되었습니다. ^{86/87}특히, 그녀는 자신의 단체인 Housing connection을 통해 도움이 필요한 사람들이 주택을 마련하도록 도와주었습니다. 결과는 꽤 놀라웠습니다. ⁸⁷10년 동안, 이 단체는 3,000명이 넘는 사람들에게 영구적인 주택을 마련해 주었습니다. 이제, ⁸⁸Ms. Cobb을 여기 무대로 함께 맞이해 주십시오. 그녀가 몇 가지를 이야기하고 싶어 합니다.

86 이유 문제 　　　　　　　　　　上 ●●●

해석　Haley Cobb은 왜 상을 받을 것인가?
　　(A) 도시의 공공 장소를 청소했다.
　　(B) 자원봉사자들에게 교육을 제공한다.
　　(C) 사람들이 주택을 마련하도록 돕는다.
　　(D) 모금 캠페인을 계획했다.

해설　질문의 핵심어구(Haley Cobb)가 언급된 주변을 주의 깊게 듣는다. 지문 초반부에서 "Ms. Cobb has been awarded this honor thanks to her volunteer work ~. In particular, she has been helping people in need find housing ~(Ms. Cobb은 자원봉사 활동에 힘입어 이 영예를 수상하게 되었습니다. 특히, 그녀는 도움이 필요한 사람들이 주택을 마련하도록 도와주었습니다)"이라고 한 것을 통해, Haley Cobb이 사람들이 주택을 마련하도록 돕기 때문임을 알 수 있다. 따라서 (C)가 정답이다.

어휘　public area 공공 장소　fund-raising 모금

> **최고난도 문제**

87 의도 파악 문제 　　　　　　　　上 ●●●

해석　화자는 왜 "결과는 꽤 놀라웠습니다"라고 말하는가?
　　(A) 단체의 성공을 높이 평가하기 위해
　　(B) 정부 정책이 인기 있음을 시사하기 위해
　　(C) 연구의 결과를 강조하기 위해
　　(D) 대량 보조금의 기여를 성원하기 위해

해설　질문의 인용어구(The results have been quite surprising)가 언급된 주변을 주의 깊게 듣는다. 지문의 중반부에서 "In particular, she has been helping people in need find housing through her organization, Housing Connection(특히, 그녀는 자신의 단체인 Housing connection을 통해 도움이 필요한 사람들이 주택을 마련하도록 도와주었습니다)"이라고 한 후, 결과는 꽤 놀라웠다며 "In 10 years, the group has arranged permanent housing for over 3,000 people(10년 동안, 이 단체는 3,000명이 넘는 사람들에게 영구적인 주택을 마련해 주었습니다)"이라고 한 것을 통해, 단체의 성공을 높이 평가하기 위함임을 알 수 있다. 따라서 (A)가 정답이다.

어휘　praise 높이 평가하다　applaud 성원하다, 창찬하다　contribution 기여
　　grant 보조금

88 다음에 할 일 문제 　　　　　　　中 ●●●

해석　Ms. Cobb은 다음에 무엇을 할 것 같은가?
　　(A) 운동을 주도한다.
　　(B) 영상을 보여준다.
　　(C) 수상자를 호명한다.
　　(D) 연설을 한다.

해설　지문의 마지막 부분을 주의 깊게 듣는다. "please join me in welcoming Ms. Cobb up here on the stage. She'd like to say a few things(Ms. Cobb을 여기 무대로 함께 맞이해 주십시오. 그녀가 몇 가지를 이야기하고 싶어 합니다)"라고 하였다. 따라서 (D)가 정답이다.

어휘　name 호명하다, 지명하다

패러프레이징

say a few things 몇 가지를 이야기하다 → Give a speech 연설을 하다

Questions 89-91 refer to the following excerpt from a meeting.

OK, now that we've introduced the new members, ⁸⁹**I want to discuss our clothing store's annual clearance sale starting next Friday**, October 3. In preparation, we need a few volunteers to stay late next Thursday to help rearrange our racks, signs, and merchandise. Since this is overtime work, ⁹⁰**those staying late will receive one and a half times their regular hourly pay**. If you're interested in doing this work, ⁹¹**please write your name on the sign-up list. I've posted it on the bulletin board in the break room.** I'll need your response by this Saturday.

clearance sale 재고 정리 할인   rearrange 재배열하다   rack 선반
merchandise 상품   one and a half times 1.5배
hourly pay 시급   bulletin board 게시판   response 응답

89-91번은 다음 회의 발췌록에 관한 문제입니다.

좋습니다, 이제 우리가 새로운 사원들을 소개했으니, 10월 3일, ⁸⁹다음 주 금요일에 시작하는 우리 의류 매장의 연례 재고 정리 할인에 관해 논의하고 싶습니다. 준비를 위해, 다음 주 목요일에 늦게까지 남아 선반들, 간판들, 그리고 상품을 재배열하는 것을 도울 몇몇 지원자들이 필요해요. 이것은 초과 근무이므로, ⁹⁰늦게까지 남는 사람들은 그들의 정규 시급의 1.5배를 받을 것입니다. 만약 이 작업을 하는 데 관심이 있으시면, ⁹¹신청서 목록에 여러분의 이름을 작성해 주세요. 휴게실에 있는 게시판에 그것을 게시해 두었습니다. 저는 이번 토요일까지는 여러분의 응답이 필요할 것입니다.

89 다음에 할 일 문제
하 ●○○

해석 화자는 다음 주에 무엇이 일어날 것이라고 말하는가?
(A) 상점이 닫을 것이다.
(B) 관리자가 방문할 것이다.
(C) 몇몇 의류가 할인될 것이다.
(D) 자선 행사가 열릴 것이다.

해설 질문의 핵심어구(next week)와 관련된 주변을 주의 깊게 듣는다. 지문 초반부에서 "I want to discuss our clothing store's annual clearance sale starting next Friday(다음 주 금요일에 시작하는 우리 의류 매장의 연례 재고 정리 할인에 관해 논의하고 싶습니다)"라고 한 것을 통해, 몇몇 의류가 할인될 것임을 알 수 있다. 따라서 (C)가 정답이다.

어휘 on sale 할인 중인   charity event 자선 행사

90 특정 세부 사항 문제
중 ●●○

해석 몇몇 직원들에게 무엇이 제공될 것인가?
(A) 할인 쿠폰
(B) 추가 급여
(C) 교육 안내 책자
(D) 무료 상품

해설 질문의 핵심어구(provided to ~ workers)와 관련된 내용을 주의 깊게 듣는다. 지문 중반부에서 "those staying late will receive one and a half times their regular hourly pay(늦게까지 남는 사람들은 그들의 정규 시급의 1.5배를 받을 것입니다)"라고 한 것을 통해, 몇몇 직원들에게 추가 급여가 제공될 것임을 알 수 있다. 따라서 (B)가 정답이다.

어휘 training manual 교육 안내 책자

패러프레이징

one and a half times ~ regular hourly pay 정규 시급의 1.5배 → Some extra pay 추가 급여

91 특정 세부 사항 문제
하 ●○○

해석 화자는 이미 무엇을 했는가?
(A) 이메일에 답장했다.
(B) 목록을 게시했다.
(C) 휴게실을 청소했다.
(D) 보관소를 폐쇄했다.

해설 질문의 핵심어구(already do)와 관련된 내용을 주의 깊게 듣는다. 지문 후반부에서 "please write your name on the sign-up list. I've posted it on the bulletin board in the break room(신청서 목록에 여러분의 이름을 작성해 주세요. 휴게실에 있는 게시판에 그것을 게시해 두었습니다)"이라고 한 것을 통해, 화자가 이미 목록을 게시했음을 알 수 있다. 따라서 (B)가 정답이다.

어휘 respond 답장하다, 응답하다   storage 보관

Questions 92-94 refer to the following telephone message.

Hi. My name is Ronda Rhodes, and I'm interested in becoming a member at Exercise Central. ^{92/93}**A friend of mine recommended your gym to me, and he told me about some of your yoga classes.** ⁹³**According to him, there are four difficulty levels. I've been doing yoga for six months.** So, ⁹⁴**it'd be great if you would contact me at this number so I can set up a consultation later this week.**

recommend 추천하다   difficulty level 난이도   consultation 상담

92-94번은 다음 전화 메시지에 관한 문제입니다.

안녕하세요. 제 이름은 Ronda Rhodes이고, 저는 Exercise Central의 회원이 되는 데 관심이 있습니다. ^{92/93}제 친구 중 한 명이 당신의 체육관을 제게 추천했는데, 그가 제게 요가 수업들에 대해 좀 이야기해 주었어요. ⁹³그의 말에 따르면, 네 개의 난이도가 있다고요. 저는 6개월간 요가를 해 왔습니다. 그래서, ⁹⁴제가 이번 주 후반에 상담을 잡을 수 있도록 당신이 이 번호로 제게 연락해 주신다면 좋을 것 같습니다.

92 특정 세부 사항 문제
하 ●○○

해석 친구는 화자에게 어떤 정보에 관해 이야기했는가?
(A) 이용 가능한 수업들
(B) 회비
(C) 시설의 영업시간
(D) 강사의 일정

해설 질문의 핵심어구(information ~ a friend tell)와 관련된 내용을 주의 깊게 듣는다. 지문 초반부에서 "A friend of mine ~ told me about some of your yoga classes(제 친구 중 한 명이 제게 요가 수업들에 대해 좀 이야기해 주었어요)"라고 한 것을 통해, 친구가 화자에게 이용 가능한 수업들의 정보에 관해 이야기했음을 알 수 있다. 따라서 (A)가 정답이다.

어휘 membership fee 회비   opening hours 영업시간   instructor 강사

패러프레이징

classes 수업들 → courses 수업들

93 의도 파악 문제   상 ●●●

해석 화자는 "저는 6개월간 요가를 해 왔습니다"라고 말할 때 무엇을 의도하는가?
(A) 기술에 관한 조언이 필요하다.
(B) 새로운 취미를 찾고 있다.
(C) 다른 사람들을 가르칠 수 있다.
(D) 어떤 수업을 들을지 잘 모른다.

해설 질문의 인용어구(I've been doing yoga for six months)가 언급된 주변을 주의 깊게 듣는다. 지문 초반부에서 "A friend of mine ~ told me about some of your yoga classes(제 친구 중 한 명이 제게 요가 수업들에 대해 좀 이야기해 주었어요)"라고 한 후, "According to him, there are four difficulty levels(그의 말에 따르면, 네 개의 난이도가 있다고요)"라며 자신은 6개월간 요가를 해 왔다고 한 것을 통해, 어떤 수업을 들을지 잘 모른다는 것을 알 수 있다. 따라서 (D)가 정답이다.

어휘 be capable of ~할 수 있다

94 이유 문제   중 ●●○

해석 청자는 왜 화자에게 연락하도록 요청받는가?
(A) 지불을 승인하기 위해
(B) 만남을 계획하기 위해
(C) 건물에 입장하기 위해
(D) 불만을 제기하기 위해

해설 질문의 핵심어구(contact)가 언급된 주변을 주의 깊게 듣는다. 지문 후반부에서 "it'd be great if you would contact me at this number so I can set up a consultation later this week(제가 이번 주 후반에 상담을 잡을 수 있도록 당신이 이 번호로 제게 연락해 주신다면 좋을 것 같습니다)"라고 한 것을 통해, 만남을 계획하기 위해 연락하도록 요청받음을 알 수 있다. 따라서 (B)가 정답이다.

어휘 arrange 계획하다, 주선하다   file 제기하다   complaint 불만

패러프레이징

> set up a consultation 상담을 잡다 → arrange a meeting 만남을 계획하다

95-97 [호주식 발음]

Questions 95-97 refer to the following broadcast and weather forecast.

> You're listening to KLDX Radio, and we have some great news for you. ⁹⁵**The band, Karma Birds will be performing at the *Concerts in the Garden* for the first time.** The show starts at 5 P.M. Tickets are already on sale and are $20 per person. However, ⁹⁶**there has been a slight change in venue.** Instead of performing at the south garden stage, the concert will be held in the central plaza. This is because ⁹⁷**rain is expected the day before the show** and the outdoor arena will be too muddy. Thank you.
>
> perform 공연하다   slight 약간의   outdoor 야외의   arena 공연장, 경기장   muddy 질퍽거리는, 질척질척한

95-97번은 다음 방송과 일기 예보에 관한 문제입니다.

여러분은 KLDX 라디오를 듣고 계시며, 여러분을 위한 몇 가지 좋은 소식이 있습니다. ⁹⁵밴드, Karma Birds가 *Concerts in the Garden*에서 처음으로 공연할 것입니다. 이 쇼는 오후 5시에 시작합니다. 입장권은 이미 판매 중이며 인당 20달러입니다. 하지만, ⁹⁶장소에 약간의 변경 사항이 있습니다. 남쪽 정원 무대에서 공연하는 대신, 콘서트는 중앙 광장에서 열릴 것입니다. 이것은 ⁹⁷쇼 전날에 비가 예상되어서 야외 공연장이 지나치게 질퍽거리게 될 것이기 때문입니다. 감사합니다.

일기 예보			
목요일	⁹⁷금요일	토요일	일요일
☁🌧	☁	☁	🌬

95 언급 문제   중 ●●○

해석 Karma Birds에 관해 무엇이 언급되는가?
(A) 이 행사에서 처음으로 공연할 것이다.
(B) 오전에 연주할 것이다.
(C) 무대 중 하나를 사용하는 것을 거절했다.
(D) 가장 유명한 밴드이다.

해설 질문의 핵심어구(Karma Birds)가 언급된 주변을 주의 깊게 듣는다. 지문 초반부에서 "The band, Karma Birds will be performing at the *Concerts in the Garden* for the first time(밴드, Karma Birds가 *Concerts in the Garden*에서 처음으로 공연할 것입니다)"이라고 하였다. 따라서 (A)가 정답이다.

어휘 decline 거절하다, 감소하다

96 특정 세부 사항 문제   하 ●○○

해석 화자에 따르면, 무엇이 변경되었는가?
(A) 공연자
(B) 장소
(C) 시작 시간
(D) 입장료

해설 질문의 핵심어구(changed)와 관련된 내용을 주의 깊게 듣는다. 지문 중반부에서 "there has been a slight change in venue(장소에 약간의 변경 사항이 있습니다)"라고 하였다. 따라서 (B)가 정답이다.

패러프레이징

> venue 장소 → location 장소

97 시각 자료 문제   중 ●●○

해석 시각 자료를 보아라. 어느 날에 행사가 열릴 것인가?
(A) 목요일
(B) 금요일
(C) 토요일
(D) 일요일

해설 일기 예보의 정보를 확인한 후 질문의 핵심어구(event ~ held)와 관련된 내용을 주의 깊게 듣는다. 지문 후반부에 "rain is expected the day before the show(쇼 전날에 비가 예상됩니다)"라고 한 것을 통해, 비가 온 다음날인 금요일에 행사가 열릴 것임을 일기 예보에서 알 수 있다. 따라서 (B)가 정답이다.

98-100 [영국식 발음]

Questions 98-100 refer to the following talk and map.

> Welcome to Fairwood Park. Our park includes over 90 square miles of rainforest. ⁹⁸**It's also home to many rare wildlife**

species. During your visit today, I'm going to give you some information about the different hiking routes. The Stonehill Route, which passes through the Twin Peak Mountains, is the toughest. I only recommend it for experienced hikers. For you all, 99**I suggest taking the route that runs along the lake. It's the easiest one** and offers incredible views. Oh . . . And, 100**remember to download our park's application to get access to maps and guides.**

rainforest 열대 우림 home 서식지 wildlife 야생의
experienced 경험이 풍부한 hiker 도보 여행자 incredible 훌륭한, 놀라운

해석

98-100번은 다음 담화와 지도에 관한 문제입니다.

Fairwood 공원에 오신 것을 환영합니다. 저희 공원은 90평방 마일 이상의 열대 우림을 포함합니다. 98이곳은 또한 많은 희귀 야생종의 서식지이기도 합니다. 오늘 여러분의 방문 동안, 저는 다른 하이킹 경로에 대한 정보를 드릴 것입니다. Twin Peak 산을 통과하는 Stonehill 경로는 가장 힘듭니다. 저는 경험이 풍부한 도보 여행자 분들께만 이곳을 추천해 드립니다. 여러분 모두에게, 99저는 호수를 따라 있는 경로로 가는 것을 제안합니다. 이것이 가장 쉬운 것이고, 훌륭한 경치를 제공하기 때문입니다. 아… 그리고, 100지도와 안내에 접근하기 위해 저희 공원의 애플리케이션을 다운로드하는 것을 기억해 주세요.

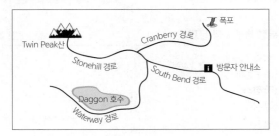

98 언급 문제   상 ●●●

해석 화자는 Fairwood 공원에 대해 무엇을 말하는가?
(A) 대도시 근처에 있다.
(B) 복원 프로젝트를 진행하고 있다.
(C) 봉사자들을 필요로 한다.
(D) 여러 보기 드문 동물들이 있다.

해설 질문의 핵심어구(Fairwood Park)와 관련된 내용을 주의 깊게 듣는다. 지문 초반부에서 "It[Fairwood Park]'s also home to many rare wildlife species(Fairwood 공원은 또한 많은 희귀 야생종의 서식지이기도 합니다)"라고 하였다. 따라서 (D)가 정답이다.

어휘 **major city** 대도시 **promote** 진행시키다 **restoration** 복원
rely on ~을 필요로 하다

99 시각 자료 문제   중 ●●○

해석 시각 자료를 보아라. 무엇이 가장 쉬운 경로인가?
(A) Stonehill 경로
(B) Cranberry 경로
(C) South Bend 경로
(D) Waterway 경로

해설 지도의 정보를 확인한 후 질문의 핵심어구(the easiest route)가 언급된 주변을 주의 깊게 듣는다. 지문 중반부에서 "I suggest taking the route that runs along the lake. It's the easiest one(저는 호수를 따라 있는 경로로 가는 것을 제안합니다. 이것이 가장 쉬운 것이기 때문입니다)"라고 하였으므로,

Waterway 경로가 가장 쉬운 경로임을 지도에서 알 수 있다. 따라서 (D)가 정답이다.

100 특정 세부 사항 문제   중 ●●○

해석 화자에 따르면, 청자들은 무엇을 해야 하는가?
(A) 많은 양의 물을 마신다.
(B) 유니폼을 입는다.
(C) 애플리케이션을 다운로드한다.
(D) 점심을 챙긴다.

해설 질문의 핵심어구(listeners do)와 관련된 내용을 주의 깊게 듣는다. 지문 후반부에서 "remember to download our park's application to get access to maps and guides(지도와 안내에 접근하기 위해 저희 공원의 애플리케이션을 다운로드하는 것을 기억해 주세요)"라고 하였다. 따라서 (C)가 정답이다.

PART 1

1 (B)	2 (A)	3 (C)	4 (B)	5 (D)
6 (A)				

PART 2

7 (C)	8 (A)	9 (C)	10 (B)	11 (A)
12 (B)	13 (A)	14 (B)	15 (C)	16 (A)
17 (C)	18 (A)	19 (B)	20 (A)	21 (C)
22 (C)	23 (A)	24 (B)	25 (A)	26 (C)
27 (C)	28 (B)	29 (C)	30 (B)	31 (B)

PART 3

32 (A)	33 (C)	34 (D)	35 (C)	36 (B)
37 (B)	38 (C)	39 (A)	40 (B)	41 (C)
42 (D)	43 (A)	44 (B)	45 (C)	46 (A)
47 (B)	48 (A)	49 (B)	50 (D)	51 (A)
52 (A)	53 (D)	54 (D)	55 (A)	56 (C)
57 (C)	58 (D)	59 (B)	60 (D)	61 (A)
62 (C)	63 (B)	64 (C)	65 (B)	66 (D)
67 (C)	68 (A)	69 (D)	70 (B)	

PART 4

71 (D)	72 (A)	73 (C)	74 (A)	75 (B)
76 (D)	77 (C)	78 (A)	79 (D)	80 (A)
81 (A)	82 (C)	83 (D)	84 (D)	85 (C)
86 (B)	87 (C)	88 (B)	89 (D)	90 (D)
91 (B)	92 (B)	93 (B)	94 (C)	95 (D)
96 (C)	97 (B)	98 (A)	99 (B)	100 (A)

PART 1

1 [3번] 호주식 발음　　　　　　　하 ●○○

(A) He is changing a tire.
(B) He is examining a car.
(C) He is opening a hood.
(D) He is getting into a vehicle.

examine 살펴보다　hood (자동차 엔진 등의) 보닛, 덮개
get into ~에 타다, 들어가다　vehicle 차량

해석　(A) 그는 타이어를 바꾸고 있다.
　　　(B) 그는 자동차를 살펴보고 있다.
　　　(C) 그는 보닛을 열고 있다.
　　　(D) 그는 차량에 타고 있다.

해설　1인 사진
　　　(A) [×] changing(바꾸고 있다)은 남자의 동작과 무관하므로 오답이다. 사진
　　　　　에 있는 타이어(tire)를 사용하여 혼동을 주었다.
　　　(B) [○] 남자가 자동차를 살펴보고 있는 모습을 정확히 묘사한 정답이다.
　　　(C) [×] opening(열고 있다)은 남자의 동작과 무관하므로 오답이다.
　　　(D) [×] getting into(타고 있다)는 남자의 동작과 무관하므로 오답이다.

2 [3번] 미국식 발음　　　　　　　하 ●○○

(A) A man is paying for a meal.
(B) A woman is picking up a fork.
(C) A man is reading a menu.
(D) A woman is cleaning a table.

meal 식사　pick up 집어 들다, 들어 올리다

해석　**(A) 남자가 식사 값을 지불하고 있다.**
　　　(B) 여자가 포크를 집어 들고 있다.
　　　(C) 남자가 메뉴를 읽고 있다.
　　　(D) 여자가 식탁을 치우고 있다.

해설　2인 이상 사진
　　　(A) [○] 남자가 식사 값을 지불하고 있는 모습을 정확히 묘사한 정답이다.
　　　(B) [×] picking up(집어 들고 있다)은 여자의 동작과 무관하므로 오답이다.
　　　(C) [×] 사진에서 메뉴를 확인할 수 없으므로 오답이다.
　　　(D) [×] cleaning(치우고 있다)은 여자의 동작과 무관하므로 오답이다. 사진
　　　　　에 있는 식탁(table)을 사용하여 혼동을 주었다.

3 [3번] 캐나다식 발음　　　　　　　하 ●○○

(A) They are walking on a sidewalk.
(B) A bicycle is being repaired.
(C) They are resting on a bench.
(D) A tree is being trimmed.

trim 손질하다　repair 수리하다　sidewalk 보도　rest 휴식을 취하다

해석　(A) 그들은 보도를 걷고 있다.
　　　(B) 자전거가 수리되고 있다.
　　　(C) 그들은 벤치에서 휴식을 취하고 있다.
　　　(D) 나무가 손질되고 있다.

해설　2인 이상 사진
　　　(A) [×] walking(걷고 있다)은 사람들의 동작과 무관하므로 오답이다.
　　　(B) [×] 사진에서 자전거는 보이지만 수리되고 있는(being repaired) 모습
　　　　　은 아니므로 오답이다.
　　　(C) [○] 사람들이 벤치에서 휴식을 취하고 있는 모습을 가장 잘 묘사한 정답
　　　　　이다.
　　　(D) [×] 사진에서 나무는 보이지만 손질되고 있는(being trimmed) 모습은
　　　　　아니므로 오답이다.

4  호주식 발음 　　　　　　　　　　　　　　중 ●●○

(A) One of the women is reaching toward the floor.
(B) One of the women is receiving a book.
(C) Some people are entering a store.
(D) Some people are removing items from a shelf.

reach (손을) 뻗다　enter 들어가다　remove 치우다, 제거하다
shelf 선반, 책꽂이

해석　(A) 여자들 중 한 명이 바닥을 향해 손을 뻗고 있다.
　　　(B) 여자들 중 한 명이 책을 받고 있다.
　　　(C) 몇몇 사람들이 가게로 들어가고 있다.
　　　(D) 몇몇 사람들이 선반에서 물품들을 치우고 있다.

해설　**2인 이상 사진**
　　　(A) [×] 사진에 바닥을 향해 손을 뻗고 있는(reaching toward the floor) 여자가 없으므로 오답이다.
　　　(B) [○] 여자들 중 한 명이 책을 받고 있는 모습을 정확히 묘사한 정답이다.
　　　(C) [×] entering(들어가고 있다)은 사람들의 동작과 무관하므로 오답이다.
　　　(D) [×] removing(치우고 있다)은 사람들의 동작과 무관하므로 오답이다.

5 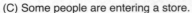 영국식 발음 　　　　　　　　　　　　　　하 ●○○

(A) She is writing with a pen.
(B) She is holding a document.
(C) She is facing a window.
(D) She is typing on a laptop.

hold 들다, 잡다　document 문서　face ~을 마주 보다
type 타자를 치다, 입력하다

해석　(A) 그녀는 펜으로 쓰고 있다.
　　　(B) 그녀는 문서를 들고 있다.
　　　(C) 그녀는 창문을 마주 보고 있다.
　　　(D) 그녀는 노트북 컴퓨터에 타자를 치고 있다.

해설　**1인 사진**
　　　(A) [×] writing with a pen(펜으로 쓰고 있다)은 여자의 동작과 무관하므로 오답이다.
　　　(B) [×] holding a document(문서를 들고 있다)는 여자의 동작과 무관하므로 오답이다.
　　　(C) [×] 여자가 창문을 등지고 있는 상태인데, 창문을 마주 보고 있다고 잘못 묘사했으므로 오답이다.
　　　(D) [○] 여자가 노트북 컴퓨터에 타자를 치고 있는 모습을 정확히 묘사한 정답이다.

6 미국식 발음 　　　　　　　　　　　　　　중 ●●○

(A) Some monitors have been placed on a counter.
(B) Some signs have been posted outside.
(C) A light is being installed in a ceiling.
(D) A television is being taken down from a wall.

place 놓다　counter 카운터, 계산대　post 게시하다　install 설치하다
ceiling 천장　take down 내리다, 떼다

해석　**(A) 모니터들이 카운터에 놓여 있다.**
　　　(B) 표지판들이 야외에 게시되어 있다.
　　　(C) 전등이 천장에 설치되고 있다.
　　　(D) 텔레비전이 벽에서 내려지고 있다.

해설　**사물 및 풍경 사진**
　　　(A) [○] 모니터들이 카운터에 놓여 있는 상태를 가장 잘 묘사한 정답이다.
　　　(B) [×] 사진에서 야외에 게시되어 있는 표지판들을 확인할 수 없으므로 오답이다.
　　　(C) [×] 사진에서 전등의 모습은 보이지만, 설치되고 있는(is being installed) 모습은 아니므로 오답이다. 사람이 등장하지 않는 사진에 진행 수동형을 사용해 사람의 동작을 묘사한 오답에 주의한다.
　　　(D) [×] 사진에서 텔레비전의 모습은 보이지만, 내려지고 있는(is being taken down) 모습은 아니므로 오답이다. 사람이 등장하지 않는 사진에 진행 수동형을 사용해 사람의 동작을 묘사한 오답에 주의한다.

PART 2

7  미국식 발음 → 캐나다식 발음 　　　　　　하 ●○○

How many people will be attending the seminar?
(A) It was very interesting.
(B) The topic is communications.
(C) About a hundred.

attend 참석하다　seminar 세미나　interesting 재미있는, 흥미로운
topic 주제　communications 정보 통신　about 대략

해석　몇 명의 사람들이 세미나에 참석할까요?
　　　(A) 그것은 매우 재미있었어요.
　　　(B) 주제는 정보 통신이에요.
　　　(C) 대략 백 명 정도요.

해설　**How 의문문**
　　　(A) [×] 질문의 seminar(세미나)를 나타낼 수 있는 It을 사용하여 혼동을 준 오답이다.
　　　(B) [×] seminar(세미나)와 관련 있는 topic(주제)을 사용하여 혼동을 준 오답이다.
　　　(C) [○] 대략 백 명이라며, 참석하는 사람의 수를 언급했으므로 정답이다.

8  호주식 발음 → 캐나다식 발음 　　　　　　중 ●●○

Do you have any make-up samples I can try?
(A) Only for a few brands.
(B) She bought them online.
(C) Let me give you an example.

make-up 화장품　try 써보다, 시도해보다

해석　제가 써볼 수 있는 화장품 견본들이 있나요?
　　　(A) 몇몇 브랜드 것들만 있어요.
　　　(B) 그녀는 그것들을 온라인에서 구매했어요.
　　　(C) 예시를 들어 볼게요.

해설　**조동사 의문문**
　　　(A) [○] 몇몇 브랜드 것들만 있다는 말로, 써볼 수 있는 화장품 견본들이 있음을 간접적으로 전달했으므로 정답이다.
　　　(B) [×] 써볼 수 있는 화장품 견본들이 있는지를 물었는데, 그녀는 그것들을 온라인에서 구매했다며 관련이 없는 내용으로 응답했으므로 오답이다.

(C) [×] samples(견본들)와 같은 의미인 example을 '예시'라는 의미로 사용하여 혼동을 준 오답이다.

9 ⟨3ጠ⟩ 호주식 발음 → 미국식 발음　　　중 ●●○

> What time does the meeting start?
> (A) In the main conference room.
> (B) I'll do it next time.
> **(C) Fairly soon, I think.**
>
> meeting 회의

해석　회의가 몇 시에 시작하나요?
　　　(A) 주 회의실에서요.
　　　(B) 그건 다음에 할게요.
　　　(C) 제 생각엔, 꽤 금방요.

해설　What 의문문
　　　(A) [×] 회의가 시작하는 시간을 물었는데, 장소로 응답했으므로 오답이다.
　　　(B) [×] 질문의 time을 반복 사용하여 혼동을 준 오답이다.
　　　(C) [○] 꽤 금방이라는 말로 곧 회의가 시작될 것이라는 간접적인 응답을 했으므로 정답이다.

10 ⟨3ጠ⟩ 영국식 발음 → 캐나다식 발음　　　하 ●○○

> This phone is currently on sale.
> (A) Call them before noon.
> **(B) How much is it discounted?**
> (C) Our current project.
>
> currently 현재　on sale 할인 중인　noon 정오　discount 할인하다
> current 현재의

해석　이 휴대폰은 현재 할인 중이에요.
　　　(A) 그들에게 정오 전에 전화하세요.
　　　(B) 얼마나 할인되나요?
　　　(C) 우리의 현재 프로젝트요.

해설　평서문
　　　(A) [×] phone(휴대폰)과 관련 있는 Call(전화하다)을 사용하여 혼동을 준 오답이다.
　　　(B) [○] 얼마나 할인되는지를 되물어 사실에 대한 추가 정보를 요청했으므로 정답이다.
　　　(C) [×] currently – current의 유사 발음 어휘를 사용하여 혼동을 준 오답이다.

11 ⟨3ጠ⟩ 미국식 발음 → 영국식 발음　　　하 ●○○

> When will we receive the utility bill?
> **(A) Early next month.**
> (B) At Wilkins Department Store.
> (C) Give it to the secretary.
>
> receive 받다　utility bill 공과금 청구서

해석　우리가 공과금 청구서를 언제 받을까요?
　　　(A) 다음 달 초예요.
　　　(B) Wilkins 백화점에서요.
　　　(C) 비서에게 주세요.

해설　When 의문문
　　　(A) [○] Early next month(다음 달 초)라며 청구서를 받을 시점을 언급했으므로 정답이다.
　　　(B) [×] 공과금 청구서를 언제 받을지를 물었는데, 장소로 응답했으므로 오답이다.
　　　(C) [×] 질문의 utility bill(공과금 청구서)을 나타낼 수 있는 it을 사용하여 혼동을 준 오답이다.

12 ⟨3ጠ⟩ 미국식 발음 → 호주식 발음　　　하 ●○○

> Would you like to share an appetizer?
> (A) I paid with a credit card.
> **(B) Sure. That's a good idea.**
> (C) Please pass me a napkin.
>
> appetizer 애피타이저, 전채　credit card 신용카드

해석　애피타이저를 나눠 드시겠어요?
　　　(A) 저는 신용카드로 계산했어요.
　　　(B) 그럼요. 좋은 생각이에요.
　　　(C) 냅킨 좀 건네주세요.

해설　제안 의문문
　　　(A) [×] 애피타이저를 나눠 먹을지를 물었는데, 신용카드로 계산했다며 관련이 없는 내용으로 응답했으므로 오답이다.
　　　(B) [○] Sure(그럼요)라는 말로 제안을 수락한 후, 좋은 생각이라는 부연 설명을 했으므로 정답이다.
　　　(C) [×] appetizer(애피타이저)와 관련이 있는 napkin(냅킨)을 사용하여 혼동을 준 오답이다.

13 ⟨3ጠ⟩ 영국식 발음 → 캐나다식 발음　　　하 ●○○

> Who set up the meeting room?
> **(A) The interns, Bob and Riley.**
> (B) There are few employees.
> (C) It begins at 3 P.M.
>
> set up 준비하다　intern 인턴

해석　누가 회의실을 준비했나요?
　　　(A) 인턴인 Bob과 Riley요.
　　　(B) 직원들이 거의 없어요.
　　　(C) 그건 세 시에 시작해요.

해설　Who 의문문
　　　(A) [○] Bob과 Riley라며 회의실을 준비한 인물들을 언급했으므로 정답이다.
　　　(B) [×] meeting(회의)과 관련이 있는 employees(직원들)를 사용하여 혼동을 준 오답이다.
　　　(C) [×] 누가 회의실을 준비했는지를 물었는데, 시간으로 응답했으므로 오답이다.

14 ⟨3ጠ⟩ 호주식 발음 → 미국식 발음　　　중 ●●○

> Will someone from the IT department be here soon?
> (A) Thank you for arranging that.
> **(B) He's coming at 1 P.M.**
> (C) Please call if you need more help.
>
> department 부서　arrange 준비하다, 배열하다

해석 IT 부서의 직원이 곧 여기에 올 것인가요?
(A) 그것을 준비해 주셔서 감사합니다.
(B) 그는 오후 1시에 올 거예요.
(C) 도움이 더 필요하시면 전화 주세요.

해설 **조동사 의문문**
(A) [×] IT 부서의 직원이 곧 여기에 올 것인지를 물었는데, 그것을 준비해 줘서 감사하다며 관련이 없는 내용으로 응답했으므로 오답이다.
(B) [o] 그가 오후 1시에 올 것이라는 말로 IT 부서의 직원이 오후에 올 것임을 간접적으로 전달했으므로 정답이다.
(C) [×] IT 부서의 직원이 곧 여기에 올 것인지를 물었는데, 도움이 더 필요하면 전화 달라며 관련이 없는 내용으로 응답했으므로 오답이다.

15 ③ 캐나다식 발음 → 영국식 발음   하 ●○○

Where do you plan to take the client for dinner?
(A) The cafeteria served fish for lunch.
(B) To discuss the marketing project.
(C) To a new French restaurant.

plan 계획하다 client 고객 cafeteria 구내식당 serve 제공하다

해석 저녁 식사를 위해 어디로 고객을 모시고 갈 계획인가요?
(A) 구내식당에서 점심으로 생선을 제공했어요.
(B) 마케팅 프로젝트를 논의하기 위해서요.
(C) 새로 생긴 프랑스 음식점으로요.

해설 **Where 의문문**
(A) [×] dinner(저녁 식사)와 관련 있는 cafeteria(구내식당)를 사용하여 혼동을 준 오답이다.
(B) [×] 어디로 고객을 모시고 갈 계획인지를 물었는데, 이유로 응답했으므로 오답이다.
(C) [o] 새로 생긴 프랑스 음식점이라며 저녁 식사를 할 장소를 언급했으므로 정답이다.

16 ③ 호주식 발음 → 영국식 발음   하 ●○○

Why do we need to order pens with the company logo?
(A) We'll be giving them out at the job fair.
(B) Yes, I can do that now.
(C) By May 15 at the latest.

order 주문하다 job fair 채용 박람회 at the latest 늦어도

해석 우리는 왜 회사 로고가 있는 펜을 주문해야 하나요?
(A) 우리는 채용 박람회에서 그것들을 나눠줄 거예요.
(B) 네, 지금 그것을 할 수 있어요.
(C) 늦어도 5월 15일까지요.

해설 **Why 의문문**
(A) [o] 채용 박람회에서 그것들을 나눠줄 거라는 말로 로고가 있는 펜을 주문해야 하는 이유를 언급했으므로 정답이다.
(B) [×] 왜 회사 로고가 있는 펜을 주문해야 하는지를 물었는데, 지금 그것을 할 수 있다며 관련이 없는 내용으로 응답했으므로 오답이다.
(C) [×] 왜 회사 로고가 있는 펜을 주문해야 하는지를 물었는데, 시점으로 응답했으므로 오답이다.

17 ③ 미국식 발음 → 호주식 발음   상 ●●●

Would you mind proofreading my article?
(A) You won't find any here.
(B) There are more articles of clothing.
(C) The one about local schools?

proofread 교정하다 article 기사 clothing 의류

해석 제 기사를 교정해 주시겠어요?
(A) 여기서는 어떤 것도 찾을 수 없을 거예요.
(B) 의류 몇 점이 더 있어요.
(C) 지역 학교들에 관한 것이요?

해설 **요청 의문문**
(A) [×] mind – find의 유사 발음 어휘를 사용하여 혼동을 준 오답이다.
(B) [×] 질문의 article을 반복 사용하여 혼동을 준 오답이다.
(C) [o] 지역 학교들에 관한 것인지를 되물어 기사에 대한 추가 정보를 요청했으므로 정답이다.

18 ③ 미국식 발음 → 캐나다식 발음   하 ●○○

Who informed the media about the company's plans?
(A) Ms. Johnson, I believe.
(B) I know all about it.
(C) That firm recently expanded.

inform 알리다 media 언론, 매체 recently 최근에

해석 누가 회사의 계획에 대해 언론에 알렸나요?
(A) 제가 알기로는, Ms. Johnson이요.
(B) 저는 그것에 대해 모두 알고 있어요.
(C) 그 회사는 최근에 확장했어요.

해설 **Who 의문문**
(A) [o] Ms. Johnson이라며 회사의 계획을 언론에 알린 인물을 언급했으므로 정답이다.
(B) [×] 질문의 plan(계획)을 나타낼 수 있는 it을 사용하여 혼동을 준 오답이다.
(C) [×] company(회사)와 같은 의미인 firm을 사용하여 혼동을 준 오답이다.

19 ③ 호주식 발음 → 영국식 발음   하 ●○○

The refrigerator comes with a water filter, doesn't it?
(A) It seems cold enough.
(B) No, it doesn't have that feature.
(C) I'll have a glass.

refrigerator 냉장고 come with ~이 딸려 있다 feature 기능

해석 그 냉장고에는 정수 필터가 딸려 있죠, 그렇지 않나요?
(A) 충분히 차가운 것 같아요.
(B) 아니요, 이것은 그 기능이 없어요.
(C) 한 잔 주세요.

해설 **부가 의문문**
(A) [×] refrigerator(냉장고)와 관련 있는 cold(차가운)를 사용하여 혼동을 준 오답이다.
(B) [o] No로 정수 필터가 딸려 있지 않음을 전달한 후, 그 기능이 없다는 부연 설명을 했으므로 정답이다.

(C) [×] water(물)와 관련 있는 glass(잔)를 사용하여 혼동을 준 오답이다.

20 ③ 캐나다식 발음 → 호주식 발음 상 ●●●

How often does the regional manager visit?
(A) Actually, we talk to her through videoconferencing.
(B) At 10 P.M. tomorrow.
(C) Across from Mr. Jackson's office.

regional 지역의 manager 관리자 videoconferencing 화상 회의
across from ~의 바로 맞은편에

해석 지역 관리자가 얼마나 자주 방문하나요?
(A) 사실, 우리는 화상 회의를 통해 그녀와 대화해요.
(B) 내일 오후 10시에요.
(C) Mr. Jackson의 사무실 바로 맞은편에요.

해설 How 의문문
(A) [○] 사실 화상 회의를 통해 그녀와 대화한다는 말로 지역 관리자가 방문하지 않음을 간접적으로 전달했으므로 정답이다.
(B) [×] 지역 관리자가 얼마나 자주 방문하는지를 물었는데, 시간으로 응답했으므로 오답이다.
(C) [×] 지역 관리자가 얼마나 자주 방문하는지를 물었는데, Mr. Jackson의 사무실 바로 맞은편이라며 관련이 없는 내용으로 응답했으므로 오답이다.

21 ③ 영국식 발음 → 캐나다식 발음 중 ●●○

Why don't we sell a wider selection of soft drinks?
(A) Tell the supervisor you have to go.
(B) These seem bigger than the other shoes.
(C) Our store doesn't have enough space.

a selection of 다양한 soft drinks 청량음료 space 공간

해석 좀 더 다양한 청량음료를 파는 것은 어떨까요?
(A) 관리자에게 당신이 가야 한다고 말하세요.
(B) 이것들은 다른 신발보다 커 보여요.
(C) 우리 매장에는 충분한 공간이 없어요.

해설 제안 의문문
(A) [×] 좀 더 다양한 청량음료를 파는 것은 어떨지를 물었는데, 관리자에게 가야 한다고 말하라며 관련이 없는 내용으로 응답했으므로 오답이다.
(B) [×] 좀 더 다양한 청량음료를 파는 것은 어떨지를 물었는데, 이것들은 다른 신발보다 커 보인다며 관련이 없는 내용으로 응답했으므로 오답이다.
(C) [○] 우리 매장에는 충분한 공간이 없다는 말로 다양한 청량음료를 팔 수 없는 이유를 간접적으로 전달했으므로 정답이다.

22 ③ 영국식 발음 → 미국식 발음 하 ●○○

Which cell phone repair shop has the best reputation?
(A) About 25 miles.
(B) I bought the latest model.
(C) That would be Phone World.

repair shop 수리점 reputation 평판, 명성 latest 최신의

해석 어느 휴대폰 수리점이 가장 평판이 좋나요?
(A) 25마일 정도요.
(B) 최신 모델을 구입했어요.
(C) Phone World일 거예요.

해설 Which 의문문
(A) [×] 어느 휴대폰 수리점이 가장 평판이 좋은지를 물었는데, 25마일 정도라며 관련이 없는 내용으로 응답했으므로 오답이다.
(B) [×] cell phone(휴대폰)과 관련 있는 the latest model(최신 모델)을 사용하여 혼동을 준 오답이다.
(C) [○] Phone World일 것이라며 어느 휴대폰 수리점이 가장 평판이 좋은지를 언급했으므로 정답이다.

23 ③ 캐나다식 발음 → 영국식 발음 중 ●●○

If you want, we can walk to the restaurant.
(A) Yes, it's a perfect evening for that.
(B) The talk took longer than expected.
(C) The menu was changed.

perfect 더할 나위 없는 evening 저녁 expect 예상하다

해석 원하신다면, 우리는 식당으로 걸어갈 수 있어요.
(A) 네, 그러기에 더할 나위 없는 저녁이네요.
(B) 강연이 예상보다 오래 걸렸어요.
(C) 메뉴가 변경되었어요.

해설 평서문
(A) [○] Yes로 의견에 동의한 후, 그러기에 더할 나위 없는 저녁이라는 의견을 추가했으므로 정답이다.
(B) [×] walk – talk의 유사 발음 어휘를 사용하여 혼동을 준 오답이다.
(C) [×] restaurant(식당)과 관련 있는 menu(메뉴)를 사용하여 혼동을 준 오답이다.

24 ③ 미국식 발음 → 캐나다식 발음 하 ●○○

Why did you go to Miami last month?
(A) Only for a day or so.
(B) To meet with investors.
(C) Yes, my flight leaves in an hour.

or so ~ 정도 investor 투자자

해석 당신은 왜 지난달에 마이애미에 갔나요?
(A) 하루 정도만요.
(B) 투자자들을 만나기 위해서요.
(C) 네, 제 비행기는 한 시간 후에 출발해요.

해설 Why 의문문
(A) [×] 왜 지난달에 마이애미에 갔는지를 물었는데, 하루 정도만이라며 관련이 없는 내용으로 응답했으므로 오답이다.
(B) [○] 투자자들을 만나기 위해서라는 말로 지난달에 마이애미에 간 이유를 언급했으므로 정답이다.
(C) [×] Miami(마이애미)에서 연상할 수 있는 Miami에 갈 수 있는 수단과 관련 있는 flight(비행기)를 사용하여 혼동을 준 오답이다.

25 ③ 영국식 발음 → 호주식 발음 상 ●●●

Didn't Mr. Davis approve the budget?
(A) It's still being reviewed.
(B) He lives in a different building.
(C) Let's increase production.

approve 승인하다 budget 예산 production 생산량

해석 Mr. Davis가 예산을 승인하지 않았나요?
(A) 그건 아직 검토되고 있어요.
(B) 그는 다른 건물에 살아요.
(C) 생산량을 늘리기로 해요.

해설 **부정 의문문**
(A) [o] 아직 검토되고 있다는 말로, Mr. Davis가 예산을 승인하지 않았음을 간접적으로 전달했으므로 정답이다.
(B) [x] 질문의 Mr. Davis를 나타낼 수 있는 He를 사용하여 혼동을 준 오답이다.
(C) [x] Mr. Davis가 예산을 승인하지 않았는지를 물었는데, 생산량을 늘리기로 하자며 관련이 없는 내용으로 응답하였으므로 오답이다.

---

26 [3m] 캐나다식 발음 → 영국식 발음　　　中 ●●○

Do you know who will take over Ms. Lee's position?
(A) We moved to Los Angeles.
(B) The package is still in transit.
(C) It might be me, actually.

take over 인계받다　package 소포　in transit 배송 중에

해석 Ms. Lee의 직책을 누가 인계받을지 아세요?
(A) 우리는 로스앤젤레스로 이사했어요.
(B) 소포가 여전히 배송 중이에요.
(C) 사실, 저일 거예요.

해설 **의문사(Who)를 포함한 일반 의문문**
(A) [x] Ms. Lee의 직책을 누가 인계받을지 물었는데, 로스앤젤레스로 이사했다며 관련이 없는 내용으로 응답했으므로 오답이다.
(B) [x] Ms. Lee의 직책을 누가 인계받을지 물었는데, 소포가 여전히 배송 중이라며 관련이 없는 내용으로 응답했으므로 오답이다.
(C) [o] 저일 거라며 자신이 인계받을 것이라는 간접적인 응답을 했으므로 정답이다.

---

27 [3m] 미국식 발음 → 호주식 발음　　　中 ●●○

Won't Freeway 79 be shut down next week?
(A) You're going the right way.
(B) A month-long absence.
(C) The road work has been finished.

shut down 폐쇄하다　month-long 한 달간의　absence 결근, 결석
road work 도로 공사

해석 79번 고속도로가 다음 주에 폐쇄되지 않나요?
(A) 당신은 맞는 길로 가고 있어요.
(B) 한 달간의 결근이요.
(C) 도로 공사는 끝났어요.

해설 **부정 의문문**
(A) [x] Freeway – way의 유사 발음 어휘를 사용하여 혼동을 준 오답이다.
(B) [x] 79번 고속도로가 다음 주에 폐쇄되는지를 물었는데, 한 달간의 결근이라며 관련이 없는 내용으로 응답했으므로 오답이다.
(C) [o] 도로 공사는 끝났다는 말로 고속도로가 폐쇄되지 않을 것임을 간접적으로 전달했으므로 정답이다.

---

28 [3m] 캐나다식 발음 → 미국식 발음　　　상 ●●●

Have customers provided feedback about the laptop?
(A) Yes, on top of the shelf.
(B) A survey was sent out just last week.
(C) Place the devices over there.

provide 제공하다　feedback 의견, 피드백　shelf 선반　survey 설문 조사
device 장치

해석 고객들이 노트북 컴퓨터에 대해 의견을 제공했나요?
(A) 네, 선반 위에요.
(B) 설문 조사는 겨우 지난주에 발송되었어요.
(C) 그 장치들을 저기에 놓으세요.

해설 **조동사 의문문**
(A) [x] 고객이 노트북 컴퓨터에 대해 의견을 제공했는지를 물었는데, 선반 위에라며 관련이 없는 내용으로 응답했으므로 오답이다.
(B) [o] 설문 조사가 겨우 지난주에 발송되었다는 말로 고객들이 의견을 제공했는지 모른다는 간접적인 응답을 했으므로 정답이다.
(C) [x] laptop(노트북 컴퓨터)과 관련 있는 device(장치)를 사용하여 혼동을 준 오답이다.

---

29 [3m] 영국식 발음 → 호주 발음　　　中 ●●○

Will the story be published this month or next month?
(A) One of my favorite authors.
(B) From a news magazine.
(C) I need time to check it.

publish 출판하다　author 작가　news magazine 시사 잡지

해석 그 소설은 이번 달에 출판되나요, 아니면 다음 달에 출판되나요?
(A) 제가 가장 좋아하는 작가들 중 한 명이에요.
(B) 시사 잡지에서요.
(C) 그것을 확인할 시간이 필요해요.

해설 **선택 의문문**
(A) [x] story(소설)와 관련 있는 author(작가)를 사용하여 혼동을 준 오답이다.
(B) [x] published(출판하다)와 관련 있는 magazine(잡지)을 사용하여 혼동을 주었다.
(C) [o] 그것, 즉 소설을 확인할 시간이 필요하다는 말로 아직 출판될 준비가 되지 않았음을 간접적으로 전달했으므로 정답이다.

---

30 [3m] 미국식 발음 → 캐나다식 발음　　　中 ●●○

Our director is really pleased with this year's conference.
(A) Please fill them out soon.
(B) The speakers were really impressive.
(C) We'll focus on conducting evaluations.

director 관리자　be pleased with 만족스러워하다　impressive 인상적인
focus on ~에 중점을 두다　conduct 수행하다　evaluation 평가

해석 우리 관리자는 올해의 회의에 대해 매우 만족스러워해요.
(A) 곧 그것들을 작성해 주세요.
(B) 발표자들이 매우 인상적이었어요.
(C) 우리는 평가를 수행하는 데 중점을 둘 거예요.

해설 **평서문**

   (A) [×] 관리자가 올해의 회의에 대해 매우 만족스러워한다고 했는데, 곧 그것들을 작성해달라며 관련이 없는 내용으로 응답했으므로 오답이다.

   (B) [○] 발표자들이 매우 인상적이었다는 말로 의견을 추가했으므로 정답이다.

   (C) [×] director(관리자)에서 연상할 수 있는 회사 업무와 관련된 evaluation(평가)을 사용하여 혼동을 준 오답이다.

31 미국식 발음 → 영국식 발음   중 ●●○

> Could you enlarge the user manual font?
> (A) No, I think the venue is too small.
> **(B) Yes, but that will affect the layout.**
> (C) Only online users.

enlarge 확대하다   manual 설명서   font 글씨체, 폰트   venue 장소
affect 영향을 미치다   layout 배치, 레이아웃

해석 사용자 설명서의 글씨체를 확대할 수 있나요?

   (A) 아니요, 제 생각에는 장소가 너무 작아요.

   (B) 네, 하지만 그건 배치에 영향을 미칠 거예요.

   (C) 온라인 사용자만요.

해설 **요청 의문문**

   (A) [×] enlarge(확대하다)와 관련 있는 small(작다)을 사용하여 혼동을 준 오답이다. No만 듣고 정답으로 고르지 않도록 주의한다.

   (B) [○] Yes로 글씨체를 확대할 수 있다고 전달한 후, 배치에 영향을 미칠 거라는 부연 설명을 했으므로 정답이다.

   (C) [×] 질문의 user를 반복 사용하여 혼동을 준 오답이다.

PART 3

32-34 캐나다식 발음 → 영국식 발음

Questions 32-34 refer to the following conversation.

> M: Hi. ³²I received this novel as a birthday gift, but I've already read it. Could I exchange it for another one? I have the receipt right here.
> W: OK. Just make sure you don't choose a more expensive book. ³³If you need help finding anything, just talk to one of our staff members.
> M: Thanks. Should I leave this item here while I look around?
> W: Yes. ³⁴I'll put a note on it now so that the other cashiers know why it's here.

novel 소설   exchange 교환하다   receipt 영수증   staff member 직원
leave 놓아두다   look around 둘러보다   cashiers 점원

해석

32-34번은 다음 대화에 관한 문제입니다.

남: 안녕하세요. ³²저는 이 소설을 생일 선물로 받았는데, 이미 이것을 읽었어요. 다른 것으로 교환해도 될까요? 영수증은 바로 여기 있어요.

여: 그럼요. 그저 더 비싼 책을 고르지 않도록 해 주세요. ³³무엇이든 찾는 데 도움이 필요하시다면, 우리 직원 중 한 명에게 말씀하세요.

남: 고마워요. 제가 둘러보는 동안에 이 물건을 여기에 놓아두어야 할까요?

여: 네. 다른 점원들이 그것이 왜 여기에 있는지 알 수 있도록 ³⁴지금 그것에 메모해 놓을게요.

32 장소 문제   하 ●○○

해석 화자들은 어디에 있는 것 같은가?

   (A) 서점에

   (B) 꽃 가게에

   (C) 제과점에

   (D) 화장품 가게에

해설 장소와 관련된 표현을 놓치지 않고 듣는다. 대화 초반부에서 남자가 "I received this novel as a birthday gift, but I've already read it. Could I exchange it for another one?(저는 이 소설을 생일 선물로 받았는데, 이미 이것을 읽었어요. 다른 것으로 교환해도 될까요?)"라고 한 것을 통해, 대화가 이루어지고 있는 장소가 서점임을 알 수 있다. 따라서 (A)가 정답이다.

어휘 bookstore 서점   bakery 제과점   cosmetics 화장품

33 제안 문제   하 ●○○

해석 여자는 무엇을 제안하는가?

   (A) 환불을 요청하기

   (B) 제품을 수리하기

   (C) 직원에게 이야기하기

   (D) 영수증을 보관하기

해설 여자의 말에서 제안과 관련된 표현이 언급된 다음을 주의 깊게 듣는다. 대화 중반부에서 여자가 "If you need help finding anything, just talk to one of our staff members(무엇이든 찾는 데 도움이 필요하시다면, 우리 직원 중 한 명에게 말씀하세요)"라고 하였다. 이를 통해, 여자가 직원에게 이야기하는 것을 제안하고 있음을 알 수 있다. 따라서 (C)가 정답이다.

어휘 ask for 요청하다   refund 환불   employee 직원

34 다음에 할 일 문제   중 ●●○

해석 여자는 다음에 무엇을 할 것 같은가?

   (A) 운영자에게 전화한다.

   (B) 일정을 확인한다.

   (C) 문서를 찾는다.

   (D) 메시지를 적는다.

해설 대화의 마지막 부분을 주의 깊게 듣는다. 여자가 "I'll put a note on it now(지금 그것에 메모해 놓을게요)"라고 하였다. 이를 통해, 여자가 메시지를 적을 것임을 알 수 있다. 따라서 (D)가 정답이다.

어휘 manager 운영자   look for 찾다

35-37 호주식 발음 → 영국식 발음

Questions 35-37 refer to the following conversation.

> M: Thank you for contacting Belmont Images. How can I help you today?
> W: Hello. ³⁵I'd like to set up an appointment for Saturday afternoon. I plan on applying for modeling jobs this summer, so I need some professional headshots.
> M: ³⁶Dan Orlin, our photographer, is available at 1 P.M. on Saturday. Is that convenient for you?
> W: That works. One more thing . . . I'm a university student. Um, ³⁷can I get a discount?
> M: Sure. If you present a valid student ID, it will be 10 percent off.

contact 연락하다   set up an appointment 예약을 하다

apply 지원하다 professional 전문적인 headshot 얼굴 사진
available 시간이 있는 convenient 편리한 present 제시하다 valid 유효한

해석
35-37번은 다음 대화에 관한 문제입니다.

남: Belmont Images에 연락해 주셔서 감사합니다. 오늘 무엇을 도와드릴까요?
여: 안녕하세요. ³⁵토요일 오후로 예약을 하고 싶어요. 저는 이번 여름에 모델 일을 지원할 계획이어서, 전문적인 얼굴 사진이 필요해요.
남: ³⁶우리 사진작가인 Dan Orlin은 토요일 오후 1시에 시간이 있어요. 이 시간이 편리하신가요?
여: 좋아요. 하나 더… 저는 대학생이에요. 음, ³⁷할인을 받을 수 있나요?
남: 그럼요. 유효한 학생 ID를 제시하시면, 10퍼센트 할인될 거예요.

35 목적 문제   중 ●●○

해석 여자는 왜 전화를 하고 있는가?
(A) 업데이트를 요청하기 위해
(B) 서비스를 취소하기 위해
(C) 약속을 정하기 위해
(D) 계좌를 개설하기 위해

해설 전화의 목적을 묻는 문제이므로, 대화의 초반을 반드시 듣는다. 여자가 "I'd like to set up an appointment for Saturday afternoon(토요일 오후로 예약을 하고 싶어요)"라고 하였다. 따라서 (C)가 정답이다.

어휘 request 요청하다 appointment 약속 open an account 계좌를 개설하다

패러프레이징

set up an appointment 예약을 하다 → make an appointment 약속을
정하다

36 특정 세부 사항 문제   하 ●○○

해석 Dan Orlin은 누구인가?
(A) 배우
(B) 사진작가
(C) 강사
(D) 모델

해설 질문의 핵심어구(Dan Orlin)가 언급된 주변을 주의 깊게 듣는다. 대화 중반부에서 남자가 "Dan Orlin, our photographer, is available(우리 사진작가인 Dan Orlin은 시간이 있어요)"라고 하였다. 이를 통해, Dan Orlin이 사진작가임을 알 수 있다. 따라서 (B)가 정답이다.

어휘 actor 배우 instructor 강사

37 요청 문제   하 ●○○

해석 여자는 무엇을 요청하는가?
(A) 무료 배송
(B) 가격 할인
(C) 명함
(D) 제품 견본

해설 여자의 말에서 요청과 관련된 표현이 언급된 다음을 주의 깊게 듣는다. 대화 후반부에서 여자가 "can I get a discount?(할인을 받을 수 있나요?)"라고 하였다. 이를 통해, 여자가 가격 할인을 요청하고 있음을 알 수 있다. 따라서 (B)가 정답이다.

어휘 business card 명함

38-40 [3㎞] 영국식 발음 → 캐나다식 발음

Questions 38-40 refer to the following conversation.

W: Mr. Rowland, I thought you already left the office. It's 9:45 A.M., and ³⁸you're supposed to have a meeting with our Swiss clients at 10 o'clock.
M: Oh, I completely forgot about that! I have a conference call with some staff members at our Newport branch in a few minutes.
W: ³⁹I'll inform those taking part in the call that you had to leave on short notice.
M: Thanks. ⁴⁰Do you know if my driver is waiting for me?
W: ⁴⁰He should be waiting for you in the parking lot. But I suggest you hurry. The hotel is over a mile away.

be supposed to ~하기로 되어 있다 completely 완전히
conference call 전화 회의 inform 알리다 take part ~에 참여(참가) 하다
on short notice 예고 없이, 촉박하게

해석
38-40번은 다음 대화에 관한 문제입니다.

여: Mr. Rowland, 당신이 이미 사무실을 떠났다고 생각했어요. 지금은 오전 9시 45분이고, ³⁸당신은 10시에 스위스 고객들과 회의하기로 되어 있잖아요.
남: 아, 그것을 완전히 잊어버렸어요! 잠시 후에 Newport 지점의 몇몇 직원들과 전화 회의가 있어요.
여: ³⁹제가 그 전화에 참여하는 사람들에게 당신이 예고 없이 떠나야 했다고 알려줄게요.
남: 고마워요. ⁴⁰혹시 운전기사가 저를 기다리고 있는지 알고 있나요?
여: ⁴⁰그는 주차장에서 당신을 기다리고 있을 거예요. 하지만 서두르기를 제안해요. 그 호텔은 1 마일 이상 떨어져 있어요.

38 특정 세부 사항 문제   하 ●○○

해석 여자에 따르면, 오전 10시에 무엇이 일어나기로 예정되어 있는가?
(A) 사무실 견학
(B) 교육 세션
(C) 회의
(D) 면접

해설 질문의 핵심어구(10 A.M.)와 관련된 내용을 주의 깊게 듣는다. 대화의 초반부에서 여자가 "you're supposed to have a meeting ~ at 10 o'clock(당신은 10시에 회의하기로 되어 있잖아요)"이라고 하였다. 이를 통해, 오전 10시에 회의가 일어나기로 예정되어 있음을 알 수 있다. 따라서 (C)가 정답이다.

패러프레이징

be scheduled to ~하기로 예정되어 있다 → be supposed to ~하기로 되어
있다

39 제안 문제   중 ●●●

해석 여자는 무엇을 해주겠다고 제안하는가?
(A) 몇몇 직원에게 알린다.
(B) 교통편을 준비한다.
(C) 행사를 연기한다.
(D) 프로그램을 인쇄한다.

해설 여자의 말에서 제안과 관련된 표현이 언급된 다음을 주의 깊게 듣는다. 대화 중반부에서 여자가 "I'll inform those taking part in the call(제가 그 전화

에 참여하는 사람들에게 알려줄게요)"이라고 하였다. 따라서 (A)가 정답이다.

어휘 notify 알리다 employee 직원 postpone 연기하다

패러프레이징

inform 알리다 → Notify 알리다

40 다음에 할 일 문제 중 ●●○

해석 남자는 다음에 무엇을 할 것 같은가?
(A) 공원으로 운전한다.
(B) 주차장으로 향한다.
(C) 예약을 한다.
(D) 지점에 간다.

해설 대화의 마지막 부분을 주의 깊게 듣는다. 남자가 "Do you know if my driver is waiting for me?(혹시 운전기사가 저를 기다리고 있는지 알고 있나요?)"라고 하자, 여자가 "He should be waiting for you in the parking lot(그는 주차장에서 당신을 기다리고 있을 거예요)"이라고 하였다. 이를 통해, 남자가 주차장으로 향할 것임을 알 수 있다. 따라서 (B)가 정답이다.

어휘 reservation 예약 branch office 지점

41-43 🎧 미국식 발음 → 호주식 발음

Questions 41-43 refer to the following conversation.

W: Stanley, can you attend a law conference in Boston later this month? ⁴¹**Mr. Thompson wants someone from our company to go, but the other lawyers are too busy.**
M: How long would it be?
W: Three days. ⁴²**The conference runs from May 26 to 28.**
M: Well, ⁴²**I don't have any client meetings that week**.
W: Great. I'll tell Mr. Thompson. ⁴³**If you need any help making your hotel and flight reservations, just let me know.**

attend 참석하다 conference 회의 run 진행되다

해석
41-43번은 다음 대화에 관한 문제입니다.

여: Stanley, 이번 달 말에 보스턴에서 있는 법률 회의에 참석할 수 있을까요? ⁴¹Mr. Thompson은 우리 회사의 누군가가 가기를 원하는데, 다른 변호사들이 너무 바빠요.
남: 그건 얼마나 오래 걸릴까요?
여: 사흘이요. ⁴²회의는 5월 26일부터 28일까지 진행돼요.
남: 음, ⁴³그 주에는 고객 회의가 없네요.
여: 좋아요. Mr. Thompson에게 말할게요. ⁴³호텔 및 항공편 예약에 도움이 필요하면 알려주세요.

41 화자 문제 중 ●●○

해석 화자들은 어디에서 일하는 것 같은가?
(A) 숙박 시설에서
(B) 여행사에서
(C) 법률 사무소에서
(D) 컨벤션 센터에서

해설 대화에서 신분 및 직업과 관련된 표현을 놓치지 않고 듣는다. 대화 초반부에서 여자가 "Mr. Thompson wants someone from our company to go, but the other lawyers are too busy(Mr. Thompson은 우리 회사의 누군

가가 가기를 원하는데 다른 변호사들이 너무 바빠요)"라고 하였다. 이를 통해, 화자들이 법률 사무소에서 일하고 있음을 알 수 있다. 따라서 (C)가 정답이다.

어휘 accommodation 숙박

42 의도 파악 문제 상 ●●●

해석 남자는 "그 주에는 고객 회의가 없네요"라고 말할 때 무엇을 의도하는가?
(A) 프로젝트를 시작해야 한다.
(B) 발표를 할 수도 있다.
(C) 고객에게 연락할 것이다.
(D) 행사에 참여할 수 있다.

해설 질문의 인용어구(I don't have any client meetings that week)가 언급된 주변을 주의 깊게 듣는다. 대화 중반부에서 여자가 "The conference runs from May 26 to 28(회의는 5월 26일부터 28일까지 진행돼요)"라고 하자, 남자가 그 주에는 고객 회의가 없다고 하였으므로, 남자가 행사에 참여할 수 있다는 의도임을 알 수 있다. 따라서 (D)가 정답이다.

43 제안 문제 중 ●●○

해석 여자는 무엇을 해주겠다고 제안하는가?
(A) 여행 준비를 돕는다.
(B) 일정에 대해 물어본다.
(C) 몇몇 정책을 설명한다.
(D) 회의를 취소한다.

해설 여자의 말에서 제안과 관련된 표현이 언급된 다음을 주의 깊게 듣는다. 대화 후반부에서 여자가 "If you need any help making your hotel and flight reservations, just let me know(호텔 및 항공편 예약에 도움이 필요하면 알려주세요)"라고 하였다. 이를 통해, 여자는 여행 준비를 돕는 것을 제안함을 알 수 있다. 따라서 (A)가 정답이다.

어휘 assist 돕다 policy 정책

패러프레이징

making ~ hotel and flight reservations 호텔 및 항공편 예약하기 → travel arrangements 여행 준비

44-46 🎧 영국식 발음 → 캐나다식 발음 → 호주식 발음

Questions 44-46 refer to the following conversation with three speakers.

W: ⁴⁴**I'm very excited for today's program because I'm speaking with two of Australia's most popular music stars. Ryan and Blake Holdsen, Welcome to** *Culture Wind*.
M1: Thanks, Clara. It's a pleasure to be here with you.
M2: Yeah, we're both big fans of the program.
W: So, ⁴⁵**you're planning on releasing your second album in August**, right?
M2: ⁴⁵**Yeah. It comes out on August 5.** It is titled *Now is Good*.
W: I'm sure you're excited.
M1: We are. We've worked very hard over the past two years on the album.
W: Well, ⁴⁶**after hearing the track you played for me this afternoon, I'm confident your fans will be pleased!** ↻

excited 기대하는 pleasure 기쁘다 plan 계획하다 release 발매하다
be titled 제목이 ~이다 track 곡 confident 확신하다

해석
44-46번은 다음 세 명의 대화에 관한 문제입니다.

여: ⁴⁴호주에서 가장 인기 있는 음악 스타 중 두 분과 이야기하게 되어 오늘의 프로그램이 매우 기대가 되네요. Ryan과 Blake Holdsen, *Culture Wind*에 오신 것을 환영해요.
남1: 감사해요, Clara. 함께하게 되어 기뻐요.
남2: 네, 저희 둘 다 이 프로그램의 큰 팬이에요.
여: 자, ⁴⁵여러분은 8월에 두 번째 앨범을 발매할 계획이죠, 맞나요?
남2: ⁴⁵네. 그건 8월 5일에 나와요. 제목은 *Now is Good*이에요.
여: 정말 기쁘시겠네요.
남1: 그렇죠. 저희는 지난 2년 동안 앨범을 위해 매우 열심히 일했어요.
여: 음, ⁴⁶오늘 오후에 저를 위해 연주해 주신 곡을 듣고 나니, 여러분의 팬들이 기뻐하실 것이라고 확신할 수 있어요.

44 화자 문제
중 ●●○

해석 여자는 누구인가?
(A) 음악가
(B) 토크 쇼 진행자
(C) 라디오 제작자
(D) 연예인 대리인

해설 대화에서 신분 및 직업과 관련된 표현을 놓치지 않고 듣는다. 대화 초반부에서 여자가 "I'm very excited for today's program ~. Welcome to *Culture Wind*(오늘의 프로그램이 매우 기대가 되네요. *Culture Wind*에 오신 것을 환영해요)"라고 한 것을 통해, 여자가 토크 쇼 진행자임을 알 수 있다. 따라서 (B)가 정답이다.

어휘 host 진행자 producer 제작자

패러프레이징

program 프로그램 → talk show 토크 쇼

45 다음에 할 일 문제
중 ●●○

해석 8월에 무슨 일이 일어날 것 같은가?
(A) 투어가 시작될 것이다.
(B) 특별 프로그램이 방송될 것이다.
(C) 음반이 공개될 것이다.
(D) 상이 수여될 것이다.

해설 질문의 핵심어구(in August)가 언급된 주변을 주의 깊게 듣는다. 대화 중반부에서 여자가 "you're planning on releasing your second album in August ~?(여러분은 8월에 두 번째 앨범을 발매할 계획이죠?)"라고 묻자, 남자2가 "Yeah. It comes out on August 5(네. 그건 8월 5일에 나와요)"라고 하였다. 이를 통해, 8월에 음반이 공개될 것임을 알 수 있다. 따라서 (C)가 정답이다.

어휘 air 방송하다 recording 음반 release 공개하다, 발표하다 award 상

패러프레이징

album 앨범 → recording 음반

46 특정 세부 사항 문제
중 ●●○

해석 여자는 오늘 오후에 무엇을 했는가?

(A) 노래를 들었다.
(B) 그룹과 함께 공연했다.
(C) 팬들과 사진을 찍었다.
(D) 사인을 했다.

해설 질문의 핵심어구(woman do this afternoon)와 관련된 내용을 주의 깊게 듣는다. 대화 후반부에서 여자가 "after hearing the track you played for me this afternoon, I'm confident your fans will be pleased(오늘 오후에 저를 위해 연주해 주신 곡을 듣고 나니 여러분의 팬들이 기뻐하실 것이라고 확신할 수 있어요)"라고 하였다. 이를 통해, 여자가 오늘 오후에 노래를 들었음을 알 수 있다. 따라서 (A)가 정답이다.

어휘 perform 공연하다 autograph 사인

패러프레이징

hearing the track 곡을 듣다 → listened to a song 노래를 들었다

47-49 🎧 호주식 발음 → 미국식 발음

Questions 47-49 refer to the following conversation.

M: ⁴⁷**I've been selling fewer products than usual lately.**
W: Same here. This month has been particularly slow. ⁴⁸**Shoppers just don't seem interested in our current collection of watches.**
M: ⁴⁸**Even our special promotion isn't attracting customers.** I hope things get better soon.
W: Fortunately, ⁴⁹**the most popular watch brand is launching a new line early next week. Our branch manager has scheduled a meeting for tomorrow to discuss the features of these products.**

usual 평소의 lately 요즘 particularly 특히 attract 끌다
get better 나아지다, 좋아지다

해석
47-49번은 다음 대화에 관한 문제입니다.

남: ⁴⁷저는 요즘 평소보다 더 적은 수의 제품을 판매하고 있어요.
여: 저도 마찬가지예요. 이번 달은 특히 늦어졌어요. ⁴⁸고객들이 그저 우리의 현재 시계 컬렉션에 관심이 없는 것 같아요.
남: ⁴⁸심지어 우리의 특별 판촉 행사도 고객을 끌어들이지 못하고 있어요. 상황이 빨리 나아지면 좋겠네요.
여: 다행히도, ⁴⁹가장 인기 있는 시계 브랜드가 다음 주 초에 새로운 라인을 출시해요. 우리 지점 관리자가 이 제품들의 특징을 논의하기 위해 내일 회의를 예정하고 있어요.

47 화자 문제
중 ●●○

해석 화자들은 누구인 것 같은가?
(A) 패션 디자이너
(B) 판매 직원
(C) 브랜드 매니저
(D) 제품 검사자

해설 대화에서 신분 및 직업과 관련된 표현을 놓치지 않고 듣는다. 대화 초반부에서 남자가 "I've been selling fewer products than usual lately(저는 요즘 평소보다 더 적은 수의 제품을 판매하고 있어요)"라고 한 것을 통해, 화자들이 판매 직원임을 알 수 있다. 따라서 (B)가 정답이다.

어휘 sales representatives 판매 직원

48 의도 파악 문제   상 ●●●

해석 남자는 왜 "심지어 우리의 특별 판촉 행사도 고객을 끌어들이지 못하고 있어요"라고 말하는가?

(A) 동의를 표하기 위해
(B) 선호를 나타내기 위해
(C) 결정을 설명하기 위해
(D) 도움을 요청하기 위해

해설 질문의 인용어구(Even our special promotion isn't attracting customers)가 언급된 주변을 주의 깊게 듣는다. 대화 초중반에서 여자가 "Shoppers just don't seem interested in our current collection of watches(고객들이 그저 우리의 현재 시계 컬렉션에 관심이 없는 것 같아요)"라고 하자, 남자가 심지어 우리의 특별 판촉 행사도 고객을 끌어들이지 못하고 있다고 한 것을 통해, 남자가 여자의 말에 동의를 표하고 있음을 알 수 있다. 따라서 (A)가 정답이다.

어휘 agreement 동의 indicate 나타내다 preference 선호 assistance 도움

49 특정 세부 사항 문제   하 ●○○

해석 관리자는 내일 회의에서 무엇에 관해 이야기할 것인가?

(A) 회사 정책
(B) 곧 공개될 제품
(C) 새로운 지점
(D) 마케팅 계획

해설 질문의 핵심어구(meeting tomorrow)가 언급된 주변을 주의 깊게 듣는다. 대화 후반부에서 여자가 "the most popular watch brand is launching a new line ~ next week. Our branch manager has scheduled a meeting for tomorrow to discuss the features of these products(가장 인기 있는 시계 브랜드가 다음 주 초에 새로운 라인을 출시해요. 우리 지점 관리자가 이 제품들의 특징을 논의하기 위해 내일 회의를 예정하고 있어요)"라고 하였다. 이를 통해, 관리자가 내일 회의에서 곧 공개될 제품에 관해 이야기할 것임을 알 수 있다. 따라서 (B)가 정답이다.

어휘 upcoming 곧 공개될, 다가오는

50-52 ③ 영국식 발음 → 캐나다식 발음

Questions 50-52 refer to the following conversation.

> W: Hi, Evan. ⁵⁰**Have you finalized the schedule of activities for the company retreat next Sunday?**
> M: Almost. I still have to confirm that the dining hall is large enough for all of our attendees. Otherwise, ⁵¹**we'll need to arrange for outdoor dining facilities.**
> W: ⁵¹**That won't work. The weather forecast said that it will rain all next week.** ⁵²**Please call the event coordinator right away.**
> M: ⁵²**OK. I'll do that.**
>
> finalize 마무리하다 company retreat 회사 야유회 confirm 확인하다 dining hall 식당 attendee 참석자 otherwise 그렇지 않으면 outdoor 야외의 facility 시설 weather forecast 일기예보 coordinator 책임자

해석
50-52번은 다음 대화에 관한 문제입니다.

여: 안녕하세요. Evan. ⁵⁰다음 주 일요일 회사 야유회를 위한 행사들의 일정을 마무리하였나요?
남: 거의요. 저는 여전히 식당이 우리의 참석자들을 모두 수용할 수 있을 만큼 충분히

큰지 확인해야 해요. 그렇지 않으면, ⁵¹야외 식당 시설을 준비해야 할 거예요.
여: ⁵¹그렇게는 안 될 거예요. 일기예보에서 다음 주 내내 비가 올 것이라고 했어요. ⁵²행사 책임자에게 바로 전화를 해 보세요.
남: ⁵²알겠어요. 그렇게 할게요.

50 특정 세부 사항 문제   중 ●●○

해석 여자는 남자에게 무엇에 대해 물어보는가?

(A) 행사의 예산
(B) 메뉴에 대한 선택
(C) 장소에 대한 선호
(D) 일정의 경과

해설 질문의 핵심어구(woman ask the man)와 관련된 내용을 주의 깊게 듣는다. 대화 초반부에서 여자가 "Have you finalized the schedule of activities for the company retreat next Sunday?(다음 주 일요일 회사 야유회를 위한 행사들의 일정을 마무리하였나요?)"라고 하였다. 따라서 (D)가 정답이다.

어휘 preference 선호 progress (사건·시간 따위의) 경과, 진행

51 문제점 문제   중 ●●○

해석 여자는 무슨 문제를 언급하는가?

(A) 몇몇 시설들이 이용될 수 없다.
(B) 몇몇의 참석자들이 늦을 것이다.
(C) 관리자가 시간이 되지 않는다.
(D) 장소가 비싸다.

해설 여자의 말에서 부정적인 표현이 언급된 다음을 주의 깊게 듣는다. 대화 중반부에서 남자가 "we'll need to arrange for outdoor dining facilities(야외 식당 시설을 준비해야 할 거예요)"라고 하자, 여자가 "That won't work. The weather forecast said that it will rain all next week(그렇게는 안 될 거예요. 일기예보에서 다음 주 내내 비가 올 것이라고 했어요)"이라고 하였다. 이를 통해, 몇몇 시설들이 이용될 수 없음을 알 수 있다. 따라서 (A)가 정답이다.

어휘 attendee 참석자 room 장소

52 다음에 할 일 문제   하 ●○○

해석 남자는 다음에 무엇을 할 것인가?

(A) 전화를 한다.
(B) 장소를 장식한다.
(C) 일기예보를 확인한다.
(D) 시설을 방문한다.

해설 대화의 마지막 부분을 주의 깊게 듣는다. 여자가 "Please call the event coordinator right away(행사 책임자에게 바로 전화를 해 보세요)라고 하자, 남자가 "OK. I'll do that(알겠어요. 그렇게 할게요)"이라고 하였다. 따라서 (A)가 정답이다.

53-55 ③ 미국식 발음 → 호주식 발음

Questions 53-55 refer to the following conversation.

> W: Allan, ⁵³**did you create this report on our social media page? It's very impressive.**
> M: Thanks, Whitney. I'll be giving a presentation on the findings at this Friday's staff meeting.
> W: Oh, really? I have a favor to ask, then. ⁵⁴**Would you also be able to gather data about our FAQ page?** I mean how often customers click on certain questions. ↻

M: Actually, I don't have access to that information. ⁵⁵**Why don't you stop by Greg Adams's office on the third floor?** He manages our main Web site, so he would probably be able to help you.

W: OK. Thanks.

---

finding 연구 결과 favor 부탁 certain 특정한 access 접근 권한
stop by 들르다

해석

53-55번은 다음 대화에 관한 문제입니다.

여: Allan, ⁵³당신이 소셜 미디어 페이지에 대한 이 보고서를 작성했나요? 매우 인상적이에요.

남: 감사해요, Whitney. 이번 금요일 직원회의에서 연구 결과에 대해 발표할 거예요.

여: 아, 정말요? 그렇다면, 부탁이 있어요. ⁵⁴FAQ 페이지에 대한 데이터 또한 수집할 수 있나요? 다시 말해 고객이 특정한 질문을 얼마나 자주 클릭하는지 말이에요.

남: 사실, 저는 그 정보에 접근 권한이 없어요. ⁵⁵3층에 있는 Greg Adams의 사무실에 들르는 것이 어때요? 그가 우리의 주요 웹사이트들을 관리해서, 아마도 당신을 도울 수 있을 거예요.

여: 네, 감사해요.

53 특정 세부 사항 문제   중 ●●○

해석 여자는 무엇에 감명받았는가?

(A) 고객 의견
(B) 웹사이트
(C) 슬라이드 쇼 발표
(D) 사업 보고서

해설 질문의 핵심어구(impressed)와 관련된 내용을 주의 깊게 듣는다. 대화 초반부에서 여자가 "did you create this report on our social media page? It's very impressive(당신이 소셜 미디어 페이지에 대한 이 보고서를 작성했나요? 매우 인상적이에요)"라고 하였다. 이를 통해, 여자가 사업 보고서에 감명받았음을 알 수 있다. 따라서 (D)가 정답이다.

어휘 impressed 감명 받은

54 요청 문제   중 ●●●

해석 여자는 남자에게 무엇을 하라고 요청하는가?

(A) 회의를 준비한다.
(B) 피드백을 제공한다.
(C) 설문조사를 진행한다.
(D) 데이터를 수집한다.

해설 여자의 말에서 요청과 관련된 표현이 언급된 다음을 주의 깊게 듣는다. 대화 중반부에서 여자가 "Would you also be able to gather data about our FAQ page?(FAQ 페이지에 대한 데이터 또한 수집할 수 있나요?)"라고 하였다. 이를 통해, 여자는 남자에게 데이터를 수집할 것을 요청함을 알 수 있다. 따라서 (D)가 정답이다.

어휘 conduct 진행하다

패러프레이징

gather 수집하다 → Collect 수집하다

55 제안 문제   중 ●●●

해석 남자는 여자에게 무엇을 하라고 제안하는가?

(A) 동료의 사무실에 간다.

(B) 웹사이트에 가입한다.
(C) 인터뷰에 참여한다.
(D) 문서를 확인한다.

해설 남자의 말에서 제안과 관련된 표현이 언급된 다음을 주의 깊게 듣는다. 대화 후반부에서 남자가 "Why don't you stop by Greg Adams's office on the third floor?(3층에 있는 Greg Adams의 사무실에 들르는 것이 어때요?)"라고 한 것을 통해, 남자가 동료의 사무실에 갈 것을 제안하였음을 알 수 있다. 따라서 (A)가 정답이다.

어휘 coworker 동료 sign in 가입하다

56-58 [3세] 캐나다식 발음 → 영국식 발음

Questions 56-58 refer to the following conversation.

M: ⁵⁶**We're all done with your dental work today.** Before you go, I want to remind you to use mouthwash every day. ⁵⁷**I have some samples here of a new mouthwash product that just came on the market.** Please feel free to take one.

W: Thanks, I'll do that. Um, when should I come in for my next appointment, by the way?

M: I suggest returning in 12 months for another checkup. ⁵⁸**You can set up an appointment at our reception desk.**

---

be done with (~을) 마치다 remind 상기시키다 mouthwash 구강 청결제
checkup (건강) 검진

해석

56-58번은 다음 대화에 관한 문제입니다.

남: ⁵⁶오늘의 모든 치과 치료를 마쳤어요. 가시기 전에, 매일 구강 청결제를 사용하시는 것을 상기시켜 드리고 싶네요. ⁵⁷여기 시장에 막 나온 새로운 구강 청결 제품의 견본들이 몇 개 있어요. 부담 없이 하나 가져가세요.

여: 감사해요, 그렇게 할게요. 음, 그런데 다음 예약을 위해 제가 언제 다시 와야 하나요?

남: 다른 검진을 위해 12개월 후에 다시 오시는 것을 추천해요. ⁵⁸저희 접수처에서 예약하실 수 있어요.

56 장소 문제   하 ●○○

해석 화자들은 어디에 있는 것 같은가?

(A) 소매점에
(B) 미용실에
(C) 치과에
(D) 체육관에

해설 장소와 관련된 표현을 놓치지 않고 듣는다. 대화 초반부에서 남자가 "We're all done with your dental work today(오늘의 모든 치과 치료를 마쳤어요)"라고 한 것을 통해, 화자들이 치과에 있음을 알 수 있다. 따라서 (C)가 정답이다.

어휘 retail outlet 소매점 fitness center 체육관

57 언급 문제   하 ●○○

해석 남자는 제품에 대해 무엇을 말하는가?

(A) 전문가가 추천했다.
(B) 부대용품을 포함한다.
(C) 최근에 출시되었다.
(D) 제한된 시간 동안만 이용할 수 있다.

해설 질문의 핵심어구(product)가 언급된 주변을 주의 깊게 듣는다. 대화 중반부에서 남자가 "I have some samples here of a new mouthwash product that just came on the market(여기 시장에 막 나온 새로운 구강 청결 제품의 견본들이 몇 개 있어요)"라고 한 것을 통해, 제품이 최근에 출시되었음을 알 수 있다. 따라서 (C)가 정답이다.

어휘 accessory 부대용품 limited 제한된

패러프레이징

just came on the market 시장에 막 나오다 → recently released 최근에 출시되었다

58 다음에 할 일 문제   하 ●○○

해석 여자는 다음에 무엇을 할 것 같은가?
(A) 고객을 만난다.
(B) 용기를 개봉한다.
(C) 고객 설문조사를 완료한다.
(D) 접수처 구역으로 간다.

해설 대화의 마지막 부분을 주의 깊게 듣는다. 남자가 "You can set up an appointment at our reception desk(저희 접수처에서 예약하실 수 있어요)"라고 한 것을 통해, 여자가 접수처 구역으로 갈 것임을 알 수 있다. 따라서 (D)가 정답이다.

어휘 container 용기, 통

59-61 🎧 캐나다식 발음 →미국식 발음 → 영국식 발음

Questions 59-61 refer to the following conversation with three speakers.

M: I'm a little worried . . . ⁵⁹**Several customers at our grocery store have complained about spoiled produce.**
W1: That's concerning. Maybe we should switch to a new fruit and vegetable supplier.
M: I'm not sure. We've had a relationship with Brighton Wholesale for nearly 10 years now. What do you think, Beth?
W2: I'm in favor of making a change. In addition to the quality issue, ⁶⁰**their prices are now higher than the market average**.
M: That's a good point. OK . . . ⁶¹**I'll research alternative suppliers and put together a report on costs and delivery schedules today.**

spoil 상하다   produce 농산물   supplier 공급 업체   nearly 거의
in favor of ~에 찬성하는   alternative 대체(의)   put together 작성하다

해석
59-61번은 다음 세 명의 대화에 관한 문제입니다.

남: 약간 걱정스러워요… ⁵⁹우리 식료품점의 여러 고객들이 상한 농산물에 대해 불평했어요.
여1: 걱정스럽네요. 아마 새로운 청과물 공급 업체로 바꿔야 할 것 같아요.
남: 잘 모르겠어요. 우리는 지금 거의 10년 동안 Brighton Wholesale사와 관계를 유지해 왔어요. 어떻게 생각하나요, Beth?
여2: 저는 변경하는 것에 찬성해요. 품질 문제뿐만 아니라, ⁶⁰그들의 가격이 이제 시장 평균보다 높아요.
남: 좋은 지적이네요. 알겠어요… ⁶¹제가 대체 공급 업체들을 조사하고 오늘 가격 및 배송 일정에 대한 보고서를 작성할게요.

59 화자 문제   중 ●●●

해석 화자들은 어디에서 일하는 것 같은가?
(A) 백화점에서
(B) 슈퍼마켓에서
(C) 전자제품 가게에서
(D) 약국에서

해설 대화에서 신분 및 직업과 관련된 표현을 놓치지 않고 듣는다. 대화 초반부에서 남자가 "Several customers at our grocery store have complained about spoiled produce(우리 식료품점의 여러 고객들이 상한 농산물에 대해 불평했어요)"라고 하였다. 따라서 (B)가 정답이다.

어휘 electronics 전자제품 pharmacy 약국

60 언급 문제   하 ●○○

해석 Beth는 Brighton Wholesale에 대해 무엇을 말하는가?
(A) 시설이 오래되었다.
(B) 직원들이 연락하기 힘들다.
(C) 배송이 늦는다.
(D) 제품이 비싸다.

해설 질문의 핵심어구(Brighton Wholesale)와 관련된 내용을 주의 깊게 듣는다. 대화 중반부에서 여자2[Beth]가 "their[Brighton Wholesale] prices are now higher than the market average(Brighton Wholesale사의 가격이 이제 시장 평균보다 높아요)"라고 하였다. 이를 통해, Beth가 Brighton Wholesale사의 제품이 비싸다고 언급했음을 알 수 있다. 따라서 (D)가 정답이다.

61 다음에 할 일 문제   중 ●●○

해석 남자는 오늘 무엇을 할 것 같은가?
(A) 보고서를 작성한다.
(B) 일정을 업데이트한다.
(C) 회의에 참석한다.
(D) 할인을 요청한다.

해설 질문의 핵심어구(today)가 언급된 주변을 주의 깊게 듣는다. 대화 후반부에서 남자가 "I'll ~ put together a report on costs and delivery schedules today(제가 오늘 가격 및 배송 일정에 대한 보고서를 작성할게요)"라고 하였다. 따라서 (A)가 정답이다.

어휘 update 업데이트하다

패러프레이징

put together 작성하다 → write 작성하다

62-64 🎧 영국식 발음 → 호주식 발음

Questions 62-64 refer to the following conversation and list.

W: Excuse me. ⁶²**I'm considering purchasing one of the paintings on display.** I'm just wondering if the prices are negotiable.
M: Well, that depends . . . ⁶³**Which one are you interested in?**
W: Um, ⁶³*Forgotten Forest*. It's really beautiful.
M: ⁶³**I'll contact the artist** to find out if she would consider reducing the price. Then, I'll call you when I get an answer. ⁶⁴**Could you provide me with your phone number?**
W: ⁶⁴**Sure**, let me write it down for you. And if the artist ○

wants to discuss this matter in person, I'm happy to meet with her here.

on display 전시된 negotiable 협상 가능한 reduce 낮추다
matter 문제 in person 직접

해석
62-64번은 다음 대화와 목록에 대한 문제입니다.
여: 실례합니다. ⁶²전시된 그림 중 하나를 구매하려고 생각 중이에요. 그저 가격이 협상 가능한지 궁금해서요.
남: 음, 무엇인지에 따라서요… ⁶³어떤 것에 관심이 있으신가요?
여: 음, ⁶³Forgotten Forest요. 그건 정말 아름다워요.
남: ⁶³그 작가에게 연락해서 가격을 낮추는 것을 고려할 것인지 알아볼게요. 그러고 나서, 답변을 받으면 전화드릴게요. ⁶⁴전화번호를 주시겠어요?
여: ⁶⁴그럼요, 제가 적어드릴게요. 그리고 만약 작가가 이 문제를 직접 논의하고 싶어 한다면, 여기서 그녀를 만나고 싶어요.

Preston 갤러리
주요 작품

제목	화가
Peaceful Lands	Denise Brown
Forgotten Forest	⁶³Clarissa Reed
Midnight Blue	Sandra Martinez
Mountain Song	Sunhee Kang

62 특정 세부 사항 문제
하 ●○○

해석 여자는 무엇을 하고 싶어 하는가?
(A) 모금 행사를 연다.
(B) 전시회를 본다.
(C) 구매를 한다.
(D) 제품을 추천한다.

해설 대화에서 여자의 말을 주의 깊게 듣는다. 대화 초반부에서 여자가 "I'm considering purchasing one of the paintings on display(전시된 그림 중 하나를 구매하려고 생각 중이에요)"라고 하였다. 이를 통해, 여자가 구매를 하고 싶어 함을 알 수 있다. 따라서 (C)가 정답이다.

어휘 view 보다 exhibit 전시회

63 시각 자료 문제
하 ●○○

해석 시각 자료를 보아라. 남자는 어느 화가에게 연락할 것이라고 말하는가?
(A) Denise Brown
(B) Clarissa Reed
(C) Sandra Martinez
(D) Sunhee Kang

해설 목록의 정보를 확인한 후 질문의 핵심어구(artist ~ contact)와 관련된 내용을 주의 깊게 듣는다. 대화 초반부에서 남자가 "Which one are you interested in?(어떤 것에 관심이 있으신가요?)"이라고 묻자, 여자가 "Forgotten Forest. It's really beautiful(Forgotten Forest요. 그건 정말 아름다워요)"이라고 한 뒤, 남자가 "I'll contact the artist(그 작가에게 연락할게요)"라고 하였다. 이를 통해, 남자가 Clarissa Reed에게 연락할 것임을 목록에서 알 수 있다. 따라서 (B)가 정답이다.

64 특정 세부 사항 문제
하 ●○○

해석 여자는 무엇을 하기로 동의하는가?
(A) 우편 주소를 적는다.
(B) 주문 양식을 작성한다.
(C) 전화번호를 제공한다.
(D) 약속 시간을 변경한다.

해설 질문의 핵심어구(woman agree to do)와 관련된 내용을 주의 깊게 듣는다. 대화 후반부에서 남자가 "Could you provide me with your phone number?(전화번호를 주시겠어요?)"라고 하자, 여자가 "Sure(그럼요)"라고 하였다. 따라서 (C)가 정답이다.

어휘 mailing address 우편 주소 order 주문

65-67 [3] 미국식 발음 → 캐나다식 발음

Questions 65-67 refer to the following conversation and schedule.

W: Hi, David. **⁶⁵This morning, I checked the National Weather Agency's Web site.** It looks like the temperature might get as high as 95 degrees Fahrenheit next week.
M: Yeah, summer's early this year. It's probably time to change our sprinkler system schedule so that the plants can stay healthy.
W: **⁶⁶I'll call the maintenance manager today to adjust the system settings.** I'll ask him to give each of the landscaping zones a half hour more of watering.
M: Um . . . That may be fine for our lawns and bushes, but **⁶⁷I don't think our cactus garden needs any extra water—15 minutes is enough.**
W: Good point.

maintenance 정비, 유지·보수 adjust 조정하다 settings 설정
landscaping 조경 lawn 잔디밭 bush 관목 cactus 선인장

해석
65-67번은 다음 대화와 일정표에 관한 문제입니다.
여: 안녕하세요, David. ⁶⁵오늘 아침에, 국립 기상국의 웹사이트를 확인했어요. 다음 주에 기온이 화씨 95도까지 올라갈 것 같아요.
남: 네, 올해는 여름이 이르네요. 식물들이 건강하게 유지될 수 있도록 우리 스프링클러 시스템 일정을 변경해야 할 때인 것 같아요.
여: ⁶⁶오늘 정비 관리자에게 전화해서 시스템 설정을 조정하도록 할게요. 그에게 각각의 조경 구역에 30분씩 더 물을 주라고 부탁할게요.
남: 음… 잔디밭과 관목에는 괜찮을지 모르지만, ⁶⁷선인장 정원은 물이 더 필요하지 않을 것 같고, 15분이면 충분해요.
여: 좋은 지적이에요.

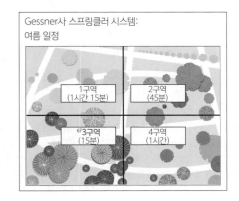

Gessner사 스프링클러 시스템:
여름 일정

1구역 (1시간 15분)	2구역 (45분)
⁶³3구역 (15분)	4구역 (1시간)

65 특정 세부 사항 문제 하 ●○○

해석 여자는 오늘 아침에 무엇을 했는가?
(A) 라디오 쇼를 들었다.
(B) 웹사이트에 방문했다.
(C) 신문을 읽었다.
(D) TV프로그램을 보았다.

해설 질문의 핵심어구(this morning)가 언급된 주변을 주의 깊게 듣는다. 대화 초반부에서 여자가 "This morning, I checked the National Weather Agency's Web site(오늘 아침에, 국립 기상국의 웹사이트를 확인했어요)"라고 하였다. 이를 통해, 여자가 오늘 아침에 웹사이트를 방문했음을 알 수 있다. 따라서 (B)가 정답이다.

66 이유 문제 중 ●●○

해석 여자는 왜 정비 관리자에게 연락할 것인가?
(A) 새로운 장비를 설치하는 것을 요청하기 위해
(B) 몇몇 식물들의 상태를 점검하기 위해
(C) 최근 수리에 관해 문의하기 위해
(D) 설정을 변경하는 것을 요청하기 위해

해설 질문의 핵심어구(maintenance manager)가 언급된 주변을 주의 깊게 듣는다. 대화 중반부에서 여자가 "I'll call the maintenance manager today to adjust the system settings(오늘 정비 관리자에게 전화해서 시스템 설정을 조정하도록 할게요)"라고 하였다. 따라서 (D)가 정답이다.

어휘 equipment 장비 install 설치하다 inquire 문의하다

67 시각 자료 문제 중 ●●○

해석 시각 자료를 보아라. 선인장 정원은 어디에 위치해 있는가?
(A) 1구역에
(B) 2구역에
(C) 3구역에
(D) 4구역에

해설 일정표의 정보를 확인한 후 질문의 핵심어구(cactus garden)와 관련된 내용을 주의 깊게 듣는다. 대화 후반부에서 남자가 "I don't think our cactus garden needs any extra water—15 minutes is enough(선인장 정원은 물이 더 필요하지 않을 것 같고, 15분이면 충분해요)"라고 하였다. 이를 통해, 선인장 정원이 3구역에 위치해 있음을 일정표에서 알 수 있다. 따라서 (C)가 정답이다.

68-70 [3w] 미국식 발음 → 호주식 발음

Questions 68-70 refer to the following conversation and coupon.

W: How's your part of the budget report coming along, Oliver?
M: I'm making steady progress, but **68I'll be staying late to finish it**. Do you think your section will be done before 6 o'clock?
W: Unfortunately not. **68I'm also going to have to work overtime tonight.** Why don't we order some delivery food?
M: Some other marketing team members will be working late as well, and **69we agreed to order from Spring Peony. Let's see . . . there are five people, including us**.
W: Oh, I just remembered that I have a coupon for Spring Peony.

M: **70I'll call to place an order in a few minutes.** I'll be sure to use the coupon.

---

steady 꾸준한 unfortunately 유감스럽게도
work overtime 초과 근무를 하다

해석
68-70번은 다음 대화와 쿠폰에 관한 문제입니다.
여: 예산 보고서의 당신 부분은 어떻게 되어 가나요, Oliver?
남: 꾸준히 진행하고 있지만, 68그것을 끝내기 위해서 늦게까지 있을 거예요. 6시 전에 당신의 부분이 완성될 것이라고 생각하시나요?
여: 유감스럽게도 아니에요. 68저도 오늘 밤 초과 근무를 해야 할 거예요. 우리 배달 음식을 주문하는 것이 어때요?
남: 다른 마케팅 팀원들도 늦게까지 일할 것인데, 69Spring Peony에서 주문하기로 동의했어요. 봅시다… 우리를 포함해서, 다섯 사람이 있어요.
여: 아, 방금 제게 Spring Peony의 쿠폰이 있다는 것을 기억했어요.
남: 70몇 분 후에 전화해서 주문할게요. 쿠폰을 꼭 사용할게요.

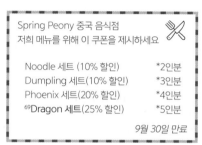

Spring Peony 중국 음식점
저희 메뉴를 위해 이 쿠폰을 제시하세요

Noodle 세트 (10% 할인) *2인분
Dumpling 세트 (10% 할인) *3인분
Phoenix 세트 (20% 할인) *4인분
69Dragon 세트 (25% 할인) *5인분

9월 30일 만료

68 특정 세부 사항 문제 하 ●○○

해석 화자들은 오늘 무엇을 해야 하는가?
(A) 초과 근무를 한다.
(B) 마케팅 자료를 교정한다.
(C) 팀원들과 만난다.
(D) 차편을 준비한다.

해설 질문의 핵심어구(do today)와 관련된 내용을 주의 깊게 듣는다. 대화 초반부에서 남자가 "I'll be staying late to finish it[budget report](예산 보고서를 끝내기 위해서 늦게까지 있을 거예요)"이라고 하자, 여자가 "I'm also going to have to work overtime tonight(저도 오늘 밤 초과 근무를 해야 할 거예요)"이라고 하였다. 이를 통해, 화자들이 오늘 초과 근무를 해야 함을 알 수 있다. 따라서 (A)가 정답이다.

어휘 proofread 교정하다 transportation 차편, 교통 수단

69 시각 자료 문제 중 ●●○

해석 시각 자료를 보아라. 남자는 어떤 세트를 주문할 것 같은가?
(A) Noodle 세트
(B) Dumpling 세트
(C) Phoenix 세트
(D) Dragon 세트

해설 쿠폰의 정보를 확인한 후 질문의 핵심어구(set ~ order)와 관련된 내용을 주의 깊게 듣는다. 대화 중반부에서 남자가 "we agreed to order from Spring Peony. ~ there are five people, including us(Spring Peony에서 주문하기로 동의했어요. 우리를 포함해서, 다섯 사람이 있어요)"라고 한 것을 통해, 남자가 Dragon 세트를 주문할 것임을 쿠폰에서 알 수 있다. 따라서 (D)가 정답이다.

70 다음에 할 일 문제 하 ●○○

해석 남자는 다음에 무엇을 할 것 같은가?
(A) 쿠폰을 찾는다.
(B) 전화로 주문을 한다.
(C) 온라인 예약을 한다.
(D) 동료에게 메뉴를 보여준다.

해설 대화의 마지막 부분을 주의 깊게 듣는다. 남자가 "I'll call to place an order in a few minutes(몇 분 후에 전화해서 주문할게요)"라고 하였다. 따라서 (B)가 정답이다.

어휘 place an order 주문하다

PART 4

71-73 🎧 캐나다식 발음

Questions 71-73 refer to the following announcement.

> Before you start today's shift, I have an announcement. As most of you know, Dennis Lyon left the company. **71Until we find a replacement delivery truck driver, you will all have a heavier workload than usual.** In a few moments, **72I'll give everyone an updated route map** with the additional areas you will need to cover. If anything about your new route is unclear, **73I encourage you to stop by my office and discuss it with me.**

shift 교대 근무 announcement 공지, 발표 replacement 대체, 교체 workload 업무량 updated 최신(의) route map 노선도

해석
71-73번은 다음 공지에 관한 문제입니다.

오늘의 교대 근무를 시작하기 전에, 공지가 있습니다. 여러분 대부분이 아시다시피, Dennis Lyon이 회사를 떠났습니다. 71대체할 수 있는 배달 트럭 운전자를 찾기 전까지, 여러분 모두가 평소보다 많은 업무량을 갖게 되실 것입니다. 곧, 72여러분 모두에게 담당해야 할 추가적인 지역들이 있는 최신 노선도를 드리겠습니다. 여러분의 새로운 노선에 대해 무엇이든 명확하지 않다면, 73제 사무실에 들러서 저와 상의하시기를 권장합니다.

71 청자 문제 중 ●●○

해석 청자들은 누구일 것 같은가?
(A) 자동차 정비공
(B) 창고 작업자
(C) 회사 임원
(D) 배달원

해설 지문에서 신분 및 직업과 관련된 표현을 놓치지 않고 듣는다. 지문 초반부에서 "Until we find a replacement delivery truck driver, you will all have a heavier workload than usual(대체할 수 있는 배달 트럭 운전자를 찾기 전까지 여러분 모두가 평소보다 많은 업무량을 갖게 되실 것입니다)"이라고 하였다. 이를 통해, 청자들이 배달원임을 알 수 있다. 따라서 (D)가 정답이다.

어휘 auto mechanic 자동차 정비공

72 특정 세부 사항 문제 하 ●○○

해석 무엇이 청자들에게 주어질 것인가?

(A) 노선도
(B) 평가서
(C) 직원 수칙
(D) 신분증

해설 질문의 핵심어구(be given)와 관련된 내용을 주의 깊게 듣는다. 지문 중반부에서 "I'll give everyone an updated route map(여러분 모두에게 최신 노선도를 드리겠습니다)"이라고 하였다. 따라서 (A)가 정답이다.

어휘 identification card 신분증

73 제안 문제 하 ●○○

해석 화자는 무엇을 제안하는가?
(A) 문서를 출력하기
(B) 이메일을 보내기
(C) 사무실을 방문하기
(D) 설문조사를 완료하기

해설 지문의 중후반부에서 제안과 관련된 표현이 포함된 문장을 주의 깊게 듣는다. "I encourage you to stop by my office and discuss it with me(제 사무실에 들러서 저와 상의하시기를 권장합니다)"라고 하였다. 이를 통해, 화자가 사무실을 방문하기를 제안함을 알 수 있다. 따라서 (C)가 정답이다.

패러프레이징

stop by 들르다 → Visiting 방문하기

74-76 🎧 미국식 발음

Questions 74-76 refer to the following telephone message.

> Hello, Mr. Preston. This is Annie Chow. **74I'm calling regarding the remodeling work your company recently did** over at my new house. I stopped by the property this morning, and **75I'm very pleased with how the living room turned out. As for the kitchen, though, I don't think we made the right choice.** The light tan color we originally considered would work better. **76Let's meet tomorrow morning to discuss how much I will need to pay** to have your crew do it over.

regarding ~에 관하여 property 건물 turn out (~ 결과로) 되다, 나타나다 choice 선택 tan 황갈색 crew 직원

해설
74-76번은 전화 메시지에 관한 문제입니다.

안녕하세요, Mr. Preston. 저는 Annie Chow에요. 74저는 당신의 회사가 최근에 제 새로운 집에서 했던 리모델링 작업에 관해 전화드립니다. 저는 오늘 아침에 그 건물에 들렀고, 75거실이 작업된 것에 대해 매우 만족스럽게 생각합니다. 하지만, 주방에 대해서는, 우리가 올바른 선택을 한 것 같지 않아요. 우리가 원래 고려했던 밝은 황갈색 색상이 더 잘 어울릴 것 같습니다. 76내일 아침에 만나서 당신의 직원들이 이 일을 하는 데 제가 얼마를 지불해야 하는지 논의하도록 합시다.

74 주제 문제 하 ●○○

해석 메시지는 주로 무엇에 관한 것인가?
(A) 개조 계획
(B) 정부 감사
(C) 지불 방법
(D) 장치 설치

해설 메시지의 주제를 묻는 문제이므로, 지문의 초반을 반드시 듣는다. "I'm calling

regarding the remodeling work your company recently did(저는 당신의 회사가 최근에 했던 리모델링 작업에 관해 전화드립니다)"라고 한 후, 개조 계획에 대한 내용으로 지문이 이어지고 있다. 따라서 (A)가 정답이다.

어휘 renovation 개조, 보수 inspection 감사, 점검

패러프레이징

remodeling work 리모델링 작업 → renovation project 개조 계획

75 의도 파악 문제   중 ●●○

해석 화자는 "우리가 올바른 선택을 한 것 같지 않아요"라고 말할 때 무엇을 의도하는가?
(A) 고객이 불만을 제기할 것이다.
(B) 작업이 다시 되어야 한다.
(C) 회사는 환불을 제공해야 한다.
(D) 서비스가 취소되어야 한다.

해설 질문의 인용어구(I don't think we made the right choice)가 언급된 주변을 주의 깊게 듣는다. 지문 중반부에서 여자가 "I'm very pleased with how the living room turned out(거실이 작업된 것에 대해 매우 만족스럽게 생각합니다)"이라고 한 후, 하지만 주방에 대해서는 자신들이 올바른 선택을 한 것 같지 않다며 "The light tan color we originally considered would work better(우리가 원래 고려했던 밝은 황갈색 색상이 더 잘 어울릴 것 같습니다)"라고 하였으므로, 작업이 다시 되어야 한다는 것을 알 수 있다. 따라서 (B)가 정답이다.

어휘 complaint 불만 task 작업 redo 다시 하다

76 특정 세부 사항 문제   중 ●●○

해석 화자는 내일 무엇을 논의하고 싶어 하는가?
(A) 장비
(B) 지연
(C) 마감일
(D) 비용

해설 질문의 핵심어구(discuss tomorrow)와 관련된 내용을 주의 깊게 듣는다. 지문 후반부에서 "Let's meet tomorrow morning to discuss how much I will need to pay(내일 아침에 만나서 제가 얼마를 지불해야 하는지 논의하도록 합시다)"라고 하였다. 이를 통해, 화자가 내일 비용에 대해 논의하고 싶어 한다는 것을 알 수 있다. 따라서 (D)가 정답이다.

어휘 deadline 마감일 expense 비용

패러프레이징

how much I will need to pay 얼마나 지불해야 하는지 → Some expenses 비용

77-79 ③ 영국식 발음

Questions 77-79 refer to the following excerpt from a meeting.

⁷⁷I've called this meeting to discuss an issue we've had here at our airport. Over the last two months, ⁷⁸**many passengers have complained because their suitcases were sent to the wrong city**. As baggage personnel, we've got to correct the situation. Donald Davidson, a representative from our carrier's corporate headquarters, has come up with a solution. ⁷⁹**I've invited Mr. Davidson to go over the**

strategy, but he's running behind schedule because of traffic. Hopefully, he'll get here shortly, and explain what he wants us to do.

baggage 수하물 personnel 직원 carrier 수송회사 headquarter 본사 come up with 제시하다 go over 검토하다 behind schedule 일정이 늦은 shortly 곧

해석
77-79번은 다음 회의 발췌록에 관한 문제입니다.

⁷⁷저는 여기 공항에서 우리가 겪어 왔던 문제에 대해 논의하기 위해 이 회의를 소집했습니다. 지난 2개월 동안, ⁷⁸많은 승객들이 그들의 여행 가방이 잘못된 도시로 보내져 불만을 제기했습니다. 수하물 담당 직원으로서, 우리는 이 상황을 바로잡아야 합니다. 우리 수송 회사의 본사 대표인 Donald Davidson이 해결책을 제시했습니다. ⁷⁹Mr. Davidson이 이 전략에 대해 검토하도록 제가 그를 초대했지만, 그는 교통 때문에 일정이 늦어지고 있습니다. 바라건대, 그가 곧 여기 도착해서, 우리가 하기를 원하는 것을 설명할 것입니다.

77 청자 문제   하 ●○○

해석 청자들은 어디에서 일하는 것 같은가?
(A) 버스 정류장에서
(B) 본사에서
(C) 공항에서
(D) 운동 시설에서

해설 지문에서 신분 및 직업과 관련된 표현을 놓치지 않고 듣는다. 지문 초반부에서 "I've called this meeting to discuss an issue we've had here at our airport(저는 여기 공항에서 우리가 겪어 왔던 문제에 대해 논의하기 위해 이 회의를 소집했습니다)"라고 한 것을 통해, 청자들이 공항에서 일하고 있음을 알 수 있다. 따라서 (C)가 정답이다.

어휘 sports facility 운동 시설

78 이유 문제   중 ●●○

해석 왜 몇몇 사람들이 불만을 제기했는가?
(A) 소지품이 올바른 목적지에 도착하지 못했다.
(B) 승객들이 같은 좌석에 배정되었다.
(C) 줄이 너무 길었다.
(D) 직원들이 안전 규정에 익숙하지 않다.

해설 질문의 핵심어구(complaints)가 언급된 주변을 주의 깊게 듣는다. 지문의 초반부에서 "many passengers have complained because their suitcases were sent to the wrong city(많은 승객들이 그들의 여행 가방이 잘못된 도시로 보내져 불만을 제기했습니다)"라고 하였다. 이를 통해, 소지품이 올바른 목적지에 도착하지 못했음을 알 수 있다. 따라서 (A)가 정답이다.

어휘 belonging 소지품 assign 배정하다 be familiar with ~에 익숙하다 regulation 규정

패러프레이징

suitcases were sent to the wrong city 여행 가방이 잘못된 도시로 보내졌다 → Belongings did not reach the right destination 소지품이 올바른 목적지에 도착하지 못했다

79 언급 문제   중 ●●○

해석 화자는 Mr. Davidson에 대해 무엇을 말하는가?
(A) 양식을 배포할 것이다.

(B) 고객과 만났다.

(C) 최근에 승진했다.

(D) 회의에 늦었다.

해설 질문의 핵심어구(Mr. Davidson)가 언급된 주변을 주의 깊게 듣는다. 지문의 후반부에서 "I've invited Mr. Davidson to go over the strategy, but he's running behind schedule(Mr. Davidson이 이 전략에 대해 검토하도록 제가 그를 초대했지만, 그는 일정이 늦어지고 있습니다)"이라고 하였다. 이를 통해, Mr. Davidson이 회의에 늦었음을 알 수 있다. 따라서 (D)가 정답이다.

패러프레이징

running behind schedule 일정이 늦어지다 → late 늦은

80-82 [3에] 호주식 발음

Questions 80-82 refer to the following introduction.

Everyone, I'd like your attention for a moment. ⁸⁰**I'm pleased to introduce you to the new head of our magazine's editing department, Carla Gomez.** ⁸¹**Ms. Gomez has never worked with fashion content, but she has experience managing online news feeds. While our Web site currently does not include this, her experience in this area will be important soon.** Also, the teams in the editing department will be reorganized. ⁸²**Ms. Gomez will announce more details about that at Tuesday's staff meeting.** But, for now, please welcome Ms. Gomez to our company.

attention 집중 editing 편집 department 부서 manage 관리하다
reorganize 재구성하다

해석

80-82번은 다음 소개에 관한 문제입니다.

여러분, 잠깐 집중해 주세요. ⁸⁰우리 잡지 편집부의 새로운 책임자인 Carla Gomez를 소개하게 되어 기쁩니다. ⁸¹Ms .Gomez는 패션 콘텐츠를 작업한 적은 없지만, 온라인 뉴스 피드를 관리한 경험이 있습니다. 우리 웹사이트는 현재 이것을 포함하지 않지만, 이 분야에서의 그녀의 경험이 곧 중요해질 것입니다. 또한, 편집부의 팀이 재구성될 것입니다. ⁸²Ms. Gomez가 화요일 직원회의에서 더 자세한 내용을 공지할 것입니다. 하지만, 지금은 Ms. Gomez를 우리 회사로 환영해 주시기 바랍니다.

80 특정 세부 사항 문제   하 ●○○

해석 Carla Gomez는 누구인가?

(A) 편집 관리자

(B) 컴퓨터 기술자

(C) 뉴스 기자

(D) 웹사이트 디자이너

해설 질문 대상(Carla Gomez)의 신분 및 직업과 관련된 표현을 놓치지 않고 듣는다. 지문 초반부에서 "I'm pleased to introduce you to the new head of our magazine's editing department, Carla Gomez(우리 잡지 편집부의 새로운 책임자인 Carla Gomez를 소개하게 되어 기쁩니다)"라고 한 것을 통해 Carla Gomez가 편집 관리자임을 알 수 있다. 따라서 (A)가 정답이다.

어휘 technician 기술자 reporter 기자

패러프레이징

head of ~ editing department 편집부의 책임자 → editing manager 편집 관리자

81 의도 파악 문제   상 ●●●

해석 화자는 "이 분야에서의 그녀의 경험이 곧 중요해질 것입니다"라고 말할 때 무엇을 의도하는가?

(A) 특징이 추가될 것이다.

(B) 애플리케이션이 판매될 것이다.

(C) 비서가 승진할 것이다.

(D) 기기가 출시될 것이다.

해설 질문의 인용어구(her experience in this area will be important soon)가 언급된 주변을 주의 깊게 듣는다. 지문 중반부에서 "Ms. Gomez has never worked with fashion content, but she has experience managing online news feeds. While our Web site currently does not include this(Ms. Gomez는 패션 콘텐츠를 작업한 적은 없지만, 온라인 뉴스 피드를 관리한 경험이 있습니다. 우리 웹사이트는 현재 이것을 포함하지 않지만요)"라며 이 분야에서의 그녀의 경험이 곧 중요해질 것이라고 한 것을 통해 온라인 뉴스 피드라는 특징이 추가될 것임을 알 수 있다. 따라서 (A)가 정답이다.

어휘 promote 승진하다

82 다음에 할 일 문제   하 ●○○

해석 화자에 따르면, 회의에서 무슨 일이 일어날 것인가?

(A) 팀에서 비디오를 보여줄 것이다.

(B) 회사 회장이 이야기할 것이다.

(C) 공지가 있을 것이다.

(D) 채용 과정이 설명될 것이다.

해설 지문의 마지막 부분을 주의 깊게 듣는다. "Ms. Gomez will announce more details about that at Tuesday's staff meeting(Ms. Gomez가 화요일 직원회의에서 더 자세한 내용을 공지할 것입니다)"이라고 하였다. 이를 통해, 회의에서 공지가 있을 것임을 알 수 있다. 따라서 (C)가 정답이다.

어휘 hire 채용 process 과정

83-85 [3에] 미국식 발음

Questions 83-85 refer to the following excerpt from a meeting.

I'd like to begin today by announcing that ⁸³**we're going to discontinue one of our products, the Crest digital watch.** Although ⁸³**we hoped that the watch would be popular among swimmers because it can be used in water**, its sales have failed to meet expectations. ⁸⁴**This is likely because the product received negative reviews in several technology publications, including the very popular magazine** *Gadgets*. ⁸⁵**We were planning to issue a press release** regarding the decision tomorrow. However, ⁸⁵**we've had to put that off until Friday. We need more time to determine the precise date that production will end.**

discontinue 생산을 중단하다 sales 판매량 expectation 기대
publications 간행물 press release 언론 공식 발표
put ~ off (시간·날짜를) 미루다 precise 정확한 production 생산

해석

83-85번은 다음 회의 발췌록에 관한 문제입니다.

⁸³우리 제품 중 하나인 Crest 디지털시계의 생산을 중단하겠다는 것을 발표함으로써 오늘 회의를 시작하고 싶습니다. ⁸³우리는 이 시계가 수중에서 사용될 수 있기 때문에 수영하는 사람들에게 인기가 있기를 희망했지만, 판매량이 기대에 미치지 못했어요. ⁸⁴이는 아마 제품이 매우 인기 있는 잡지 *Gadget*지를 포함한 여러 기술 관련

간행물에서 부정적인 평가를 받았기 때문일 것입니다. 내일 이 결정에 관한 85언론 공식 발표를 할 계획이었습니다. 하지만, 85우리는 금요일까지 그것을 미뤄야 했습니다. 생산이 끝나는 정확한 날짜를 결정하는 데 더 많은 시간이 필요합니다.

83 특정 세부 사항 문제 중 ●●○

해석 화자는 무엇의 생산이 중단되었다고 말하는가?
(A) 개인용 컴퓨터
(B) 스마트폰 모델
(C) 건강 추적 장치
(D) 방수 시계

해설 질문의 핵심어구(discontinued)와 관련된 내용을 주의 깊게 듣는다. 지문 초반부에서 "we're going to discontinue one of our products, the Crest digital watch(우리 제품 중 하나인 Crest 디지털시계의 생산을 중단하겠습니다)"라고 한 후, "we hoped that the watch would be popular ~ because it can be used in water(우리는 이 시계가 수중에서 사용될 수 있기 때문에 인기가 있기를 희망했어요)"라고 하였다. 이를 통해, 방수 시계의 생산을 중단할 것임을 알 수 있다. 따라서 (D)가 정답이다.

어휘 waterproof 방수의

84 특정 세부 사항 문제 중 ●●○

해석 화자에 따르면, *Gadgets*지에는 무엇이 포함되어 있는가?
(A) 가격 비교
(B) 회사 개요
(C) 신청서
(D) 제품 평가

해설 질문의 핵심어구(*Gadgets*)가 언급된 주변을 주의 깊게 듣는다. 지문 중반부에서 "This is likely because the product received negative reviews in ~ the very popular magazine *Gadgets*(이는 아마 제품이 매우 인기 있는 잡지 *Gadgets*지에서 부정적인 평가를 받았기 때문일 것입니다)"라고 하였다. 이를 통해, *Gadgets*지에 제품 평가가 포함되어 있음을 알 수 있다. 따라서 (D)가 정답이다.

어휘 comparison 비교 profile 개요

85 이유 문제 중 ●●○

해석 왜 언론 공식 발표가 지연되었는가?
(A) 임원이 출장 중이다.
(B) 제품을 출시될 준비가 되지 않았다.
(C) 날짜가 확정되어야 한다.
(D) 성명서가 승인되어야 한다.

해설 질문의 핵심어구(press release delayed)와 관련된 내용을 주의 깊게 듣는다. 지문 후반부에서 "We were planning to issue a press release(언론 공식 발표를 할 계획이었습니다)"라고 한 후, "we've had to put that off until Friday. We need more time to determine the precise date that production will end(우리는 금요일까지 그것을 미뤄야 했습니다. 생산이 끝나는 정확한 날짜를 결정하는 데 더 많은 시간이 필요합니다)"라고 하였다. 이를 통해, 날짜가 확정되어야 하기 때문에 공식 발표가 지연되었음을 알 수 있다. 따라서 (C)가 정답이다.

어휘 executive 임원 finalize 확정하다 statement 성명서

패러프레이징

> determine the precise date 정확한 날짜를 결정하다 → A date needs to be finalized 날짜가 확정되어야 한다

86-88 영국식 발음

Questions 86-88 refer to the following telephone message.

> My name is Cynthia Morel, and I'm currently a LifeWay Insurance customer. 86**I just bought a new sedan**, the latest Limus Edge. Before I transfer my insurance from my old car to my new one, 86**I want to get some details about how my monthly premiums will be affected.** 87**I heard that vehicle age usually impacts premiums.** Um. . . 87**it's five years newer than my previous car.** 88**Please contact me at 555-3115** to talk about the cost. I'll be available after 4 P.M.

sedan 세단(형 자동차) latest 최신의 transfer 옮기다 premium 보험료
vehicle 차량 impact 영향을 주다

해석
86-88번은 다음 전화 메시지에 관한 문제입니다.

제 이름은 Cynthia Morel이고, 현재 LifeWay Insurance 고객입니다. 86저는 방금 새로운 세단형 자동차인 최신 Limus Edge를 구입했습니다. 제 예전 차에서 새 차로 보험을 옮기기 전에, 86월 보험료가 어떤 영향을 받을지에 대한 세부 사항을 알고 싶습니다. 87저는 차량 연식이 일반적으로 보험료에 영향을 준다고 들었습니다. 음… 87이것은 제 이전 차보다 5년 더 새 것이에요. 가격에 대해 이야기하기 위해 88555-3115로 제게 연락 주세요. 저는 오후 4시 이후에 시간이 있을 것입니다.

86 목적 문제 중 ●●○

해석 화자는 왜 전화를 하고 있는가?
(A) 이동 수단을 준비하기 위해
(B) 정보를 요청하기 위해
(C) 불만을 제기하기 위해
(D) 약속을 하기 위해

해설 전화의 목적을 묻는 문제이므로, 지문의 초반을 반드시 듣는다. "I just bought a new sedan(저는 방금 새로운 세단형 자동차를 구입했습니다)"이라고 한 후, "I want to get some details about how my monthly premiums will be affected(월 보험료가 어떤 영향을 받을지에 대한 세부 사항을 알고 싶습니다)"라고 하였다. 이를 통해, 화자가 정보를 요청하기 위해 전화를 하였음을 알 수 있다. 따라서 (B)가 정답이다.

어휘 transportation 이동 수단, 교통

87 의도 파악 문제 상 ●●●

해석 화자는 "이것은 제 이전 차보다 5년 더 새 것이에요"라고 말할 때 무엇을 의도하는가?
(A) 차량을 거래하려고 한다.
(B) 문제에 대해 마음이 상했다.
(C) 가격 변경을 예상한다.
(D) 결정에 만족한다.

해설 질문의 인용어구(it's five years newer than my previous car)가 언급된 주변을 주의 깊게 듣는다. "I heard that vehicle age usually impacts premiums(저는 차량 연식이 일반적으로 보험료에 영향을 준다고 들었습니다)"라며 자신의 새로운 세단형 자동차가 이전 차보다 5년 더 새 것이라고 하였으므로, 화자가 가격 변경을 예상하고 있음을 알 수 있다. 따라서 (C)가 정답이다.

어휘 trade in (~을) 거래하다 be pleased with 만족하다

88 요청 문제

해석 화자는 청자에게 무엇을 하라고 요청하는가?
(A) 일정을 변경한다.
(B) 전화를 회신한다.
(C) 견적을 이메일로 보낸다.
(D) 직장을 방문한다.

해설 지문 중후반에서 요청과 관련된 표현이 포함된 문장을 주의 깊게 듣는다. "Please contact me at 555-3115(555-3115로 제게 연락 주세요)"라고 하였다. 따라서 (B)가 정답이다.

어휘 estimate 견적 workplace 직장

패러프레이징

contact 연락하다 → Return a call 전화를 회신하다

89-91 [3] 호주식 발음

Questions 89-91 refer to the following talk.

Now, ⁸⁹**if you look in the center of the hall, you'll see our final statue**. It is called *Lioness*. It stands almost six feet tall and features a female lion jumping into the air. ⁹⁰**Made by a famous Greek artist nearly 2,000 years ago, *Lioness* is the most famous artifact in our museum.** Images of it have been printed in history books around the world. All right, that concludes your tour. ⁹¹**I want to thank you all for coming and suggest that you pick up a brochure before you leave.** It contains information about upcoming exhibits.

feature ~을 특징으로 삼다 artifact 공예품 conclude 마치다, 끝내다
contain 포함하다

해석
89-91번은 다음 담화에 관한 문제입니다.

이제, ⁸⁹복도 중앙을 살펴보시면, 마지막 동상을 보실 것입니다. 그것은 *Lioness*라고 불리죠. 높이는 약 6피트이며 공중으로 뛰어오르는 암사자의 모습을 특징으로 삼고 있습니다. ⁹⁰거의 2,000년 전에 유명한 그리스 예술가에 의해 만들어진 *Lioness*는 우리 박물관에서 가장 유명한 공예품입니다. 그것의 이미지는 전 세계의 역사책에 인쇄되어 있죠. 좋아요, 그것으로 우리 투어를 마칩니다. ⁹¹와주셔서 감사드리고 싶고 떠나시기 전에 안내서를 가져가실 것을 제안 드립니다. 그것은 앞으로의 전시회들에 대한 정보를 포함하고 있습니다.

89 특정 세부 사항 문제   하 ●○○

해석 화자에 따르면, 복도 중앙에 무엇이 위치해 있는가?
(A) 모니터
(B) 사진
(C) 표지판
(D) 동상

해설 질문의 핵심어구(center of the hall)가 언급된 주변을 주의 깊게 듣는다. 지문 초반부에서 "if you look in the center of the hall, you'll see our final statue(복도 중앙을 살펴보시면, 마지막 동상을 보실 것입니다)"라고 하였다. 따라서 (D)가 정답이다.

어휘 sign 표지판, 간판

90 언급 문제   중 ●●○

해석 *Lioness*에 대해 무엇이 언급되는가?
(A) 잘 알려져 있지 않다.
(B) 부분적으로 훼손되었다.
(C) 부적절하게 표시되었다.
(D) 수천 년이 되었다.

해설 질문의 핵심어구(*Lioness*)가 언급된 주변을 주의 깊게 듣는다. 지문 중반부에서 "Made ~ nearly 2,000 years ago, *Lioness* is the most famous artifact in our museum(거의 2,000년 전에 만들어진 *Lioness*는 우리 박물관에서 가장 유명한 공예품입니다)"이라고 하였다. 이를 통해, *Lioness*가 수천 년이 되었음을 알 수 있다. 따라서 (D)가 정답이다.

어휘 partially 부분적으로 improperly 부적절하게
label 표시하다, 라벨을 붙이다

91 특정 세부 사항 문제   하 ●○○

해석 화자는 청자들이 무엇을 해야 한다고 하는가?
(A) 입장권을 예약한다.
(B) 안내서를 가져간다.
(C) 사진을 찍는다.
(D) 강의에 참석한다.

해설 지문의 중후반에서 제안과 관련된 표현이 포함된 문장을 주의 깊게 듣는다. "I ~ suggest that you pick up a brochure before you leave(떠나시기 전에 안내서를 가져가실 것을 제안 드립니다)"라고 하였다. 따라서 (B)가 정답이다.

어휘 lecture 강의

92-94 [3] 미국식 발음

Questions 92-94 refer to the following excerpt from a meeting.

OK . . . ⁹²**I'd like to take a few minutes to go over our human resources plan.** We hope to hire eleven additional programmers. It's important that they all have relevant experience. Therefore, we've decided to set up an incentive program. ⁹³**A $500 bonus will be given to any current employee who recommends a suitable programmer** who accepts a position with our company. An announcement about this will be made tomorrow. Assuming we can meet our hiring goal, ⁹⁴**the new staff members will take part in a series of workshops in May.**

relevant 관련 있는 incentive 인센티브, 혜택 current 현재의 position 직책
a series of 일련의

해석
92-94번은 다음 회의 발췌록에 관한 문제입니다.

좋아요… ⁹²저는 우리의 인사 계획을 검토하는 데 몇 분을 보내고자 합니다. 우리는 추가로 열한 명의 프로그래머를 고용하기를 희망합니다. 그들 모두가 관련 있는 경험이 있는 것이 중요합니다. 그러므로, 우리는 인센티브 프로그램을 마련하기로 했습니다. 우리 회사의 직책을 받아들이는 ⁹³적절한 프로그래머를 추천하는 현 직원 누구에게나 500달러의 보너스가 주어질 것입니다. 이것에 대한 안내는 내일 될 것입니다. 우리의 채용 목표를 충족시킨다는 것을 가정하여, ⁹⁴새로운 직원들은 5월에 일련의 워크숍에 참여할 것입니다.

92 화자 문제

해석 화자는 어느 분야에서 일하는 것 같은가?
- (A) 영업
- **(B) 인사**
- (C) 회계
- (D) 마케팅

해설 지문에서 신분 및 직업과 관련된 표현을 놓치지 않고 듣는다. 지문 초반부에서 "I'd like to take a few minutes to go over our human resources plan(저는 우리의 인사 계획을 검토하는 데 몇 분을 보내고자 합니다)"이라고 하였다. 이를 통해, 화자가 인사 부서에서 일하고 있음을 알 수 있다. 따라서 (B)가 정답이다.

어휘 accounting 회계

93 특정 세부 사항 문제
중 ●●○

해석 회사는 몇몇 직원들에게 무엇을 제공할 것인가?
- (A) 추가적인 휴가
- **(B) 장려금**
- (C) 제품 할인
- (D) 무료 주차

해설 질문의 핵심어구(company offer)와 관련된 내용을 주의 깊게 듣는다. 지문 중반부에서 "A $500 bonus will be given to any current employee who recommends a suitable programmer(적절한 프로그래머를 추천하는 현 직원 누구에게나 500달러의 보너스가 주어질 것입니다)"라고 하였다. 이를 통해, 회사가 몇몇 직원들에게 장려금을 제공할 것임을 알 수 있다. 따라서 (B)가 정답이다.

어휘 leave 휴가 financial incentive 장려금

패러프레이징

$500 bonus 500달러의 보너스 → Financial incentives 장려금

94 다음에 할 일 문제
중 ●●○

해석 5월에 무슨 일이 일어날 것 같은가?
- (A) 기술자들이 대체될 것이다.
- (B) 프로그램이 개발될 것이다.
- **(C) 직원들이 교육을 받을 것이다.**
- (D) 회사가 사업을 줄일 것이다.

해설 질문의 핵심어구(in May)가 언급된 주변을 주의 깊게 듣는다. 지문 후반부에서 "the new staff members will take part in a series of workshops in May(새로운 직원들은 5월에 일련의 워크숍에 참여할 것입니다)"라고 하였다. 이를 통해, 5월에 직원들이 교육을 받을 것임을 알 수 있다. 따라서 (C)가 정답이다.

어휘 technician 기술자 operation 사업, 영업

패러프레이징

a series of workshops 일련의 워크숍 → some training 교육

95-97 [3] 캐나다식 발음

Questions 95-97 refer to the following telephone message and building directory.

Good morning. This is Frank calling from your apartment complex's management office. 95**Gas company workers** ○

will inspect the pipes in the maintenance room of our building's basement tomorrow between 9 A.M. and 11 A.M. As your unit is in the basement, 96**I want to let you know that there may be loud noises**. This is because the gas company employees will need to disconnect some of the pipes to check the seals. 97**You're welcome to stay in the lounge** while the inspection is being conducted. Thanks, and please call me with any questions or concerns.

management office 관리 사무소 basement 지하 disconnect 분리하다
seal 밀봉재; 밀봉하다

해석
95-97번은 다음 전화 메시지와 건물 안내판에 관한 문제입니다.

좋은 아침입니다. 아파트 단지 관리 사무소에서 전화드리는 Frank입니다. 95가스 회사 작업자들이 내일 오전 9시에서 11시 사이에 건물 지하의 관리실에 있는 파이프를 점검할 것입니다. 귀하의 방이 지하에 있기 때문에, 96큰 소음이 있을 수 있음을 알려드리고자 합니다. 이는 가스 회사 직원들이 밀봉재를 점검하기 위해 일부 파이프를 분리해야 하기 때문입니다. 점검이 진행되는 동안 97라운지에 자유롭게 머무실 수 있습니다. 감사드리며, 질문이나 우려가 있으시면 언제든지 전화 주세요.

Edgestone 아파트 건물	
층	시설
4층	방, 자판기
97**3층**	방, 라운지
2층	방, 체육관
1층	관리 사무소
지하	방, 관리실

95 다음에 할 일 문제
중 ●●○

해석 화자에 따르면, 내일 아침에 무슨 일이 일어날 것인가?
- (A) 옷장이 청소될 것이다.
- (B) 공공요금 청구서가 도착할 것이다.
- (C) 방 하나가 공개될 것이다.
- **(D) 점검이 일어날 것이다.**

해설 질문의 핵심어구(tomorrow morning)와 관련된 내용을 주의 깊게 듣는다. 지문의 초반부에서 "Gas company workers will inspect the pipes in the maintenance room of our building's basement tomorrow between 9 A.M. and 11 A.M. (가스 회사 작업자들이 내일 오전 9시에서 11시 사이에 건물 지하의 관리실에 있는 파이프를 점검할 것입니다)"이라고 하였다. 이를 통해, 점검이 일어날 것을 알 수 있다. 따라서 (D)가 정답이다.

어휘 closet 옷장 occur 일어나다, 발생하다

96 특정 세부 사항 문제
하 ●○○

해석 화자는 무슨 문제를 언급하는가?
- (A) 문이 잠겨 있지 않다.
- (B) 경보가 작동하지 않는다.
- **(C) 일부 소음이 들릴 수 있다.**
- (D) 일부 객실이 혼잡할 수 있다.

해설 질문의 핵심어구(problem)와 관련된 내용을 주의 깊게 듣는다. 지문 중반부에서 "I want to let you know that there may be loud noises(큰 소음이 있을 수 있음을 알려드리고자 합니다)"라고 하였다. 따라서 (C)가 정답이다.

어휘 crowded 혼잡한

97 시각 자료 문제　　　　　　　　　　하 ●○○

해석 시각 자료를 보아라. 청자는 어디에 머무르도록 권장되는가?
(A) 4층에
(B) 3층에
(C) 2층에
(D) 1층에

해설 건물 안내판의 정보를 확인한 후 질문의 핵심어구(encouraged to stay)와 관련된 내용을 주의 깊게 듣는다. "You're welcome to stay in the lounge(라운지에 자유롭게 머무실 수 있습니다)"라고 하였으므로, 청자가 3층에 머무르도록 권장됨을 건물 안내판에서 알 수 있다. 따라서 (B)가 정답이다.

98-100 ③㎖ 호주식 발음

Questions 98-100 refer to the following advertisement and flyer.

Do you want a fast Internet connection and access to a wide selection of TV channels? If so, switch to Blaze Telecom today! **⁹⁸We have just opened another office in California** and are offering residents of this state a special offer. **⁹⁹Our most popular package, which includes high-speed Internet and access to 50 channels, is available at a 15 percent discount.** The offer will be valid until July 20. Moreover, **¹⁰⁰we will set up the cable box and router at no charge regardless of the package you choose.**

---

connection 연결　**access** 이용　**switch** 바꾸다　**resident** 주민

해석
98-100번은 다음 광고와 전단지에 관한 문제입니다.

빠른 인터넷 연결과 다양한 TV 채널 이용을 원하십니까? 그렇다면, 오늘 Blaze Telecom으로 바꾸세요! ⁹⁸저희는 최근 캘리포니아에 또 하나의 사무실을 열었고 주민들에게 특별 할인을 제공하고 있습니다. ⁹⁹고속 인터넷 및 50개 채널 이용을 포함하는 저희의 가장 인기 있는 패키지를 15퍼센트 할인가로 이용하실 수 있습니다. 이 할인은 7월 20일까지 유효할 거예요. 게다가, ¹⁰⁰선택하시는 패키지와 관계없이 케이블 박스와 라우터를 무료로 설치해드릴 것입니다.

Blaze Telecom
케이블 & 인터넷 패키지

Bronze 패키지 (월 22달러)	고속 인터넷 & 20개 채널
¹⁰⁰Silver 패키지 (월 35달러)	고속 인터넷 & 50개 채널
Gold 패키지 (월 45달러)	고속 인터넷 & 70개 채널
Platinum 패키지 (월 60달러)	고속 인터넷 & 100개 채널

더 많은 정보를 위해서는
*www.blazetel.com*을 방문하시거나 555-9393으로 전화 주세요.

---

98 특정 세부 사항 문제　　　　　　　　중 ●●○

해석 Blaze Telecom은 최근에 무엇을 했는가?
(A) 새로운 지점을 개장했다.
(B) 서비스 제공을 중단했다.
(C) 경쟁사 중 하나를 인수했다.

(D) 회사 본사를 이전했다.

해설 질문의 핵심어구(Blaze Telecom recently do)와 관련된 내용을 주의 깊게 듣는다. 지문 초반부에서 "We have just opened another office in California(저희는 최근 캘리포니아에 또 하나의 사무실을 열었습니다)"라고 하였다. 이를 통해, Blaze Telecom이 새로운 지점을 개장했음을 알 수 있다. 따라서 (A)가 정답이다.

어휘 **acquire** 인수하다　**competitor** 경쟁사　**relocate** 이전하다

99 시각 자료 문제　　　　　　　　　　중 ●●○

해석 시각 자료를 보아라. 어떤 패키지가 할인되는가?
(A) Bronze
(B) Silver
(C) Gold
(D) Platinum

해설 전단지의 정보를 확인한 후 질문의 핵심어구(package ~ discounted)와 관련된 내용을 주의 깊게 듣는다. "Our most popular package, which includes high-speed Internet and access to 50 channels, is available at a 15 percent discount(고속 인터넷 및 50개 채널 이용을 포함한 저희의 가장 인기 있는 패키지를 15퍼센트 할인가로 이용하실 수 있습니다)"라고 하였으므로, Silver 패키지가 할인될 것임을 전단지에서 알 수 있다. 따라서 (B)가 정답이다.

100 특정 세부 사항 문제　　　　　　　　중 ●●○

해석 모든 고객들은 무엇을 받을 수 있는가?
(A) 무료 설치
(B) 회원증
(C) 후속 상담
(D) 상품권

해설 질문의 핵심어구(all customers receive)와 관련된 내용을 주의 깊게 듣는다. 지문 후반부에서 "we will set up the cable box and router at no charge regardless of the package you choose(선택하시는 패키지와 관계없이 케이블 박스와 라우터를 무료로 설치해드릴 것입니다)"라고 하였다. 이를 통해, 모든 고객들이 무료 설치를 받을 수 있음을 알 수 있다. 따라서 (A)가 정답이다.

어휘 **follow-up** 후속　**consultation** 상담

PART 1

1 (C)	2 (A)	3 (D)	4 (D)	5 (B)
6 (C)				

PART 2

7 (A)	8 (B)	9 (C)	10 (B)	11 (C)
12 (A)	13 (B)	14 (B)	15 (B)	16 (C)
17 (C)	18 (B)	19 (A)	20 (B)	21 (A)
22 (C)	23 (A)	24 (B)	25 (A)	26 (A)
27 (C)	28 (B)	29 (A)	30 (C)	31 (C)

PART 3

32 (A)	33 (B)	34 (B)	35 (C)	36 (B)
37 (A)	38 (D)	39 (B)	40 (A)	41 (A)
42 (B)	43 (D)	44 (C)	45 (A)	46 (A)
47 (D)	48 (D)	49 (B)	50 (D)	51 (D)
52 (B)	53 (B)	54 (C)	55 (D)	56 (A)
57 (D)	58 (A)	59 (D)	60 (C)	61 (B)
62 (C)	63 (A)	64 (D)	65 (D)	66 (B)
67 (A)	68 (B)	69 (A)	70 (D)	

PART 4

71 (C)	72 (B)	73 (C)	74 (D)	75 (B)
76 (B)	77 (C)	78 (A)	79 (A)	80 (B)
81 (D)	82 (C)	83 (C)	84 (A)	85 (B)
86 (A)	87 (A)	88 (D)	89 (C)	90 (B)
91 (A)	92 (A)	93 (D)	94 (D)	95 (B)
96 (D)	97 (C)	98 (B)	99 (C)	100 (B)

PART 1

1 [3에] 미국식 발음
중 ●●○

(A) He is closing a door.
(B) He is sipping from a bottle.
(C) Some clothes are being packed.
(D) Some cushions have been laid on the floor.

sip 조금씩 마시다 bottle 병 pack (짐을) 챙기다, 꾸리다 cushion 쿠션
lay 놓다

해석 (A) 그는 문을 닫고 있다.
(B) 그는 병에 든 것을 조금씩 마시고 있다.
(C) 옷이 챙겨지고 있다.
(D) 쿠션이 바닥에 놓여 있다.

해설 1인 사진
(A) [×] closing a door(문을 닫고 있다)는 남자의 동작과 무관하므로 오답이다.
(B) [×] sipping from a bottle(병에 든 것을 조금씩 마시고 있다)은 남자의 동작과 무관하므로 오답이다. 사진에 있는 병(bottle)을 사용하여 혼동을 주었다.
(C) [○] 옷이 챙겨지고 있는 모습을 정확히 묘사한 정답이다. 진행 수동형(are being packed)을 사용하여 사람의 동작을 묘사하고 있음을 확인한다.
(D) [×] 쿠션이 소파 위에 놓여 있는 상태인데 바닥에 놓여 있다고 잘못 묘사했으므로 오답이다.

2 [3에] 호주식 발음
하 ●○○

(A) A man is using a laptop.
(B) A man is boarding an airplane.
(C) A man is looking out a window.
(D) A man is taking off his jacket.

board 탑승하다 look out 내다보다 take off (옷을) 벗다

해석 **(A) 남자가 노트북 컴퓨터를 사용하고 있다.**
(B) 남자가 비행기에 탑승하고 있다.
(C) 남자가 창밖을 내다보고 있다.
(D) 남자가 재킷을 벗고 있다.

해설 1인 사진
(A) [○] 남자가 노트북 컴퓨터를 사용하고 있는 모습을 정확히 묘사한 정답이다.
(B) [×] boarding(탑승하고 있다)은 남자의 동작과 무관하므로 오답이다. 사진에 있는 비행기(airplane)를 사용하여 혼동을 주었다.
(C) [×] looking out(내다보고 있다)은 남자의 동작과 무관하므로 오답이다. 사진에 있는 창문(window)을 사용하여 혼동을 주었다.
(D) [×] 남자가 재킷을 입고 있지 않은 상태인데 재킷을 벗고 있다고 잘못 묘사했으므로 오답이다.

3 [3에] 영국식 발음
중 ●●●

(A) A suitcase has been left in a van.
(B) A plant has fallen off a desk.
(C) One of the women is cleaning a room.
(D) A man is waiting at a counter.

suitcase 여행 가방 van 승합차 fall 떨어지다

해석 (A) 여행 가방이 승합차 안에 놓여 있다.
(B) 식물이 책상 밑으로 떨어져 있다.
(C) 여자들 중 한 명이 방을 청소하고 있다.
(D) 남자가 카운터에서 기다리고 있다.

해설 2인 이상 사진
(A) [×] 여행 가방이 카운터 앞에 놓여 있는 모습인데 승합차 안에 놓여 있다고 잘못 묘사했으므로 오답이다. 사진에 있는 여행 가방(suitcase)을 사용하여 혼동을 주었다.
(B) [×] 식물이 책상 위에 놓여 있는 모습인데 책상 밑으로 떨어져 있다고 잘못 묘사했으므로 오답이다. 사진에 있는 식물(plant)을 사용하여 혼동을 주었다.

(C) [×] 사진에 방을 청소하고 있는(cleaning a room) 여자가 없으므로 오답이다.

(D) [○] 남자가 카운터에서 기다리고 있는 모습을 가장 잘 묘사한 정답이다.

4 🔊 미국식 발음　　　　　　　　　　　　　하 ●○○

(A) A cart is being pushed.
(B) Equipment is being installed.
(C) They are sweeping a floor.
(D) They are wearing face masks.

push 밀다　equipment 장비　sweep (빗자루로) 쓸다, 청소하다

해석　(A) 카트가 밀리고 있다.
　　　(B) 장비가 설치되고 있다.
　　　(C) 그들은 바닥을 쓸고 있다.
　　　(D) 그들은 안면 마스크를 쓰고 있다.

해설　**2인 이상 사진**
　　　(A) [×] 사진에서 카트를 확인할 수 없으므로 오답이다.
　　　(B) [×] 장비가 설치되어 있는 상태인데 설치되고 있다고 잘못 묘사했으므로 오답이다.
　　　(C) [×] sweeping(쓸고 있다)은 사람들의 동작과 무관하므로 오답이다.
　　　(D) [○] 사람들이 안면 마스크를 쓰고 있는 모습을 정확히 묘사한 정답이다.

최고난도 문제

5 🔊 호주식 발음　　　　　　　　　　　　　상 ●●●

(A) A box has been placed on the ground.
(B) A table is next to a loading ramp.
(C) A road is being paved by workers.
(D) A truck is being towed into a garage.

place 놓다　ramp 경사로　pave 포장하다　tow 견인하다　garage 차고

해석　(A) 상자가 땅바닥에 놓여 있다.
　　　(B) 탁자가 화물용 경사로 옆에 있다.
　　　(C) 길이 작업자들에 의해 포장되고 있다.
　　　(D) 트럭이 차고로 견인되고 있다.

해설　**사물 및 풍경 사진**
　　　(A) [×] 가방이 땅바닥에 놓여 있는데, 상자가 땅바닥에 놓여 있다고 잘못 묘사했으므로 오답이다.
　　　(B) [○] 탁자가 화물용 경사로 옆에 있는 상태를 가장 잘 묘사한 정답이다.
　　　(C) [×] 사진에서 길은 보이지만 포장되고 있는(being paved) 모습은 아니므로 오답이다. 사람이 등장하지 않는 사진에 진행 수동형을 사용해 사람의 동작을 묘사한 오답에 주의한다.
　　　(D) [×] 사진에서 트럭은 보이지만 견인되고 있는(being towed) 모습은 아니므로 오답이다.

6 🔊 캐나다식 발음　　　　　　　　　　　　상 ●●●

(A) A cabinet is being set up in a kitchen.
(B) The woman is handing a cup to a man.
(C) The man is leaning over a table.
(D) A dish is being wiped with a towel.

cabinet 수납장　lean over ~ 위로 몸을 구부리다　wipe 닦다

해석　(A) 수납장이 부엌에 설치되고 있다.
　　　(B) 여자가 남자에게 컵을 건네주고 있다.
　　　(C) 남자가 탁자 위로 몸을 구부리고 있다.
　　　(D) 접시가 수건으로 닦이고 있다.

해설　**2인 이상 사진**
　　　(A) [×] 수납장이 설치되어 있는 상태인데 설치되고 있다고 잘못 묘사했으므로 오답이다.
　　　(B) [×] handing a cup(컵을 건네주고 있다)은 여자의 동작과 무관하므로 오답이다.
　　　(C) [○] 남자가 탁자 위로 몸을 구부리고 있는 모습을 정확히 묘사한 정답이다.
　　　(D) [×] 사진에서 닦이고 있는 접시(dish)를 확인할 수 없으므로 오답이다.

PART 2

7 🔊 미국식 발음 → 영국식 발음　　　　　　하 ●○○

What color will the T-shirts be?
(A) White, I think.
(B) They arrived on Friday.
(C) Creating the logo.

해석　티셔츠들이 무슨 색일까요?
　　　(A) 흰색일 것 같아요.
　　　(B) 그것들은 금요일에 도착했어요.
　　　(C) 로고를 제작하는 것이요.

해설　**What 의문문**
　　　(A) [○] 흰색이라며 티셔츠의 색을 언급했으므로 정답이다.
　　　(B) [×] 질문의 T-shirts(티셔츠들)를 나타낼 수 있는 They를 사용하여 혼동을 준 오답이다.
　　　(C) [×] 티셔츠들이 무슨 색일지를 물었는데, 로고를 제작하는 것이라며 관련이 없는 내용으로 응답했으므로 오답이다.

8 🔊 호주식 발음 → 캐나다식 발음　　　　　중 ●●○

Could you give me an update on the marketing campaign?
(A) Most of the new advertisements.
(B) The entire team will get an e-mail.
(C) I called the customers.

update 최신 정보, 업데이트　customer 고객

해석　홍보 캠페인에 대한 최신 정보를 주시겠어요?
　　　(A) 대부분의 새로운 광고들이요.
　　　(B) 팀 전체가 이메일을 받을 거예요.
　　　(C) 제가 고객들에게 전화했어요.

해설　**요청 의문문**
　　　(A) [×] marketing campaign(홍보 캠페인)과 관련 있는 advertisements(광고들)를 사용하여 혼동을 준 오답이다.
　　　(B) [○] 팀 전체가 이메일을 받을 거라는 말로 최신 정보를 달라는 요청을 간접적으로 수락한 정답이다.
　　　(C) [×] 홍보 캠페인에 대한 최신 정보를 줄 수 있는지를 물었는데, 자신이 고객들에게 전화했다며 관련이 없는 내용으로 응답했으므로 오답이다.

9 영국식 발음 → 캐나다식 발음　　　중 ●●●

Who is representing our company at the trade show?
(A) Within 90 days.
(B) The presentation went very well.
(C) I'm waiting to hear back from Greg.

represent 대표하다

해석　누가 무역 박람회에서 우리 회사를 대표하나요?
　　(A) 90일 이내에요.
　　(B) 발표는 매우 잘 되었어요.
　　(C) 저는 Greg으로부터 회답을 기다리고 있어요.

해설　Who 의문문
　　(A) [×] 누가 무역 박람회에서 회사를 대표하는지를 물었는데, 90일 이내에라며 관련이 없는 내용으로 응답했으므로 오답이다.
　　(B) [×] representing – presentation의 유사 발음 어휘를 사용하여 혼동을 준 오답이다.
　　(C) [○] Greg으로부터 회답을 기다리고 있다는 말로 누가 회사를 대표할지 모른다는 간접적인 응답을 했으므로 정답이다.

10 미국식 발음 → 캐나다식 발음　　　하 ●○○

When is ShoreTech's new phone coming out?
(A) He's back from a recent holiday.
(B) On Friday.
(C) With some extra buttons.

come out (상품이 시장에) 나오다　recent 최근, 최신

해석　ShoreTech사의 새로운 휴대폰은 언제 나오나요?
　　(A) 그는 최근 휴가에서 돌아왔어요.
　　(B) 금요일에요.
　　(C) 몇몇 추가 버튼들로요.

해설　When 의문문
　　(A) [×] new(새로운)와 유사한 의미인 recent(최근)를 사용하여 혼동을 준 오답이다.
　　(B) [○] 금요일이라며 ShoreTech사의 새로운 휴대폰이 나올 시점을 언급했으므로 정답이다.
　　(C) [×] phone(휴대폰)과 관련 있는 buttons(버튼)를 사용하여 혼동을 준 오답이다.

11 호주식 발음 → 미국식 발음　　　중 ●●●

Would it be okay to hold a meeting here?
(A) This is the sales report.
(B) Under the table.
(C) The conference room would be better.

hold a meeting 회의를 열다

해석　이곳에서 회의를 열어도 괜찮을까요?
　　(A) 이것이 영업 보고서예요.
　　(B) 탁자 아래에요.
　　(C) 회의실이 더 좋을 것 같아요.

해설　제안 의문문
　　(A) [×] meeting(회의)에서 연상할 수 있는 회의 자료와 관련된 sales report(영업 보고서)를 사용하여 혼동을 주었다.

(B) [×] meeting(회의)과 관련 있는 table(탁자)을 사용하여 혼동을 준 오답이다.
(C) [○] 회의실이 더 좋을 것 같다는 말로 이곳에서 회의를 열자는 제안을 간접적으로 거절했으므로 정답이다.

12 영국식 발음 → 미국식 발음　　　하 ●○○

Which floor is the engineering team on?
(A) They're on the seventh.
(B) The accounting department.
(C) A leak in the ceiling.

leak (물 등이) 새는 곳

해석　어느 층에 기술팀이 있나요?
　　(A) 그들은 7층에 있어요.
　　(B) 회계 부서요.
　　(C) 천장에 새는 곳이요.

해설　Which 의문문
　　(A) [○] 그들은 7층에 있다는 말로 기술팀이 있는 층을 언급했으므로 정답이다.
　　(B) [×] team(팀)과 관련 있는 department(부서)를 사용하여 혼동을 준 오답이다.
　　(C) [×] engineering team(기술팀)에서 연상할 수 있는 작업 부분과 관련된 leak(새는 곳)을 사용하여 혼동을 준 오답이다.

최고난도 문제

13 캐나다식 발음 → 미국식 발음　　　상 ●●●

The movie *Tiger Park* has gotten good reviews.
(A) Our film class is canceled.
(B) A lot of tickets have sold out.
(C) Let's see modern exhibits.

cancel 취소하다

해석　영화 *Tiger Park*는 좋은 평가를 받았어요.
　　(A) 우리 영화 수업이 취소되었어요.
　　(B) 많은 표가 매진되었어요.
　　(C) 현대적인 전시들을 봐요.

해설　평서문
　　(A) [×] movie(영화)와 동일한 의미인 film(영화)을 사용하여 혼동을 준 오답이다.
　　(B) [○] 많은 표가 매진되었다는 말로, 영화 *Tiger Park*에 대한 추가 정보를 제공했으므로 정답이다.
　　(C) [×] good reviews(좋은 평가)에서 연상할 수 있는 평가 대상과 관련된 modern exhibits(현대적인 전시들)를 사용하여 혼동을 준 오답이다.

14 영국식 발음 → 호주식 발음　　　중 ●●●

How did you get the idea to start a delivery service?
(A) Terry got a job.
(B) My friend suggested it.
(C) I appreciate the offer.

suggest 제안하다

해석 배달 서비스를 시작할 아이디어를 어떻게 얻으셨나요?
(A) Terry가 취직을 했어요.
(B) 제 친구가 이것을 제안했어요.
(C) 제안해 주셔서 감사해요.

해설 **How 의문문**
(A) [×] 배달 서비스를 시작할 아이디어를 어떻게 얻었는지를 물었는데, Terry가 취직을 했다며 관련이 없는 내용으로 응답했으므로 오답이다.
(B) [○] 자신의 친구가 제안했다는 말로, 배달 서비스를 시작할 아이디어를 어떻게 얻었는지를 언급했으므로 정답이다.
(C) [×] 배달 서비스를 시작할 아이디어를 어떻게 얻었는지를 물었는데, 제안해 주셔서 감사하다며 관련 없는 내용으로 응답했으므로 오답이다.

15 🔊 캐나다식 발음 → 영국식 발음　상 ●●●

Isn't this vending machine out of order?
(A) The order arrived yesterday.
(B) Someone came and fixed it.
(C) The cheapest candy bar.

vending machine 자판기　out of order 고장난　fix 고치다

해석 이 자판기는 고장 난 것 아닌가요?
(A) 주문품은 어제 도착했어요.
(B) 누군가가 와서 그것을 고쳤어요.
(C) 가장 저렴한 막대 사탕이요.

해설 **부정 의문문**
(A) [×] 질문의 order를 반복 사용하여 혼동을 준 오답이다.
(B) [○] 누군가가 와서 그것을 고쳤다는 말로 자판기가 고장 난 것이 아님을 간접적으로 전달했으므로 정답이다.
(C) [×] vending machine(자판기)과 관련 있는 candy bar(막대 사탕)를 사용하여 혼동을 준 오답이다.

16 🔊 캐나다식 발음 → 호주식 발음　하 ●○○

When will the factory inspection start?
(A) That's a good choice.
(B) In the garden.
(C) As soon as the CEO gets here.

inspection 점검, 시찰　as soon as ~하자마자

해석 공장 점검은 언제 시작할까요?
(A) 그것은 좋은 선택이에요.
(B) 정원 안에요.
(C) 최고 경영자가 이곳에 도착하자마자요.

해설 **When 의문문**
(A) [×] 질문의 factory inspection(공장 점검)을 나타낼 수 있는 That을 사용하여 혼동을 준 오답이다.
(B) [×] 공장 점검이 언제 시작될지를 물었는데, 위치로 응답했으므로 오답이다.
(C) [○] 최고 경영자가 이곳에 도착하자마자라며 공장 점검이 시작하는 시점을 언급했으므로 정답이다.

17 🔊 미국식 발음 → 캐나다식 발음　상 ●●●

I should make a reservation for next week's luncheon, shouldn't I?

(A) The menu is completely new.
(B) It was very successful.
(C) Why don't I handle that?

make a reservation 예약을 하다　luncheon 오찬　completely 완전히

해석 다음 주의 오찬을 위해 제가 예약을 해야 하죠, 그렇지 않은가요?
(A) 그 메뉴는 완전히 새로워요.
(B) 그것은 매우 성공적이었어요.
(C) 제가 그것을 처리하는 것이 어떨까요?

해설 **부가 의문문**
(A) [×] luncheon(오찬)과 관련 있는 menu(메뉴)를 사용하여 혼동을 준 오답이다.
(B) [×] luncheon(오찬)을 나타낼 수 있는 It을 사용하여 혼동을 준 오답이다.
(C) [○] 자신이 그것을 처리하는 것이 어떨지를 되물어 자신이 예약을 하는 것에 대한 의견을 요청했으므로 정답이다.

18 🔊 영국식 발음 → 호주식 발음　하 ●○○

Are you willing to work on weekends if necessary?
(A) To the right.
(B) Sorry, I can't.
(C) I really enjoyed it.

on weekends 주말에, 주말마다

해석 만약 필요하다면 주말에 일할 의향이 있나요?
(A) 오른쪽으로요.
(B) 죄송해요, 저는 그럴 수 없어요.
(C) 저는 그것을 정말 즐겼어요.

해설 **Be 동사 의문문**
(A) [×] 만약 필요하다면 주말에 일할 의향이 있는지를 물었는데, 오른쪽으로라며 관련이 없는 내용으로 응답했으므로 오답이다.
(B) [○] Sorry로 주말에 일할 의향이 없음을 전달한 후, 그럴 수 없다는 부연 설명을 했으므로 정답이다.
(C) [×] 주말에 일할 의향이 있는지를 물었는데, 그것을 정말 즐겼다며 관련이 없는 내용으로 응답했으므로 오답이다.

19 🔊 캐나다식 발음 → 미국식 발음　하 ●○○

Who was that in your office this morning?
(A) The new intern.
(B) They were first in line.
(C) Yes, at eight o'clock.

in line 줄 서 있는

해석 오늘 아침 당신의 사무실에 있었던 그 사람은 누구였나요?
(A) 새로운 인턴이요.
(B) 그들은 줄의 맨 앞에 서 있었어요.
(C) 네, 8시에요.

해설 **Who 의문문**
(A) [○] 새로운 인턴이라며 오늘 아침 사무실에 있었던 인물을 언급했으므로 정답이다.
(B) [×] 오늘 아침 사무실에 있었던 그 사람이 누구였는지를 물었는데, 그들은 줄의 맨 앞에 서 있었다며 관련이 없는 내용으로 응답했으므로 오답이다.
(C) [×] 오늘 아침 사무실에 있었던 그 사람이 누구였는지를 물었는데, 시간

으로 응답했으므로 오답이다. Who 의문문에는 Yes/No 응답이 불가능한 점을 알아둔다.

20 ③ 영국식 발음 → 호주식 발음　　　　중 ●●○

Can we get a discount at the amusement park?
(A) I want to try that ride, too.
(B) Look at the guidebook.
(C) If we open it.

try 타 보다　ride 놀이 기구

해석　우리가 놀이 공원에서 할인을 받을 수 있나요?
(A) 저도 그 놀이 기구를 타 보고 싶어요.
(B) 안내서를 보세요.
(C) 만약 우리가 그것을 열면요.

해설　**조동사 의문문**
(A) [×] amusement park(놀이 공원)와 관련 있는 ride(놀이 기구)를 사용하여 혼동을 준 오답이다.
(B) [○] 안내서를 보라는 말로, 놀이 공원에서 할인을 받을 수 있는지 모른다는 간접적인 응답을 했으므로 정답이다.
(C) [×] 놀이 공원에서 할인을 받을 수 있는지를 물었는데, 만약 자신들이 그것을 열면이라며 관련이 없는 내용으로 응답했으므로 오답이다. If we까지만 듣고 정답으로 고르지 않도록 주의한다.

21 ③ 미국식 발음 → 캐나다식 발음　　　　하 ●○○

Sydney Shopping Mall is not as popular as it used to be.
(A) But its location is still convenient.
(B) The customer service desk.
(C) I used up all the paper.

used to (이전에) ~했다　use up 다 쓰다

해석　시드니 쇼핑몰은 이전에 그랬던 것만큼 인기 있지 않아요.
(A) 하지만 그것의 위치는 여전히 편리해요.
(B) 고객 서비스 데스크요.
(C) 제가 용지를 다 썼어요.

해설　**평서문**
(A) [○] 하지만 그것, 즉 쇼핑몰의 위치는 여전히 편리하다는 말로 다른 의견을 제시했으므로 정답이다.
(B) [×] Shopping Mall(쇼핑몰)과 관련 있는 customer service desk(고객 서비스 데스크)를 사용하여 혼동을 준 오답이다.
(C) [×] 질문의 used를 반복 사용하여 혼동을 준 오답이다.

22 ③ 호주식 발음 → 미국식 발음　　　　중 ●●○

Did you see the new billboard?
(A) My desk is over there.
(B) I like my neighborhood.
(C) Yes, on the Seaward Building.

billboard 광고판, 게시판　neighborhood 지역, 근처

해석　새 광고판을 보았나요?
(A) 제 책상은 저쪽이에요.
(B) 제 지역이 마음에 들어요.
(C) 네, Seaward 건물에서요.

해설　**조동사 의문문**
(A) [×] 새 광고판을 보았는지를 물었는데, 자신의 책상은 저쪽이라며 관련이 없는 내용으로 응답했으므로 오답이다.
(B) [×] 새 광고판을 보았는지를 물었는데, 자신이 지역이 마음에 든다며 관련이 없는 내용으로 응답했으므로 오답이다.
(C) [○] Yes로 새 광고판을 보았음을 전달한 후, Seaward 건물에서라는 부연 설명을 했으므로 정답이다.

23 ③ 캐나다식 발음 → 영국식 발음　　　　하 ●○○

Why was the deadline extended?
(A) Because we found some errors.
(B) Here's my receipt.
(C) I purchased them online.

deadline 마감일, 기한

해석　마감일은 왜 연장되었나요?
(A) 왜냐하면 우리가 몇몇 오류를 발견했기 때문이에요.
(B) 여기 제 영수증이요.
(C) 저는 그것들을 온라인으로 구입했어요.

해설　**Why 의문문**
(A) [○] 자신들이 몇몇 오류를 발견했기 때문이라는 말로 마감일이 연장된 이유를 언급했으므로 정답이다.
(B) [×] 마감일이 왜 연장되었는지를 물었는데, 여기 자신의 영수증이라며 관련이 없는 내용으로 응답했으므로 오답이다.
(C) [×] deadline – online의 유사 발음 어휘를 사용하여 혼동을 준 오답이다.

24 ③ 호주식 발음 → 미국식 발음　　　　상 ●●●

How many people will attend the legal conference?
(A) We should hire a lawyer.
(B) Well, Mark and I are definitely going.
(C) They are on my desk.

attend 참석하다　legal 법률의　definitely 확실히

해석　얼마나 많은 사람들이 법률 회의에 참석하나요?
(A) 우리는 변호사를 고용해야 해요.
(B) 글쎄요, Mark와 저는 확실히 갈 거예요.
(C) 그것들은 제 책상에 있어요.

해설　**How 의문문**
(A) [×] legal conference(법률 회의)와 관련 있는 lawyer(변호사)를 사용하여 혼동을 준 오답이다.
(B) [○] Mark와 자신은 확실히 갈 것이라는 말로 정확히 얼마나 많은 사람들이 법률 회의에 참석할지 모른다는 간접적인 응답을 했으므로 정답이다.
(C) [×] 얼마나 많은 사람들이 법률 회의에 참석하는지를 물었는데, 그것들은 자신의 책상에 있다며 관련이 없는 내용으로 응답했으므로 오답이다.

25 ③ 영국식 발음 → 호주식 발음　　　　상 ●●●

Are you selling your house or leasing it?
(A) I'll let you know when I decide.
(B) That was the best we could do.
(C) Sure, I can arrange a meeting.

lease 임대하다, 세놓다　arrange 준비하다

해석 당신의 집을 팔 건가요, 아니면 이것을 임대할 건가요?
(A) 제가 결정하면 알려드릴게요.
(B) 그것이 우리가 할 수 있는 최선이었어요.
(C) 그럼요, 제가 회의를 준비할 수 있어요.

해설 **선택 의문문**
(A) [o] 결정하면 알려주겠다는 말로 집을 팔 것인지 아니면 임대할 것인지 아직 결정하지 않았다는 간접적인 응답을 했으므로 정답이다.
(B) [×] 집을 팔 것인지 아니면 임대할 것인지를 물었는데, 그것이 자신들이 할 수 있는 최선이었다며 관련이 없는 내용으로 응답했으므로 오답이다.
(C) [×] 집을 팔 것인지 아니면 임대할 것인지를 물었는데, 자신이 회의를 준비할 수 있다며 관련이 없는 내용으로 응답했으므로 오답이다.

26 [3剛] 영국식 발음 → 캐나다식 발음　　하 ●○○

When did the Goldtree Company set the budget?
(A) During last week's board meeting.
(B) Yes, at the shopping mall.
(C) He is in charge of the supplies.

supplies 비품

해석 Goldtree사가 언제 예산을 세웠나요?
(A) 지난주의 이사회 동안에요.
(B) 네, 쇼핑몰에서요.
(C) 그가 비품을 담당해요.

해설 **When 의문문**
(A) [o] 지난주의 이사회 동안이라며, Goldtree사가 예산을 세운 시점을 언급했으므로 정답이다.
(B) [×] Goldtree사가 언제 예산을 세웠는지를 물었는데, 장소로 응답했으므로 오답이다. When 의문문에는 Yes/No로 응답할 수 없음에 주의한다.
(C) [×] Goldtree사가 언제 예산을 세웠는지를 물었는데, 그가 비품을 담당한다며 관련이 없는 내용으로 응답했으므로 오답이다.

27 [3剛] 미국식 발음 → 캐나다식 발음　　중 ●●○

Where do we go after watching the product demonstration?
(A) The other members of our division.
(B) That movie was very interesting.
(C) To the conference room.

demonstration 시연　division 부서

해석 제품 시연을 보고 난 이후에 우리는 어디에 가나요?
(A) 우리 부서의 다른 사원들이요.
(B) 그 영화는 매우 흥미로웠어요.
(C) 회의실로요.

해설 **Where 의문문**
(A) [×] 제품 시연을 본 이후에 갈 장소를 물었는데, 인물들로 응답했으므로 오답이다.
(B) [×] watching(보다)에서 연상할 수 있는 영상과 관련된 movie(영화)를 사용하여 혼동을 주었다.
(C) [o] 회의실로라며 제품 시연을 본 이후에 갈 장소를 언급했으므로 정답이다.

28 [3剛] 호주식 발음 → 영국식 발음　　중 ●●○

X-Tech will install the security alarm for free.
(A) The road signs are incorrect.
(B) We'll save a lot of money, then.
(C) No, those are extra sheets.

incorrect 부정확한　extra 여분의

해석 X-Tech사가 무료로 보안 경보를 설치해 줄 거예요.
(A) 도로 표지판들이 부정확해요.
(B) 그럼 우리는 많은 돈을 절약하겠네요.
(C) 아니요, 그것들은 여분의 종이들이에요.

해설 **평서문**
(A) [×] X-Tech사가 무료로 보안 경보를 설치해 줄 것이라고 했는데, 도로 표지판들이 부정확하다며 관련이 없는 내용으로 응답했으므로 오답이다.
(B) [o] 그럼 많은 돈을 절약하겠다는 말로 X-Tech사가 무료로 보안 경보를 설치해 주겠다고 한 사실에 대한 의견을 제시했으므로 정답이다.
(C) [×] X-Tech사가 무료로 보안 경보를 설치해 줄 것이라고 했는데, 그것들은 여분의 종이들이라며 관련이 없는 내용으로 응답했으므로 오답이다.

29 [3剛] 캐나다식 발음 → 영국식 발음　　중 ●●○

Aren't the flowers at this shop a bit disappointing?
(A) I can't find anything good either.
(B) By trimming off the leaves.
(C) Dale was appointed to the board.

trim off 다듬다　appoint 임명하다

해석 이 가게의 꽃들이 조금 실망스럽지 않은가요?
(A) 저도 좋은 것을 찾을 수가 없어요.
(B) 나뭇잎들을 다듬어서요.
(C) Dale은 이사회로 임명되었어요.

해설 **부정 의문문**
(A) [o] 자신도 좋은 것을 찾을 수가 없다는 말로 가게의 꽃들이 조금 실망스러움을 간접적으로 전달했으므로 정답이다.
(B) [×] flower(꽃)와 관련 있는 leaves(나뭇잎들)를 사용하여 혼동을 준 오답이다.
(C) [×] disappointing – appointed의 유사 발음 어휘를 사용하여 혼동을 준 오답이다.

30 [3剛] 호주식 발음 → 미국식 발음　　하 ●○○

What did you order at the restaurant?
(A) About 50 dollars.
(B) We sat near the entrance.
(C) I had a steak.

entrance 입구

해석 식당에서 무엇을 주문했나요?
(A) 50달러 정도요.
(B) 우리는 입구 근처에 앉았어요.
(C) 저는 스테이크를 먹었어요.

해설 **What 의문문**
(A) [×] order(주문하다)에서 연상할 수 있는 주문 금액과 관련된 50 dollars(50달러)를 사용하여 혼동을 준 오답이다.

(B) [×] 식당에서 무엇을 주문했는지를 물었는데, 입구 근처에 앉았다며 관련
이 없는 내용으로 응답했으므로 오답이다.
(C) [○] 스테이크를 먹었다며 주문한 것을 언급했으므로 정답이다.

31 영국식 발음 → 호주식 발음 상 ●●●

Can you find Ms. Findley's office yourself, or should I show
you the way?
(A) She accepted another promotion.
(B) We have enough space.
(C) I'll look at the directory.

promotion 홍보 활동 directory 안내 책자

해석 Ms. Findley의 사무실을 당신 혼자서 찾으실 수 있나요, 아니면 제가 길을 안
내해 드려야 하나요?
(A) 그녀는 다른 홍보 활동을 수락했어요.
(B) 우리는 충분한 공간이 있어요.
(C) 제가 안내 책자를 찾아볼게요.

해설 **선택 의문문**
(A) [×] 질문의 Ms. Findley를 나타낼 수 있는 She를 사용하여 혼동을 준
오답이다.
(B) [×] Ms. Findley의 사무실을 혼자서 찾을 수 있을지, 아니면 자신이 길
을 안내해 주어야 할지를 물었는데, 우리는 충분한 공간이 있다며 관련이
없는 내용으로 응답했으므로 오답이다.
(C) [○] 안내 책자를 찾아보겠다는 말로, Ms. Findley의 사무실을 혼자서 찾
을 수 있음을 간접적으로 선택했으므로 정답이다.

PART 3

32-34 호주식 발음 → 미국식 발음

Questions 32-34 refer to the following conversation.

M: ³²**Welcome to Tech Solutions Repair Shop. How can I
help you today?**
W: I dropped my laptop, and now it won't turn on. I'm hoping
you can fix it. If not, you could help me access some
important documents on the hard drive.
M: ³³**I'll be able to recover your data**, but the laptop may
have a serious problem.
W: Oh, no! Do you think I'll need to buy a new computer?
M: Hmm . . . I'm not sure. It'll take a couple of days to
determine the extent of the damage. ³⁴**Could you come
back on Thursday afternoon?**
W: Sure. I'll drop by around 3 P.M.

drop 떨어뜨리다 access 접근하다 recover 복구하다
determine 알아내다, 결정하다 extent 정도

해석
32-34번은 다음 대화에 관한 문제입니다.
남: ³²Tech Solutions 수리점에 오신 것을 환영합니다. 오늘 어떻게 도와드릴까요?
여: 제 노트북 컴퓨터를 떨어뜨렸는데, 이제 이것이 켜지지 않아요. 당신이 이것을 고
쳐 주시기를 바라요. 그렇지 않다면, 하드 드라이브에 있는 몇몇 중요한 문서에
접근할 수 있도록 도와주세요.
남: ³³제가 당신의 자료를 복구할 수 있겠지만, 노트북 컴퓨터에는 심각한 문제가 있

을 수도 있어요.
여: 아, 안 돼요! 제가 새로운 컴퓨터를 사야 할 거라고 생각하시나요?
남: 흠… 잘 모르겠네요. 손상 정도를 알아내는 데 이틀 정도 걸릴 거예요. ³⁴목요일
오후에 다시 와주시겠어요?
여: 그럼요. 오후 3시 정도에 들를게요.

32 화자 문제 하 ●○○

해석 남자는 어디에서 일하는 것 같은가?
(A) 수리점에서
(B) 은행에서
(C) 극장에서
(D) 법률 사무소에서

해설 대화에서 신분 및 직업과 관련된 표현을 놓치지 않고 듣는다. 대화 초반부에서
남자가 "Welcome to Tech Solutions Repair Shop. How can I help
you today?(Tech Solutions 수리점에 오신 것을 환영합니다. 오늘 어떻게 도
와드릴까요?)"라고 한 것을 통해 남자가 일하는 장소가 수리점임을 알 수 있
다. 따라서 (A)가 정답이다.

33 특정 세부 사항 문제 하 ●○○

해석 남자는 무엇을 할 수 있다고 말하는가?
(A) 기기를 업그레이드한다.
(B) 자료를 복구한다.
(C) 영업시간을 연장한다.
(D) 소프트웨어를 설치한다.

해설 질문의 핵심어구(he can do)와 관련된 내용을 주의 깊게 듣는다. 대화 중반
부에서 남자가 "I'll be able to recover your data(제가 당신의 자료를 복구
할 수 있겠어요)"라고 하였다. 따라서 (B)가 정답이다.

어휘 install 설치하다

34 요청 문제 중 ●●●

해석 남자는 여자에게 무엇을 해달라고 요청하는가?
(A) 비밀번호를 입력한다.
(B) 다른 날에 돌아온다.
(C) 더 많은 정보를 이메일로 보낸다.
(D) 요금을 지불한다.

해설 남자의 말에서 요청과 관련된 표현이 언급된 다음을 주의 깊게 듣는다. 대화
후반부에서 남자가 "Could you come back on Thursday afternoon?
(목요일 오후에 다시 와주시겠어요?)"이라고 하였다. 따라서 (B)가 정답이다.

어휘 enter 입력하다 on another day 다른 날에

35-37 캐나다식 발음 → 미국식 발음

Questions 35-37 refer to the following conversation.

M: Hello. ³⁵**I watched a show about Thai cuisine on TV
yesterday**, and I'm looking for some cookbooks about
dishes from various regions of Thailand. Do you have
anything like that?
W: We absolutely do. All of our cookbooks are located
along the back wall of the store. ³⁶**While you are here, I
recommend that you purchase some Thai seasoning as
well.** Those are in Aisle 5.
M: Great! Um . . . I read online that I should use a deep

frying pan to cook the curry. Do you sell those here too?

W: ³⁷**Unfortunately, that item is currently out of stock.** I'm expecting a shipment tomorrow, so you should check back then.

show 쇼, 프로 cuisine 요리, 요리법 cookbook 요리책
seasoning 조미료, 양념 shipment 배송품, 배송

해석
35-37번은 다음 대화에 관한 문제입니다.

남: 안녕하세요. ³⁵저는 어제 텔레비전에서 태국 요리에 관한 쇼를 봤는데, 태국의 여러 지역에서 나오는 요리들에 대한 요리책을 찾고 있어요. 그러한 것들이 있나요?

여: 물론 저희에게 있죠. 저희의 모든 요리책은 가게의 뒤쪽 벽을 따라 위치해 있어요. ³⁶여기 계시는 동안, 몇몇 태국 조미료도 사시는 것을 제안해요. 그것들은 5번 복도에 있어요.

남: 좋네요! 음… 저는 카레를 요리하기 위해 깊이가 있는 프라이팬을 사용해야 한다고 온라인에서 읽었어요. 그것들도 여기에서 판매하시나요?

여: ³⁷안타깝게도, 그 상품은 현재 품절이에요. 내일 배송품을 예상하니, 그때 다시 확인하셔야 할 거예요.

35 특정 세부 사항 문제 하 ●○○

해석 남자는 어제 무엇을 했는가?
(A) 지역 상점에 방문했다.
(B) 인기 있는 식당에 갔다.
(C) 텔레비전 쇼를 봤다.
(D) 예약을 했다.

해설 질문의 핵심어구(yesterday)와 관련된 내용을 주의 깊게 듣는다. 대화 초반부에서 남자가 "I watched a show about Thai cuisine on TV yesterday(저는 어제 텔레비전에서 태국 요리에 관한 쇼를 봤어요)"라고 하였다. 따라서 (C)가 정답이다.

어휘 local 지역의 popular 인기 있는

36 제안 문제 하 ●○○

해석 여자는 남자에게 무엇을 하라고 제안하는가?
(A) 더미에서 전단을 가져간다.
(B) 몇몇 조미료를 구입한다.
(C) 무료 샘플을 시식해 본다.
(D) 온라인 주문을 한다.

해설 여자의 말에서 제안과 관련된 표현이 언급된 다음을 주의 깊게 듣는다. 대화 중반부에서 여자가 "While you are here, I recommend that you purchase some Thai seasoning as well(여기 계시는 동안, 몇몇 태국 조미료도 사시는 것을 제안해요)"이라고 하였다. 따라서 (B)가 정답이다.

어휘 flyer 전단 stack (쌓아 올린) 더미

37 문제점 문제 중 ●●○

해석 여자는 무슨 문제점을 언급하는가?
(A) 상품을 구할 수 없다.
(B) 할인 판매가 끝났다..
(C) 기계가 손상되었다.
(D) 가게가 일찍 닫을 것이다.

해설 여자의 말에서 부정적인 표현이 언급된 다음을 주의 깊게 듣는다. 대화 후반부에서 여자가 "Unfortunately, that item is currently out of stock

(안타깝게도, 그 상품은 현재 품절이에요)"이라고 한 것을 통해 상품을 구할 수 없음을 알 수 있다. 따라서 (A)가 정답이다.

어휘 unavailable 구할 수 없는 sale 할인 판매

38-40 🎧 호주식 발음 → 영국식 발음

Questions 38-40 refer to the following conversation.

M: There is a problem with the manual for the Rafal Blender . . . uh, ³⁸**the product we designed together last month.** Apparently, the section on how to assemble the appliance is wrong. ³⁹**Can you skim through the handbook and see if any other parts need to be revised?**

W: ³⁹**Sure, but not at the moment. I've got a deadline to meet this morning. You can just leave it on my desk.** If you need it done right away, ⁴⁰**why don't you ask Patrick to do it?**

M: ⁴⁰**Good idea. I'll talk to him about that now.**

manual 설명서 assemble 조립하다 skim through 훑어 보다
handbook 안내서 meet (기한을) 맞추다, 지키다

해석
38-40번은 다음 대화에 관한 문제입니다.

남: Rafal Blender의 설명서에 문제가 있어요… 어, ³⁸우리가 지난달에 함께 디자인한 제품 말이에요. 보아 하니, 기기를 조립하는 방법에 관한 부분이 잘못되었어요. ³⁹안내서를 훑어 보시고 수정되어야 하는 다른 부분이 있는지 확인해주시겠어요?

여: ³⁹물론이죠, 하지만 지금은 안 돼요. 오늘 오전에 맞춰야 하는 마감 기한이 있어요. 그것을 제 책상에 놓아 주시기만 하면 돼요. 지금 당장 그것이 필요하다면, ⁴⁰Patrick에게 그것을 하도록 요청해보시는 게 어때요?

남: ⁴⁰좋은 생각이에요. 지금 그에게 얘기할게요.

38 화자 문제 하 ●○○

해석 화자들은 누구인 것 같은가?
(A) 신문 기자들
(B) 실내 장식가들
(C) 식당 주인들
(D) 제품 디자이너들

해설 대화에서 신분 및 직업과 관련된 표현을 놓치지 않고 듣는다. 대화 초반부에서 남자가 "the product we designed together last month(우리가 지난달에 함께 디자인한 제품 말이에요)"라고 한 것을 통해 화자들이 제품 디자이너들임을 알 수 있다. 따라서 (D)가 정답이다.

39 의도 파악 문제 상 ●●●

해석 여자는 "그것을 제 책상에 놓아 주시기만 하면 돼요"라고 말할 때 무엇을 의도하는가?
(A) 이미 서류를 읽었다.
(B) 업무를 나중에 수행할 것이다.
(C) 행사에 참석할 수 있다.
(D) 기기를 조립해야 한다.

해설 질문의 인용어구(You can just leave it on my desk)가 언급된 주변을 주의 깊게 듣는다. 대화 중반부에서 남자가 "Can you skim through the handbook and see if any other parts need to be revised?(안내서를 훑어 보시고 수정되어야 하는 다른 부분이 있는지 확인해주시겠어요?)"라고 하자,

여자가 "Sure, but not at the moment. I've got a deadline to meet this morning(물론이죠, 하지만 지금은 안 돼요. 오늘 오전에 맞춰야 하는 마감기한이 있어요)"이라며 그것을 자신의 책상에 놓아 주기만 하면 된다고 하였으므로 여자가 업무를 나중에 수행할 것이라는 의도임을 알 수 있다. 따라서 (B)가 정답이다.

어휘 **perform** 수행하다 **task** 업무 **assemble** 조립하다

40 다음에 할 일 문제

중 ●●○

해석 남자는 다음에 무엇을 할 것 같은가?
(A) 동료와 이야기한다.
(B) 영수증을 준비한다.
(C) 몇몇 계획을 평가한다.
(D) 계약서에 서명한다.

해설 대화의 마지막 부분을 주의 깊게 듣는다. 여자가 "why don't you ask Patrick to do it?(Patrick에게 그것을 하도록 요청해보시는 게 어때요?)"이라고 하자, 남자가 "Good idea. I'll talk to him about that now(좋은 생각이에요. 지금 그에게 얘기할게요)"라고 한 것을 통해 남자가 동료와 이야기할 것임을 알 수 있다. 따라서 (A)가 정답이다.

어휘 **coworker** 동료

41-43 🔊 미국식 발음 → 캐나다식 발음 → 호주식 발음

Questions 41-43 refer to the following conversation with three speakers.

> W: ⁴¹**How do you two feel about our studio's reception area? I'm worried that it looks too outdated.** Maybe we should consider changing the color scheme or decorations.
> M1: Personally, I like our decorations and wall colors. That being said, ⁴²**I think the furniture is in need of replacement.** Most of it is almost 10 years old.
> M2: ⁴²**I agree with Dale. Replacing the sofa and chairs is a good idea.**
> W: Yeah, I see what you mean. ⁴³**Should I start searching online for some options?**
> M2: Sure, if you don't mind.
>
> **outdated** 시대에 뒤처진, 구식인 **color scheme** 색채 조합
> **decoration** 장식 **in need of** ~을 필요로 하다 **replacement** 교체

해석
41-43번은 다음 세 명의 대화에 관한 문제입니다.

여: ⁴¹두 분은 우리 스튜디오의 응접 공간에 대해 어떻게 생각하세요? 저는 이것이 너무 시대에 뒤처진 것처럼 보여서 걱정이에요. 아마 색채 조합이나 장식을 바꾸는 것을 고려해야 할 것 같아요.
남1: 개인적으로, 저는 우리 장식과 벽 색깔이 마음에 들어요. 그렇지만, ⁴²가구는 교체될 필요가 있다고 생각해요. 대부분이 거의 10년이 되었어요.
남2: ⁴²저도 Dale과 동의해요. 소파와 의자를 교체하는 것은 좋은 생각이에요.
여: 네, 여러분이 무엇을 의미하시는지 알겠어요. ⁴³제가 몇몇 선택지를 온라인에서 찾아보기 시작해야 할까요?
남2: 네, 괜찮으시다면요.

41 문제점 문제

상 ●●●

해석 여자는 무엇에 대해 걱정하는가?

(A) 공간 외관
(B) 건물 크기
(C) 진열 위치
(D) 명함 색상

해설 여자의 말에서 부정적인 표현이 언급된 다음을 주의 깊게 듣는다. 대화 초반부에서 여자가 "How do you two feel about our studio's reception area? I'm worried that it looks too outdated(두 분은 우리 스튜디오의 응접 공간에 대해 어떻게 생각하세요? 저는 이것이 너무 시대에 뒤처진 것처럼 보여서 걱정이에요)"라고 하였다. 따라서 (A)가 정답이다.

어휘 **appearance** 외관, 겉모습

42 특정 세부 사항 문제

중 ●●○

해석 남자들은 무엇을 바꾸고 싶어 하는가?
(A) 장식
(B) 가구
(C) 장비
(D) 식물

해설 질문의 핵심어구(change)와 관련된 내용을 주의 깊게 듣는다. 대화 중반부에서 남자1이 "I think the furniture is in need of replacement(가구는 교체될 필요가 있다고 생각해요)"라고 하자 남자2가 "I agree with Dale. Replacing the sofa and chairs is a good idea(저도 Dale과 동의해요. 소파와 의자를 교체하는 것은 좋은 생각이에요)"라고 하였다. 따라서 (B)가 정답이다.

어휘 **furniture** 가구

43 제안 문제

하 ●○○

해석 여자는 무엇을 해주겠다고 제안하는가?
(A) 고객들과 예산을 논의한다.
(B) 추가 근무를 한다.
(C) 도구들을 수거한다.
(D) 몇몇 상품을 찾아본다.

해설 여자의 말에서 제안과 관련된 표현이 언급된 다음을 주의 깊게 듣는다. 대화 후반부에서 여자가 "Should I start searching online for some options?(제가 몇몇 선택지를 온라인에서 찾아보기 시작해야 할까요?)"라고 하였다. 따라서 (D)가 정답이다.

어휘 **tool** 도구

44-46 🔊 캐나다식 발음 → 영국식 발음

Questions 44-46 refer to the following conversation.

> M: ⁴⁴**You've reached customer assistance for Grenada Capital.** How may I assist you?
> W: Hi. My name's Claudia Bruno. I recently tried checking my account statements online. But I can't view them since I forgot my password.
> M: In that case, I'll need you to answer a security question, Ms. Bruno. ⁴⁵**Could you tell me the name of your first school?**
> W: That would be Baker Elementary School.
> M: Great. So . . . ⁴⁶**I've sent you an e-mail that will allow you to change your password. You should click on the link in the e-mail, and then enter a new password on the Web page that opens.** ↻

W: Thank you.

statement 명세서

해석

44-46번은 다음 대화에 관한 문제입니다.

남: ⁴⁴Grenada Capital의 고객 지원입니다. 어떻게 도와드릴까요?

여: 안녕하세요. 제 이름은 Claudia Bruno입니다. 최근에 온라인으로 계정 명세서를 확인하는 것을 시도했어요. 하지만 제가 비밀번호를 잊어서 볼 수가 없어요.

남: 그런 경우에는 보안 질문에 답하셔야 합니다, Ms. Bruno. ⁴⁵고객님의 첫 학교 이름을 제게 말해주시겠어요?

여: Baker 초등학교일 거예요.

남: 좋습니다. 그럼… ⁴⁶고객님께서 비밀번호를 바꾸실 수 있도록 해드릴 이메일을 보내드렸습니다. 이메일에 있는 링크를 클릭하시고 나서, 열리는 웹페이지에서 새로운 비밀번호를 입력하셔야 합니다.

여: 감사합니다.

44 화자 문제
하 ●○○

해석 남자는 어느 부서에서 일하는 것 같은가?

(A) 영업
(B) 마케팅
(C) 고객 서비스
(D) 인사

해설 대화에서 신분 및 직업과 관련된 표현을 놓치지 않고 듣는다. 대화 초반부에서 남자가 "You've reached the customer assistance for Grenada Capital(Grenada Capital의 고객 지원입니다)"이라고 한 것을 통해 남자가 일하는 부서가 고객 서비스 부서임을 알 수 있다. 따라서 (C)가 정답이다.

45 특정 세부 사항 문제
하 ●○○

해석 남자는 어떤 정보를 요청하는가?

(A) 학교 이름
(B) 출생일
(C) 거래 금액
(D) 계좌 번호

해설 질문의 핵심어구(information ~ man ask for)와 관련된 내용을 주의 깊게 듣는다. 대화 중반부에서 남자가 "Could you tell me the name of your first school?(고객님의 첫 학교 이름을 제게 말해주시겠어요?)"이라고 하였다. 따라서 (A)가 정답이다.

어휘 transaction 거래 account 계좌

46 특정 세부 사항 문제
중 ●●○

해석 남자는 여자에게 무엇을 하도록 안내하는가?

(A) 비밀번호를 변경한다.
(B) 이메일에 답장한다.
(C) 파일을 다운로드한다.
(D) 지점에 간다.

해설 질문의 핵심어구(man instruct ~ to do)와 관련된 내용을 주의 깊게 듣는다. 대화 후반부에서 남자가 "I've sent you an e-mail that will allow you to change your password. You should ~ enter a new password on the Web page that opens(고객님께서 비밀번호를 바꾸실 수 있도록 해드릴 이메일을 보내드렸습니다. 열리는 웹페이지에서 새로운 비밀번호를 입력하셔야 합니다)"라고 하였다. 따라서 (A)가 정답이다.

어휘 branch 지점

47-49 [3m] 미국식 발음 → 호주식 발음

Questions 47-49 refer to the following conversation.

W: Andy, my assistant said you wanted to discuss something with me. What's up?

M: Yeah. I . . . uh . . . ⁴⁷/⁴⁸I'd like to talk with you again about my proposal to give company cell phones to our staff members.

W: ⁴⁸We discussed that on Friday.

M: I know, but I want to suggest a change to the original plan we agreed on. I think we should provide our staff members with four gigabytes of mobile data rather than the two we originally discussed.

W: ⁴⁹Let me talk about this with our CEO. I'll contact him now.

assistant 비서, 보조 proposal 제안

해석

47-49번은 다음 대화에 관한 문제입니다.

여: Andy, 제 비서가 당신이 저와 무언가를 논의하고 싶어했다고 하더군요. 무슨 일이신가요?

남: 네. 저는… 어… ⁴⁷/⁴⁸우리 직원들에게 회사 휴대폰을 주는 제 제안에 대해 당신과 다시 이야기하고 싶어요.

여: ⁴⁸우리는 그것을 금요일에 논의했잖아요.

남: 저도 알지만, 우리가 동의했던 기존 계획에 변경을 제안하고 싶어요. 기존에 논의한 2기가바이트의 모바일 데이터보다는 4기가바이트를 직원들에게 제공해야 한다고 생각해요.

여: ⁴⁹우리 최고 경영자와 이것에 대해 논의해볼게요. 지금 그에게 연락해봐야겠어요.

47 특정 세부 사항 문제
하 ●○○

해석 남자는 무엇에 대한 제안을 했는가?

(A) 휴가 신청
(B) 직원 보너스
(C) 회사 차량
(D) 회사 전화

해설 질문의 핵심어구(proposal)가 언급된 주변을 주의 깊게 듣는다. 대화 초반부에서 남자가 "I'd like to talk with you again about my proposal to give company cell phones to our staff members(우리 직원들에게 회사 휴대폰을 주는 제 제안에 대해 당신과 다시 이야기하고 싶어요)"라고 하였다. 따라서 (D)가 정답이다.

어휘 leave 휴가 corporate 회사의, 기업의 vehicle 차량

48 의도 파악 문제
상 ●●●

해석 여자는 "우리는 그것을 금요일에 논의했잖아요"라고 말할 때 무엇을 의도하는가?

(A) 주제에 대해 질문이 있다.
(B) 지연으로 인해 불만스러워하고 있다.
(C) 업무를 위한 준비가 되었다.
(D) 이미 그녀의 의견을 주었다.

해설 질문의 인용어구(We discussed that on Friday)가 언급된 주변을 주의 깊게 듣는다. 대화 초반부에서 남자가 "I'd like to talk with you again about my proposal to give company cell phones to our staff members

(우리 직원들에게 회사 휴대폰을 주는 제 제안에 대해 당신과 다시 이야기하고 싶어요)"라고 하자, 여자가 우리는 그것을 금요일에 논의했다고 하였으므로 여자가 이미 그녀의 의견을 주었다는 의도임을 알 수 있다. 따라서 (D)가 정답이다.

어휘 topic 주제 frustrated 불만스러운, 낙담한

49 다음에 할 일 문제   중 ●●○

해석 여자는 다음에 무엇을 할 것 같은가?
(A) 유인물을 나누어준다.
(B) 고위 간부에게 연락한다.
(C) 교육 과정을 준비한다.
(D) 장비를 치운다.

해설 대화의 마지막 부분을 주의 깊게 듣는다. 여자가 "Let me talk about this with our CEO. I'll contact him now(우리 최고 경영자와 이것에 대해 논의해볼게요. 지금 그에게 연락해봐야겠어요)"라고 하였다. 따라서 (B)가 정답이다.

어휘 handout 유인물 senior 고위의 executive 간부, 이사

50-52 🎧 영국식 발음 → 캐나다식 발음

Questions 50-52 refer to the following conversation.

W: Hey, Walter. ⁵⁰**About the materials you put up during your presentation yesterday . . .**
M: The charts that show how our stores here in Toronto performed over the past three years?
W: Right. ⁵¹**I'm going to be taking part in a meeting this afternoon about our Bendale office, which we are considering closing.** I think your information would be helpful.
M: Do you want me to print out some copies?
W: Um . . . Actually, ⁵²**it would be best if you could e-mail them to me. I'll need them by 11 A.M.**
M: ⁵²**That shouldn't be an issue.**

during ~ 중에, ~ 동안 chart 도표 take part in 참여하다
print out 출력하다, 인쇄하다

해석
50-52번은 다음 대화에 관한 문제입니다.

여: 안녕하세요, Walter. ⁵⁰당신이 어제 발표 중에 보여주신 자료들에 관해서요…
남: 지난 3년 동안 여기 토론토에서 우리 가게들이 어떻게 운영되었는지를 보여주는 도표들이요?
여: 맞아요. ⁵¹저는 오늘 오후에 우리가 폐쇄를 고려하고 있는 Bendale 지점에 관한 회의에 참여할 예정이에요. 당신의 정보가 도움이 될 것 같아요.
남: 제가 복사본 몇 개를 출력해드릴까요?
여: 음… 사실, ⁵²그것들을 제게 이메일로 보내주실 수 있다면 가장 좋을 것 같아요. 저는 오전 11시까지 그것들이 필요할 거예요.
남: ⁵²그건 문제가 되지 않을 것 같아요.

50 주제 문제   중 ●●○

해석 화자들은 주로 무엇에 대해 이야기하고 있는가?
(A) 출장
(B) 투자 전략
(C) 발표 자료
(D) 고객 의견

해설 대화의 주제를 묻는 문제이므로, 대화의 초반을 주의 깊게 들은 후 전체 맥

락을 파악한다. 여자가 "About the materials you put up during your presentation yesterday(당신이 어제 발표 중에 보여주신 자료들에 관해서요)"라고 한 후, 발표 자료에 대한 내용으로 대화가 이어지고 있다. 따라서 (C)가 정답이다.

어휘 business trip 출장 feedback 의견

51 언급 문제   중 ●●●

해석 Bendale 지점에 관해 무엇이 언급되는가?
(A) 행사를 주최할 것이다.
(B) 직원이 부족하다.
(C) 자료를 제공하지 않았다.
(D) 문을 닫을 수도 있다.

해설 질문의 핵심어구(Bendale branch)가 언급된 주변을 주의 깊게 듣는다. 대화 중반부에서 여자가 "I'm going to be taking part in a meeting this afternoon about our Bendale office, which we are considering closing(저는 오늘 오후에 우리가 폐쇄를 고려하고 있는 Bendale 지점에 관한 회의에 참여할 예정이에요)"이라고 하였다. 따라서 (D)가 정답이다.

어휘 understaffed 직원이 부족한 data 자료, 정보

52 다음에 할 일 문제   하 ●○○

해석 남자는 오전 11시 이전에 무엇을 할 것 같은가?
(A) 회의실을 예약한다.
(B) 이메일을 보낸다.
(C) 가게 관리자와 만난다.
(D) 복사기를 수리한다.

해설 질문의 핵심어구(11 A.M.)가 언급된 주변을 주의 깊게 듣는다. 대화 후반부에서 여자가 "it would be best if you could e-mail them to me. I'll need them by 11 A.M.(그것들을 제게 이메일로 보내주실 수 있다면 가장 좋을 것 같아요. 저는 오전 11시까지 그것들이 필요할 거예요)"이라고 하자, 남자가 "That shouldn't be an issue(그건 문제가 되지 않을 것 같아요)"라고 하였다. 따라서 (B)가 정답이다.

어휘 fix 수리하다

53-55 🎧 영국식 발음 → 호주식 발음

Questions 53-55 refer to the following conversation.

W: Good afternoon. ⁵³**One of our senior managers is retiring, and I am arranging a party in his honor.** I'm considering holding the event at your hotel.
M: Our reception hall would be an excellent choice for that. How many people do you expect to attend?
W: About 120. ⁵⁴**Is your reception hall big enough for that many people?**
M: Definitely. Just last weekend, we hosted 150 people.
W: Let's go ahead and make the reservation, then. Oh, before I forget . . . Could you set up a microphone and speaker for us?
M: No problem. And, ⁵⁵**there will be no additional charge for the audio system.**

arrange 준비하다, 마련하다 excellent 훌륭한 definitely 틀림없이
host 접대하다 additional charge 추가 요금

해석
53-55번은 다음 대화에 관한 문제입니다.

여: 안녕하세요. ⁵³저희 고위 관리자들 중 한 분이 은퇴하시는데, 제가 그를 위해 파티를 준비하고 있어요. 당신의 호텔에서 행사를 여는 것을 고려하고 있어요.
남: 저희 연회장은 그것을 위한 훌륭한 선택일 것입니다. 몇 명의 사람들이 참석할 것으로 예상하시나요?
여: 약 120명이요. ⁵⁴당신의 연회장이 그렇게 많은 사람들을 위해 충분히 큰가요?
남: 틀림없어요. 저희는 바로 지난주에 150명의 인원을 접대했어요.
여: 그럼, 지금 예약을 진행할게요. 아, 제가 잊기 전에… 저희를 위해 마이크와 스피커를 설치해 주실 수 있나요?
남: 문제없습니다. 그리고, ⁵⁵음향 시스템에 대한 추가 요금은 없을 것입니다.

53 특정 세부 사항 문제
하 ●○○

해석 어떤 종류의 행사가 계획되고 있는가?
(A) 시상식
(B) 은퇴 기념 파티
(C) 음악 콘서트
(D) 기업 회의

해설 질문의 핵심어구(event)와 관련된 내용을 주의 깊게 듣는다. 대화 초반부에서 여자가 "One of our senior managers is retiring, and I am arranging a party in his honor(저희 고위 관리자들 중 한 분이 은퇴하시는데, 제가 그를 위해 파티를 준비하고 있어요)"라고 하였다. 따라서 (B)가 정답이다.

어휘 retirement 은퇴

54 특정 세부 사항 문제
상 ●●●

해석 여자는 무엇에 관해 문의하는가?
(A) 호텔의 주소
(B) 행사의 날짜
(C) 장소의 수용 인원
(D) 고객의 이름

해설 질문의 핵심어구(ask about)와 관련된 내용을 주의 깊게 듣는다. 대화 중반부에서 여자가 "Is your reception hall big enough for that many people?(당신의 연회장이 그렇게 많은 사람들을 위해 충분히 큰가요?)"이라고 하였다. 따라서 (C)가 정답이다.

어휘 occasion 행사 capacity 수용 인원, 수용력

55 특정 세부 사항 문제
하 ●○○

해석 무엇이 추가 요금 없이 이용 가능할 것인가?
(A) 주문 제작 메뉴
(B) 주차 서비스
(C) 음향 시스템
(D) 전문 사진가

해설 질문의 핵심어구(no additional charge)가 언급된 주변을 주의 깊게 듣는다. 대화 후반부에서 남자가 "there will be no additional charge for the audio system(음향 시스템에 대한 추가 비용은 없을 것입니다)"이라고 하였다. 따라서 (C)가 정답이다.

어휘 customized 주문 제작한, 맞춤형 valet 주차

56-58 [3m] 미국식 발음 → 캐나다식 발음

Questions 56-58 refer to the following conversation.

W: Kendrick, do you have a minute? ⁵⁶**I think I found a mistake in our team's attendance records for last month.** The system shows that you took June 25 off, but I seem to remember that you attended the weekly staff meeting that morning.
M: You're right. ⁵⁷**I took a day off on June 5. I had to pick up a relative at the airport.** Maybe I didn't fill out my leave request form correctly.
W: OK. ⁵⁸**You should fill out a new form with the correct date and hand it to me.** After that, I'll delete the other absence from the system.

weekly 주간(의) take a day off 휴가를 내다 leave 휴가; 떠나다
absence 결근

해석
56-58번은 다음 대화에 관한 문제입니다.

여: Kendrick, 시간 좀 내주시겠어요? ⁵⁶제가 방금 우리 팀의 지난 달 출근 기록에서 오류를 찾은 것 같아요. 이 시스템에서는 당신이 6월 25일에 휴가를 낸 것으로 보이는데, 저는 그날 아침 주간 직원 회의에 당신이 참석했던 것이 기억나는 듯 하거든요.
남: 맞아요. ⁵⁷저는 6월 5일에 휴가를 냈어요. 공항에 친척을 데리러 가야 했거든요. 아마 제가 휴가 신청서 양식을 정확하게 기입하지 않았나 봐요.
여: 알겠어요. ⁵⁸당신은 올바른 날짜로 새로운 휴가 신청서 양식을 작성하고 저에게 그것을 제출하셔야 해요. 그 후, 제가 시스템에서 다른 결근을 삭제해드릴게요.

56 주제 문제
중 ●●○

해석 대화는 주로 무엇에 관한 것인가?
(A) 기록 오류
(B) 초과 근무 일정
(C) 직원 부족
(D) 정책 변경

해설 대화의 주제를 묻는 문제이므로, 대화의 초반을 주의 깊게 듣는다. 여자가 "I think I found a mistake in our team's attendance records for last month(제가 방금 우리 팀의 지난 달 출근 기록에서 오류를 찾은 것 같아요)"라고 한 후, 기록 오류에 대한 내용으로 대화가 이어지고 있다. 따라서 (A)가 정답이다.

어휘 overtime 초과 근무 shortage 부족

57 특정 세부 사항 문제
하 ●○○

해석 남자는 6월 5일에 무엇을 했는가?
(A) 워크숍에 참석했다.
(B) 고객과 만났다.
(C) 의사를 찾아갔다.
(D) 공항에 갔다.

해설 질문의 핵심어구(June 5)가 언급된 주변을 주의 깊게 듣는다. 대화 중반부에서 남자가 "I took a day off on June 5. I had to pick up a relative at the airport(저는 6월 5일에 휴가를 냈어요. 공항에 친척을 데리러 가야 했거든요)"라고 하였다. 따라서 (D)가 정답이다.

58 요청 문제

해석 여자는 남자에게 무엇을 해달라고 하는가?
(A) 양식을 기입한다.
(B) 동료에게 이야기한다.
(C) 여행 일정표를 인쇄한다.
(D) 제품을 운송한다.

해설 여자의 말에서 요청과 관련된 표현이 언급된 다음을 주의 깊게 듣는다. 대화 후반부에서 여자가 "You should fill out a new form with the correct date and hand it to me(당신은 올바른 날짜로 새로운 휴가 신청서 양식을 작성하고 저에게 그것을 제출하셔야 해요)"라고 하였다. 따라서 (A)가 정답이다.

어휘 itinerary 여행 일정표 transport 운송하다

59-61 ③ 캐나다식 발음 → 영국식 발음 → 호주식 발음

Questions 59-61 refer to the following conversation with three speakers.

M1: Sarah, ⁵⁹do you know where the ecology conference we're attending next month is being hosted?
W: I think it will be in Atlanta, but I'm not sure.
M1: Hmm . . . Jeremiah, do you know where it is taking place?
M2: Do you mean the North American Ecology Convention that Julie Gibson is speaking at? ⁶⁰It's being held in Dallas. I just booked my ticket as well as a hotel room near the convention center.
W: Oh, ⁶¹I'm sorry for providing incorrect information. I'm not sure how I got those cities mixed up.

ecology 생태학 conference 학회, 회의 mix up ~을 혼동하다

해석
59-61번은 다음 세 명의 대화에 관한 문제입니다.

남1: Sarah, ⁵⁹다음 달에 우리가 참석하는 생태학 학회가 어디에서 열리는지 아시나요?
여: 애틀랜타일 것 같은데, 확신할 수가 없네요.
남1: 흠… Jeremiah, 그것이 어디에서 열리는지 아세요?
남2: Julie Gibson이 연설하는 북미 생태학 학회 말씀하시는 건가요? ⁶⁰그건 댈러스에서 열려요. 저는 방금 컨벤션 센터 근처의 호텔뿐만 아니라 티켓도 예약했어요.
여: 아, ⁶¹부정확한 정보를 제공해서 죄송해요. 제가 왜 그 도시들이 혼동됐는지 모르겠네요.

59 주제 문제

해석 대화는 주로 무엇에 관한 것인가?
(A) 여행 예산
(B) 학회 주제
(C) 모임 날짜
(D) 행사 장소

해설 대화의 주제를 묻는 문제이므로, 대화의 초반을 주의 깊게 듣는다. 남자1이 "do you know where the ecology conference we're attending next month is being hosted?(다음 달에 우리가 참석하는 생태학 학회가 어디에서 열리는지 아시나요?)"라고 물은 후, 행사 장소에 대한 내용으로 대화가 이어지고 있다. 따라서 (D)가 정답이다.

어휘 budget 예산 gathering 모임 location 장소

60 특정 세부 사항 문제

해석 Jeremiah는 최근에 무엇을 했는가?
(A) 기조 연설을 했다.
(B) 생태학자와 만났다.
(C) 예약을 했다.
(D) 회람을 보냈다.

해설 대화에서 남자2[Jeremiah]의 말을 주의 깊게 듣는다. 대화 중반부에서 남자2[Jeremiah]가 "It's being held in Dallas. I just booked my ticket as well as a hotel room near the convention center(그건 댈러스에서 열려요. 저는 방금 컨벤션 센터 근처의 호텔뿐만 아니라 티켓도 예약했어요)"라고 하였다. 따라서 (C)가 정답이다.

어휘 keynote speech 기조 연설 ecologist 생태학자

패러프레이징

booked 예약했다 → made a reservation 예약을 했다

61 이유 문제

해석 여자는 왜 사과하는가?
(A) 표를 예약하지 않았다.
(B) 잘못된 정보를 주었다.
(C) 몇몇 동료들을 알아보지 못했다.
(D) 교통편을 마련하지 않았다.

해설 질문의 핵심어구(apologize)와 관련된 내용을 주의 깊게 듣는다. 대화 후반부에서 여자가 "I'm sorry for providing incorrect information(부정확한 정보를 제공해서 죄송해요)"이라고 하였다. 따라서 (B)가 정답이다.

어휘 arrange 마련하다 transportation 교통편

62-64 ③ 호주식 발음 → 미국식 발음

Questions 62-64 refer to the following conversation and floor plan.

M: Deborah, I just want to let you know that ⁶²workers will be setting up a new set of fire sprinklers on the third floor next week. They will begin with your office on Monday. Would you mind using the conference room as a temporary workspace that day?
W: Hmm . . . ⁶³I have a meeting with a new client on Monday, and I want to create a good first impression. Why don't I use the empty office right next to the storage area?
M: Sure. ⁶⁴No one has been using it since Mr. Hobbs moved to our Seattle office last month.
W: Great. I'll put some of my things in there on Friday afternoon.

fire sprinkler 화재 스프링클러 temporary 임시의 workspace 작업 공간
first impression 첫인상 empty 빈

해석
62-64번은 다음 대화와 평면도에 관한 문제입니다.

남: Deborah, ⁶²작업자들이 다음 주에 3층에 새로운 화재 스프링클러 세트를 설치할 것이라는 점을 당신에게 알려주고 싶어요. 그들은 월요일에 당신의 사무실부터 시작할 거예요. 그날 회의실을 임시 작업 공간으로 사용해도 괜찮을까요?
여: 흠… ⁶³저는 월요일에 새로운 고객과 회의가 있는데, 좋은 첫인상을 만들고 싶어요. 제가 창고 구역 바로 옆의 빈 사무실을 사용하는 게 어떨까요?

TEST 7 해커스 토익 실전 1200제 LISTENING

남: 물론이죠. ⁶⁴지난 달에 Mr. Hobbs가 우리 시애틀 사무실로 이사한 후로 아무도 그곳을 사용하고 있지 않아요.
여: 좋아요. 금요일 오후에 그곳에 제 물건 몇 개를 놓아둘게요.

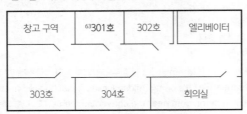

창고 구역	⁶³301호	302호	엘리베이터
303호	304호		회의실

62 다음에 할 일 문제   중 ●●○

해석 다음 주에 무슨 일이 일어날 것 같은가?
(A) 작업 공간이 다시 페인트칠될 것이다.
(B) 창고 구역이 청소될 것이다.
(C) 몇몇 장비가 설치될 것이다.
(D) 몇몇 컴퓨터가 업데이트될 것이다.

해설 질문의 핵심어구(next week)가 언급된 주변을 주의 깊게 듣는다. 대화 초반부에서 남자가 "workers will be setting up a new set of fire sprinklers on the third floor next week(작업자들이 다음 주에 3층에 새로운 화재 스프링클러 세트를 설치할 것이에요)"이라고 하였다. 이를 통해 다음 주에 몇몇 장비가 설치될 것임을 알 수 있다. 따라서 (C)가 정답이다.

어휘 equipment 장비   install 설치하다

패러프레이징

will be setting up a new set of fire sprinklers 새로운 화재 스프링클러 세트를 설치할 것이다 → Some equipment will be installed 몇몇 장비가 설치될 것이다

63 시각 자료 문제   중 ●●○

해석 시각 자료를 보아라. 여자는 월요일에 어떤 방을 사용할 것인가?
(A) 301호
(B) 302호
(C) 303호
(D) 304호

해설 평면도의 정보를 확인한 후 질문의 핵심어구(on Monday)가 언급된 주변을 주의 깊게 듣는다. 대화의 중반부에서 여자가 "I have a meeting with a new client on Monday ~. Why don't I use the empty office right next to the storage area?(저는 월요일에 새로운 고객과 회의가 있어요. 제가 창고 구역 바로 옆의 빈 사무실을 사용하는 게 어떨까요?)"라고 하였다. 이를 통해, 여자가 월요일에 301호를 사용할 것임을 평면도에서 알 수 있다. 따라서 (A)가 정답이다.

64 언급 문제   중 ●●○

해석 Mr. Hobbs에 대해 무엇이 언급되는가?
(A) 다른 회사에 입사했다.
(B) 휴가를 가기로 결정했다.
(C) 고객 회의를 준비했다.
(D) 다른 지점으로 옮겼다.

해설 질문의 핵심어구(Mr. Hobbs)가 언급된 주변을 주의 깊게 듣는다. 대화 후반부에서 남자가 "No one has been using it since Mr. Hobbs moved to our Seattle office last month(지난 달에 Mr. Hobbs가 우리 시애틀 사무

실로 이사한 후로 아무도 그곳을 사용하고 있지 않아요)"라고 하였다. 이를 통해, Mr. Hobbs가 다른 지점으로 옮겼음을 알 수 있다. 따라서 (D)가 정답이다.

어휘 firm 회사

패러프레이징

moved 이사했다 → transferred 옮겼다

65-67 [음] 영국식 발음 → 캐나다식 발음

Questions 65-67 refer to the following conversation and pie chart.

W: Harold, ⁶⁵**I'm trying to figure out how our chain of sportswear shops can increase revenue**. Our sales have been lower than expected.
M: In my opinion, ⁶⁶**we should expand one of our branches. I suggest the branch with the second-highest sales volume.** I think it has a lot of potential for growth.
W: That's a promising idea. However, I'll need to see some supporting data before making a decision. ⁶⁷**Can you write a report about your suggestion this afternoon?**
M: Sure, I'll e-mail it by five o'clock.

sales volume 판매량   potential 가능성   promising 전망이 좋은
supporting 뒷받침하는

해석
65-67번은 다음 대화와 원그래프에 관한 문제입니다.
여: Harold, ⁶⁵저는 우리 스포츠의류 체인점들이 어떻게 수익을 늘릴 수 있을지를 생각하고 있어요. 우리 매출이 예상보다 낮아요.
남: 제 생각에는, ⁶⁶우리 지점 중 하나를 확장해야 할 것 같아요. 저는 두 번째로 판매량이 많은 지점을 제안해요. 이곳이 많은 성장 가능성을 갖고 있는 것 같아요.
여: 전망이 좋은 생각이네요. 하지만, 저는 결정을 내리기 전에 뒷받침하는 자료를 확인해야 할 거예요. ⁶⁷오늘 오후에 당신의 제안에 관한 보고서를 작성해 주시겠어요?
남: 좋아요, 그것을 다섯시까지 이메일로 보내드릴게요.

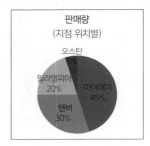

판매량
(지점 위치별)
오스틴 5%
필라델피아 20%
마이애미 45%
덴버 30%

65 화자 문제   중 ●●○

해석 화자들은 어디에서 일하는가?
(A) 보석 가게에서
(B) 식당에서
(C) 여행사에서
(D) 의류 회사에서

해설 대화에서 신분 및 직업과 관련된 표현을 놓치지 않고 듣는다. 대화 초반부에서 여자가 "I'm trying to figure out how our chain of sportswear shops can increase revenue(저는 우리 스포츠의류 체인점들이 어떻게 수익을 늘릴 수 있을지를 생각하고 있어요)"라고 한 것을 통해 화자들이 의류 회사에서 일하

는 것을 알 수 있다. 따라서 (D)가 정답이다.

어휘 jewelry 보석

66 시각 자료 문제 중 ●●○

해석 시각 자료를 보아라. 어느 지점이 확장될 것인가?
(A) 마이애미
(B) 덴버
(C) 필라델피아
(D) 오스틴

해설 원그래프의 정보를 확인한 후 질문의 핵심어구(expanded)와 관련된 내용을 주의 깊게 듣는다. 대화 중반부에서 남자가 "we should expand one of our branches. I suggest the branch with the second-highest sales volume(우리 지점 중 하나를 확장해야 할 것 같아요. 저는 두 번째로 판매량이 많은 지점을 제안해요)"이라고 하였으므로, 덴버 지점이 확장될 것임을 원그래프에서 알 수 있다. 따라서 (B)가 정답이다.

67 다음에 할 일 문제 하 ●○○

해석 남자는 오늘 오후에 무엇을 할 것 같은가?
(A) 보고서를 만든다.
(B) 회의장을 견학한다.
(C) 지원자를 평가한다.
(D) 예시들을 듣는다.

해설 질문의 핵심어구(this afternoon)가 언급된 주변을 주의 깊게 듣는다. 대화 후반부에서 여자가 "Can you write a report about your suggestion this afternoon?(오늘 오후에 당신의 제안에 관한 보고서를 작성해 주시겠어요?)"이라고 하였다. 따라서 (A)가 정답이다.

어휘 create 만들다 tour 견학하다 convention hall 회의장

패러프레이징

write a report 보고서를 작성하다 → Create a report 보고서를 만든다

68-70 [호] 호주식 발음 → 영국식 발음

Questions 68-70 refer to the following conversation and schedule.

M: Crystal, this is Liam. ⁶⁸**Could you check if I came to the correct address? I'm at 120 Shire Road, but there's no one home.**
W: Sure . . . um . . . ⁶⁸**No, it should be 26 Shire Road.** I made a mistake on today's repair service schedule. Sorry about that.
M: No problem. But ⁶⁹**we'd better call the client to apologize and arrange a new appointment time.** Could you do that, please? I have to meet another client in 20 minutes.
W: OK. I'll do that right away. ⁷⁰**I'll set up a new appointment time and tell the customer that the service will be free.**

repair 수리 apologize 사과하다 right away 바로

해석
68-70번은 다음 대화와 일정표에 관한 문제입니다.

남: Crystal, 저 Liam이에요. ⁶⁸제가 정확한 주소로 왔는지 확인해 주시겠어요? 저는 Shire가 120번지에 있는데, 집에 아무도 없어요.

여: 그럼요… 음… ⁶⁸아니요, 그건 Shire가 26번지가 되어야 해요. 제가 오늘 수리 서비스 일정에 실수를 했어요. 죄송해요.

남: 괜찮아요. 하지만 ⁶⁹그 고객에게 사과하고 새로운 약속 시간을 정하기 위해 전화하는 것이 좋겠어요. 그렇게 해주실 수 있나요? 저는 20분 후에 다른 고객을 만나야 해요.

여: 네. 지금 바로 그렇게 할게요. ⁷⁰새로운 일정을 잡고 그 고객에게 서비스는 무료일 거라고 전할게요.

서비스 일정

고객 이름	도로명 주소
Anne Harris	Holly가 16번지
⁶⁸Javier Marquez	Shire가 120번지
Beth Adams	Prince가 85번지
Dave Lee	Cape가 72번지

68 시각 자료 문제 중 ●●○

해석 시각 자료를 보아라. 누구의 정보가 부정확한가?
(A) Anne Harris
(B) Javier Marquez
(C) Beth Adams
(D) Dave Lee

해설 일정표의 정보를 확인한 후 질문의 핵심어구(information ~ incorrect)와 관련된 내용을 주의 깊게 듣는다. 대화 초반부에서 남자가 "Could you check if I came to the correct address? I'm at 120 Shire Road, but there's no one home(제가 정확한 주소로 왔는지 확인해 주시겠어요? 저는 Shire가 120번지에 있는데, 집에 아무도 없어요)"이라고 하자, 여자가 "No, it should be 26 Shire Road(아니요, 그건 Shire가 26번지가 되어야 해요)"라고 한 것을 통해, Javier Marquez의 정보가 부정확함을 일정표에서 알 수 있다. 따라서 (B)가 정답이다.

69 제안 문제 중 ●●○

해석 남자는 무엇을 제안하는가?
(A) 약속 일정을 변경하기
(B) 부품을 교체하기
(C) 환불을 제공하기
(D) 관리자에게 알리기

해설 남자의 말에서 제안과 관련된 표현이 언급된 다음을 주의 깊게 듣는다. 대화 중반부에서 남자가 "we'd better call the client to ~ arrange a new appointment time(그 고객에게 새로운 약속 시간을 정하기 위해 전화하는 것이 좋겠어요)"이라고 하였다. 따라서 (A)가 정답이다.

어휘 notify 알리다 supervisor 관리자

패러프레이징

arrange a new appointment time 새로운 약속 시간을 정하다 → Rescheduling an appointment 약속 일정을 변경하기

70 특정 세부 사항 문제 하 ●○○

해석 여자에 따르면, 고객은 무엇을 받을 것인가?
(A) 소식지
(B) 확인 코드
(C) 쿠폰

(D) 무료 서비스

해설 질문의 핵심어구(customer receive)와 관련된 내용을 주의 깊게 듣는다. 대화 후반부에서 여자가 "I'll ~ tell the customer that the service will be free(그 고객에게 서비스는 무료일 거라고 전할게요)"라고 한 것을 통해, 고객이 무료 서비스를 받을 것임을 알 수 있다. 따라서 (D)가 정답이다.

어휘 confirmation 확인

PART 4

71-73 ③ 캐나다식 발음

Questions 71-73 refer to the following excerpt from a meeting.

> After careful consideration, ⁷¹**we have decided to change our company policy regarding the dress code**. As you know, all employees have had to wear a uniform while working. Beginning tomorrow, all you need to do is wear khaki pants and a dark blue shirt. ⁷²**We will provide each of you with an updated employee manual** that includes more details about the types of clothing you can wear. Also, ⁷³**for the next two weeks, we will ask customers to provide feedback on the new dress code**.
>
> regarding ~에 관하여 dress code 복장 규정 updated 최신의
> employee manual 직원 수칙

해설
71-73번은 다음 회의 발췌록에 관한 문제입니다.
심사숙고 끝에, ⁷¹우리는 복장 규정에 관한 회사 정책을 변경하기로 결정했습니다. 아시다시피, 모든 직원들은 일하는 동안 유니폼을 입어야 했습니다. 내일부터, 여러분은 그저 카키색 바지와 짙은 청색의 셔츠를 입으시기만 하면 됩니다. 여러분이 입을 수 있는 의상 종류에 관한 세부 사항이 포함된 ⁷²최신 직원 수칙을 모두에게 제공할 것입니다. 또한 ⁷³다음 2주 동안, 우리는 새로운 복장 규정에 대해 고객들에게 의견을 제공해 달라고 요청할 것입니다.

71 주제 문제   하 ●○○

해설 화자는 주로 무엇을 이야기하고 있는가?
(A) 고객 불만
(B) 제품 후기
(C) 회사 정책
(D) 판매 전략

해설 회의 발췌록의 주제를 묻는 문제이므로, 지문의 초반을 주의 깊게 듣는다. 지문 초반부에서 "we have decided to change our company policy regarding the dress code(우리는 복장 규정에 관한 회사 정책을 변경하기로 결정했습니다)"라고 한 후, 회사 정책에 대한 내용으로 지문이 이어지고 있다. 따라서 (C)가 정답이다.

어휘 strategy 전략

72 특정 세부 사항 문제   하 ●○○

해설 청자들에게 무엇이 제공될 것인가?
(A) 명찰
(B) 직원 수칙
(C) 의류
(D) 상품권

해설 질문의 핵심어구(provided)와 관련된 내용을 주의 깊게 듣는다. 지문 중반부에서 "We will provide each of you with an updated employee manual(최신 직원 수칙을 모두에게 제공할 것입니다)"이라고 하였다. 따라서 (B)가 정답이다.

73 다음에 할 일 문제   중 ●●○

해설 다음 2주 동안 무슨 일이 일어날 것인가?
(A) 구직 면접이 진행될 것이다.
(B) 교육 워크숍이 열릴 것이다.
(C) 고객 의견이 수집될 것이다.
(D) 홍보 자료가 검토될 것이다.

해설 질문의 핵심어구(two weeks)가 언급된 주변을 주의 깊게 듣는다. 지문 후반부에서 "for the next two weeks, we will ask customers to provide feedback on the new dress code(다음 2주 동안, 우리는 새로운 복장 규정에 대해 고객들에게 의견을 제공해 달라고 요청할 것입니다)"라고 하였다. 따라서 (C)가 정답이다.

패러프레이징

> ask customers to provide feedback 고객들에게 의견을 제공해 달라고
> 요청하다 → Customer feedback will be collected 고객 의견이 수집될 것이다

74-76 ③ 영국식 발음

Questions 74-76 refer to the following announcement.

> ⁷⁴**Good evening, Montcalm Resort guests.** A pair of snow goggles has been found in the lobby. If you believe you are the owner of this item, ⁷⁵**please proceed to the lost-and-found desk, which is located on the second floor next to the ski rental shop**. In order to prove that you are the owner, ⁷⁶**you must give a brief description of the item**. For example, you should be able to state the color of the item and the brand name.
>
> snow goggles 스키용 안경 owner 주인 proceed to ~로 향하다, 나아가다
> lost-and-found 분실물 보관소 description 설명 state 말하다

해설
74-76번은 다음 공지에 관한 문제입니다.
⁷⁴안녕하세요, Montcalm 리조트의 손님 여러분. 스키용 안경 한 개가 로비에서 발견되었습니다. 만약 이 제품의 주인이 당신이라고 생각되신다면, ⁷⁵2층 스키 대여점 옆에 위치한 분실물 보관소 데스크로 향해 주시기 바랍니다. 당신이 주인이라는 것을 증명하기 위해서, ⁷⁶이 제품의 간단한 설명을 해 주셔야 합니다. 예를 들어, 제품의 색상과 상표명을 말씀해주실 수 있어야 합니다.

74 청자 문제   하 ●○○

해설 청자들은 누구인 것 같은가?
(A) 식당 고객들
(B) 행사 참석자들
(C) 비행기 승객들
(D) 리조트 손님들

해설 지문에서 신분 및 직업과 관련된 표현을 놓치지 않고 듣는다. 지문 초반부에서 "Good evening, Montcalm Resort guests(안녕하세요, Montcalm 리조트의 손님 여러분)"라고 한 것을 통해 청자들이 리조트 손님들인 것을 알 수 있다. 따라서 (D)가 정답이다.

75 특정 세부 사항 문제

하 ●○○

해석 2층에 무엇이 위치해 있는가?
(A) 식당
(B) 대여점
(C) 매표소
(D) 휴게실

해설 질문의 핵심어구(the second floor)가 언급된 주변을 주의 깊게 듣는다. 지문 중반부에서 "please proceed to the lost-and-found desk, which is located on the second floor next to the ski rental shop(2층 스키 대여점 옆에 위치한 분실물 보관소 데스크로 향해 주시기 바랍니다)"이라고 하였다. 따라서 (B)가 정답이다.

76 요청 문제

중 ●●○

해석 청자들은 무엇을 하도록 요청받는가?
(A) 활동을 신청한다.
(B) 설명을 제공한다.
(C) 구입 증명서를 제출한다.
(D) 사진이 부착된 신분증을 보여준다.

해설 지문의 중후반에서 요청과 관련된 표현이 포함된 문장을 주의 깊게 듣는다. "you must give a brief description of the item(이 제품의 간단한 설명을 해 주셔야 합니다)"이라고 하였다. 따라서 (B)가 정답이다.

어휘 photo identification 사진이 부착된 신분증

77-79 [3∰] 호주식 발음

Questions 77-79 refer to the following telephone message.

Kendal, it's Oliver calling. I know I'll be back in Boston tomorrow, but ⁷⁷**I want to check in with you regarding the logo that Flour Bakery asked us to design.** ⁷⁸**I am a little concerned. I still haven't heard from our client, Mr. Sellers.** He was supposed to e-mail me yesterday to confirm what colors I should use. ⁷⁹**Could you call him today to find out if he approves of the ones I suggested? If so, I don't need anything else.** Please call me by the end of the day with his response. Thanks.

concerned 걱정하는 be supposed to ~하기로 되어 있다
approves of ~을 승인하다 response 응답

해석
77-79번은 다음 전화 메시지에 관한 문제입니다.

Kendal, 저 Oliver예요. 제가 내일 보스턴으로 돌아갈 것을 알지만, ⁷⁷Flour 빵집이 우리에게 디자인하도록 요청한 로고에 관해 당신과 확인하고 싶어요. ⁷⁸저는 약간 걱정이 돼요. 우리 고객인 Mr. Sellers에게서 아직 연락을 받지 못했어요. 그는 제가 어떤 색을 사용할지 확정하기 위해 어제 이메일을 보내기로 되어 있었거든요. ⁷⁹그가 제가 제안한 것들을 승인하는지 알아보기 위해 오늘 그에게 전화해 주시겠어요? 만약 그렇다면, 저는 그 밖의 다른 것은 필요하지 않아요. 그의 응답과 함께 오늘 중으로 전화 주세요. 감사해요.

77 화자 문제

중 ●●○

해석 화자는 어디에서 일하는 것 같은가?

(A) 슈퍼마켓에서
(B) 병원에서
(C) 그래픽 디자인 회사에서
(D) 미술관에서

해설 지문에서 신분 및 직업과 관련된 표현을 놓치지 않고 듣는다. 지문 초반부에서 "I want to check in with you regarding the logo that Flour Bakery asked us to design(Flour 빵집이 우리에게 디자인하도록 요청한 로고에 관해 당신과 확인하고 싶어요)"이라고 한 것을 통해 화자가 그래픽 디자인 회사에서 일하고 있다는 것을 알 수 있다. 따라서 (C)가 정답이다.

78 이유 문제

중 ●●●

해석 화자는 왜 걱정하는가?
(A) 고객이 그에게 연락하지 않았다.
(B) 마감 기한이 확정되지 않았다.
(C) 소포가 그에게 발송되지 않았다.
(D) 항공편이 지연되었다.

해설 질문의 핵심어구(concerned)가 언급된 주변을 주의 깊게 듣는다. 지문 중반부에서 "I am a little concerned. I still haven't heard from our client, Mr. Sellers(저는 약간 걱정이 돼요. 우리 고객인 Mr. Sellers에게서 아직 연락을 받지 못했어요)"라고 하였다. 따라서 (A)가 정답이다.

어휘 package 소포, 포장

79 의도 파악 문제

상 ●●●

해석 화자는 왜 "저는 그 밖의 다른 것은 필요하지 않아요"라고 말하는가?
(A) 업무를 시작할 준비가 되었다.
(B) 이메일에 답장할 수 없다.
(C) 행사에 대해 기대하고 있다.
(D) 제품에 만족한다.

해설 질문의 인용어구(I don't need anything else)가 언급된 주변을 주의 깊게 듣는다. 지문 후반부에서 "Could you call him today to find out if he approves of the ones I suggested?(그가 제가 제안한 것들을 승인하는지 알아보기 위해 오늘 그에게 전화해 주시겠어요?)"라며 만약 그렇다면 자신은 그 밖의 다른 것은 필요하지 않다고 하였으므로 남자가 업무를 시작할 준비가 되었다는 의도임을 알 수 있다. 따라서 (A)가 정답이다.

80-82 [3∰] 영국식 발음

Questions 80-82 refer to the following advertisement.

Do you wish doing accounting work was easier? If so, then you need the FinancePro software from Crevice Industries. ⁸⁰**This program makes it easy to fill out the required forms.** Also, ⁸¹**an advantage of FinancePro is that it receives regular updates.** There will never be a better time to try this amazing software program. ⁸²**Until February 15, anyone who orders FinancePro through our Web site will pay $40 less than the usual price.** So, don't miss out . . . Purchase FinancePro today!

require 필요하다 time 시기, 때 usual 평상시의

해석
80-82번은 다음 광고에 관한 문제입니다.

회계 업무를 하는 것이 더 쉬웠으면 하고 바라시나요? 그러시다면, 당신은 Crevice 사의 FinancePro 소프트웨어가 필요합니다. ⁸⁰이 프로그램은 필요한 양식을 작성

하는 것을 쉽게 해줍니다. 또한, 81FinancePro의 장점은 정기적인 업데이트를 받는다는 것입니다. 이 놀라운 소프트웨어 프로그램을 사용하는 데 더 좋은 시기는 다시 없을 것입니다. 822월 15일까지, 저희 웹사이트를 통해 FinancePro를 주문하시는 모든 분들께서는 평상시의 가격보다 40달러 더 적게 지불하실 것입니다. 그러니, 놓치지 마세요… 오늘 FinancePro를 구입하세요!

80 특정 세부 사항 문제　　하 ●○○

해석　소프트웨어 프로그램은 무엇을 위해 사용될 수 있는가?
(A) 위치를 찾기
(B) 양식을 기입하기
(C) 사진을 편집하기
(D) 메시지를 보내기

해설　질문의 핵심어구(software program)와 관련된 내용을 주의 깊게 듣는다. 지문 초반부에서 "This program[FinancePro software] makes it easy to fill out the required forms(FinancePro 소프트웨어는 필요한 양식을 작성하는 것을 쉽게 해줍니다)"라고 하였다. 따라서 (B)가 정답이다.

81 특정 세부 사항 문제　　중 ●●○

해석　프로그램의 장점은 무엇인가?
(A) 수년간 유효하다.
(B) 온라인 지원을 제공한다.
(C) 빠른 서비스를 보장한다.
(D) 정기적으로 업데이트된다.

해설　질문의 핵심어구(advantage of the program)와 관련된 내용을 주의 깊게 듣는다. 지문 중반부에서 "an advantage of FinancePro is that it receives regular updates(FinancePro의 장점은 정기적인 업데이트를 받는다는 것입니다)"라고 하였다. 따라서 (D)가 정답이다.

어휘　ensure 보장하다

82 특정 세부 사항 문제　　중 ●●○

해석　청자들은 2월 15일까지 무엇을 할 수 있는가?
(A) 온라인 시연을 시청한다.
(B) 시험 버전을 내려받는다.
(C) 할인을 받는다.
(D) 보증 기간을 연장한다.

해설　질문의 핵심어구(February 15)가 언급된 주변을 주의 깊게 듣는다. 지문 후반부에서 "Until February 15, anyone who orders FinancePro through our Web site will pay $40 less than the usual price(2월 15일까지, 저희 웹사이트를 통해 FinancePro를 주문하시는 모든 분들께서는 평상시의 가격보다 40달러 더 적게 지불하실 것입니다)"라고 하였다. 따라서 (C)가 정답이다.

어휘　trial version 시험 버전

83-85 ③ 캐나다식 발음

Questions 83-85 refer to the following talk.

Welcome, everyone, to the Fryer Museum of Ancient Art. My name is Neville, and 83**I will be your guide for today's tour**. Before we start, 84**I'd like to remind you that photographing the items on display is not allowed**. Also, 85**a corporate fund-raising event is taking place in the Brass Wing this afternoon**, so we will not visit that area today. Now, if

there are no questions, we will go into the main hall.

remind 다시 한번 알려주다　photograph 촬영하다　wing 건물

해석
83-85번은 다음 담화에 관한 문제입니다.

Fryer 고대 미술 박물관에 오신 것을 환영합니다, 여러분. 제 이름은 Neville이고, 83저는 오늘 투어 동안 여러분의 가이드가 될 것입니다. 시작하기 전에, 84저는 여러분께 전시품을 촬영하는 것은 허용되지 않는다는 점을 다시 한번 알려드리고 싶습니다. 또한, 85오늘 오후 Brass 건물에서 기업 기금 모금 행사가 열리므로, 우리는 그 구역은 오늘 방문하지 않을 것입니다. 자, 질문이 없으시다면, 본관으로 가겠습니다.

83 화자 문제　　하 ●○○

해석　화자는 누구인 것 같은가?
(A) 행사 기획자
(B) 가게 주인
(C) 여행 가이드
(D) 지역 예술가

해설　지문에서 신분 및 직업과 관련된 표현을 놓치지 않고 듣는다. 지문 초반부에서 "I will be your guide for today's tour(저는 오늘 투어 동안 여러분의 가이드가 될 것입니다)"라고 한 것을 통해 화자가 여행 가이드임을 알 수 있다. 따라서 (C)가 정답이다.

84 특정 세부 사항 문제　　하 ●○○

해석　청자들은 무엇을 하도록 허용되지 않는가?
(A) 사진을 촬영한다.
(B) 음식을 먹는다.
(C) 전시품을 만진다.
(D) 소음을 낸다.

해설　질문의 핵심어구(not allowed to do)와 관련된 내용을 주의 깊게 듣는다. 지문 중반부에서 "I'd like to remind you that photographing the items on display is not allowed(저는 여러분께 전시품을 촬영하는 것은 허용되지 않는다는 점을 다시 한번 알려드리고 싶습니다)"라고 하였다. 따라서 (A)가 정답이다.

85 특정 세부 사항 문제　　하 ●○○

해석　화자에 따르면, 오후에 무엇이 일어날 것인가?
(A) 정기 청소
(B) 모금 행사
(C) 미술 수업
(D) 전시회 개장

해설　질문의 핵심어구(in the afternoon)와 관련된 내용을 주의 깊게 듣는다. 지문 후반부에서 "a corporate fund-raising event is taking place in the Brass Wing this afternoon(오늘 오후 Brass 건물에서 기업 기금 모금 행사가 열립니다)"이라고 하였다. 따라서 (B)가 정답이다.

어휘　exhibit 전시회

86-88 ③ 미국식 발음

Questions 86-88 refer to the following radio broadcast.

Earlier today, Mayor Sandra Fallows announced plans to invest additional funds in the Lopez Community Center.

The facility was named after ⁸⁶**Maria Lopez, a local author of several best-selling novels**. It has been in decline over the last decade as the city has lacked the money needed to maintain it. However, ⁸⁷**thanks to a generous donation from a local resident, enough funds are on hand to purchase the flooring materials needed to restore the facility.** ⁸⁸**Mayor Fallows expects the construction to take four months, but there is a lot of work to be done on this facility.** More updates will be provided once the project begins.

name after ~의 이름을 따서 명명하다　best-selling 가장 많이 팔리는
generous 관대한　donation 기부　flooring 바닥재　restore 복원하다

해석
86-88번은 다음 라디오 방송에 관한 문제입니다.

오늘 오전, Sandra Fallows 시장이 Lopez 시민 문화회관에 추가적인 기금을 투자하는 계획을 발표했습니다. 이 시설은 ⁸⁶가장 많이 팔리는 여러 소설의 지역 작가인 Maria Lopez의 이름을 따서 명명되었습니다. 이것은 도시가 이를 유지할 비용이 부족하여 지난 10년 동안 쇠퇴해 왔습니다. 하지만, ⁸⁷지역 주민으로부터의 관대한 기부 덕분에, 시설을 복원하기 위해 필요한 바닥재 재료를 구매하기에 충분한 기금이 생겼습니다. ⁸⁸Fallows 시장은 공사가 4개월이 걸릴 것이라고 예상합니다, 하지만 이 시설에 진행되어야 할 많은 작업들이 있습니다. 프로젝트가 시작하면 더 많은 최신 정보가 제공될 것입니다.

86 특정 세부 사항 문제　　하 ●○○

해석　Maria Lopez는 누구인가?
(A) 작가
(B) 공무원
(C) 운동선수
(D) 선생님

해설　질문의 핵심어구(Maria Lopez)가 언급된 주변을 주의 깊게 듣는다. 지문 초반부에서 "Maria Lopez, a local author of several best-selling novels(가장 많이 팔리는 여러 소설의 지역 작가인 Maria Lopez)"라고 하였다. 따라서 (A)가 정답이다.

어휘　athlete 운동선수

패러프레이징

author 작가 → writer 작가

87 이유 문제　　중 ●●○

해석　기금이 왜 기부되었는가?
(A) 재료를 사기 위해
(B) 수업을 준비하기 위해
(C) 홍보 캠페인을 위한 돈을 지불하기 위해
(D) 지역 공원을 만들기 위해

해설　질문의 핵심어구(donated)와 관련된 내용을 주의 깊게 듣는다. 지문 중반부에서 "thanks to a generous donation from a local resident, enough funds are on hand to purchase the flooring materials needed to restore the facility(지역 주민으로부터의 관대한 기부 덕분에, 시설을 복원하기 위해 필요한 바닥재 재료를 구매하기에 충분한 기금이 생겼습니다)"라고 하였다. 따라서 (A)가 정답이다.

어휘　material 재료

88 의도 파악 문제　　상 ●●●

해석　화자는 "하지만 이 시설에 진행되어야 할 많은 작업들이 있습니다"라고 말할 때 무엇을 의도하는가?
(A) 제안이 승인되지 않을 수도 있다.
(B) 작업자들이 충분히 많지 않을 수도 있다.
(C) 예산이 증가해야 할 수 있다.
(D) 프로젝트가 더 많은 시간이 걸릴 수도 있다.

해설　질문의 인용어구(but there is a lot of work to be done on this facility)가 언급된 주변을 주의 깊게 듣는다. 지문 후반부에서 "Mayor Fallows expects the construction to take four months(Fallows 시장은 공사가 4개월이 걸릴 것이라고 예상합니다)"라며 하지만 이 시설에 진행되어야 할 많은 작업들이 있다고 하였으므로 프로젝트가 더 많은 시간이 걸릴 수도 있다는 의도임을 알 수 있다. 따라서 (D)가 정답이다.

어휘　crew 작업자

89-91 캐나다식 발음

Questions 89-91 refer to the following speech.

⁸⁹**Thank you for gathering for this annual party tonight. As the company's CEO, I'm proud** to say that it has been another successful year for Grandforth Hotels. Occupancy rates are up 20 percent from last year. Not to mention, ⁹⁰**our Havana branch, which just opened this spring, has received over 1,000 positive reviews** on travel Web sites. I especially want to acknowledge our head of marketing, Clara Snow. She played a vital role in these achievements. ⁹¹**She will now join me on stage to give a short speech.**

occupancy rates 객실 사용률　not to mention ~은 말할 것도 없고
acknowledge 감사하다　vital 중요한　achievement 성취

해석
89-91번은 다음 연설에 관한 문제입니다.

⁸⁹오늘 밤 이 연례 파티를 위해 모여주셔서 감사합니다. 이 회사의 최고 경영자로서, 저는 올해가 Grandforth Hotels의 또다른 성공적인 해였음을 말씀드리게 되어 자랑스럽습니다. 객실 사용률은 지난 해보다 20퍼센트 올랐습니다. 말할 것도 없이, ⁹⁰올봄에 막 문을 연 Havana 지점은 여행 웹사이트들에서 1,000개가 넘는 긍정적인 평가를 받았습니다. 저는 특히 우리 홍보 부장인 Clara Snow에게 감사드리고 싶습니다. 그녀는 이 성취에 있어서 중요한 역할을 수행했어요. ⁹¹지금 그녀가 짧은 연설을 하기 위해 무대에서 저와 함께할 것입니다.

89 장소 문제　　하 ●○○

해석　어디에서 연설이 열리는 것 같은가?
(A) 시상식에서
(B) 무역 박람회에서
(C) 회사 파티에서
(D) 운동 경기에서

해설　장소와 관련된 표현을 놓치지 않고 듣는다. 지문 초반부에서 "Thank you for gathering for this annual party tonight. As the company's CEO, I'm proud(오늘 밤 이 연례 파티를 위해 모여주셔서 감사합니다. 이 회사의 최고 경영자로서 저는 자랑스럽습니다)"라고 한 것을 통해, 연설이 회사 파티에서 열리고 있음을 알 수 있다. 따라서 (C)가 정답이다.

90 언급 문제 하 ●○○

해석 화자는 Havana 지점에 대해 무엇을 언급하는가?
(A) 추가적인 직원들을 고용할 것이다.
(B) 긍정적인 의견을 받았다.
(C) 다른 회사에 매각될 것이다.
(D) TV 프로그램에서 특집으로 다루어졌다.

해설 질문의 핵심어구(Havana)가 언급된 주변을 주의 깊게 듣는다. 지문 중반부에서 "our Havana branch, which just opened this spring, has received over 1,000 positive reviews(올봄에 막 문을 연 Havana 지점은 1,000개가 넘는 긍정적인 평가를 받았습니다)"라고 하였다. 따라서 (B)가 정답이다.

어휘 **feedback** 의견

91 다음에 할 일 문제 하 ●○○

해석 다음에 무슨 일이 일어날 것 같은가?
(A) 직원이 연설을 할 것이다.
(B) 증서가 배포될 것이다.
(C) 결정이 발표될 것이다.
(D) 서빙 직원이 방에 들어올 것이다.

해설 지문의 마지막 부분을 주의 깊게 듣는다. "She will now join me on stage to give a short speech(지금 그녀가 짧은 연설을 하기 위해 무대에서 저와 함께할 것입니다)"라고 하였다. 따라서 (A)가 정답이다.

어휘 **certificate** 증서

92-94 [3연] 미국식 발음

Questions 92-94 refer to the following talk.

Everyone, ⁹²I want to remind you that our office's lobby will go through renovations starting next Monday. Accordingly, the front entrance of the building will be blocked off, and you should use the side entryway instead. ⁹³Some parts of the lobby will be inaccessible while the work is underway. Um . . . ⁹³There will be signs. And last but not least, there may be debris on the lobby floor, so be careful not to trip. ⁹⁴If you have any questions or concerns about the renovation work, you can call our facilities team at extension number 301.

accordingly 따라서 block off 차단하다, 막다 entryway 입구, 입구의 통로
inaccessible 접근할 수 없는 underway 진행 중인
last but not least 마지막으로 debris 잔해, 쓰레기 trip 발을 헛디디다

해석
92-94번은 다음 담화에 관한 문제입니다.

여러분, ⁹²저는 우리 사무실 로비가 다음 주 월요일부터 보수될 것이라는 점을 알려드리고자 합니다. 따라서, 건물의 정문은 차단될 것이며, 여러분은 대신 측면 입구를 사용하셔야 합니다. ⁹³로비의 일부분은 작업이 진행되는 동안 접근할 수 없을 것입니다. 음… 그곳에는 표지가 있을 거예요. 그리고 마지막으로, 로비 바닥에 잔해가 있을 수 있으므로, 발을 헛디디지 않도록 주의하세요. ⁹⁴만약 보수 작업에 대해 질문이나 우려가 있으시다면, 내선번호 301번으로 우리 시설팀에 전화하시면 됩니다.

92 특정 세부 사항 문제 하 ●○○

해석 화자에 따르면, 다음 주 월요일에 무엇이 시작될 것인가?
(A) 보수 프로젝트

(B) 이사회 회의
(C) 도시 관광
(D) 정부 시찰

해설 질문의 핵심어구(next Monday)가 언급된 주변을 주의 깊게 듣는다. 지문 초반부에서 "I want to remind you that our office's lobby will go through renovations starting next Monday(저는 우리 사무실 로비가 다음 주 월요일부터 보수될 것이라는 점을 알려드리고자 합니다)"라고 하였다. 따라서 (A)가 정답이다.

어휘 **inspection** 시찰, 점검

93 의도 파악 문제 상 ●●●

해석 화자는 "그곳에는 표지가 있을 거예요"라고 말할 때 무엇을 의도하는가?
(A) 명소들에 접근하기 쉬울 것이다.
(B) 시설들이 사용될 수 있을 것이다.
(C) 방문객들은 미리 등록할 수 있다.
(D) 직원들이 구역을 식별할 수 있을 것이다.

해설 질문의 인용어구(There will be signs)가 언급된 주변을 주의 깊게 듣는다. 지문 중반부에서 "Some parts of the lobby will be inaccessible while the work is underway(로비의 일부분은 작업이 진행되는 동안 접근할 수 없을 것입니다)"라며 그곳에는 표지가 있을 거라고 하였으므로 직원들이 구역을 식별할 수 있을 것이라는 의도임을 알 수 있다. 따라서 (D)가 정답이다.

어휘 **attraction** 명소 **access** 접근하다

94 특정 세부 사항 문제 하 ●○○

해석 청자들은 질문이 있으면 무엇을 해야 하는가?
(A) 로비 데스크에 들른다.
(B) 지도를 확인한다.
(C) 관리자에게 이메일을 보낸다.
(D) 팀에 전화한다.

해설 질문의 핵심어구(have any questions)가 언급된 주변을 주의 깊게 듣는다. 지문 후반부에서 "If you have any questions or concerns about the renovation work, you can call our facilities team(만약 보수 작업에 대해 질문이나 우려가 있으시다면, 우리 시설팀에 전화하시면 됩니다)"이라고 하였다. 따라서 (D)가 정답이다.

어휘 **e-mail** 이메일을 보내다

95-97 [3연] 호주식 발음

Questions 95-97 refer to the following introduction and list.

⁹⁵Thank you for coming by Swift Corporation's booth at today's Global Interior Design Convention. I'm excited to introduce our latest massage chair. In addition to the standard features, ⁹⁶this chair includes a heating function for areas with cold winters and a touch-screen panel that makes the chair incredibly simple to use. Just sit, and let the chair do the work. Now, ⁹⁷if any of you want to come up and try this chair out, please line up in front of our booth.

standard 일반적인 feature 특징 heating function 난방 기능
incredibly 엄청나게 line up 줄을 서다

해석
95-97번은 다음 소개와 목록에 관한 문제입니다.

⁹⁵오늘 세계 인테리어 디자인 컨벤션의 Swift사 부스에 와 주셔서 감사합니다. 저는

저희의 최신 마사지 의자를 소개 드리게 되어 기쁩니다. 일반적인 특징에 더해서, ⁹⁶이 의자는 추운 겨울이 있는 지역을 위한 난방 기능과 이 의자를 엄청나게 사용하기 간단하도록 만들어 주는 터치 스크린 패널을 포함하고 있습니다. 단지 앉으셔서, 의자가 작동하도록 해 주세요. 자, ⁹⁷올라오셔서 이 의자를 시도해 보시고 싶으신 분이 계시다면, 저희 부스 앞에 줄을 서 주시기 바랍니다.

제품	특징	
	난방 기능	터치 스크린 패널
SwiftSimple		
SwiftRelax	O	
SwiftPlus		O
⁹⁶SwiftLux	O	O

95 장소 문제
하 ●○○

해석 담화는 어디에서 일어나고 있는 것 같은가?
(A) 제조 시설에서
(B) 컨벤션 부스에서
(C) 여행사에서
(D) 개인 주택에서

해설 장소와 관련된 표현을 놓치지 않고 듣는다. 지문 초반부에서 "Thank you for coming by Swift Corporation's booth at today's Global Interior Design Convention(오늘 세계 인테리어 디자인 컨벤션의 Swift사 부스에 와 주셔서 감사합니다)"이라고 한 것을 통해, 담화가 컨벤션 부스에서 일어나고 있음을 알 수 있다. 따라서 (B)가 정답이다.

어휘 private 개인의, 사적인 residence 주택, 거주지

96 시각 자료 문제
중 ●●○

해석 시각 자료를 보아라. 어느 제품을 화자가 소개하고 있는가?
(A) SwiftSimple
(B) SwiftRelax
(C) SwiftPlus
(D) SwiftLux

해설 목록의 정보를 확인한 후 질문의 핵심어구(product)와 관련된 내용을 주의 깊게 듣는다. 지문 중반부에서 "this chair includes a heating function for areas with cold winters and a touch-screen panel that makes the chair incredibly simple to use(이 의자는 추운 겨울이 있는 지역을 위한 난방 기능과 이 의자를 엄청나게 사용하기 간단하도록 만들어 주는 터치 스크린 패널을 포함하고 있습니다)"라고 하였으므로, 화자가 SwiftLux 제품을 소개하고 있는 것을 목록에서 알 수 있다. 따라서 (D)가 정답이다.

97 다음에 할 일 문제
중 ●●○

해석 몇몇 청자들은 다음에 무엇을 할 것 같은가?
(A) 웹사이트를 방문한다.
(B) 장소를 나간다.
(C) 주문을 한다.
(D) 줄을 선다.

해설 지문의 마지막 부분을 주의 깊게 듣는다. "if any of you want to come up and try this chair out, please line up in front of our booth(올라오셔서 이 의자를 시도해 보시고 싶으신 분이 계시다면, 저희 부스 앞에 줄을 서 주시기 바랍니다)"라고 하였다. 따라서 (D)가 정답이다.

어휘 exit 나가다, 떠나다 place an order 주문하다

98-100 ③째 영국식 발음

Questions 98-100 refer to the following telephone message and flyer.

Good morning, Mr. LeBlanc. This is Tracey Gorman from Pullman Printing. ⁹⁸**I'm calling in reply to the e-mail I received from you this morning. You inquired about the flyer** for your supermarket's summer sale. As you requested, ⁹⁹**we will change the discount amount for seasonal fruit** before printing the 300 copies. You also asked about when you could pick up the flyers. ¹⁰⁰**We actually provide free delivery, and I encourage you to use this.** The flyers will be ready tomorrow afternoon.

reply 답변 sale 할인 판매 discount 할인 seasonal 계절의
encourage 권장하다, 장려하다

해석
98-100번은 다음 전화 메시지와 전단지에 관한 문제입니다.

안녕하세요, Mr. LeBlanc. Pullman 인쇄소의 Tracey Gorman입니다. ⁹⁸오늘 오전에 귀께 받은 이메일에 답변을 드리기 위해 전화드립니다. 귀하께서는 귀하의 슈퍼마켓의 여름 할인 판매를 위한 전단지에 관해 문의하셨습니다. 요청하신 것처럼, 300장을 인쇄하기 전에 ⁹⁹계절 과일에 대한 할인량을 변경하겠습니다. 귀하께서는 전단지들을 언제 찾을 수 있는지에 대해서도 문의하셨죠. ¹⁰⁰저희는 사실 무료 배송을 제공하므로, 이것을 이용하시기를 권장해 드립니다. 이 전단지들은 내일 오후에 준비될 것입니다.

Main Street 슈퍼마켓
여름 할인 판매!

7월 5일부터 8월 15일까지
모든 계절 과일들이 ⁹⁹25퍼센트 할인될 것입니다!

놓치지 마세요!
Elm가 20번지에 방문하셔서 절약하세요!

98 특정 세부 사항 문제
중 ●●○

해석 화자에 따르면, 청자는 오늘 오전에 무엇을 했는가?
(A) 서류를 인쇄했다.
(B) 문의를 했다.
(C) 사무실에 갔다.
(D) 환불을 요청했다.

해설 질문의 핵심어구(this morning)이 언급된 주변을 주의 깊게 듣는다. 지문 초반부에서 "I'm calling in reply to the e-mail I received from you this morning. You inquired about the flyer(오늘 오전에 귀께 받은 이메일에 답변을 드리기 위해 전화드립니다. 귀하께서는 전단지에 관해 문의하셨습니다)"라고 하였다. 따라서 (B)가 정답이다.

어휘 make an inquiry 문의하다 request 요청하다

99 시각 자료 문제
중 ●●○

해석 시각 자료를 보아라. 어느 정보가 변경될 것인가?
(A) 5
(B) 15
(C) 25
(D) 20

해설 전단지의 정보를 확인한 후 질문의 핵심어구(changed)와 관련된 내용을 주

의 깊게 듣는다. 지문 중반부에서 "we will change the discount amount for seasonal fruit(계절 과일에 대한 할인량을 변경하겠습니다)"이라고 하였으므로, 계절 과일 할인량인 25가 변경될 것임을 전단지에서 알 수 있다. 따라서 (C)가 정답이다.

100 제안 문제   하 ●○○

해석   화자는 청자에게 무엇을 하라고 권하는가?
     (A) 회신 전화를 한다.
     (B) 무료 서비스를 이용한다.
     (C) 추가 요금을 지불한다.
     (D) 카드에 서명한다.

해설   지문 중후반에서 제안과 관련된 표현이 포함된 문장을 주의 깊게 듣는다. "We actually provide free delivery, and I encourage you to use this(저희는 사실 무료 배송을 제공하므로, 이것을 이용하시기를 권장해 드립니다)"라고 하였다. 따라서 (B)가 정답이다.

어휘   additional fee 추가 요금

PART 1

1 (D)	2 (C)	3 (B)	4 (D)	5 (A)
6 (B)				

PART 2

7 (A)	8 (B)	9 (C)	10 (B)	11 (A)
12 (C)	13 (A)	14 (C)	15 (B)	16 (C)
17 (B)	18 (A)	19 (C)	20 (A)	21 (C)
22 (B)	23 (C)	24 (B)	25 (A)	26 (B)
27 (B)	28 (A)	29 (C)	30 (C)	31 (A)

PART 3

32 (D)	33 (B)	34 (C)	35 (A)	36 (A)
37 (C)	38 (C)	39 (D)	40 (C)	41 (D)
42 (C)	43 (B)	44 (C)	45 (B)	46 (D)
47 (A)	48 (D)	49 (C)	50 (B)	51 (A)
52 (C)	53 (A)	54 (A)	55 (C)	56 (A)
57 (B)	58 (A)	59 (D)	60 (A)	61 (D)
62 (D)	63 (C)	64 (B)	65 (D)	66 (B)
67 (B)	68 (C)	69 (C)	70 (B)	

PART 4

71 (A)	72 (C)	73 (B)	74 (B)	75 (A)
76 (B)	77 (C)	78 (D)	79 (C)	80 (D)
81 (A)	82 (D)	83 (D)	84 (B)	85 (A)
86 (A)	87 (B)	88 (C)	89 (A)	90 (D)
91 (B)	92 (A)	93 (B)	94 (B)	95 (D)
96 (C)	97 (A)	98 (B)	99 (A)	100 (D)

PART 1

1 [3] 캐나다식 발음   하 ●○○

(A) He is trying on some clothes.
(B) He is opening a window.
(C) He is reaching for a handrail.
(D) He is walking up some stairs.

try on 입어 보다   reach (손을) 뻗다   handrail 난간

해석 (A) 그는 옷을 입어 보고 있다.
(B) 그는 창문을 열고 있다.
(C) 그는 난간을 향해 손을 뻗고 있다.
(D) 그는 계단을 걸어 올라가고 있다.

해설 1인 사진
(A) [×] trying on some clothes(옷을 입어 보고 있다)는 남자의 동작과 무

관하므로 오답이다.
(B) [×] opening a window(창문을 열고 있다)는 남자의 동작과 무관하므로 오답이다. 사진에 있는 창문(window)을 사용하여 혼동을 주었다.
(C) [×] reaching for a handrail(난간을 향해 손을 뻗고 있다)은 남자의 동작과 무관하므로 오답이다. 사진에 있는 난간(handrail)을 사용하여 혼동을 주었다.
(D) [○] 남자가 계단을 걸어 올라가고 있는 모습을 정확히 묘사한 정답이다.

2 [3] 영국식 발음   중 ●●○

(A) Books have fallen on the floor.
(B) A poster is being hung on a wall.
(C) Flowers have been placed in a vase.
(D) Cups are stacked on a table.

fall 떨어지다   stack 쌓다

해석 (A) 책들이 바닥에 떨어져 있다.
(B) 포스터가 벽에 걸리고 있다.
(C) 꽃이 꽃병에 놓여 있다.
(D) 컵이 탁자 위에 쌓여 있다.

해설 사물 및 풍경 사진
(A) [×] 사진에서 책은 보이지만 바닥에 떨어져 있는(have fallen on the floor) 모습은 아니므로 오답이다.
(B) [×] 사진에서 벽에 걸리고 있는 포스터를 확인할 수 없으므로 오답이다. 사람이 등장하지 않는 사진에 진행 수동형을 사용해 사람의 동작을 묘사한 오답에 주의한다.
(C) [○] 꽃이 꽃병에 놓여 있는 상태를 가장 잘 묘사한 정답이다.
(D) [×] 사진에서 컵은 보이지만 쌓여 있는(are stacked) 모습은 아니므로 오답이다.

3 [3] 호주식 발음   하 ●○○

(A) A cashier is putting fruit in a bag.
(B) A customer is handing an item to a cashier.
(C) A customer is taking out a credit card.
(D) A cashier is arranging some beverages.

take out 꺼내다   arrange 배치하다   beverage 음료

해석 (A) 계산원이 과일을 가방에 넣고 있다.
(B) 손님이 계산원에게 물품을 건네고 있다.
(C) 손님이 신용카드를 꺼내고 있다.
(D) 계산원이 음료를 배치하고 있다.

해설 2인 이상 사진
(A) [×] 넣고 있다(putting)는 계산원의 동작과 무관하므로 오답이다. 사진에 있는 과일(fruit)을 사용하여 혼동을 주었다.
(B) [○] 손님이 계산원에게 물품을 건네고 있는 모습을 가장 잘 묘사한 정답이다.

(C) [×] 꺼내고 있다(taking out)는 손님의 행동과 무관하므로 오답이다.
(D) [×] 배치하고 있다(arranging)는 계산원의 행동과 무관하므로 오답이다. 사진에 있는 음료(beverages)를 사용하여 혼동을 주었다.

4 🔊 미국식 발음　　　　　　　　　　　　　　하 ●○○

(A) A woman is waiting in a line.
(B) A woman is making a telephone call.
(C) A woman is standing on a train.
(D) A woman is using a touch screen.

make a telephone call 전화를 걸다

해석　(A) 한 여자가 줄을 서서 기다리고 있다.
　　(B) 한 여자가 전화를 걸고 있다.
　　(C) 한 여자가 기차에 서 있다.
　　(D) 한 여자가 터치 스크린을 사용하고 있다.

해설　**1인 사진**
　　(A) [×] 줄을 서서 기다리고 있다(waiting in a line)는 여자의 동작과 무관하므로 오답이다.
　　(B) [×] 전화를 걸고 있다(making a telephone call)는 여자의 동작과 무관하므로 오답이다.
　　(C) [×] 사진에 기차(train)가 없으므로 오답이다.
　　(D) [○] 여자가 터치 스크린을 사용하고 있는 모습을 정확히 묘사한 정답이다.

5 🔊 호주식 발음　　　　　　　　　　　　　　하 ●○○

(A) He is holding an umbrella.
(B) He is getting in a vehicle.
(C) He is buttoning his jacket.
(D) He is fixing his watch.

get in (탈것에) 타다　button (옷의) 단추를 잠그다

해석　**(A) 그는 우산을 들고 있다.**
　　(B) 그는 차량에 타고 있다.
　　(C) 그는 재킷의 단추를 잠그고 있다.
　　(D) 그는 시계를 고치고 있다.

해설　**1인 사진**
　　(A) [○] 우산을 들고 있는 남자의 모습을 정확히 묘사한 정답이다.
　　(B) [×] 타고 있다(getting in)는 남자의 동작과 무관하므로 오답이다.
　　(C) [×] 단추를 잠그고 있다(buttoning)는 남자의 동작과 무관하므로 오답이다. 사진에 있는 재킷(jacket)을 사용하여 혼동을 주었다.
　　(D) [×] 고치고 있다(fixing)는 남자의 동작과 무관하므로 오답이다. 사진에 있는 시계(watch)를 사용하여 혼동을 주었다.

6 🔊 영국식 발음　　　　　　　　　　　　　　중 ●●○

(A) The wall is lined with mirrors.
(B) A worker is holding a clipboard.
(C) The sign is hanging next to a doorway.
(D) Workers are painting a building.

doorway 출입구

해석　(A) 거울들이 벽에 늘어서 있다.
　　(B) 한 작업자가 클립보드를 들고 있다.

（C) 표지판이 출입구 옆에 걸려 있다.
（D) 작업자들이 건물을 페인트칠하고 있다.

해설　**2인 이상 사진**
　　(A) [×] 사진에서 거울들이 벽에 늘어서 있는 모습을 확인할 수 없으므로 오답이다.
　　(B) [○] 한 작업자가 클립보드를 들고 있는 모습을 가장 잘 묘사한 정답이다.
　　(C) [×] 사진에서 출입구 옆에 걸려 있는 표지판(sign)을 확인할 수 없으므로 오답이다.
　　(D) [×] 페인트칠하고 있다(painting)는 사람들의 동작과 무관하므로 오답이다.

PART 2

7 🔊 캐나다식 발음 → 미국식 발음　　　　　하 ●○○

What do you need to buy at Harper Mall?
(A) Some winter clothes.
(B) No, we don't have any.
(C) All sales are final.

final 변경할 수 없는, 최종적인

해석　Harper몰에서 무엇을 사셔야 하나요?
　　(A) 겨울옷 몇 벌이요.
　　(B) 아니요, 우리는 아무것도 갖고 있지 않아요.
　　(C) 판매된 모든 것들은 변경할 수 없습니다.

해설　**What 의문문**
　　(A) [○] 겨울옷 몇 벌이라며, 사야 하는 물품을 언급했으므로 정답이다.
　　(B) [×] Harper몰에서 무엇을 사야 하는지를 물었는데, 아무것도 갖고 있지 않다며 관련이 없는 내용으로 응답했으므로 오답이다.
　　(C) [×] Mall(몰)과 관련 있는 sales(판매)를 사용하여 혼동을 주었다.

8 🔊 영국식 발음 → 호주식 발음　　　　　　하 ●○○

How much does it cost to ride a bus in Rome?
(A) Across from city hall.
(B) The fare for a one-way trip is €2.
(C) Many people drive on weekdays.

fare 요금　weekdays 평일

해석　로마에서 버스를 타는 데 얼마가 드나요?
　　(A) 시청 건너편에요.
　　(B) 편도 요금이 2유로예요.
　　(C) 많은 사람들이 평일에 운전해요.

해설　**How 의문문**
　　(A) [×] 로마에서 버스를 타는 데 드는 금액을 물었는데, 장소로 응답했으므로 오답이다.
　　(B) [○] 편도 요금이 2유로라며, 로마에서 버스를 타는 데 드는 금액을 언급했으므로 정답이다.
　　(C) [×] ride(타다)에서 연상할 수 있는 차량과 관련 있는 drive(운전하다)를 사용하여 혼동을 주었다.

9 🎧 미국식 발음 → 캐나다식 발음　　　　　　중 ●●●○

> Will the leave policy go into effect this month?
> (A) The seminar was very effective.
> (B) Yes. He left in July.
> **(C) Probably not.**
>
> leave 휴가　policy 정책　go into effect 실시되다, 발효되다
> effective 효과적인

해석　이번 달에 휴가 정책이 실시될까요?
　　(A) 세미나는 매우 효과적이었어요.
　　(B) 네. 그는 7월에 떠났어요.
　　(C) 아마 아닐 거예요.

해설　**조동사 의문문**
　　(A) [×] effect – effective의 유사 발음 어휘를 사용하여 혼동을 준 오답이
　　　　다.
　　(B) [×] month(달)와 관련 있는 July(7월)을 사용하여 혼동을 준 오답이다.
　　　　Yes만 듣고 정답으로 고르지 않도록 주의한다.
　　(C) [○] 아마 아닐 거라는 말로 이번 달에 휴가 정책이 실시되지 않을 것임을
　　　　전달했으므로 정답이다.

10 🎧 영국식 발음 → 호주식 발음　　　　　　하 ●○○

> Should we train the staff to use the new software?
> (A) A technician installed the application.
> **(B) Yes. A workshop will take place tomorrow.**
> (C) Thanks for handing it out.
>
> train 교육하다　technician 기술자　install 설치하다　hand out 나누어 주다

해석　직원들이 새로운 소프트웨어를 사용하도록 교육해야 하나요?
　　(A) 기술자가 그 애플리케이션을 설치했어요.
　　(B) 네. 워크숍이 내일 진행될 거예요.
　　(C) 그것을 나누어 주셔서 감사해요.

해설　**조동사 의문문**
　　(A) [×] software(소프트웨어)와 관련 있는 application(애플리케이션)을 사
　　　　용하여 혼동을 준 오답이다.
　　(B) [○] Yes로 직원들을 교육해야 함을 전달한 후, 워크숍이 내일 진행될 것
　　　　이라는 부연 설명을 했으므로 정답이다.
　　(C) [×] 직원들이 새로운 소프트웨어를 사용하도록 교육해야 할지를 물었는
　　　　데, 그것을 나누어 주셔서 감사하다며 관련 없는 내용으로 응답했으므
　　　　로 오답이다.

11 🎧 미국식 발음 → 호주식 발음　　　　　　중 ●●●○

> Would you prefer to receive your phone bill by e-mail?
> **(A) Please send me a paper copy.**
> (B) There is a phone in the lobby.
> (C) The package arrived yesterday.
>
> phone bill 전화 요금 고지서　paper copy 서류 사본　package 소포

해석　전화 요금 고지서를 이메일로 받으시는 것을 선호하시나요?
　　(A) 종이 사본으로 저에게 보내주세요.
　　(B) 로비에 전화기가 있어요.
　　(C) 그 소포는 어제 도착했어요.

해설　**제안 의문문**
　　(A) [○] 종이 사본으로 보내달라는 말로, 전화 요금 고지서를 이메일로 받는
　　　　것을 선호하지 않음을 간접적으로 전달했으므로 정답이다.
　　(B) [×] 질문의 phone을 반복 사용하여 혼동을 준 오답이다.
　　(C) [×] 전화 요금 고지서를 이메일로 받는 것을 선호하는지를 물었는데, 소포
　　　　가 어제 도착했다며 관련이 없는 내용으로 응답했으므로 오답이다.

12 🎧 캐나다식 발음 → 미국식 발음　　　　　　중 ●●●○

> Why did the server take your meal back?
> (A) I'll treat you to dinner tonight.
> (B) Can I see a menu?
> **(C) He gave me the wrong dish.**
>
> server 종업원　meal 식사　treat 대접하다

해석　왜 종업원이 당신의 식사를 다시 가져갔나요?
　　(A) 제가 오늘 저녁 식사를 당신에게 대접할게요.
　　(B) 메뉴를 볼 수 있을까요?
　　(C) 그가 제게 잘못된 요리를 제공했어요.

해설　**Why 의문문**
　　(A) [×] meal(식사)과 관련 있는 dinner(저녁 식사)를 사용하여 혼동을 준 오
　　　　답이다.
　　(B) [×] meal(식사)과 관련 있는 menu(메뉴)를 사용하여 혼동을 준 오답이
　　　　다.
　　(C) [○] 잘못된 요리를 제공했다며, 종업원이 식사를 다시 가져간 이유를 언급
　　　　했으므로 정답이다.

13 🎧 영국식 발음 → 호주식 발음　　　　　　중 ●●●○

> Is Carol leading today's yoga class, or Dan?
> **(A) It has been canceled, actually.**
> (B) He is a certified fitness coach.
> (C) I was just reading about that.
>
> lead 진행하다, 이끌다　certified 인증 받은, 공인된

해석　Carol이 오늘 요가 수업을 진행하나요, 아니면 Dan인가요?
　　(A) 사실, 그건 취소되었어요.
　　(B) 그는 인증 받은 운동 코치예요.
　　(C) 저는 방금 그것에 대해 읽고 있었어요.

해설　**선택 의문문**
　　(A) [○] 사실 그건 취소되었다는 말로, 둘 중 누구도 요가 수업을 진행하지 않
　　　　을 것임을 간접적으로 전달했으므로 정답이다.
　　(B) [×] yoga class(요가 수업)와 관련 있는 fitness coach(운동 코치)를 사
　　　　용하여 혼동을 준 오답이다.
　　(C) [×] leading – reading의 유사 발음 어휘를 사용하여 혼동을 준 오답이다.

14 🎧 영국식 발음 → 미국식 발음　　　　　　하 ●○○

> Most of our company's profits come from the Spanish market,
> right?
> (A) Daniel has never been there.
> (B) None of the class materials.
> **(C) That's correct.**
>
> profit 이익　material 자료

해석 우리 회사의 이익 대부분은 스페인 시장에서 나오죠, 그렇죠?
(A) Daniel은 그곳에 가 본 적이 없어요.
(B) 수업 자료 중에 아무것도요.
(C) 맞아요.

해설 **부가 의문문**
(A) [×] 질문의 Spanish market(스페인 시장)을 나타낼 수 있는 there를 사용하여 혼동을 준 오답이다.
(B) [×] 회사의 이익 대부분이 스페인 시장에서 나오는지를 물었는데, 수업 자료 중에 아무것도라며 관련이 없는 내용으로 응답했으므로 오답이다.
(C) [○] 맞다는 말로 회사 이익의 대부분이 스페인 시장에서 나옴을 전달했으므로 정답이다.

최고난도 문제

15 �3☒ 캐나다식 발음 → 영국식 발음   상 ●●●

Where do you want me to put these product displays?
(A) Before I leave today.
(B) I trust your opinion.
(C) The store is very busy.

product 제품 display 전시

해석 이 제품 전시들을 어디에 두길 원하시나요?
(A) 오늘 제가 떠나기 전에요.
(B) 당신의 의견을 신뢰해요.
(C) 가게는 매우 바빠요.

해설 **Where 의문문**
(A) [×] 제품 전시들을 두길 원하는 장소를 물었는데, 시점으로 응답했으므로 오답이다.
(B) [○] 당신의 의견을 신뢰한다는 말로, 상대방이 원하는 곳에 두면 된다는 것을 간접적으로 전달했으므로 정답이다.
(C) [×] product displays(제품 전시들)에서 연상할 수 있는 전시 장소와 관련된 store(가게)를 사용하여 혼동을 준 오답이다.

16 �3☒ 미국식 발음 → 호주식 발음   중 ●●○

Who will speak first at the conference tomorrow?
(A) That was an interesting speech.
(B) The conference was held in Detroit.
(C) I haven't seen the schedule yet.

speak 연설하다 hold 열다

해석 누가 내일 컨퍼런스에서 첫 번째로 연설할 것인가요?
(A) 그것은 흥미로운 연설이었어요.
(B) 컨퍼런스는 디트로이트에서 열렸어요.
(C) 저는 아직 일정표를 보지 못했어요.

해설 **Who 의문문**
(A) [×] speak(연설하다)과 관련 있는 speech(연설)를 사용하여 혼동을 준 오답이다.
(B) [×] 질문의 conference를 반복 사용하여 혼동을 준 오답이다.
(C) [○] 아직 일정표를 보지 못했다는 말로, 누가 첫 번째로 연설할 것인지 모른다는 간접적인 응답을 했으므로 정답이다.

17 �3☒ 미국식 발음 → 캐나다식 발음   상 ●●●

Strawberries are in short supply at the moment.
(A) Yes, but the ladder is too tall.
(B) I'll come back later this week then.
(C) My cousin used to work at a supermarket.

short supply 공급 부족 ladder 사다리 used to 한때 ~했다

해석 지금은 딸기 공급이 부족해요.
(A) 네, 하지만 사다리가 너무 높아요.
(B) 그럼 이번 주 후반에 다시 올게요.
(C) 제 사촌이 한때 슈퍼마켓에서 일했어요.

해설 **평서문**
(A) [×] 질문의 short(부족한)의 '짧은'이라는 의미와 반대 의미인 tall(높은)을 사용하여 혼동을 준 오답이다.
(B) [○] 이번 주 후반에 다시 오겠다는 말로, 딸기 공급이 부족하다는 문제점에 대한 해결책을 제시했으므로 정답이다.
(C) [×] strawberries(딸기)에서 연상할 수 있는 판매 장소와 관련된 supermarket(슈퍼마켓)을 사용하여 혼동을 준 오답이다.

18 �3☒ 영국식 발음 → 미국식 발음   하 ●○○

When was the last time you cleaned the windows?
(A) Almost a month ago.
(B) The last store I visited.
(C) Here is the cleaning solution.

cleaning solution 세척 용액

해석 마지막으로 당신이 창문을 청소한 것이 언제였나요?
(A) 거의 한 달 전이요.
(B) 제가 방문했던 마지막 가게요.
(C) 여기 세척 용액이에요.

해설 **When 의문문**
(A) [○] 거의 한 달 전이라며 창문을 청소한 시점을 언급했으므로 정답이다.
(B) [×] 질문의 last를 반복 사용하여 혼동을 준 오답이다.
(C) [×] cleaned(청소하다)에서 연상할 수 있는 세척 도구와 관련된 cleaning solution(세척 용액)을 사용하여 혼동을 준 오답이다.

19 �3☒ 캐나다식 발음 → 호주식 발음   중 ●●○

Artists will set up booths for the festival.
(A) Chris set up the table.
(B) The organizer of the event.
(C) I'm excited to see their work.

set up 설치하다 organizer 주최자

해석 예술가들은 축제를 위해 부스를 설치할 거예요.
(A) Chris가 탁자를 설치했어요.
(B) 그 행사의 주최자요.
(C) 그들의 작품을 보는 것이 기대돼요.

해설 **평서문**
(A) [×] 질문의 set up을 반복 사용하여 혼동을 준 오답이다.
(B) [×] 질문의 festival(축제)을 나타낼 수 있는 행사(event)를 사용하여 혼동을 준 오답이다.

(C) [ㅇ] 그들의 작품을 보는 것이 기대된다며 의견을 제시하고 있으므로 정답이다.

20 [3] 미국식 발음 → 영국식 발음 　　　　　중 ●●○

Patrick Gibson will join us for the presentation, won't he?
(A) As far as I know.
(B) He hopes to move overseas.
(C) A membership has many benefits.

as far as 알기로는　overseas 해외(의)　membership 회원권
benefit 혜택

해석　Patrick Gibson이 발표를 위해 우리와 함께할 거죠, 그렇지 않나요?
(A) 제가 알기로는 그래요.
(B) 그는 해외로 이민을 가기를 원해요.
(C) 회원권은 많은 혜택이 있어요.

해설　부가 의문문
(A) [ㅇ] 자신이 알기로는 그렇다는 말로 Patrick Gibson이 발표를 위해 함께할 것임을 간접적으로 전달했으므로 정답이다.
(B) [×] 질문의 Patrick Gibson을 나타낼 수 있는 He를 사용하여 혼동을 준 오답이다.
(C) [×] Patrick Gibson이 발표를 위해 함께할 것인지를 물었는데, 회원권은 많은 혜택이 있다며 관련이 없는 내용으로 응답했으므로 오답이다.

21 [3] 호주식 발음 → 영국식 발음 　　　　　중 ●●○

Where is the information center located?
(A) A lot of different shops.
(B) The parking lot was empty today.
(C) To the left of the South Entrance.

information center 안내소　parking lot 주차장

해석　안내소는 어디에 위치해 있나요?
(A) 여러 다른 가게들이요.
(B) 오늘 주차장이 비었어요.
(C) 남쪽 입구의 왼쪽에요.

해설　Where 의문문
(A) [×] 안내소는 어디에 위치해 있는지를 물었는데, 여러 다른 가게들이라며 관련이 없는 내용으로 응답했으므로 오답이다.
(B) [×] 안내소는 어디에 위치해 있는지를 물었는데, 오늘 주차장이 비었다며 관련이 없는 내용으로 응답했으므로 오답이다.
(C) [ㅇ] 남쪽 입구의 왼쪽이라며 안내소의 위치를 언급했으므로 정답이다.

22 [3] 캐나다식 발음 → 영국식 발음 　　　　　하 ●○○

Would you look at this report?
(A) I'm positive it's not mine.
(B) Sure. I'd be happy to.
(C) I'll pay with credit card.

positive 확신하는

해석　이 보고서를 봐주실 수 있나요?
(A) 저는 그것이 제 것이 아니라고 확신해요.
(B) 물론이죠. 기꺼이 해 드릴게요.
(C) 신용카드로 결제할게요.

해설　요청 의문문
(A) [×] 질문의 report(보고서)를 나타낼 수 있는 mine을 사용하여 혼동을 준 오답이다.
(B) [ㅇ] 기꺼이 해 드리겠다는 말로 요청을 수락한 정답이다.
(C) [×] 보고서를 봐줄 수 있는지를 물었는데, 신용카드로 결제하겠다며 관련이 없는 내용으로 응답했으므로 오답이다.

23 [3] 미국식 발음 → 캐나다식 발음 　　　　　중 ●●○

Haven't any letters arrived today?
(A) Her arrival has been delayed.
(B) Let me listen to it.
(C) Two were delivered.

arrival 도착　delay 지연시키다　deliver 배달하다

해석　오늘 아무 편지도 도착하지 않았나요?
(A) 그녀의 도착이 지연되었어요.
(B) 제가 그걸 들어볼게요.
(C) 두 개가 배달되었어요.

해설　부정 의문문
(A) [×] arrived – arrival의 유사 발음 어휘를 사용하여 혼동을 준 오답이다.
(B) [×] 아무 편지도 도착하지 않았는지를 물었는데, 자신이 그걸 들어보겠다며 관련이 없는 내용으로 응답했으므로 오답이다.
(C) [ㅇ] 두 개가 배달되었다는 말로 편지가 도착했음을 전달했으므로 정답이다.

24 [3] 호주식 발음 → 미국식 발음 　　　　　하 ●○○

Who took this photograph for your newspaper article?
(A) I'll take some pictures for you.
(B) Matt Jenson, I think.
(C) *The Daily Business News* is free.

photograph 사진　article 기사, 글

해석　누가 당신의 신문 기사의 이 사진을 찍었나요?
(A) 당신을 위해 사진을 몇 장 찍어 드릴게요.
(B) 제 생각엔, Matt Jenson이요.
(C) *The Daily Businesss News*는 무료예요.

해설　Who 의문문
(A) [×] 질문의 photograph(사진)와 같은 의미인 pictures를 사용하여 혼동을 준 오답이다.
(B) [ㅇ] Matt Jenson이라며 신문 기사의 사진을 찍은 사람을 언급했으므로 정답이다.
(C) [×] 질문의 newspaper article(신문 기사)에서 연상할 수 있는 신문 이름과 관련된 *The Daily Business News*를 사용하여 혼동을 주었다.

25 [3] 캐나다식 발음 → 영국식 발음 　　　　　중 ●●○

Has our head accountant announced his replacement?
(A) Ms. Joyce was given the position.
(B) That part needs to be replaced.
(C) Yes, a financial record.

accountant 회계사　replacement 후임자, 대체품　position 직책
part 부품

해석　우리의 수석 회계사가 그의 후임자를 발표했나요?

(A) Ms. Joyce가 그 직책을 받았어요.
(B) 그 부품은 대체되어야 해요.
(C) 네, 재정 기록이에요.

해설 **조동사 의문문**
(A) [o] Ms. Joyce가 그 직책을 받았다며 수석 회계사가 후임자를 발표했음을 간접적으로 전달했으므로 정답이다.
(B) [x] replacement – replaced의 유사 발음 어휘를 사용하여 혼동을 준 오답이다.
(C) [x] accountant(회계사)와 관련 있는 financial record(재정 기록)를 사용하여 혼동을 준 오답이다. Yes만 듣고 정답으로 고르지 않도록 주의한다.

26 🔊 캐나다식 발음 → 미국식 발음   하 ●○○

Could you pass me a copy of the company directory?
(A) I passed him in the hallway.
(B) Here you are.
(C) That's the design department.

directory 주소록   hallway 복도

해설 회사 주소록 사본을 건네주실 수 있나요?
(A) 저는 복도에서 그를 지나쳤어요.
(B) 여기 있어요.
(C) 그곳은 디자인 부서예요.

해설 **요청 의문문**
(A) [x] 질문의 pass(건네주다)를 '지나치다'라는 의미의 passed로 사용하여 혼동을 준 오답이다.
(B) [o] 여기 있다는 말로 주소록 사본을 건네달라는 요청을 수락한 정답이다.
(C) [x] company(회사)와 관련 있는 design department(디자인 부서)를 사용하여 혼동을 준 오답이다.

27 🔊 호주식 발음 → 캐나다식 발음   상 ●●●

Can I get a larger office when we move to the new building?
(A) Sales have increased this month.
(B) I don't think that will be possible.
(C) It was cleaned recently.

sales 판매(량)   recently 최근에

해설 우리가 새로운 건물로 이전하면 제가 더 큰 사무실을 받을 수 있나요?
(A) 이번 달에 판매량이 증가했어요.
(B) 그것이 가능할 것 같지는 않네요.
(C) 그건 최근에 청소되었어요.

해설 **조동사 의문문**
(A) [x] 이전하면 더 큰 사무실을 받을 수 있는지를 물었는데, 판매량이 증가했다며 관련이 없는 내용으로 응답했으므로 오답이다.
(B) [o] 그것이 가능할 것 같지는 않다며 더 큰 사무실을 받을 수 없을 것임을 전달했으므로 정답이다.
(C) [x] 질문의 office를 나타낼 수 있는 It을 사용하여 혼동을 준 오답이다.

28 🔊 영국식 발음 → 미국식 발음   중 ●●○

Plastic bottles must be placed in the black container from now on.
(A) OK. I'll tell the staff right away.   ○

(B) This cabinet has extra paper.
(C) Any of those places would be fun to visit.

place 두다, 놓다   from now on 이제부터   cabinet 보관함

해설 이제부터 플라스틱 병은 검은색 통에 두셔야 해요.
(A) 알겠습니다. 직원들에게 바로 말할게요.
(B) 이 보관함에는 여분의 종이가 있어요.
(C) 그 장소들 중 어느 곳이라도 방문하면 재미있을 거예요.

해설 **평서문**
(A) [o] 알겠다는 말로 이해했음을 전달한 후, 직원들에게 바로 말하겠다는 부연 설명을 했으므로 정답이다.
(B) [x] container(통)와 관련 있는 cabinet(보관함)을 사용하여 혼동을 준 오답이다.
(C) [x] 질문의 placed(두다)를 '장소'라는 의미의 place로 사용하여 혼동을 준 오답이다.

29 🔊 호주식 발음 → 미국식 발음   상 ●●●

Do you recommend this e-reader, or is there a better model?
(A) I downloaded several books.
(B) I tend to prefer online magazines.
(C) It depends on the features you want.

recommend 추천하다   e-reader 전자책 단말기   feature 기능, 특징

해설 이 전자책 단말기를 추천하시나요, 아니면 더 나은 모델이 있을까요?
(A) 저는 여러 책을 다운로드했어요.
(B) 저는 온라인 잡지를 선호하는 경향이 있어요.
(C) 그것은 당신이 원하는 기능에 달려 있어요.

해설 **선택 의문문**
(A) [x] e-reader(전자책 단말기)와 관련 있는 books(책)를 사용하여 혼동을 준 오답이다.
(B) [x] 전자책 단말기를 추천하는지 아니면 더 나은 모델이 있을지를 물었는데, 온라인 잡지를 선호하는 경향이 있다며 관련 없는 내용으로 응답했으므로 오답이다.
(C) [o] 그것은 상대방이 원하는 기능에 달려 있다는 말로, 둘 다 선택하지 않은 정답이다.

30 🔊 캐나다식 발음 → 호주식 발음   중 ●●○

Polson Industries is closing this fall.
(A) Only some of the time.
(B) You can go if you want to.
(C) Yes. I heard a news report about that.

news report 뉴스 보도

해설 Polson사가 이번 가을에 폐업할 예정이에요.
(A) 잠시 동안만이요.
(B) 원하신다면 가셔도 돼요.
(C) 네. 그것에 관한 뉴스 보도를 들었어요.

해설 **평서문**
(A) [x] Polson사가 이번 가을에 폐업할 예정이라고 말했는데, 잠시 동안만이라며 관련이 없는 내용으로 응답했으므로 오답이다.
(B) [x] Polson사가 이번 가을에 폐업할 예정이라고 말했는데, 원하신다면 가셔도 된다며 관련이 없는 내용으로 응답했으므로 오답이다.

(C) [ㅇ] Yes로 폐업할 예정임을 알고 있음을 전달한 후, 그것에 관한 뉴스 보도를 들었다는 의견을 추가했으므로 정답이다.

---

31 [3м] 영국식 발음 → 캐나다식 발음　　　하 ●○○

Why does your team need additional members?
(A) Because we will have a lot of work.
(B) The personnel manager has the form.
(C) It doesn't charge any extra fees.

additional 추가적인, 추가의　personnel 인사과　charge 부과하다

해석　당신의 팀은 왜 추가적인 팀원을 필요로 하나요?
(A) 왜냐하면 저희에게 많은 업무가 있을 것이어서요.
(B) 인사 관리자가 양식을 가지고 있어요.
(C) 그것은 추가 요금을 부과하지 않아요.

해설　Why 의문문
(A) [ㅇ] 자신들에게 많은 업무가 있을 것이라는 말로 추가적인 팀원을 필요로 하는 이유를 언급했으므로 정답이다.
(B) [×] members(팀원)와 관련 있는 personnel manager(인사 관리자)를 사용하여 혼동을 준 오답이다.
(C) [×] 질문의 additional(추가적인)과 같은 의미인 extra를 사용하여 혼동을 준 오답이다.

PART 3

32-34 [3м] 호주식 발음 → 미국식 발음

Questions 32-34 refer to the following conversation.

M: ³²**Safetime Auto Insurance. You've reached the customer service line. How can I help you?**
W: My car's brakes aren't working properly. I need it to be taken to a repair shop.
M: I'm sorry to hear that. ³³**What is your insurance number?**
W: Sure. It's 42047. And my name is Carol Hyde.
M: Just one moment . . . OK, Ms. Hyde. ³⁴**Can you tell me where you are?** I'll send someone to help you right away.

auto insurance 자동차 보험　reach 연락하다, ~에 이르다　properly 제대로

해석
32-34번은 다음 대화에 관한 문제입니다.
남: ³²Safetime 자동차 보험사입니다. 귀하께서는 고객 서비스 라인에 연락하셨습니다. 어떻게 도와드릴까요?
여: 제 자동차의 브레이크가 제대로 작동하지 않고 있어요. 이것은 수리점으로 옮겨져야 해요.
남: 유감입니다. ³³귀하의 보험 번호가 어떻게 되나요?
여: 그럼요. 42047이에요. 그리고 제 이름은 Carol Hyde예요.
남: 잠시만요… 좋습니다, Ms. Hyde. ³⁴귀하께서 계신 곳을 말씀해 주실 수 있나요? 제가 당신을 도울 누군가를 곧바로 보내드릴게요.

---

32 화자 문제　　　하 ●○○

해석　남자는 누구인 것 같은가?
(A) 공무원
(B) 개인 비서
(C) 판매원
(D) 고객 서비스 상담원

해설　대화에서 신분 및 직업과 관련된 표현을 놓치지 않고 듣는다. 대화 초반부에서 남자가 "Safetime Auto Insurance. You've reached the customer service line. How can I help you?(Safetime 자동차 보험사입니다. 귀하께서는 고객 서비스 라인에 연락하셨습니다. 어떻게 도와드릴까요?)"라고 한 것을 통해, 남자가 고객 서비스 상담원임을 알 수 있다. 따라서 (D)가 정답이다.

어휘　government employee 공무원　salesperson 판매원

---

33 특정 세부 사항 문제　　　하 ●○○

해석　남자는 무슨 정보를 요청하는가?
(A) 차량 모델
(B) 보험 번호
(C) 회사 이름
(D) 구입일

해설　질문의 핵심어구(man ask for)와 관련된 내용을 주의 깊게 듣는다. 대화 중반부에서 남자가 "What is your insurance number?(귀하의 보험 번호가 어떻게 되나요?)"라고 하였다. 따라서 (B)가 정답이다.

어휘　insurance 보험

---

34 다음에 할 일 문제　　　중 ●●○

해석　여자는 다음에 무엇을 할 것 같은가?
(A) 다른 내선 번호로 전화한다.
(B) 몇몇 정보를 적는다.
(C) 그녀의 위치를 제공한다.
(D) 대중 교통을 탄다.

해설　대화의 마지막 부분을 주의 깊게 듣는다. 남자가 "Can you tell me where you are?(귀하께서 계신 곳을 말씀해 주실 수 있나요?)"라고 한 것을 통해, 여자가 그녀의 위치를 제공할 것임을 알 수 있다. 따라서 (C)가 정답이다.

어휘　extension number 내선 번호

35-37 [3м] 캐나다식 발음 → 영국식 발음

Questions 35-37 refer to the following conversation.

M: Hi. ³⁵**Can you please tell me where the baking dishes are located?**
W: ³⁵**Those are in Aisle 1, next to the fruit and vegetable section.** And just to let you know, the Presto brand of cookware is all 50 percent off today with this coupon.
M: I appreciate your recommendation, but ³⁶**I have a coupon here for another product that I printed from your Web site**.
W: That's good. Also, ³⁷**if you brought your own shopping bag, you can get an additional 5 percent discount**.
M: I have my reusable shopping bag. Thanks for letting me know.

baking dish 베이킹 접시　aisle 열, 통로　cookware 조리 기구
additional 추가(의)　reusable 재사용 가능한

해석
35-37번은 다음 대화에 관한 문제입니다.
남: 안녕하세요. ³⁵여기 베이킹 접시가 어디에 있는지 알려주실 수 있나요?
여: ³⁵그것들은 1열에 있어요, 과일과 채소 구역 옆이에요. 그리고 그저 알려드리는 건

데, 오늘 이 쿠폰으로 Presto 브랜드의 조리 기구가 모두 50퍼센트 할인돼요.
남: 추천은 감사하지만, ³⁶저는 여기 당신의 웹사이트에서 인쇄한 다른 제품에 대한 쿠폰이 있어요.
여: 잘됐네요. 그리고 ³⁷만약 고객님 소유의 장바구니를 가져오셨다면, 5퍼센트 추가 할인을 받으실 수 있어요.
남: 저는 재사용 가능한 장바구니가 있어요. 알려주셔서 감사해요.

35 장소 문제 중 ●●○

해석 화자들은 어디에 있는 것 같은가?
  (A) 슈퍼마켓에
  (B) 빵집에
  (C) 은행에
  (D) 주택에

해설 대화에서 장소와 관련된 표현을 놓치지 않고 듣는다. 대화 초반부에서 남자가 "Can you please tell me where the baking dishes are located? (여기 베이킹 접시가 어디에 있는지 알려주실 수 있나요?)"라고 묻자, 여자가 "Those are in Aisle 1, next to the fruit and vegetable section(그것들은 1열에 있어요, 과일과 채소 구역 옆이에요)"이라고 하였다. 이를 통해, 화자들이 슈퍼마켓에 있음을 알 수 있다. 따라서 (A)가 정답이다.

어휘 residence 주택

36 이유 문제 중 ●●○

해석 남자는 왜 제안을 거절하는가?
  (A) 다른 쿠폰이 있다.
  (B) 물품을 반품했다.
  (C) 브랜드를 좋아하지 않는다.
  (D) 새로운 요리를 시도하고 싶어 한다.

해설 질문의 핵심어구(decline an offer)와 관련된 내용을 주의 깊게 듣는다. 대화 중반부에서 남자가 "I have a coupon here for another product that I printed from your Web site(저는 여기 당신의 웹사이트에서 인쇄한 다른 제품에 대한 쿠폰이 있어요)"라고 하였다. 이를 통해, 남자가 다른 쿠폰이 있음을 알 수 있다. 따라서 (A)가 정답이다.

37 특정 세부 사항 문제 하 ●○○

해석 추가 할인을 받기 위해 무엇이 필요한가?
  (A) 작성이 완료된 설문조사
  (B) 회원 카드
  (C) 장바구니
  (D) 판매 영수증

해설 질문의 핵심어구(additional discount)와 관련된 내용을 주의 깊게 듣는다. 대화 후반부에서 여자가 "if you brought your own shopping bag, you can get an additional 5 percent discount(만약 고객님 소유의 장바구니를 가져오셨다면, 5퍼센트 추가 할인을 받으실 수 있어요)"라고 하였다. 이를 통해, 추가 할인을 받기 위해 장바구니가 필요함을 알 수 있다. 따라서 (C)가 정답이다.

어휘 survey 설문조사 sales receipt 판매 영수증

38-40 캐나다식 발음 → 미국식 발음

Questions 38-40 refer to the following conversation.

M: Kaya, ³⁸**it's Lester Griggs from accounting**. I just want to remind you that we're supposed to give a presentation ○

next Friday. ³⁹**We should probably start preparing for it soon**.
W: ³⁹**I agree. After all, our company president will be attending.** Why don't we start sometime today? When are you free?
M: Now is a good time. I won't be available later in the afternoon because I have a meeting.
W: OK. ⁴⁰**Could you come down to the conference room on the first floor?** I'll meet you there in 10 minutes.

accounting 회계 remind 상기시키다 attend 참석하다
come down 내려오다

해석
38-40번은 다음 대화에 관한 문제입니다.
남: Kaya, ³⁸회계팀의 Lester Griggs입니다. 우리가 다음 주 금요일에 발표를 하기로 되어 있다는 것을 상기시켜 드리려고 해요. ³⁹우리는 아마 곧 그것을 준비하기 시작해야 할 거예요.
여: ³⁹동의해요. 어쨌든, 우리 회사의 대표 이사가 참석할 거예요. 오늘 언젠가 시작하는 게 어때요? 언제가 가능하신가요?
남: 지금이 좋은 시간이에요. 저는 오후에는 회의가 있어서 시간이 안 될 거예요.
여: 좋아요. ⁴⁰1층의 회의실로 내려와주실 수 있나요? 그곳에서 10분 후에 만나요.

38 화자 문제 하 ●○○

해석 남자는 어느 부서에서 일하는가?
  (A) 인사
  (B) 판매
  (C) 회계
  (D) 마케팅

해설 대화에서 신분 및 직업과 관련된 표현을 주의 깊게 듣는다. 대화 초반부에서 남자가 "it's Lester Griggs from accounting(회계팀의 Lester Griggs입니다)"이라고 하였다. 따라서 (C)가 정답이다.

어휘 personnel 인사(부)

39 의도 파악 문제 상 ●●●

해석 여자는 "우리 회사의 대표 이사가 참석할 거예요"라고 말할 때 무엇을 의미하는가?
  (A) 임원이 연락되어야 한다.
  (B) 지원을 받을 것이다.
  (C) 발표가 연기되었다.
  (D) 행사가 중요하다.

해설 질문의 인용어구(our company president will be attending)가 언급된 주변을 주의 깊게 듣는다. 대화 중반부에서 남자가 "We should probably start preparing for it[presentation] soon(우리는 아마 곧 발표를 준비하기 시작해야 할 거예요)"이라고 하자, 여자가 "I agree(동의해요)"라며 어쨌든 회사의 대표 이사가 참석할 것이라고 한 것을 통해, 행사가 중요함을 알 수 있다. 따라서 (D)가 정답이다.

어휘 executive 임원 assistance 지원, 도움

40 요청 문제 하 ●○○

해석 여자는 남자에게 무엇을 하라고 요청하는가?
  (A) 회의를 취소한다.
  (B) 여자에게 전화를 회신한다.

(C) 다른 층으로 간다.

(D) 서류를 제출한다.

해설 여자의 말에서 요청과 관련된 표현이 언급된 다음을 주의 깊게 듣는다. 대화 후반부에서 여자가 "Could you come down to the conference room on the first floor?(1층의 회의실로 내려와주실 수 있나요?)"라고 하였다. 이를 통해, 여자가 남자에게 다른 층으로 가도록 요청하고 있음을 알 수 있다. 따라서 (C)가 정답이다.

41-43 [3차] 영국식 발음 → 호주식 발음

Questions 41-43 refer to the following conversation.

W: Hi. **41I just looked through some products on your Web site**, and I'm interested in the crystal chandelier . . . uh . . . product number 6820. If I order it, will your store take care of the installation?

M: Yes. **42We are providing free installation for all orders made this month.** I suggest that you take advantage of this offer.

W: That's good to know. **43I want to check the price of the chandelier at a few other stores.** If I can't find a better deal, I'll stop by on Saturday to buy it.

M: OK. I hope to see you then.

---

product number 제품 번호 installation 설치
take advantage of 활용하다 offer 할인, 제공 deal 거래

해석
41-43번은 다음 대화에 관한 문제입니다.

여: 안녕하세요. 41저는 당신의 웹사이트에서 몇몇 제품들을 보았는데, 크리스탈 샹들리에에 관심이 생겼어요… 어… 제품 번호 6820번이요. 제가 그것을 주문하면, 당신의 가게에서 설치를 처리해 주시나요?

남: 네. 42저희는 이번 달에 이루어진 모든 주문 건에 대해 무료 설치를 제공하고 있어요. 이 할인을 활용하실 것을 제안드려요.

여: 알게 되어 좋네요. 43저는 몇몇 다른 가게에서 샹들리에의 가격을 확인해 보고 싶어요. 제가 더 좋은 거래를 찾지 못하면, 토요일에 그것을 사러 들를게요.

남: 네. 그 때 뵙기를 바랄게요.

41 특정 세부 사항 문제 하 ●○○

해석 여자는 이미 무엇을 했는가?

(A) 조명을 구입했다.

(B) 이메일을 보냈다.

(C) 배달을 받았다.

(D) 웹사이트를 보았다.

해설 질문의 핵심어구(woman ~ do)와 관련된 내용을 주의 깊게 듣는다. 대화 초반부에서 여자가 "I just looked through some products on your Web site(저는 당신의 웹사이트에서 몇몇 제품들을 보았어요)"라고 한 것을 통해, 여자가 이미 웹사이트를 보았음을 알 수 있다. 따라서 (D)가 정답이다.

어휘 view 보다

패러프레이징

looked through ~ products on ~ Web site 웹사이트에서 제품들을 보다 →
viewed a Web site 웹사이트를 보았다

42 특정 세부 사항 문제 하 ●○○

해석 상점은 이번 달에 무엇을 제공하는가?

(A) 추가 할인

(B) 속달 배송

(C) 무료 설치

(D) 제품 견본

해설 질문의 핵심어구(provide this month)와 관련된 내용을 주의 깊게 듣는다. 대화 중반부에서 남자가 "We are providing free installation for all orders made this month(저희는 이번 달에 이루어진 모든 주문 건에 대해 무료 설치를 제공하고 있어요)"라고 하였다. 따라서 (C)가 정답이다.

어휘 expedited shipping 속달 배송

43 다음에 할 일 문제 중 ●●○

해석 여자는 무엇을 할 계획인가?

(A) 환불을 요청한다.

(B) 가격을 비교한다.

(C) 후기를 게시한다.

(D) 캠페인을 시작한다.

해설 질문의 핵심어구(woman plan to do)와 관련된 내용을 주의 깊게 듣는다. 대화 후반부에서 여자가 "I want to check the price of the chandelier at a few other stores(저는 몇몇 다른 가게에서 샹들리에의 가격을 확인해 보고 싶어요)"라고 하였다. 따라서 (B)가 정답이다.

패러프레이징

check the price ~ at ~ other stores 다른 가게에서 가격을 확인해 보다 →
Compare some prices 가격을 비교하다

44-46 [3차] 미국식 발음 → 호주식 발음

Questions 44-46 refer to the following conversation.

W: Hi. **44Do you dry-clean silk items? I'd like to drop off a silk shirt today.**

M: **44Sure.** We can clean delicate fabrics for an extra charge of $5 per item.

W: I see. **45Can I pick the shirt up tomorrow at around 5 P.M.? I want to wear it to my firm's anniversary banquet that evening.**

M: We can perform a rush service for $8 extra. So, your total will be $18.

W: That's fine. **46I'll stop by in 20 minutes.**

---

drop off 가져다 놓다 delicate 민감한, 섬세한 fabric 직물
perform 시행하다 rush 빠른, 급한

해석
44-46번은 다음 대화에 관한 문제입니다.

여: 안녕하세요. 44실크 품목도 드라이 클리닝하시나요? 저는 오늘 실크 셔츠를 가져다 드리려고 하는데요.

남: 44그럼요. 저희는 품목당 5달러의 추가 요금으로 민감한 직물들을 세탁해 드릴 수 있습니다.

여: 그렇군요. 45제가 셔츠를 내일 오후 5시 정도에 받을 수 있을까요? 저는 그날 저녁 저희 회사의 기념일 만찬에 그것을 입고 가고 싶어요.

남: 8달러 추가로 빠른 서비스를 시행해 드릴 수 있어요. 그러면, 총액은 18달러가 될 겁니다.

여: 좋아요. ⁴⁶20분 후에 들를게요.

44 화자 문제   하 ●○○

해석 남자는 어디에서 일하는가?
(A) 사진관에서
(B) 백화점에서
(C) 드라이 클리닝점에서
(D) 체육관에서

해설 대화에서 신분 및 직업과 관련된 표현을 주의 깊게 듣는다. 대화 초반부에서 여자가 "Do you dry-clean silk items? I'd like to drop off a silk shirt today(실크 품목도 드라이 클리닝하시나요? 저는 오늘 실크 셔츠를 가져다 드리려고 하는데요)"라고 하자, 남자가 "Sure(그럼요)"라고 하였다. 이를 통해, 남자가 드라이 클리닝점에서 일함을 알 수 있다. 따라서 (C)가 정답이다.

어휘 dry cleaner 드라이 클리닝점 fitness center 체육관

45 언급 문제   중 ●●○

해석 여자는 셔츠에 대해 무엇을 말하는가?
(A) 이전에 세탁된 적이 없다.
(B) 회사 행사를 위해 필요하다.
(C) 온라인으로 구입되었다.
(D) 가져갈 준비가 되었다.

해설 질문의 핵심어구(shirt)가 언급된 주변을 주의 깊게 듣는다. 대화 중반부에서 여자가 "Can I pick the shirt up ~ at around 5 P.M.? I want to wear it to my firm's anniversary banquet that evening(제가 셔츠를 오후 5시 정도에 받을 수 있을까요? 저는 그날 저녁 저희 회사의 기념일 만찬에 그것을 입고 가고 싶어요)"라고 하였다. 이를 통해, 여자가 회사 행사를 위해 셔츠가 필요함을 알 수 있다. 따라서 (B)가 정답이다.

패러프레이징

firm's anniversary banquet 회사의 기념일 만찬 → company event 회사 행사

46 다음에 할 일 문제   하 ●○○

해석 여자는 20분 후에 무엇을 할 것인가?
(A) 파티에 참석한다.
(B) 계정을 생성한다.
(C) 전화를 한다.
(D) 가게를 방문한다.

해설 질문의 핵심어구(in 20 minutes)가 언급된 주변을 주의 깊게 듣는다. 대화 후반부에서 여자가 "I'll stop by in 20 minutes(20분 후에 들를게요)"라고 하였다. 따라서 (D)가 정답이다.

어휘 place (~을) 하다, 놓다

패러프레이징

stop by 들르다 → Visit 방문하다

47-49 [3w] 영국식 발음 → 캐나다식 발음

Questions 47-49 refer to the following conversation.

W: Sam, ⁴⁷you've provided interior design services for Ms. Brown before, right?

M: Oh, sure. She's a regular customer of ours.
W: Well, I'm working with her at the moment. I've sent her five different design suggestions for the lobby of her new office building. ⁴⁸**She has rejected them all. I'm not sure what to do.**
M: Hmm . . . ⁴⁸**She likes very modern furniture. I have a list of suitable brands.** I'll e-mail it to you right now.
W: Thank you! I'll take a look at it in a few hours. ⁴⁹**I have to attend a luncheon first.**

regular customer 단골 고객 at the moment 지금 reject 거절하다 suitable 적합한 take a look at 살펴보다 luncheon 오찬, 만찬

해석
47-49번은 다음 대화에 관한 문제입니다.

여: Sam, ⁴⁷당신은 Ms. Brown에게 인테리어 디자인 서비스를 제공한 적이 있죠, 그렇죠?
남: 아, 그럼요. 그녀는 우리의 단골 고객이에요.
여: 음, 저는 지금 그녀와 일하고 있어요. 그녀의 새로운 사무실 건물의 로비를 위해 다섯 개의 다른 디자인 제안들을 보냈어요. ⁴⁸그녀는 그것들을 모두 거절했고요. 무엇을 해야 할지 잘 모르겠어요.
남: 음… ⁴⁸그녀는 매우 현대적인 가구를 좋아해요. 제게 적합한 브랜드들의 목록이 있어요. 제가 지금 당신에게 그것을 이메일로 보내드릴게요.
여: 감사해요! 몇 시간 안에 그것들을 살펴볼게요. ⁴⁹먼저 오찬에 참석해야 해서요.

47 화자 문제   하 ●○○

해석 화자들은 어디에서 일하는 것 같은가?
(A) 인테리어 디자인 회사에서
(B) 식료품점에서
(C) 숙박 시설에서
(D) 건설 회사에서

해설 대화에서 신분 및 직업과 관련된 표현을 놓치지 않고 듣는다. 대화 초반부에서 여자가 남자에게 "you've provided interior design services for Ms. Brown before, right?(당신은 Ms. Brown에게 인테리어 디자인 서비스를 제공한 적이 있죠, 그렇죠?)"이라고 한 것을 통해, 화자들이 인테리어 디자인 회사에서 일함을 알 수 있다. 따라서 (A)가 정답이다.

어휘 accommodation 숙박, 숙소 facility 시설

48 의도 파악 문제   중 ●●○

해석 남자는 왜 "제게 적합한 브랜드들의 목록이 있어요"라고 말하는가?
(A) 제안을 받아들이기 위해
(B) 요청을 하기 위해
(C) 계획을 승인하기 위해
(D) 해결책을 제안하기 위해

해설 질문의 인용어구(I have a list of suitable brands)가 언급된 주변을 주의 깊게 듣는다. 대화 중반부에서 여자가 "She has rejected them[design suggestions] all. I'm not sure what to do(그녀는 디자인 제안들을 모두 거절했고요. 무엇을 해야 할지 잘 모르겠어요)"라고 하자, 남자가 "She likes very modern furniture(그녀는 매우 현대적인 가구를 좋아해요)"라며 자신에게 적합한 브랜드들의 목록이 있다고 하였으므로, 화자가 해결책을 제안하려는 의도임을 알 수 있다. 따라서 (D)가 정답이다.

49 다음에 할 일 문제　　　　　　　중 ●●○

해석　여자는 다음에 무엇을 할 것인가?
　　(A) 고객에게 연락한다.
　　(B) 발표를 한다.
　　(C) 점심 행사에 참석한다.
　　(D) 몇몇 문서를 나누어 준다.

해설　대화의 마지막 부분을 주의 깊게 듣는다. 여자가 "I have to attend a luncheon first(먼저 오찬에 참석해야 해요)"라고 하였다. 따라서 (C)가 정답이다.

패러프레이징

luncheon 오찬 → lunch event 점심 행사

50-52 🔊 영국식 발음 → 캐나다식 발음 → 호주식 발음

Questions 50-52 refer to the following conversation with three speakers.

> W: OK, **⁵⁰that concludes the tour of our storage facility. Do either of you have questions about your tasks?** As I mentioned before, you'll mostly be loading items into delivery trucks.
> M1: No, I think you've explained our duties well. They're quite clear to me now. However, **⁵¹I'd like to know if there are any employee benefits**.
> M2: **⁵¹Yes, I agree.** I'd also like to know more about that.
> W: Oh, right. We haven't gone over those details yet. Well, rather than explain it all now, **⁵²I'll wait until our next staff meeting. It's in about two hours, actually.**
> M1: Great. We're looking forward to hearing more.
>
> load 적재하다　employ benefit 직원 복리 후생　rather ~보다는
> staff meeting 직원회의

50-52번은 다음 세 명의 대화에 관한 문제입니다.

여:　네, ⁵⁰이것으로 창고 시설 견학을 마칠게요. 두 분 중 누구라도 여러분의 업무에 대해 궁금한 점이 있나요? 앞에서 언급했듯이, 여러분은 주로 물품을 배달용 트럭에 적재할 거예요.
남1:　아니요, 우리의 업무에 대해 잘 설명해 주셨다고 생각해요. 이제 제게 그것들이 꽤 분명하게 느껴지네요. 하지만, ⁵¹어떤 직원 복리 후생이 있는지 알고 싶어요.
남2:　⁵¹네, 동의해요. 저 또한 그것에 대해 더 알고 싶어요.
여:　아, 맞아요. 우리는 아직 그 세부 사항을 다루지 않았어요. 음, 그것을 지금 모두 설명해드리기보다는, ⁵²다음 직원회의까지 기다리려고 해요. 사실, 그건 약 2시간 후에 있을 거예요.
남1:　좋아요. 더 많은 내용을 듣기를 기대할게요.

50 장소 문제　　　　　　　중 ●●○

해석　대화는 어디에서 일어나고 있는가?
　　(A) 공장에서
　　(B) 창고에서
　　(C) 가게에서
　　(D) 식당에서

해설　장소와 관련된 표현을 놓치지 않고 듣는다. 대화 초반부에서 여자가 "that concludes the tour of our storage facility. Do either of you have questions about your tasks?(이것으로 창고 시설 견학을 마칠게요. 두 분 중

누구라도 여러분의 업무에 대해 궁금한 점이 있나요?)"라고 한 것을 통해, 대화가 창고에서 일어나고 있음을 알 수 있다. 따라서 (B)가 정답이다.

패러프레이징

storage facility 창고 시설 → warehouse 창고

51 특정 세부 사항 문제　　　　　　　하 ●○○

해석　남자들은 무엇을 궁금해하는가?
　　(A) 혜택
　　(B) 임금
　　(C) 안전
　　(D) 업무

해설　질문의 핵심어구(men curious about)와 관련된 내용을 주의 깊게 듣는다. 대화 중반부에서 남자1이 "I'd like to know if there are any employee benefits(어떤 직원 복리 후생이 있는지 알고 싶어요)"라고 하자, 남자2가 "Yes, I agree(네, 동의해요)"라고 하였다. 이를 통해, 남자들이 혜택을 궁금해하고 있음을 알 수 있다. 따라서 (A)가 정답이다.

어휘　wage 임금　safety 안전

52 다음에 할 일 문제　　　　　　　중 ●●●

해석　여자에 따르면, 오늘 오후에 무엇이 열릴 것인가?
　　(A) 시설 견학
　　(B) 정부 점검
　　(C) 직원회의
　　(D) 면접

해설　질문의 핵심어구(later today)와 관련된 내용을 주의 깊게 듣는다. 대화 후반부에서 여자가 "I'll wait until our next staff meeting. It's in about two hours, actually(다음 직원회의까지 기다리려고 해요. 사실, 그건 약 2시간 후에 있을 거예요)"라고 한 것을 통해, 오늘 오후에 직원회의가 있을 것임을 알 수 있다. 따라서 (C)가 정답이다.

어휘　government 정부　inspection 점검

53-55 🔊 호주식 발음 → 미국식 발음

Questions 53-55 refer to the following conversation.

> M: Excuse me. I need to see your identification before letting you inside.
> W: Oh, **⁵³I'm from the *International Sun* newspaper.** Here's my badge. **⁵⁴I'm supposed to cover the championship tennis match taking place this afternoon** between Maria Isner and Sue Williams.
> M: Yes, everything looks fine. You can go ahead. But **⁵⁵it would be best if you wore your badge for the rest of the day.** You shouldn't keep it in your bag.
>
> identification 신분증　badge 배지, 신분증　championship 선수권
> match 경기　rest 남은, 나머지의

해석
53-55번은 다음 대화에 관한 문제입니다.

남:　실례합니다. 제가 당신을 들여보내드리기 전에 신분증을 봐야 해요.
여:　아, ⁵³저는 *International Sun*지 신문사에서 왔어요. 여기 제 배지가 있어요. ⁵⁴저는 오늘 오후의 Maria Isner와 Sue Williams의 테니스 선수권 경기를 취재하기로 되어 있어요.

남: 네, 모든 것이 괜찮아 보이네요. 들어가셔도 됩니다. 하지만 ⁵⁵오늘 남은 시간 동안 배지를 달고 계시는 것이 좋겠어요. 가방에 넣고 다니시면 안 됩니다.

53 화자 문제　　　　　　　　　　중 ●●○

해석 여자는 누구인 것 같은가?
(A) 기자
(B) 경비원
(C) 운동선수
(D) 감독

해설 대화에서 신분 및 직업과 관련된 표현을 주의 깊게 듣는다. 대화 초반부에서 여자가 "I'm from the *International Sun* newspaper(저는 *International Sun*지 신문사에서 왔어요)"라고 하였다. 이를 통해, 여자가 기자임을 알 수 있다. 따라서 (A)가 정답이다.

어휘 guard 경비원

54 다음에 할 일 문제　　　　　　　중 ●●○

해석 오후에 무슨 일이 일어날 것 같은가?
(A) 스포츠 게임
(B) 모금 행사
(C) 제품 소개
(D) 사진 촬영

해설 질문의 핵심어구(in the afternoon)와 관련된 내용을 주의 깊게 듣는다. 대화 중반부에서 여자가 "I'm supposed to cover the championship tennis match taking place this afternoon(저는 오늘 오후의 테니스 선수권 경기를 취재하기로 되어 있어요)"이라고 하였다. 이를 통해, 오후에 스포츠 게임이 일어날 것임을 알 수 있다. 따라서 (A)가 정답이다.

어휘 fund-raiser 모금 행사　sales presentation 제품 소개
photo shoot (광고용) 사진 촬영

패러프레이징

championship tennis match 테니스 선수권 경기 → sports game 스포츠 게임

55 제안 문제　　　　　　　　　　하 ●○○

해석 남자는 여자에게 무엇을 해야 한다고 제안하는가?
(A) 구역을 떠난다.
(B) 입장권을 산다.
(C) 배지를 단다.
(D) 가방을 확인한다.

해설 남자의 말에서 제안과 관련된 표현이 언급된 다음을 주의 깊게 듣는다. 대화 후반부에서 남자가 "it would be best if you wore your badge for the rest of the day(오늘 남은 시간 동안 배지를 달고 계시는 것이 좋겠어요)"라고 하였다. 따라서 (C)가 정답이다.

56-58 [3w] 미국식 발음 → 캐나다식 발음 → 호주식 발음

Questions 56-58 refer to the following conversation with three speakers.

W: Oh, hello. I didn't know you two were in here.
M1: Hi, Ann. We're just finalizing the blueprints for the Franklin property. ⁵⁶**The deadline to send it to the client was yesterday, but we missed it.** Do you need to ⟳

---

use the conference room?
W: Yes, actually. ⁵⁷**I'm going to conduct a workshop for some new staff members at 4 P.M.**
M2: That's half an hour from now.
W: I have to set up the projector and rearrange the tables. When do you think you'll be finished, Ted?
M1: We'll be done in a few minutes. After that, ⁵⁸**I'll give you a hand with moving the tables**.

---

finalize 마무리하다　blueprint 설계도, 청사진　property 건물, 부동산
miss 놓치다　conduct 진행하다, 수행하다　rearrange 재배치하다
give a hand 도와주다

해석
56-58번은 다음 세 명의 대화에 관한 문제입니다.

여: 아, 안녕하세요. 두 분이 여기 계신지 몰랐어요.
남1: 안녕하세요, Ann. 저희는 지금 막 Franklin 건물에 대한 설계도를 마무리하고 있어요. ⁵⁶고객에게 그것을 보내는 마감 기한이 어제였는데, 우리가 그것을 놓쳤어요. 회의실을 사용하셔야 하나요?
여: 사실, 그래요. ⁵⁷저는 오후 4시에 몇몇 새로운 직원들을 위한 워크숍을 진행할 거예요.
남2: 그건 지금으로부터 30분 후인데요.
여: 프로젝터를 설치하고 책상들을 재배치해야 해요. Ted, 언제 끝날 것 같나요?
남1: 우리는 몇 분 안에 끝날 거예요. 그 후에, ⁵⁸제가 책상을 옮기는 것을 도와드릴게요.

56 문제점 문제　　　　　　　　　하 ●○○

해석 어떤 문제가 언급되는가?
(A) 마감 기한을 놓쳤다.
(B) 건물이 손상되었다.
(C) 기기가 제대로 작동하지 않았다.
(D) 결정이 승인되지 않았다.

해설 대화에서 부정적인 표현이 언급된 다음을 주의 깊게 듣는다. 지문 초반부에서 남자1이 "The deadline ~ was yesterday, but we missed it(마감 기한이 어제였는데, 우리가 그것을 놓쳤어요)"이라고 하였다. 따라서 (A)가 정답이다.

어휘 damage 손상시키다　properly 제대로, 적절하게

57 다음에 할 일 문제　　　　　　하 ●○○

해석 여자는 오후 4시에 무엇을 할 것인가?
(A) 건물을 보여준다.
(B) 워크숍을 진행한다.
(C) 지원서를 읽는다.
(D) 설계도를 인쇄한다.

해설 질문의 핵심어구(at 4 P.M.)와 관련된 내용을 주의 깊게 듣는다. 대화 중반부에서 여자가 "I'm going to conduct a workshop for some new staff members at 4 P.M.(저는 오후 4시에 몇몇 새로운 직원들을 위한 워크숍을 진행할 거예요)"이라고 하였다. 따라서 (B)가 정답이다.

어휘 application 지원서

58 제안 문제　　　　　　　　　　하 ●○○

해석 Ted는 여자를 위해 무엇을 해주겠다고 제안하는가?
(A) 가구를 옮긴다.

(B) 장비를 교체한다.
(C) 회의실을 예약한다.
(D) 직원에게 이야기한다.

해설 남자1[Ted]의 말에서 제안과 관련된 표현이 언급된 다음을 주의 깊게 듣는다. 대화 후반부에서 남자1[Ted]이 여자에게 "I'll give you a hand with moving the tables(제가 책상을 옮기는 것을 도와드릴게요)"라고 하였다. 이를 통해, Ted가 여자를 위해 가구를 옮기는 것을 해주겠다고 제안함을 알 수 있다. 따라서 (A)가 정답이다.

어휘 replace 교체하다 reserve 예약하다

패러프레이징

> tables 책상 → furniture 가구

59-61 ③에 미국식 발음 → 캐나다식 발음

Questions 59-61 refer to the following conversation.

> W: Hello. My name is Hannah Long, and I work at the Sapphire Medical Center. ⁵⁹**I'm calling to remind Victor Reardon about his upcoming appointment with us.**
> M: This is Victor. Thanks for contacting me. I'm supposed to come in on Thursday at 10 A.M., right?
> W: That's correct. ⁶⁰**I sent you an e-mail with some instructions about the medical test.** It includes guidelines about what you can and cannot eat the night before.
> M: OK. Is there anything else?
> W: Yes. Since this is your first visit to our facility, ⁶¹**please bring your health insurance card**.
> M: I'll be sure to do that.
>
> medical center 병원 instruction 지시, 설명 health insurance 건강 보험

해석

59-61번은 다음 대화에 관한 문제입니다.

여: 안녕하세요. 제 이름은 Hannah Long이고, Sapphire 병원에서 일합니다. ⁵⁹Victor Reardon에게 다가오는 저희와의 예약에 대해 상기시켜드리려고 전화 드렸어요.
남: 제가 Victor입니다. 연락해 주셔서 감사해요. 저는 목요일 오전 10시에 가기로 되어 있지요, 맞나요?
여: 맞습니다. ⁶⁰제가 의료 검사에 관한 지시가 있는 이메일을 보내드렸어요. 그것은 당신이 전날 밤에 드실 수 있는 것과 드실 수 없는 것에 대한 지침을 포함합니다.
남: 알겠어요. 다른 것이 더 있나요?
여: 네. 이번이 저희 시설에 첫 방문이시기 때문에, ⁶¹건강 보험 카드를 가져와 주세요.
남: 확실하게 그렇게 할게요.

59 목적 문제   하 ●○○

해석 여자는 왜 전화하고 있는가?
(A) 일정을 변경하기 위해
(B) 오류를 사과하기 위해
(C) 행사를 광고하기 위해
(D) 상기시켜 주기 위해

해설 대화의 주제를 묻는 문제이므로, 대화의 초반을 주의 깊게 듣는다. 여자가 "I'm calling to remind ~ about his upcoming appointment with us(다가오는 저희와의 예약에 대해 상기시켜드리려고 전화 드렸어요)"라고 한 후, 예약을 상기시키는 것에 대한 내용으로 대화가 이어지고 있다. 따라서 (D)가 정답이다.

어휘 reminder 상기시켜 주는 것

60 특정 세부 사항 문제   하 ●○○

해석 여자는 남자에게 무엇을 이메일로 보냈는가?
(A) 검사에 대한 지침
(B) 진료 기록
(C) 검사 결과
(D) 약국으로 가는 길 안내

해설 질문의 핵심어구(e-mail)가 언급된 주변을 주의 깊게 듣는다. 대화 중반부에서 여자가 "I sent you an e-mail with some instructions about the medical test(제가 의료 검사에 관한 지시가 있는 이메일을 보내드렸어요)"라고 하였다. 따라서 (A)가 정답이다.

어휘 medical record 진료 기록 examination 검사 directions 길 안내

61 요청 문제   하 ●○○

해석 여자는 남자에게 무엇을 하라고 요청하는가?
(A) 애플리케이션을 다운로드한다.
(B) 의사에게 전화한다.
(C) 문서를 발송한다.
(D) 카드를 가져온다.

해설 여자의 말에서 요청과 관련된 표현이 언급된 다음을 주의 깊게 듣는다. 대화 후반부에서 여자가 "please bring your health insurance card(건강 보험 카드를 가져와 주세요)"라고 하였다. 따라서 (D)가 정답이다.

62-64 ③에 영국식 발음 → 호주식 발음

Questions 62-64 refer to the following conversation and price list.

> W: Douglas, I want to discuss furniture for our new lounge, as ⁶²**renovations of the space are going to be finished on May 13**. Have you researched our options yet?
> M: I've already made a list of items I think we should get. Here you go.
> W: These are nice choices. However, I'm not sure we can afford all of them.
> M: In that case, ⁶³**I suggest not buying the $250 piece since we already have one.**
> W: OK, good. I'm more comfortable with that.
> M: ⁶⁴**I'm not sure about the color of the sofa either, so I will e-mail you a file with other choices.** Please look through it soon.
>
> lounge 휴게실 afford 여유가 되다 lounge chair 안락 의자

62-64번은 다음 대화와 가격표에 대한 문제입니다.

여: Douglas, 저는 새 휴게실 가구에 대해 이야기하고 싶어요, ⁶²5월 13일에 그 공간의 개조가 완료될 것이니까요. 선택지들을 조사해 보셨나요?
남: 우리가 사야 할 것 같은 물품들의 목록을 이미 작성했어요. 여기 있어요.
여: 좋은 선택들이에요. 하지만, 저는 우리가 그것들을 모두 살 여유가 되는지 모르겠어요.
남: 그렇다면, ⁶³이미 250달러짜리가 있으니 그것을 사지 않는 것을 제안해요.
여: 네, 좋아요. 그것이 더 마음에 드네요.
남: ⁶⁴저는 소파 색상에 대해서도 확신이 없어서, 다른 선택지들을 보여주는 파일을 이메일로 보낼게요. 그것을 즉시 살펴봐 주세요.

제품	가격
나무 벤치	2,000달러
짧은 소파	1,200달러
⁶³안락 의자	250달러
커피 테이블	350달러

62 다음에 할 일 문제
중 ●●○

해석 여자에 따르면, 5월 13일에 무슨 일이 일어날 것인가?

(A) 몇몇 직원이 사무실로 돌아올 것이다.

(B) 주문을 할 것이다.

(C) 개업식이 열릴 것이다.

(D) 공사 프로젝트가 종료될 것이다.

해설 질문의 핵심어구(May 13)가 언급된 주변을 주의 깊게 듣는다. 대화 초반부에서 여자가 "renovations of the space are going to be finished on May 13(5월 13일에 그 공간의 개조가 완료될 것이니까요)"라고 하였다. 이를 통해, 5월 13일에 공사 프로젝트가 종료될 것임을 알 수 있다. 따라서 (D)가 정답이다.

어휘 place (주문 등을) 하다 grand opening 개업식

패러프레이징

renovations of the space 공간의 개조 → construction project 공사 프로젝트

63 시각 자료 문제
중 ●●○

해석 시각 자료를 보아라. 어떤 제품이 구매되지 않을 것인가?

(A) 나무 벤치

(B) 짧은 소파

(C) 안락 의자

(D) 커피 테이블

해설 가격표의 정보를 확인한 후 질문의 핵심어구(will not be purchased)와 관련된 내용을 주의 깊게 듣는다. 대화 중반부에서 남자가 "I suggest not buying the $250 piece since we already have one(이미 250달러짜리가 있으니 그것을 사지 않는 것을 제안해요)"라고 하였다. 이를 통해, 안락 의자가 구매되지 않을 것임을 가격표에서 알 수 있다. 따라서 (C)가 정답이다.

64 특정 세부 사항 문제
중 ●●○

해석 남자는 무엇에 대해 확신이 없는가?

(A) 직물 재질

(B) 색상 선택지

(C) 배송일

(D) 배송비

해설 질문의 핵심어구(unsure)와 관련된 내용을 주의 깊게 듣는다. 대화 후반부에서 남자가 "I'm not sure about the color of the sofa either, so I will e-mail you a file with other choices(저는 소파 색상에 대해서도 확신이 없어서, 다른 선택지들을 보여주는 파일을 이메일로 보낼게요)"라고 하였다. 이를 통해, 남자가 색상 선택지에 대해 확신이 없음을 알 수 있다. 따라서 (B)가 정답이다.

어휘 fabric 직물 shipping 배송

65-67 [3] 캐나다식 발음 → 영국식 발음

Questions 65-67 refer to the following conversation and map.

M: Good morning. My hiking club will be holding its monthly gathering next weekend. **⁶⁵Can I book one of the group picnic areas on Saturday?**

W: What time would you like to use it?

M: From 10 A.M. to 1 P.M. would be perfect.

W: Let me check . . . **⁶⁶The picnic area between the visitor center and the swimming pool is free at that time.** I'll just need you to fill out this form.

M: Sure. Here you go.

W: Great. And **⁶⁷it will be $15 to use the picnic area for three hours.**

M: That's reasonable. **⁶⁷Let me get my credit card.**

monthly 월간(의) book 예약하다 visitor center 관광 안내소
fill out 작성하다, 채우다 reasonable 합리적인

해석
65-67번은 다음 대화와 지도에 관한 문제입니다.

남: 안녕하세요. 제 하이킹 클럽이 다음 주 주말에 월간 모임을 열 것인데요. ⁶⁵토요일에 단체 피크닉 공간 중 하나를 예약할 수 있을까요?

여: 몇 시에 그것을 사용하고 싶으신가요?

남: 오전 10시부터 오후 1시면 완벽할 거예요.

여: 확인해 보겠습니다… ⁶⁶그 시간에는 관광 안내소와 수영장 사이의 피크닉 공간이 사용 가능해요. 그저 이 양식을 작성해 주시면 됩니다.

남: 그럼요. 여기 있어요.

여: 좋아요. 그리고 ⁶⁷세 시간 동안 그 피크닉 공간을 사용하시는 것은 15달러가 되겠습니다.

남: 합리적인 가격이네요. ⁶⁷제 신용카드를 가져올게요.

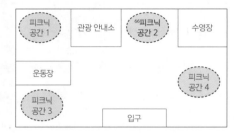

65 특정 세부 사항 문제
하 ●○○

해석 남자는 무엇에 대해 문의하는가?

(A) 행사에 참석하기

(B) 관광지를 찾기

(C) 클럽에 가입하기

(D) 예약을 하기

해설 질문의 핵심어구(man ask about)와 관련된 내용을 주의 깊게 듣는다. 대화 초반부에서 남자가 "Can I book one of the group picnic areas on Saturday?(토요일에 단체 피크닉 공간 중 하나를 예약할 수 있을까요?)"라고 하였다. 이를 통해, 남자가 예약을 하는 것을 문의하고 있음을 알 수 있다. 따라서 (D)가 정답이다.

어휘 locate 찾다, 위치시키다

패러프레이징

> book 예약하다 → Making a reservation 예약을 하기

66 시각 자료 문제 하 ●○○

해석　시각 자료를 보라. 모임은 어디에서 열릴 것인가?
　　(A) 피크닉 공간 1에서
　　(B) 피크닉 공간 2에서
　　(C) 피크닉 공간 3에서
　　(D) 피크닉 공간 4에서

해설　지도의 정보를 확인한 후 질문의 핵심어구(gathering ~ held)와 관련된 내용을 주의 깊게 듣는다. 대화 중반부에서 여자가 "The picnic area between the visitor center and the swimming pool is free at that time(그 시간에는 관광 안내소와 수영장 사이의 피크닉 공간이 사용 가능해요)"이라고 하였으므로, 모임이 피크닉 공간 2에서 열릴 것임을 지도에서 알 수 있다. 따라서 (B)가 정답이다.

67 다음에 할 일 문제 중 ●●○

해석　남자는 다음에 무엇을 할 것 같은가?
　　(A) 목록을 검토한다.
　　(B) 요금을 지불한다.
　　(C) 날짜를 확인한다.
　　(D) 센터를 방문한다.

해설　대화의 마지막 부분을 주의 깊게 듣는다. 대화 후반부에서 여자가 "it will be $15 to use the picnic area for three hours(세 시간 동안 그 피크닉 공간을 사용하시는 건 15달러가 되겠습니다)"라고 하자, 남자가 "Let me get my credit card(제 신용카드를 가져올게요)"라고 하였다. 이를 통해, 남자가 요금을 지불할 것임을 알 수 있다. 따라서 (B)가 정답이다.

68-70 🔊 미국식 발음 → 호주식 발음

Questions 68-70 refer to the following conversation and list of properties.

> W: Steve, have you found a suitable site for the second branch yet? **⁶⁸Our department manager asked me to provide an update this afternoon.**
> M: There are several options. Take a look at this list . . . Freeport Tower seems like the best choice. It offers free Wi-Fi to all tenants.
> W: That sounds great, but **⁶⁹I prefer the building with a parking area**. Many of our employees drive to work.
> M: I guess you're right. **⁷⁰I'll call the real estate agent now and ask him to send us the rental agreement for that building to review.** We can go through it together to see if there are any problems.
> W: Good plan.

> suitable 적당한　take a look 한번 보다　tenant 입주자
> real estate agent 부동산 중개업자　rental agreement 임대차 계약서

해석
68-70번은 다음 대화와 건물 목록에 관한 문제입니다.

여: Steve, 이제 우리의 두 번째 지점을 위한 적당한 장소를 찾았나요? ⁶⁸우리 부서 관리자가 오늘 오후에 최신 정보를 알려달라고 제게 요청했어요.

남: 여러 가지 선택지가 있어요. 이 목록을 한번 보세요… Freeport Tower가 가장 좋은 선택지인 것 같아요. 그곳은 모든 입주자들에게 무료 와이파이를 제공해요.

여: 그것은 좋은 것 같지만, ⁶⁹저는 주차 공간이 있는 건물을 선호해요. 우리 직원 중 여러 명이 차를 운전해서 직장에 오잖아요.

남: 당신이 맞는 것 같네요. ⁷⁰제가 부동산 중개업자에게 전화해서 그 건물에 대한 임대차 계약서를 검토하도록 우리에게 보내달라고 요청할게요. 어떤 문제라도 있을지 함께 검토해 볼 수 있을 거예요.

여: 좋은 계획이에요.

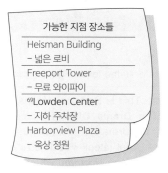

가능한 지점 장소들

Heisman Building
- 넓은 로비

Freeport Tower
- 무료 와이파이

⁶⁹Lowden Center
- 지하 주차장

Harborview Plaza
- 옥상 정원

68 다음에 할 일 문제 하 ●○○

해석　여자는 오늘 오후에 무엇을 할 것 같은가?
　　(A) 직책에 지원한다.
　　(B) 입주자에게 알린다.
　　(C) 최신 정보를 제공한다.
　　(D) 사무실을 점검한다.

해설　질문의 핵심어구(this afternoon)가 언급된 주변을 주의 깊게 듣는다. 대화 초반부에서 여자가 "Our department manager asked me to provide an update this afternoon(우리 부서 관리자가 오늘 오후에 최신 정보를 알려달라고 제게 요청했어요)"이라고 하였다. 이를 통해, 여자가 오늘 오후에 최신 정보를 제공할 것임을 알 수 있다. 따라서 (C)가 정답이다.

어휘　apply for 지원하다　position 직책　notify 알리다　inspect 점검하다

69 시각 자료 문제 중 ●●○

해석　시각 자료를 보라. 여자는 어느 건물을 선호하는가?
　　(A) Heisman Building
　　(B) Freeport Tower
　　(C) Lowden Center
　　(D) Harborview Plaza

해설　건물 목록의 정보를 확인한 후 질문의 핵심어구(building ~ woman prefer)와 관련된 내용을 주의 깊게 듣는다. 대화 중반부에서 여자가 "I prefer the building with a parking area(저는 주차 공간이 있는 건물을 선호해요)"라고 하였으므로, 여자가 지하 주차장이 있는 Lowden Center를 선호함을 건물 목록에서 알 수 있다. 따라서 (C)가 정답이다.

70 이유 문제 중 ●●○

해석　남자는 왜 부동산 중개업자에게 전화할 것인가?
　　(A) 문제를 논의하기 위해
　　(B) 임대차 계약서를 요청하기 위해
　　(C) 둘러보는 것을 준비하기 위해
　　(D) 예약을 취소하기 위해

해설　질문의 핵심어구(real estate agent)가 언급된 주변을 주의 깊게 듣는다. 대화 후반부에서 남자가 "I'll call the real estate agent now and ask him to send us the rental agreement for that building to review(제가 부동산 중개업자에게 전화해서 그 건물에 대한 임대차 계약서를 검토하도록 우리에게 보내달라고 요청할게요)"라고 하였다. 따라서 (B)가 정답이다.

패러프레이징

ask ~ to send 보내달라고 요청하다 → request 요청하다

PART 4

71-73 ③ 미국식 발음

Questions 71-73 refer to the following telephone message.

Hello, Mr. Stuart. This is Ramona Wilkins. **⁷¹I'm a director at the Washburn Drama Club.** I watched a recording of your acting performance last month, and you have some . . . um . . . real talent. **⁷²I'd like to offer you a part in our next play**, *Prince Norman*, **which will be staged in two months.** **⁷³Could you drop by the community center here in Washburn on Saturday to discuss this?** I'll be there between noon and 5 P.M. Thanks.

director 감독 recording 녹화본 acting 연기 talent 재능
stage 상연하다, 공연하다 community center 시민 문화 회관

해석
71-73번은 다음 전화 메시지에 관한 문제입니다.

안녕하세요, Mr. Stuart. 저는 Ramona Wilkins입니다. ⁷¹저는 Washburn 드라마 클럽 감독이에요. 저는 지난달 당신의 연기 공연의 녹화본을 보았는데, 당신은… 음… 진정한 재능을 가지고 있어요. ⁷²당신에게 저희의 다음 연극인 *Prince Norman*에서의 역할을 제안하고 싶고, 이것은 두 달 후에 상연될 것입니다. ⁷³이것에 관해 논의하기 위해 토요일에 이곳 Washburn의 시민 문화 회관에 들러 주실 수 있을까요? 저는 정오에서 오후 5시 사이에 그곳에 있을 겁니다. 감사합니다.

71 화자 문제　　　　　　　　　　　　하 ●○○

해석 화자는 누구인 것 같은가?
　　(A) 감독
　　(B) 사진가
　　(C) 기자
　　(D) 연기자

해설 지문에서 신분 및 직업과 관련된 표현을 주의 깊게 듣는다. 지문 초반부에서 "I'm a director at the Washburn Drama Club(저는 Washburn 드라마 클럽 감독이에요)"이라고 한 것을 통해, 화자가 감독임을 알 수 있다. 따라서 (A)가 정답이다.

어휘 journalist 기자

72 다음에 할 일 문제　　　　　　　　하 ●○○

해석 두 달 후에 무엇이 일어날 것인가?
　　(A) 정책이 바뀔 것이다.
　　(B) 기사가 발표될 것이다.
　　(C) 연극이 공연될 것이다.
　　(D) 사운드트랙이 녹음될 것이다.

해설 질문의 핵심어구(in two months)가 언급된 주변을 주의 깊게 듣는다. 지문

중반부에서 " I'd like to offer you a part in our next play ~ which will be staged in two months(당신에게 저희의 다음 연극에서의 역할을 제안하고 싶고, 이것은 두 달 후에 상연될 것입니다)"라고 한 것을 통해, 두 달 후에 연극이 공연될 것임을 알 수 있다. 따라서 (C)가 정답이다.

어휘 record 녹음하다

73 요청 문제　　　　　　　　　　　　중 ●●○

해석 화자는 청자에게 토요일에 무엇을 하라고 요청하는가?
　　(A) 원고를 읽는다.
　　(B) 공공 시설을 방문한다.
　　(C) 입장권을 수령한다.
　　(D) 이력서를 준비한다.

해설 지문 중후반에서 요청과 관련된 표현이 포함된 문장을 주의 깊게 듣는다. "Could you drop by the community center ~ on Saturday ~?(토요일에 시민 문화 회관에 들러 주실 수 있을까요?)"라고 한 것을 통해, 공공 시설을 방문하라고 요청하고 있음을 알 수 있다. 따라서 (B)가 정답이다.

어휘 manuscript 원고 résumé 이력서

패러프레이징

community center 시민 문화 회관 → public facility 공공 시설

74-76 ③ 영국식 발음

Questions 74-76 refer to the following broadcast.

Hello, I'm your host, Sally Clayborn and **⁷⁴you're listening to *Job Talk*, the weekly podcast for job seekers. Today, I'm focusing on the skills and preparation you need for a job interview. ⁷⁵Lionel Wesley, the human resources manager for Munroe Enterprises, will be joining me for this conversation.** Mr. Wesley will give some tips since he is an expert on the matter. Also, **⁷⁶next month I'll be holding a live broadcast of my show**, and you'll be able to practice your interview skills with me. Information and tickets are available on our Web site.

host 진행자 job seeker 구직자 preparation 마음가짐, 준비 matter 문제
live broadcast 생방송

74-76번은 다음 방송에 관한 문제입니다.

안녕하세요, 저는 진행자 Sally Clayborn이고, ⁷⁴여러분께서는 구직자들을 위한 주간 팟캐스트, *Job Talk*를 듣고 계십니다. 오늘, 저는 구직 면접에 필요한 기술과 마음가짐에 초점을 둘 것입니다. ⁷⁵Munroe사의 인사 관리자인 Lionel Wesley께서 이 대화에 참여할 것입니다. Mr. Wesley는 그 문제에 대한 전문가이기 때문에 몇 가지 팁을 줄 것입니다. 또한, ⁷⁶다음 달에는 제 쇼의 생방송을 열 것이므로, 여러분은 저와 함께 면접 기술을 연습하실 수 있을 겁니다. 정보와 티켓은 저희 웹사이트에서 구하실 수 있습니다.

74 주제 문제　　　　　　　　　　　　중 ●●○

해석 이번 주 팟캐스트의 주제는 무엇인가?
　　(A) 은퇴 계획
　　(B) 구직 면접 기술
　　(C) 채용 절차
　　(D) 제조 과정

해설 팟캐스트의 주제를 묻는 문제이므로, 지문의 초반을 반드시 듣는다. "you're

listening to ~ the weekly podcast for job seekers. Today, I'm focusing on the skills and preparation you need for a job interview (여러분께서는 구직자들을 위한 주간 팟캐스트를 듣고 계십니다. 오늘 저는 구직 면접에 필요한 기술과 마음가짐에 초점을 둘 것입니다)"라고 하였다. 이를 통해, 팟캐스트가 구직 면접 기술에 관한 것임을 알 수 있다. 따라서 (B)가 정답이다.

어휘 **procedure** 절차 **manufacturing** 제조

75 특정 세부 사항 문제   중 ●●○

해석 Lionel Wesley는 누구인가?
    (A) 부서 관리자
    (B) 금융 컨설턴트
    (C) 투자 책임자
    (D) 대학 강사

해설 질문 대상(Lionel Wesley)의 신분 및 직업과 관련된 표현을 놓치지 않고 듣는다. 지문 중반부에서 "Lionel Wesley, the human resources manager for Munroe Enterprises, will be joining me for this conversation(Munroe사의 인사 관리자인 Lionel Wesley께서 이 대화에 참여할 것입니다)"이라고 한 것을 통해, Lionel Wesley가 부서 관리자임을 알 수 있다. 따라서 (A)가 정답이다.

어휘 **financial** 금융의 **coordinator** 책임자 **instructor** 강사

76 다음에 할 일 문제   하 ●○○

해석 화자는 다음 달에 무엇을 할 것인가?
    (A) 청취자의 전화에 응답한다.
    (B) 생방송을 연다.
    (C) 상을 받는다.
    (D) 콘서트 티켓을 나누어 준다.

해설 질문의 핵심어구(next month)가 언급된 주변을 주의 깊게 듣는다. 지문 후반부에서 "next month I'll be holding a live broadcast of my show(다음 달에는 제 쇼의 생방송을 열 것입니다)"라고 하였다. 이를 통해, 다음 달에 생방송을 열 것임을 알 수 있다. 따라서 (B)가 정답이다.

어휘 **host** 열다, 주최하다 **give away** 나누어 주다

77-79 ③ 캐나다식 발음

Questions 77-79 refer to the following talk.

OK, everyone. The summer holiday season has just started, and [77]**more couples and families are coming to our restaurant**. To handle this, [78]**we opened a new outdoor seating area**. This will certainly make more space for the additional customers. I also have a quick reminder about trading shifts. [79]**If you want to change shifts, you must inform me two days in advance. I have told you this several times.**

holiday 휴가 handle 처리하다, 다루다 certainly 분명히 additional 추가의 trade 서로 바꾸다, 거래하다 shift 교대 근무 시간 inform 알리다 in advance 미리, 사전에

해석
77-79번은 다음 담화에 관한 문제입니다.

좋습니다, 여러분. 여름 휴가 시즌이 이제 막 시작해서, [77]더 많은 연인들과 가족들이 우리 레스토랑에 올 것입니다. 이것을 처리하기 위해, [78]우리는 새로운 야외 좌석 공간을 개방했습니다. 이는 분명히 추가적인 고객들을 위해 공간을 더 만들 거예요. 저

는 또한 교대 근무 시간을 서로 바꾸는 것에 대해 빠르게 상기시켜 드릴 것이 있습니다. [79]만약 교대 근무 시간을 바꾸고 싶으시다면, 이틀 전에 미리 제게 알려주셔야 합니다. 저는 이것을 여러 번 말씀드렸어요.

77 청자 문제   하 ●○○

해석 청자들은 어디에서 일하는가?
    (A) 항공사에서
    (B) 파티 플래닝 회사에서
    (C) 식당에서
    (D) 채용 업체에서

해설 지문에서 신분 및 직업과 관련된 표현을 주의 깊게 듣는다. 지문 초반부에서 "more couples and families are coming to our restaurant(더 많은 연인들과 가족들이 우리 레스토랑에 올 것입니다)"라고 하였다. 따라서 (C)가 정답이다.

어휘 **corporation** 회사, 업체 **staffing agency** 채용 업체

78 특정 세부 사항 문제   하 ●○○

해석 업체는 최근에 무엇을 했는가?
    (A) 새로운 건물로 이전했다.
    (B) 고문을 고용했다.
    (C) 고객들에게 할인을 제공했다.
    (D) 야외 공간을 열었다.

해설 질문의 핵심어구(business recently do)와 관련된 내용을 주의 깊게 듣는다. 지문 중반부에서 "we opened a new outdoor seating area(우리는 새로운 야외 좌석 공간을 개방했습니다)"라고 하였다. 따라서 (D)가 정답이다.

79 의도 파악 문제   상 ●●●

해석 화자는 왜 "저는 이것을 여러 번 말씀드렸어요"라고 말하는가?
    (A) 문의에 답변하기 위해
    (B) 실수를 정정하기 위해
    (C) 불만을 표현하기 위해
    (D) 찬성을 나타내기 위해

해설 질문의 인용어구(I have told you this several times)가 언급된 주변을 주의 깊게 듣는다. 지문 중반부에서 "If you want to change shifts, you must inform me two days in advance(만약 교대 근무 시간을 바꾸고 싶으시다면, 이틀 전에 미리 제게 알려주셔야 합니다)"라며 이것을 여러 번 말씀드렸다고 하였으므로, 불만을 표현하고 있음을 알 수 있다. 따라서 (C)가 정답이다.

어휘 **inquiry** 문의 **frustration** 불만 **approval** 찬성, 허가

80-82 ③ 호주식 발음

Questions 80-82 refer to the following broadcast.

This is Mike Frommer, and you're listening to *Arts Expressions*. [80]**The Classical Art Museum will be exhibiting works by the famous sculptor Yang Xu.** This exhibition will run from January 20 to 23. [81]**Mr. Xu's pieces will be displayed in Maxwell Hall, which is the biggest exhibition room in the museum.** Tickets for this event are now available through the museum's mobile application and Web site. Additionally, [82]**we're giving away free tickets to five lucky listeners who call into our radio station** immediately following the

commercial break.
```
classical art 고전 미술  exhibit 전시하다  sculptor 조각가  run 운영하다
display 전시하다  additionally 추가적으로  give away 증정하다, 나눠주다
immediately 바로, 즉시  following ~ 후에
```

해석

80-82번은 다음 방송에 관한 문제입니다.

저는 Mike Frommer이고, 여러분은 *Arts Expressions*를 듣고 계십니다. ⁸⁰고전 미술관이 유명한 조각가 Yang Xu의 작품들을 전시할 것입니다. 이 전시는 1월 20일부터 23일까지 운영할 거예요. ⁸¹Mr. Xu의 작품들은 Maxwell홀에 전시될 것인데, 그곳은 미술관에서 가장 큰 전시 공간이죠. 이 행사의 입장권은 현재 미술관의 모바일 애플리케이션과 웹사이트에서 구매 가능합니다. 추가적으로, ⁸²저희는 광고 방송 시간 후에 바로 저희 라디오국으로 전화해 주시는 다섯 명의 행운의 청취자들에게 무료 입장권을 증정할 것입니다.

80 특정 세부 사항 문제   하 ●○○

해석 Yang Xu는 누구인가?
(A) 큐레이터
(B) 주최자
(C) 교수
(D) 예술가

해설 질문 대상(Yang Xu)의 신분 및 직업과 관련된 표현을 놓치지 않고 듣는다. 지문 초반부에서 "The Classical Art Museum will be exhibiting works by the famous sculptor Yang Xu(고전 미술관이 유명한 조각가 Yang Xu의 작품들을 전시할 것입니다)"라고 하였다. 따라서 (D)가 정답이다.

패러프레이징

sculptor 조각가 → artist 예술가

81 언급 문제   중 ●●○

해석 화자는 Maxwell홀에 대해 무엇을 말하는가?
(A) 매우 넓다.
(B) 입구 근처에 있다.
(C) 보수될 것이다.
(D) 봉쇄될 것이다.

해설 질문의 핵심어구(Maxwell Hall)가 언급된 주변을 주의 깊게 듣는다. 지문 중반부에서 "Mr. Xu's pieces will be displayed in Maxwell Hall, which is the biggest exhibition room in the museum(Mr. Xu의 작품들은 Maxwell홀에 전시될 것인데, 그곳은 미술관에서 가장 큰 전시 공간이죠)"이라고 하였다. 이를 통해, Maxwell홀이 매우 넓다는 것을 알 수 있다. 따라서 (A)가 정답이다.

어휘 spacious 넓은, 널찍한 block off 봉쇄하다

패러프레이징

biggest ~ room 가장 큰 공간 → very spacious 매우 넓다

82 방법 문제   하 ●○○

해석 일부 청취자들은 어떻게 행사의 무료 입장권을 받을 수 있는가?
(A) 웹사이트를 방문함으로써
(B) 문자 메시지를 보냄으로써
(C) 이메일에 답함으로써
(D) 전화를 함으로써

해설 질문의 핵심어구(free tickets)가 언급된 주변을 주의 깊게 듣는다. 지문 후반부에서 "we're giving away free tickets to five ~ listeners who call into our radio station(저희는 저희 라디오국으로 전화해 주시는 다섯 명의 청취자들에게 무료 입장권을 증정할 것입니다)"이라고 하였다. 이를 통해, 일부 청취자들이 전화를 함으로써 무료 입장권을 받을 수 있음을 알 수 있다. 따라서 (D)가 정답이다.

83-85 [3집] 캐나다식 발음

Questions 83-85 refer to the following telephone message.

Good morning. ⁸³**This is Max Khan, and I'm in charge of organizing the Rosedale Computer Game Expo.** ⁸⁴**I'm following up on your request for information about reserving a booth at our event. We still have seven spots left, but they're going fast.** ⁸⁵**We're expecting several thousand visitors because many games are being presented this year.** Also, the expo is being hosted at a convention center that is conveniently located near the airport and several hotels. I'll be looking forward to your reply.

```
be in charge of ~을 담당하다  organize 주최하다  spot 자리
present 발표하다  conveniently 편리하게  reply 답변
```

83-85번은 다음 전화 메시지에 관한 문제입니다.

좋은 아침입니다. ⁸³저는 Max Khan이며, Rosedale 컴퓨터 게임 박람회를 주최하는 것을 담당하고 있습니다. ⁸⁴저희 행사에서 부스를 예약하는 것에 대한 귀하의 정보 요청에 답변 드립니다. 아직 7개 자리가 남아 있어요. 하지만, 그것들은 빠르게 없어지고 있습니다. ⁸⁵올해 많은 게임이 발표될 것이기 때문에 수천 명의 방문자들이 방문할 것으로 예상하고 있습니다. 또한, 박람회는 공항과 여러 호텔 근처에 편리하게 위치한 컨벤션 센터에서 개최됩니다. 당신의 답변을 기다리겠습니다.

83 화자 문제   중 ●●○

해석 화자는 누구인 것 같은가?
(A) 컴퓨터 판매자
(B) 호텔 지배인
(C) 게임 개발자
(D) 행사 주최자

해설 지문에서 신분 및 직업과 관련된 표현을 놓치지 않고 듣는다. 지문 초반부에서 "This is Max Khan, and I'm in charge of organizing the Rosedale Computer Game Expo(저는 Max Khan이며 Rosedale 컴퓨터 게임 박람회를 주최하는 것을 담당하고 있습니다)"라고 하였다. 이를 통해, 화자가 행사 주최자임을 알 수 있다. 따라서 (D)가 정답이다.

어휘 developer 개발자 organizer 주최자

84 의도 파악 문제   중 ●●○

해석 화자는 "그것들은 빠르게 없어지고 있습니다"라고 말할 때 무엇을 의도하는가?
(A) 행사가 일찍 시작할 것이다.
(B) 결정이 빨리 내려져야 한다.
(C) 추가적인 도움이 필요할 것이다.
(D) 날짜를 변경하기에는 늦었다.

해설 질문의 인용어구(they're going fast)가 언급된 주변을 주의 깊게 듣는다. 지문 중반부에서 "I'm following up on your request for information about reserving a booth at our event. We still have seven spots left(저희 행사에서 부스를 예약하는 것에 대한 귀하의 정보 요청에 답변 드립니다. 아직 7개 자리가 남아 있어요)"라며 하지만 그것들은 빠르게 없어지고 있다고 한 것을 통해, 결정이 빨리 내려져야 한다는 것을 의도하고 있음을 알 수 있다. 따라서 (B)가 정답이다.

85 이유 문제

중 ●●○

해석 화자는 왜 많은 방문자를 기대하는가?
(A) 많은 게임이 전시될 것이다.
(B) 게임 디자이너가 말할 것이다.
(C) 몇몇 대회가 열릴 것이다.
(D) 근처에 새로운 호텔이 문을 열었다.

해설 질문의 핵심어구 (expect ~ visitors)가 언급된 주변을 주의 깊게 듣는다. 지문의 중후반부에서 "We're expecting several thousand visitors because many games are being presented this year(올해 많은 게임이 발표될 것이기 때문에 수천 명의 방문자들이 방문할 것으로 예상하고 있습니다)"라고 하였다. 따라서 (A)가 정답이다.

어휘 show 전시하다, 보이다 nearby 근처에

패러프레이징

are being presented 발표될 것이다 → will be shown 전시될 것이다

86-88 ③️⃣ 영국식 발음

Questions 86-88 refer to the following talk.

⁸⁶**Thank you for attending our annual marketing conference. Our goal is to explore how companies can promote their products using social media Web sites.** ⁸⁷**Unlike in previous years, many of the speakers at today's event are researchers from other countries.** So, you will be able to develop a global perspective on the issues being discussed. Before we begin, however, I have to announce a change. ⁸⁸**The projector in the main hall is not working. Therefore, the closing ceremony will take place in Room 401 instead.** Okay, now let's begin.

explore 탐구하다, 탐험하다 promote 홍보하다 previous 지난 perspective 관점 closing ceremony 폐막식

해석
86-88번은 다음 담화에 관한 문제입니다.

⁸⁶저희 연례 마케팅 컨퍼런스에 참석해 주셔서 감사합니다. 저희의 목표는 어떻게 회사들이 소셜 미디어 웹사이트들을 활용하여 그들의 제품들을 홍보할 수 있을지 탐구하는 것입니다. ⁸⁷지난해들과 달리, 오늘 행사의 많은 연사자들은 다른 국가들에서 온 연구원들입니다. 그러므로, 여러분은 논의되고 있는 이슈들에 대한 국제적인 관점을 발달시키실 수 있을 것입니다. 하지만, 저희가 시작하기 전에, 저는 한 가지 변경 사항을 알려드려야 합니다. ⁸⁸중앙 홀의 프로젝터가 작동하지 않습니다. 따라서, 폐막식은 대신 401호에서 열릴 것입니다. 좋습니다, 이제 시작합시다.

86 특정 세부 사항 문제

상 ●●●

해석 컨퍼런스의 초점은 무엇인가?
(A) 온라인 광고
(B) 작업장 안전
(C) 웹사이트 디자인
(D) 직원 관리

해설 질문의 핵심어구(conference)가 언급된 주변을 주의 깊게 듣는다. 지문 초반부에서 "Thank you for attending our ~ conference. Our goal is to explore how companies can promote their products using social media Web sites(저희 컨퍼런스에 참석해 주셔서 감사합니다. 저희의 목표는 어떻게 회사들이 소셜 미디어 웹사이트들을 활용하여 그들의 제품들을 홍보할 수 있을지 탐구하는 것입니다)"라고 하였다. 이를 통해, 컨퍼런스의 초점이 온라인 광고임을 알 수 있다. 따라서 (A)가 정답이다.

어휘 safety 안전

패러프레이징

promote ~ products using ~ Web sites 웹사이트들을 활용하여 제품들을 홍보하다 → Online advertising 온라인 광고

87 특정 세부 사항 문제

중 ●●○

해석 올해의 컨퍼런스는 지난 것들과 어떻게 다른가?
(A) 더 많은 연사자들이 참여한다.
(B) 국제적인 연구자들을 특별히 포함한다.
(C) 더 긴 강연들을 포함할 것이다.
(D) 다른 장소에서 열리고 있다.

해설 질문의 핵심어구(different from previous ones)와 관련된 내용을 주의 깊게 듣는다. 지문 중반부에서 "Unlike in previous years, many of the speakers at today's event are researchers from other countries(지난해들과 달리, 오늘 행사의 많은 연사자들은 다른 국가들에서 온 연구원입니다)"라고 하였다. 이를 통해, 지난 컨퍼런스들과 달리 올해는 국제적인 연구자들을 특별히 포함함을 알 수 있다. 따라서 (B)가 정답이다.

어휘 lecture 강연

패러프레이징

from other countries 다른 국가들에서 온 → international 국제적인

88 이유 문제

중 ●●○

해석 왜 폐막식이 이전되었는가?
(A) 공간이 청소되지 않았다.
(B) 행사가 연기되었다.
(C) 기계가 작동을 멈췄다.
(D) 연사자가 도착하지 않았다.

해설 질문의 핵심어구(closing ceremony)가 언급된 주변을 주의 깊게 듣는다. 지문 후반부에서 "The projector in the main hall is not working. Therefore, the closing ceremony will take place in Room 401 instead(중앙 홀의 프로젝터가 작동하지 않습니다. 따라서, 폐막식은 대신 401호에서 열릴 것입니다)"라고 하였다. 따라서 (C)가 정답이다.

어휘 postpone 연기되다

89-91 ③️⃣ 미국식 발음

Questions 89-91 refer to the following announcement.

Excuse me, everybody, ⁸⁹**I've got some news about our next company retreat. On Friday, we will be going to Grover County Park.** Buses will take everyone to the park at 9:30 A.M., and ⁹⁰**we will begin with an hour-long nature walk. So, be sure to wear comfortable clothing.** Then, ⁹¹**we'll enjoy lunch prepared by Deli Delights and listen to**

speeches by the department heads. After that, you'll be divided into teams for some group games. The goal is to give everyone a chance to learn more about their colleagues. There will be a prize for the team that gets the most points.

retreat 야유회 hour-long 한 시간 동안의 nature walk 자연 관찰 산책
divide into 나누다 colleague 동료 prize 상품, 경품

해석
89-91번은 다음 공지에 관한 문제입니다.

실례합니다, 여러분. [89]저는 우리의 다음 회사 야유회에 관한 몇 가지 소식이 있습니다. 금요일에, 우리는 Grover County 공원으로 갈 것입니다. 버스가 오전 9시 30분에 모두를 공원으로 데려가 줄 것이고, [90]우리는 한 시간 동안의 자연 관찰 산책으로 시작할 것입니다. 그러므로, 반드시 편안한 옷을 입어 주십시오. 그리고 나서, [91]우리는 Deli Delights에서 준비한 점심을 먹고 부서장들의 연설을 들을 거예요. 그 후에는, 여러분은 단체 게임을 위해 팀으로 나뉠 것입니다. 목표는 모두에게 동료들에 대해 더 알 수 있는 기회를 주는 것입니다. 가장 많은 포인트를 얻은 팀에게는 상품이 있을 겁니다.

89 다음에 할 일 문제   하 ●○○

해석 금요일에 무엇이 일어날 것인가?
(A) 회사 야유회
(B) 시설 견학
(C) 개장식
(D) 이사회

해설 질문의 핵심어구(on Friday)가 언급된 주변을 주의 깊게 듣는다. 지문 초반부에서 "I've got some news about our next company retreat. On Friday, we will be going to Grover County Park(저는 우리의 다음 회사 야유회에 관한 몇 가지 소식이 있습니다. 금요일에, 우리는 Grover County 공원으로 갈 것입니다)"라고 하였다. 따라서 (A)가 정답이다.

어휘 board meeting 이사회

90 이유 문제   중 ●●○

해석 화자는 왜 청자들에게 편안하게 옷을 입으라고 말하는가?
(A) 경주에서 경쟁할 것이다.
(B) 건축 현장을 방문할 것이다.
(C) 공원을 청소할 것이다.
(D) 산책을 갈 것이다.

해설 질문의 핵심어구(dress comfortably)와 관련된 내용을 주의 깊게 듣는다. 지문 중반부에서 "we will begin with an hour-long nature walk. So, be sure to wear comfortable clothing(우리는 한 시간 동안의 자연 관찰 산책으로 시작할 것입니다. 그러므로 반드시 편안한 옷을 입어 주십시오)"이라고 하였다. 이를 통해, 산책을 갈 것이므로 편안하게 옷을 입으라고 말하는 것임을 알 수 있다. 따라서 (D)가 정답이다.

어휘 go for a walk 산책을 가다

91 특정 세부 사항 문제   하 ●○○

해석 화자에 따르면, 청자들은 연설 후에 무엇을 할 것인가?
(A) 점심 시간을 가진다.
(B) 그룹으로 분산된다.
(C) 직장으로 돌아간다.
(D) 노트를 작성한다.

해설 질문의 핵심어구(after ~ speeches)와 관련된 내용을 주의 깊게 듣는다.

지문 후반부에서 "we'll ~ listen to speeches ~ After that, you'll be divided into teams for some group games(우리는 연설을 들을 거예요. 그 후에는, 여러분은 단체 게임을 위해 팀으로 나뉠 것입니다)"라고 하였다. 따라서 (B)가 정답이다.

어휘 break up into ~으로 분산되다

패러프레이징

be divided into teams 팀으로 나뉘다 → Break up into groups 그룹으로 분산되다

92-94   [3배] 캐나다식 발음

Questions 92-94 refer to the following telephone message.

Hey, Marissa. This is Will calling. [92]**I have some questions about the job fair we're attending next month.** Uh . . . First of all, [93]**how should we travel there? We could go by bus, but the venue is a five-hour drive away.** Also, [94]**we still need to pay the printing service** for the company pamphlets to hand out at the event. Please call me back to discuss these concerns later today.

job fair 채용 박람회 travel 이동하다; 여행하다 venue 장소
concern 문제, 우려

해석
92-94번은 다음 전화 메시지에 관한 문제입니다.

안녕하세요, Marissa. Will이 전화 드립니다. [92]저는 우리가 다음 달에 참석할 채용 박람회에 관해 질문이 좀 있어요. 음… 먼저, [93]우리가 그곳으로 어떻게 이동해야 할까요? 버스로 갈 수도 있겠어요, 하지만 그 장소는 운전 거리로 다섯 시간 떨어져 있어요. 또한, [94]우리는 여전히 행사에서 나눠줄 회사 팸플릿에 관한 인쇄 서비스 비용을 지불해야 해요. 오늘 오후에 우리가 이 문제들을 논의하기 위해 제게 다시 전화해 주세요.

92 다음에 할 일 문제   하 ●○○

해석 다음 달에 무엇이 일어날 것인가?
(A) 채용 박람회
(B) 교통 박람회
(C) 기업 모금 행사
(D) 기술 컨벤션

해설 질문의 핵심어구(next month)가 언급된 주변을 주의 깊게 듣는다. 지문 초반부에서 "I have some questions about the job fair we're attending next month(저는 우리가 다음 달에 참석할 채용 박람회에 관해 질문이 좀 있어요)"라고 한 것을 통해, 다음 달에 채용 박람회가 있을 것임을 알 수 있다. 따라서 (A)가 정답이다.

어휘 exposition 박람회, 전시 fund-raiser 모금 행사

93 의도 파악 문제   상 ●●●

해석 화자는 "그 장소는 운전 거리로 다섯 시간 떨어져 있어요"라고 말할 때 무엇을 의도하는가?
(A) 교통비가 걱정스럽다.
(B) 다른 이동 선택지를 고려하고 있다.
(C) 행사 장소가 익숙하지 않다.
(D) 호텔을 예약하려 하고 있다.

해설 질문의 인용어구(the venue is a five-hour drive away)가 언급된 주변을

주의 깊게 듣는다. 지문 중반부에서 "how should we travel there? We could go by bus(우리가 그곳으로 어떻게 이동해야 할까요? 버스로 갈 수도 있겠어요)"라며 하지만 그 장소는 운전 거리로 다섯 시간 떨어져 있다고 하였으므로, 다른 이동 선택지를 고려하고 있음을 알 수 있다. 따라서 (B)가 정답이다.

어휘 transportation fee 교통비 unfamiliar 익숙하지 않은, 낯선

94 특정 세부 사항 문제 중 ●●○

해석 화자는 무엇을 할 계획인가?
(A) 초대장을 보낸다.
(B) 비용을 지불한다.
(C) 차를 빌린다.
(D) 신용카드를 신청한다.

해설 질문의 핵심어구(plan to do)와 관련된 내용을 주의 깊게 듣는다. 지문 후반부에서 "we still need to pay the printing service(우리는 여전히 인쇄 서비스 비용을 지불해야 해요)"라고 한 것을 통해, 화자가 비용을 지불할 계획임을 알 수 있다. 따라서 (B)가 정답이다.

어휘 make a payment 비용을 지불하다 apply for 신청하다

95-97 [3M] 호주식 발음

Questions 95-97 refer to the following excerpt from a meeting and timeline.

> ⁹⁵**It's time for our team to begin working on the advertisement for our company's newest camera model.** The design team provided a timeline of their expected progress. ⁹⁶**Based on the timeline, the campaign proposal should be submitted when feedback is collected.** Before we get started, though, I'd like you to learn more about our main rival's latest camera. We need to clearly differentiate between the two products in our promotional material. ⁹⁷**I'll give each of you a brochure about that device.** Go through it carefully, and we will discuss it next week.
>
> ---
>
> advertisement 광고 progress 진행 rival 경쟁사, 경쟁자 clearly 분명히
> differentiate 차별화하다, 구별하다 go through 살펴보다
> prototype 시제품

해석
95-97번은 다음 회의 발췌록과 업무 흐름도에 관한 문제입니다.

이제, ⁹⁵우리 팀이 회사의 최신 카메라 모델을 위한 광고를 작업해야 할 때입니다. 디자인팀에서 그들의 예상되는 진행 업무 흐름도를 제공해 주었어요. ⁹⁶업무 흐름도에 기반하면, 광고 기획안은 의견이 수집될 때 제출되어야 합니다. 하지만, 시작하기 전에, 여러분이 우리의 주요 경쟁사의 최신 카메라에 대해 더 많이 배웠으면 좋겠어요. 우리는 광고 자료에서 두 제품을 분명히 차별화할 필요가 있습니다. ⁹⁷여러분 각자에게 그 기기에 대한 책자를 드리겠습니다. 그것을 주의 깊게 살펴보시고, 우리는 다음 주에 그것에 대해 논의하겠습니다.

5월	7월	⁹⁶9월	11월
시제품 디자인하기	특징 마무리하기	의견 수집하기	제품 시험하기

95 청자 문제 상 ●●●

해석 청자들은 어떤 부서에 소속된 것 같은가?
(A) 재무
(B) 정보 기술
(C) 디자인
(D) 마케팅

해설 지문에서 신분 및 직업과 관련된 표현을 주의 깊게 듣는다. 지문 초반부에서 "It's time for our team to begin working on the advertisement for our company's newest camera model(우리 팀이 회사의 최신 카메라 모델을 위한 광고를 작업해야 할 때입니다)"이라고 한 것을 통해, 청자들이 마케팅 부서에 소속되어 있음을 알 수 있다. 따라서 (D)가 정답이다.

96 시각 자료 문제 중 ●●○

해석 시각 자료를 보아라. 광고 기획안은 언제 제출될 것인가?
(A) 5월에
(B) 7월에
(C) 9월에
(D) 11월에

해설 업무 흐름도의 정보를 확인한 후 질문의 핵심어구(proposal ~ submitted)와 관련된 내용을 주의 깊게 듣는다. 지문 중반부에서 "Based on the timeline, the campaign proposal should be submitted when feedback is collected(업무 흐름도에 기반하면, 광고 기획안은 의견이 수집될 때 제출되어야 합니다)"라고 하였으므로, 기획안이 9월에 제출되어야 함을 업무 흐름도에서 알 수 있다. 따라서 (C)가 정답이다.

97 특정 세부 사항 문제 중 ●●○

해석 청자들에게 무엇이 주어질 것인가?
(A) 팸플릿
(B) 디자인 제안서
(C) 제품 목록
(D) 기기

해설 질문의 핵심어구(given to the listners)와 관련된 내용을 주의 깊게 듣는다. 지문 후반부에서 "I'll give each of you a brochure about that device(여러분 각자에게 그 기기에 대한 책자를 드리겠습니다)"라고 하였다. 따라서 (A)가 정답이다.

어휘 proposal 제안서

패러프레이징

> brochure 책자 → pamphlet 팸플릿

98-100 [3M] 영국식 발음

Questions 98-100 refer to the following recorded message and directory.

> ⁹⁸**Thank you for calling Apex. Our dentists are available from 8 A.M. to 7 P.M., Monday to Saturday.** If you would like to arrange an appointment, ⁹⁹**I encourage you to use our E-Appointment system. Simply visit our Web site, www. apex.com and click on the E-Appointment button to make a booking.** ¹⁰⁰**If you have a question about payments, refunds, or other related matters, please dial extension 104.** Otherwise, please stay on the line to speak with our

receptionist. Thank you, and we hope you have a pleasant day.

simply 그저, 간단히 refund 환불 pleasant 좋은

해석

98-100번은 다음 녹음 메시지와 주소록에 관한 문제입니다.

⁹⁸Apex에 전화 주셔서 감사합니다. 저희 치과 의사들은 월요일부터 토요일, 오전 8시부터 오후 7시까지 진료 가능합니다. 만약 예약을 잡고 싶으시다면, ⁹⁹저희의 E-예약 시스템을 사용하시기를 권장 드립니다. 예약을 하시기 위해서는 그저 저희 웹사이트 www.apex.com을 방문하셔서 E-예약 버튼을 클릭하십시오. ¹⁰⁰만약 납입, 환불, 또는 다른 관련 문제에 대해 질문이 있으시다면, 내선번호 104번을 눌러 주십시오. 그 외에는, 접수 담당자와 이야기하시도록 수화기를 들고 기다려 주십시오. 감사드립니다, 그럼 좋은 하루 되십시오.

Apex 주소록	
내선번호	직원명
101	Mark Davies
102	Wendy Clark
103	Sandra Lee
104	¹⁰⁰Kyle Jeffries

98 화자 문제   하 ●○○

해석 화자는 어디에서 일하는 것 같은가?
(A) 약국에서
(B) 치과에서
(C) 체육관에서
(D) 법률 사무소에서

해설 지문에서 신분 및 직업과 관련된 표현을 주의 깊게 듣는다. 지문 초반부에서 "Thank you for calling Apex. Our dentists are available from 8 A.M. to 7 P.M., Monday to Saturday(Apex에 전화 주셔서 감사합니다. 저희 치과 의사들은 월요일부터 토요일, 오전 8시부터 오후 7시까지 진료 가능합니다)"라고 한 것을 통해, 화자가 치과에서 일하고 있음을 알 수 있다. 따라서 **(B)**가 정답이다.

어휘 fitness center 체육관

99 제안 문제   중 ●●○

해석 화자는 무엇을 하라고 제안하는가?
(A) 온라인 예약 시스템을 사용하기
(B) 접수 담당자에게 직접 이야기하기
(C) 업무 시간에 다시 전화하기
(D) 이메일로 요청을 보내기

해설 지문 중후반에서 제안과 관련된 표현이 포함된 문장을 주의 깊게 듣는다. "I encourage you to use our E-Appointment system. Simply visit our Web site ~ and click on the ~ button to make a booking(저희의 E-예약 시스템을 사용하시기를 권장드립니다. 예약을 하시기 위해서는 그저 저희 웹사이트를 방문하셔서 버튼을 클릭하십시오)"이라고 하였다. 이를 통해, 화자가 온라인 예약 시스템을 사용하라고 제안하고 있음을 알 수 있다. 따라서 **(A)**가 정답이다.

어휘 in person 직접 business hours 업무 시간

100 시각 자료 문제   하 ●○○

해석 시각 자료를 보아라. 누가 금전적인 문제에 관한 질문에 답변할 수 있는가?
(A) Mark Davies
(B) Wendy Clark
(C) Sandra Lee
(D) Kyle Jeffries

해설 주소록의 정보를 확인한 후 질문의 핵심어구(financial matters)와 관련된 내용을 주의 깊게 듣는다. 지문 후반부에서 "If you have a question about payments, refunds, or other related matters, please dial extension 104(만약 납입, 환불, 또는 다른 관련 문제에 대해 질문이 있으시다면, 내선번호 104번을 눌러 주십시오)"라고 하였으므로, 금전적인 문제에 관한 질문에 Kyle Jeffries가 답변할 수 있음을 주소록에서 알 수 있다. 따라서 **(D)**가 정답이다.

패러프레이징

financial matters 금전적인 문제 → payment, refunds, or other related matters 납입, 환불 또는 다른 관련 문제

PART 1

1 (B)	2 (A)	3 (B)	4 (A)	5 (D)
6 (C)				

PART 2

7 (B)	8 (A)	9 (B)	10 (B)	11 (A)
12 (B)	13 (A)	14 (C)	15 (B)	16 (B)
17 (C)	18 (C)	19 (A)	20 (C)	21 (C)
22 (B)	23 (C)	24 (A)	25 (C)	26 (A)
27 (C)	28 (A)	29 (B)	30 (A)	31 (B)

PART 3

32 (B)	33 (A)	34 (D)	35 (B)	36 (C)
37 (C)	38 (D)	39 (B)	40 (C)	41 (D)
42 (B)	43 (B)	44 (C)	45 (D)	46 (A)
47 (B)	48 (A)	49 (C)	50 (D)	51 (C)
52 (D)	53 (A)	54 (D)	55 (A)	56 (C)
57 (A)	58 (A)	59 (B)	60 (C)	61 (A)
62 (B)	63 (D)	64 (C)	65 (D)	66 (B)
67 (B)	68 (B)	69 (D)	70 (C)	

PART 4

71 (A)	72 (C)	73 (B)	74 (A)	75 (D)
76 (C)	77 (B)	78 (A)	79 (C)	80 (D)
81 (A)	82 (D)	83 (C)	84 (B)	85 (A)
86 (D)	87 (C)	88 (B)	89 (C)	90 (A)
91 (D)	92 (D)	93 (C)	94 (B)	95 (D)
96 (B)	97 (B)	98 (A)	99 (D)	100 (B)

PART 1

1 ③· 미국식 발음　　　　　　　　　　　하 ●○○

(A) He is planting some flowers.
(B) He is using an appliance.
(C) He is arranging some chairs.
(D) He is painting a fence.

appliance 기기, 가전제품　arrange 정리하다

해석　(A) 그는 꽃을 심고 있다.
　　　(B) 그는 기기를 사용하고 있다.
　　　(C) 그는 몇몇 의자들을 정리하고 있다.
　　　(D) 그는 울타리를 페인트칠하고 있다.

해설　**1인 사진**
　　　(A) [×] planting(심고 있다)은 남자의 동작과 무관하므로 오답이다.

(B) [○] 남자가 기기를 사용하고 있는 모습을 정확히 묘사한 정답이다.
(C) [×] 남자가 기기를 사용하고 있는 모습인데 의자들을 정리하고 있다고 잘못 묘사했으므로 오답이다.
(D) [×] painting(페인트칠하고 있다)은 남자의 동작과 무관하므로 오답이다. 사진에 있는 울타리(fence)를 사용하여 혼동을 주었다.

2 ③· 캐나다식 발음　　　　　　　　　　　하 ●○○

(A) A man is drinking from a cup.
(B) A set of shelves has been emptied.
(C) An apron is lying on the table.
(D) A woman is holding a tray.

empty 비게 되다　tray 쟁반

해석　**(A) 남자가 컵으로 마시고 있다.**
　　　(B) 선반들이 비워져 있다.
　　　(C) 앞치마가 테이블 위에 놓여 있다.
　　　(D) 여자가 쟁반을 들고 있다.

해설　**2인 이상 사진**
　　　(A) [○] 남자가 컵으로 마시고 있는 모습을 정확히 묘사한 정답이다.
　　　(B) [×] 사진에서 선반들이 비워져 있는지 확인할 수 없으므로 오답이다.
　　　(C) [×] 사진에서 앞치마는 보이지만 테이블 위에 놓여 있는(lying on the table) 모습은 아니므로 오답이다.
　　　(D) [×] holding a tray(쟁반을 들고 있다)는 여자의 동작과 무관하므로 오답이다.

3 ③· 영국식 발음　　　　　　　　　　　중 ●●○

(A) The man is sitting on a sofa.
(B) The woman is handling some plates.
(C) The man is carrying a box.
(D) The woman is closing some curtains.

handle 들다　carry 옮기다

해석　(A) 남자가 소파에 앉아 있다.
　　　(B) 여자가 몇몇 접시들을 들고 있다.
　　　(C) 남자가 상자를 옮기고 있다.
　　　(D) 여자가 커튼을 닫고 있다.

해설　**2인 이상 사진**
　　　(A) [×] 남자가 바닥에 앉아 있는 모습인데 소파에 앉아 있다고 잘못 묘사했으므로 오답이다.
　　　(B) [○] 여자가 몇몇 접시들을 들고 있는 모습을 정확히 묘사한 정답이다.
　　　(C) [×] 남자가 컵을 옮기고 있는 모습인데 상자를 옮기고 있다고 잘못 묘사했으므로 오답이다. 사진에 있는 상자(box)를 사용하여 혼동을 주었다.
　　　(D) [×] closing(닫고 있다)은 여자의 동작과 무관하므로 오답이다. 사진에 있는 커튼(curtains)을 사용하여 혼동을 주었다.

4 🔊 호주식 발음　　　　　　　　　　하 ●○○

(A) **One of the women is pushing a vehicle.**
(B) One of the women is closing a window.
(C) Some women are seated in a car.
(D) Some women are crossing the street.

vehicle 차량　cross the street 길을 건너다

해석　(A) 여자들 중 한 명이 차량을 밀고 있다.
　　　(B) 여자들 중 한 명이 창문을 닫고 있다.
　　　(C) 몇몇 여자들이 차에 앉아 있다.
　　　(D) 몇몇 여자들이 길을 건너고 있다.

해설　**2인 이상 사진**
　　　(A) [○] 여자들 중 한 명이 차량을 밀고 있는 모습을 정확히 묘사한 정답이다.
　　　(B) [×] 사진에서 창문을 닫고 있는 사람이 없으므로 오답이다.
　　　(C) [×] 사진에서 차에 앉아 있는 사람들이 없으므로 오답이다.
　　　(D) [×] 여자들이 차량을 밀고 있는 상태인데 길을 건너고 있다고 잘못 묘사했으므로 오답이다.

---

5 🔊 미국식 발음　　　　　　　　　　중 ●●○

(A) Monitors have been set on the floor.
(B) Cabinet drawers have been left open.
(C) Chairs are lined up along a wall.
(D) **Office desks are unoccupied.**

line up 줄지어 서 있다　unoccupied 빈

해석　(A) 모니터들이 바닥에 놓여 있다.
　　　(B) 보관함 서랍들이 열려 있다.
　　　(C) 의자들이 벽을 따라 줄지어 서 있다.
　　　(D) 사무실 책상들이 비어 있다.

해설　**사물 및 풍경 사진**
　　　(A) [×] 사진에서 모니터들은 보이지만 바닥에 놓인(set on the floor) 모습은 아니므로 오답이다.
　　　(B) [×] 보관함 서랍들이 닫혀 있는 상태인데 열려 있다고 잘못 묘사했으므로 오답이다.
　　　(C) [×] 사진에서 의자들은 보이지만 벽을 따라 줄지어 서 있는(lined up along a wall) 모습은 아니므로 오답이다.
　　　(D) [○] 사무실 책상들이 비어 있는 상태를 가장 잘 묘사한 정답이다.

---

6 🔊 호주식 발음　　　　　　　　　　하 ●○○

(A) He is pushing a button.
(B) He is adjusting a watch.
(C) **He is facing a microphone.**
(D) He is watching a concert.

adjust 조정하다　face 마주 보다

해석　(A) 그는 버튼을 누르고 있다.
　　　(B) 그는 시계를 조정하고 있다.
　　　(C) 그는 마이크를 마주 보고 있다.
　　　(D) 그는 콘서트를 보고 있다.

해설　**1인 사진**
　　　(A) [×] pushing(누르고 있다)은 남자의 동작과 무관하므로 오답이다.

(B) [×] adjusting a watch(시계를 조정하고 있다)는 남자의 동작과 무관하므로 오답이다.
(C) [○] 남자가 마이크를 마주 보고 있는 모습을 정확히 묘사한 정답이다.
(D) [×] 남자가 마이크를 마주 보고 있는 모습인데 콘서트를 보고 있다고 잘못 묘사했으므로 오답이다.

PART 2

7 🔊 캐나다식 발음 → 호주식 발음　　　　하 ●○○

Where did you get your television repaired?
(A) I compared two models.
(B) **The shop I bought it at.**
(C) Last night.

repair 수리하다　compare 비교하다

해석　텔레비전을 어디에서 수리하셨나요?
　　　(A) 저는 두 모델을 비교했어요.
　　　(B) **제가 그것을 산 가게에서요.**
　　　(C) 어젯밤이요.

해설　**Where 의문문**
　　　(A) [×] repaired – compared의 유사 발음 어휘를 사용하여 혼동을 준 오답이다.
　　　(B) [○] 그것을 산 가게라며 텔레비전을 수리한 장소를 언급했으므로 정답이다.
　　　(C) [×] 텔레비전을 어디에서 수리했는지를 물었는데, 어젯밤이라며 관련이 없는 내용으로 응답했으므로 오답이다.

---

8 🔊 미국식 발음 → 영국식 발음　　　　하 ●○○

How much cash will I need?
(A) **About 30 dollars.**
(B) Five different wallet designs.
(C) By making an appointment.

different 다른

해석　제게 얼마나 많은 현금이 필요한가요?
　　　(A) **30달러 정도요.**
　　　(B) 다섯 개의 다른 지갑 디자인들이요.
　　　(C) 약속을 함으로써요.

해설　**How 의문문**
　　　(A) [○] 30달러 정도라며 금액을 언급했으므로 정답이다.
　　　(B) [×] cash(현금)와 관련 있는 wallet(지갑)을 사용하여 혼동을 준 오답이다.
　　　(C) [×] 얼마나 많은 현금이 필요한지를 물었는데, 약속을 함으로써라며 관련이 없는 내용으로 응답했으므로 오답이다.

---

9 🔊 미국식 발음 → 호주식 발음　　　　하 ●○○

Are staff allowed to bring guests into the building?
(A) About employee benefits.
(B) **Sure. But register them in advance.**
(C) She can park there.

benefit 혜택　register 등록하다　in advance 미리

해석 직원들이 손님들을 건물 안으로 데리고 오는 것이 허용되나요?

(A) 직원 혜택에 대해서요.

(B) 물론이죠. 하지만 미리 그들을 등록하세요.

(C) 그녀는 저곳에 주차할 수 있어요.

해설 **Be 동사 의문문**

(A) [×] staff(직원)와 같은 의미인 employee를 사용하여 혼동을 준 오답이다.

(B) [○] Sure로 손님들을 건물 안으로 데리고 오는 것이 허용됨을 전달한 후, 하지만 미리 그들을 등록하라는 부연 설명을 했으므로 정답이다.

(C) [×] 직원들이 손님들을 건물 안으로 데리고 오는 것이 허용되는지를 물었는데, 그녀는 저곳에 주차할 수 있다며 관련이 없는 내용으로 응답했으므로 오답이다.

---

10 [3ℳ] 미국식 발음 → 캐나다식 발음　　　　중 ●●○

You moved into a new apartment last week, didn't you?

(A) At Mary's house.

(B) Yes. Everything went smoothly.

(C) If all the furniture fits.

smoothly 매끄럽게

해석 당신은 지난주에 새로운 아파트로 이사했죠, 그러지 않았나요?

(A) Mary의 집에서요.

(B) 네. 모든 것이 매끄럽게 진행되었어요.

(C) 만약 모든 가구가 맞는다면요.

해설 **부가 의문문**

(A) [×] moved(이사했다)와 관련 있는 house(집)를 사용하여 혼동을 준 오답이다.

(B) [○] Yes로 지난주에 새로운 아파트로 이사했음을 전달한 후, 모든 것이 매끄럽게 진행되었다는 부연 설명을 했으므로 정답이다.

(C) [×] apartment(아파트)와 관련 있는 furniture(가구)를 사용하여 혼동을 주었다.

---

11 [3ℳ] 영국식 발음 → 호주식 발음　　　　중 ●●●

Hasn't the company president appeared on television before?

(A) I don't believe so.

(B) It may have been unplugged.

(C) He just walked by a minute ago.

appear 출연하다　unplug 플러그를 뽑다　walk by 걸어 지나가다

해석 회사 회장이 이전에 텔레비전에 출연하지 않았나요?

(A) 저는 그렇게 생각하지 않아요.

(B) 그것은 플러그가 뽑혀 있을지도 몰라요.

(C) 그는 일 분 전에 걸어 지나갔어요.

해설 **부정 의문문**

(A) [○] 자신은 그렇게 생각하지 않는다는 말로, 회사 회장이 이전에 텔레비전에 출연하지 않았음을 간접적으로 전달했으므로 정답이다.

(B) [×] television(텔레비전)과 관련 있는 unplugged(플러그가 뽑혀 있다)를 사용하여 혼동을 주었다.

(C) [×] 질문의 company president(회사 회장)를 나타낼 수 있는 He를 사용하여 혼동을 준 오답이다.

---

12 [3ℳ] 캐나다식 발음 → 영국식 발음　　　　상 ●●●

Should I replace the water filter every two weeks or once a month?

(A) I'll suggest that.

(B) What does the manual say?

(C) John replaced the printer cartridge.

manual 설명서　say 쓰여 있다

해석 제가 물 필터를 2주마다 교체해야 하나요, 아니면 한 달에 한 번 교체해야 하나요?

(A) 저는 그것을 제안할게요.

(B) 설명서에는 뭐라고 쓰여 있나요?

(C) John이 프린터 카트리지를 교체했어요.

해설 **선택 의문문**

(A) [×] 물 필터를 2주마다 교체해야 하는지 아니면 한 달에 한 번 교체해야 하는지를 물었는데, 자신은 그것을 제안한다며 관련이 없는 내용으로 응답했으므로 오답이다.

(B) [○] 설명서에는 뭐라고 쓰여 있는지를 되물어 물 필터 교체 주기를 모른다는 간접적인 응답을 했으므로 정답이다.

(C) [×] 질문의 replace를 반복 사용하여 혼동을 준 오답이다.

---

13 [3ℳ] 미국식 발음 → 호주식 발음　　　　중 ●●○

Have all the members of the research team seen the prototype?

(A) No. Dave Greer still has to check it.

(B) Not very often.

(C) Some new keyboards.

prototype 견본

해석 연구팀의 모든 사람이 견본을 봤나요?

(A) 아뇨. Dave Greer가 여전히 그것을 확인해야 해요.

(B) 그렇게 자주는 아니에요.

(C) 새 키보드들이에요.

해설 **조동사 의문문**

(A) [○] Dave Greer가 여전히 그것을 확인해야 한다는 말로, 연구팀의 모든 사람이 견본을 본 것이 아님을 전달했으므로 정답이다.

(B) [×] 연구팀의 모든 사람이 견본을 봤는지를 물었는데, 그렇게 자주는 아니라며 관련이 없는 내용으로 응답했으므로 오답이다.

(C) [×] 연구팀의 모든 사람이 견본을 봤는지를 물었는데, 새 키보드들이라며 관련이 없는 내용으로 응답했으므로 오답이다.

---

14 [3ℳ] 미국식 발음 → 캐나다식 발음　　　　중 ●●○

How many admission tickets are left over?

(A) By next Monday.

(B) I'm not sure I have time.

(C) More than 30.

admission 입장

해석 몇 장의 입장권이 남아 있나요?

(A) 다음 주 월요일까지요.

(B) 제가 시간이 있을지 모르겠어요.

(C) 30장 이상이요.

(C) 제 전임 상사예요.

해설 **Who 의문문**

(A) [×] 구석에 서 있는 키 큰 남자가 누구인지를 물었는데, 자신은 항상 이 도로를 이용한다며 관련이 없는 내용으로 응답했으므로 오답이다.

(B) [×] 질문의 tall man(키 큰 남자)을 나타낼 수 있는 He를 사용하여 혼동을 준 오답이다.

(C) [○] former boss(전임 상사)라며 구석에 서 있는 키 큰 남자가 누구인지를 언급했으므로 정답이다.

해설 **How 의문문**

(A) [×] 몇 장의 입장권이 남아 있는지를 물었는데, 시점으로 응답했으므로 오답이다.

(B) [×] 몇 장의 입장권이 남아있는지를 물었는데, 자신이 시간이 있을지 모르겠다며 관련이 없는 내용으로 응답했으므로 오답이다.

(C) [○] 30장 이상이라며, 남아 있는 입장권의 수를 언급했으므로 정답이다.

15 3ᵃ 영국식 발음 → 호주식 발음 　　　　중 ●●○

Do you have your presentation notes with you?
(A) We don't have menus.
(B) Right inside this folder.
(C) When will it start?

note 노트, 메모　menu 메뉴

해석 당신의 프레젠테이션 노트를 가지고 있나요?
(A) 우리는 메뉴가 없어요.
(B) 바로 이 폴더 안에요.
(C) 그것은 언제 시작하나요?

해설 **조동사 의문문**

(A) [×] 질문의 have를 반복 사용하여 혼동을 준 오답이다.

(B) [○] 바로 이 폴더 안에 있다는 말로, 프레젠테이션 노트를 가지고 있음을 간접적으로 전달했으므로 정답이다.

(C) [×] 프레젠테이션 노트를 가지고 있는지를 물었는데, 그것이 언제 시작하냐며 관련이 없는 내용으로 응답했으므로 오답이다.

16 3ᵃ 미국식 발음 → 호주식 발음 　　　　하 ●○○

When can I expect to see the dentist?
(A) Yes, he's downstairs.
(B) At about 10 o'clock.
(C) Dr. Wilkins works at this clinic.

해석 제가 언제 그 치과의사를 볼 수 있나요?
(A) 네, 그는 아래층에 있어요.
(B) 10시 정도에요.
(C) Dr. Wilkins는 이 병원에서 일해요.

해설 **When 의문문**

(A) [×] 질문의 dentist(치과의사)를 나타낼 수 있는 he를 사용하여 혼동을 준 오답이다. When 의문문에는 Yes/No 응답이 불가능한 점을 알아둔다.

(B) [○] 10 o'clock(10시)이라는 특정 시점을 언급했으므로 정답이다.

(C) [×] dentist(치과의사)와 관련 있는 Dr. Wilkins와 clinic(병원)을 사용하여 혼동을 주었다.

17 3ᵃ 영국식 발음 → 캐나다식 발음 　　　　하 ●○○

Who is the tall man standing in the corner?
(A) I always take this road.
(B) He explained the revenue chart.
(C) That's my former boss.

corner 구석　explain 설명하다　revenue 매출　former 전임의

해석 구석에 서 있는 키 큰 남자는 누구인가요?
(A) 저는 항상 이 도로를 이용해요.
(B) 그가 매출 차트를 설명했어요.

18 3ᵃ 미국식 발음 → 캐나다식 발음 　　　　중 ●●○

Garcia Steel is one of the country's leading exporters.
(A) Those are shipping containers.
(B) We will finish soon.
(C) It is a very successful company.

leading 대표적인　exporter 수출업자　shipping 수송

해석 Garcia Steel은 이 나라의 대표적인 수출업자 중 하나예요.
(A) 그것들은 수송 컨테이너들이에요.
(B) 우리는 곧 끝낼 거예요.
(C) 그곳은 매우 성공한 회사죠.

해설 **평서문**

(A) [×] exporters(수출업자)와 관련 있는 shipping containers(수송 컨테이너들)를 사용하여 혼동을 준 오답이다.

(B) [×] Garcia steel은 이 나라의 대표적인 수출업자 중 하나라고 말했는데, 자신들은 곧 끝낼 거라며 관련이 없는 내용으로 응답했으므로 오답이다.

(C) [○] 그곳, 즉 Garcia Steel은 매우 성공한 회사라는 의견을 추가했으므로 정답이다.

19 3ᵃ 호주식 발음 → 영국식 발음 　　　　중 ●●○

Why is the Internet connection so slow today?
(A) I'll notify the provider.
(B) Your lunch appointment is tomorrow.
(C) To select the interns.

notify 알리다　provider 공급자　appointment 약속　select 선발하다

해석 왜 오늘 인터넷 연결이 이렇게 느린가요?
(A) 제가 공급자에게 알릴게요.
(B) 당신의 점심 약속은 내일이에요.
(C) 인턴들을 선발하기 위해서요.

해설 **Why 의문문**

(A) [○] 자신이 공급자에게 알리겠다는 말로 문제점에 대한 해결책을 간접적으로 제시했으므로 정답이다.

(B) [×] today(오늘)에서 연상할 수 있는 날짜와 관련된 tomorrow(내일)를 사용하여 혼동을 주었다.

(C) [×] 왜 오늘 인터넷 연결이 이렇게 느린지를 물었는데, 인턴들을 선발하기 위해서라며 관련이 없는 내용으로 응답했으므로 오답이다.

최고난도 문제

20 3ᵃ 캐나다식 발음 → 미국식 발음 　　　　상 ●●●

Could I take a look at that pamphlet you're holding?
(A) She is a musician.

(B) Of course. It's the newest model.
(C) There's a pile of them beside you.

a pile of 한 더미의   beside ~ 옆에

해석   당신이 들고 있는 그 책자를 볼 수 있을까요?
    (A) 그녀는 음악가예요.
    (B) 물론이죠. 이것은 가장 최신 모델이에요.
    (C) 당신 옆에 그것들 한 더미가 있어요.

해설   **제안 의문문**
    (A) [×] 들고 있는 그 책자를 볼 수 있을지를 물었는데, 그녀는 음악가라며 관련이 없는 내용으로 응답했으므로 오답이다.
    (B) [×] pamphlet(책자)을 나타낼 수 있는 It을 사용하여 혼동을 준 오답이다. Of course만 듣고 정답으로 고르지 않도록 주의한다.
    (C) [○] 당신 옆에 그것들 한 더미가 있다는 말로, 옆에 있는 책자를 보면 된다는 것을 간접적으로 전달했으므로 정답이다.

21 [3회] 호주식 발음 → 영국식 발음   중 ●●○

Which bus goes straight to the airport?
(A) The one in my office.
(B) Every 20 minutes.
(C) There should be a sign.

sign 표시

해석   어느 버스가 공항으로 바로 가나요?
    (A) 제 사무실에 있는 것이요.
    (B) 20분마다요.
    (C) 표시가 있을 거예요.

해설   **Which 의문문**
    (A) [×] 어느 버스가 공항으로 바로 가는지를 물었는데, 자신의 사무실에 있는 것이라며 관련이 없는 내용으로 응답했으므로 오답이다.
    (B) [×] 버스(bus)에서 연상할 수 있는 탑승 빈도와 관련된 Every 20 minutes(20분마다)를 사용하여 혼동을 주었다.
    (C) [○] 표시가 있을 거라는 말로 어느 버스가 공항으로 바로 가는지 모른다는 간접적인 응답을 했으므로 정답이다.

22 [3회] 캐나다식 발음 → 호주식 발음   중 ●●○

How should we arrange the desks for the seminar?
(A) From 5 to 6 P.M.
(B) Let's put them in a circle.
(C) She has a range of customers.

arrange 배열하다   a range of 다양한

해석   세미나를 위해서 어떻게 책상을 배열해야 할까요?
    (A) 오후 5시부터 6시까지요.
    (B) 그것들을 원으로 놓읍시다.
    (C) 그녀에게는 다양한 손님이 있어요.

해설   **How 의문문**
    (A) [×] 세미나를 위해서 어떻게 책상을 배열해야 할지를 물었는데, 시간으로 응답했으므로 오답이다.
    (B) [○] 그것들을 원으로 놓자며 책상 배열의 모양을 언급했으므로 정답이다.
    (C) [×] arrange – range의 유사 발음 어휘를 사용하여 혼동을 준 오답이다.

23 [3회] 영국식 발음 → 호주식 발음   중 ●●○

Hasn't that author published a new book?
(A) I prefer to use public transportation.
(B) Yes, that facility is convenient.
(C) I don't think it's out yet.

author 작가   publish 출판하다   public transportation 대중교통
facility 시설

해석   그 작가는 새로운 책을 출판하지 않았나요?
    (A) 저는 대중교통을 이용하는 것을 선호해요.
    (B) 네, 그 시설은 편리해요.
    (C) 그것이 아직 나오지 않은 것 같아요.

해설   **부정 의문문**
    (A) [×] published – public의 유사 발음 어휘를 사용하여 혼동을 준 오답이다.
    (B) [×] 그 작가가 새로운 책을 출판하지 않았는지를 물었는데, 그 시설은 편리하다며 관련이 없는 내용으로 응답했으므로 오답이다. Yes만 듣고 정답으로 고르지 않도록 주의한다.
    (C) [○] 그것이 아직 나오지 않은 것 같다는 말로, 새로운 책이 출판되지 않았음을 간접적으로 전달했으므로 정답이다.

24 [3회] 미국식 발음 → 캐나다식 발음   중 ●●○

Why wasn't our newsletter mailed to customers?
(A) Are you sure it wasn't?
(B) I heard about that discount.
(C) Near the post office.

discount 할인

해석   왜 우리 소식지가 고객들에게 메일로 보내지지 않았나요?
    (A) 그렇지 않았다는 것이 확실한가요?
    (B) 저는 그 할인에 대해 들었어요.
    (C) 우체국 근처예요.

해설   **Why 의문문**
    (A) [○] 그렇지 않았다는 것이 확실한지를 되물어 소식지가 고객들에게 메일로 보내지지 않은 것에 대한 추가 정보를 요청했으므로 정답이다.
    (B) [×] newsletter(소식지)와 관련 있는 discount(할인)를 사용하여 혼동을 주었다.
    (C) [×] 왜 소식지가 고객들에게 메일로 보내지지 않았는지를 물었는데, 위치로 응답했으므로 오답이다.

25 [3회] 호주식 발음 → 영국식 발음   중 ●●○

I can't find my glasses.
(A) That product is on sale.
(B) You'd better check this report.
(C) I haven't seen them, either.

report 보고서

해석   제 안경을 찾을 수가 없어요.
    (A) 그 제품이 할인 중이에요.
    (B) 당신이 이 보고서를 확인하는 게 좋겠어요.
    (C) 저도 그것들을 본 적이 없어요.

해설 **평서문**
(A) [×] 자신의 안경을 찾을 수가 없다고 말했는데, 그 제품이 할인 중이라며 관련이 없는 내용으로 응답했으므로 오답이다.
(B) [×] 자신의 안경을 찾을 수 없다고 말했는데, 이 보고서를 확인하는 게 좋겠다며 관련이 없는 내용으로 응답했으므로 오답이다. You'd better check만 듣고 정답으로 고르지 않도록 주의한다.
(C) [○] 자신도 그것들을 본 적이 없다는 의견을 제시했으므로 정답이다.

---

26 ③ 캐나다식 발음 → 미국식 발음   상 ●●●

Who did you hire to cater your birthday party?
(A) I went with your recommendation.
(B) The price is so high.
(C) Oh, this present is for me?

cater 음식을 제공하다   go with (계획, 제의 등) 받아들이다

해석 누구를 당신의 생일 파티에 음식을 제공하도록 고용했나요?
(A) 당신의 추천을 받아들였어요.
(B) 가격이 너무 비싸요.
(C) 아, 이 선물은 저를 위한 것인가요?

해설 **Who 의문문**
(A) [○] 당신의 추천을 받아들였다는 말로 상대방이 추천해준 사람을 고용했다는 것을 간접적으로 전달했으므로 정답이다.
(B) [×] hire – high의 유사 발음 어휘를 사용하여 혼동을 준 오답이다.
(C) [×] birthday(생일)와 관련 있는 present(선물)를 사용하여 혼동을 준 오답이다.

---

27 ③ 영국식 발음 → 호주식 발음   중 ●●●

Would you like to ride in the front seat of the car?
(A) According to the mechanic.
(B) Please turn up the heat.
(C) No, the back is fine.

mechanic 정비사   turn up 세게 하다

해석 자동차의 앞 좌석에 타시겠어요?
(A) 정비사에 따르면요.
(B) 난방을 세게 해주세요.
(C) 아니요, 뒤쪽도 괜찮아요.

해설 **제안 의문문**
(A) [×] car(자동차)와 관련 있는 mechanic(정비사)을 사용하여 혼동을 준 오답이다.
(B) [×] seat – heat의 유사 발음 어휘를 사용하여 혼동을 준 오답이다.
(C) [○] No로 제안을 거절한 후, 뒤쪽도 괜찮다는 부연 설명을 했으므로 정답이다.

---

28 ③ 영국식 발음 → 캐나다식 발음   상 ●●●

Members get a 20 percent discount, don't they?
(A) That is no longer our policy.
(B) Charge it to my card, please.
(C) Yes, I'm working full-time.

policy 정책   charge 청구하다   full time 상근으로, 전 시간 근무하여

해석 회원들은 20퍼센트 할인을 받죠, 그렇지 않나요?

(A) 그것은 더 이상 우리 정책이 아니에요.
(B) 제 카드로 청구해 주세요.
(C) 네, 저는 상근으로 일해요.

해설 **부가 의문문**
(A) [○] 그것은 더 이상 자신들의 정책이 아니라는 말로, 회원들이 20퍼센트 할인을 받지 못함을 간접적으로 전달했으므로 정답이다.
(B) [×] discount(할인)에서 연상할 수 있는 결제 수단과 관련된 card(카드)를 사용하여 혼동을 주었다.
(C) [×] 회원들이 20퍼센트 할인을 받는지를 물었는데, 자신은 상근으로 일한다며 관련이 없는 내용으로 응답했으므로 오답이다.

---

29 ③ 미국식 발음 → 호주식 발음   중 ●●○

What time do you want a wake-up call?
(A) As long as we order room service.
(B) I'll just set the alarm on my phone.
(C) In the front of the library.

walk-up call 모닝콜

해석 몇 시에 모닝콜을 원하시나요?
(A) 우리가 룸서비스를 주문한다면요.
(B) 제 휴대폰에 알람을 설정할게요.
(C) 도서관 앞에서요.

해설 **What 의문문**
(A) [×] wake-up call(모닝콜)에서 연상할 수 있는 호텔과 관련된 room service(룸서비스)를 사용하여 혼동을 주었다.
(B) [○] 자신의 휴대폰에 알람을 설정하겠다는 말로 모닝콜을 원하지 않음을 간접적으로 전달했으므로 정답이다.
(C) [×] 몇 시에 모닝콜을 원하는지를 물었는데, 위치로 응답했으므로 오답이다.

---

30 ③ 캐나다식 발음 → 미국식 발음   상 ●●●

Including the case, this tablet weighs about 600 grams.
(A) I'm more concerned with the price.
(B) Both computers are turned on.
(C) I'll call, just in case.

weigh 무게가 나가다   concern 걱정하다   in case 만일의 경우에 대비하여

해석 케이스를 포함해서, 이 태블릿은 무게가 약 600그램이 나가요.
(A) 저는 가격이 더 걱정돼요.
(B) 두 컴퓨터 모두 켜져어요.
(C) 만일의 경우에 대비하여, 제가 전화할게요.

해설 **평서문**
(A) [○] 자신은 가격이 더 걱정된다는 말로 문제점을 언급했으므로 정답이다.
(B) [×] tablet(태블릿)과 관련 있는 computer(컴퓨터)를 사용하여 혼동을 주었다.
(C) [×] 질문의 case를 반복 사용하여 혼동을 준 오답이다.

---

31 ③ 호주식 발음 → 영국식 발음   상 ●●●

You couldn't cancel the order from Thompson Office Supplies, could you?
(A) I couldn't attend the seminar.
(B) The shipment had already arrived.

(C) No, this is the correct venue.

---

shipment 배송 venue 장소

해석 당신은 Thompson 사무용품사의 주문을 취소할 수 없었어요, 그렇죠?
  (A) 저는 세미나에 참석할 수 없었어요.
  (B) 배송이 벌써 도착했어요.
  (C) 아니요, 이곳이 정확한 장소예요.

해설 **부가 의문문**
  (A) [×] 질문의 couldn't를 반복 사용하여 혼동을 준 오답이다.
  (B) [○] 배송이 벌써 도착했다는 말로, 주문을 취소할 수 없었음을 간접적으로 전달했으므로 정답이다.
  (C) [×] 주문을 취소할 수 없었는지를 물었는데, 이곳이 정확한 장소라며 관련이 없는 내용으로 응답했으므로 오답이다. No만 듣고 정답으로 고르지 않도록 주의한다.

PART 3

32-34 [3교] 미국식 발음 → 캐나다식 발음

Questions 32-34 refer to the following conversation.

W: Lewis, look. ³²**That sign says the train from this airport into Chicago is delayed** because of mechanical issues. That means we won't get into the downtown area until 1:45 P.M.

M: That's not good. ³³**We're supposed to meet the finance director at 1:30 P.M. to discuss next year's budget.**

W: I know . . . What should we do?

M: ³⁴**I'll text the director and ask him to postpone the meeting.** If he starts it at 2:00 P.M., we should be able to make it.

W: I'm sure he'll understand.

---

say 쓰여있다 mechanical 기계상의 get into ~에 도착하다
be supposed to ~하기로 되어 있다 finance 재무 postpone 연기하다
make it 시간 맞춰 가다

해석
32-34번은 다음 대화에 관한 문제입니다.

W: Lewis, 보세요. ³²저 표지판에 이 공항에서 Chicago로 가는 기차가 기계상의 문제로 지연된다고 쓰여 있어요. 그것은 우리가 시내에 오후 1시 45분까지 도착할 수 없다는 것을 뜻해요.

M: 좋지 않네요. ³³우리는 내년의 예산에 대해서 의논하기 위해 재무 담당 관리자를 오후 1시 30분에 만나기로 되어 있어요.

W: 맞아요… 우리는 무엇을 해야 할까요?

M: ³⁴제가 관리자에게 문자를 보내서 회의를 연기하는 것을 물어볼게요. 만약 그가 오후 2시에 그것을 시작한다면, 우리는 시간 맞춰 갈 수 있을 거예요.

W: 그는 분명히 이해해줄 거예요.

32 장소 문제

상 ●●●

해석 대화는 어디에서 일어나고 있는 것 같은가?
  (A) 기차역에서
  (B) 공항에서
  (C) 택시 승차장에서
  (D) 버스 정류장에서

해설 대화에서 장소와 관련된 표현을 놓치지 않고 듣는다. 대화 초반부에서 여자가 "That sign says the train from this airport into Chicago is delayed (저 표지판에 이 공항에서 Chicago로 가는 기차가 지연된다고 쓰여 있어요)"라고 한 것을 통해, 화자들이 공항에 있음을 알 수 있다. 따라서 (B)가 정답이다.

어휘 taxi stand 택시 승차장

33 특정 세부 사항 문제

하 ●○○

해석 남자에 따르면, 무엇이 회의에서 논의될 것인가?
  (A) 예산 계획
  (B) 회의
  (C) 고용 절차
  (D) 확장

해설 질문의 핵심 어구(will be discussed)와 관련된 내용을 주의 깊게 듣는다. 대화 중반부에서 남자가 "We're supposed to meet the finance director ~ to discuss next year's budget(우리는 내년의 예산에 대해서 의논하기 위해 재무 담당 관리자를 만나기로 되어 있어요)"이라고 하였다. 이를 통해, 회의에서 예산 계획에 대해 논의할 것임을 알 수 있다. 따라서 (A)가 정답이다.

어휘 budget 예산 expansion 확장

패러프레이징

---

next year's budget 내년의 예산 → budget plan 예산 계획

---

34 다음에 할 일 문제

하 ●○○

해석 남자는 무엇을 할 것이라고 말하는가?
  (A) 발표를 한다.
  (B) 라운지에서 기다린다.
  (C) 티켓 판매 직원에게 말한다.
  (D) 관리자에게 연락한다.

해설 대화의 마지막 부분을 주의 깊게 듣는다. 남자가 "I'll text the director and ask him to postpone the meeting(제가 관리자에게 문자를 보내서 회의를 연기하는 것을 물어볼게요)"이라고 하였다. 이를 통해, 남자가 관리자에게 연락할 것임을 알 수 있다. 따라서 (D)가 정답이다.

어휘 agent 직원

35-37 [3교] 호주식 발음 → 영국식 발음

Questions 35-37 refer to the following conversation.

M: Welcome to Redwoods Department Store. Can I help you with anything today?

W: Yes, I . . . um . . . ³⁵**I bought this dress here last Thursday,** and it's not the right size, unfortunately. I need to return it.

M: Of course. ³⁶**You'll have to take the item to our customer service counter,** though. It is on the first floor. The staff there will assist you.

W: Thanks for the information. Also, ³⁷**where is the nearest escalator?**

M: ³⁷**It's right beside the makeup display.** You can't miss it.

---

unfortunately 안타깝게도 assist 도와주다

해석
35-37번은 다음 대화에 관한 문제입니다.

남: Redwoods 백화점에 오신 것을 환영합니다. 오늘 제가 도와드릴 것이 있을까요?

여: 네, 제가… 음… ³⁵제가 이 드레스를 지난 목요일에 샀는데, 안타깝게도 맞는 사이즈가 아니에요. 이것을 반품해야겠어요.

남: 물론입니다. 그렇지만 ³⁶고객님께서는 그 물건을 저희 고객 서비스 카운터에 가지고 가셔야 할 거예요. 그것은 1층에 있어요. 거기 있는 직원이 고객님을 도와드릴 거예요.

여: 정보 감사해요. 또한, ³⁷가장 가까운 에스컬레이터는 어디에 있나요?

남: ³⁷화장품 진열대 바로 옆에 있어요. 찾기 쉬우실 거예요.

35 특정 세부 사항 문제 　　중 ●●○

해석　여자는 지난주에 무엇을 했는가?
(A) 계좌를 개설했다.
(B) 구매를 했다.
(C) 약속 일정을 변경했다.
(D) 회사에 전화했다.

해설　질문의 핵심어구(last week)와 관련된 내용을 주의 깊게 듣는다. 대화 초반부에서 여자가 "I bought this dress here last Thursday(제가 이 드레스를 지난 목요일에 샀어요)"라고 하였다. 이를 통해, 지난주에 여자가 구매를 했음을 알 수 있다. 따라서 (B)가 정답이다.

어휘　open 개설하다　reschedule 일정을 변경하다

패러프레이징

bought 샀다 → Made a purchase 구매를 했다

36 특정 세부 사항 문제 　　하 ●○○

해석　남자의 말에 따르면, 여자는 무엇을 해야 하는가?
(A) 더 늦은 날짜에 돌려준다.
(B) 영수증을 출력한다.
(C) 서비스 카운터에 간다.
(D) 주문 번호를 제공한다.

해설　대화에서 남자의 말을 주의 깊게 듣는다. 대화 중반부에서 남자가 여자에게 "You'll have to take the item to our customer service counter(고객님께서는 그 물건을 저희 고객 서비스 카운터에 가지고 가셔야 할 거예요)"라고 하였다. 따라서 (C)가 정답이다.

어휘　receipt 영수증　order number 주문 번호

37 특정 세부 사항 문제 　　하 ●○○

해석　무엇이 화장품 진열대 근처에 있는가?
(A) 입구
(B) 화장실
(C) 에스컬레이터
(D) 안내소

해설　질문의 핵심어구(near a makeup display)가 언급된 주변을 주의 깊게 듣는다. 대화 후반부에서 여자가 "where is the nearest escalator?(가장 가까운 에스컬레이터는 어디에 있나요?)"라고 하자, 남자가 "It's right beside the makeup display(화장품 진열대 바로 옆에 있어요)"라고 하였다. 따라서 (C)가 정답이다.

38-40 🎧 영국식 발음 → 캐나다식 발음

Questions 38-40 refer to the following conversation.

> W: I'm a bit worried about Friday. ³⁸**It looks like we're not going to have enough people working at the water park then.** Since it's a holiday, we're expecting more guests than usual, so we'll need at least two extra lifeguards.
>
> M: ³⁹**Doesn't Diana Harris usually take care of staffing issues?**
>
> W: Actually, ³⁹**she called in sick today**. So, we're going to have to figure something out ourselves.
>
> M: Oh, I see. ⁴⁰**I'll make an announcement quickly to ask if anyone is willing to come in for an extra shift.** Hopefully, someone will be able to help out.

lifeguard 인명 구조원　call in sick 병가를 내다
be willing to ~할 의향이 있다　shift 근무(시간)　help out 도와주다

해석

38-40번은 다음 대화에 관한 문제입니다.

여: 저는 금요일이 조금 걱정돼요. ³⁸그때 워터파크에서 일할 충분한 사람이 없는 것으로 보여요. 그날이 휴일이기 때문에, 우리는 평소보다 더 많은 손님들을 예상하고 있어요. 그래서 우리는 최소한 두 명의 추가 인명 구조원이 필요할 거예요.

남: ³⁹Diana Harris가 보통 직원 문제를 다루지 않나요?

여: 사실, ³⁹그녀가 오늘 병가를 냈어요. 그래서 우리 스스로 해결해야 할 거예요.

남: 아, 그렇군요. ⁴⁰제가 추가 근무를 위해 올 의향이 있는 사람이 있는지 물어보기 위해서 얼른 공지를 할게요. 바라건대, 누군가가 도와줄 수 있을 거예요.

38 문제점 문제 　　중 ●●○

해석　여자는 왜 걱정하는가?
(A) 인명 구조원이 훈련에 참석하지 않았다.
(B) 방문객이 부상을 입었다.
(C) 행사가 연기될 것이다.
(D) 시설에 더 많은 직원이 필요할 것이다.

해설　여자의 말에서 부정적인 표현이 언급된 주변을 주의 깊게 듣는다. 대화 초반부에서 여자가 "It looks like we're not going to have enough people working at the water park then(그때 워터파크에서 일할 충분한 사람이 없는 것으로 보여요)"이라고 한 것을 통해, 시설에 더 많은 직원이 필요할 것임을 알 수 있다. 따라서 (D)가 정답이다.

어휘　injure 부상을 입다　postpone 연기하다　facility 시설

패러프레이징

water park 워터파크 → facility 시설

39 언급 문제 　　상 ●●●

해석　Diana Harris에 대해서 무엇이 언급되는가?
(A) 제안에 동의하지 않는다.
(B) 오늘 직장에 있지 않다.
(C) 요청을 수행하지 않을 것이다.
(D) 양식을 작성했다.

해설　질문의 핵심어구(Diana Harris)가 언급된 주변을 주의 깊게 듣는다. 대화 중반부에서 남자가 "Doesn't Diana Harris usually take care of staffing issues?(Diana Harris가 보통 직원 문제를 다루지 않나요?)"라고 하자, 여자가 "she called in sick today(그녀가 오늘 병가를 냈어요)"라고 하였다. 이를

통해, Diana Harris가 오늘 직장에 있지 않음을 알 수 있다. 따라서 (B)가 정답이다.

어휘 disagree 동의하지 않다 proposal 제안

40 이유 문제　　　　　　　　　　　상 ●●●

해석 남자는 왜 공지를 할 것이라고 말하는가?
(A) 몇몇 직원들을 칭찬하기 위해
(B) 정책을 명백하게 설명하기 위해
(C) 지원자들을 요청하기 위해
(D) 실수를 사과하기 위해

해설 질문의 핵심어구(make an announcement)가 언급된 주변을 주의 깊게 듣는다. 대화 후반부에서 남자가 "I'll make an announcement quickly to ask if anyone is willing to come in for an extra shift(제가 추가 근무를 위해 올 의향이 있는 사람이 있는지 물어보기 위해서 얼른 공지를 할게요)"라고 한 것을 통해, 지원자들을 요청하기 위함임을 알 수 있다. 따라서 (C)가 정답이다.

어휘 praise 칭찬하다 clarify 명백하게 설명하다 policy 정책 volunteer 지원자 apologize 사과하다

41-43 [3w] 캐나다식 발음 → 미국식 발음

Questions 41-43 refer to the following conversation.

> M: Naomi, I need your help for a few minutes.
> W: Sure. What seems to be the matter?
> M: ⁴¹**I think there's an issue with the film projector in Cinema 5.** A documentary film is scheduled to be screened there in 20 minutes, but the machine isn't working properly. ⁴²**It turns on, but it doesn't project an image onto the screen.**
> W: ⁴²**I think it's the bulb.** They burn out periodically.
> M: Oh, good point. ⁴³**I'll grab one from the storeroom quickly.**
>
> film projector 영사기　properly 제대로　project 투사하다　bulb 전구
> periodically 주기적으로　storeroom 창고

해석
41-43번은 다음 대화에 관한 문제입니다.
남: Naomi, 잠시 당신의 도움이 필요해요.
여: 물론이죠. 무슨 문제가 있는 것 같으세요?
남: ⁴¹5번관에 있는 영사기에 문제가 있는 것 같아요. 다큐멘터리 영화가 20분 후에 그곳에서 상영될 예정인데, 그 기계가 제대로 작동하지 않아요. ⁴²그것은 켜지지만, 화면에 이미지를 투사하지 않아요.
여: ⁴²제 생각에는 전구인 것 같아요. 그것들은 주기적으로 소진돼요.
남: 아, 좋은 지적이에요. ⁴³제가 빨리 창고에서 하나를 가져올게요.

41 화자 문제　　　　　　　　　　　중 ●●○

해석 화자들은 어디에서 일하는 것 같은가?
(A) 소매점에서
(B) 전자제품 가게에서
(C) 영화 제작사에서
(D) 영화관에서

해설 대화에서 신분 및 직업과 관련된 표현을 놓치지 않고 듣는다. 대화 초반부에서 남자가 "I think there's an issue with the film projector in Cinema

5(5번관에 있는 영사기에 문제가 있는 것 같아요)"라고 하였다. 이를 통해, 화자들이 영화관에서 일하는 것을 알 수 있다. 따라서 (D)가 정답이다.

어휘 retail outlet 소매점

42 의도 파악 문제　　　　　　　　　상 ●●●

해석 여자는 왜 "제 생각에는 전구인 것 같아요"라고 말하는가?
(A) 조언을 구하기 위해
(B) 고장을 설명하기 위해
(C) 의견에 반대하기 위해
(D) 요청을 하기 위해

해설 질문의 인용어구(I think it's the bulb)가 언급된 주변을 주의 깊게 듣는다. 대화 후반부에서 남자가 "It[film projector] turns on, but it doesn't project an image onto the screen(영사기는 켜지지만, 화면에 이미지를 투사하지 않아요)"이라고 하자, 여자가 자신의 생각에는 전구인 것 같다며 "They burn out periodically(그것들은 주기적으로 소진돼요)"라고 한 것을 통해, 화자가 고장을 설명하려는 의도임을 알 수 있다. 따라서 (B)가 정답이다.

어휘 malfunction 고장 oppose 반대하다 request 요청

43 다음에 할 일 문제　　　　　　　　중 ●●○

해석 남자는 무엇을 할 것이라고 말하는가?
(A) 기기를 켠다.
(B) 물건을 가지고 온다.
(C) 계획을 조정한다.
(D) 손님들을 돕는다.

해설 대화의 마지막 부분을 주의 깊게 듣는다. 남자가 "I'll grab one[bulb] from the storeroom quickly(제가 빨리 창고에서 전구를 가져올게요)"라고 하였다. 이를 통해, 남자가 물건을 가지고 올 것임을 알 수 있다. 따라서 (B)가 정답이다.

어휘 arrange 조정하다 assist 돕다

44-46 [3w] 영국식 발음 → 캐나다식 발음 → 호주식 발음

Questions 44-46 refer to the following conversation with three speakers.

> W: ⁴⁴**I'm looking for the Dune Ranger remote-controlled car, but I can't find it.**
> M1: Hmm . . . I'm not sure. Let me ask a colleague . . . Ben, do you know where the Dune Ranger is located? It's apparently not in the toy aisle.
> M2: Yeah. ⁴⁵**A lot of customers expressed an interest in that toy**, so it's in the popular items section.
> W: Oh, good. I thought it might be sold out.
> M2: No, there's still a few in stock . . . However, ⁴⁶**I'd buy one soon before they're gone.**
>
> remote-controlled 원격 조종의　colleague 동료　apparently 분명히
> in stock 재고가 있는

해석
44-46번은 다음 세 명의 대화에 관한 문제입니다.
여: ⁴⁴Dune Ranger 원격 조종 자동차를 찾고 있는데, 그것을 찾을 수 없어요.
남1: 흠… 잘 모르겠네요. 동료에게 물어볼게요… Ben, Dune Ranger가 어디에 위치해 있는지 알고 있나요? 장난감 통로에는 분명히 없어요.
남2: 네. ⁴⁵많은 고객들이 그 장난감에 관심을 표현했어요, 그래서 그것은 인기 상품

구역에 있어요.

여: 아, 좋네요. 저는 그것이 품절되었을 수도 있다고 생각했어요.

남2: 아니요, 아직 재고가 몇 개 있어요… 하지만, ⁴⁶저라면 그것들이 사라지기 전에 빨리 하나 사겠어요.

44 문제점 문제
중 ●●○

해석 여자의 문제는 무엇인가?
(A) 브랜드 이름을 모른다.
(B) 판촉 활동을 놓쳤다.
(C) 물건을 찾아내지 못한다.
(D) 회원 카드를 집에 놓고 왔다.

해설 여자의 말에서 부정적인 표현이 언급된 다음을 주의 깊게 듣는다. 대화 초반부에서 여자가 "I'm looking for the Dune Ranger remote-controlled car, but I can't find it(Dune Ranger 원격 조종 자동차를 찾고 있는데, 그것을 찾을 수 없어요)"이라고 하였다. 이를 통해, 물건을 찾아내지 못하고 있음을 알 수 있다. 따라서 (C)가 정답이다.

어휘 sales promotion 판촉 활동

45 언급 문제
중 ●●○

해석 Dune Ranger에 대해 무엇이 언급되는가?
(A) 새로운 기술을 특별히 포함한다.
(B) 텔레비전에 광고되었다.
(C) 온라인으로 주문될 수 있다.
(D) 매우 인기 있다.

해설 질문의 핵심어구(Dune Ranger)와 관련된 내용을 주의 깊게 듣는다. 대화 중반부에서 남자2가 "A lot of customers expressed an interest in that toy[Dune Ranger](많은 고객들이 Dune Ranger에 관심을 표현했어요)"라고 하였다. 이를 통해, Dune Ranger가 매우 인기 있음을 알 수 있다. 따라서 (D)가 정답이다.

어휘 feature 특별히 포함하다

패러프레이징

> A lot of customers expressed an interest 많은 고객들이 관심을 표현했다
> → very popular 매우 인기 있다

46 제안 문제
중 ●●○

해석 Ben은 무엇을 제안하는가?
(A) 상품을 빨리 구매하기
(B) 부분적인 환불을 요청하기
(C) 전자기기를 시험해보기
(D) 상점 카탈로그를 확인하기

해설 남자2[Ben]의 말에서 제안과 관련된 표현이 언급된 다음을 주의 깊게 듣는다. 대화 후반부에서 남자2[Ben]가 "I'd buy one soon before they're gone(저라면 그것들이 사라지기 전에 빨리 하나 사겠어요)"이라고 하였다. 이를 통해, 상품을 빨리 구매하는 것을 제안함을 알 수 있다. 따라서 (A)가 정답이다.

어휘 product 상품 partial 부분적인

47-49 [호주식 발음 → 미국식 발음]

Questions 47-49 refer to the following conversation.

M: For your next assignment, Ms. Artigas, ⁴⁷**I'd like you to write an article about Proto Corporation's new facility**.

W: Oh, ⁴⁸**you mean the manufacturing plant that the firm opened near Boston?**

M: That's the one. You'll need to submit it by May 25 so that it can appear in our magazine's June issue.

W: Oh . . . ⁴⁹**I'm a bit worried about making that deadline.** It's kind of tight.

M: You'll have five days to work on it. That should be enough time.

article 기사 appear 나오다, 발간되다 deadline 마감일 tight 빠듯한
work on 작업하다

해석
47-49번은 다음 대화에 관한 문제입니다.

남: Ms. Artigas, 당신의 다음 업무로 ⁴⁷Proto사의 새로운 시설에 대한 기사를 써주셨으면 좋겠어요.

여: 아, ⁴⁸Boston 근처에 그 회사가 연 제조 공장을 말씀하시는 건가요?

남: 바로 그거예요. 우리 잡지 6월 호에 나올 수 있도록 5월 25일까지 제출해 주셔야 할 거예요.

여: 아… ⁴⁹저는 그 마감일을 맞추는 것이 약간 걱정돼요. 다소 빠듯해요.

남: 그것을 작업할 수 있는 5일이 있을 거예요. 그 시간이면 충분할 거예요.

47 요청 문제
하 ●○○

해석 여자는 무엇을 하도록 요청받는가?
(A) 인터뷰를 실시한다.
(B) 기사를 쓴다.
(C) 시설을 검사한다.
(D) 주문을 한다.

해설 남자의 말에서 요청과 관련된 표현이 언급된 다음을 주의 깊게 듣는다. 대화 초반부에서 남자가 여자에게 "I'd like you to write an article about Proto Corporation's new facility(Proto사의 새로운 시설에 대한 기사를 써주셨으면 좋겠어요)"라고 하였다. 따라서 (B)가 정답이다.

어휘 conduct 실시하다 inspect 검사하다 place an order 주문하다

48 언급 문제
중 ●●○

해석 Proto사에 대해 무엇이 언급되는가?
(A) 공장을 열었다.
(B) 성명서를 발표했다.
(C) 상을 받았다.
(D) 행사를 후원했다.

해설 질문의 핵심어구(Proto Corporation)와 관련된 내용을 주의 깊게 듣는다. 대화 초반에서 "you mean the manufacturing plant that the firm[Proto Corporation] opened near Boston?(Boston 근처에 Proto사가 연 제조 공장을 말씀하시는 건가요?)"이라고 하였다. 이를 통해, Proto사가 공장을 열었음을 알 수 있다. 따라서 (A)가 정답이다.

어휘 statement 성명서 receive 받다 sponsor 후원하다

패러프레이징

> manufacturing plant 제조 공장 → factory 공장

49 문제점 문제

중 ●●○

해석 여자는 무엇에 대해 걱정하는가?
(A) 웹사이트에 로그인하기
(B) 몇몇 사실들을 확인하기
(C) 마감일을 맞추기
(D) 계약을 협상하기

해설 여자의 말에서 부정적인 표현이 언급된 다음을 주의 깊게 듣는다. 대화 후반부에서 여자가 "I'm a bit worried about making that deadline(저는 그 마감일을 맞추는 것이 약간 걱정돼요)"이라고 하였다. 따라서 (C)가 정답이다.

어휘 negotiate 협상하다 contract 계약

패러프레이징

deadline 마감일 → due date 마감일

50-52 ③₃ 영국식 발음 → 캐나다식 발음

Questions 50-52 refer to the following conversation.

W: Hello, Mr. Finke. You wanted to speak with me?
M: Yes, Rachel. ⁵⁰**Sorry to delay our meeting** . . . I had an unexpected phone call. Anyway, ⁵¹**you did an excellent job last month finding a location for the new office in Barcelona**. So, I've decided to put you in charge of finding all of our future office spaces.
W: This is quite a surprise.
M: Well, you're the right person for the job, and ⁵²**I think you should take on this new role in the company.**
W: ⁵²**Certainly. That sounds wonderful.**

delay 지체시키다 unexpected 예기치 않은 right 꼭 맞는

해석
50-52번은 다음 대화에 관한 문제입니다.

여: 안녕하세요, Mr. Finke. 저와 이야기하고 싶으셨다고요?
남: 네, Rachel. ⁵⁰우리 회의를 지체시켜서 미안해요… 예기치 않은 전화가 걸려와서요. 아무튼, ⁵¹당신은 지난달 Barcelona에 새로운 사무실을 위한 장소를 찾는 것을 훌륭하게 해냈어요. 그래서, 저는 미래의 모든 사무실 공간을 찾는 일을 당신에게 맡기기로 결정했어요.
여: 이건 꽤 놀랍네요.
남: 글쎄, 당신은 그 일에 꼭 맞는 사람이에요, 그리고 ⁵²저는 당신이 회사에서 이 새로운 역할을 맡아야 한다고 생각해요.
여: ⁵²물론이죠, 좋아요.

50 이유 문제

중 ●●○

해석 남자는 왜 사과하는가?
(A) 초대가 거절되었다.
(B) 차량이 고장 났다.
(C) 프로젝트가 취소되었다.
(D) 회의가 늦게 시작했다.

해설 질문의 핵심어구(apologize)와 관련된 내용을 주의 깊게 듣는다. 대화 초반부에서 남자가 "Sorry to delay our meeting(우리 회의를 지체시켜서 미안해요)"이라고 하였다. 이를 통해, 남자가 회의가 늦게 시작해서 사과하고 있음을 알 수 있다. 따라서 (D)가 정답이다.

어휘 decline 거절하다 vehicle 차량 break down 고장 나다

51 특정 세부 사항 문제

중 ●●○

해석 여자는 지난달에 무엇을 했는가?
(A) 몇몇 고객들을 즐겁게 했다.
(B) 새로운 직원을 교육했다.
(C) 적합한 장소를 찾아냈다.
(D) 여러 지점을 방문했다.

해설 질문의 핵심어구(last month)가 언급된 주변을 주의 깊게 듣는다. 대화 중반부에서 남자가 "you did an excellent job last month finding a location for the new office in Barcelona(당신은 지난달 Barcelona에 새로운 사무실을 위한 장소를 찾는 것을 훌륭하게 해냈어요)"라고 한 것을 통해, 여자가 지난달에 적합한 장소를 찾아냈음을 알 수 있다. 따라서 (C)가 정답이다.

어휘 entertain 즐겁게 하다 locate 찾아내다 branch 지점

패러프레이징

location 장소 → place 장소

52 특정 세부 사항 문제

상 ●●●

해석 여자가 하기로 동의하는 것은 무엇인가?
(A) 프로그램을 발표한다.
(B) 팀을 구성한다.
(C) 방을 예약한다.
(D) 자리를 받아들인다.

해설 질문의 핵심어구(woman agree)와 관련된 내용을 주의 깊게 듣는다. 대화 후반부에서 남자가 "I think you should take on this new role in the company(저는 당신이 회사에서 이 새로운 역할을 맡아야 한다고 생각해요)"라고 하자, 여자가 "Certainly. That sounds wonderful(물론이죠, 좋아요)"이라고 하였다. 이를 통해, 여자가 자리를 받아들이기로 동의함을 알 수 있다. 따라서 (D)가 정답이다.

어휘 assemble 구성하다

53-55 ③₃ 캐나다식 발음 → 미국식 발음 → 호주식 발음

Questions 53-55 refer to the following conversation with three speakers.

M1: Before we finish our meeting . . . ⁵³**How's the planning going for our company's year-end party?**
W: Unfortunately, Madras Hall, the venue we used last year, is already booked.
M2: Don't worry. I have some alternatives.
W: Does anything seem promising, Pete?
M2: West Gold Hotel's event hall could be a good venue. But ⁵⁴**I'm worried that the dishes are too expensive.**
W: Well, e-mail the price list to me. ⁵⁵**I'll review it and make a decision today.**

venue 장소 alternative 대안 promising 유망한 dish 음식

해석
53-55번은 다음 세 명의 대화에 관한 문제입니다.

남1: 우리 회의를 끝내기 전에… ⁵³우리 회사의 연말 파티를 위한 계획은 어떻게 되고 있나요?
여: 안타깝게도, 우리가 작년에 이용한 장소인 Madras홀은 이미 예약됐어요.
남2: 걱정 마세요. 제게 몇몇 대안들이 있어요.
여: 유망한 곳이 있나요, Pete?

남2: West Gold 호텔의 행사 홀이 좋은 장소가 될 수 있어요. 하지만 ⁵⁴저는 음식이 너무 비싸서 걱정이에요.

여: 음, 가격 목록을 저에게 이메일로 보내 주세요. ⁵⁵제가 오늘 그것을 검토하고 결정을 할게요.

53 주제 문제   중 ●●○

해석 화자들은 주로 무엇에 대해 이야기하고 있는가?
(A) 회사 행사
(B) 호텔 개관식
(C) 출장
(D) 교육 워크숍

해설 대화의 주제를 묻는 문제이므로, 대화의 초반을 주의 깊게 듣는다. 남자1이 "How's the planning going for our company's year-end party?(우리 회사의 연말 파티를 위한 계획은 어떻게 되고 있나요?)"라고 한 후, 회사 행사에 대한 내용으로 대화가 이어지고 있다. 따라서 (A)가 정답이다.

어휘 corporate 회사

패러프레이징

company's year-end party 회사의 연말 파티 → corporate event 회사 행사

54 이유 문제   하 ●○○

해석 Pete는 왜 걱정하는가?
(A) 몇몇 메뉴 선택지가 이용 가능하지 않다.
(B) 물품이 손상되었다.
(C) 공간이 청소되어야 한다.
(D) 몇몇 음식이 비싸다.

해설 질문의 핵심어구(worried)가 언급된 주변을 주의 깊게 듣는다. 대화 후반부에서 남자2(Pete)가 "I'm worried that the dishes are too expensive(저는 음식이 너무 비싸서 걱정이에요)"라고 하였다. 따라서 (D)가 정답이다.

패러프레이징

dishes 음식 → food 음식

55 다음에 할 일 문제   중 ●●●

해석 여자는 오늘 무엇을 할 것인가?
(A) 목록을 확인한다.
(B) 전화를 한다.
(C) 보고서를 쓴다.
(D) 장소를 방문한다.

해설 여자의 말에서 요청과 관련된 표현이 언급된 다음을 주의 깊게 듣는다. 대화 후반부에서 "I'll review it[price list] and make a decision today(제가 오늘 가격 목록을 검토하고 결정을 할게요)"라고 하였다. 이를 통해, 여자가 목록을 확인할 것임을 알 수 있다. 따라서 (A)가 정답이다.

56-58 🎧 호주식 발음 → 영국식 발음

Questions 56-58 refer to the following conversation.

M: Sandra, ⁵⁶I want to discuss productivity at our shoe factory. It's been low lately. We're barely meeting our monthly quotas.

W: What do you think the problem is?

M: ^{57/58}I'm afraid that some of our staff members weren't given proper training when they were recruited last year.

W: Well, ⁵⁸they went through our normal orientation process.

M: Actually, most of them were given two days of training instead of the usual four days. I'd like to provide them with additional training.

productivity 생산성   barely 겨우   meet 맞추다   quota 할당량
go through 통과하다   orientation 예비 교육

해석
56-58번은 다음 대화에 관한 문제입니다.
남: Sandra, ⁵⁶우리 신발 공장의 생산성에 대해 논의하고 싶어요. 그것은 최근에 낮았어요. 우리의 월간 할당량을 겨우 맞추고 있어요.
여: 무엇이 문제라고 생각하나요?
남: ^{57/58}유감스럽게도 우리 직원들 중 일부가 작년에 채용되었을 때 제대로 된 훈련을 받지 못했어요.
여: 음, ⁵⁸그들은 우리의 정상적인 예비 교육 과정을 통과했잖아요.
남: 사실, 그들 중 대부분은 평상시의 4일 대신 2일 교육을 받았어요. 저는 그들에게 추가 교육을 제공하고 싶어요.

56 화자 문제   중 ●●○

해석 화자들은 어디에서 일하는 것 같은가?
(A) 식당에서
(B) 백화점에서
(C) 제조 시설에서
(D) 자문 회사에서

해설 대화에서 신분 및 직업과 관련된 표현을 놓치지 않고 듣는다. 대화 초반부에서 남자가 "I want to discuss productivity at our shoe factory(우리 신발 공장의 생산성에 대해 논의하고 싶어요)"라고 하였다. 이를 통해, 화자들이 제조 시설에서 일함을 알 수 있다. 따라서 (C)가 정답이다.

패러프레이징

factory 공장 → manufacturing facility 제조 시설

57 특정 세부 사항 문제   상 ●●●

해석 회사는 작년에 무엇을 했는가?
(A) 일부 직원을 고용했다.
(B) 온라인 교육을 실시했다.
(C) 일부 직원이 전근을 갔다.
(D) 광고 워크숍을 열었다.

해설 질문의 핵심어구(company ~ last year)와 관련된 내용을 주의 깊게 듣는다. 대화 중반부에서 남자가 "I'm afraid that some of our staff members weren't given proper training when they were recruited last year(유감스럽게도 우리 직원들 중 일부가 작년에 채용되었을 때 제대로 된 훈련을 받지 못했어요)"라고 하였다. 이를 통해, 회사가 작년에 일부 직원들을 고용했음을 알 수 있다. 따라서 (A)가 정답이다.

어휘 transfer 전근 가다

58 의도 파악 문제

상 ●●●

해석 여자는 왜 "그들은 우리의 정상적인 예비 교육 과정을 통과했잖아요"라고 말하는가?

(A) 의견 차이를 보여주기 위해
(B) 만족을 나타내기 위해
(C) 고마움을 표현하기 위해
(D) 확인을 해주기 위해

해설 질문의 인용어구(they went through our normal orientation process)가 언급된 주변을 주의 깊게 듣는다. 대화 중반부에서 남자가 "I'm afraid that some of our staff members weren't given proper training ~(유감스럽게도 우리 직원들 중 일부가 제대로 된 훈련을 받지 못했어요)"이라고 하자, 여자가 그들은 자신들의 정상적인 예비 교육 과정을 통과했다고 하였다. 이를 통해, 여자가 의견 차이를 보여주기 위한 의도임을 알 수 있다. 따라서 (A)가 정답이다.

어휘 disagreement 의견 차이 indicate 나타내다 satisfaction 만족
gratitude 고마움 confirmation 확인

59-61 [3배] 미국식 발음 → 캐나다식 발음

Questions 59-61 refer to the following conversation.

> W: There you are, Ernesto. ⁵⁹**Since you're the teaching assistant for my course, I want to discuss some changes for tomorrow's class.** I plan to go over this article instead of Chapter 3 in the textbook.
> M: Thanks for telling me, Professor Yuma. Is there anything I can do to help you prepare? ⁶⁰**I could print hard copies of the article to pass around.**
> W: Yeah, if you don't mind. When you're done with that, ⁶¹**could you come to my office? The student essays are there**, and I would like your help grading them.
>
> teaching assistant 조교 course 수업 pass around 배포하다
> essay 논문 grade 채점하다

해석
59-61번은 다음 대화에 관한 문제입니다.

여: 여기 있었네요, Ernesto. ⁵⁹당신이 제 수업의 조교이므로, 내일 수업에 관한 몇 가지 변화에 대해 논의하고 싶어요. 교과서의 3장 대신에 이 기사를 살펴볼 계획이에요.
남: 말씀해주셔서 감사해요, Yuma 교수님. 준비하시는 데 제가 도울 일이 있나요? ⁶⁰배포할 기사의 하드 카피를 제가 인쇄할 수 있어요.
여: 네, 괜찮다면요. 당신이 그것을 끝내면, ⁶¹제 사무실로 와 주시겠어요? 학생 논문들이 거기에 있는데, 당신이 그것들을 채점하는 것을 도와주면 좋겠어요.

59 주제 문제

중 ●●○

해석 화자들은 주로 무엇에 대해 이야기하고 있는가?

(A) 새로운 교과서
(B) 수업 준비
(C) 조별 과제
(D) 대학 정책

해설 대화의 주제를 묻는 문제이므로, 대화의 초반을 주의 깊게 듣는다. 여자가 "Since you're the teaching assistant for my course, I want to discuss some changes for tomorrow's class(당신이 제 수업의 조교이

므로, 내일 수업에 관한 몇 가지 변화에 대해 논의하고 싶어요)"라고 한 후, 수업 준비에 대한 내용으로 대화가 이어지고 있다. 따라서 (B)가 정답이다.

어휘 preparation 준비 policy 정책

60 제안 문제

중 ●●○

해석 남자는 무엇을 해주겠다고 제안하는가?

(A) 팀과 정보를 공유한다.
(B) 특별 수업에 참석한다.
(C) 문서의 복사본을 만든다.
(D) 세미나를 이끈다.

해설 남자의 말에서 제안과 관련된 표현이 언급된 다음을 주의 깊게 듣는다. 대화 중반부에서 남자가 "I could print hard copies of the article to pass around(배포할 기사의 하드 카피를 제가 인쇄할 수 있어요)"라고 한 것을 통해, 남자가 문서의 복사본을 만들어 주겠다고 제안함을 알 수 있다. 따라서 (C)가 정답이다.

패러프레이징

> print hard copies of the article 기사의 하드 카피를 인쇄하다
> → Make copies of a document 문서의 복사본을 만든다

61 특정 세부 사항 문제

하 ●○○

해석 여자는 그녀의 사무실에 무엇이 있다고 하는가?

(A) 학생 논문들
(B) 성적표들
(C) 등록 양식들
(D) 강의 노트들

해설 질문의 핵심어구(in her office)가 언급된 주변을 주의 깊게 듣는다. 대화 후반부에서 여자가 "could you come to my office?(제 사무실로 와 주시겠어요?)"라고 한 후, "The student essays are there(학생 논문들이 거기에 있어요)"라고 한 것을 통해, 학생 논문들이 그녀의 사무실에 있음을 알 수 있다. 따라서 (A)가 정답이다.

어휘 report card 성적표 registration 등록

62-64 [3배] 호주식 발음 → 미국식 발음

Questions 62-64 refer to the following conversation and menu.

> M: Hello, and welcome to Southwestern Shack. What can I get for you today?
> W: ⁶²**I've never dined here before, and I'd really like your opinion.** Right now, I'm thinking about trying the Burrito Supreme because I enjoy spicy food. But I don't like beans. Are they included in that dish?
> M: Yes. And since beans are cooked with the meat, the item can't be ordered without them. So, ⁶³**you should probably skip that option.** However, ⁶⁴**you can try the other spicy menu item.** There aren't beans on that.
> W: ⁶⁴**OK, I'll go with that.** Thanks for the help.
>
> dine 식사를 하다 spicy 매운 dish 요리 skip 건너뛰다 item 품목

해석
62-64번은 다음 대화와 메뉴에 관한 문제입니다.

남: 안녕하세요, Southwestern Shack에 오신 것을 환영합니다. 오늘 무엇을 드릴까요?

여: ⁶²저는 여기서 식사를 해본 적이 없어서, 당신의 의견을 정말 듣고 싶어요. 지금 당장은, 제가 매운 음식을 좋아하기 때문에 Burrito Supreme을 먹어볼까 생각 중이에요. 하지만 저는 콩을 좋아하지 않아요. 그 요리에 그것들이 포함되나요?

M: 네. 그리고 콩은 고기와 요리되기 때문에, 그것들 없이 그 품목을 주문받을 수는 없어요. 그래서, ⁶³손님께서는 아마도 그 옵션을 건너뛰셔야 할 거예요. 하지만, ⁶⁴다른 매운 메뉴 품목을 시도하실 수 있어요. 거기엔 콩이 없어요.

W: ⁶⁴좋아요, 그걸로 할게요. 도와주셔서 고마워요.

```
Southwestern Shack
메인 요리

Burrito Classic ····················· $10
Burrito Supreme* ·················· $11
Southwestern Fajitas* ············· ⁶⁴$12
Avocado Enchilada ················ $13

주의: "*"로 표시된 품목은 맵습니다.
```

62 이유 문제   중 ●●○

해석 여자는 왜 남자의 의견을 요청하는가?
(A) 잘못된 음식을 주문했다.
(B) 그 식당에서 먹어본 적이 없다.
(C) 몇 가지의 재료에 알레르기가 있다.
(D) 매운 음식을 먹지 않는다.

해설 질문의 핵심어구(man's opinion)와 관련된 내용을 주의 깊게 듣는다. 대화 초반부에서 여자가 "I've never dined here before, and I'd really like your opinion(저는 여기서 식사를 해본 적이 없어서, 당신의 의견을 정말 듣고 싶어요)"이라고 하였다. 따라서 (B)가 정답이다.

어휘 allergic 알레르기가 있는 ingredient 재료

패러프레이징

dined 식사를 하다 → eaten 먹다

63 제안 문제   중 ●●○

해석 남자는 무엇을 제안하는가?
(A) 테이크아웃으로 음식을 받기
(B) 몇몇 품목을 시식하기
(C) 새로운 메뉴를 보기
(D) 특정한 음식을 피하기

해설 남자의 말에서 제안과 관련된 표현이 언급된 다음을 주의 깊게 듣는다. 대화 중후반에서 남자가 "you should probably skip that option[Burrito Supreme](손님께서는 아마도 Burrito Supreme을 건너뛰셔야 할 거예요)"이라고 하였다. 이를 통해, 남자가 특정한 음식을 피하는 것을 제안함을 알 수 있다. 따라서 (D)가 정답이다.

어휘 sample 시식하다 avoid 피하다 specific 특정한 meal 음식

패러프레이징

skip 건너뛰다 → Avoiding 피하기

64 시각 자료 문제   중 ●●○

해석 시각 자료를 보아라. 여자는 얼마를 지불할 것 같은가?
(A) 10달러
(B) 11달러

(C) 12달러
(D) 13달러

해설 메뉴의 정보를 확인한 후 질문의 핵심어구(pay)와 관련된 내용을 주의 깊게 듣는다. 대화 후반부에서 남자가 "you can try the other spicy menu item(다른 매운 메뉴 품목을 시도하실 수 있어요)"이라고 하자, 여자가 "OK, I'll go with that(좋아요, 그걸로 할게요)"이라고 하였다. 이를 통해, 여자가 Southwestern Fajitas의 가격인 12달러를 지불할 것임을 메뉴에서 알 수 있다. 따라서 (C)가 정답이다.

65-67 [3캐] 영국식 발음 → 캐나다식 발음

Questions 65-67 refer to the following conversation and schedule.

W: ⁶⁵**We are making great progress with the conference we were hired to organize.**
M: Absolutely. It's only March, and we've already sold all the tickets. We've never run out of spots so quickly before.
W: ⁶⁶**Hiring bloggers to promote the conference turned out well. That dramatically increased interest in the event.**
M: I couldn't agree more. However, the schedule has to be changed.
W: Oh, really? How come?
M: ⁶⁷**The second scheduled speaker has canceled.** So, we'll have to find a replacement.

---

organize 개최하다 absolutely 물론 spot 자리 promote 홍보하다
dramatically 급격하게 replacement 대신하는 사람

해석
65-67번은 다음 대화와 일정표에 관한 문제입니다.

여: ⁶⁵우리가 개최하도록 고용된 회의에 대해 큰 진전을 이루고 있어요.
남: 물론이조. 이제 겨우 3월인데, 우리는 벌써 표를 다 팔았어요. 전에 이렇게 빨리 자리가 다 나간 적은 없었어요.
여: ⁶⁶컨퍼런스를 홍보하기 위해 블로거들을 고용한 것이 잘 되었어요. 그것이 행사에 대한 관심을 급격하게 증가시켰어요.
남: 저도 동의해요. 하지만, 일정이 변경되어야 해요.
여: 아, 정말요? 왜요?
남: ⁶⁷두 번째로 예정된 연설자가 취소했어요. 그래서, 우리는 대신할 사람을 찾아야 할 거예요.

연설자	시간
Jasmine Logger	오전 9시
Samantha Gould	⁶⁷오전 10시 30분
Maria Bloom	오후 1시
Mario Vines	오후 2시 30분

최고난도 문제

65 화자 문제   상 ●●●

해석 화자들은 누구인 것 같은가?
(A) 광고 자문가들
(B) 부서 관리자들
(C) 개인 비서들
(D) 행사 기획자들

해설 대화에서 신분 및 직업과 관련된 표현을 놓치지 않고 듣는다. 대화 초반부에서 여자가 "We are making great progress with the conference we were hired to organize(우리가 개최하도록 고용된 회의에 대해 큰 진전을 이루고 있어요)"라고 하였다. 이를 통해, 화자들이 행사 기획자들임을 알 수 있다. 따라서 (D)가 정답이다.

어휘 consultant 자문가 assistant 비서

66 특정 세부 사항 문제 상 ●●●

해석 화자들에 따르면, 무엇이 잘 되었는가?
(A) 매출 발표
(B) 마케팅 활동
(C) 기자회견
(D) 직원 오리엔테이션

해설 질문의 핵심어구(turned out well)와 관련된 내용을 주의 깊게 듣는다. 대화 중반부에서 여자가 "Hiring bloggers to promote the conference turned out well(컨퍼런스를 홍보하기 위해 블로거들을 고용한 것이 잘 되었어요)"이라고 한 후, "That dramatically increased interest in the event(그것이 행사에 대한 관심을 급격하게 증가시켰어요)"라고 하였다. 이를 통해, 화자들의 마케팅 활동이 잘 되었음을 알 수 있다. 따라서 (B)가 정답이다.

어휘 effort 활동

패러프레이징

Hiring bloggers to promote the conference 컨퍼런스를 홍보하기 위해 블로거들을 고용한 것 → marketing effort 마케팅 활동

67 시각 자료 문제 중 ●●○

해석 시각 자료를 보아라. 어떤 시간대가 지금 비어 있는가?
(A) 오전 9시
(B) 오전 10시 30분
(C) 오후 1시
(D) 오후 2시 30분

해설 일정표의 정보를 확인한 후 질문의 핵심어구(time slot ~ open)와 관련된 내용을 주의 깊게 듣는다. 대화 후반부에서 남자가 "The second scheduled speaker has canceled(두 번째로 예정된 연설자가 취소했어요)"라고 하였다. 이를 통해, 두 번째 연설자인 Samantha Gould가 연설하기로 예정되어 있던 오전 10시 30분 시간대가 지금 비어 있음을 일정표에서 알 수 있다. 따라서 (B)가 정답이다.

어휘 time slot 시간대 open 비어 있는

68-70 ③ 미국식 발음 → 호주식 발음

Questions 68-70 refer to the following conversation and table.

W: OK, Mr. Lu, I've had a chance to review your mortgage application, and you qualify for a wide variety of options.
M: Great. And just to clarify, ⁶⁸**my main priority is to limit the overall cost of the mortgage.** I don't mind making high monthly payments.
W: In that case, ⁶⁹**I recommend the mortgage with the 10-year term.**
M: OK. What would the interest rate be?
W: Uh, two percent. Give me a minute, and ⁷⁰**I will calculate how much your monthly payment will be.**

mortgage 대출 qualify 자격이 있다 a wide variety of 매우 다양한

priority 우선순위 monthly payments 할부, 월별 지급
interest rate 이자율

해석
68-70번은 다음 대화와 표에 관한 문제입니다.

여: 자, Mr. Lu, 제게 당신의 대출 신청서를 검토할 기회가 있었는데, 당신은 매우 다양한 선택지에 대한 자격이 있어요.
남: 좋네요. 그리고 그저 명확히 하기 위해서인데, ⁶⁸저의 주요 우선순위는 전체 대출 비용을 제한하는 것이에요. 월 할부금은 높아도 괜찮아요.
여: 그렇다면, ⁶⁹10년 기간의 대출을 권장해요.
남: 네. 이자율은 얼마나 될까요?
여: 어, 2퍼센트요. 잠깐 시간을 주시면, ⁷⁰제가 당신의 월 할부금이 얼마나 될지 계산해 드릴게요.

대출 유형	기간
Standard	30년
Elevated	20년
Accelerated	15년
⁶⁹Swift	10년

68 특정 세부 사항 문제 중 ●●○

해석 남자는 무엇을 우선시한다고 말하는가?
(A) 매달 지불하기
(B) 전체 비용을 제한하기
(C) 이율을 낮추기
(D) 새 계좌를 개설하기

해설 질문의 핵심어구(prioritizing)와 관련된 내용을 주의 깊게 듣는다. 대화 초반부에서 남자가 "my main priority is to limit the overall cost of the mortgage(저의 주요 우선순위는 전체 대출 비용을 제한하는 것이에요)"라고 하였다. 따라서 (B)가 정답이다.

어휘 prioritize 우선시하다 account 계좌

69 시각 자료 문제 중 ●●○

해석 시각 자료를 보아라. 여자는 어느 대출 유형을 추천하는가?
(A) Standard
(B) Elevated
(C) Accelerated
(D) Swift

해설 표의 정보를 확인한 후 질문의 핵심어구(recommend)가 언급된 주변을 주의 깊게 듣는다. 대화 중반부에서 여자가 "I recommend the mortgage with the 10-year term(10년 기간의 대출을 권장해요)"이라고 하였으므로, 여자가 Swift 대출 유형을 추천함을 표에서 알 수 있다. 따라서 (D)가 정답이다.

70 제안 문제 상 ●●●

해석 여자는 무엇을 해주겠다고 제안하는가?
(A) 서류를 인쇄한다.
(B) 참고 자료를 제공한다.
(C) 금액을 결정한다.
(D) 계획을 수정한다.

해설 여자의 말에서 제안과 관련된 표현이 언급된 다음을 주의 깊게 듣는다. 대화

후반부에서 여자가 "I will calculate how much your monthly payment will be(제가 당신의 월 할부금이 얼마나 될지 계산해 드릴게요)"라고 하였다. 따라서 (C)가 정답이다.

어휘 reference 참고 자료 determine 결정하다 amount 금액

PART 4

71-73 [3w] 영국식 발음

Questions 71-73 refer to the following announcement.

Attention, everyone. Thank you for your patience. **71Please take your seats for today's college soccer match. 72The delay was caused by the late arrival of the visiting team.** However, everyone is ready to play now. Also, **73a special ceremony will take place after the game. Mick Tomley, the former coach of the Missouri Wildcats, will receive an award to commemorate his years of work.** Everyone is welcome to stay and celebrate with us.

cause 발생시키다 visiting team 원정팀 take place 열리다
former 전임, 이전의 commemorate 기념하다

해석
71-73번은 다음 공지에 관한 문제입니다.

주목해 주십시오, 여러분. 기다려 주셔서 감사합니다. 71오늘의 대학 축구 경기를 위해 자리에 앉아 주십시오. 72원정팀이 늦게 도착하여 지연이 발생했습니다. 하지만, 이제 모두가 경기를 할 준비가 되었습니다. 또한, 73경기 후에 특별한 행사가 열릴 것입니다. Missouri Wildcats의 전임 코치인 Mick Tomley가 그의 수년간의 성과를 기념하는 상을 받을 것입니다. 모두 자유롭게 남아서 우리와 함께 축하하셔도 됩니다.

71 장소 문제   하 ●○○

해석 공지는 어디에서 이뤄지고 있는 것 같은가?
(A) 스포츠 경기장에서
(B) 헬스장에서
(C) 학교 강당에서
(D) 병원에서

해설 장소와 관련된 표현을 놓치지 않고 듣는다. 지문 초반부에서 "Please take your seats for today's college soccer match(오늘의 대학 축구 경기를 위해 자리에 앉아 주십시오)"라고 한 것을 통해, 공지가 스포츠 경기장에서 이뤄지고 있음을 알 수 있다. 따라서 (A)가 정답이다.

어휘 auditorium 강당

72 특정 세부 사항 문제   하 ●○○

해석 화자에 따르면, 무엇이 지연을 발생시켰는가?
(A) 기술상의 고장
(B) 폭풍우
(C) 팀의 늦은 도착
(D) 시상식

해설 질문의 핵심어구(a delay)가 언급된 주변을 주의 깊게 듣는다. 지문 초중반에서 "The delay was caused by the late arrival of the visiting team(원정팀이 늦게 도착하여 지연이 발생했습니다)"이라고 하였다. 따라서 (C)가 정답이다.

어휘 malfunction 고장

73 다음에 할 일   중 ●●○

해석 화자는 경기 후에 무슨 일이 일어날 것이라고 말하는가?
(A) 사인을 해 줄 것이다.
(B) 코치가 수상의 영예를 안을 것이다.
(C) 팀이 그들의 기념일을 축하할 것이다.
(D) 교육 과정이 열릴 것이다.

해설 질문의 핵심어구(after the game)가 언급된 주변을 주의 깊게 듣는다. 지문 후반부에서 "a special ceremony will take place after the game. Mick Tomley, the former coach of the Missouri Wildcats, will receive an award to commemorate his years of work(경기 후에 특별한 행사가 열릴 것입니다. Missouri Wildcats의 전임 코치인 Mick Tomley가 그의 수년간의 성과를 기념하는 상을 받을 것입니다)"라고 하였다. 이를 통해, 코치가 수상의 영예를 안을 것임을 알 수 있다. 따라서 (B)가 정답이다.

어휘 autograph (유명인의) 사인, 서명 anniversary 기념일

74-76 [3w] 호주식 발음

Questions 74-76 refer to the following advertisement.

Do you want your home to look as appealing as possible? If so, contact Niles and Kelly. **74Our interior decorators offer a range of services** at unbeatable prices, including wall color and furniture suggestions. **75And, unlike our competitors, we do not charge for the first meeting with one of our designers.** Moreover, **76we're running a special promotion for the rest of this month. Customers can get 10 percent off their total price** when they enter the promotional code STYLE10 on our Web site. So, what are you waiting for?

appealing 매력적인 interior decorator 실내 장식가 a range of 다양한
unbeatable 훌륭한

해석
74-76번은 다음 광고에 관한 문제입니다.

당신의 집이 가능한 한 매력적으로 보이기를 원하시나요? 그렇다면, Niles and Kelly사에 연락하세요. 74저희 실내 장식가들은 벽색과 가구 제안을 포함한 다양한 서비스를 훌륭한 가격에 제공합니다. 75또한, 경쟁사와 달리, 저희는 디자이너 중 한 사람과의 첫 만남에는 비용을 청구하지 않습니다. 게다가, 76이번 달 나머지 기간 동안 특별 행사를 진행하고 있습니다. 고객분들은 저희 웹사이트에 할인 코드 STYLE10을 입력하시면 총액에서 10퍼센트 할인을 받으실 수 있습니다. 자, 무엇을 기다리고 계신가요?

74 주제 문제   하 ●○○

해석 어떤 종류의 업체가 광고되고 있는가?
(A) 실내 장식 서비스
(B) 보험 회사
(C) 가정 청소 서비스
(D) 부동산 중개소

해설 광고의 주제를 묻는 문제이므로, 광고의 초반을 주의 깊게 듣는다. "Our interior decorators offer a range of services(저희 실내 장식가들은 다양한 서비스를 제공합니다)"라고 한 후, 실내 장식 서비스에 대한 내용으로 광고가 이어지고 있다. 따라서 (A)가 정답이다.

어휘 insurance 보험 household 가정 real estate 부동산

75 특정 세부 사항 문제
상 ●●●

해석 Niles and Kelly사는 그곳의 경쟁 업체와 어떻게 다른가?
　(A) 만족 보증이 있다.
　(B) 모바일 애플리케이션이 있다.
　(C) 배달 서비스를 제공한다.
　(D) 무료 초기 상담을 제공한다.

해설 질문의 핵심어구(different from ~ competitors)와 관련된 내용을 주의 깊게 듣는다. 지문 중반부에서 "And, unlike our competitors, we do not charge for the first meeting with one of our designers(또한, 경쟁사와 달리, 저희는 디자이너 중 한 사람과의 첫 만남에는 비용을 청구하지 않습니다)"라고 하였다. 이를 통해, Niles and Kelly사가 경쟁 업체와 달리 무료 초기 상담을 제공함을 알 수 있다. 따라서 (D)가 정답이다.

어휘 guarantee 보증 initial 초기의 consultation 상담

패러프레이징
first meeting 첫 만남 → initial consultation 초기 상담

76 특정 세부 사항 문제
중 ●●○

해석 무엇이 이달의 나머지 기간 동안 이용 가능한가?
　(A) 특급 배송
　(B) 무료 회원권
　(C) 판촉 할인
　(D) 연장된 보증 기간

해설 질문의 핵심어구(the rest of ~ month)가 언급된 주변을 주의 깊게 듣는다. 지문 중후반에서 "we're running a special promotion for the rest of this month. Customers can get 10 percent off their total price(이번 달 나머지 기간 동안 특별 행사를 진행하고 있습니다. 고객분들은 총액에서 10퍼센트 할인을 받으실 수 있습니다)"라고 하였다. 이를 통해, 판촉 할인이 이달의 나머지 기간 동안 이용 가능함을 알 수 있다. 따라서 (C)가 정답이다.

어휘 express shipping 특급 배송

패러프레이징
special promotion 특별 행사 → promotional discount 판촉 할인

77-79 [3] 미국식 발음

Questions 77-79 refer to the following speech.

> Thank you all for coming to the fifth annual British Publishers Convention. **⁷⁷This event is meant to show appreciation for the writings you've all done for Britain's leading publishing houses.** As you walk around the center, **⁷⁸be sure to stop by various booths and pick up the catalogs. These will give you a good idea of the books each firm plans to release this year.** Also, **⁷⁹I encourage everyone to head to Edwards Hall at 5 P.M., where you can listen to a story written by the distinguished writer, Susan Holmes.**
>
> appreciation 감사 leading 선도적인 publishing house 출판사
> head 향하다 distinguished 저명한

해석
77-79번은 다음 연설에 관한 문제입니다.

제5회 영국 출판인 컨벤션에 참석해 주셔서 감사합니다. ⁷⁷이 행사는 여러분 모두가 영국의 선도적인 출판사를 위해 써 주신 글들에 감사를 표하기 위한 것입니다. 중앙을 걸어다니시면서, ⁷⁸다양한 부스에 들러 카탈로그를 꼭 챙기시기 바랍니다. 이것들은 각 회사가 올해 발간할 계획인 책들에 대한 좋은 아이디어를 제공할 것입니다. 또한, ⁷⁹저는 모두가 오후 5시에 Edwards홀로 향하시기를 권하며, 그곳에서 저명한 작가 Susan Holmes가 쓴 이야기를 들으실 수 있습니다.

77 청자 문제
중 ●●○

해석 청자들은 누구인 것 같은가?
　(A) 기자들
　(B) 작가들
　(C) 음악가들
　(D) 교사들

해설 지문에서 신분 및 직업과 관련된 표현을 놓치지 않고 듣는다. 지문 초반부에서 "This event is meant to show appreciation for the writings you've all done for Britain's leading publishing houses(이 행사는 여러분 모두가 영국의 선도적인 출판사를 위해 써 주신 글들에 감사를 표하기 위한 것입니다)"라고 하였다. 이를 통해, 청자들이 작가들임을 알 수 있다. 따라서 (B)가 정답이다.

78 특정 세부 사항 문제
상 ●●●

해석 화자에 따르면, 카탈로그는 무엇을 포함하는가?
　(A) 다음의 출판물들
　(B) 유명한 디자이너들 목록
　(C) 구직 공고
　(D) 최근 워크숍들

해설 질문의 핵심어구(catalogs)가 언급된 주변을 주의 깊게 듣는다. 지문 중반부에서 "be sure to ~ pick up the catalogs. These will give you a good idea of the books each firm plans to release this year(카탈로그를 꼭 챙기시기 바랍니다. 이것들은 각 회사가 올해 발간할 계획인 책들에 대한 좋은 아이디어를 제공할 것입니다)"라고 하였다. 이를 통해, 카탈로그는 다음의 출판물들을 포함하고 있음을 알 수 있다. 따라서 (A)가 정답이다.

어휘 upcoming 다음, 다가오는 publication 출판물 announcement 공고

79 특정 세부 사항 문제
중 ●●○

해석 청자들은 Edwards홀에서 무엇을 할 수 있는가?
　(A) 책을 빌린다.
　(B) 수업을 듣는다.
　(C) 이야기를 듣는다.
　(D) 다큐멘터리를 본다.

해설 질문의 핵심어구(Edwards Hall)가 언급된 주변을 주의 깊게 듣는다. 지문 후반부에서 "I encourage everyone to head to Edwards Hall at 5 P.M., where you can listen to a story written by the distinguished writer, Susan Holmes(저는 모두가 오후 5시에 Edwards홀로 향하시기를 권하며 그곳에서 저명한 작가 Susan Holmes가 쓴 이야기를 들을 수 있습니다)"라고 하였다. 이를 통해, Edwards홀에서 청자들이 이야기를 들을 수 있음을 알 수 있다. 따라서 (C)가 정답이다.

Questions 80-82 refer to the following news report.

> [80]**Now for a report on Speedex's latest device, the Quick-Cruise.** Many people in Belleview have started riding this motorized scooter. However, after a few riders were injured in the last few weeks, [81/82]**the city council decided yesterday that riders must wear helmets and use bicycle lanes only.** [82]**The council also set a speed limit of 15 kilometers per hour for the devices. Despite all this, there are still long lines outside stores selling the product.**

motorized 전동식 injure 부상을 입히다 council 의회
bicycle lane 자전거 전용도로

해석
80-82번은 다음 뉴스 보도에 관한 문제입니다.
[80]이제 Speedex사의 최신 기기인 Quick-Cruise에 대한 보도입니다. 벨뷰의 많은 사람들이 이 전동 스쿠터를 타기 시작했습니다. 하지만, 지난 몇 주 동안 몇 명의 운전자들이 부상을 입은 후, [81/82]시의회는 어제 운전자들이 헬멧을 쓰고 자전거 전용도로로만 이용해야 한다고 결정했습니다. [82]의회는 또한 이 기기들에 대해 시속 15킬로미터의 속도 제한을 정했습니다. 이 모든 것에도 불구하고, 그 제품을 파는 가게들 밖에는 여전히 긴 줄이 있습니다.

80 주제 문제
중 ●●○

해석 뉴스 보도의 주요 주제는 무엇인가?
(A) 지역 사회 축제
(B) 도로 폐쇄
(C) 가게 개점
(D) 새로운 기기

해설 뉴스 보도의 주제를 묻는 문제이므로, 지문의 초반을 주의 깊게 듣는다. "Now for a report on Speedex's latest device, the Quick-Cruise(이제 Speedex사의 최신 기기인 Quick-Cruise에 대한 보도입니다)"라고 하였다. 따라서 (D)가 정답이다.

어휘 community 지역 사회 closure 폐쇄

패러프레이징

latest 최신의 → new 새로운

81 특정 세부 사항 문제
중 ●●●

해석 화자에 따르면, 운전자들은 무엇을 하도록 요청받는가?
(A) 안전 장비를 착용한다.
(B) 도시 보도에 머무른다.
(C) 어두워진 후 운행하는 것을 피한다.
(D) 그들의 기기들을 등록한다.

해설 질문의 핵심어구(riders required to do)가 언급된 주변을 주의 깊게 듣는다. 지문 중반부에서 "the city council decided yesterday that riders must wear helmets(시의회는 어제 운전자들이 헬멧을 써야 한다고 결정했습니다)"라고 하였다. 이를 통해, 운전자들은 안전 장비를 착용하도록 요청받음을 알 수 있다. 따라서 (A)가 정답이다.

어휘 sidewalk 보도 register 등록하다

패러프레이징

helmet 헬멧 → safety equipment 안전 장비

82 의도 파악 문제
상 ●●●

해석 화자는 "그 제품을 파는 가게들 밖에는 여전히 긴 줄이 있습니다"라고 말할 때 무엇을 의도하는가?
(A) 소비자들이 환불을 요구했다.
(B) 몇몇 지시들이 따라지지 않았다.
(C) 행사가 연기되었다.
(D) 규제들이 판매에 영향을 주지 않았다.

해설 질문의 인용어구(there are still long lines outside stores selling the product)가 언급된 주변을 주의 깊게 듣는다. 지문 중후반에서 "the city council decided yesterday that riders must wear helmets and use bicycle lanes only. The council also set a speed limit of 15 kilometers per hour for the devices(시의회는 어제 운전자들이 헬멧을 쓰고 자전거 전용도로로만 이용해야 한다고 결정했습니다. 의회는 또한 이 기기들에 대해 시속 15킬로미터의 속도 제한을 정했습니다)"라고 한 후, 이 모든 것에도 불구하고 그 제품을 파는 가게들 밖에는 여전히 긴 줄이 있다고 한 것을 통해, 규제들이 판매에 영향을 주지 않았다는 의도임을 알 수 있다. 따라서 (D)가 정답이다.

어휘 demand 요구하다 refund 환불 instruction 지시 restriction 규제
affect 영향을 주다

Questions 83-85 refer to the following talk.

> Welcome, everyone, to the Atwood Museum of Contemporary Art. My name is Lorraine East, and I'll be your tour guide today. [83]**We'll go to our photography hall first**, where you can see exhibits from hundreds of world-famous photographers. After that, [84]**we'll see the Gonzalo Ruiz displays in the sculpture room upstairs.** Then, [85]**at 11:30 A.M., we'll stop for a 30-minute lunch break at our rooftop café.** You can also stop by our museum's gift shop next to the main lobby. OK. Now, let's begin.

contemporary 현대의 exhibit 전시품 rooftop 옥상 stop by 들르다

해석
83-85번은 다음 담화에 관한 문제입니다.

여러분, Atwood 현대 미술관에 오신 것을 환영합니다. 제 이름은 Lorraine East이고, 오늘 여러분의 견학 가이드가 될 것입니다. [83]우리는 먼저 저희 사진실에 갈 것인데, 그곳에서 여러분은 수백 명의 세계적으로 유명한 사진작가들의 전시품을 보실 수 있습니다. 그 후에, [84]위층 조각실에 있는 Gonzalo Ruiz 전시를 볼 거예요. 그리고 [85]오전 11시 30분에 옥상 카페에서 30분 동안의 점심시간을 위해 쉬겠습니다. 또한 메인 로비 옆에 있는 저희 박물관의 선물 가게에도 들르실 수도 있습니다. 좋습니다. 이제, 시작하겠습니다.

83 특정 세부 사항 문제
하 ●○○

해석 청자들은 어디를 먼저 갈 것 같은가?
(A) 매표소에
(B) 방문자 센터에
(C) 사진실에
(D) 건물 로비에

해설 질문의 핵심어구(go first)가 언급된 주변을 주의 깊게 듣는다. 지문 초반부에서 "We'll go to our photography hall first(우리는 먼저 저희 사진실에 갈

것입니다")라고 하였다. 이를 통해, 청자들이 사진실에 먼저 갈 것임을 알 수 있다. 따라서 (C)가 정답이다.

84 특정 세부 사항 문제 중 ●●○

해석 Gonzalo Ruiz는 누구인 것 같은가?
(A) 출장 연회업자
(B) 조각가
(C) 큐레이터
(D) 가이드

해설 질문 대상(Gonzalo Ruiz)의 신분 및 직업과 관련된 표현을 놓치지 않고 듣는다. 지문 중반부에서 "we'll see the Gonzalo Ruiz displays in the sculpture room upstairs(위층 조각실에 있는 Gonzalo Ruiz 전시를 볼 거예요)"라고 하였다. 이를 통해, Gonzalo Ruiz가 조각가임을 알 수 있다. 따라서 (B)가 정답이다.

어휘 caterer 출장 연회업자, 요식업자

85 다음에 할 일 문제 하 ●○○

해석 화자에 따르면, 청자들은 오전 11시 30분에 무엇을 할 것인가?
(A) 휴식을 취한다.
(B) 사진들을 본다.
(C) 팀을 구성한다.
(D) 예술가를 만난다.

해설 질문의 핵심어구(at 11:30 A.M.)가 언급된 주변을 주의 깊게 듣는다. 지문 후반부에서 "at 11:30 A.M., we'll stop for a 30-minute lunch break at our rooftop café(오전 11시 30분에 옥상 카페에서 30분 동안의 점심시간을 위해 쉬겠습니다)"라고 하였다. 이를 통해, 청자들이 오전 11시 30분에 휴식을 취할 것임을 알 수 있다. 따라서 (A)가 정답이다.

어휘 take a break 휴식을 취하다 form 구성하다

패러프레이징

stop for a 30-minute lunch break 30분 동안의 점심시간을 위해 쉬다
→ Take a break 휴식을 취하다

86-88 캐나다식 발음

Questions 86-88 refer to the following introduction.

> [86]**I want to introduce Jenna MacArthur, who's been selected to lead our school's biology department.** She was a biology professor at Raymount University. We are excited that she has decided to join our school. [87/88]**In a few minutes, Ms. MacArthur is going to speak about some adjustments she's going to make to our department. But first, Mr. Dryson has a schedule for next week's workshop.**

select 선발하다 biology 생물학 adjustment 조정

해석
86-88번은 다음 소개에 관한 문제입니다.

[86]저는 우리 학교의 생물학 부서를 이끌도록 선발된 Jenna MacArthur를 소개하고 싶습니다. 그녀는 Raymount 대학교의 생물학 교수였습니다. 그녀가 우리 학교에 합류하기로 결정한 것을 기쁘게 생각합니다. [87/88]몇 분 후에, Ms. MacArthur가 우리 부서에 만들 몇몇 조정 사항에 대해 말씀하실 겁니다. 하지만 먼저, Mr. Dryson은 다음 주 워크숍의 일정이 있습니다.

86 이유 문제 하 ●○○

해석 Jenna MacArthur는 왜 고용되었는가?
(A) 비서로 근무하기 위해
(B) 학생들을 상담하기 위해
(C) 대학을 홍보하기 위해
(D) 학과를 이끌기 위해

해설 질문의 핵심어구(Jenna MacArthur)와 관련된 내용을 주의 깊게 듣는다. 지문 초반부에서 "I want to introduce Jenna MacArthur, who's been selected to lead our school's biology department(저는 우리 학교의 생물학 부서를 이끌도록 선발된 Jenna MacArthur를 소개하고 싶습니다)"라고 하였다. 이를 통해, Jenna MacArthur가 학과를 이끌기 위해 고용되었음을 알 수 있다. 따라서 (D)가 정답이다.

어휘 assistant 비서 counsel 상담하다

87 특정 세부 사항 문제 상 ●●●

해석 Ms. MacArthur는 무엇에 대해 이야기할 것인가?
(A) 인기 있는 과목
(B) 몇몇 시험 항목
(C) 몇몇 계획된 변화
(D) 행정적 의무

해설 질문의 핵심어구(Ms. MacArthur)가 언급된 주변을 주의 깊게 듣는다. 지문 중후반에서 "In a few minutes, Ms. MacArthur is going to speak about some adjustments she's going to make to our department(몇 분 후에, Ms. MacArthur가 우리 부서에 만들 몇몇 조정 사항에 대해 말씀하실 겁니다)"라고 하였다. 이를 통해, Ms. MacArthur가 몇몇 계획된 변화에 대해 이야기할 것임을 알 수 있다. 따라서 (C)가 정답이다.

어휘 administrative 행정적인 duty 의무

패러프레이징

adjustments 조정 사항 → changes 변화

88 의도 파악 문제 상 ●●●

해석 화자는 "Mr. Dryson은 다음 주 워크숍의 일정이 있습니다"라고 말할 때 무엇을 의도하는가?
(A) 시작하는 새로운 연구 프로젝트가 있다.
(B) 공유될 정보가 더 있다.
(C) 연설이 연기될 것이다.
(D) 몇몇 지원 연설자가 필요하다.

해설 질문의 인용어구(Mr. Dryson has a schedule for next week's workshop)가 언급된 주변을 주의 깊게 듣는다. 지문의 후반부에서 "In a few minutes, Ms. MacArthur is going to speak about some adjustments she's going to make to our department(몇 분 후에, Ms. MacArthur가 우리 부서에 만들 몇몇 조정 사항에 대해 말씀하실 겁니다)"라고 한 후, 하지만 먼저 Mr. Dryson은 다음 주 워크숍의 일정이 있다는 말을 통해, 공유될 정보가 더 있다는 의도임을 알 수 있다. 따라서 (B)가 정답이다.

어휘 postpone 연기하다

89-91 미국식 발음

Questions 89-91 refer to the following instructions.

> Welcome to tonight's class at the Mulberry Center. My name is Lana, and [89]**I'm going to teach you to paint nature**

scenes this evening. Since many of you are new to painting, I will guide you through each step of the process. The class will last for approximately two hours, and ⁹⁰**you may take your painting home with you when you're done.** Um . . . ⁹¹**just make sure to place the aprons and utensils on the table near the classroom door before you head out.** Any questions so far?

---

nature scene 자연 풍경   process 과정   apron 앞치마   utensil 도구

해석

89-91번은 다음 설명에 관한 문제입니다.

Mulberry센터의 오늘 밤 수업에 오신 것을 환영합니다. 제 이름은 Lana이고, ⁸⁹오늘 저녁에 자연 풍경을 그리는 법을 가르쳐 드릴 것입니다. 여러분 중 많은 분들이 그림에 처음이시기 때문에, 제가 그 과정의 각 단계를 안내해드리겠습니다. 수업은 약 2시간 동안 진행될 것이며, ⁹⁰다 하시면 여러분의 그림을 집으로 가져가셔도 됩니다. 음… ⁹¹나가시기 전에 앞치마들과 도구들을 교실 문 근처의 테이블 위에 반드시 올려놓으세요. 지금까지 질문 있으신가요?

89 화자 문제   중 ●●○

해석 화자는 누구인 것 같은가?
(A) 건설업자
(B) 미술관 주인
(C) 강사
(D) 변호사

해설 지문에서 신분 및 직업과 관련된 표현을 놓치지 않고 듣는다. 지문 초반부에서 "I'm going to teach you to paint nature scenes this evening(오늘 저녁에 자연 풍경을 그리는 법을 가르쳐 드릴 것입니다)"이라고 하였다. 이를 통해, 화자가 강사임을 알 수 있다. 따라서 (C)가 정답이다.

어휘 building contractor 건설업자   attorney 변호사

90 특정 세부 사항 문제   하 ●○○

해석 청자들은 무엇을 집으로 가져갈 수 있는가?
(A) 그림
(B) 소책자
(C) 자격증
(D) 배송품

해설 질문의 핵심어구(take home)가 언급된 주변을 주의 깊게 듣는다. 지문 중반부에서 "you may take your painting home with you when you're done(다 하시면 여러분의 그림을 집으로 가져가셔도 됩니다)"이라고 하였다. 따라서 (A)가 정답이다.

어휘 artwork 그림   brochure 소책자   certificate 자격증

패러프레이징

painting 그림 → artwork 그림

91 특정 세부 사항 문제   중 ●●○

해석 화자는 청자들에게 무엇을 하라고 상기시키는가?
(A) 일부 도구들을 조심스럽게 사용한다.
(B) 일부 기념품들을 구매한다.
(C) 일부 테이블을 재배열한다.
(D) 일부 물건들을 두고 간다.

해설 질문의 핵심어구(remind ~ do)가 언급된 주변을 주의 깊게 듣는다. "just

make sure to place the aprons and utensils on the table near the classroom door before you head out(나가시기 전에 앞치마들과 도구들을 교실 문 근처의 테이블 위에 반드시 올려놓으세요)"이라고 하였다. 이를 통해, 화자가 청자들에게 일부 물건들을 두고 가라고 상기시킴을 알 수 있다. 따라서 (D)가 정답이다.

어휘 souvenir 기념품   rearrange 재배열하다

패러프레이징

aprons and utensils 앞치마들과 도구들 → some items 일부 물건들

92-94   🔊 호주식 발음

Questions 92-94 refer to the following excerpt from a meeting.

As you all know, ⁹²**our company officially released the Motive luxury sedan on August 1.** ⁹³**We predicted that it would be our top-selling vehicle, but so far it hasn't met our expectations. It seems there are too many new products on the market.** Therefore, I feel it's time to increase our advertising budget. However, ⁹⁴**we'll have to wait for confirmation from our CEO, Ms. Rice. When she returns from her business trip later today, I'll talk to her about the matter.**

---

officially 정식으로   expectation 기대   business trip 출장   matter 문제

해석

92-94번은 다음 회의 발췌록에 관한 문제입니다.

다들 아시다시피, ⁹²우리 회사는 8월 1일에 Motive 고급 세단을 정식으로 출시했습니다. ⁹³우리는 그것이 우리의 가장 잘 팔리는 차량이 될 것이라고 예상했지만, 지금까지는 우리의 기대를 충족하지 못했습니다. 시장에 신제품들이 너무 많은 것 같습니다. 따라서, 저는 이제 광고 예산을 늘릴 때라고 생각합니다. 하지만, ⁹⁴우리는 CEO인 Ms. Rice의 확인을 기다려야 할 것입니다. 오늘 오후에 그녀가 출장에서 돌아오면, 이 문제에 대해 그녀와 이야기하겠습니다.

92 화자 문제   상 ●●●

해석 화자는 어디에서 일하는 것 같은가?
(A) 가전제품 매장에서
(B) 자동차 정비소에서
(C) 마케팅 회사에서
(D) 자동차 제조사에서

해설 지문에서 신분 및 직업과 관련된 표현을 놓치지 않고 듣는다. 지문 초반부에서 "our company officially released the Motive luxury sedan on August 1(우리 회사는 8월 1일에 Motive 고급 세단을 정식으로 출시했습니다)"라고 하였다. 이를 통해, 화자가 자동차 제조사에서 일함을 알 수 있다. 따라서 (D)가 정답이다.

93 의도 파악 문제   상 ●●●

해석 화자는 왜 "시장에 신제품들이 너무 많은 것 같습니다"라고 말하는가?
(A) 경쟁업체의 목록을 요청하기 위해
(B) 상품을 제안하기 위해
(C) 낮은 판매량을 설명하기 위해
(D) 피드백을 요청하기 위해

해설 질문의 인용어구(It seems there are too many new products on the market)가 언급된 주변을 주의 깊게 듣는다. "We predicted that it would be our top-selling vehicle, but so far it hasn't met our expectations(우리는 그것이 우리의 가장 잘 팔리는 차량이 될 것이라고 예상했지만, 지금까지는 우리의 기대를 충족하지 못했습니다)"라며 시장에 신제품들이 너무 많은 것 같다고 한 것을 통해, 화자가 낮은 판매량을 설명하려는 의도임을 알 수 있다. 따라서 (C)가 정답이다.

어휘 competitor 경쟁업체

94 언급 문제 중 ●●○

해석 Ms. Rice에 대해 무엇이 언급되는가?
(A) 광고에 만족스러워한다.
(B) 오늘 사무실로 돌아온다.
(C) 여행에 만족해한다.
(D) 예산을 확충하는 것에 동의한다.

해설 질문의 핵심어구(Ms. Rice)가 언급된 주변을 주의 깊게 듣는다. 지문 후반부에서 "we'll have to wait for confirmation from ~ Ms. Rice. When she returns from her business trip later today, I'll talk to her about the matter(우리는 Ms. Rice의 확인을 기다려야 할 것입니다. 오늘 오후에 그녀가 출장에서 돌아오면, 이 문제에 대해 그녀와 이야기하겠습니다)"라고 하였다. 이를 통해, Ms. Rice가 오늘 사무실로 돌아온다는 것을 알 수 있다. 따라서 (B)가 정답이다.

어휘 commercial 광고

95-97 3ఌ 영국식 발음

Questions 95-97 refer to the following telephone message and poster.

Mr. Nadal, it's Andrea Zimmerman calling about the concert poster we asked you to create. ⁹⁵I'm really impressed with the font you picked for the text. As for the information I provided for you to include, there's a change in the lineup. ⁹⁶A band called Time Warp will be taking the 6 P.M. spot instead of the currently scheduled group. I'd like you to make the necessary changes. Send me a revised version by tomorrow since ⁹⁷I'm sending it to my supervisor for her approval next week.

text 문구 spot 차례 supervisor 관리자

해석
95-97번은 다음 음성 메시지와 포스터에 관한 문제입니다.
Mr. Nadal, 저는 저희가 당신에게 만들어달라고 요청한 콘서트 포스터에 관해서 전화드리는 Andrea Zimmerman입니다. ⁹⁵당신이 문구용으로 고른 글꼴에 정말 감명받았습니다. 제가 당신에게 포함해달라며 제공했던 정보에 대해서는, 라인업에 변경이 있습니다. ⁹⁶현재 예정된 그룹 대신 Time Warp라는 밴드가 오후 6시 차례를 대신하게 될 것입니다. 저는 당신이 필요한 수정을 해주시기 바랍니다. ⁹⁷다음 주에 관리자에게 승인을 받기 위해 보낼 것이기 때문에 수정된 버전을 내일까지 보내 주시기 바랍니다.

Euro 페스티벌
3월 13일

게스트 목록
오후 5시 Gleeful Tones
오후 6시 ⁹⁶Tenor Trio
오후 7시 The Martin Brothers
오후 8시 Samuel Harris

Heinz Auto 후원

---

95 특정 세부 사항 문제 중 ●●○

해석 화자는 포스터에 대해서 무엇을 좋아하는가?
(A) 가격
(B) 문구 배치
(C) 색채 배합
(D) 글꼴 유형

해설 질문의 핵심어구(the poster)와 관련된 내용을 주의 깊게 듣는다. 지문 초반부에서 "I'm really impressed with the font you picked for the text(당신이 문구용으로 고른 글꼴에 정말 감명받았습니다)"라고 하였다. 이를 통해, 화자가 글꼴 유형을 좋아함을 알 수 있다. 따라서 (D)가 정답이다.

어휘 placement 배치

96 시각 자료 문제 중 ●●○

해석 시각 자료를 보아라. 어떤 정보가 변경되어야 하는가?
(A) Gleeful Tones
(B) Tenor Trio
(C) The Martin Brothers
(D) Samuel Harris

해설 포스터의 정보를 확인한 후 질문의 핵심어구(information ~ changed)가 언급된 주변을 주의 깊게 듣는다. 지문 중반부에서 "A band called Time Warp will be taking the 6 P.M. spot instead of the currently scheduled group(현재 예정된 그룹 대신 Time Warp라는 밴드가 오후 6시 차례를 대신하게 될 것입니다)"이라고 하였다. 이를 통해, Tenor Trio가 변경되어야 함을 포스터에서 알 수 있다. 따라서 (B)가 정답이다.

97 다음에 할 일 문제 중 ●●○

해석 화자는 다음 주에 무엇을 할 것이라고 말하는가?
(A) 콘서트에서 공연을 한다.
(B) 확인을 받는다.
(C) 새로운 후원자를 찾는다.
(D) 축제에 참석한다.

해설 질문의 핵심어구(next week)가 언급된 주변을 주의 깊게 듣는다. 지문 후반부에서 "I'm sending it[revised version] to my supervisor for her approval next week(다음 주에 관리자에게 승인을 받기 위해 수정된 버전을 보낼 것입니다)"이라고 하였다. 이를 통해, 화자가 다음 주에 확인을 받을 것임을 알 수 있다. 따라서 (B)가 정답이다.

어휘 confirmation 확인 sponsor 후원자

패러프레이징

approval 승인 → confirmation 확인

98-100 3ఌ 캐나다식 발음

Questions 98-100 refer to the following talk and ratings.

OK, so as you all know, ⁹⁸we'll be releasing our new smartphone, the Orion ST, next year. Our previous model, the DigiEdge, was not well received, so we're looking to see how we can improve on it. Let's take a look at the ratings that customers gave the DigiEdge on our Web site. We've already dealt with the screen-quality issue, but ⁹⁹we need to improve the feature that received three stars. ¹⁰⁰Please come up with some suggestions for our meeting on Wednesday.

receive 인정하다 deal with 처리하다 issue 문제 feature 특징
come up with 생각하다

해석

98-100번은 다음 담화와 평가에 관한 문제입니다.

좋습니다, 여러분 모두 아시다시피, ⁹⁸우리는 내년에 우리의 새로운 스마트폰인 Orion ST를 출시할 것입니다. 이전 모델인 DigiEdge는 잘 인정받지 못해서, 우리는 이것을 어떻게 개선할 수 있는지 알아보고 있습니다. 우리 웹사이트에서 고객들이 DigiEdge에 준 평가를 살펴보겠습니다. 이미 화면 품질 문제를 처리했지만, ⁹⁹우리는 별 세 개를 받은 특징을 개선해야 합니다. ¹⁰⁰수요일에 있을 우리 회의를 위해 몇 가지 제안을 생각해주세요.

> DigiEdge 스마트폰 평가
> 처리 속도 ★★★★
> 화면 품질 ★★
> 카메라 품질 ★★★★★
> ¹⁰⁰배터리 수명 ★★★

98 다음에 할 일 문제 상 ●●●

해석 화자에 따르면, 내년에 무슨 일이 일어날 것인가?

(A) 상품을 구할 수 있을 것이다.
(B) 기기의 가격이 인하할 것이다.
(C) 모델의 이름이 발표될 것이다.
(D) 소비자 조사가 수행될 것이다.

해설 질문의 핵심어구(next year)가 언급된 주변을 주의 깊게 듣는다. 지문 초반부에서 "we'll be releasing our new smartphone, the Orion ST, next year(우리는 내년에 우리의 새로운 스마트폰인 Orion ST를 출시할 것입니다)"라고 하였다. 이를 통해, 내년에 상품을 구할 수 있을 것임을 알 수 있다. 따라서 (A)가 정답이다.

어휘 survey 조사 conduct 수행하다

99 시각 자료 문제 중 ●●○

해석 시각 자료를 보아라. 청자들은 어떤 특징을 개선하려고 할 것인가?

(A) 처리 속도
(B) 화면 품질
(C) 카메라 품질
(D) 배터리 수명

해설 평가의 정보를 확인한 후 질문의 핵심어구(feature ~ improve)가 언급된 주변을 주의 깊게 듣는다. 지문 중후반에서 "we need to improve the feature that received three stars(우리는 별 세 개를 받은 특징을 개선해야 합니다)"라고 하였다. 이를 통해, 청자들은 배터리 수명을 개선하려고 할 것임을 평가에서 알 수 있다. 따라서 (D)가 정답이다.

100 요청 문제 중 ●●○

해석 화자는 청자들에게 무엇을 하라고 요청하는가?

(A) 웹사이트를 방문한다.
(B) 몇 가지 제안을 준비한다.
(C) 일정을 제작한다.
(D) 몇 가지 서류를 제출한다.

해설 지문의 중후반에서 요청과 관련된 표현이 포함된 문장을 주의 깊게 듣는다.

지문 후반부에서 "Please come up with some suggestions for our meeting on Wednesday(수요일에 있을 우리 회의를 위해 몇 가지 제안을 생각해주세요)"라고 하였다. 이를 통해, 화자가 청자들에게 몇 가지 제안을 준비하라고 요청함을 알 수 있다. 따라서 (B)가 정답이다.

어휘 hand in 제출하다

패러프레이징

> come up with 생각하다 → Prepare 준비하다

PART 1

1 (B)	2 (A)	3 (D)	4 (A)	5 (B)
6 (C)				

PART 2

7 (A)	8 (C)	9 (B)	10 (A)	11 (C)
12 (B)	13 (C)	14 (A)	15 (B)	16 (C)
17 (C)	18 (B)	19 (A)	20 (C)	21 (B)
22 (A)	23 (C)	24 (A)	25 (B)	26 (A)
27 (C)	28 (B)	29 (B)	30 (C)	31 (A)

PART 3

32 (C)	33 (B)	34 (D)	35 (B)	36 (A)
37 (A)	38 (D)	39 (B)	40 (C)	41 (D)
42 (B)	43 (D)	44 (A)	45 (D)	46 (A)
47 (C)	48 (D)	49 (A)	50 (B)	51 (A)
52 (D)	53 (D)	54 (C)	55 (A)	56 (C)
57 (A)	58 (C)	59 (B)	60 (A)	61 (B)
62 (D)	63 (A)	64 (B)	65 (D)	66 (A)
67 (C)	68 (C)	69 (B)	70 (A)	

PART 4

71 (A)	72 (C)	73 (B)	74 (B)	75 (A)
76 (A)	77 (D)	78 (A)	79 (C)	80 (C)
81 (D)	82 (B)	83 (B)	84 (C)	85 (A)
86 (A)	87 (C)	88 (D)	89 (D)	90 (B)
91 (A)	92 (D)	93 (C)	94 (D)	95 (A)
96 (C)	97 (B)	98 (D)	99 (D)	100 (B)

PART 1

1 🎧 호주식 발음   하 ●○○

(A) He is typing on a keyboard.
(B) A laptop has been opened.
(C) He is making a call.
(D) Some notebooks are arranged on the table.

type 타자를 치다 laptop 노트북 컴퓨터 make a call 전화를 걸다

해석 (A) 그는 키보드에 타자를 치고 있다.
(B) 노트북 컴퓨터가 열려 있다.
(C) 그는 전화를 걸고 있다.
(D) 공책들이 식탁 위에 정리되어 있다.

해설 **1인 사진**
(A) [×] typing(타자를 치고 있다)은 남자의 동작과 무관하므로 오답이다.
(B) [○] 노트북 컴퓨터가 열려 있는 상태를 가장 잘 묘사한 정답이다.
(C) [×] making a call(전화를 걸고 있다)은 남자의 동작과 무관하므로 오답이다.
(D) [×] 사진에서 공책들이 식탁 위에 정리되어 있는 모습을 볼 수 없으므로 알 수 없으므로 오답이다.

2 🎧 영국식 발음   중 ●●○

(A) **Some people are sitting next to a window.**
(B) One of the women is adjusting a clock.
(C) Some people are listening to musicians.
(D) One of the women is leaving a restaurant.

adjust 맞추다

해석 (A) **몇몇 사람들이 창문 옆에 앉아 있다.**
(B) 여자들 중 한 명이 시계를 맞추고 있다.
(C) 몇몇 사람들이 연주자들에게 귀 기울이고 있다.
(D) 여자들 중 한 명이 식당을 떠나고 있다.

해설 **2인 이상 사진**
(A) [○] 몇몇 사람들이 창문 옆에 앉아 있는 모습을 정확히 묘사한 정답이다.
(B) [×] adjusting a clock(시계를 맞추고 있다)은 여자들 중 누구의 동작과도 무관하므로 오답이다. 사진에 등장한 시계(clock)를 사용하여 혼동을 주었다.
(C) [×] 사진에서 연주자들에게 귀 기울이고 있는 사람들을 확인할 수 없으므로 오답이다.
(D) [×] 사진에서 여자들 중 한 명이 식당을 떠나고 있는지 확인할 수 없으므로 오답이다. 사진의 장소인 식당(restaurant)을 사용하여 혼동을 주었다.

3 🎧 캐나다식 발음   중 ●●○

(A) A woman is cleaning a shelf.
(B) A woman is throwing away some trash.
(C) A woman is leaning on a counter.
(D) A woman is looking into a refrigerator.

throw away 버리다 lean 기대다 counter 조리대 refrigerator 냉장고

해석 (A) 한 여자가 선반을 청소하고 있다.
(B) 한 여자가 쓰레기를 버리고 있다.
(C) 한 여자가 조리대에 기대어 있다.
(D) 한 여자가 냉장고 안을 보고 있다.

해설 **1인 사진**
(A) [×] cleaning(청소하고 있다)은 여자의 동작과 무관하므로 오답이다.
(B) [×] throwing away some trash(쓰레기를 버리고 있다)는 여자의 동작과 무관하므로 오답이다.
(C) [×] 여자가 냉장고에 기대어 있는 모습인데 조리대에 기대어 있다고 잘못

묘사했으므로 오답이다.

(D) [o] 여자가 냉장고 안을 보고 있는 모습을 정확히 묘사한 정답이다.

4 [호주식 발음] 상 ●●●

(A) **Crates have been stacked in a storeroom.**
(B) A container is being filled in a market.
(C) Shelves are being built in a building.
(D) A truck has been loaded in a warehouse.

crate 상자 stack 쌓다 storeroom 저장고 load 싣다

해석 (A) 저장고에 상자들이 쌓여 있다.
(B) 시장에서 컨테이너가 채워지고 있다.
(C) 건물 안에서 선반들이 만들어지고 있다.
(D) 창고 안의 트럭에 짐이 실려 있다.

해설 **사물 및 풍경 사진**
(A) [o] 저장고에 상자들이 쌓여 있는 상태를 가장 잘 묘사한 정답이다.
(B) [x] 사진에서 컨테이너가 채워지고 있는지 알 수 없으므로 오답이다.
(C) [x] 사진에서 선반이 만들어지고 있는 모습을 확인할 수 없으므로 오답이다.
(D) [x] 사진에서 짐이 실려 있는 트럭을 확인할 수 없으므로 오답이다.

5 [미국식 발음] 중 ●●○

(A) They are walking across a road.
(B) **They are picking up some cardboard.**
(C) They are running in a field.
(D) They are putting up a tent.

pick up 줍다 cardboard 판지 field 경기장 put up 세우다

해석 (A) 그들은 길을 건너고 있다.
(B) 그들은 판지를 줍고 있다.
(C) 그들은 경기장에서 달리고 있다.
(D) 그들은 텐트를 세우고 있다.

해설 **2인 이상 사진**
(A) [x] walking across a road(길을 건너고 있다)는 사람들의 동작과 무관하므로 오답이다.
(B) [o] 사람들이 판지를 줍고 있는 모습을 가장 잘 묘사한 정답이다.
(C) [x] running(달리고 있다)은 사람들의 동작과 무관하므로 오답이다.
(D) [x] putting up a tent(텐트를 세우고 있다)는 사람들의 동작과 무관하므로 오답이다.

6 [영국식 발음] 중 ●●○

(A) She is lifting a glass bottle.
(B) A cup is being washed.
(C) **A microscope is being used.**
(D) She is wearing safety goggles.

microscope 현미경 safety goggle 안전 보안경

해석 (A) 그녀는 유리병을 들어올리고 있다.
(B) 컵이 세척되고 있다.
(C) 현미경이 사용되고 있다.

(D) 그녀는 안전 보안경을 쓰고 있다.

해설 **1인 사진**
(A) [x] lifting(들어올리고 있다)은 여자의 동작과 무관하므로 오답이다.
(B) [x] 사진에서 컵이 세척되고 있는지 알 수 없으므로 오답이다.
(C) [o] 현미경이 사용되고 있는 상태를 가장 잘 묘사한 정답이다.
(D) [x] 여자가 현미경을 들여다보고 있는 모습인데 안전 보안경을 쓰고 있다고 잘못 묘사했으므로 오답이다.

PART 2

7 [영국식 발음 → 캐나다식 발음] 하 ●○○

Where should we meet up after work?
(A) **Wait for me at Frye Street Station.**
(B) Both meetings went well.
(C) I work at a department store.

department store 백화점

해석 일을 마치고 어디에서 만나야 할까요?
(A) Frye Street 역에서 저를 기다려 주세요.
(B) 두 회의 모두 잘 됐어요.
(C) 저는 백화점에서 일해요.

해설 **Where 의문문**
(A) [o] Frye Street 역이라며 만나야 하는 장소를 언급했으므로 정답이다.
(B) [x] meet – meeting의 유사 발음 어휘를 사용하여 혼동을 준 오답이다.
(C) [x] 질문의 work를 반복 사용하여 혼동을 준 오답이다.

8 [호주식 발음 → 미국식 발음] 중 ●●○

Do I need a receipt to return goods?
(A) No, I meant to buy some.
(B) I often shop there.
(C) **That's not necessary.**

receipt 영수증 return 반품하다 goods 상품 mean to ~하려고 하다
necessary 필요한

해석 상품들을 반품하기 위해서 영수증이 필요한가요?
(A) 아니요, 저는 몇 개를 사려고 했어요.
(B) 저는 그곳에서 자주 쇼핑해요.
(C) 그것은 필요하지 않아요.

해설 **조동사 의문문**
(A) [x] receipt(영수증)와 관련 있는 buy(사다)를 사용하여 혼동을 준 오답이다. No만 듣고 정답으로 고르지 않도록 주의한다.
(B) [x] receipt(영수증)와 관련 있는 shop(쇼핑하다)을 사용하여 혼동을 준 오답이다.
(C) [o] 그것은 필요하지 않다는 말로, 반품을 위해 영수증이 필요하지 않음을 전달했으므로 정답이다.

9 [호주식 발음 → 영국식 발음] 중 ●●○

Dr. Horton has to cancel your appointment due to an emergency.
(A) Traffic delays are expected to be bad. ○

(B) I hope the situation isn't too serious.

(C) Go to the medical clinic across the street.

---

due to ~ 때문에 emergency 긴급 상황 traffic delay 교통 정체 bad 심한

해석 Dr. Horton은 긴급 상황 때문에 당신의 약속을 취소해야 해요.
   (A) 교통 정체가 심할 것으로 예상돼요.
   (B) 상황이 너무 심각하지 않길 바라요.
   (C) 길 맞은편에 있는 병원에 가세요.

해설 **평서문**
   (A) [×] Dr. Horton이 긴급 상황 때문에 약속을 취소해야 한다고 말했는데,
      교통 정체가 심할 것으로 예상된다며 관련이 없는 내용으로 응답했으므
      로 오답이다.
   (B) [○] 상황이 너무 심각하지 않길 바란다는 말로 함께 걱정해주고 있으므로
      정답이다.
   (C) [×] emergency(긴급 상황)에서 연상할 수 있는 긴급 상황의 장소와 관
      련된 medical clinic(병원)을 사용하여 혼동을 주었다.

---

10 〔3ͫ〕 미국식 발음 → 캐나다식 발음   중 ●●○

You didn't have any issues during your trip to Paris, right?
(A) It went very smoothly.
(B) No, they will leave tomorrow.
(C) Software problems are common with the phone.

---

trip 이동 smoothly 순조롭게 common 흔한

해석 당신은 파리로 이동하는 동안 어떤 문제도 없었죠, 그렇죠?
   (A) 그것은 매우 순조롭게 진행되었어요.
   (B) 아니요, 그들은 내일 떠날 거예요.
   (C) 휴대폰에서 소프트웨어 문제들은 흔합니다.

해설 **부가 의문문**
   (A) [○] 그것은 매우 순조로웠다는 말로, 이동하는 동안 어떤 문제도 없었음을
      전달했으므로 정답이다.
   (B) [×] 파리로 이동하는 동안 어떤 문제도 없었는지를 물었는데, 그들은 내일
      떠날 거라며 관련이 없는 내용으로 응답했으므로 오답이다.
   (C) [×] issue(문제)와 같은 의미인 problem을 사용하여 혼동을 준 오답이다.

---

11 〔3ͫ〕 미국식 발음 → 영국식 발음   중 ●●○

When was this package dropped off at our store?
(A) You can drop me off at home.
(B) Shipping fees vary.
(C) I'm not sure, actually.

---

package 소포 shipping fee 배송료 vary 서로 다르다

해석 이 소포는 언제 우리 가게에 전달되었나요?
   (A) 집에 내려 주시면 돼요.
   (B) 배송료는 서로 달라요.
   (C) 사실, 잘 모르겠어요.

해설 **When 의문문**
   (A) [×] 질문의 drop off를 dropped off로 반복 사용하여 혼동을 준 오답이
      다.
   (B) [×] package(소포)에서 연상할 수 있는 배송 비용과 관련된 shipping
      fees(배송료)를 사용하여 혼동을 주었다.
   (C) [○] 잘 모르겠다는 말로 소포가 언제 가게에 전달되었는지 모른다는 간접

적인 응답을 했으므로 정답이다.

---

12 〔3ͫ〕 캐나다식 발음 → 미국식 발음   하 ●○○

Is the gym open this holiday weekend?
(A) One of the trainers.
(B) Only on Sunday.
(C) Spending time with my family.

---

holiday weekend 주말 연휴

해석 체육관은 이번 주말 연휴에 열려 있나요?
   (A) 트레이너들 중 한 명이요.
   (B) 일요일에만요.
   (C) 제 가족과 함께 시간을 보내는 것이요.

해설 **Be 동사 의문문**
   (A) [×] gym(체육관)과 관련 있는 trainer(트레이너)를 사용하여 혼동을 준
      오답이다.
   (B) [○] 일요일에만이라는 말로, 체육관이 주말 중 하루만 열려 있음을 전달했
      으므로 정답이다.
   (C) [×] 체육관이 주말 연휴에 열려 있는지를 물었는데, 가족과 함께 시간을
      보내는 것이라며 관련이 없는 내용으로 응답했으므로 오답이다.

---

13 〔3ͫ〕 영국식 발음 → 캐나다식 발음   중 ●●○

Why was our meeting delayed by an hour?
(A) I'm glad you were able to attend.
(B) After the deadline was established.
(C) A conference room wasn't available.

---

attend 참석하다 deadline 마감일 establish 수립하다
conference room 회의실

해석 우리 회의는 왜 한 시간 연기되었나요?
   (A) 당신이 참석할 수 있었다니 다행이네요.
   (B) 마감일이 수립된 이후에요.
   (C) 회의실이 이용 가능하지 않았어요.

해설 **Why 의문문**
   (A) [×] meeting(회의)에서 연상할 수 있는 행동과 관련된 attend(참석하다)
      를 사용하여 혼동을 주었다.
   (B) [×] 회의가 한 시간 연기된 이유를 물었는데, 시점으로 응답했으므로 오답
      이다.
   (C) [○] 회의실이 이용 가능하지 않았다는 말로 회의가 한 시간 연기된 이유를
      언급했으므로 정답이다.

---

14 〔3ͫ〕 미국식 발음 → 호주식 발음   하 ●○○

Who asked to have cream with their coffee?
(A) It was the man over there.
(B) The tea will be ready shortly.
(C) Yes, I can get some for you.

---

shortly 곧

해석 누가 본인들의 커피에 크림을 요청했나요?
   (A) 저기에 계신 남자분이요.
   (B) 차가 곧 준비될 거예요.
   (C) 네, 당신을 위해 제가 몇 개 가져다드릴 수 있어요.

해설 Who 의문문
(A) [o] 저기에 있는 남자분이라며 커피에 크림을 요청한 인물을 언급했으므로 정답이다.
(B) [x] coffee(커피)와 관련 있는 tea(차)를 사용하여 혼동을 준 오답이다.
(C) [x] 질문의 coffee(커피)를 나타낼 수 있는 some을 사용하여 혼동을 준 오답이다. Who 의문문에는 Yes/No 응답이 불가능한 점을 알아둔다.

15 ③ 미국식 발음 → 캐나다식 발음   중 ●●○

Are the board members going to make a decision today or tomorrow?
(A) It rained heavily yesterday as well.
(B) This afternoon, if possible.
(C) My membership has expired.

board member 이사, 임원   make a decision 결정을 하다   as well 역시
expire 만료되다

해석 이사들은 오늘 결정을 할 것인가요 아니면 내일 결정을 할 것인가요?
(A) 어제도 역시 비가 심하게 왔어요.
(B) 오늘 오후요, 가능하다면요.
(C) 제 회원권은 만료되었어요.

해설 선택 의문문
(A) [x] 임원들이 오늘 결정을 할 것인지를 아니면 내일 결정을 할 것인지를 물었는데, 어제도 역시 비가 심하게 왔다며 관련이 없는 내용으로 응답했으므로 오답이다.
(B) [o] 가능하다면 오늘 오후라는 말로 오늘 결정을 내릴 수도 있음을 전달했으므로 정답이다.
(C) [x] members – membership의 유사 발음 어휘를 사용하여 혼동을 준 오답이다.

16 ③ 호주식 발음 → 영국식 발음   상 ●●●

How can we improve the evaluation process?
(A) Isn't it possible to upgrade those passengers?
(B) Your presentation was very interesting.
(C) Let's do them more often.

improve 개선하다   evaluation 평가   process 과정
upgrade 등급을 올리다   passenger 승객

해석 우리가 평가 과정을 어떻게 개선할 수 있을까요?
(A) 그 승객들의 등급을 올릴 수 있지 않나요?
(B) 당신의 발표는 매우 흥미로웠어요.
(C) 그것들을 더 자주 합시다.

해설 How 의문문
(A) [x] improve(개선하다)와 같은 의미인 upgrade를 사용하여 혼동을 준 오답이다.
(B) [x] 평가 과정을 어떻게 개선할 수 있을지를 물었는데, 발표가 매우 흥미로웠다며 관련이 없는 내용으로 응답하였으므로 오답이다.
(C) [o] 그것들을 더 자주 하자며, 평가 과정을 개선할 수 있는 점을 언급했으므로 정답이다.

17 ③ 캐나다식 발음 → 영국식 발음   하 ●○○

Where are you likely to open your bakery?
(A) Yes, I'd like to go soon.

(B) We offer pastries and bread.
(C) It will be in San Alito.

likely ~할 것 같다

해석 당신의 제과점을 어디에 열 것 같은가요?
(A) 네, 저는 곧 가려고 해요.
(B) 저희는 페이스트리와 빵을 제공해요.
(C) 그건 San Alito에 있을 거예요.

해설 Where 의문문
(A) [x] 제과점을 어디에서 열 것인지를 물었는데, 곧 가려고 한다며 관련이 없는 내용으로 응답했으므로 오답이다. Where 의문문에는 Yes/No 응답이 불가능한 점을 알아둔다.
(B) [x] bakery(제과점)와 관련 있는 pastries and bread(페이스트리와 빵)를 사용하여 혼동을 준 오답이다.
(C) [o] 그건 San Alito에 있을 것이라며 제과점을 열 장소를 언급했으므로 정답이다.

18 ③ 미국식 발음 → 캐나다식 발음   중 ●●○

You haven't approved the budget increase yet, have you?
(A) The stock price has increased.
(B) The director will make the final decision.
(C) Our fund-raiser was a great success.

approve 승인하다   budget 예산   increase 증가, 인상   stock 주식
fund-raiser 모금 행사

해석 당신은 예산 증가를 아직 승인하지 않았죠, 맞나요?
(A) 주식 가격이 증가했어요.
(B) 관리자가 최종 결정을 할 거예요.
(C) 저희 모금 행사는 대성공이었어요.

해설 부가 의문문
(A) [x] increase – increased의 유사 발음 어휘를 사용하여 혼동을 준 오답이다.
(B) [o] 관리자가 최종 결정을 할 것이라는 말로, 자신이 예산을 승인하는 담당자가 아님을 간접적으로 전달했으므로 정답이다.
(C) [x] 예산 증가를 승인하지 않았는지를 물었는데, 모금 행사가 대성공이었다며 관련이 없는 내용으로 응답하였으므로 오답이다.

19 ③ 호주식 발음 → 영국식 발음   하 ●○○

Are you going to buy a new computer?
(A) No. My current one is just fine.
(B) I installed the software application.
(C) You can pay with credit card.

current 지금의   install 설치하다

해석 당신은 새로운 컴퓨터를 살 것인가요?
(A) 아니요. 제 지금 것이 그저 괜찮아요.
(B) 저는 그 소프트웨어 애플리케이션을 설치했어요.
(C) 신용카드로 지불하실 수 있어요.

해설 Be 동사 의문문
(A) [o] No로 새로운 컴퓨터를 사지 않을 것임을 전달한 후, 지금 것이 그저 괜찮다는 부연 설명을 했으므로 정답이다.
(B) [x] computer(컴퓨터)와 관련 있는 software application(소프트웨어

애플리케이션)을 사용하여 혼동을 준 오답이다.

(C) [×] buy(사다)와 관련 있는 pay(지불하다)를 사용하여 혼동을 준 오답이다.

20 3째 캐나다식 발음 → 호주식 발음　　하 ●○○

Who came up with our company's new slogan?
(A) I will come down from the third floor.
(B) It was very effective.
(C) Mr. Hyman suggested it.

come up with 제안하다　slogan 표어　effective 효과적인

해석　누가 우리 회사의 새로운 표어를 제안했나요?
(A) 저는 3층에서 내려갈게요.
(B) 그것은 매우 효과적이었어요.
(C) Mr. Hyman이 그것을 제안했어요.

해설　Who 의문문
(A) [×] came – come의 유사 발음 어휘를 사용하여 혼동을 준 오답이다.
(B) [×] 질문의 slogan(표어)을 나타낼 수 있는 It을 사용하여 혼동을 준 오답이다.
(C) [○] Mr. Hyman이라며 회사의 새로운 표어를 제안한 인물을 언급했으므로 정답이다.

최고난도 문제

21 3째 영국식 발음 → 캐나다식 발음　　상 ●●●

Did many people attend the product launch?
(A) It was released on March 15.
(B) The CEO was disappointed with the turnout.
(C) It includes many exciting features.

launch 출시　release 출시하다　CEO 최고경영자　turnout 참석자 수, 생산량

해석　많은 사람들이 제품 출시에 참석했나요?
(A) 그것은 3월 15일에 출시되었어요.
(B) 최고경영자는 참석자 수에 매우 실망했어요.
(C) 그것은 많은 흥미로운 기능을 포함해요.

해설　조동사 의문문
(A) [×] launch(출시)와 같은 의미인 release를 사용하여 혼동을 준 오답이다.
(B) [○] 최고경영자가 참석자 수에 매우 실망했다는 말로 많은 사람들이 제품 발표에 참석하지 않았다는 간접적인 응답을 했으므로 정답이다.
(C) [×] product launch(제품 출시)에서 연상할 수 있는 features(기능)를 사용하여 혼동을 주었다.

22 3째 호주식 발음 → 미국식 발음　　하 ●○○

When would you like to arrange an appointment with Mr. Jones?
(A) I'm free on July 12.
(B) That time will be convenient.
(C) Holston Community Center.

arrange an appointment 약속을 잡다　free 한가한　convenient 편리한

해석　Mr. Jones와 언제 약속을 잡고 싶으신가요?

(A) 저는 7월 12일에 한가해요.
(B) 그 시간이 편리할 거예요.
(C) Holston 지역 문화 센터요.

해설　When 의문문
(A) [○] on July 12(7월 12일)라는 특정 시점을 언급했으므로 정답이다.
(B) [×] appointment(약속)에서 연상할 수 있는 약속 시간과 관련된 time (시간)을 사용하여 혼동을 주었다.
(C) [×] 약속을 잡으려는 시간을 물었는데, 장소로 응답했으므로 오답이다.

23 3째 캐나다식 발음 → 영국식 발음　　중 ●●○

Do you repair electronic devices at this store?
(A) Our latest model is very popular.
(B) The store is open until 8 P.M.
(C) You should go to our branch on Elm Street.

repair 수리하다　electronic 전자의　device 기기　latest 최신의　branch 지점

해석　이 가게에서 전자 기기들을 수리하나요?
(A) 저희의 최신 모델은 매우 인기 있어요.
(B) 그 가게는 오후 8시까지 열어요.
(C) Elm가에 있는 저희 지점에 가 보세요.

해설　조동사 의문문
(A) [×] electronic device(전자 기기)에서 연상할 수 있는 제품 모델과 관련된 model(모델)을 사용하여 혼동을 준 오답이다.
(B) [×] 질문의 store를 반복 사용하여 혼동을 준 오답이다.
(C) [○] 다른 지점에 가 보라는 말로 이 가게에서 수리하지 않는다는 간접적인 응답을 했으므로 정답이다.

24 3째 호주식 발음 → 캐나다식 발음　　중 ●●○

Can I renew my apartment lease for another year?
(A) Yes, but the rent will go up slightly.
(B) A spare bedroom would be nice.
(C) The album was released in April.

renew 갱신하다　lease 임대차 계약　rent 임대료　slightly 약간　spare 여분의

해석　제 아파트의 임대차 계약을 한 해 더 갱신할 수 있을까요?
(A) 네, 하지만 임대료가 약간 오를 거예요.
(B) 여분 침실이 있으면 좋을 거예요.
(C) 앨범은 4월에 발매됐어요.

해설　요청 의문문
(A) [○] Yes로 임대차 계약을 갱신할 수 있음을 전달한 후, 하지만 임대료가 약간 오를 것이라는 부연 설명을 했으므로 정답이다.
(B) [×] apartment(아파트)와 관련 있는 bedroom(침실)을 사용하여 혼동을 준 오답이다.
(C) [×] lease – release의 유사 발음 어휘를 사용하여 혼동을 준 오답이다.

25 3째 영국식 발음 → 호주식 발음　　중 ●●○

Which event are we catering on Wednesday evening?
(A) The people will arrive late.
(B) Gold Industries' year-end party.　　○

(C) More plates are needed.

cater 음식을 공급하다

해석 우리는 수요일 저녁에 어떤 행사에 음식을 공급하나요?
(A) 사람들은 늦게 도착할 거예요.
(B) Gold Industries사의 연말 파티요.
(C) 더 많은 접시들이 필요해요.

해설 Which 의문문
(A) [×] 수요일 저녁에 어떤 행사에 음식을 공급하는지를 물었는데, 사람들은 늦게 도착할 거라며 관련이 없는 내용으로 응답했으므로 오답이다.
(B) [○] Gold Industries사의 연말 파티라며 음식을 공급하는 행사를 언급했으므로 정답이다.
(C) [×] catering(음식을 공급하다)에서 연상할 수 있는 식기와 관련된 plates (접시들)를 사용하여 혼동을 주었다.

26 🔊 캐나다식 발음 → 영국식 발음 　　　　상 ●●●

Why did Ken leave the delivery van outside the post office?
(A) The parking lot is completely full.
(B) The mail is delivered every day.
(C) He left it there at around noon.

leave 두다 delivery 배송 van 화물차, 소형 트럭 full 가득 찬, 빈 공간이 없는

해석 Ken은 왜 배송 화물차를 우체국 밖에 두었나요?
(A) 주차장이 완전히 가득 찼어요.
(B) 우편은 매일 배송돼요.
(C) 그는 정오쯤에 그걸 그곳에 두었어요.

해설 Why 의문문
(A) [○] 주차장이 완전히 가득 찼다는 말로 배송 화물차를 우체국 밖에 둔 이유를 간접적으로 전달했으므로 정답이다.
(B) [×] delivery – delivered의 유사 발음 어휘를 사용하여 혼동을 준 오답이다.
(C) [×] 질문의 delivery van(배송 화물차)을 나타낼 수 있는 it을 사용하여 혼동을 준 오답이다.

최고난도 문제

27 🔊 미국식 발음 → 호주식 발음 　　　　상 ●●●

An expert is coming in tomorrow to discuss stress management techniques.
(A) Both consultants are able to review them.
(B) An announcement will be made next week.
(C) I hope our employees find that helpful.

management 관리 technique 기법 consultant 상담사
announcement 공지 find ~라고 생각하다

해석 내일 스트레스 관리 기법을 논의하기 위해 전문가가 와요.
(A) 두 상담사 모두 그것들을 검토할 수 있어요.
(B) 다음 주에 공지가 될 거예요.
(C) 우리 직원들이 그것을 유용하다고 생각했으면 좋겠어요.

해설 평서문
(A) [×] expert와 관련 있는 consultants(상담사)를 사용하여 혼동을 준 오답이다.
(B) [×] 전문가가 내일 스트레스 관리 기법을 논의하기 위해 온다고 말했는데,

다음 주에 공지가 될 거라며 관련이 없는 내용으로 응답했으므로 오답이다.
(C) [○] 직원들이 그것을 유용하다고 생각했으면 좋겠다는 의견을 추가했으므로 정답이다.

28 🔊 캐나다식 발음 → 미국식 발음 　　　　중 ●●○

The EXS smartphone is going to be recalled, isn't it?
(A) Yes, we're all attending.
(B) It seems so.
(C) It has a very big screen.

recall 회수하다

해석 EXS 스마트폰은 회수될 거예요, 그렇지 않나요?
(A) 네, 저희는 모두 참석해요.
(B) 그런 것 같아요.
(C) 그것은 매우 큰 화면을 가지고 있어요.

해설 부가 의문문
(A) [×] 스마트폰이 회수될 것인지를 물었는데, 모두 참석한다며 관련이 없는 내용으로 응답했으므로 오답이다. Yes만 듣고 정답으로 고르지 않도록 주의한다.
(B) [○] 그런 것 같다는 말로 EXS 스마트폰이 회수될 것이라는 간접적인 응답을 했으므로 정답이다.
(C) [×] smartphone(스마트폰)과 관련 있는 big screen(큰 화면)을 사용하여 혼동을 준 오답이다.

29 🔊 영국식 발음 → 호주식 발음 　　　　상 ●●●

Does this box need to be thrown away, or should I keep it here?
(A) We should definitely take the bus.
(B) I'm going to use it.
(C) In the lost and found container.

throw away 버리다 definitely 반드시 lost and found 분실물 보관(소)
container 용기

해석 이 상자를 버려야 하나요, 아니면 여기에 보관해야 할까요?
(A) 우리는 반드시 버스를 타야 해요.
(B) 제가 그것을 사용할 거예요.
(C) 분실물 보관 용기에서요.

해설 선택 의문문
(A) [×] box – bus의 유사 발음 어휘를 사용하여 혼동을 준 오답이다.
(B) [○] 자신이 그것을 사용할 것이라는 말로 박스를 보관하라는 간접적인 응답을 했으므로 정답이다.
(C) [×] 상자를 버려야 하는지 여기에 보관해야 할지를 물었는데, 분실물 보관 용기에라며 관련이 없는 내용으로 응답했으므로 오답이다.

30 🔊 미국식 발음 → 캐나다식 발음 　　　　상 ●●●

Your insurance expires at the end of April.
(A) Check the juice's expiration date.
(B) The drive will take 15 minutes.
(C) Can I just extend it now?

insurance 보험 expire 만료되다 expiration 유효 기간 extend 연장하다

해석 귀하의 보험이 4월 말에 만료됩니다.

(A) 주스의 유효 기간을 확인하세요.

(B) 차로 가는 것은 15분 걸릴 거예요.

(C) 그것을 그냥 지금 연장해도 되나요?

해설 **평서문**

(A) [×] expire – expiration의 유사 발음 어휘를 사용하여 혼동을 준 오답이다.

(B) [×] 보험이 4월 말에 만료된다고 하였는데, 차로 가는 것은 15분 걸린다며 관련이 없는 내용으로 응답했으므로 오답이다.

(C) [○] 그것을 지금 연장해도 되느냐는 말로, 자동차 보험이 4월 말에 만료되는 문제점에 대한 해결책을 제시했으므로 정답이다.

31 [3째] 미국식 발음 → 호주식 발음   중 ●●○

> How will the company celebrate its 25th anniversary?
> **(A) Several options are being considered.**
> (B) I received an invitation to her party.
> (C) I have worked here for 20 years.
>
> celebrate 기념하다   several 여러   consider 고려하다

해석 회사는 25주년을 어떻게 기념할 것인가요?

(A) 여러 선택지들이 고려되고 있어요.

(B) 저는 그녀의 파티 초대장을 받았어요.

(C) 저는 이곳에서 20년 동안 일했어요.

해설 **How 의문문**

(A) [○] 여러 선택지들이 고려되고 있다며 25주년을 어떻게 기념할지 아직 모른다는 간접적인 응답을 했으므로 정답이다.

(B) [×] celebrate(기념하다)와 관련 있는 party(파티)를 사용하여 혼동을 준 오답이다.

(C) [×] company(회사)와 관련 있는 worked(일했다)를 사용하여 혼동을 준 오답이다.

PART 3

32-34 [3째] 영국식 발음 → 호주식 발음

Questions 32-34 refer to the following conversation.

> W: It's almost noon, and I'm thinking about getting lunch. Have you already eaten?
> M: No, ³²**I'm still reviewing an agreement that our law firm was hired to write**. I'm not sure I have enough time to go anywhere. ³³**There's a chance that I won't finish it before the due date.**
> W: Well, there's a food truck parked just down the block. ³⁴**Why don't we get some takeout there?** We'll be back in just a few minutes.
>
> law firm 법률 사무소   agreement 계약서   chance 가능성
> due date 마감일   takeout 포장용 음식

해석

32-34번은 다음 대화에 관한 문제입니다.

여: 거의 정오라서, 저는 점심을 먹을까 생각 중이에요. 이미 식사하셨나요?

남: 아니요, ³²저는 아직도 우리 법률 사무소가 작성하도록 고용된 계약서를 검토하는 중이에요. 어디든 갈 충분한 시간이 있는지 모르겠어요. ³³마감일 전에 제가 이것을 끝내지 못할 가능성이 있어요.

여: 음, 바로 한 블록 아래에 푸드 트럭이 주차되어 있어요. ³⁴거기서 포장용 음식을 가져오는 게 어때요? 우리는 그저 몇 분 후에 돌아올 거예요.

32 화자 문제   중 ●●○

해석 화자들은 어디에서 일하는 것 같은가?

(A) 식당에서

(B) 선적 회사에서

(C) 법률 사무소에서

(D) 소매점에서

해설 지문에서 신분 및 직업과 관련된 표현을 놓치지 않고 듣는다. 대화 초반부에서 남자가 "I'm still reviewing an agreement that our law firm was hired to write(저는 아직도 우리 법률 사무소가 작성하도록 고용된 계약서를 검토하는 중이에요)"라고 하였다. 이를 통해, 화자들이 법률 사무소에서 일함을 알 수 있다. 따라서 (C)가 정답이다.

어휘 shipping 선적   retail outlet 소매점

패러프레이징

> law firm 법률 사무소 → law office 법률 사무소

33 문제점 문제   중 ●●○

해석 남자는 왜 걱정하는가?

(A) 몇몇 음식을 좋아하지 않는다.

(B) 마감일을 맞추지 못할지도 모른다.

(C) 업무를 받지 못했다.

(D) 무역 박람회를 놓쳤다.

해설 남자의 말에서 부정적인 표현이 언급된 다음을 주의 깊게 듣는다. 대화 중반부에서 남자가 "There's a chance that I won't finish it before the due date(마감일 전에 제가 이것을 끝내지 못할 가능성이 있어요)"라고 하였다. 이를 통해 남자가 마감일을 맞추지 못할지도 모른다는 것을 걱정함을 알 수 있다. 따라서 (B)가 정답이다.

어휘 meet a deadline 마감일을 맞추다   assignment 업무, 과제
trade show 무역 박람회

패러프레이징

> finish ~ before ~ due date 마감일 전에 끝내다
> → meet a deadline 마감일을 맞추다

34 제안 문제   하 ●○○

해석 여자는 무엇을 제안하는가?

(A) 마감일을 변경하기

(B) 예약을 하기

(C) 휴식을 취하기

(D) 포장용 음식을 가져오기

해설 여자의 말에서 제안과 관련된 표현이 언급된 다음을 주의 깊게 듣는다. 대화 후반부에서 여자가 "Why don't we get some takeout there?(거기서 포장용 음식을 가져오는 게 어때요?)"라고 하였다. 이를 통해, 여자가 포장용 음식을 가져올 것을 제안하고 있음을 알 수 있다. 따라서 (D)가 정답이다.

어휘 make a reservation 예약을 하다

Questions 35-37 refer to the following conversation.

W: Excuse me. ³⁵**I read on your Web site that your store is holding a promotion on used bikes this weekend.** I'm wondering if you can show me your options.

M: Yes, absolutely. All of our used products are 20 percent off both today and tomorrow. However, before you make a choice, ³⁶**I recommend riding the one you like to make sure there are no problems with it.**

W: OK. I think I'd like to ride the red one.

M: Sure. But first, ³⁷**I need you to quickly complete this form.** It indicates that our store isn't responsible if you get injured while using the bike.

promotion 판촉 행사 option 선택지 absolutely 물론
used product 중고 제품 indicate 나타내다
responsible 책임이 있는

해석

35-37번은 다음 대화에 관한 문제입니다.

여: 실례합니다. ³⁵당신의 웹사이트에서 당신의 매장이 이번 주말에 중고 자전거에 대한 판촉 행사를 진행한다는 것을 읽었어요. 선택지들을 보여 주실 수 있는지 궁금해요.

남: 네, 물론이죠. 모든 중고 제품은 오늘과 내일 모두 20퍼센트 할인을 해요. 하지만, 선택하시기 전에, ³⁶그것에 문제가 없는지 확인하기 위해 마음에 드는 것을 타 보시는 것을 추천해요.

여: 네. 빨간 것을 타고 싶어요.

남: 좋아요. 하지만 우선, ³⁷잠시 이 양식을 작성해 주세요. 자전거를 타다가 다치면 우리 가게가 책임이 있지 않다는 것을 나타내는 거예요.

35 방법 문제 중 ●●○

해석 여자는 어떻게 판촉 행사에 대해 알게 되었는가?

(A) 친구와 이야기함으로써
(B) 온라인에 접속함으로써
(C) 신문을 읽음으로써
(D) 라디오를 들음으로써

해설 질문의 핵심어구(promotion)가 언급된 주변을 주의 깊게 듣는다. 대화 초반부에서 여자가 "I read on your Web site that your store is holding a promotion on used bikes this weekend(당신의 웹사이트에서 당신의 매장이 이번 주말에 중고 자전거에 대한 판촉 행사를 진행한다는 것을 읽었어요)"라고 하였다. 이를 통해, 여자가 온라인에 접속함으로써 판촉 행사에 대해 알게 되었음을 알 수 있다. 따라서 (B)가 정답이다.

패러프레이징

Web site 웹사이트 → online 온라인

최고난도 문제

36 이유 문제 상 ●●●

해석 남자는 왜 탈것을 시험해 보기를 제안하는가?

(A) 제대로 기능하는지 결정하기 위해
(B) 튼튼한지 확인하기 위해
(C) 맞는 크기인지 확인하기 위해
(D) 기능이 있는지 확인하기 위해

해설 질문의 핵심어구(testing a vehicle)와 관련된 내용을 주의 깊게 듣는다. 대화 중반부에서 남자가 "I recommend riding the one you like to make sure there are no problems with it(그것에 문제가 없는지 확인하기 위해 마음에 드는 것을 타 보시는 것을 추천해요)"이라고 하였다. 이를 통해, 남자가 자전거가 제대로 기능하는지 확인하기 위해 탈것을 시험해 보는 것을 제안하고 있음을 알 수 있다. 따라서 (A)가 정답이다.

어휘 vehicle 탈것, 운송 수단 function 기능하다 properly 제대로, 적절하게 durable 튼튼한

패러프레이징

there are no problems with it 그것에 문제가 없는지 → functions properly 제대로 기능하는지

37 요청 문제 하 ●○○

해석 남자는 여자에게 무엇을 하라고 요청하는가?

(A) 양식을 작성한다.
(B) 가격표들을 확인한다.
(C) 줄 서서 기다린다.
(D) 신용카드를 준다.

해설 남자의 말에서 요청과 관련된 표현이 언급된 다음을 주의 깊게 듣는다. 대화 후반부에서 남자가 "I need you to quickly complete this form(잠시 이 양식을 작성해 주세요)"이라고 하였다. 따라서 (A)가 정답이다.

어휘 price tag 가격표

패러프레이징

complete 작성하다 → Fill out 작성하다

Questions 38-40 refer to the following conversation.

M: Bethany, do you have a spare key for the filing cabinet near the reception desk? I need the Wendleson Project contract. However, ³⁸**the key for the cabinet isn't where we normally store it.**

W: That's strange. I'm not sure where it could be.

M: Hmm . . . I need that contract as soon as possible. ³⁹**I'd better e-mail Ms. Sheppard from the legal department. I bet she can send me a copy of the contract.**

W: Good idea. In the meantime, ⁴⁰**I'll look for the maintenance worker.** He often keeps spare keys, so maybe he has one.

spare 여분의 filing cabinet 서류 보관함 reception desk 접수처
contract 계약서 normally 보통 store 보관하다 bet 확신하다
maintenance worker 정비 직원

해석

38-40번은 다음 대화에 관한 문제입니다.

남: Bethany, 접수처 근처에 있는 서류 보관함을 위한 여분의 열쇠를 갖고 있나요? 저는 Wendleson 프로젝트 계약서가 필요해요. 하지만, ³⁸보관함의 열쇠가 우리가 보통 그것을 보관하는 곳에 있지 않아요.

여: 이상하네요. 그게 어디에 있을지 잘 모르겠어요.

남: 흠… 저는 가능한 한 빨리 그 계약서가 필요해서요. ³⁹법무팀의 Ms. Sheppard에게 이메일을 보내는 게 낫겠어요. 그녀가 제게 그 계약서 사본을 보내줄 수 있을 거라고 확신해요.

여: 좋은 생각이에요. 그 동안, ⁴⁰제가 정비 직원을 찾아볼게요. 그는 종종 여분의 열쇠를 보관하니, 아마 그가 하나 가지고 있을 거예요.

38 문제점 문제 상 ●●●

해석 남자는 무슨 문제를 언급하는가?
(A) 보고서에 몇몇 오류가 있다.
(B) 변호사가 그의 사무실에 없다.
(C) 제안서가 거절되었다.
(D) 열쇠가 평상시의 장소에 없다.

해설 남자의 말에서 부정적인 표현이 언급된 다음을 주의 깊게 듣는다. 대화 초반부에서 남자가 "the key for the cabinet isn't where we normally store it(보관함의 열쇠가 우리가 보통 그것을 보관하는 곳에 있지 않아요)"이라고 하였다. 이를 통해, 열쇠가 평상시의 장소에 없는 것이 문제임을 알 수 있다. 따라서 (D)가 정답이다.

어휘 reject 거절하다

패러프레이징

where we normally store 우리가 보통 보관하는 곳
→ usual spot 평상시의 장소

39 이유 문제 중 ●●○

해석 남자는 왜 Ms. Sheppard에게 연락할 것인가?
(A) 날짜를 확인하기 위해
(B) 문서를 요청하기 위해
(C) 회의를 계획하기 위해
(D) 새로운 업무를 설명하기 위해

해설 질문의 핵심어구(Ms. Sheppard)와 관련된 내용을 주의 깊게 듣는다. 대화 중반부에서 "I'd better e-mail Ms. Sheppard from the legal department. I bet she can send me a copy of the contract(법무팀의 Ms. Sheppard에게 이메일을 보내는 게 낫겠어요. 그녀가 제게 그 계약서 사본을 보내줄 수 있을 거라고 확신해요)"라고 하였다. 이를 통해, 남자가 문서를 요청하기 위해 Ms. Sheppard에게 연락할 것임을 알 수 있다. 따라서 (B)가 정답이다.

패러프레이징

a copy 사본 → a document 문서

40 다음에 할 일 문제 하 ●○○

해석 여자는 다음에 무엇을 할 것 같은가?
(A) 몇몇 보고서들을 검토한다.
(B) 그녀의 책상으로 돌아간다.
(C) 정비 직원을 찾아본다.
(D) 더 많은 사본을 인쇄한다.

해설 대화의 마지막 부분을 주의 깊게 듣는다. 대화 후반부에서 여자가 "I'll look for the maintenance worker(제가 정비 직원을 찾아볼게요)"라고 하였다. 따라서 (C)가 정답이다.

패러프레이징

look for 찾다 → Search for 찾아보다

41-43 캐나다식 발음 → 영국식 발음

Questions 41-43 refer to the following conversation.

> M: Good afternoon. ⁴¹**I'm here to see an open house. I heard that a two-bedroom apartment is available for rent.** Are you the landlord?
> W: Yes, I am. My name is Heidi Kaine. It's nice to meet you. I'll take you up to see the apartment shortly. ⁴²**Some other people said they'd be here to see the unit now, so we have to wait for them.** By the way, are you planning to rent an apartment alone or with a roommate?
> M: On my own. ⁴³**I plan to create a home office for my job**, though. That's why I'm searching for an apartment with two bedrooms.

rent 임대, 빌리다 landlord 건물주 unit 가구 by the way 그런데
home office 재택근무 사무실

해석
41-43번은 다음 대화에 관한 문제입니다.

남: 안녕하세요. ⁴¹주택 공개를 보러 왔어요. 방 두 개짜리 아파트가 임대 가능하다고 들었는데요. 당신이 건물주인가요?
여: 네, 맞아요. 제 이름은 Heidi Kaine입니다. 만나서 반가워요. 곧 아파트를 보여드릴게요. ⁴²몇몇 다른 분들이 지금 그 가구를 보러 오신다고 해서, 우리는 그들을 기다려야 해요. 그런데, 당신은 아파트를 혼자 빌릴 계획이신가요, 아니면 룸메이트와 함께 빌릴 계획이신가요?
남: 저 혼자요. 하지만, ⁴³저는 제 일을 위해 재택근무 사무실을 만들 계획이에요. 그게 제가 침실이 두 개 있는 아파트를 찾아보고 있는 이유예요.

41 특정 세부 사항 문제 중 ●●○

해석 남자는 무엇을 하고 싶어 하는가?
(A) 임대 가구에서 이사를 나간다.
(B) 건물을 개조한다.
(C) 세입자에게 이야기한다.
(D) 아파트를 둘러본다.

해설 질문의 핵심어구(man want to do)와 관련된 내용을 주의 깊게 듣는다. 대화 초반부에서 남자가 "I'm here to see an open house. I heard that a two-bedroom apartment is available for rent(주택 공개를 보러 왔어요. 방 두 개짜리 아파트가 임대 가능하다고 들었는데요)"라고 하였다. 이를 통해, 남자는 아파트를 둘러보고 싶어 함을 알 수 있다. 따라서 (D)가 정답이다.

어휘 move out 이사를 나가다 tenant 세입자 view 둘러보다

42 이유 문제 중 ●●○

해석 화자들은 왜 기다려야 하는가?
(A) 공간이 준비되고 있다.
(B) 더 많은 사람들이 도착할 것이다.
(C) 관리자가 다른 고객들을 상대하고 있다.
(D) 몇몇 서류 작업이 작성되어야 한다.

해설 질문의 핵심어구(must ~ wait)와 관련된 내용을 주의 깊게 듣는다. 대화 중반부에서 "Some other people said they'd be here to see the unit now, so we have to wait for them(몇몇 다른 분들이 지금 그 가구를 보러 오신다고 해서 우리는 그들을 기다려야 해요)"이라고 하였다. 이를 통해, 더 많은 사람들이 도착할 것임을 알 수 있다. 따라서 (B)가 정답이다.

어휘 attend to 상대하다, 돌보다 paperwork 서류 작업

TEST 10 해커스 토익 실전 1200제 LISTENING

43 특정 세부 사항 문제   하 ●○○

해석 남자는 무엇을 하려고 계획하는가?
(A) 일자리에 지원한다.
(B) 부동산 관리인에게 연락한다.
(C) 지불금을 제출한다.
(D) 재택근무 사무실을 준비한다.

해설 질문의 핵심어구(plan to do)와 관련된 내용을 주의 깊게 듣는다. 대화 후반부에서 "I plan to create a home office for my job(저는 제 일을 위해 재택근무 사무실을 만들 계획이에요)"이라고 하였다. 따라서 (D)가 정답이다.

어휘 property manager 부동산 관리인 payment 지불금 set up 준비하다

패러프레이징

create 만들다 → Set up 준비하다

44-46 [3에] 영국식 발음 → 호주식 발음

Questions 44-46 refer to the following conversation.

W: Hello. I bought this phone at your store. **⁴⁴I accidentally dropped it yesterday, and the screen broke.** I'd like to have it replaced.
M: OK, but ⁴⁵**I'll have to check if it's still under our year-long warranty.**
W: Um . . . ⁴⁵**I bought it almost two years ago.**
M: Then, it'd be cheaper to buy a new one. Our branch is offering a 15 percent discount on all phones this week. If you're interested, ⁴⁶**I can show you the latest model.**
W: ⁴⁶**I'd like to take a look at it.**

accidentally 실수로 replace 교체하다 warranty 보증 almost 거의

해석
44-46번은 다음 대화에 관한 문제입니다.
여: 안녕하세요. 이 휴대폰을 당신의 가게에서 구매했는데요. ⁴⁴어제 실수로 떨어뜨려서, 화면이 깨졌어요. 이것을 교체 받고 싶어요.
남: 네, 하지만 ⁴⁵이것이 아직 저희의 1년 보증 기간 내에 있는지 확인해 봐야 해요.
여: 음… ⁴⁵저는 이것을 거의 2년 전에 샀어요.
남: 그렇다면, 새것을 사시는 게 더 저렴할 거예요. 저희 지점은 이번 주에 모든 휴대폰에 15퍼센트 할인을 제공하고 있어요. 관심이 있으시면, ⁴⁶최신 모델을 보여드릴 수 있어요.
여: ⁴⁶그것을 한번 보고 싶네요.

44 문제점 문제   중 ●●○

해석 여자의 문제는 무엇인가?
(A) 기기가 손상되었다.
(B) 판촉 행사가 끝났다.
(C) 부품이 없어졌다.
(D) 쿠폰이 효력이 없다.

해설 여자의 말에서 부정적인 표현이 언급된 다음을 주의 깊게 듣는다. 대화 초반부에서 여자가 "I accidentally dropped it yesterday, and the screen broke(어제 실수로 떨어뜨려서, 화면이 깨졌어요)"라고 하였다. 이를 통해, 기기가 손상되었음을 알 수 있다. 따라서 (A)가 정답이다.

어휘 device 기기 damage 손상시키다 invalid 효력이 없는

45 의도 파악 문제   상 ●●●

해석 여자는 "저는 이것을 거의 2년 전에 샀어요"라고 말할 때 무엇을 의도하는가?
(A) 모델이 이용 가능하지 않다.
(B) 수리가 되어야 한다.
(C) 제품이 오랜 시간 유지되었다.
(D) 보증이 만료되었다.

해설 질문의 인용어구(I bought it almost two years ago)가 언급된 주변을 주의 깊게 듣는다. 지문 중반부에서 남자가 "I'll have to check if it's still under our year-long warranty(이것이 아직 저희의 1년 보증 기간 내에 있는지 확인해 봐야 해요)"라고 하자, 여자가 이것을 거의 2년 전에 샀다고 하였으므로, 보증이 만료되었다는 의도임을 알 수 있다. 따라서 (D)가 정답이다.

어휘 repair 수리 last 유지되다, 견디다 guarantee 보증 expire 만료되다

46 특정 세부 사항 문제   하 ●○○

해석 여자는 무엇을 하고 싶어 하는가?
(A) 제품을 본다.
(B) 가격을 비교한다.
(C) 서비스를 등록한다.
(D) 다른 지점에 연락한다.

해설 질문의 핵심어구(woman want to do)와 관련된 내용을 주의 깊게 듣는다. 대화 후반부에서 남자가 "I can show you the latest model(최신 모델을 보여드릴 수 있어요)"이라고 하자, 여자가 "I'd like to take a look at it(그것을 한번 보고 싶네요)"이라고 하였다. 따라서 (A)가 정답이다.

어휘 compare 비교하다 sign up 등록하다 contact 연락하다

47-49 [3에] 호주식 발음 → 미국식 발음

Questions 47-49 refer to the following conversation.

M: Mr. Hansen has been busy for a long time. Who's he talking to?
W: ⁴⁷**He's having a discussion with Beatrice Chung, one of our main customers.**
M: Oh, I see. Do you think he'll be finished soon?
W: He won't be free for a while. ⁴⁸**It seems there was a mistake with some of the accounting we did for Ms. Chung's firm.** He is going to need another hour or so.
M: Well, I need to talk to Mr. Hansen about repairing some equipment.
W: ⁴⁹**Why don't you go back to your desk?** I'll let Mr. Hansen know that you need to talk to him once he's available.
M: OK.

have a discussion 논의하다 accounting 회계 보고 equipment 장비 available 시간이 있는

해석
47-49번은 다음 대화에 관한 문제입니다.
남: Mr. Hansen이 오랫동안 바쁘네요. 그는 누구와 대화하는 중인가요?
여: ⁴⁷그는 우리의 주요 고객 중 한 명인 Beatrice Chung과 논의하고 있어요.
남: 아, 그렇군요. 그가 곧 끝날 것 같나요?
여: 그는 한동안 시간이 없을 거예요. ⁴⁸우리가 Ms. Chung의 회사를 위해 했던 회계 보고 일부에 오류가 있었던 것 같아요. 그는 한 시간쯤 더 필요할 거예요.
남: 음, 저는 Mr. Hansen과 장비를 수리하는 것에 관해 이야기를 해야 해요.
여: ⁴⁹당신의 책상으로 돌아가시는 게 어때요? 제가 Mr. Hansen가 시간이 있을 때

당신이 그와 이야기해야 한다고 그에게 알려드릴게요.
남: 좋아요.

47 특정 세부 사항 문제
하 ●○○

해석 여자에 따르면, Beatrice Chung은 누구인가?
(A) 공무원
(B) 임원
(C) 고객
(D) 고문

해설 질문 대상(Beatrice Chung)의 신분 및 직업과 관련된 표현을 놓치지 않고 듣는다. 대화 초반부에서 여자가 "He's having a discussion with Beatrice Chung, one of our main customers(그는 우리의 주요 고객 중 한 명인 Beatrice Chung과 논의하고 있어요)"라고 하였다. 따라서 (C)가 정답이다.

어휘 government worker 공무원 board member 임원 advisor 고문

패러프레이징

one of ~ customers 고객 중 한 명 → client 고객

48 문제점 문제
중 ●●○

해석 여자는 무슨 문제를 언급하는가?
(A) 몇몇 장비가 수리되어야 한다.
(B) 약속이 취소되었다.
(C) 몇몇 소포들이 아직 도착하지 않았다.
(D) 오류가 발생했다.

해설 여자의 말에서 부정적인 표현이 언급된 다음을 주의 깊게 듣는다. 대화 초반부에서 여자가 "It seems there was a mistake with some of the accounting we did for Ms. Chung's firm(우리가 Ms. Chung의 회사를 위해 했던 회계 보고 일부에 오류가 있었던 것 같아요)"이라고 하였다. 이를 통해, 오류가 발생했음을 알 수 있다. 따라서 (D)가 정답이다.

49 제안 문제
중 ●●○

해석 여자는 무엇을 제안하는가?
(A) 업무 공간으로 돌아가기
(B) 발표를 연기하기
(C) 달력을 참고하기
(D) 이메일을 보내기

해설 여자의 말에서 제안과 관련된 표현이 언급된 다음을 주의 깊게 듣는다. 대화 후반부에서 "Why don't you go back to your desk?(당신의 책상으로 돌아가시는 게 어때요?)"라고 하였다. 이를 통해, 여자가 업무 공간으로 돌아가는 것을 제안했음을 알 수 있다. 따라서 (A)가 정답이다.

어휘 workspace 업무 공간 refer to ~을 참고하다

패러프레이징

desk 책상 → workspace 업무 공간

50-52 3째 캐나다식 발음 → 영국식 발음

Questions 50-52 refer to the following conversation.

M: Good morning. This is Joe Reynolds calling from the WRST radio station. ⁵⁰**Ms. Peters, I'd like to interview** ○

you about your recently published novel, *Grains of Time.*
W: ⁵⁰**I'd love to.** But . . . um . . . I'd prefer not to be surprised by anything unexpected. ⁵¹**Could I please look at the interview questions in advance?**
M: ⁵¹**I'll e-mail you a list by tomorrow afternoon.** We have your e-mail address on record from a previous interaction.
W: Great. ⁵²**I'm attending a publisher's conference on Wednesday**, so I'll look at the questions on Thursday. Thanks.

radio station 라디오 방송국 publish 출간하다 unexpected 예기치 않은 in advance 미리 record 기록 previous 이전의 interaction 연락, 소통 publisher 출판사

해석
50-52번은 다음 대화에 관한 문제입니다.
남: 안녕하세요. 저는 WRST 라디오 방송국에서 전화 드리는 Joe Reynolds입니다. ⁵⁰Ms. Peters, 당신의 최근 출간된 소설인 *Grains of Time*에 대해 당신을 인터뷰하고 싶습니다.
여: ⁵⁰그럼요. 하지만… 음… 저는 예기치 않은 어떤 것에 놀라고 싶지 않아요. ⁵¹인터뷰 질문들을 미리 볼 수 있을까요?
남: ⁵¹내일 오후까지 목록을 이메일로 보내 드릴게요. 저희는 이전의 연락했던 기록에 당신의 이메일 주소를 갖고 있어요.
여: 좋네요. ⁵²저는 수요일에 출판사 회의에 참석하니, 목요일에 그 질문들을 볼게요. 감사합니다.

50 화자 문제
상 ●●●

해석 여자는 누구인가?
(A) 라디오 사회자
(B) 작가
(C) 프로그램 프로듀서
(D) 기자

해설 대화에서 신분 및 직업과 관련된 표현을 놓치지 않고 듣는다. 대화 초반부에서 남자가 "Ms. Peters, I'd like to interview you about your recently published novel, *Grains of Time*(Ms. Peters, 당신의 최근 출간된 소설인 *Grains of Time*에 대해 당신을 인터뷰하고 싶습니다)"이라고 하자, 여자가 "I'd love to(그럼요)"라고 하였다. 이를 통해, 여자가 작가임을 알 수 있다. 따라서 (B)가 정답이다.

어휘 host 사회자 show (라디오·TV의) 프로그램 journalist 기자

51 의도 파악 문제
상 ●●●

해석 남자는 왜 "내일 오후까지 목록을 이메일로 보내 드릴게요"라고 말하는가?
(A) 요청을 받아들이기 위해
(B) 인터뷰들의 일정을 잡기 위해
(C) 설문조사 질문에 답하기 위해
(D) 주소를 갱신하기 위해

해설 질문의 인용어구(I'll e-mail you a list by tomorrow afternoon)가 언급된 주변을 주의 깊게 듣는다. 여자가 "Could I please look at the interview questions in advance?(인터뷰 질문들을 미리 볼 수 있을까요?)"라고 하자, 남자가 내일 오후까지 목록을 이메일로 보내주겠다고 하였으므로, 남자가 요청을 받아들이려는 의도임을 알 수 있다. 따라서 (A)가 정답이다.

어휘 schedule 일정을 잡다 survey 설문조사 update 갱신하다

52 다음에 할 일 문제

하 ●○○

해석 여자는 수요일에 무엇을 할 것 같은가?
(A) 일자리를 위해 면접을 본다.
(B) 발표를 한다.
(C) 팀 프로젝트를 시작한다.
(D) 회의에 참석한다.

해설 질문의 핵심어구(on Wednesday)가 언급된 주변을 주의 깊게 듣는다. 대화 후반부에서 "I'm attending a publisher's conference on Wednesday(저는 수요일에 출판사 회의에 참석해요)"라고 하였다. 이를 통해, 여자가 수요일에 회의에 참석할 것임을 알 수 있다. 따라서 (D)가 정답이다.

어휘 **conference** 회의

53-55 [3w] 캐나다식 발음 → 미국식 발음 → 호주식 발음

Questions 53-55 refer to the following conversation with three speakers.

M1: Jasmine, ⁵³do you think you'll take another class here at the community center next month?
W: Well, I can only attend ones after 6 P.M. I don't think anything will be offered late enough for me to join.
M1: ⁵⁴Let's see if our teacher, Mr. Mossberg, knows. Mr. Mossberg, do you know if any classes take place around dinner time?
M2: Actually, I'm going to lead a session on gardening next month that begins at 6:30 P.M.
W: Do the lessons last an hour?
M2: Yes. ⁵⁵If you'd like to take part, you can sign up on the center's Web site. Many spots are still available.

community center 지역 문화 센터 **join** 참여하다 **lead** 지도하다, 이끌다 **gardening** 원예 **last** 계속되다 **take part** 참여하다 **sign up** 등록하다

해석
53-55번은 다음 세 명의 대화에 관한 문제입니다.

남1: Jasmine, ⁵³다음 달에 이곳 지역 문화 센터에서 다른 수업을 들을 생각인가요?
여: 음, 저는 오후 6시 이후에만 참석할 수 있어요. 제가 참여할 수 있을 만큼 늦게 제공되는 것이 없을 것 같아요.
남1: ⁵⁴우리 선생님인 Mr. Mossberg가 아시는지 알아봅시다. Mr. Mossberg, 저녁 시간쯤에 열리는 수업이 있는지 아시나요?
남2: 사실, 제가 다음 달에 오후 6시 30분에 시작하는 원예 수업을 지도할 거예요.
여: 그 수업은 한 시간 동안 계속되나요?
남2: 네. ⁵⁵참여하고 싶으시면, 센터의 웹사이트에서 등록하실 수 있어요. 많은 자리가 아직 이용 가능해요.

53 주제 문제

중 ●●○

해석 화자들은 주로 무엇에 대해 이야기하고 있는가?
(A) 사무실 수리
(B) 기술 지원
(C) 등록비
(D) 교육 과정

해설 대화의 주제를 묻는 문제이므로, 대화의 초반을 주의 깊게 듣는다. 남자1이 "do you think you'll take another class here at the community center next month?(다음 달에 이곳 지역 문화 센터에서 다른 수업을 들을 생

"각인가요?)"라고 한 후, 교육 과정에 대한 내용으로 대화가 이어지고 있다. 따라서 (D)가 정답이다.

어휘 **registration fee** 등록비

패러프레이징

class 수업 → Educational courses 교육 과정

54 특정 세부 사항 문제

하 ●○○

해석 Mr. Mossberg는 누구인가?
(A) 기술자
(B) 판매원
(C) 강사
(D) 건축가

해설 질문 대상(Mr. Mossberg)의 신분 및 직업과 관련된 표현을 놓치지 않고 듣는다. 대화 중반부에서 남자1이 "Let's see if our teacher, Mr. Mossberg, knows(우리 선생님인 Mr. Mossberg가 아시는지 알아봅시다)"라고 하였다. 따라서 (C)가 정답이다.

어휘 **technician** 기술자 **salesperson** 판매원 **architect** 건축가

패러프레이징

teacher 선생님 → instructor 강사

55 이유 문제

상 ●●●

해석 Mr. Mossberg는 왜 웹사이트를 언급하는가?
(A) 수업을 등록하는 방법을 설명하기 위해
(B) 일정에 변경 사항을 알리기 위해
(C) 온라인 페이지가 작동하지 않는 것을 알리기 위해
(D) 수업의 새로운 장소를 제공하기 위해

해설 질문의 핵심어구(Web site)와 관련된 내용을 주의 깊게 듣는다. 대화 후반부에서 남자2[Mr. Mossberg]가 "If you'd like to take part, you can sign up on the center's Web site(참여하고 싶으시면, 센터의 웹사이트에서 등록하실 수 있어요)"라고 하였다. 따라서 (A)가 정답이다.

56-58 [3w] 호주식 발음 → 영국식 발음

Questions 56-58 refer to the following conversation.

M: ⁵⁶/⁵⁷Do you feel like these designs for the fall clothing line are good enough?
W: Yes. ⁵⁷I'm especially pleased with the colors that we picked. How about you?
M: I don't know. Our spring line featured similar patterns. Isn't that a problem?
W: I think the new patterns are distinct enough.
M: Possibly, but I'd like to get another opinion.
W: Well, ⁵⁸why don't we show our manager the sketches? He shouldn't be busy now.
M: ⁵⁸Sure, that's a good idea.

feature 특징으로 하다 **distinct** 구별되는, 분명한 **opinion** 의견

해석
56-58번은 다음 대화에 관한 문제입니다.
남: ⁵⁶/⁵⁷가을 의류 라인으로 이 디자인들이 충분히 괜찮은 것 같으신가요?

여: 네. ⁵⁷우리가 고른 색상들이 특히 마음에 들어요. 당신은 어때요?

남: 모르겠어요. 저희 봄 라인이 비슷한 패턴을 특징으로 해서요. 그것은 문제가 되지 않나요?

여: 저는 새로운 패턴이 충분히 구별되는 것 같아요.

남: 아마도요, 하지만 다른 의견을 받아보고 싶어요.

여: 음, ⁵⁸우리 관리자에게 스케치들을 보여주는 게 어때요? 그는 아마 지금 바쁘지 않을 거예요.

남: ⁵⁸물론이죠, 좋은 생각이에요.

56 화자 문제   중 ●●○

해석 화자들은 어떤 분야에서 일하는 것 같은가?
(A) 마케팅
(B) 제조
(C) 패션 디자인
(D) 건설

해설 대화에서 신분 및 직업과 관련된 표현을 놓치지 않고 듣는다. 대화 초반부에서 남자가 "Do you feel like these designs for the fall clothing line are good enough?(가을 의류 라인으로 이 디자인들이 충분히 괜찮은 것 같으신가요?)"라고 하였다. 이를 통해, 화자들이 패션 디자인 분야에서 일함을 알 수 있다. 따라서 (C)가 정답이다.

어휘 manufacturing 제조

57 특정 세부 사항 문제   하 ●○○

해석 여자는 가을 의류 라인에 대해서 무엇을 좋아하는가?
(A) 색상
(B) 스타일
(C) 가격
(D) 모양새

해설 질문의 핵심어구(fall clothing line)가 언급된 주변을 주의 깊게 듣는다. 대화 초반부에서 남자가 "Do you feel like these designs for the fall clothing line are good enough?(가을 의류 라인으로 이 디자인들이 충분히 괜찮은 것 같으신가요?)"라고 묻자, 여자가 "I'm especially pleased with the colors that we picked(우리가 고른 색상들이 특히 마음에 들어요)"라고 하였다. 따라서 (A)가 정답이다.

58 다음에 할 일 문제   하 ●○○

해석 화자들은 다음에 무엇을 할 것인가?
(A) 진열 제품을 옮긴다.
(B) 새로운 디자인들을 만든다.
(C) 몇몇 도안들을 보여준다.
(D) 주문을 한다.

해설 대화의 마지막 부분을 주의 깊게 듣는다. 대화 후반부에서 여자가 "why don't we show our manager the sketches?(우리 관리자에게 스케치들을 보여주는 게 어때요?)"라고 하자, 남자가 "Sure(물론이죠)"라고 하였다. 이를 통해, 화자들이 도안을 보여줄 것임을 알 수 있다. 따라서 (C)가 정답이다.

어휘 display 진열 drawing 도안 place an order 주문하다

패러프레이징

sketches 스케치들 → drawings 도안들

59-61 [케] 캐나다식 발음 → 영국식 발음 → 호주식 발음

Questions 59-61 refer to the following conversation with three speakers.

M1: I'm reviewing recent artwork submissions, and I'm curious what you two think about these paintings.

W: They're all quite impressive. This portrait is especially nice.

M2: ⁵⁹**Are you considering adding the pieces to next month's exhibition at our gallery?**

M1: Yes. But before we decide, ⁶⁰**I want one of you to meet with the painter of these works in person.** She lives here in Baltimore.

W: ⁶⁰**I can do it.** ⁶¹**Do you have the painter's phone number and address?**

M1: Yes, here you go.

---

artwork 그림 submission 제출 curious 궁금한 quite 꽤 impressive 인상적인 portrait 초상화 piece 작품 exhibition 전시회

해석
59-61번은 다음 세 명의 대화에 관한 문제입니다.

남1: 저는 최근의 그림 제출작들을 검토하고 있는데, 두 분이 이 그림들에 대해 어떻게 생각하시는지 궁금해요.

여: 모두 꽤 인상적이네요. 이 초상화는 특히 훌륭해요.

남2: ⁵⁹다음 달 우리 미술관의 전시회에 이 작품들을 추가할 생각이신가요?

남1: 네. 하지만 우리가 결정하기 전에, ⁶⁰저는 여러분 중 한 명이 이 작품들의 화가를 직접 만나보면 좋겠어요. 그녀는 여기 볼티모어에 살아요.

여: ⁶⁰제가 할 수 있어요. ⁶¹그 화가의 전화번호와 주소를 알고 계신가요?

남1: 네, 여기 있어요.

59 특정 세부 사항 문제   중 ●●○

해석 화자들은 무슨 행사를 계획하는 것 같은가?
(A) 시설 견학
(B) 미술 전시회
(C) 미술관 이전
(D) 사진 촬영

해설 질문의 핵심어구(planning)와 관련된 내용을 주의 깊게 듣는다. 대화 초반부에서 남자2가 "Are you considering adding the pieces to next month's exhibition at our gallery?(다음 달 우리 미술관의 전시회에 이 작품들을 추가할 생각이신가요?)"라고 하였다. 이를 통해, 화자들이 미술 전시회를 계획하고 있음을 알 수 있다. 따라서 (B)가 정답이다.

어휘 art exhibition 미술 전시회 relocation 이전 photo shoot 사진 촬영

패러프레이징

exhibition at ~ gallery 미술관의 전시회 → art exhibition 미술 전시회

60 특정 세부 사항 문제   하 ●○○

해석 여자는 무엇을 하기로 동의하는가?
(A) 예술가를 만난다.
(B) 몇몇 제출작들을 불합격시킨다.
(C) 합의서 초안을 작성한다.
(D) 주소를 확인한다.

해설 질문의 핵심어구(woman agree to do)와 관련된 내용을 주의 깊게 듣는다.

대화 중후반에서 남자1이 "I want one of you to meet with the painter of these works in person(저는 여러분 중 한 명이 이 작품들의 화가를 직접 만나보면 좋겠어요)"이라고 하자, 여자가 "I can do it(제가 할 수 있어요)"이라고 하였다. 이를 통해, 여자가 예술가를 만나기로 동의함을 알 수 있다. 따라서 (A)가 정답이다.

어휘 reject 불합격시키다, 거부하다 draft 초안을 작성하다

패러프레이징

painter 화가 → artist 예술가

61 요청 문제   중 ●●○

해석 여자는 무엇을 요청하는가?
(A) 가격 견적서
(B) 연락처 정보
(C) 홍보 자료
(D) 미술 물품

해설 여자의 말에서 요청과 관련된 표현이 언급된 다음을 주의 깊게 듣는다. 대화 후반부에서 여자가 "Do you have the painter's phone number and address?(그 화가의 전화번호와 주소를 알고 계신가요?)"라고 하였다. 이를 통해, 여자가 연락처 정보를 요청하고 있음을 알 수 있다. 따라서 (B)가 정답이다.

어휘 estimate 견적서 promotional 홍보(의) material 자료 supply 물품

패러프레이징

phone number and address 전화번호와 주소
→ contact information 연락처 정보

62-64 [3] 캐나다식 발음 → 미국식 발음

Questions 62-64 refer to the following conversation and movie list.

M: Miranda, do you still want to go to the movies after work today?
W: Yes, definitely. In fact, ⁶²I bought tickets this afternoon. I think you'll like the movie I picked for us to watch.
M: Oh, yeah? ⁶³Which film are we going to see?
W: ⁶³Out of Town. Jenna Choo is in it. She's one of my favorite actresses.
M: Oh, great! I've wanted to see that movie. By the way, ⁶⁴why don't you ride in my car? The buses are really crowded in the evenings.

definitely 물론 ride 타다 crowded 붐비는

해석
62-64번은 다음 대화와 영화 목록에 관한 문제입니다.
남: Miranda, 여전히 오늘 퇴근 후에 영화관에 가고 싶으신가요?
여: 네, 물론이죠. 사실, ⁶²제가 오늘 오후에 표를 샀어요. 우리가 보기 위해 제가 고른 영화가 마음에 드실 거예요.
남: 아, 그래요? ⁶³우리는 어떤 영화를 볼 건가요?
여: ⁶³Out of Town이요. Jenna Choo가 출연해요. 그녀는 제가 가장 좋아하는 여배우 중 한 명이에요.
남: 아, 좋아요! 저도 그 영화를 보고 싶었어요… 그런데, ⁶⁴제 차를 타시는 게 어때요? 저녁에는 버스들이 정말 붐벼요.

영화	상영 시간
Out of Town	⁶³오후 6시 30분
Tonight	오후 7시
With Peter	오후 7시 30분
When We Go	오후 8시

Palace 영화관

62 특정 세부 사항 문제   하 ●○○

해석 여자는 오늘 오후에 무엇을 했는가?
(A) 극장을 방문했다.
(B) 기사를 읽었다.
(C) 음성 사서함을 들었다.
(D) 표를 샀다.

해설 질문의 핵심어구(this afternoon)가 언급된 주변을 주의 깊게 듣는다. 대화 초반부에서 여자가 "I bought tickets this afternoon(제가 오늘 오후에 표를 샀어요)"이라고 하였다. 따라서 (D)가 정답이다.

어휘 voice mail 음성 사서함

63 시각 자료 문제   하 ●○○

해석 시각 자료를 보아라. 화자들은 어느 상영 시간에 참석할 것인가?
(A) 오후 6시 30분
(B) 오후 7시
(C) 오후 7시 30분
(D) 오후 8시

해설 영화 목록의 정보를 확인한 후 질문의 핵심어구(showtime)와 관련된 내용을 주의 깊게 듣는다. 대화 중반부에서 남자가 "Which film are we going to see?(우리는 어떤 영화를 볼 건가요?)"라고 묻자, 여자가 "Out of Town(Out of Town이요)"이라고 하였으므로, 화자들이 오후 6시 30분 상영 시간에 참석할 것임을 영화 목록에서 알 수 있다. 따라서 (A)가 정답이다.

64 제안 문제   중 ●●○

해석 남자는 무엇을 제안하는가?
(A) 버스를 타기
(B) 자동차를 공유하기
(C) 간식을 가져오기
(D) 예고편을 보기

해설 남자의 말에서 제안과 관련된 표현이 언급된 다음을 주의 깊게 듣는다. 대화 후반부에서 "why don't you ride in my car?(제 차를 타시는 게 어때요?)"라고 하였다. 이를 통해, 남자는 자동차를 공유할 것을 제안함을 알 수 있다. 따라서 (B)가 정답이다.

어휘 share 공유하다 snack 간식 trailer 예고편

65-67 [3] 미국식 발음 → 호주식 발음

Questions 65-67 refer to the following conversation and aisle sign.

W: Excuse me. This is my first time visiting Benton Library. I'm looking for a book to read during my upcoming vacation. **65Can you recommend something?** I'm open to most genres.

M: Yes, of course. A new book came out just last week called *Near the River*. It's receiving excellent reviews. **66You can find a copy in the fiction section.**

W: Great, I'll try that . . . Oh, one more thing. **67Does this library offer audiobooks?**

M: We do. **67You can find out more details about our selection by visiting our Web site.** There's a link on the front page.

---

upcoming 다가오는   copy 한 부   fiction 소설   section 구역
offer 제공하다   selection 선집

해석

65-67번은 다음 대화와 통로 표지판에 관한 문제입니다.

여: 실례합니다. 이번이 Benton 도서관에 방문하는 첫 번째라서요. 저는 다가오는 방학 동안 읽을 책을 찾고 있어요. 65무언가 추천해 주실 수 있나요? 저는 대부분의 장르에 열려 있어요.

남: 네, 물론이죠. 바로 지난주에 *Near the River*라는 새로운 책이 나왔어요. 좋은 평가들을 받고 있죠. 66소설 구역에서 한 부 찾으실 수 있을 거예요.

여: 좋아요, 그것을 시도해볼게요… 아, 한 가지 더요. 67이 도서관은 오디오 북을 제공하나요?

남: 제공합니다. 67저희 웹사이트를 방문하시면 저희의 선집에 대한 세부 정보를 보실 수 있어요. 첫 페이지에 링크가 있습니다.

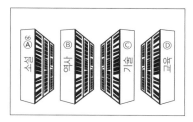

65 요청 문제   하 ●○○

해석 여자는 남자에게 무엇을 하라고 요청하는가?
(A) 몇몇 품목들을 보류한다.
(B) 구독을 연장한다.
(C) 도서관 회원권을 갱신한다.
(D) 추천을 한다.

해설 여자의 말에서 요청과 관련된 표현이 언급된 다음을 주의 깊게 듣는다. 대화 초반부에서 여자가 "Can you recommend something?(무언가 추천해 주실 수 있나요?)"이라고 하였다. 따라서 (D)가 정답이다.

어휘 put on hold ~을 보류하다   renew 연장하다, 갱신하다   subscription 구독

66 시각 자료 문제   하 ●○○

해석 시각 자료를 보아라. 여자는 어떤 열을 찾아볼 것인가?
(A) A열
(B) B열
(C) C열
(D) D열

해설 통로 표지판의 정보를 확인한 후 질문의 핵심어구(row ~ search)와 관련된 내용을 주의 깊게 듣는다. 대화 중반부에서 "You can find a copy in the fiction section(소설 구역에서 한 부 찾으실 수 있을 거예요)"이라고 하였으므

로, 여자가 소설 구역인 A열을 찾아볼 것임을 통로 표지판에서 알 수 있다. 따라서 (A)가 정답이다.

어휘 row 열

67 특정 세부 사항 문제   중 ●●○

해석 남자에 따르면, 웹사이트에서 무엇이 이용 가능한가?
(A) 회원들로부터의 비평
(B) 구매자들을 위한 쿠폰
(C) 오디오 북에 대한 세부 사항
(D) 정책에 대한 정보

해설 질문의 핵심어구(Web site)가 언급된 주변을 주의 깊게 듣는다. 대화 후반부에서 남자가 "Does this library offer audiobooks?(이 도서관은 오디오 북을 제공하나요?)"라고 묻자, 여자가 "You can find out more details about our selection by visiting our Web site(저희 웹사이트를 방문하시면 저희의 선집에 대한 세부 정보를 보실 수 있어요)"라고 하였다. 이를 통해, 웹사이트에서 오디오 북에 대한 세부 사항이 이용 가능함을 알 수 있다. 따라서 (C)가 정답이다.

68-70 3m 영국식 발음 → 캐나다식 발음

Questions 68-70 refer to the following conversation and product list.

W: Preston, I heard you need to talk to me?

M: Yeah. **68One of our laptop models is out of stock — the 15-inch model.** Do we have any more units in the storage room?

W: Unfortunately, we don't have any more right now. I checked on that about half an hour ago while **69I was unpacking TV sets there.**

M: Oh, OK. **70Another shipment of the product is arriving tomorrow morning.** I'll let customers know.

---

laptop 노트북 컴퓨터   out of stock 품절인   storage room 창고
unfortunately 안타깝게도   unpack (물건을) 꺼내다   shipment 배송, 배송품

해석

68-70번은 다음 대화와 제품 목록에 관한 문제입니다.

여: Preston, 저한테 할 말이 있다고 들었는데요?

남: 네. 68저희 노트북 컴퓨터 모델 중 하나인 15인치 모델이 품절되었어요. 창고에 몇 개가 더 있나요?

여: 안타깝게도, 지금 당장은 더 없어요. 30분 전에 69제가 그곳에서 텔레비전 세트를 꺼내고 있는 동안 그것을 확인했어요.

남: 아, 그렇군요. 70내일 아침에 그 제품의 배송이 더 도착할 거예요. 고객들에게 알릴게요.

Boyd 전자 제품 목록	
제품	화면 크기
Handle S4	11인치
Nextus RS	13인치
68Modus XS	15인치
Benton 10	17인치

68 시각 자료 문제

하 ●○○

해석 시각 자료를 보아라. 어떤 제품이 현재 재고가 없는가?
(A) Handle S4
(B) Nextus RS
(C) Modus XS
(D) Benton 10

해설 제품 목록의 정보를 확인한 후 질문의 핵심어구(not currently in stock)
와 관련된 내용을 주의 깊게 듣는다. 대화 초반부에서 남자가 "One of our
laptop models is out of stock — the 15-inch model(저희 노트북 컴
퓨터 모델 중 하나인 15인치 모델이 품절되었어요)"이라고 하였다. 이를 통해,
Modus XS가 현재 재고가 없음을 제품 목록에서 알 수 있다. 따라서 (C)가
정답이다.

어휘 currently 현재

69 특정 세부 사항 문제

하 ●○○

해석 여자는 무엇을 꺼냈는가?
(A) 컴퓨터
(B) 텔레비전
(C) 게임기
(D) 휴대폰

해설 질문의 핵심어구(unpack)와 관련된 내용을 주의 깊게 듣는다. 대화 중반부에
서 여자가 "I was unpacking TV sets there(제가 그곳에서 텔레비전을 꺼내
고 있었어요)"라고 하였다. 따라서 (B)가 정답이다.

어휘 gaming console 게임기

70 언급 문제

중 ●●○

해석 배송품에 관해 무엇이 언급되는가?
(A) 곧 배달될 것이다.
(B) 예상보다 더 작았다.
(C) 판매자에게 돌려줘야 한다.
(D) 이틀 전에 발송되었다.

해설 질문의 핵심어구(shipment)가 언급된 주변을 주의 깊게 듣는다. 대화 후반부
에서 남자가 "Another shipment of the product is arriving tomorrow
morning(내일 아침에 그 제품의 배송이 더 도착할 거예요)"이라고 하였다. 이를
통해, 배송품이 곧 배달될 것임을 알 수 있다. 따라서 (A)가 정답이다.

PART 4

71-73 3째 영국식 발음

Questions 71-73 refer to the following telephone message.

Good morning. This message is for Gary Boris. **71I'm
contacting you on behalf of Hart Federal Bank.**
Unfortunately, **72your application for a home loan has been
denied.** This is because you filled out some of your personal
information incorrectly on the application form. In order to
resolve the issue, **73you need to visit our office at 382 Diller
Avenue, complete a new application, and hand it in.** If you
have any questions, please call 555-0091.

on behalf of ~을 대표하여 application 신청 home loan 주택 자금 융자
deny 거부하다 incorrectly 부정확하게 resolve 해결하다 hand in 제출하다

해석
71-73번은 다음 전화 메시지에 관한 문제입니다.

안녕하세요. 이 메시지는 Gary Boris를 위한 것입니다. 71Hart 연방 은행을 대표해
서 연락드립니다. 안타깝게도, 72귀하의 주택 자금 융자 신청이 거부되었습니다. 이
는 귀하께서 신청서에 개인 정보 일부를 부정확하게 기재했기 때문입니다. 이 문제
를 해결하시려면, 73Diller가 382번지에 있는 저희 사무실을 방문하셔서, 새로운 신
청서를 작성하신 후, 제출하셔야 합니다. 문의 사항이 있으시면, 555-0091로 전
화 주십시오.

71 화자 문제

하 ●○○

해석 화자는 누구인 것 같은가?
(A) 은행 직원
(B) 여행사 직원
(C) 인사 담당자
(D) 프로젝트 관리자

해설 지문에서 신분 및 직업과 관련된 표현을 놓치지 않고 듣는다. 지문 초반부에서
"I'm contacting you on behalf of Hart Federal Bank(Hart 연방 은행
을 대표해서 연락드립니다)"라고 하였다. 이를 통해, 화자가 은행 직원임을 알
수 있다. 따라서 (A)가 정답이다.

어휘 bank teller 은행 직원 travel agent 여행사 직원

72 특정 세부 사항 문제

중 ●●○

해석 화자는 무슨 문제를 언급하는가?
(A) 신용카드가 만료되었다.
(B) 청구서가 지불되지 않았다.
(C) 신청이 거절되었다.
(D) 계정에 접근할 수 없다.

해설 질문의 핵심어구(problem)와 관련된 내용을 주의 깊게 듣는다. 지문 초중반
에서 "your application for a home loan has been denied(귀하의 주택
자금 융자 신청이 거부되었습니다)"라고 하였다. 이를 통해, 화자가 신청이 거절
된 문제를 언급하고 있음을 알 수 있다. 따라서 (C)가 정답이다.

어휘 bill 청구서 account 계정 access 접근하다

패러프레이징

> denied 거부되었다 → rejected 거절되었다

73 특정 세부 사항 문제

중 ●●○

해석 화자는 청자가 무엇을 해야 한다고 말하는가?
(A) 문제를 보고한다.
(B) 다른 문서를 제출한다.
(C) 사진을 찍는다.
(D) 집주인에게 연락한다.

해설 질문의 핵심어구(listener should do)와 관련된 내용을 주의 깊게 듣는다.
지문 후반부에서 "you need to visit our office ~, complete a new
application, and hand it in(저희 사무실을 방문하셔서, 새로운 신청서를 작성
하신 후, 제출하셔야 합니다)"이라고 하였다. 이를 통해, 화자가 청자에게 다른
문서를 제출해야 한다고 말하는 것임을 알 수 있다. 따라서 (B)가 정답이다.

패러프레이징

> complete a new application ~ and hand ~ in 새로운 신청서를 작성한 후
> 제출하다 → Submit another document 다른 문서를 제출하다

74-76 [3] 캐나다식 발음

Questions 74-76 refer to the following advertisement.

Nothing is more frustrating than taking public transportation with a lot of luggage. ⁷⁴**Make your next trip easier by contacting On-call Rides! We're always prompt and will provide a smooth ride to your destination.** On-call Rides uses only the latest vehicles with numerous comfort and safety features. ⁷⁵**Our drivers will also offer you free bottled water.** Plus, throughout the month of July, ⁷⁶**customers can get 10 percent off their fare by using our mobile application.** That's a deal no one can beat, so try us today!

frustrating 불만스러운 public transport 대중교통 luggage 짐
prompt 신속한 destination 목적지 vehicle 차량 numerous 다양한
comfort 편의 시설 throughout ~ 내내 fare 요금 deal 거래
beat 능가하다

해석
74-76번은 다음 광고에 관한 문제입니다.

많은 짐을 가지고 대중교통을 타는 것보다 더 불만스러운 것은 없습니다. ⁷⁴On-call Rides에 연락하셔서 다음 여행을 더 쉽게 하세요! 저희는 항상 신속하며 여러분의 목적지까지 매끄러운 운송 수단을 제공합니다. On-call Rides는 다양한 편의 시설과 안전성을 갖춘 최신 차량만을 사용합니다. ⁷⁵저희 운전기사들은 무료 생수 또한 제공하죠. 게다가, 7월 한 달 내내 ⁷⁶고객분들은 저희 모바일 애플리케이션을 사용함으로써 요금의 10퍼센트 할인을 받으실 수 있습니다. 누구도 능가할 수 없는 거래이니, 오늘 한번 시도해 보세요!

74 주제 문제 하 ●○○

해석 무엇이 광고되고 있는가?
(A) 배송 회사
(B) 차량 제공 서비스
(C) 항공사
(D) 자동차 제조업자

해설 지문의 주제를 묻는 문제이므로, 지문의 초반을 주의 깊게 듣는다. "Make your next trip easier by contacting On-call Rides! We're always prompt and will provide a smooth ride to your destination(On-call Rides에 연락하셔서 다음 여행을 더 쉽게 하세요! 저희는 항상 신속하며 여러분의 목적지까지 매끄러운 운송 수단을 제공합니다)"이라고 한 후, 차량 제공 서비스에 대한 내용으로 지문이 이어지고 있다. 따라서 (B)가 정답이다.

어휘 airline 항공사 manufacturer 제조업자

75 특정 세부 사항 문제 하 ●○○

해석 무엇이 무료로 제공되는가?
(A) 음료
(B) 베개
(C) 우산
(D) 헤드폰

해설 질문의 핵심어구(offered for free)와 관련된 내용을 주의 깊게 듣는다. 대화 중반부에서 "Our drivers will also offer you free bottled water(저희 운전기사들은 무료 생수 또한 제공하죠)"라고 하였다. 이를 통해, 음료가 무료로 제공됨을 알 수 있다. 따라서 (A)가 정답이다.

패러프레이징

bottled water 생수 → Drinks 음료

76 방법 문제 하 ●○○

해석 화자에 따르면, 청자들은 어떻게 할인을 받을 수 있는가?
(A) 모바일 애플리케이션을 사용함으로써
(B) 할인 코드를 입력함으로써
(C) 의견을 줌으로써
(D) 소책자를 가져감으로써

해석 질문의 핵심어구(receive a discount)와 관련된 내용을 주의 깊게 듣는다. 지문 후반부에서 "customers can get 10 percent off their fare by using our mobile application(고객분들은 저희 모바일 애플리케이션을 사용함으로써 요금의 10퍼센트 할인을 받으실 수 있습니다)"이라고 하였다. 따라서 (A)가 정답이다.

어휘 promotional code 할인 코드

77-79 [3] 미국식 발음

Questions 77-79 refer to the following talk.

Good afternoon. I'm Jenna, and ⁷⁷I'll be your guide today at the South Bay Museum, which commemorates the history of the city of South Bay. This afternoon, you'll get a chance to see garments, artwork, and artifacts, some of which date back to the city's founding nearly 600 years ago. Luckily for you, ⁷⁸we have a very special exhibit this week that features photographs of the city over the last 120 years. ⁷⁹Though this attraction was busy yesterday, there are no group tours scheduled today. Now, follow me, and we'll make our way to the first exhibit.

commemorate 기념하다 garment 의류 artifact 유물
date back to ~까지 거슬러 올라가다 founding 창립 nearly 거의
luckily 운 좋게도 attraction 볼거리, 명소 make one's way 가다

해석
77-79번은 다음 담화에 관한 문제입니다.

안녕하세요. 저는 Jenna이고, ⁷⁷저는 오늘 South Bay시의 역사를 기념하는 South Bay 박물관에서 여러분의 가이드가 될 것입니다. 오늘 오후에, 여러분은 의류, 미술품, 그리고 유물들을 보실 기회가 있을 것이고, 그중 일부는 거의 600년 전 이 도시의 창립으로까지 거슬러 올라갑니다. 여러분에게는 운 좋게도, ⁷⁸이번 주에는 지난 120년에 걸친 도시의 사진들을 포함하는 매우 특별한 전시가 있습니다. ⁷⁹어제는 이 볼거리가 붐볐지만, 오늘은 예정된 단체 관람이 없네요. 이제, 저를 따라오시면, 첫 번째 전시로 가겠습니다.

77 장소 문제 하 ●○○

해석 청자들은 어디에 있는가?
(A) 시청에
(B) 채소 농장에
(C) 쇼핑몰에
(D) 역사 박물관에

해설 장소와 관련된 표현을 놓치지 않고 듣는다. 지문 초반부에서 "I'll be your guide today at the South Bay Museum, which commemorates the history of the city of South Bay(저는 오늘 South Bay시의 역사를 기념하

해커스 토익 실전 1200제 LISTENING

는 South Bay 박물관에서 여러분의 가이드가 될 것입니다)"라고 하였다. 이를 통해, 청자들이 역사 박물관에 있음을 알 수 있다. 따라서 (D)가 정답이다.

어휘 town hall 시청

78 특정 세부 사항 문제
상 ●●●

해석 특별 전시에 무엇이 포함되는가?
(A) 사진
(B) 영화
(C) 유물
(D) 의류

해설 질문의 핵심어구(special exhibit)가 언급된 주변을 주의 깊게 듣는다. 지문 중반부에서 "we have a very special exhibit this week that features photographs of the city(이번 주에는 도시의 사진들을 포함하는 매우 특별한 전시가 있습니다)"라고 하였다. 따라서 (A)가 정답이다.

79 의도 파악 문제
상 ●●●

해석 화자는 "오늘은 예정된 단체 관람이 없네요"라고 말할 때 무엇을 의도하는가?
(A) 몇몇 표들은 매진이다.
(B) 청자들은 전시에 참석하지 못할 것이다.
(C) 청자들은 인파에 대해 걱정할 필요가 없다.
(D) 폐관 시간이 변경될 것이다.

해설 질문의 인용어구(there are no group tours scheduled today)가 언급된 주변을 주의 깊게 듣는다. 지문 후반부에서 "Though this attraction was busy yesterday(어제는 이 볼거리가 붐볐지만요)"라며 오늘은 예정된 단체 관람이 없다고 하였으므로, 청자들이 인파에 대해 걱정할 필요가 없음을 알 수 있다. 따라서 (C)가 정답이다.

어휘 exhibit 전시 crowd 인파

80-82 [3] 호주식 발음

Questions 80-82 refer to the following announcement.

Attention, all Newton bus riders. **80Several bus lines that travel along Horris Street and Parkway Boulevard will be rerouted next Saturday** due to our city's annual Foundation Day festival. The bus lines affected are marked on signboards at each bus stop. **81We suggest you check our Web site for a map of the updated route information and the revised timetable.** We're expecting heavy traffic that day, so whether you're driving or taking a bus, **82please allow for extra travel time when planning any journeys**. Thank you for your patience and understanding in this matter.

line 노선 reroute 경로를 변경하다 mark 표시하다 signboard 간판
revised 수정된 allow ~으로 잡아 두다 matter 문제

해석
80-82번은 다음 공지에 관한 문제입니다.

Newton 버스 승객 여러분, 주목해주십시오. 우리 시의 연례 창립기념일 축제로 인해 80Horris가와 Parkway로를 따라 운행하는 여러 버스 노선들이 다음 주 토요일에 경로가 변경될 예정입니다. 영향을 받는 버스 노선들은 각 버스 정류장의 간판에 표시되어 있습니다. 81업데이트된 경로 정보와 수정된 시간표를 보시려면 저희 웹사이트를 확인하시는 것을 제안 드립니다. 당일 교통 혼잡이 예상되므로, 운전을 하시든 버스를 타시든, 82여정을 계획하실 때 추가적인 이동 시간을 잡아 두시기 바랍니다. 이 문제에 대한 여러분의 인내와 이해에 감사드립니다.

80 주제 문제
상 ●●●

해석 공지는 주로 무엇에 대한 것인가?
(A) 월간 축제
(B) 개조된 버스 정류장
(C) 경로 변경
(D) 날씨 업데이트

해설 공지의 주제를 묻는 문제이므로, 지문의 초반을 주의 깊게 듣는다. "Several bus lines that travel along Horris Street and Parkway Boulevard will be rerouted next Saturday(Horris가와 Parkway로를 따라 운행하는 여러 버스 노선들이 다음 주 토요일에 경로가 변경될 예정입니다)"라고 하였다. 이를 통해, 공지가 경로 변경에 대한 것임을 알 수 있다. 따라서 (C)가 정답이다.

어휘 remodel 개조하다

81 특정 세부 사항 문제
중 ●●○

해석 청자들은 웹사이트에서 무엇을 찾을 수 있는가?
(A) 회사의 평가
(B) 참가 신청서
(C) 행사 시간표
(D) 수정된 일정표

해설 질문의 핵심어구(find on a Web site)와 관련된 내용을 주의 깊게 듣는다. 지문 중반부에서 "We suggest you check our Web site for a map of the updated route information and the revised timetable(업데이트된 경로 정보와 수정된 시간표를 보시려면 저희 웹사이트를 확인하시는 것을 제안 드립니다)"이라고 하였다. 이를 통해, 청자들이 웹사이트에서 수정된 일정표를 찾을 수 있음을 알 수 있다. 따라서 (D)가 정답이다.

어휘 sign-in sheet 참가 신청서

패러프레이징

timetable 시간표 → schedule 일정표

최고난도 문제

82 제안 문제
상 ●●●

해석 청자들은 무엇을 하도록 권장되는가?
(A) 자리를 예약한다.
(B) 평소보다 더 일찍 출발한다.
(C) 버스를 타는 대신 운전한다.
(D) 지도를 가지고 간다.

해설 지문 후반부에서 제안과 관련된 표현이 포함된 문장을 주의 깊게 듣는다. "please allow for extra travel time when planning any journeys(여정을 계획하실 때 추가적인 이동 시간을 잡아 두시기 바랍니다)"라고 하였다. 이를 통해, 청자들은 평소보다 더 일찍 출발하는 것이 권장됨을 알 수 있다. 따라서 (B)가 정답이다.

패러프레이징

allow for extra travel time 추가적인 이동 시간을 잡아두다 → Leave earlier than usual 평소보다 더 일찍 출발하다

83-85 [3] 캐나다식 발음

Questions 83-85 refer to the following excerpt from a meeting.

As some of you may have heard, we recently partnered with the jewelry manufacturer, Lowell Inc. **83This means our**

shop will be the exclusive seller of the firm's handmade wedding rings in Jacksonville. We expect customers to begin asking about the pieces by tomorrow. Therefore, ⁸⁴**I've asked Mr. Foley from the marketing department to meet with us today.** ^{84/85}**He'll tell us all about the rings and let you know how to promote these products. Most of you in the sales department are new**, so please pay close attention.

partner with ~와 협력하다   exclusive 독점적인   seller 판매자
handmade 수제의   sales department 영업부

해석
83-85번은 다음 회의 발췌록에 관한 문제입니다.

여러분 중 몇몇은 들으셨겠지만, 우리는 최근에 보석 제조업체인 Lowell사와 협력하였습니다. ⁸³이는 우리 가게가 Jacksonville에 있는 그 회사의 수제 결혼반지의 독점적인 판매자가 된다는 것을 의미합니다. 우리는 내일 고객들이 그것들에 대해 문의하기 시작할 것으로 예상합니다. 따라서, ⁸⁴저는 마케팅부의 Mr. Foley에게 오늘 우리와 만날 것을 요청했습니다. ^{84/85}그는 반지에 대한 모든 것을 우리에게 말해주고 여러분에게 이 제품들을 홍보하는 방법을 알려줄 것입니다. ⁸⁵영업부에 계신 여러분 중 대부분이 새로 오셨죠, 그러니 세심한 주의를 기울여 주시기 바랍니다.

83 청자 문제   중 ●●○

해석   청자들은 어디에서 일하는 것 같은가?
(A) 서비스 센터에서
(B) 보석 가게에서
(C) 모델 업체에서
(D) 결혼식장에서

해설   지문에서 신분 및 직업과 관련된 표현을 놓치지 않고 듣는다. 지문 초반부에서 "This means our shop will be the exclusive seller of the firm's[Lowell Inc.'s] handmade wedding rings(이는 우리 가게가 Lowell사의 수제 결혼반지의 독점적인 판매자가 된다는 것을 의미합니다)"라고 하였다. 이를 통해, 청자들이 보석 가게에서 일하고 있음을 알 수 있다. 따라서 (B)가 정답이다.

어휘   jewelry 보석

84 다음에 할 일 문제   중 ●●○

해석   Mr. Foley는 무엇을 할 것인가?
(A) 고객들과 만난다.
(B) 물품을 검사한다.
(C) 제품에 대해 논의한다.
(D) 온라인 주문을 처리한다.

해설   질문의 핵심어구(Mr. Foley)가 언급된 주변을 주의 깊게 듣는다. 지문 중반부에서 "I've asked Mr. Foley ~ to meet with us today. He'll tell us all about the rings ~(저는 Mr. Foley에게 오늘 우리와 만날 것을 요청했습니다. 그는 반지에 대한 모든 것을 우리에게 말해줄 것입니다)"라고 하였다. 따라서 (C)가 정답이다.

어휘   inspect 검사하다   process 처리하다

85 의도 파악 문제   상 ●●●

해석   화자는 왜 "영업부에 계신 여러분 중 대부분이 새로 오셨죠"라고 말하는가?
(A) 회의의 중요성을 강조하기 위해
(B) 승진을 요청하기 위해
(C) 교육 일정을 다시 잡기 위해

(D) 개선점들을 제안하기 위해

해설   질문의 인용어구(Most of you in the sales department are new)가 언급된 주변을 주의 깊게 듣는다. 지문 중후반에서 "He'll ~ let you know how to promote these products(그는 여러분에게 이 제품들을 홍보하는 방법을 알려줄 것입니다)"라며 영업부에 계신 여러분 중 대부분이 새로 오셨다고 한 후, "so please pay close attention(그러니 세심한 주의를 기울여 주시기 바랍니다)"이라고 하였으므로, 화자가 회의의 중요성을 강조하려는 의도임을 알 수 있다. 따라서 (A)가 정답이다.

어휘   promotion 승진   improvement 개선점

86-88   [3.세] 미국식 발음

Questions 86-88 refer to the following telephone message.

Hello, my name is Rachel Johnston. ^{86/87}**I'm calling about a complication regarding my mail service.** I requested that my mail be held while I was on vacation. But now that the period has ended, ⁸⁷**my deliveries have not yet resumed**. I would like for my mail to be delivered as normal again. ⁸⁸**I've already asked about this on your Web site**, but I have not received a response. Please let me know what I can do to solve this problem.

complication 문제   regarding ~에 대해   hold 보류하다   now that 이제
period 기간   resume 재개하다   response 답변

해석
86-88번은 다음 전화 메시지에 관한 문제입니다.

안녕하세요, 제 이름은 Rachel Johnston입니다. ^{86/87}제 우편 서비스 관련 문제에 대해 전화드립니다. 저는 휴가 동안 제 우편이 보류되도록 요청드렸습니다. 하지만 이제 그 기간이 끝나는데, ⁸⁷배송이 아직 재개되지 않았습니다. 제 우편이 다시 정상적으로 배달되었으면 좋겠습니다. ⁸⁸저는 당신의 웹사이트에서 이미 이것에 대해 문의했지만, 답변을 받지 못했습니다. 이 문제를 해결하기 위해 제가 무엇을 할 수 있는지 알려 주세요.

86 청자 문제   중 ●●○

해석   청자는 어디에서 일하는 것 같은가?
(A) 우체국에서
(B) 식당에서
(C) 호텔에서
(D) 수리 센터에서

해설   지문에서 신분 및 직업과 관련된 표현을 놓치지 않고 듣는다. 지문 초반부에서 "I'm calling about a complication regarding my mail service(제 우편 서비스 관련 문제에 대해 전화드립니다)"라고 하였다. 이를 통해, 청자가 우체국에서 일하고 있음을 알 수 있다. 따라서 (A)가 정답이다.

87 특정 세부 사항 문제   상 ●●●

해석   화자는 무슨 문제를 언급하는가?
(A) 제품이 분실되었다.
(B) 물건이 손상되었다.
(C) 서비스가 다시 시작하지 않았다.
(D) 휴가 계획이 취소되었다.

해설   질문의 핵심어구(problem ~ mention)와 관련된 내용을 주의 깊게 듣는다. 지문 초중반에서 "I'm calling about a complication regarding my mail service(제 우편 서비스 관련 문제에 대해 전화드립니다)"라고 한 후, "my deliveries have not yet resumed(배송이 아직 재개되지 않았습니다)"라고 하였다. 이를 통해, 화자가 서비스가 다시 시작하지 않은 문제점을 언급하고 있음을 알 수 있다. 따라서 (C)가 정답이다.

어휘 **damage** 손상을 주다

패러프레이징

> have not yet resumed 아직 재개되지 않았다
> → has not started again 다시 시작하지 않았다

88 특정 세부 사항 문제 중 ●●○

해석 화자는 그녀가 무엇을 이미 했다고 말하는가?
(A) 영수증에 서명했다.
(B) 편지를 보냈다.
(C) 사무실을 방문했다.
(D) 온라인 문의를 했다.

해설 질문의 핵심어구(speaker ~ already done)와 관련된 내용을 주의 깊게 듣는다. 지문 후반부에서 "I've already asked about this on your Web site(저는 당신의 웹사이트에서 이미 이것에 대해 문의했어요)"라고 하였다. 따라서 (D)가 정답이다.

어휘 **inquiry** 문의

패러프레이징

> asked 문의했다 → made an ~ inquiry 문의를 했다

89-91 ③ 호주식 발음

Questions 89-91 refer to the following announcement.

> ⁸⁹**I'd like to discuss one more thing about the TV show,** *Saving Us All*, **which we plan to premiere in March. It received positive reviews** from the focus group on Tuesday. We did, however, receive some criticism for the song used at the beginning of the show. The producer and I agree with that, so we're going to choose a new song. I've sent a few songs to your e-mails, and ⁹⁰/⁹¹**I'd like you all to listen to them and let me know which you think is best.** ⁹¹**I'll be meeting the producer again next Tuesday.**

premiere 개봉하다, 첫 방송을 하다 focus group 포커스 그룹 criticism 비판
producer 제작자

해석
89-91번은 다음 공지에 관한 문제입니다.
⁸⁹3월에 개봉할 예정인 TV 프로그램 *Saving Us All*에 대해 한 가지를 더 논의하고 싶습니다. 그것은 화요일에 포커스 그룹으로부터 긍정적인 평가를 받았습니다. 하지만, 프로그램 초반에 사용된 곡에 대해서는 약간의 비판을 받았어요. 제작자와 저는 그것에 동의해서, 새로운 노래를 선택할 것입니다. 여러분의 이메일로 몇 곡을 보내드렸고, ⁹⁰/⁹¹그것들을 들어보시고 어떤 곡이 가장 좋다고 생각하시는지 알려주시기 바랍니다. ⁹¹저는 다음 주 화요일에 제작자를 다시 만날 거예요.

89 주제 문제 하 ●○○

해석 공지는 주로 무엇에 대한 것인가?
(A) 상영 날짜
(B) 프로젝트의 기간
(C) 경영진으로부터의 조언

(D) 프로그램 평가

해설 공지의 주제를 묻는 문제이므로, 지문의 초반을 주의 깊게 듣는다. 화자가 "I'd like to discuss one more thing about the TV show ~. It received positive reviews(TV 프로그램에 대해 한 가지를 더 논의하고 싶습니다. 그것은 긍정적인 평가를 받았습니다)"라고 한 후, 프로그램 평가에 대한 내용으로 지문이 이어지고 있다. 따라서 (D)가 정답이다.

어휘 **duration** 기간

최고난도 문제

90 요청 문제 상 ●●●

해석 청자들은 무엇을 하도록 요청받는가?
(A) 휴대폰을 무음으로 한다.
(B) 선호를 나타낸다.
(C) 다른 시리즈를 제작한다.
(D) 한 무리의 사람들을 만난다.

해설 지문의 중후반에서 요청과 관련된 표현이 포함된 문장을 주의 깊게 듣는다. "I'd like you all to listen to them and let me know which you think is best(그것들을 들어보시고 어떤 곡이 가장 좋다고 생각하시는지 알려주시기 바랍니다)"라고 하였다. 이를 통해, 청자들은 선호를 나타내도록 요청받고 있음을 알 수 있다. 따라서 (B)가 정답이다.

어휘 **indicate** 나타내다 **preference** 선호

패러프레이징

> which you think is best 가장 좋다고 생각하는지 → preference 선호

91 의도 파악 문제 상 ●●●

해석 화자는 왜 "저는 다음 주 화요일에 제작자를 다시 만날 거예요"라고 말하는가?
(A) 마감 기한을 알리기 위해
(B) 일정을 변경하기 위해
(C) 오류를 정정하기 위해
(D) 항의를 하기 위해

해설 질문의 인용어구(I'll be meeting the producer again next Tuesday)가 언급된 주변을 주의 깊게 듣는다. 지문 후반부에서 "I'd like you all to listen to them and let me know which you think is best(그것들을 들어보시고 어떤 곡이 가장 좋다고 생각하시는지 알려주시기 바랍니다)"라며 다음 주 화요일에 제작자를 다시 만난다고 하였으므로, 마감 기한을 알리려는 의도임을 알 수 있다. 따라서 (A)가 정답이다.

어휘 **complaint** 항의, 불평

92-94 ③ 캐나다식 발음

Questions 92-94 refer to the following introduction.

> Everyone, I'd like to introduce Noel Spark. ⁹²**Mr. Spark has recently been promoted to chief of the West Port Fire Department.** As the new fire chief, ⁹³**Mr. Spark will be regularly stopping by your local stations to conduct safety inspections.** He'll also be in charge of purchasing new equipment and managing departmental resources. I know many of you are hoping to speak to Mr. Spark, so ⁹⁴**he will be joining us for a small reception right after his speech.** Please give a round of applause for Mr. Spark.

promote 승진하다 chief 서장 fire department 소방서

regularly 정기적으로 conduct 실시하다 safety inspection 안전 점검
resource 자원 reception 환영회 applause 박수

해석
92-94번은 다음 소개에 관한 문제입니다.

여러분, Noel Spark를 소개하겠습니다. ⁹²Mr. Spark는 최근 West Port 소방서장으로 승진했습니다. 신임 소방서장으로서, ⁹³Mr. Spark는 정기적으로 여러분의 지역 소방서에 들러 안전 점검을 실시할 예정입니다. 그는 또한 새 장비 구입과 부서 자원 관리를 담당할 것입니다. 많은 분들이 Mr. Spark와 이야기하기를 바라고 있다는 것을 알고 있으니, ⁹⁴그가 연설이 끝난 직후에 작은 환영회에 우리와 함께할 겁니다. Mr. Spark를 위해 박수 부탁드립니다.

92 언급 문제   중 ●●○

해석 Mr. Spark에 대해 무엇이 언급되는가?
(A) 새로운 부서로 전근했다.
(B) 직장에서 은퇴했다.
(C) 더 많은 장비를 주문했다.
(D) 승진을 했다.

해설 질문의 핵심어구(Mr. Spark)와 관련된 내용을 주의 깊게 듣는다. 지문 초반부에서 "Mr. Spark has recently been promoted to chief of the West Port Fire Department(Mr. Spark는 최근 West Port 소방서장으로 승진했습니다)"라고 하였다. 따라서 (D)가 정답이다.

어휘 transfer 전근하다 retire 은퇴하다

패러프레이징

has ~ been promoted 승진했다 → given a promotion 승진을 했다

93 이유 문제   중 ●●○

해석 화자에 따르면, Mr. Spark는 왜 지역 소방서들을 방문할 것인가?
(A) 정보를 제공하는 연설을 하기 위해
(B) 사무용품을 구매하기 위해
(C) 점검을 실시하기 위해
(D) 직원들을 교육하기 위해

해설 질문의 핵심어구(visit local stations)와 관련된 내용을 주의 깊게 듣는다. 지문 중반부에서 "Mr. Spark will be regularly stopping by your local stations to conduct safety inspections(Mr. Spark는 정기적으로 여러분의 지역 소방서에 들러 안전 점검을 실시할 예정입니다)"라고 하였다. 따라서 (C)가 정답이다.

어휘 office supply 사무용품 carry out 실시하다 train 교육하다

패러프레이징

conduct 실시하다 → carry out 실시하다

94 다음에 할 일 문제   중 ●●○

해석 연설 후에 청자들은 무엇을 할 것인가?
(A) 시연을 본다.
(B) 행사에 등록한다.
(C) 설문을 작성한다.
(D) 모임에 참가한다.

해설 질문의 핵심어구(after ~ speech)가 언급된 주변을 주의 깊게 듣는다. 지문 후반부에서 "he[Mr. Spark] will be joining us for a small reception right after his speech(Mr. Spark가 연설이 끝난 직후에 작은 환영회에 우리

와 함께할 겁니다)"라고 하였다. 이를 통해, 청자들이 연설 후에 모임에 참가할 것임을 알 수 있다. 따라서 (D)가 정답이다.

어휘 demonstration 시연 gathering 모임

패러프레이징

reception 환영회 → gathering 모임

95-97 ③ﬨ 미국식 발음

Questions 95-97 refer to the following announcement and map.

⁹⁵**Welcome to the Devin Mall.** We are excited to inform you that ⁹⁶**Devin Mall's food fair will be held this weekend. It will be located in the parking lot across the street from our mall.** Unfortunately, this means that customers won't be able to use that area for parking during the event. Instead, please park in one of the other nearby lots. Finally, ⁹⁷**don't forget to buy your admission passes to the fair at any kiosk in Devin Mall**. The cost is $10 per person and includes one meal and drink.

fair 박람회 locate 위치하다 across 건너편에 lot 부지 finally 마지막으로
admission pass 입장권

해석
95-97번은 다음 공지와 지도에 관한 문제입니다.

⁹⁵Devin 쇼핑몰에 오신 것을 환영합니다. ⁹⁶Devin 쇼핑몰의 음식 박람회가 이번 주말에 열린다는 소식을 알려 드리게 되어 기쁩니다. 그것은 저희 쇼핑몰에서 길 건너편 주차장에 위치할 것입니다. 안타깝게도, 이는 고객 분들께서 행사 기간 동안에는 그 공간을 주차장으로 사용할 수 없을 것이라는 점을 의미합니다. 대신, 근처에 있는 다른 부지에 주차해 주세요. 마지막으로, ⁹⁷Devin 쇼핑몰에 있는 어느 키오스크에서든 박람회 입장권을 사는 것을 잊지 마세요. 비용은 1인당 10달러이며 식사 한 끼와 음료 1개가 포함되어 있습니다.

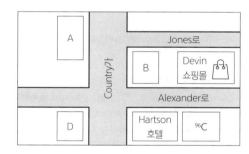

95 청자 문제   하 ●○○

해석 청자들은 누구인 것 같은가?
(A) 쇼핑객
(B) 축제 기획자
(C) 뉴스 기자
(D) 판매 직원

해설 지문에서 신분 및 직업과 관련된 표현을 놓치지 않고 듣는다. 지문 초반부에서 "Welcome to the Devin Mall(Devin 쇼핑몰에 오신 것을 환영합니다)"이라고 하였다. 이를 통해, 청자들이 쇼핑객임을 알 수 있다. 따라서 (A)가 정답이다.

어휘 planner 기획자 personnel 직원

96 시각 자료 문제 　　　　　중 ●●○

해석　시각 자료를 보아라. 어떤 부지가 행사를 위해 사용될 것인가?
(A) A
(B) B
(C) C
(D) D

해설　지도의 정보를 확인한 후 질문의 핵심어구(lot ~ used for an event)와 관련된 내용을 주의 깊게 듣는다. 지문 중반부에서 "Devin Mall's food fair will be held this weekend. It will be located in the parking lot across the street from our mall(Devin 쇼핑몰의 음식 박람회가 이번 주말에 열립니다. 그것은 저희 쇼핑몰에서 길 건너편 주차장에 위치할 것입니다)"이라고 하였으므로, C 부지가 행사를 위해 사용될 것임을 지도에서 알 수 있다. 따라서 (C)가 정답이다.

97 특정 세부 사항 문제 　　　　　중 ●●○

해석　청자들은 무엇을 하라고 상기되는가?
(A) 대중교통을 이용한다.
(B) 표를 구매한다.
(C) 주차권을 보여준다.
(D) 새로운 메뉴 품목을 시도해 본다.

해설　질문의 핵심어구(reminded to do)와 관련된 내용을 주의 깊게 듣는다. 지문 후반부에서 "don't forget to buy your admission passes to the fair at any kiosk in Devin Mall(Devin 쇼핑몰에 있는 어느 키오스크에서든 박람회 입장권을 사는 것을 잊지 마세요)"이라고 하였다. 이를 통해, 청자들이 표를 구매하라고 상기됨을 알 수 있다. 따라서 (B)가 정답이다.

어휘　remind 상기시키다

패러프레이징

admission passes 입장권 → ticket 표

98-100 [3m] 영국식 발음

Questions 98-100 refer to the following telephone message and order form.

Ken, it's Sally Griswald. I want to talk to you about something before I go to the meeting. **⁹⁸I sent you an e-mail about the supplies we ordered to rearrange the displays in the main hall next week.** Well, I sent you incorrect information. Enough wall mounts, tables, and lights have been ordered. However, **⁹⁹we need twice as many glass cases for pottery displays.** It's not too late to modify the order, so please call and do that. Oh, one other thing. **¹⁰⁰You'd better pay extra to make sure the items are sent to us by Wednesday.**

supply 물품　rearrange 재배치하다　incorrect 잘못된　wall mount 벽걸이
pottery 도자기　modify 수정하다

해석
98-100번은 다음 전화 메시지와 주문 양식에 관한 문제입니다.

Ken, Sally Griswald입니다. 제가 오늘 오후 회의에 가기 전에 당신에게 이야기하고 싶은 것이 있어요. ⁹⁸다음 주에 메인 홀의 전시를 재배치하기 위해 우리가 주문한 물품에 대한 메일을 보냈는데요. 음, 제가 당신에게 잘못된 정보를 보냈습니다. 벽걸이, 식탁 및 조명은 충분히 주문되었습니다. 하지만, ⁹⁹도자기 전시를 위해 유리 진열장이 2배 더 필요해요. 아직 주문을 수정하기에 너무 늦지 않았으니, 전화해서 그렇

게 해 주세요. 아, 한 가지 더요. ¹⁰⁰확실하게 수요일까지 물건들이 우리에게 발송되도록 추가 요금을 내시는 것이 좋을 거예요.

주문 양식	
품목	수량
벽걸이	12
식탁	5
조명	18
유리 진열장	⁹⁹7

98 다음에 할 일 문제 　　　　　상 ●●●

해석　다음 주에 무슨 일이 일어날 것 같은가?
(A) 박물관이 특별 손님을 접대할 것이다.
(B) 사업 회의가 개최될 것이다.
(C) 예술가가 작품들을 전시할 것이다.
(D) 박물관이 재편성될 것이다.

해설　질문의 핵심어구(next week)가 언급된 주변을 주의 깊게 듣는다. 지문 초반부에서 "I sent you an e-mail about the supplies ~ to rearrange the displays in the main hall next week(다음 주에 메인 홀의 전시를 재배치하기 위한 물품에 대한 메일을 보냈는데요)"이라고 하였다. 이를 통해, 박물관이 재편성될 것임을 알 수 있다. 따라서 (D)가 정답이다.

어휘　host 접대하다　reorganize 재편성하다

패러프레이징

rearrange 재배치하다 → be reorganized 재편성되다

99 시각 자료 문제 　　　　　중 ●●○

해석　시각 자료를 보아라. 어떤 숫자가 잘못되었는가?
(A) 12
(B) 5
(C) 18
(D) 7

해설　주문 양식의 정보를 확인한 후, 질문의 핵심어구(number ~ incorrect)와 관련된 내용을 주의 깊게 듣는다. 지문 중반부에서 "we need twice as many glass cases for pottery displays(도자기 전시를 위해 유리 진열장이 2배 더 필요해요)"라고 하였으므로, 유리 진열장의 수량인 7이 잘못되었음을 주문 양식에서 알 수 있다. 따라서 (D)가 정답이다.

100 제안 문제 　　　　　상 ●●●

해석　화자는 무엇을 제안하는가?
(A) 예술 작품을 교체하기
(B) 속달 운송을 요청하기
(C) 이메일을 전달하기
(D) 줄어든 예산을 확인하기

해설　화자의 말에서 제안과 관련된 표현이 언급된 다음을 주의 깊게 듣는다. 지문 후반부에서 "You'd better pay extra to make sure the items are sent to us by Wednesday(확실하게 수요일까지 물건들이 우리에게 발송되도록 추가 요금을 내시는 것이 좋을 거예요)"라고 하였다. 이를 통해, 화자는 속달 운송을 요청할 것을 제안하고 있음을 알 수 있다. 따라서 (B)가 정답이다.

어휘　delivery 운송　forward 전달하다, 전송하다

PART 1

1 (A)	2 (D)	3 (B)	4 (A)	5 (D)
6 (C)				

PART 2

7 (A)	8 (C)	9 (B)	10 (C)	11 (C)
12 (A)	13 (B)	14 (A)	15 (B)	16 (B)
17 (C)	18 (A)	19 (B)	20 (B)	21 (A)
22 (A)	23 (C)	24 (C)	25 (A)	26 (B)
27 (C)	28 (A)	29 (B)	30 (C)	31 (A)

PART 3

32 (C)	33 (D)	34 (A)	35 (A)	36 (C)
37 (B)	38 (B)	39 (A)	40 (B)	41 (A)
42 (C)	43 (D)	44 (B)	45 (A)	46 (C)
47 (D)	48 (C)	49 (D)	50 (B)	51 (D)
52 (C)	53 (D)	54 (C)	55 (A)	56 (D)
57 (A)	58 (B)	59 (D)	60 (B)	61 (A)
62 (B)	63 (C)	64 (A)	65 (A)	66 (D)
67 (B)	68 (C)	69 (C)	70 (B)	

PART 4

71 (A)	72 (D)	73 (B)	74 (C)	75 (B)
76 (A)	77 (D)	78 (A)	79 (A)	80 (D)
81 (B)	82 (C)	83 (B)	84 (A)	85 (C)
86 (B)	87 (C)	88 (A)	89 (D)	90 (C)
91 (C)	92 (D)	93 (C)	94 (D)	95 (D)
96 (A)	97 (B)	98 (D)	99 (B)	100 (C)

PART 1

1 [3l] 미국식 발음

하 ●○○

(A) He is looking at an item.
(B) He is setting up some shelves.
(C) He is paying for a product.
(D) He is pushing a cart in a store.

pay for 값을 지불하다 push 밀다

해석 (A) 그는 제품을 보고 있다.
(B) 그는 몇몇 선반을 설치하고 있다.
(C) 그는 상품의 값을 지불하고 있다.
(D) 그는 가게에서 카트를 밀고 있다.

해설 1인 사진
(A) [o] 남자가 제품을 보고 있는 모습을 정확히 묘사한 정답이다.

(B) [×] setting up some shelves(몇몇 선반을 설치하고 있다)는 남자의 동작과 무관하므로 오답이다. 사진에 있는 선반(shelves)을 사용하여 혼동을 주었다.
(C) [×] paying for a product(상품의 값을 지불하고 있다)는 남자의 동작과 무관하므로 오답이다. 사진에 있는 상품(product)을 사용하여 혼동을 주었다.
(D) [×] 사진에서 카트를 확인할 수 없으므로 오답이다. 사진의 장소인 가게(store)를 사용하여 혼동을 주었다.

2 [3l] 호주식 발음

하 ●○○

(A) She is putting on a seatbelt.
(B) She is getting on a bus.
(C) She is removing a jacket.
(D) She is holding a railing.

seatbelt 안전벨트 remove (옷 등을) 벗다 railing 손잡이, 난간

해석 (A) 그녀는 안전벨트를 매고 있다.
(B) 그녀는 버스에 올라타고 있다.
(C) 그녀는 재킷을 벗고 있다.
(D) 그녀는 손잡이를 잡고 있다.

해설 1인 사진
(A) [×] putting on a seatbelt(안전벨트를 매고 있다)는 여자의 동작과 무관하므로 오답이다.
(B) [×] 여자가 버스에 타 있는 상태인데 버스에 올라타고 있다고 잘못 묘사했으므로 오답이다. 사진의 장소인 버스(bus)를 사용하여 혼동을 주었다.
(C) [×] removing a jacket(재킷을 벗고 있다)은 여자의 동작과 무관하므로 오답이다. 사진에 있는 재킷(jacket)을 사용하여 혼동을 주었다.
(D) [o] 여자가 손잡이를 잡고 있는 상태를 가장 잘 묘사한 정답이다.

3 [3l] 영국식 발음

상 ●●●

(A) Some bags are piled on the floor.
(B) A passenger is passing through a gate.
(C) A shuttle bus is arriving at a terminal.
(D) Some travelers are lined up at a door.

pile 쌓다 passenger 승객 pass through 지나가다, 통과하다 gate 출입구

해석 (A) 몇몇 가방들이 바닥에 쌓여 있다.
(B) 한 승객이 출입구를 지나가고 있다.
(C) 셔틀버스가 터미널에 도착하고 있다.
(D) 몇몇 여행객들이 문에 줄을 서 있다.

해설 2인 이상 사진
(A) [×] 사진에서 바닥에 쌓여 있는 가방들을 확인할 수 없으므로 오답이다.
(B) [o] 한 승객이 출입구를 지나가고 있는 모습을 가장 잘 묘사한 정답이다.
(C) [×] 사진에 셔틀버스가 없으므로 오답이다. 사진의 장소인 터미널

(terminal)을 사용하여 혼동을 주었다.

(D) [×] 사진에 문에 줄을 서 있는(lined up at a door) 사람들이 없으므로 오답이다.

4 🔊 캐나다식 발음　　하 ●○○

(A) **He is reaching out his arm.**
(B) He is tying his shoes.
(C) He is fixing a wall.
(D) He is turning on a light.

reach out 뻗다　tie 묶다　fix 수리하다　turn on 켜다　light 조명, 불

해석　(A) 그는 팔을 뻗고 있다.
　　(B) 그는 그의 신발 끈을 묶고 있다.
　　(C) 그는 벽을 수리하고 있다.
　　(D) 그는 조명을 켜고 있다.

해설　1인 사진
　　(A) [○] 남자가 팔을 뻗고 있는 모습을 가장 잘 묘사한 정답이다.
　　(B) [×] tying his shoes(그의 신발 끈을 묶고 있다)는 남자의 동작과 무관하므로 오답이다. 사진의 신발(shoes)을 사용하여 혼동을 주었다.
　　(C) [×] fixing a wall(벽을 수리하고 있다)은 남자의 동작과 무관하므로 오답이다.
　　(D) [×] turning on a light(조명을 켜고 있다)는 남자의 동작과 무관하므로 오답이다.

5 🔊 영국식 발음　　중 ●●○

(A) A table has been set for a meal.
(B) Vegetables are being cooked on a stove.
(C) A pot is being washed in a sink.
(D) **Dishes have been stacked on a counter.**

stove 가스레인지, 화로　dish (접시 모양의 오목한) 그릇　stack 쌓다
counter 조리대

해석　(A) 탁자가 식사를 위해 준비되어 있다.
　　(B) 채소가 가스레인지에서 요리되고 있다.
　　(C) 냄비가 싱크대에서 세척되고 있다.
　　(D) **그릇들이 조리대에 쌓여 있다.**

해설　사물 및 풍경 사진
　　(A) [×] 사진에서 식사를 위해 준비된 탁자를 확인할 수 없으므로 오답이다.
　　(B) [×] 사진에서 채소가 가스레인지에서 요리되고 있는지 확인할 수 없으므로 오답이다. 사진에 있는 주방과 관련 있는 stove(가스레인지)를 사용하여 혼동을 주었다.
　　(C) [×] 사진에서 싱크대(sink)를 확인할 수 없으므로 오답이다.
　　(D) [○] 그릇들이 조리대에 쌓여 있는 상태를 정확히 묘사한 정답이다.

6 🔊 호주식 발음　　중 ●●○

(A) They are closing the curtains.
(B) A plant is being watered.
(C) **They are facing each other.**
(D) A table cloth is being folded.

water (식물에) 물을 주다　face each other 서로 마주 보다
table cloth 식탁보　fold 접다

해석　(A) 그들은 커튼을 닫고 있다.
　　(B) 식물에 물을 주고 있다.
　　(C) **그들은 서로 마주 보고 있다.**
　　(D) 식탁보가 접히고 있다.

해설　2인 이상 사진
　　(A) [×] closing the curtains(커튼을 닫고 있다)는 사람들의 동작과 무관하므로 오답이다. 사진에 있는 커튼(curtains)을 사용하여 혼동을 주었다.
　　(B) [×] 사진에서 식물은 보이지만 사람들이 식물에 물을 주고 있는 모습은 아니므로 오답이다.
　　(C) [○] 사람들이 서로 마주 보고 있는 모습을 가장 잘 묘사한 정답이다.
　　(D) [×] 사진에서 식탁보는 보이지만 접히고 있는(is being folded) 모습은 아니므로 오답이다.

PART 2

7 🔊 미국식 발음 → 캐나다식 발음　　하 ●○○

Who redecorated the waiting room?
(A) **That would be Margaret.**
(B) With special permission.
(C) 30 pounds.

redecorate 다시 장식하다, 실내를 개조하다　permission 승인, 허가

해석　누가 대기실을 다시 장식했나요?
　　(A) **아마 Margaret일 거예요.**
　　(B) 특별 승인을 받아서요.
　　(C) 30파운드예요.

해설　Who 의문문
　　(A) [○] 아마 Margaret일 거라며 대기실을 다시 장식한 인물을 언급했으므로 정답이다.
　　(B) [×] 누가 대기실을 다시 장식했는지를 물었는데, 특별 승인을 받아서라며 관련이 없는 내용으로 응답했으므로 오답이다.
　　(C) [×] 누가 대기실을 다시 장식했는지를 물었는데, 30파운드라며 관련이 없는 내용으로 응답했으므로 오답이다.

8 🔊 영국식 발음 → 호주식 발음　　하 ●○○

When should I take down the store sign?
(A) In the mall.
(B) She is not here.
(C) **I'll go ask the manager.**

take down 내리다　sign 간판　mall 쇼핑센터

해석　언제 제가 가게 간판을 내려야 할까요?
　　(A) 쇼핑센터 안이에요.
　　(B) 그녀는 여기 없어요.
　　(C) **제가 관리자에게 가서 물어볼게요.**

해설　When 의문문
　　(A) [×] 언제 가게 간판을 내려야 할지를 물었는데, 쇼핑센터 안이라며 관련이 없는 내용으로 응답했으므로 오답이다.
　　(B) [×] 언제 가게 간판을 내려야 할지를 물었는데, 그녀는 여기에 없다며 관

련이 없는 내용으로 응답했으므로 오답이다.
(C) [o] 관리자에게 가서 물어보겠다는 말로 언제 가게 간판을 내려야 할지 모른다는 간접적인 응답을 했으므로 정답이다.

9 [3∰] 미국식 발음 → 호주식 발음   상 ●●●

Isn't it a bit early to take a lunch break?
(A) Yes, that's my suggestion.
(B) I often eat around 11 A.M.
(C) Mike stopped by half an hour ago.

lunch break 점심시간   often 보통, 자주

해석 점심시간을 갖기에는 조금 이르지 않나요?
(A) 네, 그것이 저의 제안이에요.
(B) 저는 보통 오전 11시 정도에 먹어요.
(C) Mike는 30분 전에 들렀어요.

해설 **부정 의문문**
(A) [x] lunch(점심)에서 연상할 수 있는 점심 메뉴와 관련된 suggestion(제안)을 사용하여 혼동을 준 오답이다. Yes만 듣고 정답으로 고르지 않도록 주의한다.
(B) [o] 자신은 보통 오전 11시 정도에 먹는다는 말로, 점심시간을 갖기에 이르지 않음을 전달했으므로 정답이다.
(C) [x] lunch break(점심시간)에서 연상할 수 있는 시간과 관련된 half an hour(30분)를 사용하여 혼동을 주었다.

10 [3∰] 캐나다식 발음 → 미국식 발음   중 ●●○

What did you think of the client?
(A) I really enjoyed the party.
(B) For a partnership deal.
(C) She is a good listener.

partnership 동업   deal 계약

해석 그 고객에 대해 어떻게 생각하셨나요?
(A) 저는 파티를 매우 즐겼어요.
(B) 동업 계약을 위해서요.
(C) 그녀는 남의 말을 경청하는 분이에요.

해설 **What 의문문**
(A) [x] 그 고객에 대해 어떻게 생각했는지를 물었는데, 파티를 매우 즐겼다며 관련이 없는 내용으로 응답했으므로 오답이다.
(B) [x] client(고객)와 관련 있는 partnership deal(동업 계약)을 사용하여 혼동을 준 오답이다.
(C) [o] 그녀는 남의 말을 경청하는 분이라며, 고객에 대한 의견을 언급했으므로 정답이다.

11 [3∰] 영국식 발음 → 호주식 발음   중 ●●○

Do you want to change offices or stay where you are?
(A) Thanks for the new keyboard.
(B) You can keep the change.
(C) I'm comfortable right here.

stay 지내다, 유지하다   change 잔돈, 거스름돈

해석 사무실을 바꾸고 싶으신가요, 아니면 지금 계신 곳에서 지내고 싶으신가요?
(A) 새로운 키보드 감사해요.

(B) 잔돈은 가지셔도 돼요.
(C) 저는 바로 여기가 편해요.

해설 **선택 의문문**
(A) [x] change(바꾸다)와 관련 있는 new keyboard(새로운 키보드)를 사용하여 혼동을 준 오답이다.
(B) [x] 질문의 change(바꾸다)를 '잔돈'이라는 의미로 사용하여 혼동을 준 오답이다.
(C) [o] right here(바로 여기)로 지금 있는 곳을 선택했으므로 정답이다.

12 [3∰] 캐나다식 발음 → 미국식 발음   하 ●○○

Where did you find the missing stapler?
(A) Behind the cabinet.
(B) I'm ready.
(C) Late yesterday morning.

missing 분실된   stapler 스테이플러   behind 뒤에   cabinet 보관함

해석 분실된 스테이플러를 어디에서 찾으셨나요?
(A) 보관함 뒤에서요.
(B) 저는 준비되었어요.
(C) 어제 아침 늦게요.

해설 **Where 의문문**
(A) [o] 보관함 뒤라며 분실된 스테이플러를 찾은 장소를 언급했으므로 정답이다.
(B) [x] 분실된 스테이플러를 어디에서 찾았는지를 물었는데, 자신은 준비되었다며 관련이 없는 내용으로 응답했으므로 오답이다.
(C) [x] 분실된 스테이플러를 찾은 장소를 물었는데, 시간으로 응답했으므로 오답이다.

13 [3∰] 영국식 발음 → 호주식 발음   중 ●●○

The sales team was very successful last quarter, wasn't it?
(A) Right before noon.
(B) Yes. We reached our goal.
(C) Seven members in total.

goal 목표

해석 영업팀은 지난 분기에 매우 성공적이었어요, 그렇지 않아요?
(A) 정오 바로 전이에요.
(B) 네. 우리는 목표에 도달했어요.
(C) 총 7명의 구성원들이요.

해설 **부가 의문문**
(A) [x] 영업팀이 지난 분기에 매우 성공적이었는지를 물었는데, 정오 바로 전이라며 관련이 없는 내용으로 응답했으므로 오답이다.
(B) [o] Yes로 영업팀이 지난 분기에 매우 성공적이었음을 전달한 후, 목표에 도달했다는 부연 설명을 했으므로 정답이다.
(C) [x] sales team(영업팀)과 관련 있는 members(구성원들)를 사용하여 혼동을 준 오답이다.

14 [3∰] 캐나다식 발음 → 미국식 발음   중 ●●○

Do you have the new issue of *Trend Magazine*?
(A) It hasn't come out yet.
(B) I'm ready to begin the interview.

해커스 토익 실전 1200제 LISTENING

(C) You'll find some photographs on the desk.

new 최근의, 신작의 **issue** (잡지·신문 같은 정기 간행물의) 호 **come out** 출간되다

해석 *Trend*지 최근 호를 갖고 계신가요?
(A) 그것은 아직 출간되지 않았어요.
(B) 저는 인터뷰를 시작할 준비가 되었어요.
(C) 당신은 책상 위에서 사진들을 찾을 수 있을 거예요.

해설 **조동사 의문문**
(A) [ㅇ] 그것은 아직 출간되지 않았다는 말로 *Trend*지 최근 호를 갖고 있지 않음을 간접적으로 전달했으므로 정답이다.
(B) [×] *Trend Magazine*(*Trend*지)과 관련 있는 interview(인터뷰)를 사용하여 혼동을 준 오답이다.
(C) [×] *Trend*지 최근 호를 갖고 있는지를 물었는데, 책상 위에서 사진들을 찾을 수 있을 거라며 관련이 없는 내용으로 응답했으므로 오답이다.

15 ③w 영국식 발음 → 캐나다식 발음 하 ●○○

How much did you spend on the television?
(A) That band is my favorite.
(B) About $500, I think.
(C) At the park.

spend 소비하다

해석 텔레비전에 얼마나 소비하셨나요?
(A) 그 밴드는 제가 제일 좋아하는 밴드예요.
(B) 약 500달러 정도인 것 같아요.
(C) 공원에서요.

해설 **How 의문문**
(A) [×] 텔레비전에 얼마나 소비했는지를 물었는데, 그 밴드는 자신이 제일 좋아하는 밴드라며 관련이 없는 내용으로 응답했으므로 오답이다.
(B) [ㅇ] 약 500달러 정도라며, 텔레비전에 소비한 금액을 언급했으므로 정답이다.
(C) [×] 텔레비전에 얼마나 소비했는지를 물었는데, 공원에서라며 관련이 없는 내용으로 응답했으므로 오답이다.

16 ③w 미국식 발음 → 호주식 발음 중 ●●○

Are family members covered by your health plan?
(A) During my next dental appointment.
(B) I will ask about that.
(C) It's made of a plastic.

health plan 의료 보험

해석 가족들이 당신의 의료 보험에 포함되나요?
(A) 제 다음 치과 진료 예약 동안에요.
(B) 제가 그것에 대해 물어볼게요.
(C) 이것은 플라스틱으로 만들어졌어요.

해설 **Be 동사 의문문**
(A) [×] health plan(의료 보험)과 관련 있는 dental appointment(치과 진료 예약)를 사용하여 혼동을 준 오답이다
(B) [ㅇ] 그것에 대해 물어보겠다는 말로 가족들이 의료 보험에 포함되는지 모른다는 간접적인 응답을 했으므로 정답이다.
(C) [×] 가족들이 의료 보험에 포함되는지를 물었는데, 이것은 플라스틱으로 만들어졌다며 관련이 없는 내용으로 응답했으므로 오답이다.

17 ③w 미국식 발음 → 캐나다식 발음 중 ●●○

The purpose of the workshop is to improve communication skills.
(A) It will be very difficult to locate, however.
(B) Lanta Corporation plans to expand.
(C) It sounds similar to the last one.

improve 향상시키다 **locate** 위치를 찾다 **last** 지난

해석 워크숍의 목적은 의사소통 기술을 향상시키는 것입니다.
(A) 하지만, 위치를 찾기가 매우 힘들 거예요.
(B) Lanta사는 확장할 계획이에요.
(C) 지난번 것과 비슷하게 들리네요.

해설 **평서문**
(A) [×] 질문의 purpose(목적)를 나타낼 수 있는 It을 사용하여 혼동을 준 오답이다.
(B) [×] purpose(목적)와 관련 있는 plans to expand(확장할 계획이다)를 사용하여 혼동을 준 오답이다.
(C) [ㅇ] 지난번 것, 즉 지난번 워크숍과 비슷하게 들린다는 말로 의견을 추가했으므로 정답이다.

18 ③w 영국식 발음 → 미국식 발음 중 ●●○

Summer is the best time to visit the resort, isn't it?
(A) Yes, that's when most people go.
(B) I will look at the report.
(C) Into the swimming pool.

해석 여름은 리조트를 방문하기 가장 좋은 때죠, 그렇지 않나요?
(A) 네, 그때 대부분의 사람들이 가죠.
(B) 저는 보고서를 볼 거예요.
(C) 수영장 안으로요.

해설 **부가 의문문**
(A) [ㅇ] Yes로 여름이 리조트를 방문하기 가장 좋은 때임을 전달한 후, 그때 대부분의 사람들이 간다는 부연 설명을 했으므로 정답이다.
(B) [×] resort – report의 유사 발음 어휘를 사용하여 혼동을 준 오답이다.
(C) [×] Summer(여름)와 관련 있는 swimming pool(수영장)을 사용하여 혼동을 준 오답이다.

19 ③w 캐나다식 발음 → 영국식 발음 하 ●○○

When will Nathaniel receive the certificate?
(A) He is an accountant.
(B) By the end of this month.
(C) We sent the pictures today.

certificate 자격증, 증명서

해석 Nathaniel이 언제 자격증을 받을까요?
(A) 그는 회계사예요.
(B) 이번 달 말에요.
(C) 저희가 오늘 사진들을 보냈어요.

해설 **When 의문문**
(A) [×] 질문의 Nathaniel을 나타낼 수 있는 He를 사용하여 혼동을 준 오답이다.
(B) [ㅇ] 이번 달 말이라는 특정 시점을 언급했으므로 정답이다.

(C) [×] 질문의 receive(받다)와 반대 의미인 sent(보냈다)를 사용하여 혼동을 준 오답이다.

20 [3] 호주식 발음 → 캐나다식 발음　　　　하 ●○○

Do you want me to save you a seat?
(A) Put it on the counter.
(B) That won't be necessary.
(C) They need to see a sample.

save a seat 자리를 마련하다

해석　제가 당신의 자리를 마련해 놓을까요?
(A) 이것을 계산대에 놓으세요.
(B) 그럴 필요는 없을 거예요.
(C) 그들은 견본을 봐야 해요.

해설　제안 의문문
(A) [×] 자리를 마련해 놓을지를 물었는데, 이것을 계산대에 놓으라며 관련이 없는 내용으로 응답했으므로 오답이다.
(B) [○] 그럴 필요는 없을 거라는 말로 자신의 자리를 마련해 놓지 않아도 됨을 간접적으로 전달했으므로 정답이다.
(C) [×] seat – see의 유사 발음 어휘를 사용하여 혼동을 준 오답이다.

21 [3] 호주식 발음 → 영국식 발음　　　　하 ●○○

Who knows how to use this program?
(A) One of the interns does.
(B) Seven hours.
(C) I already registered.

register 등록하다

해석　누가 이 프로그램을 사용하는 방법을 아시나요?
(A) 인턴 중 한 명이 알아요.
(B) 7시간이요.
(C) 저는 이미 등록했어요.

해설　Who 의문문
(A) [○] 인턴 중 한 명이라며 프로그램을 사용하는 방법을 아는 인물을 언급했으므로 정답이다.
(B) [×] 누가 이 프로그램을 사용하는 방법을 아는지를 물었는데, 시간으로 응답했으므로 오답이다.
(C) [×] 누가 이 프로그램을 사용하는 방법을 아는지를 물었는데, 자신은 이미 등록했다며 관련이 없는 내용으로 응답했으므로 오답이다.

22 [3] 캐나다식 발음 → 영국식 발음　　　　중 ●●○

Have you been to Venice Library since it reopened?
(A) I didn't know it was closed.
(B) Yes, he can.
(C) That should be fine.

reopen 다시 문을 열다

해석　Venice 도서관이 다시 문을 연 이후로 가본 적이 있나요?
(A) 저는 그것이 닫혔는지 몰랐어요.
(B) 네, 그는 할 수 있어요.
(C) 괜찮을 거예요.

해설　조동사 의문문
(A) [○] 그것이 닫혔는지 몰랐다는 말로 Venice 도서관이 다시 문을 연 이후로 가본 적이 없음을 간접적으로 전달했으므로 정답이다.
(B) [×] Venice 도서관이 다시 문을 연 이후로 가본 적이 있는지 물었는데, 그는 할 수 있다며 관련이 없는 내용으로 응답했으므로 오답이다. Yes만 듣고 정답으로 고르지 않도록 주의한다.
(C) [×] Venice 도서관이 다시 문을 연 이후로 가본 적이 있는지를 물었는데, 괜찮을 거라며 관련이 없는 내용으로 응답했으므로 오답이다.

23 [3] 미국식 발음 → 캐나다식 발음　　　　하 ●○○

Which report did you read?
(A) Three hundred.
(B) To the garden.
(C) The one about the marketing campaign.

report 보고서

해석　당신은 어느 보고서를 읽었나요?
(A) 300개요.
(B) 정원으로요.
(C) 홍보 캠페인에 대한 것이요.

해설　Which 의문문
(A) [×] 어느 보고서를 읽었는지를 물었는데, 300개라며 관련이 없는 내용으로 응답했으므로 오답이다.
(B) [×] 어느 보고서를 읽었는지를 물었는데, 장소로 응답했으므로 오답이다.
(C) [○] 홍보 캠페인에 대한 것이라며, 어느 보고서를 읽었는지를 언급했으므로 정답이다.

24 [3] 호주식 발음 → 미국식 발음　　　　중 ●●○

Why is Henry working overtime?
(A) Some training manuals.
(B) The bridge crosses Barton River.
(C) He is dealing with a complaint.

overtime 초과 근무

해석　왜 Henry는 초과 근무를 하고 있나요?
(A) 교육 설명서요.
(B) 그 다리는 Barton강을 가로질러요.
(C) 그는 불만을 처리하고 있어요.

해설　Why 의문문
(A) [×] working(근무를 하고 있다)에서 연상할 수 있는 회사 업무와 관련된 training manuals(교육 설명서)를 사용하여 혼동을 준 오답이다.
(B) [×] 왜 Henry가 초과 근무를 하고 있는지를 물었는데, 그 다리가 Barton강을 가로지른다며 관련이 없는 내용으로 응답했으므로 오답이다.
(C) [○] 그는 불만을 처리하고 있다는 말로 Henry가 초과 근무를 하고 있는 이유를 언급했으므로 정답이다.

25 [3] 호주식 발음 → 영국식 발음　　　　중 ●●○

Do any of your hotel rooms have balconies?
(A) Yes, all the suites.
(B) Tell Mr. Richards, too.
(C) Let's eat here.

balcony 발코니　suite 스위트룸

해석 당신의 호텔 방 중에 발코니가 있는 방이 있나요?
(A) 네, 모든 스위트룸이요.
(B) Mr. Richards에게도 말씀해 주세요.
(C) 여기에서 식사해요.

해설 **조동사 의문문**
(A) [o] Yes로 발코니가 있는 방이 있음을 전달한 후, 모든 스위트룸이라는 부연 설명을 했으므로 정답이다.
(B) [×] hotel – tell의 유사 발음 어휘를 사용하여 혼동을 준 오답이다.
(C) [×] 호텔 방 중에 발코니가 있는 방이 있는지를 물었는데, 여기에서 식사하자며 관련이 없는 내용으로 응답했으므로 오답이다.

---

26 캐나다식 발음 → 미국식 발음　　　　하 ●○○

Where can I buy a sofa?
(A) No, it's not comfortable.
(B) At Rodrigo's Furniture.
(C) I used to live in Boston.

comfortable 편한

해석 어디에서 소파를 살 수 있나요?
(A) 아니요, 이것은 편하지 않아요.
(B) Rodrigo's 가구점에서요.
(C) 저는 보스턴에 살았어요.

해설 **Where 의문문**
(A) [×] sofa(소파)와 관련 있는 comfortable(편하다)을 사용하여 혼동을 준 오답이다. Where 의문문에는 Yes/No 응답이 불가능한 점을 알아둔다.
(B) [o] Rodrigo's 가구점이라며 소파를 살 수 있는 장소를 언급했으므로 정답이다.
(C) [×] Where(어디)에서 연상할 수 있는 장소와 관련된 Boston(보스턴)을 사용하여 혼동을 주었다.

---

27 호주식 발음 → 미국식 발음　　　　상 ●●●

Can't we park in this spot?
(A) Here are the keys.
(B) The sign at the entrance.
(C) Don't you know the regulations?

spot 자리, 장소　regulation 규정

해석 이 자리에 주차할 수 없나요?
(A) 여기 열쇠들이 있어요.
(B) 입구에 있는 표지판이요.
(C) 당신은 규정을 모르시나요?

해설 **부정 의문문**
(A) [×] 이 자리에 주차할 수 없는지를 물었는데, 여기 열쇠들이 있다며 관련이 없는 내용으로 응답했으므로 오답이다.
(B) [×] 이 자리에 주차할 수 없는지를 물었는데, 입구에 있는 표지판이라며 관련이 없는 내용으로 응답했으므로 오답이다.
(C) [o] 규정을 모르는지를 되물어 이 자리에 주차할 수 없음을 간접적으로 전달했으므로 정답이다.

---

28 영국식 발음 → 미국식 발음　　　　상 ●●●

This school has strict entrance requirements.
(A) I'm still going to submit an application.

(B) We need to lower our voices.
(C) A class with Professor Chavez.

strict 엄격한　entrance requirement 입학 자격　application 지원서
lower 낮추다

해석 이 학교는 엄격한 입학 자격을 가지고 있어요.
(A) 저는 여전히 지원서를 제출할 예정이에요.
(B) 우리는 목소리를 낮춰야 해요.
(C) Chavez 교수의 수업이요.

해설 **평서문**
(A) [o] 여전히 지원서를 제출할 예정이라는 말로 학교의 입학 자격에 대한 의견을 제시했으므로 정답이다.
(B) [×] 이 학교는 엄격한 입학 자격을 가지고 있다고 말했는데, 목소리를 낮춰야 한다며 관련이 없는 내용으로 응답했으므로 오답이다.
(C) [×] school(학교)과 관련 있는 class(수업)와 Professor(교수)를 사용하여 혼동을 준 오답이다.

---

29 호주식 발음 → 영국식 발음　　　　상 ●●●

How do I request reimbursement for my travel expenses?
(A) It arrived on time.
(B) You should get the form from human resources.
(C) It is cheaper than expected.

reimbursement 상환　human resources 인사부

해석 어떻게 제 여행 경비에 대한 상환을 요청하나요?
(A) 그것은 제시간에 도착했어요.
(B) 인사부에서 양식을 받으셔야 해요.
(C) 제가 예상했던 것보다 더 저렴해요.

해설 **How 의문문**
(A) [×] 어떻게 여행 경비에 대한 상환을 요청하는지를 물었는데, 그것은 제시간에 도착했다며 관련이 없는 내용으로 응답했으므로 오답이다.
(B) [o] 인사부에서 양식을 받아야 한다며 상환을 요청하는 방법을 언급했으므로 정답이다.
(C) [×] expenses(경비)에서 연상할 수 있는 금액과 관련된 cheaper(더 저렴한)를 사용하여 혼동을 준 오답이다.

---

30 캐나다식 발음 → 미국식 발음　　　　중 ●●○

Would you like a bag for your groceries?
(A) Thanks for the information.
(B) It's the latest episode of the series.
(C) I brought one with me.

episode 회, 에피소드

해석 당신의 식료품을 위한 가방을 드릴까요?
(A) 정보 감사합니다.
(B) 이것은 그 시리즈의 최신 회예요.
(C) 제가 하나 갖고 왔어요.

해설 **제안 의문문**
(A) [×] 식료품을 위한 가방을 줄지를 물었는데, 정보 감사하다며 관련이 없는 내용으로 응답했으므로 오답이다. Thanks만 듣고 정답으로 고르지 않도록 주의한다.
(B) [×] groceries – series의 유사 발음 어휘를 사용하여 혼동을 준 오답이다.

(C) [o] 하나, 즉 가방을 갖고 왔다는 말로 제안을 간접적으로 거절한 정답이다.

Ethan Wallace called while he was transferring in Madrid.
(A) Did he leave a message?
(B) I've lived in Spain for 20 years.
(C) Please show me your flight ticket.

transfer 환승하다

해석 Ethan Wallace가 마드리드에서 환승하는 동안 전화했어요.
(A) 그가 메시지를 남겼나요?
(B) 저는 스페인에서 20년 동안 살았어요.
(C) 당신의 항공권을 보여주세요.

해설 평서문
(A) [o] 그, 즉 Ethan Wallace가 메시지를 남겼는지를 되물어 사실에 대한 추가 정보를 요청했으므로 정답이다.
(B) [×] Madrid(마드리드)와 관련 있는 Spain(스페인)을 사용하여 혼동을 준 오답이다.
(C) [×] transferring(환승하다)에서 연상할 수 있는 교통 수단과 관련된 flight ticket(항공권)을 사용하여 혼동을 준 오답이다.

PART 3

32-34 [3에] 영국식 발음 → 캐나다식 발음

Questions 32-34 refer to the following conversation.

W: ³²The next event being held at our hotel's reception hall is an employee appreciation dinner for Dynamic Technology. We've only got a few days to put up the decorations.
M: Are we going to use our standard décor?
W: Actually, no. ³³Freddy Cho, Dynamic Technology's lead director, specifically requested that we use maroon to match the firm's logo color.
M: ³⁴Does that mean we'll need to buy new supplies?
W: ³⁴Yes. We need tablecloths, and the event budget will cover the cost.

employee 직원 appreciation 감사 decoration 장식물
standard 일반적인 décor 장식 maroon 적갈색, 밤색
cover (무엇을 하기에 충분한 돈이) 되다

해석
32-34번은 다음 대화에 관한 문제입니다.
여: ³²우리 호텔 연회장에서 열릴 다음 행사는 Dynamic Technology사의 직원 감사 만찬입니다. 우리는 장식물을 걸 시간이 며칠밖에 없어요.
남: 우리는 일반적인 장식을 사용할 건가요?
여: 사실, 아니요. ³³Dynamic Technology사의 수석 감독인 Freddy Cho가 회사의 로고 색상과 어울리는 적갈색을 사용하도록 구체적으로 요청했어요.
남: ³⁴그것이 우리가 새 물품을 사야 하는 것을 의미하나요?
여: ³⁴네. 우리는 식탁보가 필요한데, 행사 예산으로 충분히 될 거예요.

---

32 화자 문제 중 ●●●

해석 화자들은 어디에서 일하는가?
(A) 기술 회사에서
(B) 회계 법인에서
(C) 호텔에서
(D) 식당에서

해설 대화에서 신분 및 직업과 관련된 표현을 놓치지 않고 듣는다. 대화 초반부에서 여자가 "The next event being held at our hotel's reception hall is an employee appreciation dinner(우리 호텔 연회장에서 열릴 다음 행사는 직원 감사 만찬입니다)"라고 한 것을 통해, 화자들이 호텔에서 일하는 것을 알 수 있다. 따라서 정답은 (C)이다.

어휘 accounting 회계

33 특정 세부 사항 문제 중 ●●●

해석 Freddy Cho는 누구인가?
(A) 잡지 편집자
(B) 실내 장식가
(C) 접수원
(D) 관리자

해설 질문의 핵심어구(Freddy Cho)가 언급된 주변을 주의 깊게 듣는다. 대화 중반부에서 여자가 "Freddy Cho, Dynamic Technology's lead director(Dynamic Technology사의 수석 감독인 Freddy Cho)"라고 하였다. 따라서 정답은 (D)이다.

패러프레이징

lead director 수석 감독 → manager 관리자

34 특정 세부 사항 문제 하 ●○○

해석 여자에 따르면, 어떤 물품이 구입되어야 하는가?
(A) 식탁보
(B) 꽃다발
(C) 의자 덮개
(D) 선물 가방

해설 질문의 핵심어구(item ~ purchased)와 관련된 내용을 주의 깊게 듣는다. 대화 후반부에서 남자가 "Does that mean we'll need to buy new supplies?(그것이 우리가 새 물품을 사야 하는 것을 의미하나요?)"라고 하자, 여자가 "Yes. We need tablecloths(네. 우리는 식탁보가 필요해요)"라고 하였다. 이를 통해, 식탁보가 구입되어야 함을 알 수 있다. 따라서 정답은 (A)이다.

어휘 bouquet 꽃다발

35-37 [3에] 호주식 발음 → 미국식 발음

Questions 35-37 refer to the following conversation.

M: Excuse me, Ms. Bowen. Is it all right if I leave the office one hour early today? ³⁵I have to pick my mother up from the airport this afternoon.
W: ³⁶That should be fine as long as you make sure to update your project schedule before you go.
M: ³⁷I just took care of that, actually. I'm working on the budget request forms now.
W: ³⁷I think that can wait. Thanks, though.

as long as ~하기만 하면, ~하는 한 can wait 급하지 않다

해석

35-37번은 다음 대화에 관한 문제입니다.

남: 실례합니다, Ms. Bowen. 제가 오늘 1시간 일찍 사무실을 떠나도 괜찮을까요? ³⁵저는 오늘 오후에 공항에서 어머니를 모셔 와야 해요.

여: 가기 전에 ³⁶당신의 프로젝트 일정을 확실히 업데이트하기만 하면 그것은 괜찮을 거예요.

남: ³⁷사실, 저는 막 그것을 처리했어요. 지금은 예산 신청서에 관해 작업하고 있어요.

여: ³⁷그것은 급하지 않은 것 같아요. 그렇지만, 감사해요.

35 특정 세부 사항 문제　　　　하 ●○○

해석　남자는 오늘 오후에 무엇을 해야 하는가?

(A) 공항에 간다.
(B) 방을 예약한다.
(C) 열차를 탄다.
(D) 계정을 만든다.

해설　질문의 핵심어구(this afternoon)가 언급된 주변을 주의 깊게 듣는다. 대화 초반부에서 남자가 "I have to pick my mother up from the airport this afternoon(저는 오늘 오후에 공항에서 어머니를 모셔 와야 해요)"이라고 하였다. 따라서 정답은 (A)이다.

어휘　account 계정

36 특정 세부 사항 문제　　　　하 ●○○

해석　여자는 남자에게 무엇을 업데이트하라고 말하는가?

(A) 예산안
(B) 기기
(C) 일정
(D) 응용 프로그램

해설　질문의 핵심어구(update)가 언급된 주변을 주의 깊게 듣는다. 대화 중반부에서 여자가 "That should be fine as long as you make sure to update your project schedule(당신의 프로젝트 일정을 확실히 업데이트하기만 하면 그것은 괜찮을 거예요)"이라고 하였다. 따라서 정답은 (C)이다.

어휘　application 응용 프로그램

37 의도 파악 문제　　　　상 ●●●

해석　여자는 "그것은 급하지 않은 것 같아요"라고 말할 때 무엇을 의도하는가?

(A) 고객이 기다릴 의향이 있다.
(B) 직원이 일찍 떠나도 된다.
(C) 수리가 매우 긴급하지 않다.
(D) 항공편이 취소되었다.

해설　질문의 인용어구(I think that can wait)가 언급된 주변을 주의 깊게 듣는다. 대화 후반부에서 남자가 "I just took care of that[project schedule], actually. I'm working on the budget request forms now(사실, 저는 막 프로젝트 일정을 처리했어요. 지금은 예산 신청서에 관해 작업하고 있어요)"라고 하자, 여자가 그것은 급하지 않은 것 같다고 하였으므로, 직원이 일찍 떠나도 된다는 의도임을 알 수 있다. 따라서 (B)가 정답이다.

어휘　urgent 긴급한

38-40　[3째] 미국식 발음 → 캐나다식 발음 → 영국식 발음

Questions 38-40 refer to the following conversation with three speakers.

> W1: A big snowstorm is expected in the region tomorrow. ³⁸**Maybe we should encourage staff to work from home.**
>
> M: I agree. And while we're on that subject, ³⁹**several employees recently complained about our firm not having a better telecommuting policy.**
>
> W2: I've heard that too. Many workers feel that they can do their daily tasks remotely.
>
> W1: Hmm . . . Will that reduce productivity?
>
> M: Actually, ⁴⁰**Ms. Kensington, other corporations have found that allowing telecommuting leads to higher efficiency and better employee morale.**
>
> W1: ⁴⁰**Interesting. Please e-mail me your research on that**, and I'll consider the change.

telecommuting 재택근무　feel (~라고) 생각하다, 느끼다
remotely 원격으로, 멀리서　efficiency 효율성　morale 사기, 의욕

해석

38-40번은 다음 세 명의 대화에 관한 문제입니다.

여1: 내일 이 지역에 거대한 눈보라가 예상된다고 해요. ³⁸어쩌면 우리는 직원들이 집에서 일하도록 장려해야 할 것 같아요.

남: 동의해요. 그리고 우리가 그 주제에 관해 이야기하고 있으니, ³⁹몇몇 직원들이 최근에 우리 회사가 더 나은 재택근무 정책을 갖고 있지 않은 것에 대해 불평했어요.

여2: 저도 그것을 들었어요. 많은 직원들이 그들의 일상 업무를 원격으로 할 수 있다고 생각해요.

여1: 흠… 그것이 생산성을 감소시킬까요?

남: 사실, ⁴⁰Ms. Kensington, 다른 기업들은 재택근무를 허용하는 것이 더 높은 효율성과 더 나은 직원들의 사기를 끌어낸다는 것을 발견했어요.

여1: ⁴⁰흥미롭네요. 그것에 관한 당신의 조사를 제게 이메일로 보내주세요, 그러면 제가 변경을 고려해 볼게요.

38 주제 문제　　　　상 ●●●

해석　화자들은 주로 무엇을 이야기하고 있는가?

(A) 설명서
(B) 회사 정책
(C) 면접
(D) 가게 개점

해설　대화의 주제를 묻는 문제이므로, 대화의 초반을 주의 깊게 듣는다. 여자1이 "Maybe we should encourage staff to work from home(어쩌면 우리는 직원들이 집에서 일하도록 장려해야 할 것 같아요)"이라고 한 후, 회사 정책에 대한 내용으로 대화가 이어지고 있다. 따라서 (B)가 정답이다.

어휘　business 회사

39 특정 세부 사항 문제　　　　하 ●○○

해석　몇몇 직원들은 최근에 무엇을 했는가?

(A) 불평을 했다.
(B) 추가 근무를 했다.
(C) 다른 사무실로 전근을 갔다.
(D) 몇몇 서류를 제출했다.

해설 질문의 핵심어구(employees)가 언급된 주변을 주의 깊게 듣는다. 대화 중반부에서 남자가 "several employees recently complained about our firm not having a better telecommuting policy(몇몇 직원들이 우리 최근에 회사가 더 나은 재택근무 정책을 갖고 있지 않은 것에 대해 불평했어요)"라고 하였다. 따라서 (A)가 정답이다.

40 요청 문제
하 ●○○

해석 Ms. Kensington은 무엇을 요청하는가?
(A) 견적서
(B) 조사
(C) 수리
(D) 발표

해설 질문의 핵심어구(Ms. Kensington)가 언급된 주변을 주의 깊게 듣는다. 대화 후반부에서 남자가 "Ms. Kensington, other corporations have found that allowing telecommuting leads to higher efficiency and better employee morale(Ms. Kensington, 다른 기업들은 재택근무를 허용하는 것이 더 높은 효율성과 더 나은 직원들의 사기를 끌어낸다는 것을 발견했어요)"이라고 하자, 여자1[Ms. Kensington]이 "Interesting. Please e-mail me your research on that(흥미롭네요. 그것에 관한 당신의 조사를 제게 이메일로 보내주세요)"이라고 하였다. 따라서 (B)가 정답이다.

어휘 estimate 견적서

41-43 [3에] 호주식 발음 → 영국식 발음

Questions 41-43 refer to the following conversation.

> M: **41I'm so sorry I didn't get here by 11 A.M.** I was at a meeting, and it took a lot longer than expected.
> W: **42You met with Ms. Mendez, our corporate financial advisor, right?**
> M: Correct. It was a productive meeting. She has some great ideas about our firm's investment plan.
> W: Good to hear. **43Since you arrived a bit late, our meeting about the publicity campaign will have to be delayed until tomorrow.** I've got to leave for a luncheon now.
> M: No problem. How does 10:30 A.M. sound to you?
> W: That'll work.
>
> advisor 자문 위원, 고문 investment 투자 publicity 홍보 delay 미루다
> luncheon 오찬

해석
41-43번은 다음의 대화에 관한 문제입니다.

남: 41오전 11시까지 이곳에 도착하지 못해서 정말 죄송해요. 회의를 했는데, 그것이 예상보다 훨씬 더 오래 걸렸어요.
여: 42당신은 우리 기업의 재정 자문 위원인 Ms. Mendez를 만났죠, 그렇죠?
남: 맞아요. 그것은 생산적인 회의였어요. 그녀는 우리 회사의 투자 계획에 관한 좋은 아이디어들을 갖고 있어요.
여: 좋네요. 43당신이 약간 늦게 도착했으니, 홍보 캠페인에 관한 우리 회의도 내일까지 미뤄져야겠어요. 저는 지금 오찬을 위해 출발해야 해요.
남: 문제없어요. 오전 10시 30분이 어떠실 것 같으세요?
여: 그때는 괜찮을 거예요.

41 특정 세부 사항 문제
중 ●●○

해석 남자는 무엇에 대해 사과하는가?

(A) 늦게 도착한 것
(B) 몇몇 자료를 잊은 것
(C) 잘못된 건물로 들어간 것
(D) 교육 세션을 놓친 것

해설 질문의 핵심어구(apologize)와 관련된 내용을 주의 깊게 듣는다. 대화 초반부에서 남자가 "I'm so sorry I didn't get here by 11 A.M.(오전 11시까지 이곳에 도착하지 못해서 정말 죄송해요)"이라고 하였다. 따라서 (A)가 정답이다.

어휘 forget 잊다 enter 들어가다

42 특정 세부 사항 문제
하 ●○○

해석 Ms. Mendez는 누구인가?
(A) 안전 감독관
(B) 개인 비서
(C) 재정 자문 위원
(D) 기업 회장

해설 질문의 핵심어구(Ms. Mendez)가 언급된 주변을 주의 깊게 듣는다. 대화 초반부에서 여자가 "You met with Ms. Mendez, our corporate financial advisor, right?(당신은 우리 기업의 재정 자문 위원인 Ms. Mendez를 만났죠, 그렇죠?)"이라고 하였다. 따라서 (C)가 정답이다.

어휘 inspector 감독관 chairperson 회장

43 요청 문제
하 ●○○

해석 여자는 남자에게 무엇을 하라고 요청하는가?
(A) 소개를 한다.
(B) 주문을 한다.
(C) 파트너와 함께 일한다.
(D) 회의를 미룬다.

해설 여자의 말에서 요청과 관련된 표현이 언급된 다음을 주의 깊게 듣는다. 대화 후반부에서 여자가 "Since you arrived a bit late, our meeting about the publicity campaign will have to be delayed until tomorrow(당신이 약간 늦게 도착했으니, 홍보 캠페인에 관한 우리 회의도 내일까지 미뤄져야겠어요)"라고 하였다. 따라서 (D)가 정답이다.

44-46 [3에] 호주식 발음 → 미국식 발음

Questions 44-46 refer to the following conversation.

> M: Hello, Ms. Rhine. Can you spare a few minutes? **44I'd like to discuss a job opening within our marketing firm. 45I'm interested in the position at our San Antonio branch.**
> W: **45San Antonio? . . . But, you've been doing very well here.**
> M: My parents live in that area, and I've wanted to be closer to them for a long time. So, here's my request form.
> W: I see. Well, **46I'll go over it and e-mail you my response by next Monday.**
> M: Thanks a lot.
>
> spare (시간을) 내다 job opening 채용 공고 position 자리

해석
44-46번은 다음의 대화에 관한 문제입니다.

남: 안녕하세요, Ms. Rhine. 몇 분 정도 시간 내 주실 수 있나요? 44저는 우리 홍보 회사 내에서의 채용 공고에 대해 논의하고 싶어요. 45저는 우리 샌안토니오 지점의 자리에 관심이 있어요.

여: ⁴⁵샌안토니오요?… 하지만, **당신은 이곳에서 매우 잘하고 있었잖아요.**

남: 제 부모님이 그 지역에 살고 계시고, 저는 오랫동안 그들과 더 가까워지길 원했어요. 그래서, 여기 제 신청서예요.

여: 알겠어요. 음, ⁴⁶제가 이것을 검토해 보고 다음 주 월요일까지 제 답변을 이메일로 보내드릴게요.

남: 정말 감사합니다.

44 화자 문제　　　　　　　　　　　중 ●●○

해석　화자들은 어디에서 일하는가?
　　　(A) 제조 공장에서
　　　(B) 광고 회사에서
　　　(C) 투자 회사에서
　　　(D) 여행사에서

해설　대화에서 신분 및 직업과 관련된 표현을 놓치지 않고 듣는다. 대화 초반부에서 남자가 "I'd like to discuss a job opening within our marketing firm (저는 우리 홍보 회사 내에서의 채용 공고에 대해 논의하고 싶어요)"이라고 한 것을 통해 화자들이 광고 회사에서 일한다는 것을 알 수 있다. 따라서 (B)가 정답이다.

어휘　advertising 광고

패러프레이징

> marketing firm 홍보 회사 → advertising company 광고 회사

최고난도 문제

45 의도 파악 문제　　　　　　　　상 ●●●

해석　여자는 왜 "당신은 이곳에서 매우 잘하고 있었잖아요"라고 말하는가?
　　　(A) 놀라움을 나타내기 위해
　　　(B) 격려해 주기 위해
　　　(C) 감사를 표현하기 위해
　　　(D) 제안을 주기 위해

해설　질문의 인용어구(you've been doing very well here)가 언급된 주변을 주의 깊게 듣는다. 대화 초반부에서 남자가 "I'm interested in the position at our San Antonio branch(저는 우리 샌안토니오 지점의 자리에 관심이 있어요)"라고 하자, 여자가 "San Antonio?(샌안토니오요?)"라며 하지만 당신은 이곳에서 매우 잘하고 있었다고 한 것을 통해, 놀라움을 나타내기 위한 의도임을 알 수 있다. 따라서 (A)가 정답이다.

어휘　surprise 놀라움　encouragement 격려　gratitude 감사
　　　extend 주다, 확대하다

46 다음에 할 일 문제　　　　　　중 ●●○

해석　여자는 다음 주 월요일까지 무엇을 할 것 같은가?
　　　(A) 관리자와 이야기한다.
　　　(B) 다른 지점을 방문한다.
　　　(C) 답변을 준다.
　　　(D) 휴가 신청서를 제출한다.

해설　질문의 핵심어구(next Monday)가 언급된 주변을 주의 깊게 듣는다. 대화 후반부에서 여자가 "I'll go over it and e-mail you my response by next Monday(제가 이것을 검토해 보고 다음 주 월요일까지 제 답변을 이메일로 보내드릴게요)"라고 하였다. 따라서 (C)가 정답이다.

어휘　turn in 제출하다

47-49 🎧 영국식 발음 → 캐나다식 발음

Questions 47-49 refer to the following conversation.

> W: Hi, Rodney. This is Jessica from the sales department. ⁴⁷**Can you take a look at my computer? I'm having some issues.**
>
> M: ⁴⁷**I'm trying to fix an ID card scanner right now, actually.** Is there something wrong with your computer?
>
> W: Yeah, ⁴⁸**it keeps shutting off while I'm working.**
>
> M: That doesn't sound good. I know you've got an older model, so it probably needs to be replaced. ⁴⁹**I'll call my colleague and ask him to take a look at it.**

shut off 끄다, 멈추다

해석
47-49번은 다음의 대화에 관한 문제입니다.

여: 안녕하세요, Rodney. 영업부의 Jessica예요. ⁴⁷제 컴퓨터를 한번 봐주실 수 있나요? 저는 문제를 겪고 있어요.

남: ⁴⁷저는 사실 지금 신분증 스캐너를 고치려는 중이에요. 당신의 컴퓨터에 무슨 문제가 있나요?

여: 네, ⁴⁸제가 작업하는 동안 이것이 계속 꺼져요.

남: 좋아 보이지는 않네요. 당신이 오래된 모델을 갖고 있는 것을 알고 있으니, 아마 교체되어야 할 것 같아요. ⁴⁹제가 동료에게 전화해서 그것을 봐달라고 요청할게요.

47 화자 문제　　　　　　　　　중 ●●○

해석　남자는 어느 부서에서 일하는 것 같은가?
　　　(A) 법무
　　　(B) 재정
　　　(C) 인사
　　　(D) 기술 지원

해설　대화에서 신분 및 직업과 관련된 표현을 놓치지 않고 듣는다. 대화 초반부에서 여자가 "Can you take a look at my computer? I'm having some issues(제 컴퓨터를 한번 봐주실 수 있나요? 저는 문제를 겪고 있어요)"라고 하자, 남자가 "I'm trying to fix an ID card scanner right now, actually(저는 사실 지금 신분증 스캐너를 고치려는 중이에요)"라고 한 것을 통해, 남자가 기술 지원 부서에서 일한다는 것을 알 수 있다. 따라서 (D)가 정답이다.

48 문제점 문제　　　　　　　　　중 ●●○

해석　여자는 무슨 문제를 언급하는가?
　　　(A) 동료들이 늦는다.
　　　(B) 보안 시스템이 혼동된다.
　　　(C) 장비가 제대로 작동하지 않는다.
　　　(D) 전화를 놓쳤다.

해설　여자의 말에서 부정적인 표현이 언급된 다음을 주의 깊게 듣는다. 대화 중반부에서 여자가 "it[computer] keeps shutting off while I'm working(제가 작업하는 동안 컴퓨터가 계속 꺼져요)"이라고 하였다. 따라서 (C)가 정답이다.

어휘　equipment 장비

49 다음에 할 일 문제　　　　　　중 ●●○

해석　남자는 무엇을 할 것이라고 말하는가?
　　　(A) 일정을 업데이트한다.

(B) 책상을 재배치한다.
(C) 새로운 구역으로 이동한다.
(D) 동료에게 연락한다.

해설 대화의 마지막 부분을 주의 깊게 듣는다. 남자가 "I'll call my colleague and ask him to take a look at it(제가 동료에게 전화해서 그것을 봐달라고 요청할게요)"이라고 하였다. 따라서 (D)가 정답이다.

어휘 rearrange 재배치하다

50-52 [3ₐ] 호주식 발음 → 미국식 발음

Questions 50-52 refer to the following conversation.

M: Kathy, ⁵⁰I was asked to proofread a report, but I'm having trouble understanding it.
W: Can you tell me what the report is about?
M: ⁵¹The report deals with banking regulations, which I don't have much experience with.
W: Honestly, I don't know a lot about that field either. If I were you, I'd explain the situation to Mr. Wiley. He's our regulations expert.
M: Yes, I suppose you're right. Is he in his office right now?
W: Not at the moment. ⁵²Just send him an e-mail instead.

deal with ~을 다루다 banking 은행 업무 regulation 규정

해석
50-52번은 다음의 대화에 관한 문제입니다.

남: Kathy, ⁵⁰저는 보고서를 교정해달라는 요청을 받았는데, 이것을 이해하는 데 문제를 겪고 있어요.
여: 보고서가 무엇에 관한 것인지 저에게 알려주시겠어요?
남: ⁵¹이 보고서는 제가 경험이 많지 않은 은행 업무 규정을 다뤄요.
여: 사실, 저도 그 분야에 대해 많이 알지 못해요. 제가 당신이라면, Mr. Wiley에게 상황을 설명하겠어요. 그가 우리 규정 전문가예요.
남: 네, 당신 말이 맞는 것 같아요. 그가 지금 그의 사무실에 있나요?
여: 지금은 없어요. ⁵²대신 그에게 이메일을 보내세요.

50 요청 문제   중 ●●○

해석 남자는 무엇을 하도록 요청받는가?
(A) 후보를 인터뷰한다.
(B) 보고서를 검토한다.
(C) 회의를 이끈다.
(D) 예산을 제출한다.

해설 질문의 핵심어구(asked to do)가 언급된 주변을 주의 깊게 듣는다. 대화 초반부에서 남자가 "I was asked to proofread a report(저는 보고서를 교정해달라는 요청을 받았어요)"라고 하였다. 따라서 (B)가 정답이다.

어휘 candidate 후보 session 회의, 회기

패러프레이징

proofread a report 보고서를 교정보다 → Review a report 보고서를 검토하다

최고난도 문제

51 문제점 문제   상 ●●●

해석 남자는 무슨 문제를 언급하는가?
(A) 회의에 참석할 수 없다.

(B) 프로젝트를 인계 받았다.
(C) 증명서를 찾을 수 없다.
(D) 주제를 잘 모른다.

해설 남자의 말에서 부정적인 표현이 언급된 다음을 주의 깊게 듣는다. 대화 중반부에서 남자가 "The report deals with banking regulations, which I don't have much experience with(이 보고서는 제가 경험이 많지 않은 은행 업무 규정을 다뤄요)"라고 하였다. 따라서 (D)가 정답이다.

어휘 take over 인계받다

52 제안 문제   하 ●○○

해석 여자는 남자에게 무엇을 하라고 제안하는가?
(A) 가구를 준비한다.
(B) 명함을 제시한다.
(C) 이메일을 작성한다.
(D) 전화 회담에 참여한다.

해설 여자의 말에서 제안과 관련된 표현이 언급된 다음을 주의 깊게 듣는다. 대화 후반부에서 여자가 "Just send him[Mr. Wiley] an e-mail instead(대신 Mr. Wiley에게 이메일을 보내세요)"라고 하였다. 따라서 (C)가 정답이다.

어휘 conference call 전화 회담

53-55 [3ₐ] 미국식 발음 → 캐나다식 발음

Questions 53-55 refer to the following conversation.

W: Hello. ⁵³This is Vickie Parsons calling about a heating problem that was reported in your apartment.
M: Yes, the radiator in my bedroom doesn't seem to be heating up. ⁵⁴It's a bit cold in the room.
W: I'm sorry for the inconvenience. ⁵⁵I'd like to send the repair person now, if that is OK with you.
M: Yeah, this is a good time for me. I'm currently at home.

radiator 난방기 heat up 따뜻해지다

해석
53-55번은 다음의 대화에 관한 문제입니다.

여: 안녕하세요. ⁵³저는 당신의 아파트에서 보고된 난방 문제에 대해 전화드리는 Vickie Parsons입니다.
남: 네, 제 침실의 난방기가 따뜻해지지 않는 것 같아요. ⁵⁴방 안이 조금 추워요.
여: 불편을 드려 죄송합니다. 당신께서 괜찮으시다면, ⁵⁵제가 지금 수리공을 보내드리려고 합니다.
남: 네, 제게는 지금이 괜찮은 시간이에요. 지금 집에 있어요.

53 목적 문제   상 ●●●

해석 여자는 왜 전화를 하고 있는가?
(A) 전시를 준비하기 위해
(B) 임대에 대해 문의하기 위해
(C) 구매에 관해 논의하기 위해
(D) 문제를 해결하기 위해

해설 전화의 목적을 묻는 문제이므로, 대화의 초반을 반드시 듣는다. 여자가 "This is Vickie Parsons calling about a heating problem that was reported in your apartment(저는 당신의 아파트에서 보고된 난방 문제에 대해 전화드리는 Vickie Parsons입니다)"라고 하였다. 따라서 (D)가 정답이다.

어휘 organize 준비하다 showing 전시, 공개

54 언급 문제   하 ●○○

해석 남자는 방에 대해 무엇을 언급하는가?
(A) 매우 크다.
(B) 점검 받았다.
(C) 조금 춥다.
(D) 다시 페인트칠 되었다.

해설 질문의 핵심어구(room)가 언급된 주변을 주의 깊게 듣는다. 대화 중반부에서 남자가 "It's a bit cold in the room(방 안이 조금 추워요)"이라고 하였다. 따라서 (C)가 정답이다.

어휘 inspect 점검하다

55 특정 세부 사항 문제   하 ●○○

해석 여자는 무엇을 하고 싶어 하는가?
(A) 직원을 보낸다.
(B) 약속을 연기한다.
(C) 임대차 계약을 성사시킨다.
(D) 환불해 준다.

해설 질문의 핵심어구(want to do)와 관련된 내용을 주의 깊게 듣는다. 대화 후반부에서 여자가 "I'd like to send the repair person now(제가 지금 수리공을 보내드리려고 합니다)"라고 하였다. 따라서 (A)가 정답이다.

어휘 negotiate 성사시키다, 협상하다   lease 임대차 계약

56-58 [3㎝] 호주식 발음 → 영국식 발음

Questions 56-58 refer to the following conversation.

M: Our bus has been stuck in traffic for a long time. What's going on, Janine?
W: ⁵⁶I bet that everyone's here for the Upstate Jazz Festival. It's held in Albany every July.
M: Oh, right. I think, we'll be arriving at our hotel later than planned.
W: That's for sure. I'm worried about our booking. ⁵⁷The receptionist at the hotel said that guests are encouraged to check in before 7 P.M. Do you think we'll have an issue?
M: I don't think so. ⁵⁸Guests can arrive any time before 11 P.M. I read it on the hotel's Web site this morning.
W: Oh, that's good to know.

---

stuck in traffic 교통 혼잡에 갇히다   booking 예약

해석
56-58번은 다음의 대화에 관한 문제입니다.
남: 우리 버스가 오랫동안 교통 혼잡에 갇힌 것 같아요. 무슨 일 있나요, Janine?
여: ⁵⁶모든 사람들이 Upstate Jazz 축제를 위해 여기에 온 것이 틀림없어요. 이것은 매년 7월에 올버니에서 열려요.
남: 아, 그러네요. 제 생각에는, 우리가 계획한 것보다 호텔에 늦게 도착하겠어요.
여: 확실히 그래요. 저는 우리 예약이 걱정돼요. ⁵⁷그 호텔의 접수 담당자가 투숙객은 오후 7시 전에 체크인하도록 권장된다고 말했어요. 우리에게 문제가 생길 거라고 생각하시나요?
남: 그럴 것 같진 않아요. ⁵⁸투숙객은 오후 11시 이전에 어느 때에나 도착할 수 있어요. 제가 오늘 아침에 호텔 웹사이트에서 이것을 읽었어요.
여: 아, 알게 돼서 다행이네요.

56 특정 세부 사항 문제   하 ●○○

해석 여자에 따르면, 무엇이 열리고 있는가?
(A) 운동 경기
(B) 사업 회의
(C) 휴일 퍼레이드
(D) 음악 축제

해설 질문의 핵심어구(taking place)와 관련된 내용을 주의 깊게 듣는다. 대화 초반부에서 여자가 "I bet that everyone's here for the Upstate Jazz Festival(모든 사람들이 Upstate Jazz 축제를 위해 여기에 온 것이 틀림없어요)"라고 하였다. 따라서 (D)가 정답이다.

어휘 convention 회의, 협약   parade 퍼레이드, 행진

57 언급 문제   중 ●●○

해석 접수 담당자에 대해 무엇이 언급되는가?
(A) 체크인 정보를 제공했다.
(B) 전화에 회신하지 않았다.
(C) 확인 번호를 요구한다.
(D) 업그레이드를 제공할 수 없다.

해설 질문의 핵심어구(receptionist)가 언급된 주변을 주의 깊게 듣는다. 대화 중반부에서 여자가 "The receptionist at the hotel said that guests are encouraged to check in before 7 P.M.(그 호텔의 접수 담당자가 투숙객은 오후 7시 전에 체크인하도록 권장된다고 말했어요)"이라고 하였다. 따라서 (A)가 정답이다.

58 특정 세부 문제   중 ●●○

해석 남자는 오늘 아침에 무엇을 했는가?
(A) 제품을 구매했다.
(B) 웹사이트에 방문했다.
(C) 소식지를 신청했다.
(D) 불만을 제기했다.

해설 질문의 핵심어구(this morning)가 언급된 주변을 주의 깊게 듣는다. 대화 후반부에서 남자가 "Guests can arrive any time before 11 P.M. I read it on the hotel's Web site this morning(투숙객은 오후 11시 이전에 어느 때에나 도착할 수 있어요. 제가 오늘 아침에 호텔 웹사이트에서 이것을 읽었어요)"이라고 하였다. 따라서 (B)가 정답이다.

어휘 newsletter 소식지   submit 제기하다, 제출하다

59-61 [3㎝] 캐나다식 발음 → 미국식 발음 → 호주식 발음

Questions 59-61 refer to the following conversation with three speakers.

M1: Isn't this piece of furniture supposed to go to a customer in New York City?
W: Yes, ⁵⁹the sofa has to be transported from our furniture store to his house. In fact, it needs to be brought there this afternoon.
M1: Should I take care of that delivery now?
W: Yes. Hold on, though. ⁶⁰I'll ask someone to help you . . . Donald, do you have a moment? I want you and Mike to load this furniture into our van.
M2: I'd be happy to, but ⁶¹I have to complete these order forms first. It won't take long.

W: OK. No problem.

transport 운송하다　take care of ~을 처리하다　van 트럭

해석

59-61번은 다음 세 명의 대화에 관한 문제입니다.

남1: 이 가구는 뉴욕시의 고객에게 가기로 되어 있지 않나요?

여: 네, ⁵⁹그 소파는 우리 가구점에서 그의 집으로 운송되어야 해요. 사실, 그것은 오늘 오후에 그곳에 배달되어야 해요.

남1: 지금 제가 그 배송을 처리해야 할까요?

여: 네. 그런데, 잠시만요. ⁶⁰제가 누군가에게 당신을 도와달라고 부탁해 볼게요… Donald, 시간 있으신가요? 저는 당신과 Mike가 이 가구를 우리 트럭에 실어 주었으면 좋겠어요.

남2: 기꺼이 그렇게 할게요, 하지만 ⁶¹저는 이 주문서들을 먼저 작성해야 해요. 오래 걸리진 않을 거예요.

여: 알겠어요, 문제없어요.

---

59 장소 문제 하 ●○○

해석 화자들은 어디에 있는 것 같은가?
(A) 주택에
(B) 실험실에
(C) 경찰서에
(D) 가구점에

해설 장소와 관련된 표현을 놓치지 않고 듣는다. 대화 초반부에서 여자가 "the sofa has to be transported from our furniture store to his house(그 소파는 우리 가구점에서 그의 집으로 운송되어야 해요)"라고 한 것을 통해, 화자들이 가구점에 있음을 알 수 있다. 따라서 (D)가 정답이다.

어휘 laboratory 실험실

---

60 특정 세부 사항 문제 중 ●●○

해석 여자는 Donald가 무엇을 하길 원하는가?
(A) 설문조사를 진행한다.
(B) 동료를 돕는다.
(C) 차량을 청소한다.
(D) 길 안내를 찾아본다.

해설 질문의 핵심어구(Donald)가 언급된 주변을 주의 깊게 듣는다. 대화 중반부에서 여자가 "I'll ask someone to help you ~ Donald, do you have a moment?(제가 누군가에게 당신을 도와달라고 부탁해 볼게요. Donald, 시간 있으신가요?)"라고 한 후, "I want you and Mike to load this furniture into our van(저는 당신과 Mike가 이 가구를 우리 트럭에 실어 주었으면 좋겠어요)"이라고 하였다. 따라서 (B)가 정답이다.

어휘 assist 돕다　clean out 청소하다　look up 찾아보다　direction 길 안내

---

61 다음에 할 일 문제 중 ●●○

해석 Donald는 다음에 무엇을 할 것 같은가?
(A) 문서를 기입한다.
(B) 전시실로 상품을 가져온다.
(C) 포장재를 버린다.
(D) 기기를 찾는다.

해설 대화의 마지막 부분을 주의 깊게 듣는다. 남자2[Donald]가 "I have to complete these order forms first(저는 이 주문서들을 먼저 작성해야 해요)"라고 하였다. 이를 통해, Donald가 문서를 기입할 것임을 알 수 있다. 따라서 (A)가 정답이다.

어휘 showroom 전시실　packaging 포장재

62-64 3배 영국식 발음 → 호주식 발음

Questions 62-64 refer to the following conversation and schedule.

W: Hello, this is Mountain Fitness Center. How may I help you?

M: Hi. ⁶²**I signed up for a weight lifting class that starts tomorrow morning**, and I'm wondering what I should bring.

W: We provide towels, so you won't need to bring one of those. However, ⁶³**you'll want to dress in comfortable clothes and have your own water bottle.**

M: Okay, great. And, what about paying for the course? Am I supposed to pay for the class tomorrow?

W: No. ⁶⁴**We send members their bills each month.** You can pay for it then.

comfortable 편안한　supposed to ~해야 한다　bill 청구서

해석

62-64번은 다음의 대화와 일정표에 관한 문제입니다.

여: 안녕하세요, Mountain 헬스장입니다. 어떻게 도와드릴까요?

남: 안녕하세요. ⁶²저는 내일 아침에 시작하는 역도 수업을 등록했는데, 무엇을 갖고 가야 하는지 궁금해요.

여: 저희는 수건을 제공하므로, 그것은 가져오시지 않아도 될 거예요. 하지만, ⁶³편안한 옷을 입으시고, 회원님의 물병을 가져오시면 좋을 거예요.

남: 네, 좋아요. 그런데, 강좌에 대한 지불은 어떻게 하나요? 제가 내일 수업료를 지불해야 하나요?

여: 아니요. ⁶⁴저희는 매월 회원님들께 청구서를 보내드려요. 그때 지불하시면 돼요.

Mountain 헬스장	
프로그램	강사
필라테스	Ashley
역도	⁶²Jess
수영	Aaron
요가	Gerard

---

62 시각 자료 문제 하 ●○○

해석 시각 자료를 보아라. 누가 남자의 수업을 이끌 것인가?
(A) Ashley
(B) Jess
(C) Aaron
(D) Gerard

해설 일정표의 정보를 확인한 후 질문의 핵심어구(lead the man's class)와 관련된 내용을 주의 깊게 듣는다. 대화 초반부에서 남자가 "I signed up for a weight lifting class that starts tomorrow morning(저는 내일 아침에 시작하는 역도 수업을 등록했어요)"이라고 하였으므로, 남자의 수업을 Jess가 이끌 것임을 일정표에서 알 수 있다. 따라서 (B)가 정답이다.

어휘 lead 이끌다

---

63 특정 세부 사항 문제 하 ●○○

해석 여자는 남자에게 무엇을 가져오라고 말하는가?

(A) 매트
(B) 회원 카드
(C) 물병
(D) 수건

해설 질문의 핵심어구(bring)가 언급된 주변을 주의 깊게 듣는다. 대화 중반부에서 여자가 "you'll want to dress in comfortable clothes and have your own water bottle(편안한 옷을 입으시고, 회원님의 물병을 가져오시면 좋을 거예요)"이라고 하였다. 따라서 (C)가 정답이다.

어휘 towel 수건

64 특정 세부 사항 문제   중 ●●○

해석 여자에 따르면, 헬스장에서 매달 무엇을 하는가?
(A) 청구서를 발송한다.
(B) 새로운 수업 선택권을 게시한다.
(C) 무료 행사를 개최한다.
(D) 의견을 요청한다.

해설 질문의 핵심어구(each month)가 언급된 주변을 주의 깊게 듣는다. 대화 후반부에서 여자가 "We send members their bills each month(저희는 매월 회원님들께 청구서를 보내드려요)"라고 하였다. 따라서 (A)가 정답이다.

어휘 invoice 청구서   host 개최하다

패러프레이징

bills 청구서 → invoices 청구서

65-67 🎧 영국식 발음 → 캐나다식 발음

Questions 65-67 refer to the following conversation and floor plan.

W: Are you coming to this month's book club meeting, Grant?
M: Yes, I plan to go. **⁶⁵I skipped the last meeting because I had a lot of work to do.** I don't want to miss it again.
W: Great. We'll be discussing *A Captain's Tale*.
M: I was informed. Are we meeting at our usual room at Sargent Community Center? The one by the lounge?
W: **⁶⁶Actually, we've arranged to use the room across from the auditorium instead.** That space has a TV, so we'll be able to watch part of the movie based on the book.
M: **⁶⁷Isn't that room too small for our group?**
W: Not really. It's nearly as large as the others.

skip 건너뛰다, 빼먹다   inform 알리다   usual 평소의   by ~ 옆에
lounge 휴게실   across from 맞은편의   based on (~을) 기반으로 한

해석
65-67번은 다음의 대화와 평면도에 관한 문제입니다.

여: 이번 달 독서 모임에 오시나요, Grant?
남: 네, 저는 갈 계획이에요. ⁶⁵해야 할 일이 많아서 지난 모임을 건너뛰었어요. 저는 다시 그것을 놓치고 싶지 않아요.
여: 좋네요. 우리는 *A Captain's Tale*에 관해 이야기할 거예요.
남: 알고 있어요. 우리는 Sargent 시민 문화 회관의 평소 공간에서 모이나요? 휴게실 옆에 있는 그곳이요?
여: ⁶⁶사실, 우리는 대신 강당 맞은편의 공간을 사용하도록 준비했어요. 그 공간에는 TV가 있어서, 그 책을 기반으로 한 영화의 일부를 볼 수 있을 거예요.
남: ⁶⁷우리 단체에 그 방은 너무 좁지 않나요?
여: 별로 그렇지 않아요. 그곳은 다른 방들만큼 넓어요.

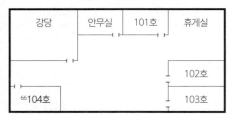

Sargent 지역 문화 회관

강당	안무실	101호	휴게실

		102호
⁶⁶104호		103호

65 이유 문제   중 ●●●

해석 남자는 지난 모임을 왜 놓쳤는가?
(A) 업무를 처리해야 했다.
(B) 장소에 대해 알지 못했다.
(C) 책 선정이 마음에 들지 않았다.
(D) 여행을 가 있었다.

해설 질문의 핵심어구(last meeting)가 언급된 주변을 주의 깊게 듣는다. 대화 초반부에서 남자가 "I skipped the last meeting because I had a lot of work to do(해야 할 일이 많아서 지난 모임을 건너뛰었어요)"라고 하였다. 따라서 (A)가 정답이다.

어휘 miss 놓치다

66 시각 자료 문제   중 ●●○

해석 시각 자료를 보아라. 단체는 어디에서 모일 것인가?
(A) 101호
(B) 102호
(C) 103호
(D) 104호

해설 평면도의 정보를 확인한 후 질문의 핵심어구(group meet)와 관련된 내용을 주의 깊게 듣는다. 대화 중반부에서 여자가 "Actually, we've arranged to use the room across from the auditorium instead(사실, 우리는 대신 강당 맞은편의 공간을 사용하도록 준비했어요)"라고 하였으므로, 단체가 강당 맞은편에 있는 104호에서 모일 것임을 평면도에서 알 수 있다. 따라서 (D)가 정답이다.

67 문제점 문제   중 ●●○

해석 남자는 무엇에 대해 걱정하는가?
(A) 동료의 의견
(B) 공간 크기
(C) 장소 비용
(D) 논의 주제

해설 남자의 말에서 부정적인 표현이 언급된 다음을 주의 깊게 듣는다. 대화 후반부에서 남자가 "Isn't that room too small for our group?(우리 단체에 그 방은 너무 좁지 않나요?)"이라고 하였다. 따라서 (B)가 정답이다.

어휘 colleague 동료   discussion 논의

68-70 🎧 호주식 발음 → 미국식 발음

Questions 68-70 refer to the following conversation and invoice.

M: Hello. You've reached Reggie Malstrom.
W: Hi. This is Annabel from the finance department. **⁶⁸I just want to check some hotel charges from your trip to Edmonton last month for the conference.**

M: Oh. ⁶⁹**Did I exceed the maximum amount for travel expenses?**

W: ⁶⁹**We raised our spending limit to $1,000 last month**, and you're under that amount. However, I think Sun Dream Hotel may have overcharged you. ⁷⁰**According to your billing statement, you ate lunch at the hotel on the day of the conference. Is that right?**

M: ⁷⁰**No, it isn't. I had lunch at the convention center, not at the hotel.**

W: Thanks for clarifying. I'll call them up and ask about it.

---

charge 요금 exceed 초과하다 maximum amount 한도액
travel expense 여행 경비 overcharge ~에게 과잉 청구하다
clarify 명확히 하다

해석

68-70번은 다음의 대화와 청구서에 관한 문제입니다.

남: 안녕하세요. Reggie Malstrom입니다.

여: 안녕하세요. 저는 재무 부서의 Annabel입니다. ⁶⁸지난달 컨퍼런스를 위한 당신의 에드먼턴 출장에서 발생한 호텔 요금을 좀 확인하고 싶어서요.

남: 아. ⁶⁹제가 여행 경비의 한도액을 초과했나요?

여: ⁶⁹우리는 지난달에 1,000달러로 지출 한도를 높였어요. 그리고 당신은 그 금액 이하예요. 하지만, Sun Dream 호텔에서 당신에게 과잉 청구한 것 같아요. ⁷⁰당신의 대금 청구서에 따르면, 당신은 컨퍼런스 당일에 호텔에서 점심을 드셨어요. 이것이 맞나요?

남: ⁷⁰아니요, 그렇지 않아요. 저는 호텔이 아니라, 컨벤션 센터에서 점심을 먹었어요.

여: 명확히 해주셔서 감사합니다. 제가 그들에게 전화해서 그것에 관해 물어볼게요.

Sun Dream 호텔
에드먼턴, Jasper가, 10438번지
투숙객명: Reggie Malstrom
투숙일: 7월 7일-9일

객실 요금:	308달러
점심:	⁷⁰21달러
룸 서비스 저녁:	24달러
총액:	353달러

---

68 이유 문제 하 ●○○

해석 남자는 왜 에드먼턴에 갔는가?

(A) 직원 교육을 제공하기 위해
(B) 경쟁업체를 조사하기 위해
(C) 컨퍼런스에 참석하기 위해
(D) 잠재적인 투자자들을 만나기 위해

해설 질문의 핵심어구(Edmonton)가 언급된 주변을 주의 깊게 듣는다. 대화 초반부에서 여자가 "I just want to check some hotel charges from your trip to Edmonton last month for the conference(지난달 컨퍼런스를 위한 당신의 에드먼턴 출장에서 발생한 호텔 요금을 좀 확인하고 싶어서요)"라고 하였다. 따라서 (C)가 정답이다.

어휘 competitor 경쟁업체 potential 잠재적인

69 언급 문제 중 ●●○

해석 회사의 여행 경비 정책에 대해 무엇이 언급되는가?

(A) 산업 표준을 따른다.

(B) 숙박 비용만 보상한다.
(C) 지난달에 변경되었다.
(D) 회의에서 설명되었다.

해설 질문의 핵심어구(travel expenses)와 관련된 내용을 주의 깊게 듣는다. 대화 중반부에서 남자가 "Did I exceed the maximum amount for travel expenses?(제가 여행 경비의 한도액을 초과했나요?)"라고 하자, 여자가 "We raised our spending limit to $1,000 last month(우리는 지난달에 1,000달러로 지출 한도를 높였어요)"라고 하였다. 따라서 (C)가 정답이다.

어휘 industry standard 산업 표준 cover (비용 등을) 보상하다
accommodation 숙박

70 시각 자료 문제 하 ●○○

해석 시각 자료를 보아라. 어느 요금이 부정확한가?

(A) 308달러
(B) 21달러
(C) 24달러
(D) 353달러

해설 청구서의 정보를 확인한 후 질문의 핵심어구(incorrect)와 관련된 내용을 주의 깊게 듣는다. 대화 후반부에서 여자가 "According to your billing statement, you ate lunch at the hotel on the day of the conference. Is that right?(당신의 대금 청구서에 따르면, 당신은 컨퍼런스 당일에 호텔에서 점심을 드셨어요. 이것이 맞나요?)"이라고 하자, 남자가 "No, it isn't. I had lunch at the convention center, not at the hotel(아니요, 그렇지 않아요. 저는 호텔이 아니라, 컨벤션 센터에서 점심을 먹었어요)"이라고 하였으므로, 점심 요금인 21달러가 부정확함을 청구서에서 알 수 있다. 따라서 (B)가 정답이다.

PART 4

71-73 ３에 미국식 발음

Questions 71-73 refer to the following radio broadcast.

⁷¹**Thanks for tuning in to 101.2 FM.** You're listening to *Talk of the Town*. Our guest today is the talented drummer Louise Egan, whom many of you may have seen on TV. During the second half of our show, Louise will respond to questions. ⁷²**If you think of something you'd like to ask, please call 555-8100.** In the meantime, ⁷³**Louise is going to show us a few basic rhythms, including some that are common in Irish folk songs.**

---

tune in (라디오 프로를) 청취하다 in the meantime 그동안에
common 일반적인

해석

71-73번은 다음 라디오 방송에 관한 문제입니다.

⁷¹101.2 FM을 청취해 주셔서 감사합니다. 여러분께서는 *Talk of the Town*을 듣고 계십니다. 오늘 저희 손님은 재능 있는 드럼 연주자 Louise Egan이며, 여러분 중 많은 분들이 텔레비전에서 보셨을 것입니다. 저희 쇼의 후반부 동안, Louise는 질문들에 답할 것입니다. ⁷²만약 여러분이 묻고 싶은 무언가가 생각나신다면, 555-8100으로 전화해주시기 바랍니다. 그동안에, ⁷³Louise는 아일랜드의 민속 노래에서 일반적인 것들을 포함하여 몇몇 기초적인 리듬을 우리에게 선보일 것입니다.

71 화자 문제
하 ●○○

해석 화자는 어디에서 일하는 것 같은가?
(A) 라디오 방송국에서
(B) 미술관에서
(C) 텔레비전 스튜디오에서
(D) 연주회장에서

해설 지문에서 신분 및 직업과 관련된 표현을 놓치지 않고 듣는다. 지문 초반부에서 "Thanks for tuning in to 101.2 FM(101.2 FM을 청취해 주셔서 감사합니다)"이라고 한 것을 통해, 화자가 라디오 방송국에서 일하는 것을 알 수 있다. 따라서 (A)가 정답이다.

어휘 radio station 라디오 방송국 concert hall 연주회장

72 제안 문제
하 ●○○

해석 청자들은 무엇을 하도록 권장되는가?
(A) 대회에 참가한다.
(B) 악기를 연주한다.
(C) 표를 산다.
(D) 전화를 건다.

해설 질문의 핵심어구(encouraged to do)와 관련된 내용을 주의 깊게 듣는다. 지문 중반부에서 "If you think of something you'd like to ask, please call 555-8100(만약 여러분이 묻고 싶은 무언가가 생각나신다면, 555-8100으로 전화해주시기 바랍니다)"라고 하였다. 따라서 (D)가 정답이다.

어휘 instrument 악기

73 다음에 할 일 문제
중 ●●○

해석 다음에 무슨 일이 일어날 것 같은가?
(A) 날씨 예보가 진행될 것이다.
(B) 음악가가 연주할 것이다.
(C) 학생이 질문을 할 것이다.
(D) 영상이 재생될 것이다.

해설 지문의 마지막 부분을 주의 깊게 듣는다. 지문 후반부에서 "Louise is going to show us a few basic rhythms, including some that are common in Irish folk songs(Louise는 아일랜드의 민속 노래에서 일반적인 것들을 포함하여 몇몇 기초적인 리듬을 우리에게 선보일 것입니다)"라고 하였다. 따라서 (B)가 정답이다.

어휘 forecast (날씨의) 예보 musician 음악가

74-76 [3회] 영국식 발음

Questions 74-76 refer to the following announcement.

> [74]**Attention all shoppers. Our supermarket is having a special buy-one-get-one-free offer** on pints of ice cream. [75]**This applies to all brands and flavors. You'll want to take advantage of this great offer, as the event ends tomorrow.** And [76]**don't forget that next Sunday we'll be holding our 10-year anniversary party! Various activities will take place** in the plaza next to our building, including games for kids. Bring the entire family to celebrate with us!

offer 할인 brand 브랜드, 상표 flavor 맛 plaza 광장

해석
74-76번은 다음 공지에 관한 문제입니다.

[74]쇼핑객 여러분께서는 주목해 주십시오. 저희 슈퍼마켓에서는 파인트 아이스크림에 대해 하나를 사면 하나를 무료로 드리는 특별 할인을 진행하고 있습니다. [75]이것은 모든 브랜드와 맛에 적용됩니다. 이 행사는 내일 종료됩니다, 그러니 여러분께서는 이 엄청난 할인을 이용하시고 싶으실 것입니다. 그리고 [76]다음 주 일요일에 저희가 10주년 기념 파티를 개최할 것이라는 점을 잊지 말아 주세요! 아이들을 위한 게임을 포함하여 다양한 활동들이 저희 건물 옆의 광장에서 열릴 것입니다. 저희와 함께 기념하기 위해 모든 가족분들을 모셔 오세요!

74 장소 문제
하 ●○○

해석 청자들은 어디에 있는 것 같은가?
(A) 패스트푸드 음식점에
(B) 영화관에
(C) 슈퍼마켓에
(D) 주유소에

해설 장소와 관련된 표현을 놓치지 않고 듣는다. 지문 초반부에서 "Attention all shoppers. Our supermarket is having a special buy-one-get-one-free offer(쇼핑객 여러분께서는 주목해 주십시오. 저희 슈퍼마켓에서는 하나를 사면 하나를 무료로 드리는 특별 할인을 진행하고 있습니다)"라고 한 것을 통해, 청자들이 슈퍼마켓에 있음을 알 수 있다. 따라서 (C)가 정답이다.

어휘 movie theater 영화관 gas station 주유소

75 의도 파악 문제
중 ●●●

해석 화자가 "이 행사는 내일 종료됩니다"라고 말할 때 무엇을 의도하는가?
(A) 우승자가 곧 발표될 것이다.
(B) 몇몇 제품들이 빨리 구매되어야 한다.
(C) 가게는 영업시간을 변경할 것이다.
(D) 몇몇 견본들이 여전히 이용 가능하다.

해설 질문의 인용어구(the event ends tomorrow)가 언급된 주변을 주의 깊게 듣는다. 지문 중반부에서 "This[special buy-one-get-one-free offer] applies to all brands and flavors. You'll want to take advantage of this great offer(하나를 사면 하나를 무료로 드리는 특별 할인은 모든 브랜드와 맛에 적용됩니다. 여러분께서는 이 엄청난 할인을 이용하시고 싶으실 것입니다)"라며 이 행사는 내일 종료된다고 하였으므로, 몇몇 제품들이 빨리 구매되어야 한다는 의도임을 알 수 있다. 따라서 (B)가 정답이다.

어휘 winner 우승자 before long 곧 soon 빨리

76 다음에 할 일 문제
중 ●●●

해석 화자에 따르면, 다음 주 일요일에 무슨 일이 일어날 것인가?
(A) 몇몇 활동들이 열릴 것이다.
(B) 가게가 다시 개점할 것이다.
(C) 몇몇 상이 수여될 것이다.
(D) 평가가 시작될 것이다.

해설 질문의 핵심어구(next Sunday)가 언급된 주변을 주의 깊게 듣는다. 지문 후반부에서 "don't forget that next Sunday we'll be holding our 10-year anniversary party! Various activities will take place(다음 주 일요일에 저희가 10주년 기념 파티를 개최할 것이라는 점을 잊지 말아 주세요! 다양한 활동들이 열릴 것입니다)"라고 하였다. 따라서 (A)가 정답이다.

어휘 business 가게, 상점 evaluation 평가

77-79 3째 캐나다식 발음

Questions 77-79 refer to the following excerpt from a meeting.

> I've asked everyone to this meeting because I want to talk about an opportunity available to all of you. **77Beginning next year, Davis County school district will provide professional development programs for its teachers.** Our school will pay for 60 percent of the cost of all programs that our teachers decide to enroll in. **78One of the available programs is "Computers in the Classroom," which I strongly recommend taking. 79If you're interested in participating, stop by my office. I can provide registration forms** that you can fill out.

school district 학군 enroll in ~에 등록하다 stop by 들르다
fill out 작성하다, 기입하다

해석
77-79번은 다음 회의 발췌록에 관한 문제입니다.

제가 모든 분께 이번 회의에 참석하시도록 요청드린 것은 여러분 모두에게 가능한 기회에 관해 이야기하고 싶기 때문입니다. 77내년부터, Davis주 학군에서 이곳의 교사들을 위한 전문 개발 프로그램을 제공할 것입니다. 우리 학교는 교사들이 등록하기로 결정하는 모든 프로그램 비용의 60퍼센트를 지불할 것입니다. 78이용 가능한 프로그램들 중 하나는 "교실 내 컴퓨터"인데, 저는 이것을 수강하시길 강력히 추천해 드립니다. 79만약 참여하는 데 관심이 있으시다면, 제 사무실에 들러주세요. 여러분이 작성할 수 있는 신청서를 드리겠습니다.

77 다음에 할 일 문제   중 ●●○

해석 화자에 따르면, 내년에 무슨 일이 일어날 것인가?
(A) 추가적인 캠퍼스들이 열릴 것이다.
(B) 교사 급여가 인상될 것이다.
(C) 편입생들이 등록할 것이다.
(D) 교육 프로그램들이 제공될 것이다.

해설 질문의 핵심어구(next year)가 언급된 주변을 주의 깊게 듣는다. 지문 초반부에서 "Beginning next year, Davis County school district will provide professional development programs for its teachers(내년부터, Davis주 학군에서 이곳의 교사들을 위한 전문 개발 프로그램을 제공할 것입니다)"라고 하였다. 따라서 (D)가 정답이다.

어휘 salary 급여

78 제안 문제   중 ●●○

해석 화자는 청자들에게 무엇을 하라고 제안하는가?
(A) 컴퓨터에 대해 배운다.
(B) 회의에 참석한다.
(C) 데이터를 저장한다.
(D) 동료들과 이야기한다.

해설 지문의 중후반에서 제안과 관련된 표현이 포함된 문장을 주의 깊게 듣는다. "One of the available programs is "Computers in the Classroom," which I strongly recommend taking(이용 가능한 프로그램들 중 하나는 "교실 내 컴퓨터"인데, 저는 이것을 수강하시길 강력히 추천해 드립니다)"이라고 하였다. 따라서 (A)가 정답이다.

어휘 save 저장하다

79 특정 세부 사항 문제   하 ●○○

해석 청자들은 화자의 사무실에서 무엇을 받을 수 있는가?

(A) 신청서
(B) 교실 물품
(C) 교육 일정
(D) 사용자 설명서

해설 질문의 핵심어구(office)가 언급된 주변을 주의 깊게 듣는다. 지문 후반부에서 "If you're interested in participating, stop by my office. I can provide registration forms(만약 참여하는 데 관심이 있으시다면, 제 사무실에 들러주세요. 신청서를 드리겠습니다)"라고 하였다. 따라서 (A)가 정답이다.

어휘 manual 설명서

80-82 3째 호주식 발음

Questions 80-82 refer to the following telephone message.

> I'm calling for Michael Garcia. My name is Greg Barnum, and I'm the art director at Blue Stream Publishing. **80I'd like to hire you to make the artwork for some of our firm's book covers. 81I found examples of your drawings on a Web site.** Your art is really impressive, and the style is perfect for our books. If you are interested in doing some work for us, please contact me at 555-2987. **82I'm more than happy to meet you to talk in my office.** Thank you.

artwork 삽화, 미술품 drawing 그림

해석
80-82번은 다음 전화 메시지에 관한 문제입니다.

저는 Michael Garcia에게 전화드립니다. 제 이름은 Greg Barnum이고, Blue Stream 출판사의 미술 책임자입니다. 80저희 회사의 책 표지들 중 몇몇에 대한 삽화를 제작하기 위해 당신을 고용하고 싶습니다. 81저는 웹사이트에서 당신 그림의 예시들을 발견했어요. 당신의 작품은 매우 인상적이고, 그 스타일은 저희 책을 위해 완벽합니다. 만약 당신께서 저희를 위해 작업을 하시는 데 관심이 있으시다면, 제게 555-2987로 연락해주세요. 82기꺼이 제 사무실에서 만나서 이야기할 수 있습니다. 감사합니다.

80 주제 문제   중 ●●○

해석 메시지는 주로 무엇에 관한 것인가?
(A) 전시회를 열기
(B) 책 거래서에 서명하기
(C) 그림 수업을 이끌기
(D) 예술가를 고용하기

해설 전화 메시지의 주제를 묻는 문제이므로, 지문의 초반을 반드시 듣는다. "I'd like to hire you to make the artwork for some of our firm's book covers(저희 회사의 책 표지들 중 몇몇에 대한 삽화를 제작하기 위해 당신을 고용하고 싶습니다)"라고 한 후, 예술가를 고용하는 것에 대한 내용으로 지문이 이어지고 있다. 따라서 (D)가 정답이다.

어휘 exhibition 전시회

81 특정 세부 사항 문제   하 ●○○

해석 화자는 청자에 대해 어디에서 알게 되었는가?
(A) 텔레비전 쇼
(B) 웹사이트
(C) 신문
(D) 잡지

해설 질문의 핵심어구(learn about the listener)와 관련된 내용을 주의 깊게 들

TEST 11 해커스 토익 실전 1200제 LISTENING

는다. 대화 중반부에서 "I found examples of your drawings on a Web site(저는 웹사이트에서 당신 그림의 예시들을 발견했어요)"라고 하였다. 따라서 (B)가 정답이다.

어휘 **learn** ~을 알게 되다

82 제안 문제　　　　　　　하 ●○○

해석 화자는 무엇을 해주겠다고 제안하는가?
　　(A) 추천을 한다.
　　(B) 몇몇 미술품을 제출한다.
　　(C) 그의 사무실에서 만난다.
　　(D) 계약을 연장한다.

해설 지문의 중후반에서 제안과 관련된 표현이 포함된 문장을 주의 깊게 듣는다. "I'm more than happy to meet you to talk in my office(기꺼이 제 사무실에서 만나서 이야기할 수 있습니다)"라고 하였다. 따라서 (C)가 정답이다.

어휘 **extend** 연장하다

83-85　③ 미국식 발음

Questions 83-85 refer to the following broadcast.

> And now for our local business news. **83The Minneapolis based electronics firm DigitalSolar Incorporated announced its plans to merge with technology start-up, GoTech.** DigitalSolar was founded just five years ago. At the time, **84many experts did not believe it would last more than a couple of years. However, those predictions have been proven wrong.** To increase its product offerings, the company has now decided to expand. **85Damien Crenshaw, CEO of DigitalSolar, discussed the proposal with executives from GoTech last week, at which point a deal was made.** Financial details of the deal are expected to be released soon.
>
> **incorporated** 주식 회사 **merge** 합병하다 **start-up** 신생기업 **last** 존속하다, 유지되다 **prove** 판명되다 **offering** 제공

해석
83-85번은 다음 방송에 관한 문제입니다.

자, 이제 우리 지역 산업 뉴스입니다. 83미니애폴리스 기반의 전자 회사인 DigitalSolar 주식회사는 기술 신생기업인 GoTech사와 합병할 계획을 발표했습니다. DigitalSolar사는 5년 전에 설립되었습니다. 그 당시, 84많은 전문가들은 이것이 2년 이상 존속할 것이라고 믿지 않았습니다. 하지만, 그러한 예측들은 잘못된 것으로 판명되었습니다. 제품 제공을 늘리기 위해, 이 회사는 이제 확장하기로 결정했습니다. 85DigitalSolar사의 최고 경영자인 Damien Crenshaw는 지난주 GoTech사의 경영진과 제안에 관해 논의했으며, 이때 계약이 이루어졌습니다. 계약의 재정적인 세부 사항은 곧 발표될 것으로 예상됩니다.

83 주제 문제　　　　　　　중 ●●○

해석 방송은 주로 무엇에 관한 것인가?
　　(A) 기자 회견
　　(B) 기업 합병
　　(C) 채용 공지
　　(D) 제품 출시

해설 방송의 주제를 묻는 문제이므로, 지문의 초반을 주의 깊게 듣는다. "The Minneapolis based electronics firm DigitalSolar Incorporated announced its plans to merge with technology start-up, GoTech

(미니애폴리스 기반의 전자 회사인 DigitalSolar 주식회사는 기술 신생기업인 GoTech사와 합병할 계획을 발표했습니다)"라고 한 후, 기업 합병에 대한 내용으로 지문이 이어지고 있다. 따라서 (B)가 정답이다.

어휘 **hiring** 채용

84 의도 파악 문제　　　　　상 ●●●

해석 화자가 "그러한 예측들은 잘못된 것으로 판명되었습니다"라고 말할 때, 무엇을 의도하는가?
　　(A) 회사가 예상보다 잘 해냈다.
　　(B) 고객들이 서비스를 마음에 들어 하지 않았다.
　　(C) 전자기기가 일찍 출시되었다.
　　(D) 투자자들이 결정에 동의했다.

해설 질문의 인용어구(those predictions have been proven wrong)가 언급된 주변을 주의 깊게 듣는다. 지문 중반부에서 "many experts did not believe it would last more than a couple of years(많은 전문가들은 이것이 2년 이상 존속할 것이라고 믿지 않았습니다)"라며 하지만 그러한 예측들은 잘못된 것으로 판명되었다고 한 것을 통해 회사가 예상보다 잘 해냈다는 것을 알 수 있다. 따라서 (A)가 정답이다.

어휘 **perform** 해내다, 수행하다 **be displeased with** ~을 마음에 들어 하지 않다

85 특정 세부 사항 문제　　　　상 ●●●

해석 Damien Crenshaw는 지난주에 무엇을 했는가?
　　(A) 새로운 회사에 들어갔다.
　　(B) 기자들과 만났다.
　　(C) 계약을 체결했다.
　　(D) 마케팅 캠페인을 이끌었다.

해설 질문의 핵심어구(Damien Crenshaw)가 언급된 주변을 주의 깊게 듣는다. 지문 후반부에서 "Damien Crenshaw, CEO of DigitalSolar, discussed the proposal with executives from GoTech last week, at which point a deal was made(DigitalSolar사의 최고 경영자인 Damien Crenshaw는 지난주 GoTech사의 경영진과 제안에 관해 논의했으며, 이때 계약이 이루어졌습니다)"라고 하였다. 따라서 (C)가 정답이다.

패러프레이징

> a deal was made 계약이 이루어졌다 → made an agreement 계약을 체결했다

86-88　③ 캐나다식 발음

Questions 86-88 refer to the following excerpt from a meeting.

> **86Let's discuss our team's progress with our company's new payroll software.** Unfortunately, we've fallen behind schedule due to last month's holiday period. **87Joe has found a solution to speed our work up, which he'll be presenting in a few moments.** But first, I'd like to welcome our summer interns, who will be assisting us with the software development project. **88Each intern will now briefly tell you about themselves** and which supervisor they'll be working for.
>
> **progress** 진행 상태 **payroll** 급여 대상자 명단, 임금 대장 **fall behind** 늦어지다 **welcome** 환영하다

86-88번은 다음 회의 발췌록에 관한 문제입니다

86우리 회사의 새로운 급여 대상자 명단 소프트웨어에 관한 우리 팀의 진행 상태를 논의해 봅시다. 안타깝게도, 우리는 지난달 연휴 기간 때문에 일정보다 늦어진 상태예요. 87Joe가 우리의 업무 속도를 높이기 위한 해결책을 찾아냈는데, 잠시 후에 발표할 것입니다. 하지만 먼저, 저는 소프트웨어 개발 프로젝트에 관해 우리를 돕게 될 여름 인턴들을 환영하고 싶어요. 88이제 각 인턴은 본인들에 대해서, 그리고 그들이 어떤 관리자와 일하게 될 것인지를 간단히 이야기할 거예요.

86 청자 문제 중 ●●○

해석 청자들은 누구인 것 같은가?
(A) 수리공
(B) 소프트웨어 개발자
(C) 고용 관리자
(D) 행사 기획자

해설 지문에서 신분 및 직업과 관련된 표현을 놓치지 않고 듣는다. 지문 초반부에서 "Let's discuss our team's progress with our company's new payroll software(우리 회사의 새로운 급여 대상자 명단 소프트웨어에 관한 우리 팀의 진행 상태를 논의해 봅시다)"라고 한 것을 통해 청자들이 소프트웨어 개발자임을 알 수 있다. 따라서 (B)가 정답이다.

어휘 repair technician 수리공

87 특정 세부 사항 문제 중 ●●○

해석 화자에 따르면, Joe는 무엇을 할 것인가?
(A) 일정을 수정한다.
(B) 보고서를 만든다.
(C) 발표를 한다.
(D) 휴가를 간다.

해설 질문의 핵심어구(Joe)가 언급된 주변을 주의 깊게 듣는다. 지문 중반부에서 "Joe has found a solution to speed our work up, which he'll be presenting in a few moments(Joe가 우리의 업무 속도를 높이기 위한 해결책을 찾아냈는데, 잠시 후에 발표할 것입니다)"라고 하였다. 따라서 (C)가 정답이다.

어휘 revise 수정하다, 변경하다

88 다음에 할 일 문제 상 ●●●

해석 다음에 무슨 일이 일어날 것 같은가?
(A) 직원들이 소개를 제공할 것이다.
(B) 비서가 기록을 할 것이다.
(C) 업무가 다시 배정될 것이다.
(D) 건물 점검이 시행될 것이다.

해설 지문의 마지막 부분을 주의 깊게 듣는다. "Each intern will now briefly tell you about themselves(이제 각 인턴은 본인들에 대해서 간단히 이야기할 거예요)"라고 하였다. 따라서 (A)가 정답이다.

어휘 introduction 소개

89-91 3M 호주식 발음

Questions 89-91 refer to the following telephone message.

Hey, Lisa. It's Matthew calling. **89I just saw that the information for this year's Cleveland Marathon was posted online.** As you've been training really hard, I think you are ○

ready for your first marathon. **90If you'd like to participate, you can go to their Web site and check the course route.** I've already signed up and I plan on driving down there the night before. You can ride with me if you want. **91Just let me know your decision by the end of the month.**

post 게시하다 train 훈련하다 plan on ~할 계획이다

해석
89-91번은 다음 전화 메시지에 관한 문제입니다.

안녕하세요, Lisa. 저 Matthew예요. 89저는 올해 클리블랜드 마라톤 정보가 온라인에 게시된 것을 보았어요. 당신이 정말 열심히 훈련해 왔으니, 당신의 첫 마라톤을 위해 준비되었다고 생각해요. 90참여하고 싶으시다면, 그 웹사이트에 가서 코스 경로를 확인하실 수 있어요. 저는 이미 신청했고, 전날 밤에 그곳으로 운전해서 갈 계획이에요. 원하시면 저와 함께 타고 가셔도 좋아요. 91이번 달 말까지 당신의 결정을 제게 알려주세요.

89 주제 문제 중 ●●○

해석 메시지는 주로 무엇에 관한 것인가?
(A) 도시 투어
(B) 사내 수련회
(C) 마케팅 발표
(D) 운동 경기

해설 전화 메시지의 주제를 묻는 문제이므로, 지문의 초반을 반드시 듣는다. "I just saw that the information for this year's Cleveland Marathon was posted online(저는 올해 클리블랜드 마라톤 정보가 온라인에 게시된 것을 보았어요)"이라고 한 후, 운동 경기에 대한 내용으로 지문이 이어지고 있다. 따라서 (D)가 정답이다.

어휘 retreat 수련회 competition 경기

90 특정 세부 사항 문제 하 ●○○

해석 화자는 청자가 온라인에서 무엇을 찾을 수 있다고 말하는가?
(A) 체육관 주소
(B) 버스 시간표
(C) 코스 지도 경로
(D) 표 가격

해설 질문의 핵심어구(find online)와 관련된 내용을 주의 깊게 듣는다. 지문 중반부에서 "If you'd like to participate, you can go to their Web site and check the course route(참여하고 싶으시다면, 그 웹사이트에 가서 코스 경로를 확인하실 수 있어요)"라고 하였다. 따라서 (C)가 정답이다.

어휘 gym 체육관, 헬스장 timetable 시간표

91 요청 문제 하 ●○○

해석 청자는 무엇을 하도록 요청받는가?
(A) 참가비를 지불한다.
(B) 신청서를 가져온다.
(C) 결정을 알려준다.
(D) 차량을 빌린다.

해설 지문의 중후반에서 요청과 관련된 표현이 포함된 문장을 주의 깊게 듣는다. "Just let me know your decision by the end of the month(이번 달 말까지 당신의 결정을 제게 알려주세요)"라고 하였다. 따라서 (C)가 정답이다.

어휘 participation 참가 rent 빌리다

해커스 토익 실전 1200제 LISTENING

Questions 92-94 refer to the following talk.

Welcome, and thank you for coming to the first performance of the stage production *Restless Autumns*. **⁹²I hope you all picked up flyers at the information booth near an entrance.** They provide more information about the play and cast. **⁹³We ask that everyone put their phones on silent mode so as not to disturb others during the performance. If you haven't done this already, now is a good time.** As a reminder, there will be a 15-minute intermission after the second act. **⁹⁴You're free to buy drinks and snacks in the lobby during that time.**

stage production 연극 작품 information booth 안내소 cast 출연자들
intermission 중간 휴식 시간 snack 간식

해석
92-94번은 다음 담화에 관한 문제입니다.

환영합니다, 그리고 연극 작품 *Restless Autumns*의 첫 공연에 와주셔서 감사합니다. ⁹²여러분 모두가 입구 근처에 있는 안내소에서 전단지들을 받으셨기를 바랍니다. 그것들은 이 연극과 출연자들에 대해 더 많은 정보를 제공합니다. ⁹³저희는 공연 중에 타인을 방해하지 않기 위해 모든 분께서 본인의 핸드폰을 무음 모드로 설정해 주시기를 부탁드립니다. 만약 이것을 아직 하지 않으셨다면, 지금이 좋은 때입니다. 상기시켜드리자면, 2막 이후에 15분의 중간 휴식 시간이 있을 것입니다. ⁹⁴여러분께서는 그 시간 동안 로비에서 음료와 간식을 자유롭게 구매하실 수 있습니다.

92 특정 세부 사항 문제 하 ●○○

해석 화자에 따르면, 입구 근처에 무엇이 위치해 있는가?
(A) 엘리베이터
(B) 자판기
(C) 매표소
(D) 안내소

해설 질문의 핵심어구(near an entrance)와 관련된 내용을 주의 깊게 듣는다. 지문 초반부에서 "I hope you all picked up flyers at the information booth near an entrance(여러분 모두가 입구 근처에 있는 안내소에서 전단지들을 받으셨기를 바랍니다)"라고 하였다. 따라서 (D)가 정답이다.

어휘 vending machine 자판기

93 의도 파악 문제 중 ●●●

해석 화자가 "지금이 좋은 때입니다"라고 말할 때 무엇을 의도하는가?
(A) 가게를 막 닫으려는 참이다.
(B) 몇몇 손님들은 일찍 떠나야 한다.
(C) 연극이 곧 시작할 것이다.
(D) 몇몇 좌석들은 여전히 비어 있다.

해설 질문의 인용어구(now is a good time)가 언급된 주변을 주의 깊게 듣는다. 지문 중반부에서 "We ask that everyone put their phones on silent mode so as not to disturb others during the performance(저희는 공연 중에 타인을 방해하지 않기 위해 모든 분께서 본인의 핸드폰을 무음 모드로 설정해 주시기를 부탁드립니다)"라며 만약 이것을 아직 하지 않았다면 지금이 좋은 때라고 한 것을 통해 연극이 곧 시작할 것이라는 의도임을 알 수 있다. 따라서 (C)가 정답이다.

어휘 be about to 막 ~하려는 참이다 show 연극 vacant 비어 있는

94 특정 세부 사항 문제 중 ●●○

해석 화자에 따르면, 청자들은 휴식 시간 동안 무엇을 할 수 있는가?
(A) 프로그램 진행표를 가져간다.
(B) 핸드폰을 사용한다.
(C) 연기자들을 만난다.
(D) 간식들을 산다.

해설 질문의 핵심어구(during a break)와 관련된 내용을 주의 깊게 듣는다. 지문 후반부에서 "You're free to buy drinks and snacks in the lobby during that time[15-minute intermission](여러분께서는 15분의 중간 휴식 시간 동안 로비에서 음료와 간식을 자유롭게 구매하실 수 있습니다)"이라고 하였다. 따라서 (D)가 정답이다.

어휘 program 프로그램 진행표 get 사다, 구하다

패러프레이징

buy drinks and snacks 음료와 간식을 구매하다 → Get some refreshments 간식들을 사다

Questions 95-97 refer to the following announcement and menu.

I've got a couple of updates to share with you all regarding the daily special menu. **⁹⁵First, there was a problem with our food shipment today. Some of the goods were damaged while being delivered. So, ⁹⁶we aren't going to be able to serve tonight's appetizer.** Instead, we will be serving a cream of mushroom soup. Please let guests know of the change when you hand them their menus. Also, **⁹⁷once guests arrive, be sure to offer to take their umbrellas and coats.** Finally, remember to give them a name tag so they can get their belongings later.

damaged 손상된 serve 제공하다 appetizer 전채 belonging 소지품

해석
95-97번은 다음 공지와 메뉴에 관한 문제입니다.

저는 일일 특별 메뉴에 관해 여러분 모두와 공유할 몇 가지 최신 정보가 있습니다. ⁹⁵먼저, 오늘 우리의 식품 수송에 문제가 있었습니다. 물품 중 일부가 배송되는 동안 손상되었습니다. 따라서, ⁹⁶우리는 오늘 밤의 전채 요리를 제공할 수 없을 것입니다. 대신, 우리는 크림이 들어간 버섯 수프를 제공할 것입니다. 손님들께 메뉴를 전해드릴 때 이 변경 사항에 대해 알려주세요. 또한, ⁹⁷손님들이 도착하시면, 반드시 그들의 우산과 외투를 받아드리겠다고 제안해 주세요. 마지막으로, 나중에 그들이 소지품들을 받을 수 있도록 이름표를 드리는 것을 기억해 주세요.

Regan's 식당
일일 특별 메뉴
• 전채 요리 •
⁹⁶게 롤
• 샐러드 •
그리스식 샐러드
• 주요리 •
양고기
또는
밥을 곁들인 구운 채소
• 후식 •
초콜릿 케이크

95 특정 세부 사항 문제 　　　　하 ●○○

해석　화자는 무슨 문제를 언급하는가?
　　　(A) 가격이 너무 비싸다.
　　　(B) 요청이 거절되었다.
　　　(C) 몇몇 상품이 매진되었다.
　　　(D) 몇몇 제품이 손상되었다.

해설　질문의 핵심어구(problem)가 언급된 주변을 주의 깊게 듣는다. 지문 초반
　　　부에서 "First, there was a problem with our food shipment today.
　　　Some of the goods were damaged while being delivered(먼저, 오늘
　　　우리의 식품 수송에 문제가 있었습니다. 물품 중 일부가 배송되는 동안 손상되었습
　　　니다)"라고 하였다. 따라서 (D)가 정답이다.

어휘　merchandise 상품

96 시각 자료 문제 　　　　하 ●○○

해석　시각 자료를 보아라. 어느 제품이 제공되지 않을 것인가?
　　　(A) 게 롤
　　　(B) 그리스식 샐러드
　　　(C) 양고기
　　　(D) 초콜릿 케이크

해설　메뉴의 정보를 확인한 후 질문의 핵심어구(not be served)와 관련된 내용을
　　　주의 깊게 듣는다. 지문 중반부에서 "we aren't going to be able to serve
　　　tonight's appetizer(우리는 오늘 밤의 전채 요리를 제공할 수 없을 것입니다)"
　　　라고 하였으므로, 전채 요리인 게 롤이 제공되지 않을 것임을 메뉴에서 알 수
　　　있다. 따라서 (A)가 정답이다.

97 특정 세부 사항 문제 　　　　하 ●○○

해석　청자들은 손님들에게 무엇을 해주겠다고 제안해야 하는가?
　　　(A) 그들의 차량을 주차한다.
　　　(B) 몇몇 물품들을 받는다.
　　　(C) 예약을 한다.
　　　(D) 샘플들을 나눠준다.

해설　질문의 핵심어구(guests)가 언급된 주변을 주의 깊게 듣는다. 지문 후반부에
　　　서 "once guests arrive, be sure to offer to take their umbrellas and
　　　coats(손님들이 도착하시면 반드시 그들의 우산과 외투를 받아드리겠다고 제안해
　　　주세요)"라고 하였다. 따라서 (B)가 정답이다.

어휘　vehicle 차량　distribute 나누어 주다

패러프레이징

umbrellas and coats 우산과 외투 → some items 몇몇 물품들

98-100 [캐나다식 발음]

Questions 98-100 refer to the following advertisement and
product list.

> [98]**MainActive Fashions is the world's best-selling athletic
> footwear brand.** [98/99]**We have just released our newest
> product. These new shoes allow for easy and comfortable
> movement. The secret behind their performance is the
> stringless design**, making them more comfortable than
> competing products. And don't miss our special event. [100]**On
> June 30, tennis player Jackson Warner will sign pairs for
> the first 100 customers at Rushburn City Mall** from

3 P.M. to 5 P.M. Get there early to make sure you get a pair.

best-selling 가장 잘 팔리는　athletic footwear 운동화
movement 움직임　performance 성능　competing product 경쟁 제품

해석
98-100번은 다음 광고와 제품 목록에 관한 문제입니다.

[98]MainActive Fashions사는 세계에서 가장 잘 팔리는 운동화 브랜드입니다. 우리
는 방금 최신 제품을 출시했습니다. [99]이 새로운 신발은 쉽고 편안한 움직임을 가능
하게 합니다. 그것들의 성능에 숨겨진 비밀은 끈 없는 디자인으로, 경쟁 제품들보다
그들을 더욱 편안하게 만듭니다. 그리고 저희의 특별 행사를 놓치지 마세요. [100]6월
30일에, 테니스 선수인 Jackson Warner가 Rushborn City몰에서 오후 3시부터
오후 5시까지 첫 100명의 손님들을 위해 신발에 사인할 겁니다. 확실하게 당신의
운동화를 구할 수 있도록 그곳에 일찍 도착하세요.

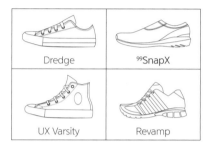

Dredge　[99]SnapX　UX Varsity　Revamp

98 언급 문제 　　　　중 ●●○

해석　화자는 MainActive Fashions사에 대해 무엇을 언급하는가?
　　　(A) 많은 유명인들이 이곳의 신발을 신는다.
　　　(B) 모든 신발이 여성들을 위한 것이다.
　　　(C) 가격이 알맞은 운동복이 있다.
　　　(D) 가장 잘 팔리는 스포츠 신발 브랜드이다.

해설　질문의 핵심어구(MainActive Fashions)가 언급된 주변을 주의 깊게 듣는
　　　다. 지문 초반부에 "MainActive Fashions is the world's best-selling
　　　athletic footwear brand. We have just released our newest
　　　product(MainActive Fashions사는 세계에서 가장 잘 팔리는 운동화 브랜드
　　　입니다. 우리는 방금 최신 제품을 출시했습니다)"라고 하였다. 따라서 (D)가 정
　　　답이다.

어휘　celebrity 유명인, 연예인　affordable (가격이) 알맞은

패러프레이징

athletic footwear 운동화 → sports-shoe 스포츠 신발

99 시각 자료 문제 　　　　중 ●●○

해석　시각 자료를 보아라. 무엇이 최근에 출시된 제품인가?
　　　(A) Dredge
　　　(B) SnapX
　　　(C) UX Varsity
　　　(D) Revamp

해설　제품 목록의 정보를 확인한 후 질문의 핵심어구(recently released)와 관련
　　　된 내용을 주의 깊게 듣는다. 지문 중반부에서 "We have just released our
　　　newest product(우리는 방금 최신 제품을 출시했습니다)"라고 한 후, "These
　　　new shoes allow for easy and comfortable movement. The secret
　　　behind their performance is the stringless design(이 새로운 신발은 쉽
　　　고 편안한 움직임을 가능하게 합니다. 그것들의 성능에 숨겨진 비밀은 끈 없는 디

자인입니다)"이라고 한 것을 통해, 끈 없는 디자인의 SnapX가 최근에 출시된 제품임을 제품 목록에서 알 수 있다. 따라서 (B)가 정답이다.

100 다음에 할 일 문제　　　　　　　　하 ●○○

해석　화자에 따르면, 6월 30일에 무엇이 일어날 것인가?
　　　(A) 할인 기간이 만료될 것이다.
　　　(B) 도시에서 스포츠 경기가 시작할 것이다.
　　　(C) 운동선수가 사인해줄 것이다.
　　　(D) 쇼핑 센터가 재개장할 것이다.

해설　질문의 핵심어구(June 30)가 언급된 주변을 주의 깊게 듣는다. 지문 후반부에서 "On June 30, Tennis player Jackson Warner will sign pairs for the first 100 customers at Rushburn City Mall(6월 30일에, 테니스 선수인 Jackson Warner가 Rushborn City몰에서 첫 100명의 손님들을 위해 신발에 사인할 겁니다)"이라고 한 것을 통해, 운동선수가 사인해줄 것임을 알 수 있다. 따라서 (C)가 정답이다.

어휘　expire 만료되다　match 경기, 시합　autograph (유명인의) 사인

패러프레이징

tennis player 테니스 선수 → athlete 운동선수

PART 1

1 (C)	**2** (A)	**3** (D)	**4** (B)	**5** (C)
6 (B)				

PART 2

7 (C)	**8** (A)	**9** (A)	**10** (C)	**11** (C)
12 (A)	**13** (B)	**14** (A)	**15** (B)	**16** (C)
17 (A)	**18** (A)	**19** (C)	**20** (B)	**21** (A)
22 (A)	**23** (B)	**24** (C)	**25** (B)	**26** (C)
27 (C)	**28** (B)	**29** (B)	**30** (C)	**31** (B)

PART 3

32 (C)	**33** (A)	**34** (A)	**35** (C)	**36** (A)
37 (C)	**38** (A)	**39** (C)	**40** (D)	**41** (C)
42 (B)	**43** (C)	**44** (D)	**45** (C)	**46** (C)
47 (D)	**48** (A)	**49** (A)	**50** (C)	**51** (B)
52 (B)	**53** (D)	**54** (B)	**55** (D)	**56** (B)
57 (A)	**58** (C)	**59** (D)	**60** (B)	**61** (D)
62 (C)	**63** (B)	**64** (C)	**65** (A)	**66** (B)
67 (B)	**68** (A)	**69** (A)	**70** (D)	

PART 4

71 (C)	**72** (D)	**73** (C)	**74** (C)	**75** (B)
76 (A)	**77** (D)	**78** (B)	**79** (B)	**80** (C)
81 (A)	**82** (A)	**83** (C)	**84** (D)	**85** (A)
86 (C)	**87** (B)	**88** (D)	**89** (B)	**90** (A)
91 (B)	**92** (D)	**93** (C)	**94** (A)	**95** (A)
96 (D)	**97** (D)	**98** (B)	**99** (B)	**100** (D)

PART 1

1 ③ 영국식 발음　　　　　　　　　　하 ●○○

(A) A man is looking at a sign.
(B) A man is walking on the sidewalk.
(C) A man is wearing a helmet.
(D) A man is fixing a bicycle.

sidewalk 보도　fix 고치다

해석　(A) 한 남자가 표지판을 보고 있다.
　　　(B) 한 남자가 보도로 걷고 있다.
　　　(C) 한 남자가 헬멧을 쓰고 있다.
　　　(D) 한 남자가 자전거를 고치고 있다.

해설　**1인 사진**
　　　(A) [×] looking at a sign(표지판을 보고 있다)은 남자의 동작과 무관하므로

오답이다.
　　　(B) [×] walking on the sidewalk(보도로 걷고 있다)는 남자의 동작과 무관
하므로 오답이다. 사진의 장소인 도로와 관련 있는 sidewalk(보도)를 사
용하여 혼동을 주었다.
　　　(C) [○] 남자가 헬멧을 쓰고 있는 상태를 가장 잘 묘사한 정답이다.
　　　(D) [×] fixing a bicycle(자전거를 고치고 있다)은 남자의 동작과 무관하므로
오답이다. 사진에 있는 자전거(bicycle)를 사용하여 혼동을 주었다.

2 ③ 미국식 발음　　　　　　　　　　하 ●○○

(A) The woman is leaning forward.
(B) Paintings are being taken down.
(C) Windows are being opened.
(D) The woman is sitting down.

lean (몸을) 기울이다, 숙이다　forward 앞으로　painting 그림
take down 내리다

해석　**(A) 여자가 몸을 앞으로 기울이고 있다.**
　　　(B) 그림들이 내려지고 있다.
　　　(C) 창문들이 열리고 있다.
　　　(D) 여자가 앉고 있다.

해설　**1인 사진**
　　　(A) [○] 여자가 몸을 앞으로 기울이고 있는 모습을 정확히 묘사한 정답이다.
　　　(B) [×] 사진에서 그림들은 보이지만 내려지고 있는(being taken down) 모
습은 아니므로 오답이다.
　　　(C) [×] 사진에서 창문이 열리고 있는 모습을 확인할 수 없으므로 오답이다.
　　　(D) [×] sitting down(앉고 있다)은 여자의 동작과는 무관하므로 오답이다.

3 ③ 캐나다식 발음　　　　　　　　　　상 ●●●

(A) A vase is being moved.
(B) Some plants are being arranged on
　　shelves.
(C) Some cupboard doors are open.
(D) Some chairs are unoccupied.

arrange 정리하다　cupboard 찬장　unoccupied 빈

해석　(A) 꽃병이 옮겨지고 있다.
　　　(B) 몇몇 식물들이 선반에 정리되고 있다.
　　　(C) 몇몇 찬장 문이 열려 있다.
　　　(D) 몇몇 의자들이 비어 있다.

해설　**사물 및 풍경 사진**
　　　(A) [×] 사진에서 꽃병은 보이지만 옮겨지고 있는(being moved) 모습은 아
니므로 오답이다.
　　　(B) [×] 선반에 정리되고 있는 식물들을 확인할 수 없으므로 오답이다. 사람
이 등장하지 않은 사진에 진행 수동형을 사용해 사람의 동작을 묘사한 오
답에 주의한다.
　　　(C) [×] 사진에서 찬장 문이 열려 있는지 알 수 없으므로 오답이다.

(D) [o] 몇몇 의자들이 비어 있는 상태를 가장 잘 묘사한 정답이다.

4 3》 영국식 발음   중 ●●○

(A) She is pouring coffee into a cup.
(B) She is filling up a bag.
(C) She is lifting a box.
(D) She is talking to a customer.

pour 따르다   fill up 채우다   bag 봉투   lift 들어 올리다

해석 (A) 그녀는 컵에 커피를 따르고 있다.
     (B) 그녀는 봉투를 채우고 있다.
     (C) 그녀는 상자를 들어 올리고 있다.
     (D) 그녀는 손님과 이야기하고 있다.

해설 1인 사진
(A) [×] 여자가 봉투를 채우고 있는 모습인데 커피를 따르고 있다고 잘못 묘사했으므로 오답이다.
(B) [o] 여자가 봉투를 채우고 있는 모습을 정확히 묘사한 정답이다.
(C) [×] lifting a box(상자를 들어 올리고 있다)는 여자의 동작과 무관하므로 오답이다.
(D) [×] 사진에서 손님을 확인할 수 없으므로 오답이다.

5 3》 미국식 발음   하 ●○○

(A) The man is taking off a jacket.
(B) The woman is standing under a tree.
(C) They are carrying hiking sticks.
(D) They are planting flowers.

take off (옷 등을) 벗다

해석 (A) 남자가 재킷을 벗고 있다.
     (B) 여자가 나무 아래에 서 있다.
     (C) 그들은 하이킹 스틱을 들고 있다.
     (D) 그들은 꽃을 심고 있다.

해설 2인 이상 사진
(A) [×] taking off(벗고 있다)는 남자의 동작과 무관하므로 오답이다.
(B) [×] 사진에 나무 아래에 서 있는(standing under a tree) 여자가 없으므로 오답이다.
(C) [o] 사람들이 하이킹 스틱을 들고 있는 모습을 정확히 묘사한 정답이다.
(D) [×] planting flowers(꽃을 심고 있다)는 사람들의 동작과 무관하므로 오답이다.

6 3》 호주식 발음   하 ●○○

(A) The man is rolling up his sleeves.
(B) The man is pointing at a screen.
(C) The woman is typing on a keyboard.
(D) The woman is cleaning her glasses.

roll up (소매·바지 등을) 걷다

해석 (A) 남자가 그의 소매를 걷고 있다.
     (B) 남자가 화면을 가리키고 있다.
     (C) 여자가 타자를 치고 있다.
     (D) 여자가 그녀의 안경을 닦고 있다.

해설 2인 이상 사진
(A) [×] rolling up his sleeves(그의 소매를 걷고 있다)는 남자의 동작과 무관하므로 오답이다.
(B) [o] 남자가 화면을 가리키고 있는 모습을 정확히 묘사한 정답이다.
(C) [×] typing on a keyboard(타자를 치고 있다)는 여자의 동작과 무관하므로 오답이다.
(D) [×] 여자가 안경을 쓰고 있는 상태인데 안경을 닦고 있다고 잘못 묘사했으므로 오답이다.

PART 2

7 3》 호주식 발음 → 미국식 발음   하 ●○○

Who's standing next to the stage?
(A) Beside the entrance.
(B) Please watch your step.
(C) That's Sue Hartman, the play's director.

stage 무대   beside ~옆에   entrance 입구   play 연극

해석 누가 무대 옆에 서 있나요?
     (A) 입구 옆에요.
     (B) 발밑을 조심하세요.
     (C) 연극 감독인 Sue Hartman이요.

해설 Who 의문문
(A) [×] next to(~옆에)와 같은 의미인 beside를 사용하여 혼동을 준 오답이다.
(B) [×] 누가 무대 옆에 서 있는지를 물었는데, 발밑을 조심하라며 관련이 없는 내용으로 응답했으므로 오답이다.
(C) [o] Sue Hartman이라며 무대 옆에 서 있는 인물을 언급했으므로 정답이다.

8 3》 영국식 발음 → 호주식 발음   하 ●○○

Why did you move to New York City?
(A) Because I found a job here.
(B) He's lived here for three years.
(C) Ms. Hicks is a great leader.

move 이사하다   find a job 일자리를 찾다

해석 당신은 왜 뉴욕시로 이사했나요?
     (A) 여기에서 일자리를 찾아서요.
     (B) 그는 여기에서 3년 동안 살고 있어요.
     (C) Ms. Hicks는 훌륭한 지도자예요.

해설 Why 의문문
(A) [o] 여기에서 일자리를 찾았다는 말로 뉴욕시로 이사한 이유를 언급했으므로 정답이다.
(B) [×] move(이사하다)에서 연상할 수 있는 주거와 관련된 live(살다)를 사용하여 혼동을 주었다.
(C) [×] 왜 뉴욕시로 이사했는지를 물었는데, Ms. Hicks는 훌륭한 지도자라며 관련이 없는 내용으로 응답했으므로 오답이다.

9 🔊 호주식 발음 → 미국식 발음　　중 ●●○

> Aren't we almost out of office supplies?
> **(A) We ordered more today.**
> (B) My office is down the hall.
> (C) Actually, the cost is quite high.

out of (필요한 것이) 떨어져서　office supply 사무용품　cost 비용　quite 꽤

해석　우리 사무용품이 거의 다 떨어지지 않았나요?
　(A) 우리는 오늘 좀 더 주문했어요.
　(B) 제 사무실은 복도 아래쪽에 있어요.
　(C) 사실, 비용이 꽤 높아요.

해설　**부정 의문문**
　(A) [○] 오늘 좀 더 주문했다는 말로, 사무용품이 채워질 것임을 간접적으로 전달했으므로 정답이다.
　(B) [×] 질문의 office를 반복 사용하여 혼동을 준 오답이다.
　(C) [×] supply(용품)와 관련 있는 cost(비용)를 사용하여 혼동을 준 오답이다.

10 🔊 캐나다식 발음 → 영국식 발음　　중 ●●○

> Can I get a discount if I buy more than 30 products?
> (A) There are numerous providers.
> (B) He was here yesterday.
> **(C) Yes. Large orders are discounted.**

numerous 수많은　large order 대량 주문

해석　제가 제품을 30개 이상 사면 할인을 받을 수 있을까요?
　(A) 수많은 공급자들이 있어요.
　(B) 그는 어제 여기에 왔어요.
　(C) 네. 대량 주문은 할인돼요.

해설　**조동사 의문문**
　(A) [×] products(제품)에서 연상할 수 있는 구매와 관련된 provider(공급자)를 사용하여 혼동을 주었다.
　(B) [×] 제품을 30개 이상 사면 할인을 받을 수 있는지를 물었는데, 그가 어제 여기에 왔다며 관련이 없는 내용으로 응답했으므로 오답이다.
　(C) [○] Yes로 할인을 받을 수 있음을 전달한 후, 대량 주문은 할인된다는 부연 설명을 했으므로 정답이다.

11 🔊 캐나다식 발음 → 호주식 발음　　하 ●○○

> When did you send the contract to Roberto Monero?
> (A) All of the legal documents.
> (B) You should sign above the line.
> **(C) On last Monday.**

contract 계약서　legal 법률　document 문서　sign 서명하다

해석　당신은 언제 Robert Monero에게 계약서를 보냈나요?
　(A) 모든 법률 문서요.
　(B) 선 위에 서명하셔야 합니다.
　(C) 지난주 월요일에요.

해설　**When 의문문**
　(A) [×] contract(계약서)와 관련 있는 legal document(법률 문서)를 사용하여 혼동을 준 오답이다.
　(B) [×] contract(계약서)에서 연상할 수 있는 계약 체결 수단과 관련된 sign

(서명하다)을 사용하여 혼동을 주었다.
　(C) [○] on last Monday(지난주 월요일)이라는 특정 시점을 언급했으므로 정답이다.

12 🔊 미국식 발음 → 영국식 발음　　중 ●●○

> Lisa Stanly has been promoted to district manager, hasn't she?
> **(A) Actually, she turned down the position.**
> (B) There are seven branches.
> (C) The store is holding a sales promotion.

promote 승진하다　district 지역　turn down 거절하다　position 자리
branch 지점　sales promotion 판촉

해석　Lisa Stanly는 지역 관리자로 승진했어요, 그렇지 않나요?
　(A) 사실, 그녀는 그 자리를 거절했어요.
　(B) 7개의 지점이 있어요.
　(C) 그 가게는 판촉 행사를 열고 있어요.

해설　**부가 의문문**
　(A) [○] 사실 그녀, 즉 Lisa Stanly가 그 자리를 거절했다는 말로, 지역 관리자로 승진하지 않았음을 전달했으므로 정답이다.
　(B) [×] 지역 관리자(district manager)에서 연상할 수 있는 관리 업무와 관련된 branches(지점)를 사용하여 혼동을 주었다.
　(C) [×] 질문의 promoted(승진했다)에서의 promote를 '판촉 행사'라는 의미의 promotion으로 사용하여 혼동을 준 오답이다.

13 🔊 호주식 발음 → 캐나다식 발음　　하 ●○○

> Why do you want to take a day off next Tuesday?
> (A) OK, I'll take an overtime shift.
> **(B) To visit my doctor.**
> (C) Whatever you need.

overtime 시간 외의　shift 근무(시간)　whatever 무엇이든

해석　왜 다음 주 화요일에 근무를 쉬고 싶어 하시나요?
　(A) 좋아요, 시간 외 근무를 할게요.
　(B) 의사를 방문하기 위해서요.
　(C) 당신이 필요한 무엇이든지요.

해설　**Why 의문문**
　(A) [×] take a day off(근무를 쉬다)와 관련 있는 shift(근무)를 사용하여 혼동을 준 오답이다.
　(B) [○] 의사를 방문하기 위해서라는 말로 다음 주 화요일에 근무를 쉬고 싶어 하는 이유를 언급했으므로 정답이다.
　(C) [×] 왜 다음 주 화요일에 근무를 쉬고 싶어 하는지를 물었는데, 상대방이 필요한 무엇이든지라며 관련이 없는 내용으로 응답했으므로 오답이다.

14 🔊 미국식 발음 → 캐나다식 발음　　중 ●●○

> Where can these extension cords be plugged in?
> **(A) Behind the door.**
> (B) I don't remember the phone number.
> (C) Unless the deadline is extended.

extension cord 연장 코드　plug in (플러그를) 꽂다　unless ~하지 않는다면
deadline 마감일　extend 연장하다

해석 이 연장 코드들은 어디에 꽂을 수 있나요?

　　(A) 문 뒤에요.
　　(B) 저는 휴대폰 번호가 기억나지 않아요.
　　(C) 마감일이 연장되지 않는 한은요.

해설 Where 의문문

　　(A) [o] 문 뒤라며 코드를 꽂을 수 있는 장소를 언급했으므로 정답이다.
　　(B) [x] 연장 코드들을 어디에 꽂을 수 있는지를 물었는데, 휴대폰 번호가 기억나지 않는다며 관련이 없는 내용으로 응답했으므로 오답이다.
　　(C) [x] extension – extended의 유사 발음 어휘를 사용하여 혼동을 준 오답이다.

---

15 🔊 영국식 발음 → 호주식 발음　　　　　　상 ●●●

Are participants required to pay for the workshop now or when it ends?
(A) I know a great instructor.
(B) Not until after.
(C) She meets all the requirements.

participant 참가자 require 요청하다 instructor 강사 meet 부합하다
requirement 조건

해석 참가자들은 지금 워크숍 비용을 지불하도록 요청되나요, 아니면 그것이 끝날 때 지불하도록 요청되나요?

　　(A) 저는 훌륭한 강사를 알아요.
　　(B) 그 이후나 되어서요.
　　(C) 그녀는 모든 조건에 부합해요.

해설 선택 의문문

　　(A) [x] workshop(워크숍)과 관련 있는 instructor(강사)를 사용하여 혼동을 준 오답이다.
　　(B) [o] after(그 이후)로 워크숍이 끝날 때를 선택했으므로 정답이다.
　　(C) [x] required – requirements의 유사 발음 어휘를 사용하여 혼동을 준 오답이다.

---

16 🔊 영국식 발음 → 캐나다식 발음　　　　　　상 ●●●

What benefits does your company offer employees?
(A) All staff participated in the retreat.
(B) The book club gathers twice a week.
(C) It provides health insurance and a retirement plan.

benefit 혜택 participate 참가하다 retreat 야유회 insurance 보험
retirement plan 퇴직 연금 제도

해석 당신의 회사는 직원들에게 어떤 혜택들을 제공하나요?

　　(A) 모든 직원들은 야유회에 참가했어요.
　　(B) 독서 클럽은 일주일에 두 번 모여요.
　　(C) 건강 보험과 퇴직 연금 제도를 제공합니다.

해설 What 의문문

　　(A) [x] employee(직원)와 같은 의미인 staff를 사용하여 혼동을 준 오답이다.
　　(B) [x] 회사가 직원들에게 어떤 혜택들을 제공하는지를 물었는데, 독서 클럽은 일주일에 두 번 모인다며 관련이 없는 내용으로 응답했으므로 오답이다.
　　(C) [o] 건강 보험과 퇴직 연금 제도를 제공한다며, 회사에서 제공하는 혜택들을 언급했으므로 정답이다.

---

17 🔊 미국식 발음 → 캐나다식 발음　　　　　　중 ●●○

Should we put out more beverages for the guests?
(A) Most people seem to be leaving.
(B) The empty boxes are sitting outside.
(C) Yes, we need some more tables.

put out (물건을) 내놓다 beverage 음료 empty 빈 sit 놓여 있다

해석 손님들을 위해 음료를 더 내놓아야 할까요?

　　(A) 대부분의 사람들이 떠나는 것 같네요.
　　(B) 빈 상자들은 밖에 놓여 있어요.
　　(C) 네, 우리는 더 많은 탁자들이 필요해요.

해설 조동사 의문문

　　(A) [o] 대부분의 사람들이 떠나는 것 같다는 말로, 음료를 더 내놓지 않아도 됨을 전달했으므로 정답이다.
　　(B) [x] 손님들을 위해 음료를 더 내놓아야 할지를 물었는데, 빈 상자들이 밖에 놓여 있다며 관련이 없는 내용으로 응답했으므로 오답이다.
　　(C) [x] more를 반복 사용하여 혼동을 준 오답이다. Yes만 듣고 정답으로 고르지 않도록 주의한다.

---

18 🔊 영국식 발음 → 미국식 발음　　　　　　하 ●○○

How was the conference call with Mr. Horton?
(A) It was very informative.
(B) Here is my contact information.
(C) In Conference Hall 2.

conference call 전화 회담 contact information 연락처

해석 Mr. Horton과의 전화 회담은 어땠나요?

　　(A) 매우 유익했어요.
　　(B) 여기 제 연락처예요.
　　(C) 제2회의장에서요.

해설 How 의문문

　　(A) [o] 매우 유익했다며, 전화 회담이 어땠는지를 언급했으므로 정답이다.
　　(B) [x] conference call(전화 회담)과 관련 있는 contact information(연락처)을 사용하여 혼동을 준 오답이다.
　　(C) [x] 질문의 conference를 반복 사용하여 혼동을 준 오답이다.

---

19 🔊 캐나다식 발음 → 호주식 발음　　　　　　중 ●●●

Brentwood Interiors has a great team of designers.
(A) It would look better with another sofa.
(B) Once we make the request.
(C) I've never worked with them.

request 요청

해석 Brentwood 인테리어사에는 훌륭한 디자이너 팀이 있어요.

　　(A) 다른 소파와 함께 더 잘 어울릴 거예요.
　　(B) 우리가 요청을 하면요.
　　(C) 저는 그들과 일해본 적이 없어요.

해설 평서문

　　(A) [x] Interiors(인테리어사)에서 연상할 수 있는 가구와 관련된 sofa(소파)를 사용하여 혼동을 주었다.
　　(B) [x] Brentwood 인테리어사에는 훌륭한 디자이너 팀이 있다고 말했는데,

자신들이 요청을 하면이라며 관련이 없는 내용으로 응답했으므로 오답이다.

(C) [o] 그들과 일해본 적이 없다는 말로 Brentonwood 인테리어사의 디자이너 팀에 대해 잘 모른다는 간접적인 응답을 했으므로 정답이다.

20 ③ 캐나다식 발음 → 미국식 발음 　　　　　　하 ●○○

Do I need to bring these chairs to the patio area?
(A) The waiters don't need aprons.
(B) Yes. Please do that now.
(C) The weather was beautiful.

patio 테라스　area 구역　waiter 종업원　apron 앞치마

해석 이 의자들을 테라스 구역으로 가져가야 할까요?
　(A) 종업원들은 앞치마가 필요 없어요.
　(B) 네. 지금 그렇게 해주세요.
　(C) 날씨가 좋았어요.

해설 조동사 의문문
　(A) [×] 질문의 need를 반복 사용하여 혼동을 준 오답이다.
　(B) [o] Yes로 의자들을 테라스 구역으로 가져가야 함을 전달한 후, 지금 그렇게 해달라는 부연 설명을 했으므로 정답이다.
　(C) [×] 의자들을 테라스 구역으로 가져가야 하는지를 물었는데, 날씨가 좋았다며 관련이 없는 내용으로 응답했으므로 오답이다.

21 ③ 호주식 발음 → 영국식 발음 　　　　　　중 ●●●

Can I get my package shipped out today?
(A) That shouldn't be an issue.
(B) Here's a copy of my receipt.
(C) You can open it here.

package 소포　ship out ~을 보내다　issue 문제

해석 오늘 제 소포를 보낼 방법이 있을까요?
　(A) 그것은 문제가 되지 않아요.
　(B) 여기 제 영수증 사본이에요.
　(C) 이곳에서 그것을 열어도 돼요.

해설 조동사 의문문
　(A) [o] 그것은 문제가 되지 않는다는 말로, 소포를 오늘 보낼 수 있음을 전달했으므로 정답이다.
　(B) [×] 소포를 오늘 보낼 방법이 있을지를 물었는데, 제 영수증 사본이라며 관련이 없는 내용으로 응답했으므로 오답이다.
　(C) [×] 질문의 package(소포)를 나타낼 수 있는 it을 사용하여 혼동을 준 오답이다.

22 ③ 호주식 발음 → 미국식 발음 　　　　　　중 ●●●

Why don't we find a larger rug for our lobby?
(A) Do you have a particular style in mind?
(B) The images are too large.
(C) She's waiting in the reception area.

rug 깔개　particular 특정한　image 사진　reception 접수처

해석 우리 로비를 위해 더 큰 깔개를 찾는 게 어때요?
　(A) 마음에 두고 있는 특정한 스타일이 있나요?
　(B) 사진들이 너무 커요.

(C) 그녀는 접수처 구역에서 기다리고 있어요.

해설 제안 의문문
　(A) [o] 마음에 두고 있는 특정한 스타일이 있는지를 되물어 깔개에 대한 추가 의견을 요청했으므로 정답이다.
　(B) [×] larger – large의 유사 발음 어휘를 사용하여 혼동을 준 오답이다.
　(C) [×] lobby(로비)와 관련 있는 reception area(접수처 구역)를 사용하여 혼동을 준 오답이다.

23 ③ 영국식 발음 → 캐나다식 발음 　　　　　　하 ●○○

Our company should release a mobile application soon.
(A) We sell several products.
(B) Yes, I agree.
(C) That's not my phone.

several 여러

해석 우리 회사는 곧 모바일 애플리케이션을 공개해야 해요.
　(A) 우리는 여러 제품을 판매해요.
　(B) 네, 저는 동의해요.
　(C) 그것은 제 휴대폰이 아니에요.

해설 평서문
　(A) [×] 곧 모바일 애플리케이션을 공개해야 한다고 말했는데, 우리는 여러 제품을 판매한다며 관련이 없는 내용으로 응답했으므로 오답이다.
　(B) [o] Yes로 의견에 동의한 후, 자신은 동의한다는 부연 설명을 했으므로 정답이다.
　(C) [×] mobile application(모바일 애플리케이션)과 관련 있는 phone(휴대폰)을 사용하여 혼동을 준 오답이다.

24 ③ 미국식 발음 → 캐나다식 발음 　　　　　　중 ●●○

Where did you last see the product list?
(A) I remember talking to him, too.
(B) The merchandise is selling well.
(C) Doesn't Mr. Leeds have it?

merchandise 상품

해석 제품 목록을 어디에서 마지막으로 봤나요?
　(A) 저도 그와 이야기한 것을 기억해요.
　(B) 그 상품은 잘 팔리고 있어요.
　(C) Mr. Leeds가 그것을 갖고 있지 않나요?

해설 Where 의문문
　(A) [×] 제품 목록을 어디에서 마지막으로 봤는지를 물었는데, 자신도 그와 이야기한 것을 기억한다며 관련이 없는 내용으로 응답했으므로 오답이다.
　(B) [×] product(제품)와 같은 의미인 merchandise(상품)를 사용하여 혼동을 준 오답이다.
　(C) [o] Mr. Leeds가 그것을 갖고 있지 않는지를 되물어 제품 목록이 어디 있는지 모른다는 간접적인 응답을 했으므로 정답이다.

25 ③ 호주식 발음 → 영국식 발음 　　　　　　하 ●○○

Can I take pictures in the art gallery?
(A) Only some of the sculptures were sold.
(B) Sorry, but that's prohibited.
(C) Everyone was waiting outside.

art gallery 미술관 sculpture 조각품 prohibit 금지하다

해석 미술관 안에서 사진을 찍어도 되나요?
(A) 조각품들 중 몇몇 개만 팔렸어요.
(B) 죄송하지만, 그것은 금지되어 있어요.
(C) 모두가 밖에서 기다리고 있었어요.

해설 **조동사 의문문**
(A) [×] art gallery(미술관)와 관련 있는 sculptures(조각들)를 사용하여 혼동을 준 오답이다.
(B) [○] Sorry로 사진을 찍을 수 없음을 전달한 후, 그것은 금지되어 있다는 부연 설명을 했으므로 정답이다.
(C) [×] 미술관 안에서 사진을 찍어도 되는지를 물었는데, 모두가 밖에서 기다리고 있었다며 관련이 없는 내용으로 응답하였으므로 오답이다.

26 🎧 캐나다식 발음 → 미국식 발음   하 ●○○

Weren't there any errors in the expense form?
(A) I gave her some funds.
(B) We can begin production next week.
(C) No. The information was correct.

error 오류 expense 경비 form 양식 fund 기금 production 생산

해석 경비 양식에 어떤 오류라도 있지 않았나요?
(A) 제가 그녀에게 기금을 주었어요.
(B) 우리는 다음 주에 생산을 시작할 수 있어요.
(C) 아니요. 정보는 정확했어요.

해설 **부정 의문문**
(A) [×] expense(경비)와 관련 있는 fund(기금)를 사용하여 혼동을 준 오답이다.
(B) [×] 경비 양식에 어떤 오류라도 있지 않았는지를 물었는데, 다음 주에 생산을 시작할 수 있다며 관련이 없는 내용으로 응답했으므로 오답이다.
(C) [○] No로 오류가 없었음을 전달한 후, 정보는 정확했다는 부연 설명을 했으므로 정답이다.

27 🎧 호주식 발음 → 영국식 발음   상 ●●●

Seminar attendees will receive booklets to take home, won't they?
(A) Many people attended the dinner.
(B) The library is open until 10 P.M.
(C) They will be sent out by mail.

attendee 참석자 receive 받다 booklet 소책자 dinner 만찬
send out 배포하다

해석 세미나 참석자들은 집에 가져갈 소책자를 받을 거예요, 그렇지 않나요?
(A) 많은 사람들이 만찬에 참석했어요.
(B) 도서관은 오후 10시까지 열어요.
(C) 그것들은 우편으로 배포될 거예요.

해설 **부가 의문문**
(A) [×] attendees – attended의 유사 발음 어휘를 사용하여 혼동을 준 오답이다.
(B) [×] 세미나 참석자들은 집에 가져갈 소책자를 받을지를 물었는데, 도서관은 오후 10시까지 연다며 관련이 없는 내용으로 응답했으므로 오답이다.
(C) [○] 그것들은 우편으로 배포될 거라는 말로, 참석자들이 소책자를 집에 가져가지 않을 것임을 간접적으로 전달했으므로 정답이다.

28 🎧 미국식 발음 → 캐나다식 발음   중 ●●○

Will I get feedback on the logo design for our company?
(A) That book received positive reviews.
(B) Only if we decide to use it.
(C) Several of them came to the event.

feedback 의견 positive 긍정적인

해석 제가 우리 회사의 로고 디자인에 대한 의견을 받게 될까요?
(A) 그 책은 긍정적인 평가를 받았어요.
(B) 우리가 그것을 사용하기로 결정한 경우에만요.
(C) 그들 중 여러 명이 행사에 왔어요.

해설 **조동사 의문문**
(A) [×] feedback(의견)과 관련 있는 reviews(평가)를 사용하여 혼동을 준 오답이다.
(B) [○] 자신들이 그것, 즉 로고 디자인을 사용하기로 결정한 경우에만이라는 말로, 의견을 받게 될지 아직 모른다는 간접적인 응답을 했으므로 정답이다.
(C) [×] 로고 디자인에 대한 의견을 받게 될지를 물었는데, 그들 중 여러 명이 행사에 왔다며 관련이 없는 내용으로 응답하였으므로 오답이다.

29 🎧 영국식 발음 → 호주식 발음   중 ●●○

We need to collect completed questionnaires from all personnel.
(A) I completed the report.
(B) Well, we'd better get started now.
(C) Ms. Polson might know where it is.

collect 모으다 completed 완성된 questionnaire 설문지
personnel 직원 report 보고서

해석 우리는 모든 직원들에게서 완성된 설문지를 모아야 해요.
(A) 저는 보고서를 끝마쳤어요.
(B) 음, 우리가 지금 시작하는 게 좋겠어요.
(C) Ms. Polson은 그것이 어디에 있는지 알 수도 있어요.

해설 **평서문**
(A) [×] 질문의 completed를 반복 사용하여 혼동을 준 오답이다.
(B) [○] 지금 시작하는 게 좋겠다는 말로 의견을 제시했으므로 정답이다.
(C) [×] 모든 직원들에게서 완성된 작성한 설문지를 모아야 한다고 말했는데, Ms. Polson은 그것이 어디에 있는지 알 수도 있다며 관련이 없는 내용으로 응답했으므로 오답이다.

30 🎧 캐나다식 발음 → 미국식 발음   중 ●●○

Why won't the editors publish our article?
(A) Tell me when you're ready.
(B) Her articles are interesting.
(C) They don't like the topic we chose.

editor 편집자 publish 발행하다 article 기사 topic 주제

해석 편집자들은 왜 우리 기사를 발행하지 않을 것인가요?
(A) 당신이 준비되면 말해주세요.
(B) 그녀의 기사들은 흥미로워요.
(C) 그들은 우리가 고른 주제를 좋아하지 않아요.

해설 **Why 의문문**
(A) [×] 편집자들이 왜 기사를 발행하지 않을 것인지를 물었는데, 준비되면 말

해달라며 관련이 없는 내용으로 응답했으므로 오답이다.
(B) [×] 질문의 article을 반복 사용하여 혼동을 준 오답이다.
(C) [○] 그들, 즉 편집자들이 주제를 좋아하지 않는다는 말로, 기사를 발행하지 않는 이유를 전달했으므로 정답이다.

31 [3M] 호주식 발음 → 영국식 발음 중 ●●○

> Should interns go to Meeting Room 1, or will the orientation take place in here?
> (A) I'll attend a conference in LA.
> **(B) I'm not in charge of that.**
> (C) Just after the stop light.

in charge of ~을 담당해서

해석 인턴들은 제1회의실로 가야 하나요, 아니면 오리엔테이션이 여기에서 열리나요?
(A) 저는 LA에서 회의에 참석할 거예요.
(B) 저는 그것을 담당하지 않아요.
(C) 정지 신호 직후에요.

해설 **선택 의문문**
(A) [×] 질문의 Meeting Room(회의실)과 관련 있는 conference(회의)를 사용하여 혼동을 준 오답이다.
(B) [○] 자신은 그것을 담당하지 않는다는 말로 오리엔테이션이 어디에서 열리는지 모른다는 간접적인 응답을 했으므로 정답이다.
(C) [×] 인턴들이 제1회의실로 가야 하는지 아니면 오리엔테이션이 여기에서 열리는지를 물었는데, 정지 신호 직후라며 관련이 없는 내용으로 응답했으므로 오답이다.

PART 3

32-34 [3W] 영국식 발음 → 캐나다식 발음

Questions 32-34 refer to the following conversation.

> W: ³²**You've reached the Hotel Flamingo's front desk.** How can I help you?
> M: This is David Branson in Room 713. ³³**I've been having trouble with the Wi-Fi. I'm able to connect to the network, but the signal is very weak.** Is this because my room is at the end of the hall?
> W: I don't think that's the issue, as we have routers set up throughout our hotel. ³⁴**Sometimes, guests connect to the wrong network. Please try using the network labeled "Flamingo5G."**

connect 연결하다 signal 신호 issue 문제 set up 작동 가능하게 하다
throughout 구석구석에 label 적다

해석
32-34번은 다음 대화에 관한 문제입니다.
여: ³²Flamingo 호텔의 안내 데스크입니다. 무엇을 도와드릴까요?
남: 713호실의 David Branson입니다. ³³와이파이에 문제를 겪고 있어요. 네트워크에 연결은 되지만, 신호가 매우 약해요. 제 방이 복도 끝에 있기 때문인가요?
여: 저희 호텔 구석구석에 라우터가 작동 가능하게 되어 있기 때문에, 그것이 문제는 아니라고 생각합니다. ³⁴가끔, 손님께서 잘못된 네트워크에 연결하시는 경우도 있어요. "Flammingo5G"라고 적혀 있는 네트워크를 이용하는 것을 시도해

보세요.

32 화자 문제 중 ●●○

해석 여자는 누구인가?
(A) 기술자
(B) 판매원
(C) 접수 담당자
(D) 건축가

해설 대화에서 신분 및 직업과 관련된 표현을 놓치지 않고 듣는다. 대화 초반부에서 여자가 "You've reached the Hotel Flamingo's front desk(Flamingo 호텔의 안내 데스크입니다)"라고 하였다. 이를 통해, 여자가 접수 담당자임을 알 수 있다. 따라서 (C)가 정답이다.

어휘 salesperson 판매원 receptionist 접수 담당자

33 문제점 문제 하 ●○○

해석 남자는 무슨 문제를 언급하는가?
(A) 신호가 충분히 강하지 않다.
(B) 비밀번호가 맞지 않는다.
(C) 로그인 과정이 복잡하다.
(D) 제품 설명이 틀렸다.

해설 남자의 말에서 부정적인 표현이 언급된 다음을 주의 깊게 듣는다. 대화 중반부에서 남자가 "I've been having trouble with the Wi-Fi. I'm able to connect to the network, but the signal is very weak(와이파이에 문제를 겪고 있어요. 네트워크에 연결은 되지만, 신호가 매우 약해요)"이라고 하였다. 따라서 (A)가 정답이다.

어휘 complicated 복잡한 description 설명

패러프레이징

> weak 약한 → not strong enough 충분히 강하지 않은

34 제안 문제 하 ●○○

해석 여자는 무엇을 제안하는가?
(A) 다른 네트워크를 이용하기
(B) 새로운 라우터를 설치하기
(C) 애플리케이션을 다운로드하기
(D) 노트북 컴퓨터를 빌리기

해설 여자의 말에서 제안과 관련된 표현이 언급된 다음을 주의 깊게 듣는다. 대화 후반부에서 "Sometimes, guests connect to the wrong network. Please try using the network labeled "Flamingo5G"(가끔, 손님들께서 잘못된 네트워크에 연결하시는 경우도 있어요. "Flammingo5G"라고 적혀 있는 네트워크를 이용하는 것을 시도해 보세요)"라고 하였다. 이를 통해, 여자가 다른 네트워크를 이용하기를 제안하고 있음을 알 수 있다. 따라서 (A)가 정답이다.

35-37 [3M] 호주식 발음 → 영국식 발음

Questions 35-37 refer to the following conversation.

> M: Hi, Riko. It's Adam. ³⁵**I'm calling because I have a pair of tickets for a concert by the Austrian Youth Choir** at the Max Irvine Center. I thought you might be interested. I know it's short notice, but the event is this Thursday at 7 P.M.

W: I'd definitely like to go, but ³⁶my parents will be in town that day.
M: ³⁶Why don't you bring them along? I can get tickets for them, too.
W: Really? In that case, ³⁷we can meet you at the entrance of the center at 6:45 P.M.
M: Sure. I'll see you then.

a pair of 두 개 choir 합창단 short notice 촉박한 통보 definitely 물론
along ~와 함께 in that case 그렇다면

해석
35-37번은 다음 대화에 관한 문제입니다.
남: 안녕하세요, Riko. Adam입니다. Max Irvine 센터에서의 ³⁵오스트리아 소년 합창단의 콘서트 티켓이 두 장 있어서 전화했어요. 당신이 관심 있을 것 같다고 생각했어요. 촉박한 통보인 것을 알지만, 그 행사는 이번 주 목요일 오후 7시예요.
여: 저도 물론 가고 싶지만, ³⁶그날 부모님이 이 도시에 오실 거예요.
남: ³⁶그분들을 함께 모셔 오는 건 어때요? 그분들을 위한 표도 구할 수 있어요.
여: 정말요? 그렇다면, ³⁷우리는 오후 6시 45분에 센터 입구에서 당신을 만날 수 있어요.
남: 물론이죠. 그럼 그때 뵐게요.

35 주제 문제   하 ●○○

해석 화자들은 주로 무엇에 대해 이야기하고 있는가?
(A) 자선 행사
(B) 강의 시리즈
(C) 음악 행사
(D) 영화 상영

해설 대화의 주제를 묻는 문제이므로, 대화의 초반을 주의 깊게 듣는다. 남자가 "I'm calling because I have a pair of tickets for a concert by the Austrian Youth Choir(오스트리아 소년 합창단의 콘서트 티켓이 두 장 있어서 전화했어요)"라고 하였다. 이를 통해, 화자들이 음악 행사에 대해 이야기하고 있음을 알 수 있다. 따라서 (C)가 정답이다.

어휘 charity dinner 자선 행사 lecture 강의 screening 상영

패러프레이징
concert 콘서트 → musical event 음악 행사

36 제안 문제   중 ●●○

해석 남자는 무엇을 제안하는가?
(A) 가족 구성원들을 데려오기
(B) 좌석을 예약하기
(C) 기념일을 축하하기
(D) 일찍 오기

해설 남자의 말에서 제안과 관련된 표현이 언급된 다음을 주의 깊게 듣는다. 대화 중반부에서 여자가 "my parents will be in town that day(그날 부모님이 이 도시에 오실 거예요)"라고 하자, 남자가 "Why don't you bring them along?(그분들을 함께 모셔 오는 건 어때요?)"이라고 하였다. 이를 통해, 남자가 가족 구성원들을 데려오기를 제안하고 있음을 알 수 있다. 따라서 (A)가 정답이다.

어휘 book 예약하다 celebrate 축하하다 anniversary 기념일
show up 오다

패러프레이징
parents 부모님 → family members 가족 구성원

37 다음에 할 일 문제   중 ●●○

해석 여자는 무엇을 할 것이라고 말하는가?
(A) 손님 목록을 확인한다.
(B) 입장권 가격을 지불한다.
(C) 입구 근처에서 남자를 만난다.
(D) 행사에 동료를 초대한다.

해설 대화의 마지막 부분을 주의 깊게 듣는다. 여자가 "we can meet you at the entrance of the center at 6:45 P.M.(우리는 오후 6시 45분에 센터 입구에서 당신을 만날 수 있어요)"라고 하였다. 따라서 (C)가 정답이다.

어휘 pass 입장권 coworker 동료

38-40 [3인] 캐나다식 발음 → 미국식 발음

Questions 38-40 refer to the following conversation.

M: Hello. ³⁸I'd like to book an eye exam at your clinic.
W: OK. ³⁸Let me see what's available . . . ³⁹We can see you on September 25 at 5 P.M.
M: ³⁹That's two weeks from now.
W: Yes. ³⁹I'm sorry, but it's the best we can do.
M: Well, okay.
W: Thanks for your understanding. Now, while you're here, ⁴⁰could I take down some information? I just need your name, date of birth, and your medical history.

eye exam 시력 검사 clinic 병원 medical history 의료 기록

해석
38-40번은 다음 대화에 관한 문제입니다.
남: 안녕하세요. ³⁸당신의 병원에서 시력 검사를 예약하고 싶은데요.
여: 알겠습니다. ³⁸무엇이 가능한지 볼게요… ³⁹9월 25일 오후 5시에 뵐 수 있어요.
남: ³⁹그건 지금으로부터 2주 후인데요.
여: 네, ³⁹죄송하지만, 그게 저희가 할 수 있는 최선이에요.
남: 음, 알겠어요.
여: 이해해 주셔서 감사해요. 이제, 여기 계시는 동안 ⁴⁰몇몇 정보를 적어 둬도 될까요? 그저 당신의 이름, 생일, 그리고 의료 기록이 필요합니다.

38 화자 문제   중 ●●○

해석 여자는 어디에서 일하는가?
(A) 안과에서
(B) 경찰서에서
(C) 도서관에서
(D) 극장에서

해설 대화에서 신분 및 직업과 관련된 표현을 놓치지 않고 듣는다. 대화 초반부에서 남자가 "I'd like to book an eye exam at your clinic(당신의 병원에서 시력 검사를 예약하고 싶은데요)"이라고 하자 여자가 "Let me see what's available(무엇이 가능한지 볼게요)"이라고 하였다. 이를 통해, 여자가 안과에서 일함을 알 수 있다. 따라서 (A)가 정답이다.

39 의도 파악 문제 　　　　　　　　중 ●●○

해석 남자는 "그건 지금으로부터 2주 후인데요"라고 말할 때 무엇을 의도하는가?
　　(A) 전액 환불을 원한다.
　　(B) 회의를 생략해야 할 것이다.
　　(C) 더 이른 예약을 예상했다.
　　(D) 정확하지 않은 정보를 받았다.

해설 질문의 인용어구(That's two weeks from now)가 언급된 주변을 주의 깊게 듣는다. 여자가 "We can see you on September 25 at 5 P.M.(9월 25일 오후 5시에 뵐 수 있어요)"이라고 하자, 남자가 그건 지금으로부터 2주 후라고 한 후, 여자가 "I'm sorry, but it's the best we can do(죄송하지만, 그게 저희가 할 수 있는 최선이에요)"라고 하였으므로, 남자가 더 이른 예약을 예상했음을 알 수 있다. 따라서 (C)가 정답이다.

어휘 full refund 전액 환불　skip 생략하다　incorrect 정확하지 않은

40 다음에 할 일 문제 　　　　　　　　중 ●●●

해석 남자는 다음에 무엇을 할 것 같은가?
　　(A) 의료비를 계산한다.
　　(B) 계약서를 읽는다.
　　(C) 로비에서 기다린다.
　　(D) 개인 정보를 제공한다.

해설 대화의 마지막 부분을 주의 깊게 듣는다. 대화 후반부에서 여자가 남자에게 "could I take down some information? I just need your name, date of birth, and your medical history(몇몇 정보를 적어 둬도 될까요? 그저 당신의 이름, 생일, 그리고 의료 기록이 필요합니다)"라고 하였다. 이를 통해, 남자가 개인 정보를 제공할 것임을 알 수 있다. 따라서 (D)가 정답이다.

패러프레이징

name, date of birth, and ~ medical history 이름, 생일, 그리고 의료 기록 → personal details 개인 정보

41-43 [3] 호주식 발음 → 미국식 발음

Questions 41-43 refer to the following conversation.

M: Stella, ⁴¹**you've contacted speakers for our financial seminar in March, haven't you?**
W: Yes, that's been taken care of. Now, we need to coordinate with the Carthy Convention Hall regarding our schedule of events. ⁴²**Venue staff will need to know which halls will be used** at what times.
M: Yes, we'll have to send them a copy of our draft program. Oh . . . A film crew should be hired as well. ⁴³**A video of the event will be going up on our Web site.**
W: Oh, that's right! Well, can you handle that? Then, I'll reach out to venue employees.

coordinate 조정하다　venue 현장　draft 초안　film 촬영　handle 처리하다　reach out 연락을 취하다

해석
41-43번은 다음 대화에 관한 문제입니다.

남: Stella, ⁴¹3월에 우리 금융 세미나를 위해 연사들에게 연락하셨죠, 그렇지 않나요?
여: 네, 그것은 처리됐어요. 이제, 우리는 Carthy 컨벤션 홀과 행사 일정에 관해 조정해야 해요. ⁴²현장 직원들은 몇 시에 어떤 홀이 사용될지 알아야 하거든요.
남: 네, 그들에게 저희 프로그램 초안 사본을 보내야겠네요. 아… 촬영 직원도 채용되어야 해요. ⁴³우리 웹사이트에 그 행사의 영상이 올라갈 거예요.
여: 아, 맞아요! 음, 당신이 그것을 처리할 수 있나요? 그럼, 제가 행사장 직원들에게 연락을 취할게요.

41 다음에 할 일 문제 　　　　　　　　하 ●○○

해석 3월에 무엇이 열릴 것인가?
　　(A) 채용 박람회
　　(B) 주주 회의
　　(C) 금융 세미나
　　(D) 임원 은퇴

해설 질문의 핵심어구(in March)가 언급된 주변을 주의 깊게 듣는다. 대화 초반부에서 남자가 "you've contacted speakers for our financial seminar in March, haven't you?(3월에 우리 금융 세미나를 위해 연사들에게 연락하셨죠, 그렇지 않나요?)"라고 하였다. 이를 통해, 3월에 금융 세미나가 열릴 것임을 알 수 있다. 따라서 (C)가 정답이다.

어휘 job fair 채용 박람회　shareholder 주주　executive 임원

42 특정 세부 사항 문제 　　　　　　　　중 ●●○

해석 여자에 따르면, 현장 직원들은 무엇을 알아야 하는가?
　　(A) 누가 행사에 참석할지
　　(B) 어떤 공간이 사용될지
　　(C) 왜 회의가 지연되었는지
　　(D) 언제 출장 요리가 도착할지

해설 질문의 핵심어구(venue staff)가 언급된 주변을 주의 깊게 듣는다. 대화 중반부에서 여자가 "Venue staff will need to know which halls will be used(현장 직원들은 어떤 홀이 사용될지 알아야 하거든요)"라고 하였다. 따라서 (B)가 정답이다.

어휘 conference 회의　delay 지연시키다　catering 출장 요리

패러프레이징

halls 홀 → spaces 공간

43 특정 세부 사항 문제 　　　　　　　　하 ●○○

해석 무엇이 온라인에 게시될 것인가?
　　(A) 주소
　　(B) 설문조사
　　(C) 녹화본
　　(D) 광고

해설 질문의 핵심어구(posted online)와 관련된 내용을 주의 깊게 듣는다. 대화 후반부에서 남자가 "A video of the event will be going up on our Web site(우리 웹사이트에 그 행사의 영상이 올라갈 거예요)"라고 하였다. 따라서 (C)가 정답이다.

어휘 post 게시하다　recording 녹화(본)

패러프레이징

video of the event 행사의 영상 → recording 녹화본

Questions 44-46 refer to the following conversation.

> M: **⁴⁴I was planning to use the main conference room to go over tax forms with our accounting firm's clients.** However, the air conditioner isn't working.
> W: Yes, I'm aware. I called a technician this morning and he said it will take about an hour to fix the unit.
> M: Hmm . . . Maybe I should just reschedule the meeting.
> W: **⁴⁵/⁴⁶Why don't you ask Mr. Coyle about using his office?** It's quite spacious, and he will be flying to Chicago after lunch for a business meeting.
> M: OK, **⁴⁶I'll call him now.**

go over 검토하다 tax form 세금 양식 accounting 회계 aware 알고 있는
technician 기술자 unit 장치 spacious 넓은

해석
44-46번은 다음 대화에 관한 문제입니다.
남: ⁴⁴저는 우리 회계 법인의 고객들과 세금 양식을 검토하기 위해 주 회의실을 이용할 계획이었어요. 하지만, 에어컨이 작동하지 않아요.
여: 네, 알고 있어요. 오늘 아침에 기술자에게 전화하니 그가 그 장치를 수리하는 데 한 시간 정도 걸릴 것이라고 말했어요.
남: 흠… 어쩌면 회의 일정을 다시 잡아야 할 수도 있겠네요.
여: ⁴⁵/⁴⁶Mr. Coyle에게 그의 사무실을 사용하는 것에 대해 물어보는 게 어때요? 그곳은 꽤 넓고, 그는 업무 회의 때문에 점심 식사 후에 시카고로 비행할 거예요.
남: 좋아요, ⁴⁶그에게 지금 전화할게요.

44 화자 문제
중 ●●○

해석 남자는 누구인 것 같은가?
(A) 광고주
(B) 행사 기획자
(C) 공무원
(D) 회계사

해설 대화에서 신분 및 직업과 관련된 표현을 놓치지 않고 듣는다. 대화 초반부에서 남자가 "I was planning to use the main conference room to go over tax forms with our accounting firm's clients(저는 우리 회계 법인의 고객들과 세금 양식을 검토하기 위해 주 회의실을 이용할 계획이었어요)"라고 하였다. 이를 통해, 남자가 회계사임을 알 수 있다. 따라서 (D)가 정답이다.

어휘 advertiser 광고주 government official 공무원

45 제안 문제
중 ●●●

해석 여자는 무엇을 제안하는가?
(A) 여행을 위해 준비하기
(B) 가전 제품을 구매하기
(C) 사무실에 대해 문의하기
(D) 제안서를 제출하기

해설 여자의 말에서 제안과 관련된 표현이 언급된 다음을 주의 깊게 듣는다. 대화 후반부에서 여자가 "Why don't you ask Mr. Coyle about using his office?(Mr. Coyle에게 그의 사무실을 사용하는 것에 대해 물어보는 게 어때요?)"라고 하였다. 따라서 (C)가 정답이다.

어휘 appliance 가전 제품 inquire 문의하다 submit 제출하다
proposal 제안서

패러프레이징

> ask 물어보다 → Inquiring 문의하기

46 다음에 할 일 문제
하 ●○○

해석 남자는 다음에 무엇을 할 것 같은가?
(A) 부품을 교체한다.
(B) 점심 일정을 다시 잡는다.
(C) 동료에게 전화한다.
(D) 항공편을 예약한다.

해설 대화의 마지막 부분을 주의 깊게 듣는다. 여자가 "Why don't you ask Mr. Coyle about using his office?(Mr. Coyle에게 그의 사무실을 사용하는 것에 대해 물어보는 게 어때요?)"라고 하자, 남자가 "I'll call him now(그에게 지금 전화할게요)"라고 하였다. 이를 통해, 남자가 동료에게 전화할 것임을 알 수 있다. 따라서 (C)가 정답이다.

어휘 colleague 동료 flight 항공편

Questions 47-49 refer to the following conversation.

> W: Excuse me, Mr. Davis? **⁴⁷Where is the break room?** I didn't see one during yesterday's tour.
> M: Oh, yes. It's located just beyond the bathrooms.
> W: Thanks. **⁴⁸I'd like to get a cup of coffee before starting my workday.** I assume there's some in the break room.
> M: Actually, our coffee maker broke down last week. However, **⁴⁹there's a coffee shop just across the street. I suggest going there.**
> W: Okay. I'll do that.

break room 휴게실 tour 견학 beyond 건너편에, 너머에
workday 근무 시간, 근무일 assume 생각하다 suggest 제안하다

해석
47-49번은 다음 대화에 관한 문제입니다.
여: 실례합니다, Mr. Davis? ⁴⁷휴게실이 어디에 있나요? 어제의 견학 동안에는 그것을 못 봤어요.
남: 아, 네. 화장실 바로 건너편에 위치해 있어요.
여: 감사해요. ⁴⁸근무 시간을 시작하기 전에 커피를 한 잔 마시고 싶어서요. 휴게실에 좀 있을 거라 생각해요.
남: 사실, 저희 커피 메이커가 지난주에 고장이 났어요. 하지만, ⁴⁹바로 길 건너편에 커피숍이 있어요. 저는 그곳에 가시는 것을 제안해요.
여: 알겠어요. 그렇게 할게요.

47 특정 세부 사항 문제
중 ●●○

해석 여자는 무엇에 대해 물어보는가?
(A) 직무
(B) 회의의 목적
(C) 견학 시간
(D) 방의 위치

해설 질문의 핵심어구(woman ask)와 관련된 내용을 주의 깊게 듣는다. 대화 초반부에서 여자가 "Where is the break room?(휴게실이 어디에 있나요?)"이라고 하였다. 이를 통해, 여자가 방의 위치에 대해 물어본 것임을 알 수 있다. 따라서 (D)가 정답이다.

어휘 duties 직무 location 위치

48 특정 세부 사항 문제　　　하 ●○○

해석 여자는 무엇을 원하는가?
　　　(A) 음료
　　　(B) 간식
　　　(C) 일정표
　　　(D) 배지

해설 질문의 핵심어구(woman want)와 관련된 내용을 주의 깊게 듣는다. 대화 중반부에서 여자가 "I'd like to get a cup of coffee before starting my workday(근무 시간을 시작하기 전에 커피를 한 잔 마시고 싶어요)"라고 하였다. 이를 통해, 여자가 음료를 원하는 것임을 알 수 있다. 따라서 (A)가 정답이다.

패러프레이징

a cup of coffee 커피 한잔 → beverage 음료

49 제안 문제　　　하 ●○○

해석 남자는 무엇을 제안하는가?
　　　(A) 카페에 가기
　　　(B) 로비에서 기다리기
　　　(C) 발표하기
　　　(D) 미리 등록하기

해설 남자의 말에서 제안과 관련된 표현이 언급된 다음을 주의 깊게 듣는다. 대화 후반부에서 남자가 "there's a coffee shop just across the street. I suggest going there(바로 길 건너편에 커피숍이 있어요. 저는 그곳에 가시는 것을 제안해요)"라고 하였다. 따라서 (A)가 정답이다.

어휘 sign up 등록하다 in advance 미리

50-52 ③M 영국식 발음 → 호주식 발음

Questions 50-52 refer to the following conversation.

W: ⁵⁰**Have you heard anything from headquarters about the funds we asked for to renovate our office?**
M: Actually, I just received an e-mail from our regional manager. ⁵¹**We'll have to wait at least two more weeks for a decision to be made.**
W: But ⁵¹**we submitted our request three weeks ago.**
M: I know. Unfortunately, there's not much that we can do about the matter.
W: I suppose not. Well, ⁵²**I'm going to make an announcement about the situation to all of our branch employees.** I'm sure people would appreciate an update.

headquarters 본사 fund 자금 renovate 개조하다 regional 지역의
at least 적어도 submit 제출하다 appreciate 고마워하다
update 최신 정보

해석
50-52번은 다음 대화에 관한 문제입니다.

여: ⁵⁰우리 사무실을 개조하기 위해 요청했던 자금에 대해 본사에서 들은 것이 있으신가요?

남: 사실, 저는 방금 우리 지역 관리자로부터 이메일을 받았어요. ⁵¹결정이 되기까지는 적어도 2주일은 더 기다려야 해요.

여: 하지만 ⁵¹우리는 3주 전에 요청서를 제출했는데요.
남: 알아요. 안타깝게도, 그 문제에 대해 우리가 할 수 있는 일은 많지 않아요.
여: 그런 것 같네요. 음, ⁵²우리 지점 직원 모두에게 그 상황에 대해 공지할게요. 사람들이 분명 최신 정보를 고마워할 거예요.

50 이유 문제　　　중 ●●○

해석 화자들은 왜 자금을 요청했는가?
　　　(A) 관리자를 고용하기 위해
　　　(B) 부서를 이전하기 위해
　　　(C) 업무 공간을 개조하기 위해
　　　(D) 컨벤션에 참석하기 위해

해설 질문의 핵심어구(request funds)와 관련된 내용을 주의 깊게 듣는다. 대화 초반부에서 여자가 "Have you heard anything from headquarters about the funds we asked for to renovate our office?(우리 사무실을 개조하기 위해 요청했던 자금에 대해 본사에서 들은 것이 있으신가요?)"라고 하였다. 이를 통해, 화자들은 업무 공간을 개조하기 위해 자금을 요청했음을 알 수 있다. 따라서 (C)가 정답이다.

어휘 hire 고용하다 relocate 이전하다 remodel 개조하다

패러프레이징

renovate 개조하다 → remodel 개조하다

최고난도 문제

51 의도 파악 문제　　　상 ●●●

해석 여자는 "우리는 3주 전에 요청서를 제출했는데요"라고 말할 때 무엇을 의도하는가?
　　　(A) 근무 일정이 이미 변경되었다.
　　　(B) 결정이 예상한 것보다 더 오래 걸린다.
　　　(C) 프로젝트를 원래 계획한 대로 계속할 수 있다.
　　　(D) 계획서가 수정될 수 없다.

해설 질문의 인용어구(we submitted our request three weeks ago)가 언급된 주변을 주의 깊게 듣는다. "We'll have to wait at least two more weeks for a decision to be made(결정이 되기까지는 적어도 2주일은 더 기다려야 해요)"라고 하자 여자가 3주 전에 요청서를 제출했다고 하였으므로, 결정이 예상한 것보다 더 오래 걸린다는 의도임을 알 수 있다. 따라서 (B)가 정답이다.

어휘 carry on 계속하다 scheme 계획서

52 다음에 할 일 문제　　　하 ●○○

해석 여자는 다음에 무엇을 할 것 같은가?
　　　(A) 서류를 제출한다.
　　　(B) 공지를 한다.
　　　(C) 사무실 예산을 살펴본다.
　　　(D) 약속을 잡는다.

해설 대화의 마지막 부분을 주의 깊게 듣는다. 대화 후반부에서 "I'm going to make an announcement about the situation to all of our branch employees(우리 지점 직원 모두에게 그 상황에 대해 공지할게요)"라고 하였다. 따라서 (B)가 정답이다.

어휘 turn in 제출하다 document 서류 budget 예산

Questions 53-55 refer to the following conversation with three speakers.

> W: Erik and Larry, ⁵³**are you two worried about the editing deadline for our new economics textbook?**
> M1: Yeah, I'm a bit concerned. It's due in less than two weeks. Larry, are you able to review a few chapters next Monday?
> M2: ⁵⁴**I'll be on vacation all next week**, so I won't be able to do that.
> W: Hmm . . . I think the three of us will have to work some overtime hours on Saturday. There's still a lot to do. What do you think, Erik?
> M1: You're right. ⁵⁵**I'll call our boss right now** and let him know we'll be coming to the office this weekend.

editing 편집 deadline 마감 기한 economics 경제학 due (마감) 기한이 된
vacation 휴가 overtime 시간 외 근무

해석
53-55번은 다음 세 명의 대화에 관한 문제입니다.

여: Erik과 Larry, ⁵³두 분은 우리의 새 경제학 교과서의 편집 마감 기한에 대해 걱정스러우신가요?
남1: 네, 조금 걱정이 돼요. 마감 기한이 2주보다 적게 남았으니까요. Larry, 다음 주 월요일에 몇 챕터를 살펴볼 수 있어요?
남2: ⁵⁴저는 다음 주 내내 휴가라서, 그것을 할 수 없을 거예요.
여: 흠… 우리 셋이 토요일에 시간외 근무를 해야 할 것 같아요. 아직 할 일이 많아요. 어떻게 생각해요, Erik?
남1: 맞아요. ⁵⁵제가 지금 상사에게 전화해서 이번 주말에 저희가 사무실에 올 것이라고 알릴게요.

53 화자 문제 상 ●●●

해석 화자들은 어디에서 일하는 것 같은가?
(A) 연구 조사 기관에서
(B) 대학에서
(C) 서점에서
(D) 출판 회사에서

해설 대화에서 신분 및 직업과 관련된 표현을 놓치지 않고 듣는다. 대화 초반부에서 여자가 "are you ~ worried about the editing deadline for our new economics textbook?(우리의 새 경제학 교과서의 편집 마감 기한에 대해 걱정스러우신가요?)"라고 하였다. 이를 통해, 화자들이 출판 회사에서 일함을 알 수 있다. 따라서 (D)가 정답이다.

어휘 research firm 연구 조사 기관 publishing 출판

54 다음에 할 일 문제 중 ●●○

해석 Larry는 다음 주에 무엇을 할 계획인가?
(A) 프로그램을 후원한다.
(B) 며칠 휴가를 낸다.
(C) 업무를 완료한다.
(D) 편지를 작성한다.

해설 질문의 핵심어구(next week)가 언급된 주변을 주의 깊게 듣는다. 대화 중반부에서 남자2[Larry]가 "I'll be on vacation all next week(저는 다음 주 내내 휴가예요)"이라고 하였다. 따라서 (B)가 정답이다.

어휘 assignment 업무 letter 편지; 문서

패러프레이징

> be on vacation all ~ week 주 내내 휴가이다 → Take some days off 며칠 휴가를 내다

55 다음에 할 일 문제 하 ●○○

해석 Erik은 다음에 무엇을 할 것인가?
(A) 행사에 참석한다.
(B) 회의를 확인한다.
(C) 책을 홍보한다.
(D) 관리자에게 연락한다.

해설 대화의 마지막 부분을 주의 깊게 듣는다. 남자1[Erik]이 "I'll call our boss right now(제가 지금 상사에게 전화할게요)"라고 하였다. 이를 통해, 남자1[Erik]이 관리자에게 연락할 것임을 알 수 있다. 따라서 (D)가 정답이다.

어휘 supervisor 관리자

패러프레이징

> boss 상사 → supervisor 관리자

Questions 56-58 refer to the following conversation.

> W: Bryson Waste Management, Loretta speaking. How can I help you?
> M: My name is Ken Withers. ⁵⁶**A few days ago, I noticed a mistake on a bill that your company sent me**. I spoke to a representative that day. She informed me that the matter would be addressed. However, I still haven't received anything.
> W: Let me check our records . . . ⁵⁷**It looks like an updated bill was mailed out on Monday, so you should get it by the end of the week.** ⁵⁸**I recommend waiting a few more days.** If you haven't received anything by Friday, call us back.

bill 청구서 representative 대리인 inform 알리다 matter 문제
address 해결하다 record 기록

해석
56-58번은 다음 대화에 관한 문제입니다.

여: Bryson 폐기물 처리점의 Loretta입니다. 무엇을 도와드릴까요?
남: 제 이름은 Ken Withers입니다. ⁵⁶며칠 전, 당신의 회사에서 보낸 청구서에 착오가 있는 것을 발견했어요. 그날 대리인과 이야기했습니다. 그녀는 그 문제가 해결될 것이라고 제게 알려줬어요. 하지만, 저는 아직 아무 것도 받지 못했어요.
여: 기록을 확인해 보겠습니다… ⁵⁷월요일에 업데이트된 청구서가 발송된 것으로 보이니, 이번 주말까지는 받으실 수 있을 거예요. ⁵⁸저는 며칠 더 기다리시는 것을 추천드려요. 금요일까지 아무것도 받지 못하신다면, 저희에게 다시 전화 주세요.

56 목적 문제 하 ●○○

해석 남자는 왜 전화를 하고 있는가?
(A) 설명서를 인쇄했다.
(B) 오류를 발견했다.
(C) 약속을 취소했다.

(D) 보수를 지불했다.

해설 전화의 목적을 묻는 문제이므로, 대화의 초반을 반드시 듣는다. 남자가 "A few days ago, I noticed a mistake on a bill that your company sent me(며칠 전, 당신의 회사에서 보낸 청구서에 착오가 있는 것을 발견했어요)"라고 하였다. 따라서 (B)가 정답이다.

어휘 payment 보수

패러프레이징

mistake 착오 → error 오류

57 특정 세부 사항 문제　　　　　　하 ●○○

해석 여자에 따르면, 남자는 무엇을 받을 것인가?
(A) 수정된 청구서
(B) 부분 환불
(C) 회사 소책자
(D) 서비스 업그레이드

해설 질문의 핵심어구(man receive)와 관련된 내용을 주의 깊게 듣는다. 대화 중반부에서 여자가 "It looks like an updated bill was mailed out on Monday, so you should get it by the end of the week(월요일에 업데이트된 청구서가 발송된 것으로 보이니, 이번 주말까지는 받으실 수 있을 거예요)"이라고 하였다. 이를 통해, 남자가 수정된 청구서를 받을 것임을 알 수 있다. 따라서 (A)가 정답이다.

어휘 bill 청구서　partial 부분적인　reimbursement 환급, 상환

패러프레이징

updated bill 업데이트된 청구서 → revised bill 수정된 청구서

58 제안 문제　　　　　　하 ●○○

해석 여자는 무엇을 제안하는가?
(A) 다른 부서로 옮기기
(B) 이메일 계정에 로그인하기
(C) 며칠 더 기다리기
(D) 속달 배송을 요청하기

해설 여자의 말에서 제안과 관련된 표현이 언급된 다음을 주의 깊게 듣는다. 대화 후반부에서 여자가 "I recommend waiting a few more days(저는 며칠 더 기다리는 것을 추천드려요)"라고 하였다. 따라서 (C)가 정답이다.

어휘 transfer 옮기다　department 부서　account 계정
express delivery 속달 배송

59-61　🎧 호주식 발음 → 영국식 발음 → 미국식 발음

Questions 59-61 refer to the following conversation with three speakers.

M: ⁵⁹I've been asked to check that the team managers have completed the staff evaluation forms. Have you two done that yet?
W1: ⁶⁰I submitted the forms on November 3, when they were first sent to us.
M: Great. What about you, Mila?
W2: Hmm . . . I wasn't aware of them. I must have not received the e-mail. Is it possible for you to send it out again?

M: Actually, here are paper copies of the evaluations. You'd better get started soon. They've got to be turned in by 6 P.M. today.
W2: ⁶¹I'll fill out the evaluations right away.

evaluation 평가　aware 알고 있는　turn in 제출하다　fill out 작성하다
right away 바로

해석
59-61번은 다음 세 명의 대화에 관한 문제입니다.

남: ⁵⁹팀장들이 직원 평가 양식을 작성했는지 확인해 보라는 요청을 받았어요. 두 분은 그것을 완료하셨나요?
여1: ⁶⁰저는 그것들이 저희에게 처음 발송된 11월 3일에 양식을 제출했어요.
남: 좋아요. 당신은요, Mila?
여2: 흠… 저는 그것들을 알지 못했어요. 제가 이메일을 못 받았나 봐요. 그것을 다시 보내주실 수 있나요?
남: 사실, 여기 평가서의 종이 사본들이 있습니다. 빨리 시작하시는 것이 좋을 거예요. 그것들은 오늘 오후 6시까지 제출되어야 해요.
여2: ⁶¹지금 바로 평가서를 작성할게요.

59 요청 문제　　　　　　상 ●●●

해석 남자는 무엇을 하도록 요청받는가?
(A) 조사를 수행한다.
(B) 다른 계약자들을 방문한다.
(C) 포커스 그룹을 구성한다.
(D) 관리자들과 이야기를 나눈다.

해설 남자의 말에서 요청과 관련된 표현이 언급된 다음을 주의 깊게 듣는다. 대화 초반부에서 "I've been asked to check ~ the team managers(팀장들을 확인해 보라는 요청을 받았어요)"라고 하였다. 이를 통해, 남자가 관리자들과 이야기를 나누도록 요청받았음을 알 수 있다. 따라서 (D)가 정답이다.

어휘 contractor 계약자

60 특정 세부 사항 문제　　　　　　중 ●●○

해석 11월 3일에 무슨 일이 일어났는가?
(A) 보고서들이 마무리되었다.
(B) 양식들이 발송되었다.
(C) 새 정책이 시행되었다.
(D) 직원들이 고용되었다.

해설 질문의 핵심어구(on November 3)가 언급된 주변을 주의 깊게 듣는다. 대화 후반부에서 "I submitted the forms on November 3, when they were first sent to us(저는 그것들이 저희에게 처음 발송된 11월 3일에 양식을 제출했어요)"라고 하였다. 이를 통해, 11월 3일에 양식들이 발송되었음을 알 수 있다. 따라서 (B)가 정답이다.

어휘 implement 시행하다

61 다음에 할 일 문제　　　　　　하 ●○○

해석 Mila는 다음에 무엇을 할 것 같은가?
(A) 교육 안내 책자를 나눠준다.
(B) 메시지를 듣는다.
(C) 다른 사무실로 옮긴다.
(D) 평가서를 작성한다.

해설 대화의 마지막 부분을 주의 깊게 듣는다. 대화 후반부에서 여자2[Mila]가 "I'll fill out the evaluations right away(지금 바로 평가서를 작성할게요)"라고

하였다. 이를 통해, 여자2[Mila]가 평가서를 작성할 것임을 알 수 있다. 따라서 (D)가 정답이다.

어휘 distribute 나눠주다

62-64 [3제] 캐나다식 발음 → 영국식 발음

Questions 62-64 refer to the following conversation and building directory.

M: Evelyn, do you want to go to the Finley Department Store with me on Saturday? I bought a sweater there yesterday, but it's a bit tight. **⁶²I'm going to take it back and get a larger size.**
W: Sure. **⁶³I'll drive. I can pick you up at 11 A.M.**
M: Great. Is there anything you want to get while we're at the department store?
W: Well, I do need a new pair of computer speakers.
M: Actually, **⁶⁴the electronics section is closed this weekend.** Apparently, the entire floor is being repainted.
W: Hmm . . . That's unfortunate. Still, I can join you this weekend.

electronics 전자제품 section 구역 apparently 듣자 하니 entire 전체의 unfortunate 유감스러운 still 그래도

해석
62-64번은 다음 대화와 건물 안내판에 관한 문제입니다.

남: Evelyn, 토요일에 저와 함께 Finley 백화점에 가실래요? 어제 거기에서 스웨터를 샀는데, 좀 꽉 끼어요. ⁶²그것을 다시 가져가서 더 큰 사이즈로 가져오려고요.
여: 물론이죠. ⁶³제가 운전할게요. 당신을 오전 11시에 픽업할 수 있어요.
남: 좋아요. 우리가 백화점에 있는 동안 사고 싶은 게 있나요?
여: 음, 새 컴퓨터 스피커가 필요하긴 해요.
남: 사실, ⁶⁴전자제품 구역은 이번 주말에 문을 닫아요. 듣자 하니, 전체 층이 다시 칠해지고 있어요.
여: 흠… 유감스럽네요. 그래도, 이번 주말에 같이 갈 수 있어요.

Finley 백화점 매장 안내판	
1층	화장품
2층	의류
⁶⁴3층	전자제품
4층	스포츠 물품

62 이유 문제 중 ●●○

해석 남자는 왜 백화점을 방문하고 싶어 하는가?
(A) 제품을 구매하기 위해
(B) 환불을 요청하기 위해
(C) 물건을 교환하기 위해
(D) 주문품을 수령하기 위해

해설 질문의 핵심어구(visit a department store)와 관련된 내용을 주의 깊게 듣는다. 대화 초반부에서 남자가 "I'm going to take it[sweater] back and get a larger size(스웨터를 다시 가져가서 더 큰 사이즈로 가져오려고요)"라고 하였다. 이를 통해, 남자가 물건을 교환하기 위해 백화점을 방문하고 싶어 함을 알 수 있다. 따라서 (C)가 정답이다.

어휘 exchange 교환하다 order 주문품

패러프레이징

take ~ back and get a larger size 다시 가져가서 더 큰 사이즈로 가져오다
→ exchange 교환하다

63 제안 문제 중 ●●●

해석 여자는 무엇을 해주겠다고 제안하는가?
(A) 예약을 한다.
(B) 교통편을 제공한다.
(C) 식사 값을 지불한다.
(D) 온라인에서 정보를 찾는다.

해설 여자의 말에서 제안과 관련된 표현이 언급된 다음을 주의 깊게 듣는다. 대화 중반부에서 여자가 "I'll drive. I can pick you up at 11 A.M.(제가 운전할게요. 당신을 오전 11시에 픽업할 수 있어요)"라고 하였다. 이를 통해, 여자가 교통편을 제공하는 것을 제안하고 있음을 알 수 있다. 따라서 (B)가 정답이다.

64 시각 자료 문제 하 ●○○

해석 시각 자료를 보아라. 어떤 층이 이번 주말에 닫는가?
(A) 1층
(B) 2층
(C) 3층
(D) 4층

해설 건물 안내판의 정보를 확인한 후 질문의 핵심어구(closed this weekend)가 언급된 주변을 주의 깊게 듣는다. 대화 후반부에서 남자가 "the electronics section is closed this weekend(전자제품 구역은 이번 주말에 문을 닫아요)"라고 하였다. 이를 통해, 3층이 이번 주말에 닫는 것을 건물 안내판에서 알 수 있다. 따라서 (C)가 정답이다.

65-67 [3제] 호주식 발음 → 미국식 발음

Questions 65-67 refer to the following conversation and list.

M: Sarah, **⁶⁵I'll be making our monthly order of office supplies after our 10 A.M. staff meeting.** Is there anything you want added to the list?
W: I don't need anything. However, **⁶⁶Brad from the finance department mentioned that his team is almost out of printer paper. You'll definitely want to add a few more packs to the list.**
M: OK. I'll talk to Brad about that before placing the final order.
W: Great. I think **⁶⁷the finance team is going to use a lot over the next few weeks because they just started working on the company's annual report.**

finance department 재무팀 mention 언급하다 definitely 확실히, 반드시 annual report 연례 보고서

해석
65-67번은 다음 대화와 목록에 관한 문제입니다.

남: Sarah, ⁶⁵오전 10시 직원회의 후에 월간 사무용품 주문을 할 거예요. 목록에 추가하고 싶으신 것이 있나요?
여: 아무것도 필요 없어요. 하지만, ⁶⁶재무팀의 Brad가 그의 팀이 인쇄용지가 거의 다 떨어졌다고 언급했어요. 목록에 몇 상자를 더 추가하시는 것이 확실히 좋을

거예요.

남: 네. 최종 주문을 하기 전에 Brad와 이야기해 볼게요.

여: 좋아요. ⁶⁷재무팀에서 회사 연례 보고서 작업을 막 시작했기 때문에 앞으로 몇 주 동안 많이 사용할 것 같아요.

사무용품 주문 목록	
물품	물품 수량
마커펜	10
용지 묶음	⁶⁶15
바인더	25
펜 상자	35

65 다음에 할 일 문제 하 ●○○

해석 오전 10시에 무슨 일이 일어날 것 같은가?

(A) 직원회의
(B) 야유회
(C) 구직 면접
(D) 배송

해설 질문의 핵심어구(at 10 A.M.)가 언급된 주변을 주의 깊게 듣는다. 대화 초반부에서 남자가 "I'll be making our monthly order of office supplies after our 10 A.M. staff meeting(오전 10시 직원회의 후에 월간 사무용품 주문을 할 거예요)"이라고 하였다. 따라서 (A)가 정답이다.

어휘 job interview 구직 면접

66 시각 자료 문제 중 ●●○

해석 시각 자료를 보아라. 어떤 숫자가 증가할 것 같은가?

(A) 10
(B) 15
(C) 25
(D) 35

해설 목록의 정보를 확인한 후 질문의 핵심어구(number ~ increased)와 관련된 내용을 주의 깊게 듣는다. 대화 중반부에서 여자가 "Brad from the finance department mentioned that his team is almost out of printer paper. You'll definitely want to add a few more packs to the list(재무팀의 Brad가 그의 팀이 인쇄용지가 거의 다 떨어졌다고 언급했어요. 목록에 몇 상자를 더 추가하시는 것이 확실히 좋을 거예요)"라고 하였다. 이를 통해, 인쇄용지의 물품 수량인 15가 증가할 것임을 목록에서 알 수 있다. 따라서 (B)가 정답이다.

67 언급 문제 하 ●○○

해석 여자는 재무팀에 대해 무엇을 말하는가?

(A) 다른 사무실로 이동했다.
(B) 보고서 작업을 하고 있다.
(C) 거래를 승인했다.
(D) 추가 직원을 고용했다.

해설 질문의 핵심어구(the finance team)와 관련된 내용을 주의 깊게 듣는다. 대화 후반부에서 "the finance team ~ just started working on the company's annual report(재무팀에서 회사 연례 보고서 작업을 막 시작했어요)"라고 하였다. 따라서 (B)가 정답이다.

어휘 move 이동하다 approve 승인하다

68-70 [3해] 캐나다식 발음 → 미국식 발음

Questions 68-70 refer to the following conversation and floor plan.

M: Hello, Professor Yates. This is Douglas Garcia from the *South Side Newspaper*. I've just arrived in the lobby of the Cypress Building for your interview. But, I don't see you here.

W: Oh, I'm so sorry, Mr. Garcia. ⁶⁸**One of my students stopped by to ask a question, so I am running late.** Why don't you just come up to my office?

M: Certainly. And just as a reminder, ⁶⁹**I'd like to record today's interview if possible.** That's okay with you, right?

W: Of course. ⁷⁰**My office is right next to the conference room on the second floor.** You can't miss it.

running late 늦어지다 record 녹음하다 miss 놓치다

해석
68-70번은 다음 대화와 평면도에 관한 문제입니다.

남: 안녕하세요, Yates 교수님. *South Side*지의 Douglas Garcia입니다. 인터뷰를 위해 Cypress 빌딩 로비에 도착했어요. 그런데, 여기 안 계시네요.

여: 아, 정말 죄송해요, Mr. Garcia. ⁶⁸제 학생 중 한 명이 질문을 하려고 들러서 늦어졌어요. 그냥 제 사무실로 올라오시는 게 어때요?

남: 물론이죠. 그리고 그저 상기시켜드리는 것인데, ⁶⁹가능하면 오늘 인터뷰를 녹음하고 싶습니다. 괜찮으시죠, 맞나요?

여: 그럼요. ⁷⁰제 사무실은 2층 회의실 바로 옆에 있어요. 놓칠 수 없으실 거예요.

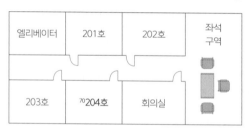

68 이유 문제 중 ●●○

해석 여자는 왜 늦었는가?

(A) 학생을 도와야 했다.
(B) 기차를 놓쳤다.
(C) 시간을 확인하는 것을 잊어버렸다.
(D) 잘못된 방향을 잡았다.

해설 질문의 핵심어구(woman late)와 관련된 내용을 주의 깊게 듣는다. 대화 중반부에서 여자가 "One of my students stopped by to ask a question, so I am running late(제 학생 중 한 명이 질문을 하려고 들러서 늦어졌어요)"라고 하였다. 이를 통해, 여자가 학생을 도와야 해서 늦었음을 알 수 있다. 따라서 (A)가 정답이다.

어휘 incorrect 잘못된, 부정확한 direction 방향

69 특정 세부 사항 문제 하 ●○○

해석 남자는 무엇을 하고 싶어 하는가?

(A) 대화를 녹음한다.
(B) 문제를 논의한다.
(C) 강의를 듣는다.

해커스 토익 실전 1200제 LISTENING

(D) 장비를 챙긴다.

해설 질문의 핵심어구(man want to do)와 관련된 내용을 주의 깊게 듣는다. 대화 중후반에서 남자가 "I'd like to record today's interview if possible (가능하면 오늘 인터뷰를 녹음하고 싶습니다)"이라고 하였다. 따라서 (A)가 정답이다.

어휘 pack up 챙기다

70 시각 자료 문제 중 ●●○

해석 시각 자료를 보아라. 여자의 사무실은 어디인가?
(A) 201호
(B) 202호
(C) 203호
(D) 204호

해설 평면도의 정보를 확인한 후 질문의 핵심어구(woman's office)와 관련된 내용을 주의 깊게 듣는다. 대화 후반부에서 여자가 "My office is right next to the conference room on the second floor(제 사무실은 2층 회의실 바로 옆에 있어요)"라고 하였다. 이를 통해, 여자의 사무실이 204호임을 평면도에서 알 수 있다. 따라서 (D)가 정답이다.

PART 4

71-73 [3m] 호주식 발음

Questions 71-73 refer to the following announcement.

> [71]**This is an announcement for all tenants at Westwater Apartments.** [72]**Tomorrow afternoon, our building's fire alarm system will be tested.** If there is a real fire, you will hear an announcement over the speaker system. [73]**It is recommended that you read the pamphlet that was placed in front of each of your doors.** It contains the standard evacuation guidelines and other emergency information. Thank you for your patience during the emergency test.

> tenant 거주자 fire alarm 화재 경보 pamphlet 소책자 place 비치하다
> standard 표준 evacuation 대피 guideline 지침
> emergency 긴급 상황

해석
71-73번은 다음 공지에 관한 문제입니다.
[71]Westwater 아파트의 모든 거주자를 위한 안내입니다. [72]내일 오후, 저희 건물의 화재 경보 시스템이 점검될 것입니다. 실제 화재가 발생하면, 스피커 시스템을 통한 안내 방송을 들으실 것입니다. [73]각각의 문 앞에 비치된 소책자를 읽으시도록 권고 됩니다. 여기에는 표준 대피 지침 및 기타 긴급 정보가 포함되어 있습니다. 비상 점검 동안 기다려 주셔서 감사합니다.

71 장소 문제 하 ●○○

해석 공지는 어디에서 이루어지고 있는가?
(A) 지하철 역
(B) 부동산 사무실
(C) 아파트 단지
(D) 연구소

해설 장소와 관련된 표현을 놓치지 않고 듣는다. "This is an announcement for all tenants at Westwater Apartments(Westwater 아파트의 모든 거주자

를 위한 안내입니다)"라고 한 것을 통해, 공지가 아파트 단지에서 이루어지고 있음을 알 수 있다. 따라서 (C)가 정답이다.

어휘 real estate 부동산 apartment complex 아파트 단지
research laboratory 연구소

72 다음에 할 일 문제 중 ●●○

해석 화자에 따르면, 내일 오후에 무슨 일이 일어날 것인가?
(A) 초청 연사가 도착할 것이다.
(B) 주차장이 폐쇄될 것이다.
(C) 지침 목록이 제출될 것이다.
(D) 시스템이 시험을 받을 것이다.

해설 질문의 핵심어구(tomorrow afternoon)가 언급된 주변을 주의 깊게 듣는다. 지문 초반부에서 "Tomorrow afternoon, our building's fire alarm system will be tested(내일 오후, 저희 건물의 화재 경보 시스템이 점검될 것입니다)"라고 하였다. 따라서 (D)가 정답이다.

73 제안 문제 하 ●○○

해석 화자는 청자들에게 무엇을 하라고 권고하는가?
(A) 관리실에 연락한다.
(B) 프로그램에 등록한다.
(C) 소책자를 확인한다.
(D) 컴퓨터들을 끈다.

해설 제안과 관련된 표현이 포함된 문장을 주의 깊게 듣는다. 지문 후반부에서 "It is recommended that you read the pamphlet that was placed in front of each of your doors(각각의 문 앞에 비치된 소책자를 읽으시도록 권고됩니다)"라고 하였다. 따라서 (C)가 정답이다.

어휘 management office 관리실

74-76 [3m] 캐나다식 발음

Questions 74-76 refer to the following excerpt from a meeting.

> [74]**Let's discuss next week's launch party for our firm's latest tablet computer.** I have some good news. [75]**Darrell Bedford, the popular musician who appears in our commercial, is coming** to the event. This will definitely attract a lot of attendees. So, [76]**we need to hire additional security guards to make sure everything goes smoothly. Haley, please take charge of this task**, and give me a status update before the end of the day.

> appear 등장하다 commercial (상업) 광고 attract 끌어들이다
> security guard 보안 요원 smoothly 순조롭게, 부드럽게
> take charge of 맡다, 책임을 지다 status 상태

해석
74-76번은 다음 회의 발췌록에 관한 문제입니다.
[74]다음 주에 있을 우리 회사의 최신 태블릿 컴퓨터의 출시 파티에 관해 논의해봅시다. 제게 좋은 소식이 있습니다. [75]우리 광고에 등장하는 유명한 음악가인 Darrell Bedford가 그 행사에 올 거예요. 이것은 확실히 많은 참석자들을 끌어들일 것입니다. 그래서, [76]우리는 모든 것이 순조롭게 진행되도록 분명히 하기 위해 추가적인 보안 요원들을 고용해야 해요. Haley, 이 업무를 맡아 주시고, 오늘이 끝나기 전에 제게 상태를 업데이트해 주세요.

74 화자 문제 중 ●●○

해석 화자는 어디에서 일하는 것 같은가?
(A) 가구점에서
(B) 스포츠 경기장에서
(C) 전자기기 회사에서
(D) 보험사에서

해설 지문에서 신분 및 직업과 관련된 표현을 주의 깊게 듣는다. 지문 초반부에서 "Let's discuss next week's launch party for our firm's latest tablet computer(다음 주에 있을 우리 회사의 최신 태블릿 컴퓨터의 출시 파티에 관해 논의해봅시다)"라고 하였다. 이를 통해, 화자가 전자기기 회사에서 일함을 알 수 있다. 따라서 (C)가 정답이다.

패러프레이징

tablet computer 태블릿 컴퓨터 → electronics 전자기기

75 특정 세부 사항 문제 하 ●○○

해석 Darrell Bedford는 누구인가?
(A) 운동선수
(B) 음악가
(C) 작가
(D) 모델

해설 질문의 핵심어구(Darrell Bedford)가 언급된 주변을 주의 깊게 듣는다. 지문 중반부에서 "Darrell Bedford, the popular musician who appears in our commercial, is coming(우리 광고에 등장하는 유명한 음악가인 Darrell Bedford가 올 거예요)"이라고 하였다. 따라서 (B)가 정답이다.

어휘 athlete 운동선수

76 특정 세부 사항 문제 상 ●●●

해석 화자는 Haley가 무엇을 하기를 원하는가?
(A) 직원들을 채용한다.
(B) 서류에 서명한다.
(C) 행사 공간을 예약한다.
(D) 안전 장치를 설치한다.

해설 질문의 핵심어구(Haley ~ do)와 관련된 내용을 주의 깊게 듣는다. 지문 후반부에서 "we need to hire additional security guards to make sure everything goes smoothly. Haley, please take charge of this task(우리는 모든 것이 순조롭게 진행되도록 분명히 하기 위해 추가적인 보안 요원들을 고용해야 해요. Haley, 이 업무를 맡아 주세요)"라고 하였다. 이를 통해, 화자는 Haley가 직원들을 채용하기를 원함을 알 수 있다. 따라서 (A)가 정답이다.

어휘 personnel 직원 install 설치하다

패러프레이징

hire ~ security guards 보안 요원들을 고용하다
→ Recruit some personnel 직원들을 채용하다

77-79 [3㎿] 미국식 발음

Questions 77-79 refer to the following excerpt from a meeting.

Now that everyone's here, I'd like to talk about our switch to a new healthcare plan here at McIntire Law Firm. We spoke with several health insurance providers, and [77/78]**Thompson** ○

Solutions allows each employee one free dental cleaning a year and has the most comprehensive coverage. [78]**So, it didn't take long to make a decision.** It will begin providing us insurance at the start of April. Now, [79]**let's discuss the enrollment requirements and what documents you'll need to bring.**

switch 전환 healthcare plan 건강 보험 law firm 법률 사무소
insurance 보험 provider 사업자, 제공자 dental cleaning 스케일링
comprehensive 포괄적인 coverage 보상 범위

해석
77-79번은 다음 회의 발췌록에 관한 문제입니다.

이제 모두가 모였으니, 이곳 McIntire 법률 사무소에서 새로운 건강 보험으로의 전환에 대해 말씀드리겠습니다. 우리는 여러 건강 보험 사업자들과 이야기를 나눴는데, [77/78]Thompson Solutions에서 각 직원에게 1년에 한 번 무료 스케일링을 해 주며 가장 포괄적인 보상 범위를 가지고 있습니다. [78]그래서, 결정을 내리는 데는 오래 걸리지 않았습니다. 그곳에서는 4월 초에 우리에게 보험을 제공하기 시작할 것입니다. 이제, [79]등록 요건들과 여러분이 가져오셔야 하는 문서들에 대해 논의합시다.

77 특정 세부 사항 문제 하 ●○○

해석 Thompson Solutions는 무엇을 무료로 제공하는가?
(A) 약
(B) 상담
(C) 건강 검진
(D) 스케일링

해설 질문의 핵심어구(Thompson Solutions provide for free)와 관련된 내용을 주의 깊게 듣는다. 지문 초반부에서 "Thompson Solutions allows each employee one free dental cleaning a year ~(Thompson Solutions에서 각 직원에게 1년에 한 번 무료 스케일링을 해 줍니다)"라고 하였다. 따라서 (D)가 정답이다.

어휘 medication 약 consultation 상담 health checkup 건강 검진

78 의도 파악 문제 중 ●●○

해석 화자가 "결정을 내리는 데는 오래 걸리지 않았습니다"라고 말할 때 무엇을 의도하는가?
(A) 건강 보험에 대한 의견을 원한다.
(B) 최선의 선택지가 명백했다고 생각한다.
(C) 최근의 결정에 대해 걱정한다.
(D) 문제가 빠르게 해결된 것에 기뻐한다.

해설 질문의 인용어구(it didn't take long to make a decision)가 언급된 주변을 주의 깊게 듣는다. 지문 초중반부에서 "Thompson Solutions allows ~ one free dental cleaning a year and has the most comprehensive coverage(Thompson Solutions에서 1년에 한 번 무료 스케일링을 해 주며 가장 포괄적인 보상 범위를 가지고 있습니다)"라며 그래서 결정을 내리는 데는 오래 걸리지 않았다고 하였으므로, 최선의 선택지가 명백했다고 생각함을 알 수 있다. 따라서 (B)가 정답이다.

79 다음에 할 일 문제 중 ●●○

해석 다음에 무슨 일이 일어날 것 같은가?
(A) 요금이 징수될 것이다.
(B) 세부 사항이 논의될 것이다.
(C) 서류들이 나눠질 것이다.
(D) 직원들이 축하받을 것이다.

해설 지문의 마지막 부분을 주의 깊게 듣는다. "let's discuss the enrollment requirements and what documents you'll need to bring(등록 요건들과 여러분이 가져오셔야 하는 문서들에 대해 논의합시다)"이라고 하였다. 이를 통해, 세부 사항이 논의될 것임을 알 수 있다. 따라서 (B)가 정답이다.

어휘 collect 징수하다, 모으다

패러프레이징

> enrollment requirements and what documents ~ to bring 등록 요건들과 가져와야 하는 문서들 → details 세부 사항

80-82 [3̂ᵉ] 호주식 발음

Questions 80-82 refer to the following talk.

> I'm pleased to give Greiss Corporation's Employee of the Year Award to Dianne Littleton. **⁸⁰Ms. Littleton, the current manager of our public relations department,** has been working at Greiss for twenty years. She's being awarded for the incredible publicity campaign she organized for us this year. **⁸¹It has attracted a lot of media coverage and increased product sales.** Now, **⁸²Ms. Littleton, please come up and say a few words.**
>
> current 현재의 public relations 홍보 incredible 굉장한 publicity 홍보 organize 개최하다 media 언론 coverage 보도

해석
80-82번은 다음 담화에 관한 문제입니다.

저는 Dianne Littleton에게 Greiss사의 올해의 직원상을 수여하게 되어 기쁩니다. ⁸⁰현재 저희 홍보 부서 관리자인 Ms. Littleton은 Greiss를 위해 20년 동안 일해 왔습니다. 그녀는 올해 우리를 위해 개최한 굉장한 홍보 캠페인으로 인해 상을 받게 되었습니다. ⁸¹그것이 많은 언론 보도를 불러일으켰고, 제품 판매도 증가했습니다. 이제, ⁸²Ms. Littleton, 올라오셔서 몇 마디 말씀해 주세요.

80 특정 세부 사항 문제　　　　　　　　하 ●○○

해석 Ms. Littleton은 누구인 것 같은가?
(A) 마케팅 컨설턴트
(B) 기업 회장
(C) 부서장
(D) 개인 비서

해설 질문 대상(Ms. Littleton)의 신분 및 직업과 관련된 표현을 놓치지 않고 듣는다. 지문 초반부에서 "Ms. Littleton, the current manager of our public relations department(현재 저희 홍보 부서 관리자인 Ms. Littleton)"라고 하였다. 이를 통해, Ms. Littleton이 부서장임을 알 수 있다. 따라서 (C)가 정답이다.

어휘 consultant 컨설턴트 corporate 기업의 personal assistant 개인 비서

최고난도 문제

81 언급 문제　　　　　　　　　　　상 ●●●

해석 홍보 캠페인에 대해 화자는 무엇을 말하는가?
(A) 사업을 확대시켰다.
(B) 회사가 상을 받게 했다.
(C) 예산을 초과했다.
(D) 지난 해의 것보다 더 성공적이었다.

해설 질문의 핵심어구(publicity campaign)가 언급된 주변을 주의 깊게 듣는다. 지문 후반부에서 "It has attracted a lot of media coverage and increased product sales(그것이 많은 언론 보도를 불러일으켰고, 제품 판매도 증가했습니다)"라고 하였다. 이를 통해, 홍보 캠페인이 사업을 확대시켰음을 알 수 있다. 따라서 (A)가 정답이다.

어휘 exceed 초과하다

82 다음에 할 일 문제　　　　　　　중 ●●○

해석 Ms. Littleton은 다음에 무엇을 할 것 같은가?
(A) 짧은 연설을 한다.
(B) 새로운 직책을 수락한다.
(C) 캠페인을 승인한다.
(D) 시스템을 재시작한다.

해설 지문의 마지막 부분을 주의 깊게 듣는다. "Ms. Littleton, please come up and say a few words(Ms. Littleton, 올라오셔서 몇 마디 말씀해 주세요)"라고 하였다. 따라서 (A)가 정답이다.

어휘 position 직책 approve 승인하다

패러프레이징

> say a few words 몇 마디 말하다 → Give a short speech 짧은 연설을 하다

83-85 [3̂ᵉ] 영국식 발음

Questions 83-85 refer to the following news report.

> Hello, I'm Alice Parsons, and I'm here on Thorpe Avenue. For drivers who use this street to get to work, **⁸³I have some great news. The road expansion that has lasted for 10 months is about to wrap up.** **⁸⁴The road was well-known for its traffic problems before this project began. However, when all parts of the avenue reopen next week on Monday, there will be three lanes on each side.** **⁸⁵Now, we'll speak with one of the residents, Dennis Bowes.** He'll give us his thoughts on the finished project.
>
> road expansion 도로 확장 wrap up 마무리 짓다 reopen 재개장하다
> lane 차선

해석
83-85번은 다음 뉴스 보도에 관한 문제입니다.

안녕하세요, 저는 Alice Pasrsons이며, 여기 Thorpe가에 있습니다. 이 도로를 이용하여 출근하는 운전자들을 위해, ⁸³저는 몇 가지 좋은 소식이 있습니다. 10개월 동안 지속된 도로 확장이 거의 마무리되고 있습니다. ⁸⁴도로는 이 사업 이전에는 교통 문제로 유명했습니다. 하지만, 다음 주 월요일에 이 대로의 모든 부분이 재개장되면, 양쪽에 세 개의 차선이 생길 것입니다. ⁸⁵이제, 주민 중 한 분인 Dennis Bowes와 이야기를 나눠 보겠습니다. 그는 우리에게 완성된 프로젝트에 대한 생각을 말해 줄 것입니다.

83 특정 세부 사항 문제　　　　　　상 ●●●

해석 화자에 따르면, 무엇이 곧 끝날 것인가?
(A) 자동차 수리
(B) 가게 확장
(C) 공사 프로젝트
(D) 도시 축제

해설 질문의 핵심어구(finish soon)와 관련된 내용을 주의 깊게 듣는다. 지문 초

반부에서 "I have some great news. The road expansion that has lasted for 10 months is about to wrap up(저는 몇 가지 좋은 소식이 있습니다. 10개월 동안 지속된 도로 확장이 거의 마무리되고 있습니다)"이라고 하였다. 이를 통해, 공사 프로젝트가 곧 끝날 것임을 알 수 있다. 따라서 (C)가 정답이다.

84 의도 파악 문제   중 ●●○

해석 화자는 "양쪽에 세 개의 차선이 생길 것입니다"라고 말할 때 무엇을 의도하는가?
(A) 더 많은 버스 정류소가 있기를 바란다.
(B) 도로가 자전거 이용자들을 위한 것이기를 원한다.
(C) 운전자들이 그 도로를 거의 사용하지 않을 것이라고 예측한다.
(D) 교통량이 덜 할 것이라고 생각한다.

해설 질문의 인용어구(there will be three lanes on each side)가 언급된 주변을 주의 깊게 듣는다. "The road was well-known for its traffic problems before this project began. However, when all parts of the avenue reopen next week on Monday(도로는 이 사업 이전에는 교통 문제로 유명했습니다. 하지만, 다음 주 월요일에 이 대로의 모든 부분이 재개장 되면요)"라며 양쪽에 세 개의 차선이 생길 것이라고 하였으므로, 교통량이 덜 할 것이라고 생각함을 알 수 있다. 따라서 (D)가 정답이다.

어휘 predict 예측하다

85 다음에 할 일 문제   중 ●●○

해석 화자는 다음에 무엇을 할 것인가?
(A) 주민을 인터뷰한다.
(B) 드라이브를 하러 간다.
(C) 공사장 인부와 이야기한다.
(D) 준공식에 참여한다.

해설 지문의 마지막 부분을 주의 깊게 듣는다. "Now, we'll speak with one of the residents, Dennis Bowes(이제, 주민 중 한 분인 Dennis Bowes와 이야기를 나눠 보겠습니다)"라고 하였다. 이를 통해, 화자가 주민을 인터뷰할 것임을 알 수 있다. 따라서 (A)가 정답이다.

어휘 resident 주민   construction worker 공사장 인부
opening ceremony 준공식

패러프레이징

speak with 이야기를 나누다 → Interview 인터뷰하다

86-88 ③w 미국식 발음

Questions 86-88 refer to the following excerpt from a meeting.

OK, everyone. I've called this meeting because **86many employees have recently complained about their daily tasks being interrupted by chatting among workers in our office**. I understand that some departments, like marketing, have workers who must communicate more frequently with one another. Accordingly, **87we'll be moving the marketing team closer to the meeting rooms. 88I'll upload the new seating chart on our company's Web site tomorrow.** Please check your new location and move your things at 6 P.M. on Friday.

call a meeting 회의를 소집하다   daily task 일상 업무   interrupt 방해하다
frequently 자주   accordingly 따라서

해석
86-88번은 다음 회의 발췌록에 관한 문제입니다.

좋아요, 여러분. 86많은 직원들이 최근 우리 사무실에서 직원들 간의 잡담으로 인해 일상 업무가 방해 받는 것에 대해 불평을 했기 때문에 이 회의를 소집했습니다. 마케팅과 같은 일부 부서에는 서로 더 자주 소통해야 하는 직원들이 있는 것을 이해합니다. 따라서, 87마케팅팀을 회의실에 더 가깝게 이동할 것입니다. 88내일 우리 회사 웹사이트에 새로운 좌석표를 업로드하겠습니다. 여러분의 새로운 위치를 확인하고 금요일 오후 6시에 물건들을 옮겨주세요.

86 특정 세부 사항 문제   중 ●●○

해석 직원들은 무엇에 대해 불평했는가?
(A) 바쁜 일정
(B) 어려운 업무
(C) 소음
(D) 몇몇 손상된 프린터들

해설 질문의 핵심어구(employees complain about)와 관련된 내용을 주의 깊게 듣는다. 지문 초반부에서 "many employees have recently complained about ~ being interrupted by chatting among workers in our office(많은 직원들이 최근 우리 사무실에서 직원들 간의 잡담으로 인해 방해 받는 것에 대해 불평을 했습니다)"라고 하였다. 이를 통해, 직원들이 소음에 대해 불평했음을 알 수 있다. 따라서 (C)가 정답이다.

어휘 task 업무   damaged 손상된

87 방법 문제   상 ●●●

해석 회사는 문제를 어떻게 처리할 것인가?
(A) 새 프로젝트를 시작함으로써
(B) 좌석을 재배치함으로써
(C) 무료 물품을 제공함으로써
(D) 추가 직원을 고용함으로써

해설 질문의 핵심어구(address a problem)와 관련된 내용을 주의 깊게 듣는다. 지문 중반부에서 "we'll be moving the marketing team closer to the meeting rooms(마케팅팀을 회의실에 더 가깝게 이동할 것입니다)"라고 하였다. 이를 통해, 좌석을 재배치함으로써 문제를 처리할 것임을 알 수 있다. 따라서 (B)가 정답이다.

어휘 rearrange 개편하다   seating 좌석

88 다음에 할 일 문제   중 ●●○

해석 화자는 내일 무엇을 할 것인가?
(A) 회의를 주최한다.
(B) 일정을 마무리한다.
(C) 환불을 진행한다.
(D) 정보를 업로드한다.

해설 질문의 핵심어구(tomorrow)가 언급된 주변을 주의 깊게 듣는다. 지문 후반부에서 "I'll upload the new seating chart on our company's Web site tomorrow(내일 우리 회사 웹사이트에 새로운 좌석표를 업로드하겠습니다)"라고 하였다. 이를 통해, 화자가 내일 정보를 업로드할 것임을 알 수 있다. 따라서 (D)가 정답이다.

어휘 finalize 마무리하다

패러프레이징

new seating chart 새로운 좌석표 → information 정보

TEST 12

해커스 토익 실전 1200제 LISTENING

Questions 89-91 refer to the following advertisement.

> **89Here at the Mason Vista Institute, we pride ourselves on teaching students to drive safely.** Most of our students pass the truck driving test on the first try. **90We provide classroom instruction and driving practice with one of our instructors.** **91After graduation of our course, we'll help connect you with various commercial trucking companies so you can find the job that's right for you.**
>
> pass 합격하다 first try 첫 시도 classroom instruction 교실 수업
> trucking 트럭 운송

해석
89-91번은 다음 광고에 관한 문제입니다.

89여기 Mason Vista 기관에서, 저희는 학생들에게 안전 운전을 가르치는 것에 자부심이 있습니다. 저희 학생들 중 대부분이 첫 시도에서 트럭 운전 시험에 합격합니다. 90저희는 교실 수업과 강사 중 한 명과의 운전 연습을 제공합니다. 91저희 코스를 졸업한 후에는, 다양한 상업용 트럭 운송 회사와 연결해서 당신에게 맞는 일자리를 찾을 수 있도록 도와 드릴 것입니다.

89 특정 세부 사항 문제   하 ●○○

해석 Mason Vista 기관은 무엇을 가르치는가?
(A) 고객 서비스
(B) 운전
(C) 판매 기술
(D) 프로그래밍

해설 질문의 핵심어구(Mason Vista Institute)가 언급된 주변을 주의 깊게 듣는다. 지문 초반부에서 "Here at the Mason Vista Institute, we pride ourselves on teaching students to drive safely(여기 Mason Vista 기관에서, 저희는 학생들에게 안전 운전을 가르치는 것에 자부심이 있습니다)"라고 하였다. 따라서 (B)가 정답이다.

90 언급 문제   중 ●●○

해석 프로그램에 대해 무엇이 언급되는가?
(A) 선생님과의 연습을 포함한다.
(B) 특수 장비를 필요로 한다.
(C) 수업 규모가 제한적이다.
(D) 저녁 시간에 열린다.

해설 질문의 핵심어구(the program)와 관련된 내용을 주의 깊게 듣는다. 지문 중반부에서 "We provide ~ driving practice with one of our instructors(저희는 강사 중 한 명과의 운전 연습을 제공합니다)"라고 하였다. 이를 통해 프로그램이 선생님과의 연습을 포함함을 알 수 있다. 따라서 (A)가 정답이다.

어휘 practice 연습 require 필요로 하다 limited 제한적인

91 특정 세부 사항 문제   상 ●●●

해석 졸업자들에게는 무엇이 제공되는가?
(A) 안전 수칙
(B) 일자리 탐색 지원
(C) 온라인 세션
(D) 교육 시설 접근권

해설 질문의 핵심어구(offered to graduates)와 관련된 내용을 주의 깊게 듣는다.

지문 후반부에서 "After graduation of our course, we'll help connect you with various commercial trucking companies so you can find the job that's right for you(저희 코스를 졸업한 후에는, 다양한 상업용 트럭 운송 회사와 연결해서 당신에게 맞는 일자리를 찾을 수 있도록 도와 드릴 것입니다)"라고 하였다. 이를 통해, 졸업자들에게는 일자리 탐색 지원이 제공됨을 알 수 있다. 따라서 (B)가 정답이다.

어휘 assistance 지원 facility 시설 access 접근권

Questions 92-94 refer to the following telephone message.

> Hi, Andrew. This is Nancy. **92I'm calling to tell you that I won't be able to make it to this afternoon's meeting. My plane was just delayed by an hour due to a minor mechanical problem.** **93I know we were supposed to lead the group presentation together, but I think you are well prepared for it.** I'm going to call Mr. Ramfield and explain the situation. After I arrive, you can let me know how the meeting went. We'll have a lot to discuss, so **94could you book us a conference room for 3 P.M.?**
>
> delay 지연되다 minor 사소한 mechanical 기계적인 book 예약하다

해석
92-94번은 다음 전화 메시지에 관한 문제입니다.

안녕하세요, Andrew. 저는 Nancy입니다. 92오늘 오후 회의에 갈 수 없을 거라고 전하기 위해 전화드립니다. 제 비행기가 사소한 기계 결함으로 한 시간 지연됐어요. 93우리가 단체 발표를 함께 이끌기로 한 것을 알지만, 당신이 그것에 잘 준비되어 있다고 생각해요. Mr. Ramfield에게 전화해서 상황을 설명할게요. 제가 도착한 후에, 회의가 어떻게 진행되었는지 알려주세요. 우리는 논의할 것이 많을 테니, 94오후 3시에 회의실을 예약해 주시겠어요?

92 목적 문제   중 ●●○

해석 화자는 왜 전화했는가?
(A) 실수에 대해 사과하기 위해
(B) 구매품을 교환하기 위해
(C) 비행기 표를 예약하기 위해
(D) 불참을 설명하기 위해

해설 전화 메시지의 목적을 묻는 문제이므로, 지문의 초반을 반드시 듣는다. 화자가 "I'm calling to tell you that I won't be able to make it to this afternoon's meeting. My plane was just delayed by an hour due to a minor mechanical problem(오늘 오후 회의에 갈 수 없을 거라고 전하기 위해 전화드립니다. 제 비행기가 사소한 기계 결함으로 한 시간 지연됐어요)"이라고 하였다. 이를 통해, 불참을 설명하기 위해 전화했음을 알 수 있다. 따라서 (D)가 정답이다.

어휘 apologize 사과하다 absence 불참

93 의도 파악 문제   중 ●●○

해석 화자는 "당신이 그것에 잘 준비되어 있다고 생각해요"라고 말할 때 무엇을 의도하는가?
(A) 즉시 시작하고 싶어 한다.
(B) 지원자를 만나고 싶어 한다.
(C) 청자가 업무를 맡게 될 것이다.
(D) 청자가 도움을 고맙게 생각한다.

해설 질문의 인용어구(I think you are well prepared for it)가 언급된 주변을 주의 깊게 듣는다. "I know we were supposed to lead the group presentation together(우리가 단체 발표를 함께 이끌기로 한 것을 알아요)"라며 하지만 당신이 그것에 잘 준비되어 있다고 생각한다고 하였으므로, 청자가 업무를 맡게 될 것임을 알 수 있다. 따라서 (C)가 정답이다.

어휘 immediately 즉시 applicant 지원자 in charge of ~을 맡다
thankful 고맙게 생각하는

94 요청 문제

중 ●●○

해석 화자는 청자에게 무엇을 하라고 요청하는가?
(A) 회의실을 예약한다.
(B) 발표를 연습한다.
(C) 서류를 전달한다.
(D) 파일을 살펴본다.

해설 지문 후반부에서 요청과 관련된 표현이 포함된 문장을 주의 깊게 듣는다. 지문 후반부에서 "could you book us a conference room for 3 p.m.?(오후 3시에 회의실을 예약해 주시겠어요?)"이라고 하였다. 따라서 (A)가 정답이다.

패러프레이징

book 예약하다 → Reserve 예약하다

95-97 📻 캐나다식 발음

Questions 95-97 refer to the following announcement and calendar.

OK, we are almost done with our Web design course. 95**In order to get feedback on your assignment,** 95/96**please submit the work you've done via e-mail before you leave.** Also, I know many of you are registered for other classes here. Well, I have a quick announcement. 97**If you signed up for the debate club, it will be held in Room 114 instead of Room 201 this week** due to a maintenance problem. You can find a notice about that on the convention center Web site.

assignment 과제 work 작품 register 등록하다 debate 토론
maintenance 보수

해석
95-97번은 다음 공지와 달력에 관한 문제입니다.
좋아요, 우리 웹 디자인 수업이 거의 끝나갑니다. 95여러분의 과제에 대한 피드백을 받기 위해, 95/96가시기 전에 작업하신 작품을 이메일로 제출해 주세요. 또한, 저는 여러분 중 많은 분들이 이곳에서 다른 수업에 등록되어 있다는 것을 알고 있습니다. 음, 신속한 공지가 있습니다. 97토론 동아리에 가입하셨다면, 그것은 이번 주에 보수 문제로 인해 201호 대신 114호에서 열릴 거예요. 컨벤션 센터 웹사이트에서 그것에 관한 공지를 찾으실 수 있습니다.

1월

월요일	화요일	수요일	목요일	금요일
16	17	18	19	97**20**
웹 디자인 수업	제빵 수업	배드민턴 동아리		토론 동아리

95 화자 문제

중 ●●○

해석 화자는 누구인 것 같은가?
(A) 강사

(B) 소프트웨어 기술자
(C) 전기 기술자
(D) 의회 의원

해설 지문에서 신분 및 직업과 관련된 표현을 놓치지 않고 듣는다. 지문 초반부에서 "In order to get feedback on your assignment, please submit the work you've done via e-mail before you leave(여러분의 과제에 대한 피드백을 받기 위해, 가시기 전에 작업하신 작품을 이메일로 제출해 주세요)"라고 하였다. 이를 통해, 화자가 강사임을 알 수 있다. 따라서 (A)가 정답이다.

어휘 electrician 전기 기술자 council member 의회 의원

96 요청 문제

중 ●●○

해석 청자들은 무엇을 하도록 요청받는가?
(A) 컴퓨터를 끈다.
(B) 이름을 서명한다.
(C) 다른 프로그램에 참가한다.
(D) 작품을 보낸다.

해설 지문의 중후반에서 요청과 관련된 표현이 포함된 문장을 주의 깊게 듣는다. "please submit the work you've done via e-mail before you leave (가시기 전에 작업하신 작품을 이메일로 제출해 주세요)"라고 하였다. 이를 통해, 청자들이 작품을 보내도록 요청받고 있음을 알 수 있다. 따라서 (D)가 정답이다.

어휘 turn off 끄다 sign 서명하다

패러프레이징

submit 제출하다 → send 보내다

97 시각 자료 문제

하 ●○○

해석 시각 자료를 보아라. 어느 날짜에 몇몇 청자들이 114호에 갈 것인가?
(A) 1월 16일
(B) 1월 17일
(C) 1월 18일
(D) 1월 20일

해설 달력의 정보를 확인한 후 질문의 핵심어구(room 114)가 언급된 주변을 주의 깊게 듣는다. 지문 후반부에서 "If you signed up for the debate club, it will be held in Room 114 instead of Room 201 this week(토론 동아리에 가입하셨다면, 그것은 이번 주에 201호 대신 114호에서 열릴 거예요)"이라고 하였다. 이를 통해, 1월 20일에 몇몇 청자들이 114호에 갈 것임을 달력에서 알 수 있다. 따라서 (D)가 정답이다.

98-100 📻 영국식 발음

Questions 98-100 refer to the following excerpt from a meeting and floor plan.

98**Another issue we need to discuss is that too many of our products are being thrown away** before this supermarket closes each day. 99**According to our new policy, we'll check the product labels**, and any items that are approaching their expiry date will be discounted. If you're, um, one of the people assigned to our bakery, fruits and vegetables, or meat sections, collect all items that expire that day and 100**put them in the discount section. That's the one located right next to the cashiers.** Let me know if you have any questions.

throw away 버리다 policy 정책 approach 다가가다
expiry date 유통 기한 assign 배정하다

해석

98-100번은 다음 회의 발췌록과 평면도에 관한 문제입니다.

⁹⁸우리가 논의해야 할 또 다른 문제는 슈퍼마켓이 매일 문을 닫기 전에 너무 많은 제품들이 버려지고 있다는 것입니다. ⁹⁹우리의 새로운 정책을 따라, 제품 상표를 확인하고, 유통 기한이 다가오는 품목은 모두 할인될 것입니다. 우리 제과, 과일, 채소, 또는 고기 구역에 배정된 분들 중 한 분이라면, 그날 만료되는 모든 품목을 모으시고, ¹⁰⁰할인 구역에 그것들을 두십시오. 계산대 바로 옆에 있는 곳입니다. 질문이 있으시면 저에게 알려주세요.

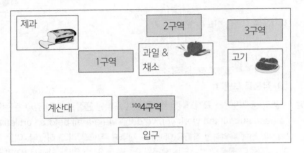

98 특정 세부 사항 문제   중 ●●○

해석 화자는 무슨 문제를 언급하는가?
   (A) 배송품이 반송되어야 한다.
   (B) 몇몇 물품들이 버려지고 있다.
   (C) 몇몇 직원들이 일찍 떠났다.
   (D) 통로가 청소되지 않았다.

해설 질문의 핵심어구(problem)와 관련된 내용을 주의 깊게 듣는다. 지문 초반부에서 "Another issue we need to discuss is that too many of our products are being thrown away(우리가 논의해야 할 또 다른 문제는 너무 많은 제품들이 버려지고 있다는 것입니다)"라고 하였다. 따라서 (B)가 정답이다.

어휘 aisle 통로

99 특정 세부 사항 문제   하 ●○○

해석 직원들은 지금부터 무엇을 해야 하는가?
   (A) 재고를 보충한다.
   (B) 제품 상표를 확인한다.
   (C) 팔리지 않은 물건들을 버린다.
   (D) 배달 서비스로 주문한다.

해설 질문의 핵심어구(from now on)가 언급된 주변을 주의 깊게 듣는다. 지문 중반부에서 "According to our new policy, we'll check the product labels(우리의 새로운 정책을 따라, 제품 상표를 확인할 것입니다)"라고 하였다. 따라서 (B)가 정답이다.

어휘 restock 보충하다 inventory 재고 unsold 팔리지 않은

100 시각 자료 문제   중 ●●○

해석 시각 자료를 보아라. 할인 구역은 어디에 위치해 있는가?
   (A) 1구역
   (B) 2구역
   (C) 3구역
   (D) 4구역

해설 평면도의 정보를 확인한 후 질문의 핵심어구(discount section)가 언급된 주변을 주의 깊게 듣는다. 지문 후반부에서 "put them in the discount section. That's the one located right next to the cashiers(할인 구역에 그것들을 두십시오. 계산대 바로 옆에 있는 곳입니다)"라고 하였다. 이를 통해, 할인 구역이 4구역에 위치해 있음을 평면도에서 알 수 있다. 따라서 (D)가 정답이다.

물토익부터 **불토익**까지, 1200제로 토익 졸업!

해커스 토익

실전 1200제 LISTENING LC

초판 8쇄 발행 2024년 7월 22일
초판 1쇄 발행 2020년 7월 1일

지은이	해커스 어학연구소
펴낸곳	(주)해커스 어학연구소
펴낸이	해커스 어학연구소 출판팀

주소	서울특별시 서초구 강남대로61길 23 (주)해커스 어학연구소
고객센터	02-537-5000
교재 관련 문의	publishing@hackers.com
동영상강의	HackersIngang.com

ISBN	978-89-6542-374-4 (13740)
Serial Number	01-08-01

영어 전문 포털, 해커스토익
Hackers.co.kr

🏛 해커스토익

· 매일 실전 RC/LC 문제 및 토익 보카 TEST 등 **다양한 무료 학습 컨텐츠**
· 매월 무료 적중예상특강 및 실시간 토익시험 정답확인/해설강의

외국어인강 1위, 해커스인강
HackersIngang.com

🏛 해커스인강

· 실전에서 듣게 될 발음/속도를 미리 경험하는 **교재 MP3**
· 들으면서 외우는 무료 단어암기장 및 단어암기 MP3
· 취약 문제 유형을 분석해주는 인공지능 시스템 **해커스토익 '빅플' 어플**(교재 내 이용권 수록)
· **무료 받아쓰기&쉐도잉 프로그램 및 정답녹음 MP3**
· 토익 스타강사의 고득점 전략이 담긴 **본 교재 인강**

[외국어인강 1위] 헤럴드 선정 2018 대학생 선호브랜드 대상 '대학생이 선정한 외국어인강' 부문 1위

"1분 레벨테스트"로
바로 확인하는 내 토익 레벨 ▶

┃토익 교재 시리즈

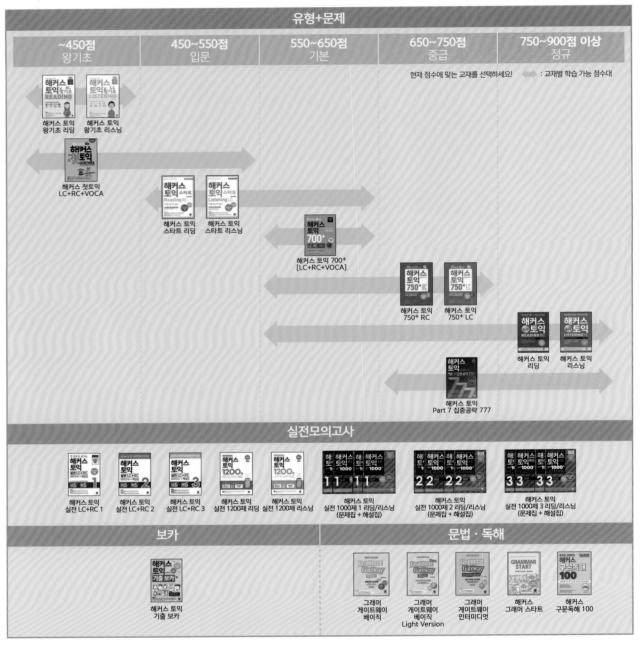

┃토익스피킹 교재 시리즈

┃오픽 교재 시리즈